# 西班牙‧葡萄牙 摩洛哥

Spain · Portugal
Morocco

no.79

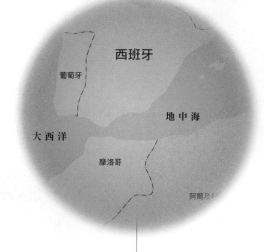

西班牙

葡萄牙

大西洋

地中海

摩洛哥

阿爾及利

MOOK NEWAction

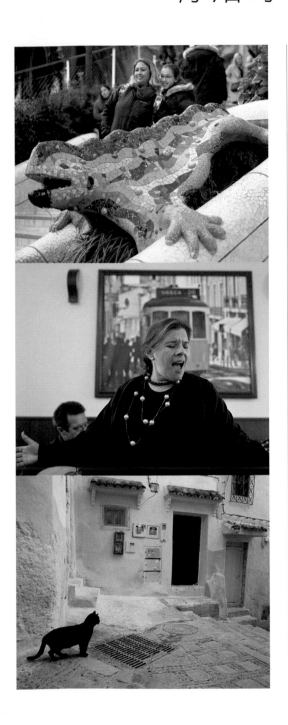

# 西班牙·葡萄牙
# 摩洛哥

**MOOK NEWAction** no.79
Spain · Portugal
Morocco

本書所提供的各項可能變動性資訊，如交通、時間、價格（含票價）、地址、電話、網址，係以2023年10月前所收集的為準；特別提醒的是，2023年9月摩洛哥大地震及COVID-19疫情後這類資訊的變動幅度較大，正確內容請以當地即時標示的資訊為主。
如果你在旅行中發現資訊已更新，或是有任何內文或地圖需要修正的地方，歡迎隨時指正和批評。你可以透過下列方式告訴我們：
寫信：台北市104中山區民生東路二段141號9樓MOOK編輯部收
傳真：02-25007796
E-mail：mook_service@hmg.com.tw
FB粉絲團：「MOOK墨刻出版」www.facebook.com/travelmook

## 符號說明
☎ 電話　💲 價格　🎵 所需時間　🏠 住宿
📠 傳真　🌐 網址　📏 距離　f Facebook
📍 地址　📧 電子信箱　🚌 如何前往　◎ Instagram
🕐 時間　❗ 注意事項　🚍 市區交通　◯ Line
🚫 休日　❄ 特色　ℹ 旅遊諮詢

# Welcome to Spain, Portugal and the Morocco
# 歡迎來到西葡摩

綿延遼闊的海灘、童話般的城堡、中世紀的村莊、令人驚嘆的建築，還有讓人銷魂的美食：西班牙、葡萄牙及摩洛哥的獨特魅力，很少有其他地區能與之媲美。西葡摩三國橫跨歐非兩大洲，不僅地理位置鄰近，在歷史文化上也交互影響，長久以來受基督教及伊斯蘭教潛移默化，多元文化在此交會衝擊，激盪出在建築、藝術與文化的火花，造就了風情萬種的西葡摩。

西班牙像盤色彩繽紛的調色盤，個性鮮明。首都馬德里有著皇家富麗與國際都會的明亮氣息，巴塞隆納的藝術和奇詭建築早就蜚聲國際；南部安達魯西亞蘊藏最鮮活的西班牙印象；佛朗明哥翻飛的舞裙和明快節奏，踩踏出西班牙的熱情；鬥牛場裡血脈賁張的生死交會，抓住每個屏氣凝神的視線；慶典釋放狂熱的因子，保證永生難忘。還有別忘了，西班牙還是藝術鬼才達利、畢卡索、米羅和高第的製造地。

葡萄牙在大航海時代留下了輝煌的建築與藝術，山城小鎮間隨處是羅馬遺跡、摩爾村落。首都里斯本擁有華麗裝飾的曼努埃爾式修道院，修女們的傳奇配方蛋撻，噹噹作響的黃色古董電車及情感豐沛的法朵音樂。而北方波爾圖也不惶多讓，城中遍布被藍白瓷磚裝飾著的教堂；山後地區仍保留著最傳統的鄉村生活方式，沿著杜羅河谷造訪葡萄酒產區，來一杯波特酒，沉浸在河岸浪漫醉人的風景中，就是最棒的享受。

如果嚮往更震撼的旅遊經驗，那麼充滿異域風情的摩洛哥絕對能顛覆你的想像。這座「歐洲後花園」自然景觀豐富多變，有壯闊的亞特拉斯高山、有一望無際撒哈拉沙漠、有遺世獨立的藍色山城、有濱海度假迷人港都，有古老的四大皇城，見證了歷代王朝的傳奇故事，走入迷宮般的舊城，瞬間彷如穿越時空，回到過去。本書精選了西葡摩重要旅遊景點，無論是一國或是多國遊，規畫西葡摩橫跨歐非之旅並非難事，跟著本書規劃，輕鬆就上手，西葡摩的美千萬別錯過。

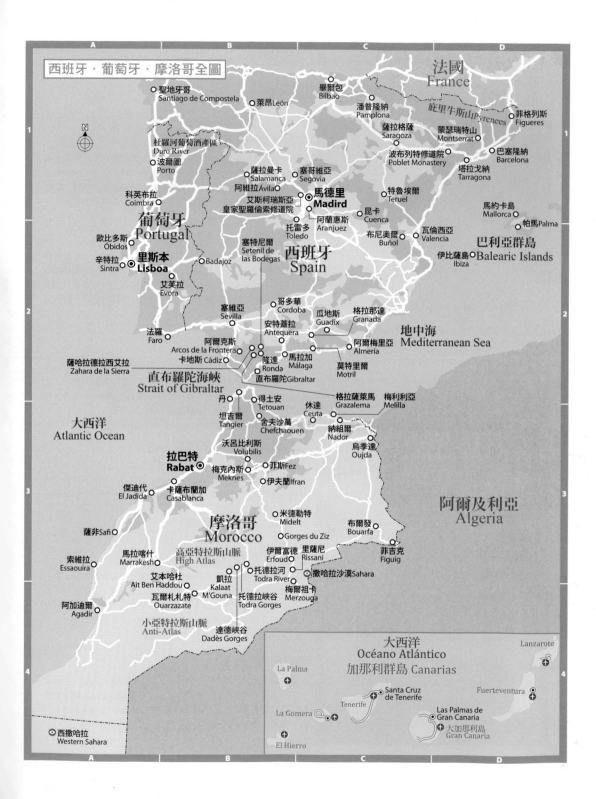

西班牙・葡萄牙・摩洛哥全圖

法國
France

N

聖地牙哥
Santiago de Compostela
萊昂 León
畢爾包
Bilbao
潘普隆納
Pamplona
庇里牛斯山 Pyrenees
菲格列斯
Figueres

杜羅河葡萄酒產區
Duro River
薩拉格薩
Saragoza
蒙瑟瑞特山
Montserrat
巴塞隆納
Barcelona

波爾圖
Porto
薩拉曼卡
Salamanca
塞哥維亞
Segovia
波布列特修道院
Poblet Monastery
塔拉戈納
Tarragona

科英布拉
Coimbra
阿維拉 Ávila
馬德里
Madird
特魯埃爾
Teruel
馬約卡島
Mallorca

葡萄牙
Portugal
艾斯柯瑞斯亞
皇家聖羅倫索修道院
阿蘭惠斯
Aranjuez
昆卡
Cuenca
帕馬 Palma

歐比多斯
Óbidos
托雷多
Toledo
布尼奧爾
Buñol
瓦倫西亞
Valencia
巴利亞群島
Balearic Islands

里斯本
Lisboa
辛特拉
Sintra
巴達霍斯
Badajoz
西班牙
Spain
伊比薩島
Ibiza

艾芙拉
Evora

塞特尼爾
Setenil de
las Bodegas
哥多華
Cordoba
地中海
Mediterranean Sea

塞維亞
Sevilla
安特蓋拉
Antequera
瓜地斯
Guadix
格拉那達
Granada

法羅
Faro
阿爾克斯
Arcos de la Frontera
隆達
Ronda
馬拉加
Málaga
阿爾梅里亞
Almería

薩哈拉德拉西艾拉
Zahara de la Sierra
卡地斯 Cádiz
莫特里爾
Motril

直布羅陀海峽
Strait of Gibraltar
直布羅陀 Gibraltar

丹
得土安
Tetouan
格拉薩萊馬
Grazalema
梅利利亞
Melilla

大西洋
Atlantic Ocean
坦吉爾
Tangier
舍夫沙萬
Chefchaouen
休達
Ceuta
納組爾
Nador
烏季達
Oujda

沃呂比利斯
Volubilis

拉巴特
Rabat
梅克內斯
Meknes
菲斯 Fez
阿爾及利亞
Algeria

傑迪代
El Jadida
卡薩布蘭加
Casablanca
伊夫蘭 Ifran

薩非 Safi
米德勒特
Midelt
布爾發
Bouarfa

索維拉
Essaouira
馬拉喀什
Marrakesh
摩洛哥
Morocco
Gorges du Ziz
菲吉克
Figuig

高亞特拉斯山脈
High Atlas
伊爾富德
Erfoud
里薩尼
Rissani

艾本哈杜
Ait Ben Haddou
凱拉
Kalaat
M'Gouna
托德拉河
Todra River
撒哈拉沙漠 Sahara

阿加迪爾
Agadir
瓦爾札札特
Ouarzazate
托德拉峽谷
Todra Gorges
梅爾祖卡
Merzouga

小亞特拉斯山脈
Anti-Atlas
達德峽谷
Dadès Gorges

大西洋
Océano Atlántico
加那利群島 Canarias
Lanzarote

La Palma

Fuerteventura

Santa Cruz
de Tenerife
Tenerife
Las Palmas de
Gran Canaria

La Gomera
大加那利島
Gran Canaria

西撒哈拉
Western Sahara
El Hierro

5

# 必去西葡摩理由

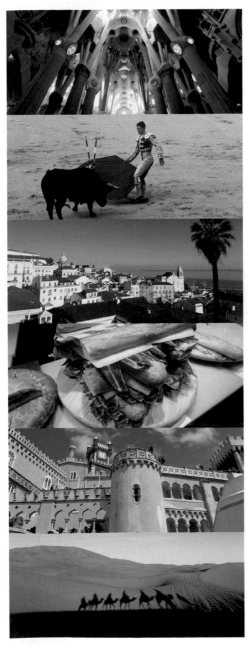

### 古今建築競技

伊比利半島上的古羅馬劇院和水道橋見證歷史，伊斯蘭和基督教文化在穆德哈爾式建築握手和解，建築大師把巴塞隆納當成畫布、在教堂裡創造森林；華麗的曼奴埃爾式建築見證了大航海時期的輝煌與哀傷，半島上的建築處處都是跨時代的經典。

### 西葡限定體驗

佛朗明哥舞動奔放熱情、鬥牛場中燃燒冒險因子、小酒館裡學當地人過悠閒生活、投入節慶活動放肆狂歡、走一段朝聖之路洗滌心靈、探索達利在超現實夢境間探索慾望、造訪米羅及畢卡索等藝術大師誕生地、聆聽法朵音樂的詠嘆，沉浸在葡式懷舊中，在靜與動之間探索生活文化。

### 百變城市風情

馬德里是最具高貴帝國風情，巴塞隆納則熱情洋溢，安達魯西亞城市則最有北非風情；波爾圖浪漫迷人，里斯本新舊並存、文藝氣息濃厚，搭上黃色電車穿梭於老城區，恣意迷路在阿爾法瑪巷弄裡的舊時光，隨手一拍都是明信片上的風景。

### 驚豔伊比利美味

陽光與海洋孕育伊比利半島的豐饒，餐桌上的風景有地中海的多變特性，海鮮飯、烤乳豬、燉牛尾、伊比利火腿、吉拿棒、雪莉酒、桑格莉亞水果酒，這種選擇困難是美好的課題。從波爾圖波特酒的起源，到里斯本蛋塔蹤跡的傳奇，伊比利半島縱橫交錯的經緯線上，是說不完的美食故事。

### 走訪世界遺產

西班牙馬德里幾乎被世界遺產古城包圍，阿爾罕布拉宮、哥多華、塞維亞大教堂和王宮、巴塞隆納的高第建築；葡萄牙的文化寶藏也不惶多讓，大航海時代的遺跡，珍寶遍佈各地；摩洛哥四大皇城、迷宮般的舊城區與古羅馬從南到北讓人歎為觀止。

### 邂逅撒哈拉

親身體驗沙漠的震撼，一窺「小王子」作者聖修伯里以及作家三毛筆下的撒哈拉沙漠，參加旅行團，在太陽緩緩落下時，騎乘駱駝翻越廣闊的沙丘，欣賞夕陽餘暉下的金黃色沙漠，夜晚入住豪華帳棚，在無光害的黑暗中仰望滿天銀河星斗。

# 旅行計畫
## Plan Your Trip

# Top Highlights of Spain, Portugal & Morocco
## 西葡摩之最

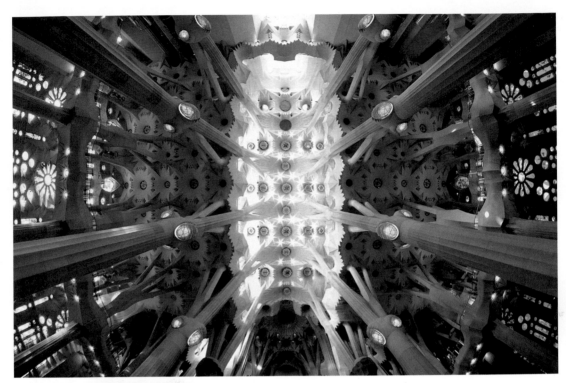

## 巴塞隆納與高第建築
## Barcelona & Works of Antoni Gaudí

　　沒參觀過高第的作品，不算到過西班牙！無論是以蒙特瑞瑟聖石山為靈感打造的聖家堂、色彩繽紛如童話世界的奎爾公園、像走進惡龍體內的巴特婁之家、或是無稜無角的波浪建築米拉之家，每一棟都是經典，即便以現代的眼光來看這些百年前的建築，仍然前衛而大膽。

　　高第的作品充滿原創力與想像力，打破建築的人工直線迷思，回歸大自然的變動曲線，使用大量的鍛鐵、陶瓷、磚瓦和石材，每個細節都獨一無二。1882年動工的聖家堂，預計於2026年完工，以紀念高第逝世百年，相信屆時將再掀起一股高第旋風。(P.125)

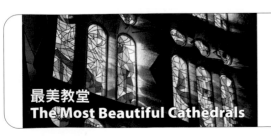

## 最美教堂
## The Most Beautiful Cathedrals

巴塞隆納．聖家堂
Sagrada Família,
Barcelona(P.125)

托雷多．托雷多大教堂
Toledo Cathedral,
Toledo(P.107)

# 古典大師與現代鬼才
# Classical Art & Modern Art

　　西班牙的藝術光彩和伊比利半島的陽光一樣豐沛耀眼，馬德里蘊藏古典與優雅，世界三大博物館之一的普拉多美術館內，埃爾 葛雷科、委拉斯奎茲和哥雅描繪17～18世紀的宗教狂熱與宮廷生活；巴塞隆納則是揮灑異想的舞台，達利用畫筆建構超現實夢境，在超現實夢境間探索慾望，畢卡索解構形象，啟蒙現代藝術，米羅則以抽象符號彩繪出童趣世界。

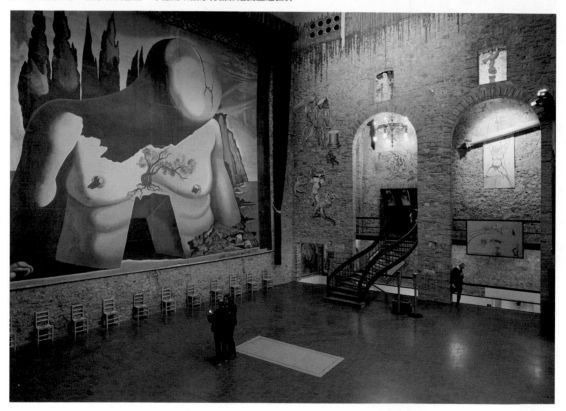

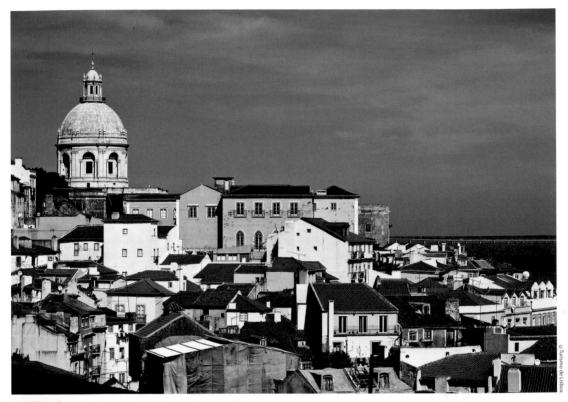

# 里斯本 Lisboa/Lisbon

　　分佈在七座小山丘上，「七丘之城」里斯本是歐洲唯一位於大西洋沿岸的首都，也是最具年輕活力的歷史古都，這裡新舊融合，風情萬種，散發著質樸的迷人魅力。走一趟阿爾法瑪(Alfama)舊城區，錯綜複雜的老巷弄迴盪著傳唱的法朵音樂，空氣中飄著烤沙丁魚的香味；城市裡，摩爾人在山丘上留下堡壘，雕刻家把海洋刻進修道院迴廊，白底藍紋磁磚拼貼歷史與故事，蜿蜒石板路的盡頭通往那片亮燦燦藍光，跳上黃色的老電車穿梭城市間，百年電車承載著里斯本的印象，穿越時間，也穿越里斯本人的生活日常。（P.190）

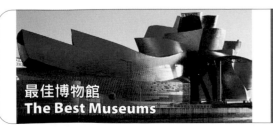

**最佳博物館**
**The Best Museums**

馬德里・普拉多美術館
Museo del Prado,
Madrid(P.88)

巴塞隆納・達利劇院美術館
Teatre-Museu Dali,
Barcelona(P. 150)

# 波爾圖與杜羅河葡萄酒產區
# Porto & Douro Wine Region

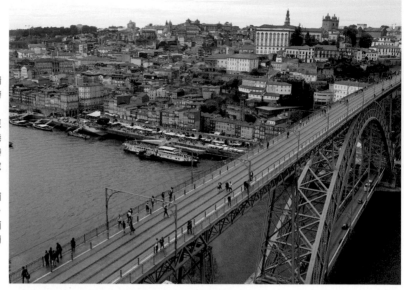

波爾圖依偎著杜羅河，展現風情萬種的姿態，路易一世大橋壯觀跨越天際，證卷交易宮恢弘氣派，教堂外牆藍白瓷磚典雅細緻，而更迷人的韻味來自於斜坡上狹窄的巷弄、陽台曬衣服的凌亂、擺滿波特酒瓶的雜貨店櫥窗和小餐廳裡的家常滋味。

這裏也是前往杜羅河上游葡萄酒區的主要門戶，搭上遊河船，品一杯波特酒，拜訪一個個淳樸的釀酒小村落、山坡層層疊疊的翠綠葡萄園…Cheers！關於波爾圖的回憶，似乎總帶著微醺與香甜。（P.226）

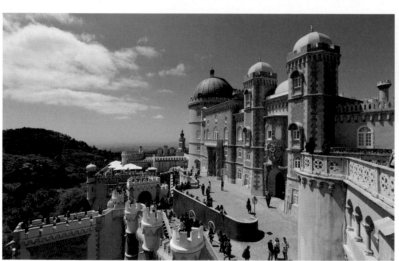

# 辛特拉Sintra

森林與冷泉包圍散落山林間的城堡宮殿，盤山而上的小鎮道路兩旁，匠心獨具的工藝品點綴繽紛，即使沒有浪漫派詩人拜倫的讚譽加持，辛特拉仍然具有超高人氣的獨特魅力。奇幻亮麗的佩娜宮是曼奴埃爾揮灑創意、調和多元文化的舞台；登上盤據山頭的摩爾人城堡遺跡，眺望遼闊風景；探訪神秘的雷加萊拉莊園，深入啟蒙井底下的地下迷宮；國家王宮用空間歷史，在天花板與磁磚間說故事；而西方不遠處，就能抵達歐洲大陸最西端。辛特拉雖然不大，每個景點個性分明，玩一整天也不無聊！（P.218）

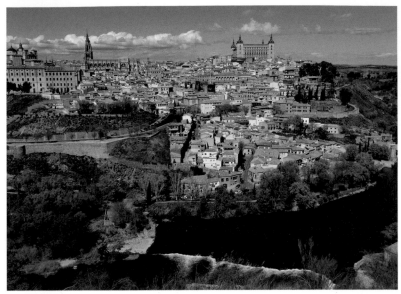

## 托雷多
# Toledo

悠久的歷史讓托雷多擁有無數的珍貴資產，特別是融合伊斯蘭教、天主教和猶太教的混血文化，擁有的「三個文化城」美譽。從Tajo河對岸遠眺托雷多，河流像條寶藍色的絲絹，圍繞著夕陽下閃著淡淡金光的小城，此刻似乎這些西班牙首都的地位、名列西班牙三大教堂之一的文化遺產、畫家葛雷科居住地的藝術光環等都不再重要，那份濃濃的中世紀風味，就足以令人迷醉。(P.104)

## 塞哥維亞
# Segovia

古城入口廣場的羅馬水道橋以層層疊疊的拱門搶走旅人驚嘆的目光，這座西班牙境內最具規模的古羅馬遺跡，巧妙運用石頭的各個角度，不需水泥或釘子的輔助，堆砌出龐大且穩固的橋身，度過2000多年歲月，堪稱人類最偉大的工程之一。穿越彷如中世紀的城鎮，山崖邊倨傲佇立的阿卡乍堡再次令人驚豔，巫師帽般的藍色尖頂讓人想起迪士尼樂園裡的《白雪公主》城堡。(P.110)

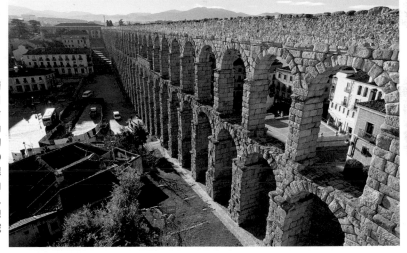

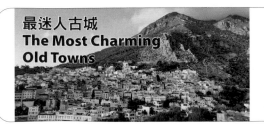

## 最迷人古城
# The Most Charming Old Towns

西班牙・塞哥維亞
Segovia, Spain (P.110)

西班牙・托雷多
Toledo, Spain (P.104)

## 吟唱命運的法朵
## Fado

　　沒有現場聽過命運之歌，就無法接觸葡萄牙的靈魂。Fado來自拉丁文「fatum」，被認為是表達葡萄牙人的宿命觀，以傳統敘事民謠為基底，19世紀初在里斯本的下層社會開始流傳，廣受歡迎後，逐漸發展成葡萄牙的「國樂」。

　　表演時一位歌者伴隨兩名樂手，分別彈奏12弦葡萄牙吉他和西班牙式吉他，一首歌就是一個故事，描述對平實生活的渴求、對逝去親人的思念、以及愛情中的背叛忌妒。即使不懂葡萄牙文，也能感受那豐沛情感，時而婉轉低迴，時而慷慨激昂。法朵在里斯本和科英布拉分別演化流傳，這兩個城市都有許多可欣賞演出的餐廳。

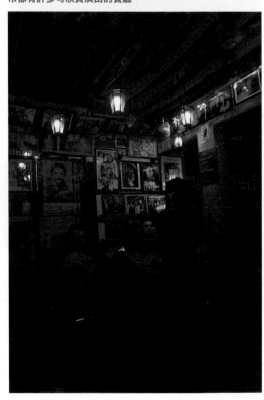

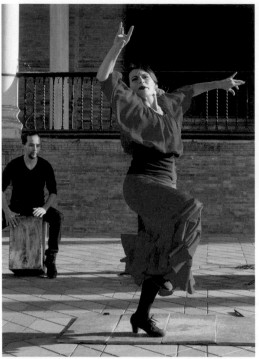

## 佛朗明哥
## Flamenco

　　「煽情」是佛拉明哥最重要的元素，集合曲調、歌聲、表情、節拍，竭盡全力撩動在場每個人的「情」緒，這就是最鮮明的西班牙文化特性。

　　15世紀，吉普賽人穿越印度、北非和歐洲，流浪至安達魯西亞定居，這種無論到哪都受人鄙視的遭遇，讓吉普賽民謠總帶有一絲哀愁憂傷，除了深深打動我們的靈魂，也隱含著吉普賽人的獨立與自傲，這類深沉歌曲(cante jondo)可以說是佛朗明哥樂曲的濫觴。

　　歌手伴隨著吉他樂曲，與一至數位舞者共同表演，曲目主要是吉普賽傳統音樂或安達魯西亞民謠，舞蹈則著重手指、手腕與腳步的動作，優秀的舞者幾乎是身體幾乎完全不動，僅靠著腳踩地起舞，伴隨手中的響板，強烈的節奏觸動人心。

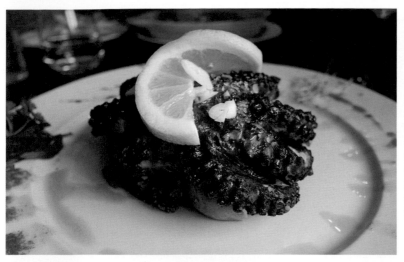

## 伊比利美食饗宴
## Gourment in Iberian

伊比利半島的美味來自終年燦爛的陽光及四周的廣闊海洋，香草、橄欖油和新鮮的在地食材是發展出多元料理的關鍵。最具代表性的首推西班牙海鮮飯，生猛海鮮、米飯和番紅花在鐵鍋中跳出澎湃且協調的舞曲，絲毫不遜色的還有各式各樣的Tapas、豬肉界的王者伊比利火腿、軟爛入味的燉牛尾、用盤子就能切開的烤乳豬、外酥內嫩的香濃葡式蛋塔、滑順甜香的波特酒等。

## 入住古堡、宮殿與修道院
## Stay in Castle、Palace and Convento

是否曾幻想入住歐洲古堡，當一夜貴族？西班牙特有的國營飯店體系Padador以及葡萄牙的Pousadas飯店體系，能為你實現願望。國營飯店將貴族古堡、領主宅邸、中世紀修道院等改裝成奢華旅宿，讓旅客入住歷史古蹟的同時，還能享受現代化的舒適設備，而這些地方通常也都坐擁絕佳美景的地理位置。其中，可以盡攬托雷多美景的Padador Toledo、格拉那達的阿爾罕布拉宮、哥多華的避暑行宮，都相當受歡迎。

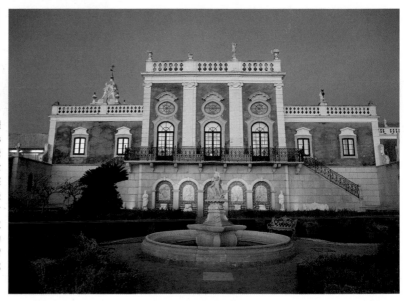

## 最佳宮殿
## The Best Palaces

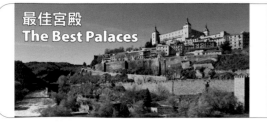

格拉那達・阿爾罕布拉宮
La Alhambra, Granada (P.171)

辛特拉・佩納宮
Sintra,Palácio Nacional da Pena(P.220)

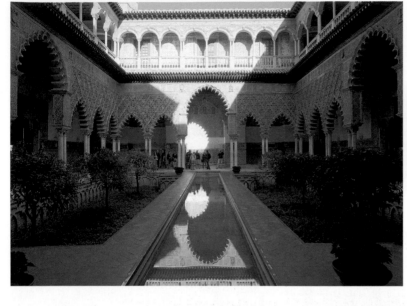

## 穆德哈爾式建築
# Mudéjar Architecture

　　安達魯西亞在北非摩爾人的統治下長達八個世紀，之後雖回到天主的懷抱，伊斯蘭文化早已深深札根，結合天主教和伊斯蘭風格的穆德哈爾式建築，在這片高低起伏的丘陵交纏出洋溢異國風情的面貌。塞維亞的阿卡乍堡層層疊疊的拱門和中庭最為經典，格拉那達則以阿爾罕布拉宮華麗的灰泥壁雕驚艷世界。

（P.159,168）

## 巴哈塔與
## 阿寇巴薩修道院
# Mosterio da Batalha and Mosteiro de Alcobaça

　　雙雙被列為世界遺產，葡萄牙的國寶-巴哈塔修道院與阿寇巴薩修道院，也是葡國歷史上最了不起的建築，這兩座伊比利半島上最迷人的哥德式建築，也是曼努埃爾式建築的極致，處處都有精緻的雕刻環繞、迴廊、未完成的教堂、訴說淒美愛情的石棺，每一個角落都讓人驚嘆，讓人彷彿進入了另一個世界。
（P.249）

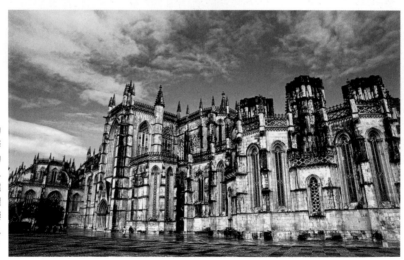

塞維亞・阿卡乍堡
Alcázar, Sevilla(P.164)

馬德里・皇宮
Palacio Real, Madrid
(P.82)

塞哥維亞・阿卡乍堡
Alcázar, Segovia(P.111)

15

## 古董電車
## Antique Tram

　跳上穿梭山丘間的黃色老電車，在上下起伏的舊城區古蹟中移動，這不僅是里斯本當地居民生活的日常，也無疑是最著名的明信片風景之一。

　可愛的鮮黃單節電車，像城市裡的慢版雲霄飛車，緩緩爬過上上下下的小山丘，輕巧轉身穿越狹窄巷弄，車廂裡，木質座椅窗框泛著經歲月洗練的溫潤光澤，車廂外，觸手可及的斑駁磁磚牆上仍見昔日風華。

　不疾不徐的速度，陽光與海風的溫度，最適合踏上一段穿梭時光的旅程，目前僅有里斯本和波爾圖還看得到百年電車身影，讓這兩個城市比其他歐洲城市多了幾分浪漫懷舊。其中，最推薦里斯本的28號電車，不但是舊城居民的交通工具，也是旅客的最愛。（P.199）

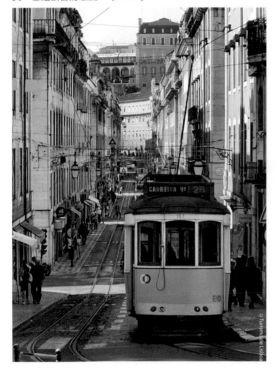

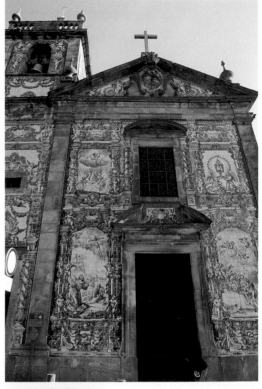

## 瓷磚畫藝術
## Azulejo

　能把瓷磚變成一門象徵國家的藝術，大概也只有葡萄牙了！稱為Azulejo的花磚最早承襲自摩爾人，以伊斯蘭風格的圖樣為主。15世紀時，磁磚藝術在西班牙的安達魯西亞地區發展，葡萄牙國王曼紐爾一世(Manuel I)造訪塞維亞，帶回磁磚彩繪，運用於辛特拉宮的裝飾。此後，葡萄牙人融入自己的藝術和技巧，將磁磚變成畫布，發展出葡式風格的瓷磚，顏色以白底藍色為主，兼有黃、綠、褐等色彩，18世紀更蔚為流行，大量運用於修道院、教堂等公共場合。現在不管走到哪個角落，各式磁磚拼貼出的城市面貌，就是葡萄牙最經典的風景，其中又以波爾圖最精彩。（P.233）

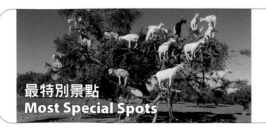

## 最特別景點
## Most Special Spots

馬德里・凡塔斯鬥牛場
Plaza de Toros de Las Ventas, Madrid(P.98)

巴塞隆納・奎爾公園
Park Güell, Barcelona (P.136)

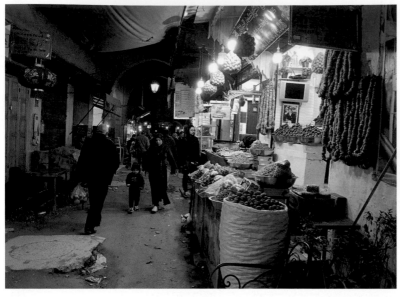

## 摩洛哥舊城區
# Medinas in Morocco

摩洛哥除了四大皇城菲斯、馬拉喀什、拉巴特及梅克內斯,其他如索維拉、舍夫沙萬等各個城市都有神奇的舊城區(Medina),舊城區內巷弄錯綜複雜宛如迷宮,因早期為了迷惑敵人而設計,在法國殖民時期所幸獲得保留,後來在舊城區旁另建新城區。每座城市都有其獨特的氛圍,其中古城菲斯擁有1200多年歷史,規模最大、保存最完整,除了是歷史古蹟的所在,也是感受當地人民日常最好的去處。

## 撒哈拉沙漠騎駱駝
# Camel Trekking in the Sahara Desert

跟隨昔日穿越沙漠,運送黃金和鹽的駱駝商隊路線,見識撒哈拉的魅力與魔幻!摩洛哥位於撒哈拉沙漠的邊緣,境內的沙丘與綠洲對旅行者來說有著巨大的吸引力,其中以擁有美麗景色的切比與奇加加沙丘最受歡迎。遊客們可以在夕陽餘暉中騎著駱駝進入沙漠,在寂靜無聲且無光害的黑夜裡仰望星空,在豪華帳篷中進入夢鄉,隔日欣賞沙漠日出的美景。(P.294)

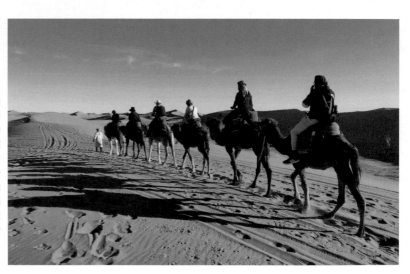

巴塞隆納・蒙瑟瑞特山
Montserrat, Barcelona
(P.149)

哥多華・清真寺
Mezquita–Catedral,
Córdoba(P.179)

索維拉・羊上樹
Essaouira, Morocco
(P.285)

# Top Itineraries of Spain,Portugal & Morocco
# 西葡摩精選行程

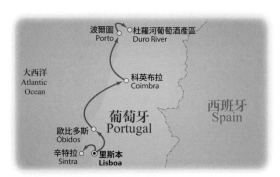

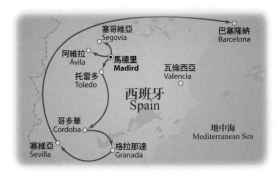

## 葡萄牙精華全覽8天

●行程特色

　　雖然說葡萄牙的面積不大，但每個區域、城市各有特色。首都里斯本最能看出大航海時代的光榮痕跡，以里斯本為出發點，被森林包圍的宮殿城市辛特拉、以人骨禮拜堂聞名的艾芙拉、浪漫婚禮小鎮歐比多斯等都在1~2小時的車程中，可以自行選擇所愛小鎮彈性安排一日遊；行程繼續北上，古老的大學城科英布拉、波特酒的故鄉波爾圖也各有風味。從南到北的行程，可說是一趟蒐集世界文化遺產之旅。

●行程內容

**Day 1**：里斯本Lisboa
**Day 2**：里斯本Lisboa(貝倫區Belém)
**Day 3**：里斯本Lisboa→辛特拉Sintra
**Day 4**：里斯本Lisboa→歐比多斯Óbidos
**Day5**：歐比多斯Óbidos→科英布拉Coimbra
**Day6**：科英布拉Coimbra→波爾圖Porto
**Day7**：波爾圖Porto→杜羅河葡萄酒產區Duro River
**Day8**：波爾圖Porto

## 西班牙經典風情12天

●行程特色

　　一口氣玩遍西班牙經典路線，走遍中部高原、安達魯西亞和東部海岸的重點城市，適合第一次前往西班牙的旅人，以國土中心的首都馬德里為起點，挑選周圍城市一日遊，沉浸中世紀的古樸氣氛中，而後南下安達魯西亞，融合天主教與伊斯蘭文化的穆德哈爾式建築令人驚嘆，最後以巴塞隆納的現代藝術和高地的建築作為完美句點，細細感受西班牙各區的特色與差異。

●行程內容

**Day 1**：馬德里Madird
**Day 2**：馬德里Madird→塞哥維亞Segovia
**Day 3**：馬德里Madird→托雷多Toledo
**Day 4**：馬德里Madird→阿維拉Ávila
**Day 5**：馬德里Madird→哥多華Cordoba
**Day 6**：哥多華Cordoba→格拉那達Granada
**Day 7**：格拉那達Granada→塞維亞Sevilla
**Day 8**：塞維亞Sevilla
**Day 9**：塞維亞Sevilla→巴塞隆納Barcelona(飛機)
**Day 10**：巴塞隆納Barcelona
**Day 11**：巴塞隆納Barcelona
**Day 12**：巴塞隆納Barcelona

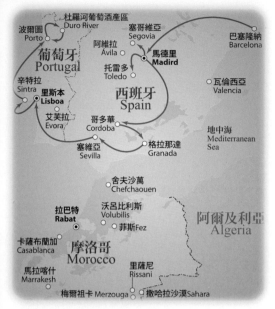

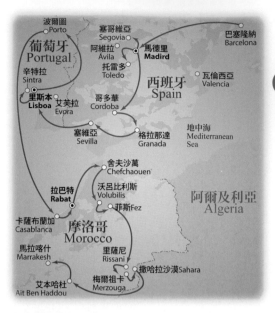

# 精釀西葡風情15天

●行程特色

適合第一次前往伊比利半島，想要初步瞭解西葡兩國的旅人。行程囊括西班牙首都馬德里、鬼才高第的藝術之都巴塞隆納和中部高原的特色小山城，在西班牙南部安達魯西亞三大城市感受最濃厚的西班牙風情後，飛往葡萄牙拜訪花磁磚、老電車和曼努埃爾建築交織出的里斯本韻味、彌漫波特酒甜香的波爾圖。

●行程內容

**Day 1**：巴塞隆納Barcelona
**Day 2**：巴塞隆納Barcelona
**Day 3**：巴塞隆納Barcelona →馬德里Madird
**Day 4**：馬德里Madird
**Day 5**：馬德里Madird→塞哥維亞Segovia
**Day 6**：馬德里Madird→托雷多Toledo
**Day 7**：馬德里Madird→哥多華Cordoba
**Day 8**：哥多華Cordoba→格拉那達Granada
**Day 9**：格拉那達Granada→塞維亞Sevilla
**Day10**：塞維亞Sevilla→里斯本Lisboa(飛機)
**Day11**：里斯本Lisboa
**Day12**：里斯本Lisboa→辛特拉Sintra
**Day13**：里斯本Lisboa→波爾圖Porto
**Day14**：波爾圖Porto→杜羅河葡萄酒產區Duro River
**Day15**：波爾圖Porto

# 西葡摩深度22天

●行程特色

一次納入西葡摩精華景點，體驗南歐風情後深入北非撒哈拉。行程將造訪西班牙：馬德里、巴塞隆納、安達魯西亞；葡萄牙：里斯本、波爾多；摩洛哥：三大皇城及撒哈拉沙漠。摩洛哥環遊行程可順時針或逆時針，建議先找好旅伴安排當地有導遊(司機)的包車旅遊行程更為省時省力。

●行程內容

**Day 1- Day 2**：巴塞隆納Barcelona
**Day 3**：巴塞隆納Barcelona →馬德里Madird
**Day 4**：馬德里Madird
**Day 5**：馬德里Madird→塞哥維亞Segovia
**Day 6**：馬德里Madird→托雷多Toledo
**Day 7**：馬德里Madird→哥多華Cordoba
**Day 8**：哥多華Cordoba→格拉那達Granada
**Day 9**：格拉那達Granada→塞維亞Sevilla
**Day10**：塞維亞Sevilla→里斯本Lisboa(飛機)
**Day11**：里斯本Lisboa
**Day12**：里斯本Lisboa→辛特拉Sintra
**Day13**：里斯本Lisboa→波爾圖Porto
**Day14**：波爾圖Porto
**Day15**：波爾圖Porto →卡薩布蘭加Casablanca(飛機)
**Day16**：卡薩布蘭加Casablanca →拉巴特Rabat →舍夫沙萬Chefchaouen
**Day 17**：舍夫沙萬Chefchaouen →沃呂比利斯Volubilis →菲斯Fez
**Day18**：菲斯Fez → 里薩尼Rissani →梅爾祖卡Merzouga
**Day19**：梅爾祖卡Merzouga →撒哈拉沙漠Sahara
**Day20**：撒哈拉沙漠Sahara →艾本哈杜Ait Ben Haddou →馬拉喀什Marrakesh
**Day21- Day22**：馬拉喀什Marrakesh

# When to go
# 最佳旅行時刻

西班牙是僅次於瑞士、地勢第二高的歐洲國家，地貌以山地和高原為主，雖然平均海拔600公尺，但是夏季各地炎熱。春季和秋季是旅遊最好的季節，春季適合遊覽安達魯西亞及地中海沿岸，秋季全國都涼爽溫和、陽光充沛，冬季時在北部和南部高山可從事滑雪運動。同樣位於伊比利半島上的葡萄牙春季則較多雨，最佳時節是6~9月，氣候宜人、內陸乾燥，節日和活動也大多集中此時，處處感受到度假的歡樂氣氛。而位於非洲大陸最北端的摩洛哥地形有高山、高原、平原及沙漠，夏季炎熱，3~4月常有沙塵暴，最佳旅遊季節為春季及秋季，11~3月為旅遊旺季。

## 西葡摩旅遊季節

### 葡萄牙Portugal

北部屬於北大西洋季風氣候，因地勢和緯度較高，夏季涼爽、冬季雖然寒冷，但還是比歐洲其他地區溫和。海岸地區較潮濕，特別是2~3月和10~12月較多降雨。波爾圖與沿海地區氣候較潮濕，秋季至隔年春季是雨季，天氣不太穩定，特別是2~3月和10~12月較多降雨。9月是北部山後地區葡萄收穫的季節，適合乘船遊杜羅河。中南部地區則屬於熱帶地中海型氣候，乾季長，沿海地區受到海洋的影響，氣溫顯得較為溫和濕潤，一整年都適合旅遊，10月是觀浪的時機，如果在春末秋初(4~6月和9月)前往，則可避開夏季的高溫。南部的阿蓮特茹地區，夏季內陸地區炎熱乾燥，日夜溫差可能高達10度以上，最好攜帶薄外套。10~11月的秋季進入雨季，氣候較不穩定，冬季雖然也下雨，但氣溫大約10度左右，依然舒適。

### 摩洛哥Morocco

氣候四季分明，6~9月為乾季，雨季一年有2次，分別為4~5月及10~11月，北部沿海地區如丹吉爾等城市屬地中海氣候，氣候溫暖宜人，但乾季時平均氣溫可達30℃以上，12~3月氣候較為溫和。大西洋沿岸地區的卡薩布蘭加、拉巴特、索維拉等海港城市氣候溫暖，夏季氣溫較高但有海風調節顯得較為涼快。位於亞特拉斯山脈下的馬拉喀什，夏季乾燥且炎熱，氣溫可達40℃以上，冬季白天氣溫最高約20℃左右，清晨與傍晚氣溫驟降會變得特別涼。中南部沙漠地區，春季常有沙塵暴，夏季酷熱，白天高溫可達45℃以上，冬季白間氣溫則可達20℃左右，但日夜溫差大，夜間需注意保暖，11~3月是旅遊旺季。

## 西班牙Spain

巴塞隆納與東部海岸地區為溫帶地中海型氣候，是夏季避暑和冬季避寒的好地方，溫暖但雨量不多。只是瓦倫西亞一帶7~8月相當炎熱，有時氣溫會超過40℃，一定要做好防曬準備，並避免中午陽光直射時在太陽下活動。首都馬德里與中部高原中部則屬於溫帶大陸性氣候，雨量比較少，冬季寒冷，夏季炎熱少雨，日夜溫差可達20℃。夏天時，日照強烈，建議戴帽子，但夏天晚上稍涼，也需帶薄外套。冬天就一定要準備足夠的禦寒衣物。南邊的安達魯西亞從春季到秋季都是適合旅行的地中海型氣候。6月向日葵田盛開，是最美的季節，但是7~8月的塞維亞和多哥華地區溫度可能超過40℃。加那利群島屬亞熱帶氣候，全年均溫18~24℃。

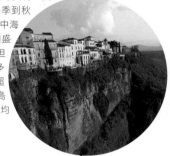

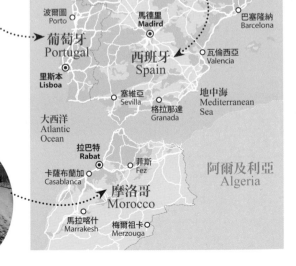

波爾圖 Porto
馬德里 Madird
巴塞隆納 Barcelona
葡萄牙 Portugal
西班牙 Spain
瓦倫西亞 Valencia
里斯本 Lisboa
塞維亞 Sevilla
格拉那達 Granada
地中海 Mediterranean Sea
大西洋 Atlantic Ocean
拉巴特 Rabat
菲斯 Fez
阿爾及利亞 Algeria
卡薩布蘭加 Casablanca
摩洛哥 Morocco
馬拉喀什 Marrakesh
梅爾祖卡 Merzouga

# 西葡摩旅行日曆

　　西班牙與葡萄牙除了全國性的國定假日外，每個城市有自己的守護聖徒慶祝活動，各自治區有各自的規定假日，還有大大小小的宗教節慶。幸好，大部份景點和博物館只在新年、勞動節和耶誕節等全國性的重要節日公休，對旅客影響不大，且熱鬧的節慶主要集中在春夏季。摩洛哥假日受伊斯蘭教影響，兩大主要宗教節日為開齋節及宰牲節，是全國性假日，期間大眾交通工具會暫停或改變營運時間，假日前後一星期左右，因摩洛哥人大舉返鄉，大眾交通工具上常人滿為患。

## 西班牙

| 月份 | 日期 | 名稱 | 地區 | 內容 |
|---|---|---|---|---|
| 1 | 1 | *新年 | 全國 | |
| | 6 | *主顯節Epifanía | 全國 | 天主教重要節慶，又稱「三王節」，為慶祝耶穌降生為人後，首次顯現於全人類面前。1月5日下午，各城鎮會舉辦三王朝聖遊行。 |
| | 17 | 聖安東尼節 Fiestas de San Antonio Abad | 全國 馬約卡島 | 許多地方有和動物相關的慶祝活動。馬約卡島會在島上各地生火，以樂隊和民俗舞蹈炒熱氣氛。 |
| 3 | 15～19 | 火節Las Fallas | 瓦倫西亞 | 有燃鞭炮、放煙火、遊行、向聖母獻花等活動，高潮是在19日午夜焚燒大型人偶(Fallas)。 |
| 4 | 2～8（復活節前一週） | **聖週 La Semana Santa | 全國 | 各地都有遊行，主題有猶大背叛耶穌、耶穌釘在十字架、聖母悲傷守護愛子等，以以塞維亞、昆卡、馬拉加等地活動特別值得一看。 |
| | 6 | ***聖週四 Holy Thursday | 全國，除了加泰隆尼亞 | |
| | 7 | ***耶穌受難日 Good Friday | 全國 | 復活節前的星期五，紀念耶穌在加爾瓦略山被釘上十字架和他的死亡。 |
| | 23 | 聖喬治節 | 巴塞隆納 | 屠龍救公主的聖喬治是加泰隆尼亞地區的守護聖人，中世紀時的這天會送玫瑰花給心愛的女人，後來演變成加泰隆尼亞地區的情人節。 |
| | 23～29（聖週結束後的第二週） | **春會 Feria de Sevilla | 塞維亞 | 原是安達魯西亞省每年春、秋兩季的趕集活動，中世紀時發展成全國性節慶，當地人在春會期間穿上傳統服裝遊行、跳舞、飲酒。 |
| 5 | 1 | *勞動節 | | |
| | 2～14 | **中庭節 Festival de los Patios | 哥多華 | 安達魯西亞省的建築中庭最能展現出其曾受伊斯蘭教統治的影響，50多座中庭會在此期間妝點大量鮮花，以角逐獎項。 |
| 6 | 8 | **聖體節 Corpus Christi | 全國 | 復活節之後的第9個週四，在教堂附近使用鮮花排出圖案，以托雷多最為盛大。 |
| | 23 | 聖胡安節 San Juan | 全國 | 6月23日是一年之中晚上最短的一天，又稱為「仲夏節」，為西班牙最熱鬧的節慶之一。廣場上會施放煙火，並堆起篝火，將廢棄家具丟入燃燒，並跳過火堆許願。 |
| 7 | 6～14 | 奔牛節 Fiesta de San Fermín | 潘普洛納 Pamplona | 世界上最瘋狂的節日之一，參加者需穿著當地傳統的白衣白褲，配戴紅領巾，白天活動的高潮是讓公牛在往鬥牛場的路上追著一群不怕死的勇士，晚上則邀請各地鬥牛士於鬥牛場中正式表演。 |
| 8 | 15 | *聖母升天節Assumption | | |
| | 30（8月最後一個週三） | **番茄節La Tomatina | 布尼奧爾 Buñol | 瓦倫西亞附近小鎮的節日，因為活動獨特而出名。早上進行爬竿比賽，接近中午時，所有人便開始瘋狂互擲番茄。 |
| 9 | 20～24 | 聖梅爾塞節 Fiesta de la Mercè | 巴塞隆納 | 慶祝守護聖母梅爾塞的節日，除了人體疊塔、大型人偶遊行，還有戲劇和音樂表演。 |
| 10 | 12 | *國慶日 | | |
| 11 | 1 | *諸聖節All Saints Day | | |
| 12 | 6 | *憲法日 | | |
| | 8 | *聖母無原罪日 Immaculate Conception | | |
| | 25 | *聖誕節 | 全國 | 12月初開始，各城市主廣場就有大大小小的耶誕市集，不同於其他歐洲國家，西班牙的宗教色彩較強烈，攤位多販售耶誕樹裝飾和耶穌降生的馬廄佈置。 |

*全國法定的國定假日　**上表為2023年日期，節慶日期每年異動　***國定假日且日期每年變動

## 葡萄牙

| 月份 | 日期 | 節日名稱 | 説明 |
|---|---|---|---|
| 1 | 1 | *新年 | |
| 3 | 上旬 | 國際巧克力節 | 每年3月上旬,歐比多斯(Óbidos)會舉辦為期兩周的巧克力慶典。 |
| 4 | 7 | ***耶穌受難日 Sexta Feira Santa | 復活節前一個星期五 |
| | 9 | ***復活節 Páscoa | |
| | 25 | 自由紀念日 Dia da Liberdade | 紀念里斯本的一場和平軍事政變,成功結束薩拉查獨裁政權,開啟葡萄牙的自由民主,又稱為康乃馨革命。 |
| 5 | 1 | *勞動節 | |
| 5 | 19~26 | 燃帶節 Queima das Fitas | 科英布拉(Coimbra)大學的畢業生們,燃燒各個學院的捆書帶,有傳統歌舞表演與遊行。 |
| 6 | 第1個週末 | 聖貢薩洛節 Festa de Sao Goncalo | 小鎮阿瑪蘭特(Amarante)為聖貢薩洛舉辦的慶典,有遊行、市集與煙火慶典。 |
| 6 | 10 | *國慶日 | |
| | 13 | 聖安東尼節 Festa do Santa Antonio | 里斯本守護聖人聖安東尼的逝世紀念日,從聖安東尼教堂出發的遊行隊伍,浩浩蕩蕩繞行阿爾法瑪老城區和自由大道,全市都在烤沙丁魚,又稱「沙丁魚節」。 |
| | 8 | **聖體節 Corpo de Deus | 耶穌復活日起的第9個週四 |
| | 24 | 聖約翰節 Festas de Sao Joao | 波爾圖的城市節慶,舉行盛大的街頭狂歡 |
| 8 | 15 | *聖母升天節 Festa da Assunç o | |
| 10 | 5 | *共和國日 (Dia da Instauraç o de República | |
| 11 | 1 | *萬聖節 Dia de Todos os Santos | 天主教和東正教都有的節日。 |
| 12 | 1 | *光復節 Dia da Restauraç o | |
| | 8 | *聖母無原罪日 Imaculada Conceiç o | 慶祝聖母瑪利亞獲得無原罪的恩賜 |
| | 25 | *聖誕節 | |

*全國法定的國定假日 **上表為2023年日期,節慶日期每年異動 ***國定假日且日期每年變動

## 摩洛哥

| 月份 | 日期 | 節日名稱 | 説明 |
|---|---|---|---|
| 1 | 1 | *新年 | |
| | 11 | *獨立宣言日 | |
| 4 | 22 | ***開齋節 Eid ul Fitr | 依伊斯蘭曆而定之全國性假日,慶祝長達一個月的齋月結束,也稱小節,為期4天的節日以扁豆湯開始,還有椰棗等食物慶祝。 |
| 5 | 1 | *勞動節 | |
| 6 | 29 | ***宰牲節 Eid ul Adha | 依伊斯蘭曆而定之全國性假日,也稱作大節,為期3天,可看到自家或公開的宰牲獻祭儀式。 |
| 7 | 19 | ***伊斯蘭教新年 | |
| 7 | 30 | *登基日 | 紀念穆罕默德六世登基 |
| 8 | 14 | *回歸日 Anniversary of the Recovery Oued Ed-Dahab | 慶祝摩洛哥收復南部曾被茅利塔尼亞佔領的地區 |
| 8 | 20 | *國王與人民革命日 | 紀念穆罕默德五世在1953年被法國流放 |
| 8 | 21 | *青年節 | 慶祝穆罕默德六世誕辰 |
| 9 | 27 | ***先知穆罕默德誕辰 | |
| 11 | 6 | *綠色進軍紀念日 Green March Day | 紀念1975年11月取得西撒哈拉的綠色進軍 |
| 11 | 18 | *獨立紀念日 | 紀念脫離法國統治而獨立 |

*全國法定的國定假日 **上表為2023年日期,節慶日期每年異動 ***國定假日且日期每年變動

# Transportation in Spain,Portugal,Morocco
# 西班牙、葡萄牙及摩洛哥交通攻略

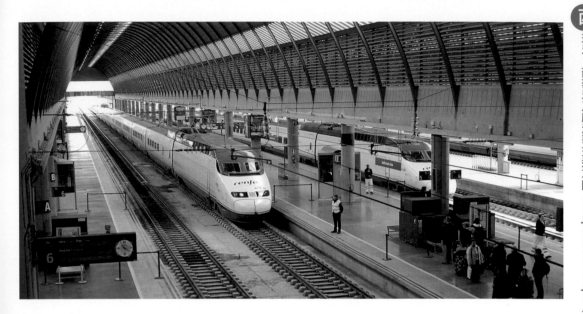

## 西班牙 Spain

### 飛機

　　西班牙境內的飛航網發達，各區主要城市周圍都有機場，搭飛機往來境內，航程均只需1個多小時，提早購票的話，廉價航空的早鳥票甚至比火車票便宜。雖然飛機的移動效率很高，也別忘了把市區到機場的交通時間和成本算進去，所以，除非是塞維亞前往巴塞隆納這種長程移動，搭飛機不見得比較快。此外，即使是國內線，依然建議提前2小時到機場。

　　除了西班牙航空Iberia以外，其他廉價航空包括：Vueling、Volotea、Ryanair、Air Europa、Easy Jet。關於西班牙各地機場、航線、機場至市區交通等，可多利用AENA網站。

🌐 www.aena.es

### 鐵路系統

　　西班牙的鐵路網絡健全，跨區交通也多有高速火車，列車乾淨舒適，雖然偶有誤點狀況，整理來說，利用火車旅行西班牙仍然是最方便又有效率的選擇。

#### ◎西班牙國營鐵路RENFE

　　西班牙的鐵路系統是由西班牙國家鐵路局(Red Nacional de Ferrocarriles Españoles或Spanish National Railways，簡稱RENFE)負責規畫，交通網還算密集，遊客除了購買西班牙火車票在境內進行火車旅遊外，亦可經由歐洲其他城市，搭乘跨國火車進入西班牙各城鎮。各大城市之間的銜接都能利用鐵路往返，此外，各區也有地區火車行駛小鎮間；唯一美中不足的是，區域火車班次有限，一些較偏遠的小鎮仍須轉搭公車才能抵達。

#### 高速火車AVE和AVANT

　　全名為「西班牙高速火車」(Alta Velocidad Española)的AVE，最快時速可達300公里以上，行

駛於專用軌道上，和一般西班牙火車採用的寬軌軌道不同，行駛於馬德里、塞維亞、馬加拉、巴塞隆納、瓦倫西亞、萊昂等地，共11條路線。同樣使用高速火車的中程火車則是AVANT。

不管AVE或AVANT都是對號座。此外，搭乘高速火車火車前，要在車站先行檢查護照和車票，而驗票口在火車駛離前2分鐘就會關閉。

## 長程特快列車Larga Distancia

西班牙長程火車種類繁多，根據行駛的地區和路線不同，分成不同車種，服務和設備類似，但無論是搭乘下述哪一種，都必須事先訂位。

ALARIS、ALTARIA、ALVIA、Euromed和TALGO：時速大約都可達200公里，分為頭等艙(Preferente)和普通艙(Turista)。頭等艙可享迎賓飲料、免費報紙、以及送餐到位等服務，座位每排為2人/1人；普通艙則可以欣賞影片或是聆聽音樂，座位每排為2人/2人。

AV City：為支援AVE、票價較為便宜的火車分線，目前有「馬德里－馬拉加」、「馬德里－塞維亞」、週四至週日行駛的「馬德里－薩拉戈薩」以及週五至週六行駛的「馬拉加－瓦倫西亞」共4條線，分為Turista車廂和Turista Plus車廂。

火車旅館(Trenhotel)：屬於頂級夜車，行駛路線分為西班牙境內與國際路線，境內主要往來於馬德里到Ferrol之間，以及巴塞隆納到北部加利西亞地區Vigo之間；國際主要往來於馬德里到葡萄牙里斯本之間。TRENHOTEL提供臥鋪房間鑰匙，Grand ClasssBerth擁有整套獨立衛浴；First Class Berth則為1或2人一室，配備洗手台；4人一室的Standard Class也同樣配備洗手台。至於座位艙等也分頭等和普通兩種。

## 中程火車MD

地區火車是行駛於大城市與地方城鎮間的火車，主要分布在西班牙中部、安達魯西亞、加泰隆尼亞以及加利西亞等地區，該火車分為快速火車(Regional Express或TRD)和普通火車(Regional)兩種，像是從馬德里前往塞哥維亞，或是巴塞隆納前往菲格列斯，都屬於地方火車的營運範圍，其中像是TRD這類快速地

區火車必須事先預訂座位，普通的地區火車則不必。

## 近郊火車Cercanías

近郊火車主要行駛於大城市及其近郊，像是從馬德里前往艾斯科瑞亞皇宮，或是從阿托查火車站前往查馬丁火車站等等，班次相當頻繁，且每條路線均有固定月台，一般為通勤使用，有時也可取代地鐵，穿行於城市間。搭乘郊區火車採自由入座方式，不必訂位。

## ◎票券種類

### 火車通行證

旅程上若移動天數較多，最優惠且方便的方式就是擁有一張火車通行證，不僅一票到底，免去每站購票的麻煩，還可享有當地其他小火車、市區交通、渡輪的優惠，或免費遊覽行程和城市旅遊卡。

適用於西班牙的單國通行證有2種：「西班牙火車通行證」、「Renfe西班牙火車通行證」。前者可在通行證使用日不限次數搭乘Renfe和FEVE的所有車種，但搭乘長程特快列車、高速火車和臥鋪火車必須訂位，並額外付訂位費；Renfe通行證為電子票券，本身無法直接乘車，憑券可免費訂購所有包括AVE在內的中長途西班牙國鐵火車票(不包含夜車和法西高速列車)，不需另外支付訂位費用。雖然Renfe通行證的票價高出許多，但高速火車和長程特快列車的訂位費用也相當高，所以若搭車的機會都是長程移動，就要精算一下那種票券較划算，若同時旅遊歐洲多國，則建議購「全歐33國火車通行證」。

由於通行證的發售對象為入境旅客，因此無法在西班牙境內買到，必須先在台灣向有代理歐鐵票務的旅行社購買。國內由飛達旅行社代理，可至其官網查詢訂購，或直接撥打專線電話聯絡。

飛達旅遊
☎02-8161-3456
🌐www.gobytrain.com.tw
◎搜尋 @gobytrain

## ◎如何使用通行證

目前皆採電子票證，必須在第一次搭火車前或使用優惠前，啟用火車通行證，方法很簡單，只要下載並開啟 Eurail Rail Planner App，輸入姓氏、通行證號碼，即可點選啟用(activate)。若不知如何使用，在向

西班牙火車通行證票價一覽表 (以下為2023年參考價格，即時票價請上網確認)

| 效期 | 票種 艙等 | 成人個人票 頭等艙 | 成人個人票 普通艙 | 青年個人票 頭等艙 | 青年個人票 普通艙 | 熟齡個人票 頭等艙 | 熟齡個人票 普通艙 |
|------|------|------|------|------|------|------|------|
| 彈性 | 1個月任選3天 | 227 | 179 | 182 | 155 | 204 | 161 |
| 彈性 | 1個月任選4天 | 263 | 207 | 210 | 180 | 237 | 186 |
| 彈性 | 1個月任選5天 | 294 | 232 | 235 | 201 | 265 | 209 |
| 彈性 | 1個月任選6天 | 323 | 254 | 258 | 221 | 291 | 229 |
| 彈性 | 1個月任選8天 | 374 | 295 | 299 | 255 | 337 | 266 |

＊西班牙火車通行證票價不含訂位、餐飲及睡臥鋪之費用、Renfe不含餐飲及臥鋪。
＊青年票適用於啟用通行證搭乘火車第一天仍未滿28歲之青年。
＊熟齡票適用乘車時已滿60歲。

(歐元)

飛達旅遊購票後，會收到完整的電子票證使用教學，也可透過 LINE (@GoByTrain) 向飛達旅遊顧問諮詢。凡是搭乘晚上7點後出發、翌日凌晨4點後抵達的夜車，需在火車通行證上填入班車抵達日期而非出發日期。並須確認抵達日仍在火車通行證的有效日期內。

## 點對點火車票

如果只需搭乘1~2段火車，或多為區域間短程移動，購買點對點車票就已足夠。火車票可在火車站或官方網站上購得，如果只是搭乘近郊鐵路或普通地方火車，由於不需訂位，直接在車站的自動售票機購買即可，可避免售票窗口大排長龍的時間。售票機大多為觸控式螢幕設計，可選擇英文操作介面。購買AVE、長程特快列車等60天以內的來回票，可享20％的折扣，購票時需確定回程時間，但可以免費換票。各項折扣可上官網查詢，必須注意的是，優惠票在退票方面限制較多。

## ◎如何購買車票

### 國鐵網站

西班牙國鐵網站有英文介面，無論查詢或購票都非常方便。若是需要訂位的車種，票價計算會包含訂位費用，提早2~3個月購票都有早鳥優惠，不需註冊即可線上購票訂位，註冊的好處是可以查詢記錄、累積積分、修改或取消車票。

由於部分大城市擁有不只一個火車站，因此搭乘不同種類的火車可能會停靠不同火車站，如果想查詢停靠火車站，可點選火車班次，便會出現起迄車站及沿途停靠各站。

### 西班牙國鐵RENFE

www.renfe.com

### 票務櫃檯

售票口通常會分為當日出發或預售票兩種窗口，必須先抽取號碼牌等候服務，由於西班牙列車種類與票價十分複雜，建議將想前往的目的地與日期寫在紙上，交由服務人員參考。

## ◎乘車注意事項

### 找對車站

在馬德里、巴塞隆納等大城市擁有不只一座火車站，前往不同的目的地，需從特定的車站出發；有時即使同一個目的地，高速列車和中程火車的出發站就不一樣，所以買票時要先確認清楚。

### 查看時刻表

不論是否需要當場購票，進到火車站裡，時刻表是你要找尋的主要目標。每座火車站的大廳內都設有電子時刻表，上面顯示即將進站和離站的列車班次，會顯示車種、離站時間以及目的地，最重要的是可以看到列車的進站月台號碼。

### 檢驗車票及行李

在西班牙搭乘Avant、AVE等級的高速火車和長程特快夜車，不但會驗票、驗護照，行李還需通過X光檢驗，嚴謹的過程僅次於搭飛機，搭車請預留多些時間，以免太匆忙導致錯過班次。

### 找到月台並確認列車及車廂

每座月台也都設有電子看板，上面顯示即將停靠列車的車號、發車時刻及目的地，進入月台後不妨再次確認。

### 乘車

車門不一定會自動開啟，如果車門關著，記得要壓下車門上的按鈕，車門才會打開。

## 查票及到站

除了大車站以外，火車月台大多無設置車票閘門，任何人都可隨意進出，但在列車上一定會遇到查票員，因此絕對不要抱持僥倖心態搭霸王車，被抓到的話要繳納高額罰款。若搭乘須訂位火車，查票時要同時出示訂位車票或收據。

大部分車廂前方會有螢幕顯示即將到站的站名與時刻，稍加留心應該就不會坐過站。

# 長途巴士

長途巴士最大的優勢在於票價低廉，且幾乎遍及全國，在沒有鐵路到達或班次不多的區域，巴士有效彌補了城鎮和景點間的往來交通。

西班牙的長途巴士班次密集、路線廣且車輛新穎，中短程的移動，也不比火車慢。車票可在巴士總站(Estación de Autobuses)或是巴士公司的網站上購買，巴士總站通常有好幾間巴士業者進駐，並擁有各自的售票窗口，購票時建議把起訖點和日期先寫在紙上，直接給售票人員，必較不會出錯。雖然巴士通常不會坐滿，但若是旅遊旺季或是熱門路線，建議還是提早購票。此外，週末和節日的班次會大幅減少。

## ◎主要巴士業者

需注意的是，像馬德里這種大城市，不同的巴士業者根據不同目的地，還會有不同的巴士總站，購票及搭車前可於官網查詢或至當地遊客中心詢問。

### Alsa

西班牙最大的巴士公司，路線涵蓋全國各地，也有跨國巴士路線，可搭乘巴士前往葡萄牙、法國，部分班次還有提供免費Wifi及車上影音娛樂設備。

🌐www.alsa.es

### Avanza

集團成立於2002年，當時整合Auto Res、Tuzsa、Vitrasa等3加巴士公司而成立。主要行駛於中部高原、銀之路和西部海岸等地，包含馬德里、薩拉曼卡、梅里達、瓦倫西亞等。

🌐www.avanzabus.com

### Damas

安達魯西亞地區的另一間主要巴士公司。

🌐www.damas-sa.es

# 租車自駕

西班牙大致上路況都算良好，除了靠近大城市的都會區域以外，交通順暢不雍塞，高速公路遍及各地，安達魯西亞的白色小鎮區域，火車和巴士的班次都不多，自駕能讓行程更彈性。但是許多老城區都禁止車輛通行，或是遍佈狹小的單行道，相當考驗開車技術。

## ◎在哪裡租車

機場都有租車公司櫃檯進駐，雖然在機場租車會比在市區小型服務據點要來得貴，但租、還車都比較方便。由於歐洲多為手排車，如果到了當地才臨櫃辦理，經常租不到自排車，建議先在網路上預約，不但可以好整以暇地挑選車型，還能仔細閱讀價格計算方式及保險相關規定，租起來比較安心，也不需擔心語言溝通問題。

歐洲租車和買機票一樣，越早訂車越便宜，即使是同一車款，不同租車公司也會有不同優惠方案，所以貨比三家絕不吃虧。此外，旅遊旺季常有訂不到車的狀況，提前預約才是王道。

大型租車公司多有提供甲租乙還的服務，但需另外加價，如果選擇當地租賃業者，可能無法提供此服務。需注意的是，有些便宜的優惠方案，會限制每日行駛的里程數，超出里程需加收額外費用，如果知道自己的移動距離較遠，記得選擇不限里程的方案。

**Hertz**
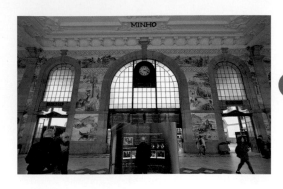www.hertz.com.tw

**Avis**
www.avis-taiwan.com

**Europcar**
www.europcar.com

**Budget**
www.budget.com

# 葡萄牙 Portugal

## 鐵路系統

在葡萄牙搭乘火車，可在售票櫃檯購票，若計畫長時間旅行，或是多國、跨城市旅行，購買單國火車通行證或是多國火車通行證，是最經濟方便的選擇，不僅一票到底，免去每站購票的麻煩，還可享有當地其他小火車、市區交通，甚至渡輪或遊覽行程的優惠。

### ◎葡萄牙國鐵CP

葡萄牙的鐵路系統由葡萄牙國家鐵路局(Comboios de Portugal，簡稱CP)，主要路線分布於葡萄牙西部以及聯絡南北方向的交通。大城市間有快車或特快車，小鎮則有區域火車，但很多小鎮的火車班次較少、中途停靠車站多，搭乘長途巴士更方便快速。

### 特急快車Alfa Pendular (AP)

目前共有兩條路線，一條是連結南北兩大都市的路線(里斯本 科英布拉 波爾圖 布拉加)，另一條則是里斯本前往南部沿海阿爾加維地區的路線(里斯本 法羅)。往來於里斯本和波爾圖的特急快車車上有免費Wifi，分為頭等艙(Conforto)和旅遊艙(Turística)。頭等艙有迎賓飲料、報紙、可用於車上視聽娛樂的耳機、以及送餐到位等服務；旅遊艙提供耳機欣賞影片或是聆聽音樂。

### 城際快車Intercidades (IC)

往來主要城市間的快車，車上有免費Wifi和餐車，分為頭等艙和二等艙，部分座位旁有插座。

### 區域火車Regional (IR/R)

以里斯本、波爾圖和科英布拉為中心出發的支線火車，幾乎每站都停車。沒有分艙等，除特殊觀光路線(如杜羅河谷的蒸汽火車)外，都不需事先訂位。

### 近郊火車Urbanos (U)

里斯本、波爾圖和科英布拉都會區的通勤火車。

### ◎票券種類

### 火車通行證

不管是只想在葡萄牙單一國度旅遊，或是順便前往鄰國西班牙，最優惠且方便的方式就是擁有一張火車通行證。若是只在葡萄牙單一國度旅遊，可選擇單國通行證–「葡萄牙火車通行證Eurail Portugal Pass」，通行證可在有效期限內，無限次搭乘葡萄牙國鐵CP營運的路線，通行證不包含訂位費用，當搭乘城際快車Intercidades(IC)、特急快車Alfa Pendular(AP)等車種時，強制規定一定要先訂位，預約訂位需額外收費，此外，搭乘夜車時也需要補上差額，需特別注意。若同時旅遊歐洲多國，則建議選擇「全歐33國火車通行證」。

· 如何買票

由於通行證的發售對象為入境旅客，因此無法在葡萄牙國內買到，必須先在台灣向有代理歐鐵票務的旅行社購買。在台灣是由飛達旅行社代理，可至其官網查詢相關資訊，或透過電話及Line客服（@gobytrain）向飛達旅遊洽詢。

**飛達旅遊**
02-8161-3456

ⓦ www.gobytrain.com.tw

Ⓞ 搜尋 @gobytrain

### ·如何使用通行證

通行證需於開票後11個月內啟用，目前皆採用電子票證，第一次登上火車前或使用額外優惠前，需啟用通行證，方法很簡單，只需下載並開啟 Eurail Rail Planner App，輸入姓氏和通行證號碼，即可點選啟用（activate）。 若不確定如何使用，在向飛達旅遊購票後即可收到完整的電子票證使用教學，也可透過Line客服（@gobytrain）向飛達旅遊顧問諮詢。凡是搭乘晚上7點後出發的夜車，需在火車通行證上填入班車抵達日期而非出發日期。並須確認抵達日仍在火車通行證的有效日期內。

### 葡萄牙火車通行證票價一覽表

(以下為2023年參考價格，即時票價請上網確認) (歐元)

| 熟齡個人票 | 熟齡個人票 |
| --- | --- |
| 頭等艙 | 普通艙 |
| 111 | 87 |
| 137 | 108 |
| 161 | 127 |
| 185 | 145 |
| 228 | 180 |

＊葡萄牙火車通行證票價不含訂位、餐飲及睡臥舖之費用。
＊葡萄牙火車通行證青年票適用於啟用通行證搭乘火車第一天仍未滿 28 歲之青年。
＊熟齡票適用乘車時已滿60歲。

### ·其他優惠

在火車通行證有效期限內，依各國提供之優惠不同，可享各式周邊優惠，例如：渡輪、機場接駁、市區交通、博物館折扣等。詳細優惠可在 Rail Planner app 內的 More 功能列表查詢 Pass Benefits (周邊優惠)。

### 點對點火車票

如果只去一、兩個城市，或多為區域間短程移動，購買點對點車票就已足夠。一般火車票均可在火車站或官方網站上購得，如果只是搭乘近郊鐵路或普通地方火車，由於不需訂位，可以直接在自動售票機或附設於火車站出入口的服務櫃檯購買即可 。在葡萄牙使用點對點火車票，發車前5~60天可購買早鳥優惠票，大約是6折票價，但熱門時段的車次優惠價隨購買時間而改變。特惠票不能退，但能補差價改班次或日期。

## ◎如何購買車票

### 國鐵網站

葡萄牙的國鐵網站都有英文介面，便利實用，在規畫旅程前不妨先上國鐵官方網站查詢火車班次與票價，對於是否需要購買火車通用證或行程安排上都有非常大的幫助。進入英文網頁後輸入起、訖站及時間，便可查詢所有的班次及細節。選擇想要的班次之後，會自動出現可能有的優惠票價與選擇，若是需要訂位的車種，票價計算會包含訂位費用。需注意的是，使用葡萄牙國鐵的網站購票需要先註冊會員。

由於部分大城市擁有不只一個火車站，因此搭乘不同種類的火車可能會停靠不同火車站，如果想查詢停靠火車站，可點選火車班次，便會出現沿途停靠的火車站以及抵達目的地的火車站為何。

### 葡萄牙國鐵

ⓦ www.cp.pt

### 自動售票機

使用車站的自動售票機購票，可避免售票窗口大排長龍的時間。火車站的自動售票機大多為觸控式螢幕設計，可選擇英文操作介面。

### 票務櫃檯

葡萄牙火車站的售票口少，常常大排長龍，如果真的需要到櫃檯購票，建議多留一點時間。

## ◎訂位

無論使用國鐵官網或在櫃檯窗口，購買車票時都可同步訂位。即使持有火車通行證，訂位時還是得額外再付訂位費用，但可享歐聯特惠訂位價格，優惠位子有限，最好及早訂位。在葡萄牙所有AP和IC的班次都必須事先訂位，近郊火車和區域火車不需訂位。

## ◎搭乘火車注意事項

### 找對車站

在里斯本、波爾圖等大城市擁有不只一座火車站，前往不同的目的地，需從特定的車站出發；有時即使同一個目的地，高速列車和普通列車的出發站就不一樣，所以買票時要先確認清楚。

### 查看時刻表

不論是否需要當場購票，進到火車站裡，時刻表是你要找尋的主要目標。每座火車站的大廳內都設有電子時刻表，上面顯示即將進站和離站的列車班次，會秀出車種、離站時間以及目的地，最重要的是可以看到列車的進站月台號碼。

## 找到月台並確認列車及車廂

每座月台也都設有電子看板，上面顯示即將停靠列車的車號、發車時刻及目的地，進入月台後不妨再次確認。

在葡萄牙搭火車，往往會面臨一項困難：月台上並沒有標示出幾號車廂大約會停留在月台的哪個位置，就連部分列車車身上的車廂號碼標示也不是很清楚。建議搭火車還是提早一些到月台等待，有問題就近向站務人員請教，比較不會不小心錯過班車。

## 乘車

火車的車門並非自動開啟，如果車門關著，記得要按按鈕，車門才會打開。

## 查票及到站

除了大車站以外，火車月台大多無設置車票閘門，任何人都可隨意進出，但在列車上一定會遇到查票員，因此絕對不要抱持僥倖心態搭霸王車，被抓到的話要繳納高額罰款。若搭乘須訂位火車，查票時要同時出示訂位車票或收據。

葡萄牙的火車誤點率較高，絕大部分火車車廂前方會有螢幕顯示即將到站的站名與時刻，稍加留心應該就不會坐過站，如果心裡有疑慮，可與周圍的人進行確認。

### 西班牙、葡萄牙、摩洛哥鐵路關鍵字彙

| 中文 | 西班牙文 | 葡萄牙文 | 摩洛哥–法文 |
|---|---|---|---|
| 火車 | Tren | Trem | Train |
| 車站 | Estación | Estação | Gare |
| 時刻表 | Horario | Horário | Horaire |
| 售票處 | Tanquilla | Bilheteria | Guichet |
| 車票 | Billete | Bilhete | Billet |
| 車資 | Tarifa | Fares | Tarifs |
| 車廂 | Coach | Carro | Voiture |
| 到達 | Llegada | Chegada | Arrivé |
| 出發地 | Origen | Partida | Départ |
| 目的地 | Destino | Destino | Destination |
| 單程 | Sencillo | Uma maneira | Simple |
| 頭等艙 | Preferente Clase | First Classe | Première |
| 二等艙 | Turista Clase | Segunda classe | Deuxième |
| 入口 | Entrada | Entrada | Entrée |
| 出口 | Salida | Saida | Sortie |

# 長途巴士

長途巴士最大的優勢在於票價低廉，且幾乎遍及全國，在沒有鐵路到達或班次不多的區域，巴士有效彌補了城鎮和景點間的往來交通。葡萄牙的長途巴士班次密集、路線廣且車輛新穎，如果是中短程的移動，也不會比火車慢。

## ◎購票方式

車票可在里斯本Rodoviaria巴士總站，或是巴士公司的官方網站上購買，一個巴士總站通常有好幾間巴士業者進駐，並擁有各自的售票窗口，購票時建議把起訖點和日期先寫在紙上，直接給售票人員，必較不會出錯。中短程巴士大多是發車前1小時於巴士總站售票，最好在發車前30分鐘前抵達購票，如售票窗口已關閉，或在清晨與深夜搭乘巴士時，可直接向司機購票。長途巴士則可以預約購票，雖然巴士通常不會坐滿，但若是旅遊旺季或是熱門路線，建議還是提早購票。此外，週末和節日的班次會大幅減少。

## ◎葡萄牙主要巴士業者

若要前往大城市附近的小鎮，搭乘巴士比火車方便多了，不但班次密集，巴士總站通常離舊城中心和主要景點比較近，例如：歐比多斯、艾芙拉、阿寇巴薩

修道院、巴塔哈修道院等。

大部份巴士總站都只有一個，進駐不同巴士公司，但里斯本根據不同路線，需要到不同巴士站搭車，購票前最好先詢問遊客中心。

### Rede Expressos

規模最大、最主要的長途客運公司，路線幾乎遍及全國。

🌐 www.rede-expressos.pt

### Rodonorte

主要營運北部地區的交通路線。

🌐 www.rodonorte.pt

### Rodoviaria do Tejo

主要負責中部地區範圍，短程以及小鎮之間的地區交通。

🌐 www.rodotejo.pt

### Eva Bus

主要負責阿爾加維(Algarve)地區中短程及小鎮之間的地區交通。

🌐 eva-bus.com

### Rodoviaria do Alentejo

主要營運阿蓮特茹( Alentejo)地區的交通路線。

🌐 www.rodalentejo.pt

◎搭乘巴士的注意事項

葡萄牙的巴士時刻時常發生變化，尤其是邊遠的小城鎮與村莊，週末與節慶時，班次會更少，甚至取消，因此最好在巴士站售票口就先行確認，以免撲空。

**巴士關鍵字彙**

| 中文 | 葡萄牙文 |
| --- | --- |
| 站台 | Linha |
| 巴士號碼 | Viatura |
| 座位號碼 | Lugar |
| 費用 | Preço |
| 換乘/轉車 | Mudançade Autocarro |
| 營業日 | Frequencia |
| 營運時間 | Periodo |
| 每日營運 | Diariamente |
| 週六停業 | Excepto Sábados |
| 平日(週一～週五) | Dias Uteis |
| 僅週日營運 | Aos Domingos |
| 週日與節日停運 | Excepto Domingos e Feriados |

◎計程車

在車門或牌照處標示著A(Aluguer)的計程車，在各大城鎮中數量充足，價格合理，適合短程或攜帶大型行李時的移動。各個火車站前都可攔到計程車，若打電話叫車，則需支付額外約費用。計程車收費方式為基本起價加上每公里收費，行李費用會另額外加收。此外，在里斯本與波爾圖也有UBER叫車服務，若從機場往返市區，價格會稍微便宜一些。

## 租車自駕

葡萄牙大致上路況都算良好，除了靠近大城市的都會區域以外，交通順暢不雍塞，高速公路遍及各地，如果行程上要移動的地點多，自駕是讓行程比較有彈性的交通方式。此外，沿途風光明媚，一張張明信片中的風景在眼前輪番出現，開車就是一種至高無上的享受，特別推薦葡萄牙的杜羅河流域與南部地區。

# 摩洛哥 Morocco

## 飛機

摩洛哥皇家航空提供國內航班，多數的航班都會經過航線樞紐－卡薩布蘭加的穆罕默德五世機場，國內航線覆蓋了主要大城市如丹吉爾、馬拉喀什、索維拉、菲斯等，雖然搭乘飛機的票價相對較貴，但對時間緊湊的旅客來講則物有所值，例如從卡薩布蘭加前往摩洛哥中部城市瓦爾札札特需搭乘8小時以上的長途巴士，但搭乘飛機只需耗時1小時。

**摩洛哥皇家航空Royal Air Maroc(RAM)**

🌐 www.royalairmaroc.com

## 鐵路系統

摩洛哥鐵路系統網絡完善，範圍雖然沒有涵蓋了整個國家，但以這樣的規模來說已稱得上是非洲最佳，摩洛哥火車票價合理，舒適且快捷，由於網羅了摩洛哥北部主要觀光景點，相同的路線搭乘火車會比長途

巴士快上許多。

## ◎摩洛哥國營鐵路

### ONCF(Office National des Chemins de Fer)

摩洛哥國營鐵路ONCF的網絡連接了大部分的主要城市，主要路線分為由丹吉爾、拉巴特、卡薩布蘭加到馬拉喀什的路線，以及由東北部的烏季達(Oujda)、菲斯、梅克內斯到馬拉喀什等路線，其中由丹吉爾經拉巴特到卡薩布蘭加的高速鐵路(Al Boraq)於2018年起通車，是非洲第一條高速鐵路，車程僅需2小時10分。

**摩洛哥國營鐵路**

**ONCF(Office National des Chemins de Fer)**

🌐 www.oncf.ma

## ◎票券種類

### 一等車廂及二等車廂 座位

摩洛哥火車票分為兩種等級，一等車廂的空間較寬敞舒適且有冷氣，可事先預訂座位，但票價也相對較高，二等車廂則為普通車廂，若搭乘時間不長，二等車廂座位就足夠了，若是搭乘長途或夜間列車，最好選擇搭乘一等車廂座位，且須多加留意隨身重要用品。

## ◎如何購買車票

### 國鐵網站

摩洛哥國鐵網站有英文介面，列車的時刻表與車資可先於往上查詢，一等車廂座位可於一個月前於網站上訂購座位，至於二等車廂則無法於網上預訂。

**葡萄牙國鐵**

🌐 www.oncf.ma

### 自動售票機

主要大城市車站都有提供自動售票機，可選擇英文操作介面，十分方便。

### 票務櫃檯

透過服務櫃檯購票，火車票會印上搭乘的車廂等級、目的地、車資與時間等資訊，上了火車後列車人員會前來驗票。

## ◎搭乘火車注意事項

### 找對車站

在卡薩布蘭加、拉巴特等大城市擁有不只一座火車站，所以買票時要先確認清楚會停靠的車站。

### 確認列車及車廂

由於火車本身不會顯示目的地，上火車前建議最好詢問一下附近站務人員或其他乘客比較保險。

# 長途巴士

長途巴士路線網絡密集分布於摩洛哥全國，只要有鐵路經過的路線就一定會有巴士，而鐵路到不了的地方就得由長途巴士來滿足。摩洛哥長途巴士班次密集、路線廣，總體來說相當安全。

## ◎購票方式

CTM長途巴士及Supratours巴士車票可於官網上預約訂購，再印出電子車票且攜帶有效身分證件上車，若是熱門旅遊路線如菲斯往返舍夫沙萬、馬拉喀什往返索維拉，或是班次極少的路線，如馬拉喀什往返梅爾祖卡路線，規劃上最好要提早預約。

## ◎摩洛哥主要巴士業者

主要巴士業者為國營CTM巴士、摩洛哥國鐵ONCF經營的Supratours巴士以及其他民營巴士公司。路線上大致都相同，車班數量則依巴士業者的經營方針決定，有些是CTM班次較多，有些則是民營巴士班次較多。Supratours的路線主要是行駛在沒有火車交通的主要城市之間。

### CTM巴士

### (Compagnie de Transport Marocains Lignes Nationales)

覆蓋規模最大、歷史最悠久的國營長途客運公司，路線幾乎遍及全國。

🌐 www.ctm.ma

### Supratours巴士

由摩洛哥國鐵ONCF經營的長途巴士，用以補充其鐵路網絡未達之處。

🌐 www.oncf.ma

## ◎搭乘巴士的注意事項

巴士除了會遲到，也會有提早發車的狀況，因此最好提早抵達，以免撲空。此外，若有大型行李時，會被加收行李費。

## ◎計程車

分為大計程車(Grand Taxi)與小計程車(Petit Taxi)

兩種。顧名思義小計程車指的是僅行駛於當地的小型計程車，每個城市的小計程車都有不同的顏色，如卡薩布蘭加是紅色，拉巴特是藍色。小計程車上搭載其他乘客的拼車共乘方式十分常見，少部分司機會使用計程表收費，大部分看到遊客的司機都以喊價方式收費，可與司機議價，夜間搭車需多付50%的加成費。

至於大計程車則是行駛於市區外的大型計程車，主要連接各城市與周邊地區，大部分都是白色車身。大計程車一次可搭載6人，坐滿就會發車，也可接受團體包車，在中等距離上的移動十分方便。

## 租車自駕

大致上摩洛哥路況都算良好，車輛行駛於右側，交通規則基本上與歐洲相同，不過面對愛飆車的摩洛哥司機須更加謹慎地保持安全距離，避免夜間駕車，以免容易發生交通事故。主要提供租車服務的公司包括Hertz、Budget、Europcar、Avis等國際公司。

# 跨國交通 Inter Country

## 飛機

往來西班牙、葡萄牙及摩洛哥各主要城市的飛航網發達，巴塞隆納、馬德里、塞維亞、里斯本、波爾圖、卡薩布蘭加、馬拉喀什、菲斯等城市間均有著極豐富的航班往來可選擇，搭乘飛機可說是最能迅速抵達目的地的高效率移動方式。若選擇搭乘廉價航空，購票時要特別留意購買額外行李重量。

## 跨國鐵路

由西班牙馬德里往返葡萄牙里斯本的臥舖列車(TrenHotel)，因疫情因素自2020年3月起停駛，直到2022年10月起西班牙國鐵(RENFE)和葡萄牙國鐵(CP)合作推出了替代路線，前段為為馬德里－BADAJOZ，後段為BADAJOZ－里斯本，前段需在西班牙國鐵(RENFE)訂購，後段則須在葡萄牙國鐵(CP)購買。有關跨國火車復駛更新資訊可進一步上西葡國鐵官網查詢。

## 跨國巴士

Eurolines跨國客運及西班牙客運公司Alsa提供西葡兩國跨國巴士路線，可搭乘巴士來往西葡兩國，可於官網上查詢時刻表與路線。

**Alsa**

ⓦwww.alsa.es

**Eurolines**

ⓦwww.eurolines.de

## 渡輪

南歐與摩洛哥之間有許多渡輪航線，其中由西班牙出發航線中有兩條較受歡迎的航線，一條是從西班牙南端的阿爾赫西拉斯港(Algeciras)往返摩洛哥的丹吉爾新港(Tanger Med)的渡輪；另一條則是從西班牙南端西面的塔里發(Tarifa)發船，直達摩洛哥丹吉爾市區(Tanger Ville)的渡輪航線，兩條航線航行時間約1~2小時左右。

由西班牙阿爾赫西拉斯港出發的渡輪，出發港口位於阿爾赫西拉斯火車站步行約10分鐘左右距離，而摩洛哥的丹吉爾新港(Tanger Med)則位於丹吉爾市區約45公里處，仍需搭乘約1小時車程的巴士或計程車才能抵達市區。值得注意的是，海路方式較適合時間充裕的旅客，且由於摩洛哥入境簽證官對於台灣人的入境簽證作業較不熟悉，因此要有會多花上一些時間與精力的心理準備，且入境的條件隨時會改變，最好出發前再確認。

除了上述的兩條航線外，西班牙經由海路往返北非(包含摩洛哥及西班牙北非海外屬地如梅利利亞Melilla等)的港口還包括了馬拉加(Málaga)、莫特里爾(Motril)及阿爾梅里亞(Almería)。

**Trasmediterranea 渡輪公司**

ⓦwww.trasmediterranea.es

**Balearia渡輪公司**

ⓦwww.balearia.com

**FRS渡輪公司**

ⓦwww.frs.es

# 西葡摩百科
# Encyclopedia of Spain, Portugal and Morocco

# Brief History of Spain, Portugal & Morocco
# 西班牙、葡萄牙及摩洛哥簡史

## 西班牙簡史

### ◎上古時代

西班牙的歷史極為悠久，早在西元前3萬5,000年前就已出現智人。散落於西班牙各地的洞穴保留了早期土著伊比利亞人(Íberos)的歷史。西元前3,000~2,000年進入青銅器時代。之後，除原住民阿爾加人(Argar)，外來民族也開始移入。腓尼基人於西元前1100~600年在卡斯(Cadiz)等地建立殖民城市。西元前1,000-500年，塞爾特人定居西班牙北部的埃布羅(Ebro)，引進製鐵術。希臘人也在西元前600年殖民半島的地中海沿岸，帶來了葡萄和橄欖。

### ◎羅馬時期

#### 西元前2世紀~西元4世紀

繼西元前237年迦太基人入侵伊比利半島後，羅馬人也在西元前218年大舉侵入，驅逐迦太基人，佔領半島達600多年。羅馬人不只帶來語言、法律、習俗等，也與原住民通婚，將西班牙徹底「拉丁化」。新城鎮(如塞維亞等)和公共設施大量出現。天主教也在3世紀時傳入。現代西班牙的四大社會基礎：拉丁語、羅馬律法、市鎮體制、天主教信仰皆源自此一時期。

#### 西元5~8世紀

羅馬帝國勢力逐漸衰退，日爾曼民族自4世紀起趁虛而入，5世紀時為西哥德人所征服，開啟了300多年封建與和平時代，直到711年摩爾人(Moors)入侵。

### ◎摩爾人統治

#### 711~1247年

摩爾人是一支信奉伊斯蘭教的阿拉伯民族，天文、數學、醫學、建築水準均極高，統治半島時間近800年，現在西班牙的語言、音樂、飲食等仍深受其影響。

不過，天主教徒仍不斷反抗。722年的哥瓦東加(Covadonga)之役，為天主教徒光復西班牙拉開序幕。信仰天主教的安達魯斯(Al-Andalus) 酋長國曾強盛一時，但在1008年內戰後分裂成數個小王國。卡斯提亞(Castilla) 王國在1085年收復托雷多(Toledo)；阿拉崗和加泰隆尼亞也在1137年合併為阿拉崗(Aragón)王國。1212年，天主教王國聯手大敗回教統治者。此後，天主教勢力節節勝利。

#### 1248~1492年

自1248年起，納斯里德王朝(Nasrid)轄下僅剩半個安達魯西亞，成為半島上最後的回教王國。1469年初，卡斯提亞王國王位繼承人伊莎貝爾(Isabel)，與繼承阿拉崗王位的費南度(Fernando)聯姻，半島上兩大天主教王國因而結合。費南度夫婦終於在1492年完成天主教統一西班牙的大業。

### ◎大航海時代

#### 1492~1588年

1492年是西班牙歷史的轉捩點。同年10月，哥倫布在西班牙王室資助下，發現美洲新大陸，開啟了「大航海時代」。1516年，卡洛斯(Carlos)繼承王位。憑藉軍力及掠奪自美洲的金銀，西班牙一躍成為橫跨四大洲的帝國。

#### 1588~1825年

菲利浦二世在1588年出動無敵艦隊討伐英國，不幸慘敗，海上霸權受挫。三十年戰爭(1618~1648)，對法國作戰失利，陸上優勢也告喪失。王位繼承戰爭(1701-1714)中，又陸續丟了直布羅陀及其他歐洲領土。

1805年，法國西班牙聯合艦隊遭英國海軍擊潰，西班牙海權時代宣告結束！3年後，拿破崙軍隊入侵，拿破崙扶植其兄約瑟夫(Joseph Bonaparte)當上西班牙國王。接著爆發獨立戰爭(1808~1813)，西班牙聯合英國與葡萄牙擊退法軍。此後，西班牙已無

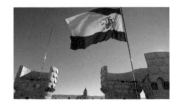 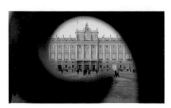 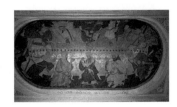

力約束海外殖民地，美洲殖民地在1813~1825年陸續獨立。

## ◎動盪不安的近代
### 1826~1898年

一連串失敗導致政局不穩。1860年代末，無政府主義在西班牙迅速贏得工人和農民的支持，伊莎貝爾二世流亡海外；1873年，第一共和成立；3年後通過新憲法，承認君主政體和議會並存。1898年美西戰爭爆發，西班牙戰敗，海外殖民地(古巴、波多黎各、關島和菲律賓)幾乎盡失。

### 1899~1939年

19世紀末，加泰隆尼亞出現巴斯克分離運動。進入20世紀，經濟危機與政局動盪接踵而來。1917年，部分無政府主義和社會主義勞工團體發起全國性罷工。阿方索十三世在1931年遭流放，第二共和成立。

為挽救瀕臨崩潰的經濟，左派政府推動土地改革、裁軍，並停止補助教會，引發地主、軍人和教會極度不滿。右派在1936年派發動叛亂，內戰爆發。佛朗哥將軍領導的國民軍，在德國與義大利支持下，很快在1936年底就拿下半個西班牙。1939年，結束血腥內戰，期間估計約共35萬西班牙人遇害。

## ◎由獨裁走向繁榮民主
### 1940~1950年

內戰後，開始了佛朗哥長達36年的獨裁統治。第二次世界大戰期間，佛朗哥一改外交路線，宣佈中立，誓言反共。但其與德、義的曖昧關係仍激怒了同盟國。戰後，西班牙遭國際孤立，被排除在歐洲計畫及聯合國之外，法西邊界也被關閉。

### 1950~1975年

冷戰開始，局勢出現變化。1953年，與美國締約為軍事同盟。1955年，獲准加入聯合國。自1970年代起，西班牙經濟起飛，旅遊業尤其繁榮，終於擺脫長期貧窮。1969年，流亡在外的阿方索十三世之孫璜‧卡洛斯(Juan Carlos)被指定為國家元首繼承人。1975年底，佛朗哥病逝，璜‧卡洛斯登基。

### 1976年至今

璜‧卡洛斯國王著手推動政治改革，西班牙躋身民主國家之列，於1978年實施第一部民主憲法，成為議會制君主立憲政體。1982年，被接納為北大西洋公約組織的一員；1986年，加入歐洲共同市場(即現今

歐盟)；1992年，成功舉辦巴塞隆納奧運及塞維亞世界博覽會，並在2002年成為首批加入歐元區的國家之一。受到金融海嘯影響，經濟狀況從2008年開始衰退，失業率上升。2011年人民黨在大選中獲勝，總理Mariano Rajoy上台，但仍面臨高達25%失業率的狀況。2018年國會通過對Mariano Rajoy的不信任動議，使他成為西班牙第一位被罷免的總理，工人社會黨的佩德羅 桑切斯(Pedro Sanchez)接掌政權。

# 葡萄牙簡史

## ◎西元前的葡萄牙
### 西元前~711年

最早進入葡萄牙境內的是舊石器時代的尼安德塔人(Neanderthalensis)，歷史可追溯於3萬年前，他們在葡萄牙東北部的福什科阿新鎮(Vila Nova de Foz Côa)留下了石雕印記。他們在伊比利半島生活了近一萬年後，被智人取代。西元前1000年，抵達伊比利半島大西洋沿岸的塞爾特人(Celta)，可說是最早期定居的居民。

西元前140年，羅馬人抵達杜羅河口的Cale，稱呼此地為Portus Cale(Portus即為港口)，這也是葡萄牙國名(Portugal)的由來。羅馬帝國在伊比利半島的統治一直維持到5世紀，在此時期，伊比利半島西南部被劃分為帝國的「露西塔尼亞省」(Lusitania)。

409年，日耳曼民族入侵伊比利半島，蘇維匯人建立的王國與另一個同為日耳曼人的西哥德王國分庭抗禮，直到兩個世紀後被西哥德人併吞。

## ◎摩爾人統治
### 711~1139年

711年，北非摩爾人入侵，統治伊比利半島上的大部分區域，僅剩西北部安達魯斯一帶的阿斯圖里亞斯王國(Reino de Asturias)仍在信奉天主教手中，經歷將近4世紀的摩爾人統治，至今葡萄牙境內仍有許多回教風格建築和源自阿拉伯地區的習俗。

9世紀時，阿斯圖里雅斯王國將杜羅河(Rio Douro)和密諾河(Rio Minho)之間的諸侯封地命名為葡萄牙侯爵領地(Condado Porgucalense)，並以吉馬萊斯(Guimarães)為首都。1069年，勃艮第公爵之子亨利(Enrique)與當時卡斯提亞國王阿方索六世的私生女泰瑞莎(Teresa)聯姻，並收到這塊領地作為嫁妝。

當時與摩爾人依然征戰不斷，亨利戰死前線，由當時年僅三歲的兒子阿方索 亨里克(Afonso Henriques)繼承。

## ◎葡萄牙建國
### 1139~1415年

1139年，阿方索以寡敵眾，在對抗摩爾的的關鍵戰役「歐克力之役」(Ourique)中獲得勝利，宣布獨立，1143年獲得羅馬教皇的承認，確立成為第一任葡萄牙國王。1147年收復里斯本，但直到1249年在阿方索三世的手中擊潰阿蓮特茹(Alentejo)地區的殘存回教勢力，並與卡斯提亞王國劃分邊界，才奠定今日的葡萄牙領土。

## ◎大航海時代
### 1415~1580年

第二王朝艾維茲王朝(House of Aviz)的若昂一世(Joan I, 1385~1433)在位時，在第三王子亨利(Prince Henry the Navigator)的領導下，於1415年征服北非的伊斯蘭貿易中心休達，開啟地理大發現年代。1419年設立世界第一間航海學校，葡萄牙從此成為航海技術和海洋探險的領航者，之後陸續發現馬德拉群島、亞述爾群島，並遠征非洲大陸，帶回奴隸和大量黃金。

1488年航海家狄亞士(Bartolomeu Dias)發現非洲好望角，為通往印度的新航線奠定了堅實的基礎。1498年達迦瑪(Vasco da Gama)開通前往印度的新航線，控制東方香料貿易。1500年卡巴爾(Pedro Álvares Cabral)在前往印度的途中，因風雨偏離航道，意外發現巴西。1522年麥哲倫的船隊首次完成繞地球一圈的航行，證明地圓說。這段時期可謂葡萄牙的全盛時代，足跡遍布非、亞、美三大洲，所到之處開拓了大量的殖民地，與西班牙同為當時最大的海上強權。

## ◎帝國的沒落
### 1580~1792年

隨著其他歐洲國家陸續投入殖民行動，再加上帝國範圍太大，殖民地疏於管理，埋下帝國沒落的因子。1580年因皇室姻親繼承關係，一度被西班牙統治，直到1640年布拉岡薩王朝(House of Braganca)的若昂四世才重新獨立。這期間歷經1588年西葡無敵艦隊慘敗給英國，海外殖民地同時被荷蘭和英國人佔領。1690年，在殖民地巴西發現了黃金，一直到18世紀初，若昂五世利用巴西的黃金和鑽石再次振興經濟，可惜好景不常，1755年11月1日里斯本遭受了歐洲有史以來最大的一場地震，大地震後隨之而來的火災和海嘯幾乎毀了整個首都，數萬人死亡，國力再次走向下坡。

## ◎拿破崙入侵
### 1793~1910年

1793年，英國與法國交戰，拿破崙要求葡萄牙關閉對英國的港口，葡萄牙拒絕了拿破崙的要求，1807年，席捲歐洲的拿破崙軍隊橫穿伊比利半島進攻葡萄牙，佔領里斯本，若昂六世與王室逃到巴西，首都也一度遷移到巴西，1812年在英國的協助下擺脫法國統治。1821年若昂六世重返里斯本，隔年他的兒子佩德羅在巴西宣布獨立，此後進入立憲派與君主派的紛爭之中。

## ◎動盪不安的共和與獨裁
### 1910~1974年

19世紀末，共和黨人開始推動革命風潮。1910年10月5日，共和黨人利用巴西新總統訪問葡萄牙的機會發動政變，海、陸軍聯手包圍里斯本皇宮，曼努埃爾二世(Emmanuel II)逃亡英國，開啟第一共和時期。

然而共和政府削弱教會影響力造成反彈，加入一次大戰造成經濟動盪，1926年再度發生軍事政變，卡爾莫納將軍成為臨時軍政府的領導。1932年財政部長薩拉查就任總理，制定新憲法，建立帶法西斯性質的新國家體制(Estado Novo，史稱「第二共和國」)，成為獨裁者。

二次世界大戰時，雖然名義上保持中立，實際上卻親近軸心國。1949年加入北大西洋公約組織。1951年與美國簽訂「軍事援助協定」，允許美國在葡萄牙及其

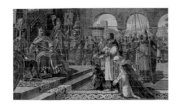
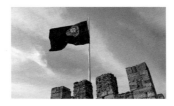
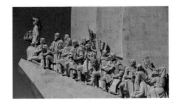

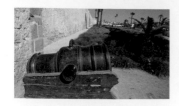 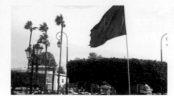 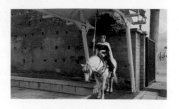

屬地建立軍事基地，於此同時，海外殖民地正歷經一波解放風潮，相繼獨立。1974年4月25日的和平政變推翻長達42年的極右政權，稱為「康乃馨革命」。

## ◎民主的伊比利
### 1975年~至今

革命之後，葡萄牙開始民主化的進程，1986年，馬里奧蘇亞雷斯(Mario Soares)成為60年來的第一位文人總統，也同時推動非殖民化政策，陸續放棄海外殖民地。1986年加入歐洲共同體，1999年成為首批加入歐元區的國家之一，同年將最後一個海外殖民地澳門的主權交還中國。21世紀初期，葡萄牙經歷了長達十數年以上的經濟停滯，歷經了金融危機、歐債危機，與其他債台高築、經濟崩潰的歐元區國家一起被稱為「歐豬五國」(PIIGS: Portugal, Italy, Ireland, Greece, Spain)，然而自2018年起葡萄牙已成功脫離了「歐豬」行列。

# 摩洛哥簡史

## ◎柏柏爾人與羅馬帝國統治
### 西元前3000年~西元6世紀

摩洛哥是個古老的王國，據考古出土的資料顯示早在西元前40萬年前，就已出現北非最古老的人類遺跡。摩洛哥最早的居民阿瑪濟人(Amazigh)出現於西元前3000年左右，由撒哈拉、地中海、當地住民融合而成，在羅馬人於西元前4世紀來到此地時，將他們稱為柏柏爾人(Berbers)，也就是野蠻人(Barbarians)。隨著羅馬帝國後期的統治能力衰微，此地又被來自伊比利半島上日耳曼民族中的汪達爾人(Vandals)所征服。隨後汪達爾王國在西元543年時遭到東羅馬帝國查士丁尼(Justinian)所滅，但他拓展東羅馬帝國的野心僅止於摩洛哥的地中海沿岸。

## ◎阿拉伯人與伊斯蘭教的到來
### 7世紀~10世紀

阿拉伯人在7世紀時征服了摩洛哥，並帶來了回教，使得多數柏柏爾部落皈依並信奉可蘭經。西元788年在Idris ibn Abdillah領導下建立了伊德里斯王朝(788~974年)，其子伊德里斯二世並將首都遷往了菲斯Fez，使得菲斯成為了摩洛哥學術中心和重要的政權所在地。

## ◎柏柏爾人的伊斯蘭王朝
### 11世紀~17世紀

在伊德里斯二世死後，柏柏爾人成立的王朝陸續統治著摩洛哥，先是穆拉比德王朝(Al-Murabitun, 1056~1147)，然後由穆瓦希德王朝取代其政權(Al_Muwahhidun, 1130~1269)，期間並征服了西北非和西班牙的南部，融合了柏柏爾、阿拉伯與西班牙的全新文化。然而穆瓦希德王朝後期因不斷與西班牙交戰，在西元1212年時戰敗，因此使得西北非「馬格里布」(Al-Ma rib)分為今日的摩洛哥、阿爾及利亞與突尼西亞三部分。之後來自阿爾及利亞的柏柏爾人創立了馬林王朝(Marinid, 1248~1465年)，統治了將近200年，最後因黑死病與叛亂而滅亡。西元1549年來自托德拉峽谷的柏柏爾人創立了薩阿德王朝(Saadi, 1549~1659年)，此時鎮壓了各地民族的暴動，雖然結束了境內混亂的局面，然而王朝後期內戰頻頻爆發，直到阿拉維王朝的成立。

## ◎阿拉維王朝與法國的統治
### 17世紀~現在

西元1666來自撒哈拉沙漠的Moulay Al-Rashid開創了至今的阿拉維王朝，統一了摩洛哥，並將首都設在梅克內斯。19世紀末，歐洲列強入侵，各國虎視眈眈，繼西班牙取得了摩洛哥北部的控制權後，西元1906年，法國又成功地將摩洛哥納為保護國，並加拉巴特定為首都，一直到西元1956年摩洛哥通過談判，才獲得政治獨立並拿回主權，被流放的穆罕默德五世(Sultan Mohammed V)回國，成為了獨立後的國王。西元1962年國王哈桑二世(Hassan II)制定了君主立憲的憲法，阿拉維王朝一直治理摩洛哥至今，目前的國王穆罕默德六世(Mohammed VI)即為其哈桑二世的長子。

# World Heritage Sites in Spain, Portugal & Morocco
# 西葡摩世界遺產

截至2023年，西班牙共有49項世界遺產，包括2個綜合遺產、4個自然遺產，及43座文化遺產，文化遺產包括史前岩洞壁畫、古羅馬遺址，摩爾及西班牙帝國時代的建築、就連建築大師高第的現代主義建築也在列。同樣位於伊比利半島的葡萄牙則有17項世界遺產，除了馬德拉群島的月桂樹森林是自然遺產，其他16項都是文化遺產，其中不少文化遺產都是15~16世紀海權主義極盛時期的建築，而大西洋上的幾座世界遺產小島，也都是航海時代被葡萄牙所征服。

此外，位於北非的歐洲後花園摩洛哥共有9項世界遺產，除了4大皇城馬拉喀什、菲斯、拉巴特及梅內克斯的舊城區(Medina)外，海港城市索維拉、靠近地中海的古城得土安的舊城也在榜上。此外，常在電影中露面的艾本哈杜城堡，以及保存完整的古羅馬城沃呂比利斯考古遺址也名列其中。

# 西班牙

## ①艾斯科瑞亞修道院
Monastery and Site of the Escorial, Madrid

登錄時間：1984年　遺產類型：**文化遺產**

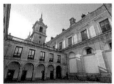

菲利浦二世為完成這座皇宮兼修道院，動員西班牙、義大利的當代著名藝術家，黃灰色的外觀極其簡約，配上剛硬的線條，襯托出室內裝潢的華美非凡。

整體建築異常龐大，光房間就多達4,500間，菲利浦二世以降的西班牙國王幾乎皆下葬於內部的萬神殿，宮殿裡仍可見波旁和霍斯堡兩大歐洲霸權家族留下的精緻家具和擺飾。館藏數量驚人的美術品，件件都是無價之寶！

## ②布勾斯大教堂 Burgos Cathedral
登錄時間：1984年　遺產類型：**文化遺產**

布勾斯位於「朝聖之路」，在11世紀，曾是萊昂王國都城，之後卻被長期遺忘，因而完整保留下中世紀的風貌。

興建於1221年的哥德式大教堂，堪稱建築極品，與塞維亞、托雷多的大教堂，並列為西班牙三大教堂！門上的玫瑰花窗、禮拜堂裡的基督像，以及趣味的木偶鐘，皆值得細細品味。另外，值得一提的是西班牙民族英雄席熙德就葬在教堂內的大理石地板下。

## ③哥多華歷史中心 Historic Centre of Cordoba
登錄時間：1984年　遺產類型：**文化遺產**

在10世紀的歐洲，哥多華是最進步、富裕的城市，留存至今的哥多華清真寺，不僅是今日西方世界最大的清真寺，更

是伊斯蘭教建築藝術的經典之作。這座超大清真寺始建於8世紀末，天主教徒則在之後於原址增建教堂，形成清真寺與教堂共處一地的奇特景象。

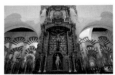

舊城區裡，有著伊斯蘭建築遺跡、荒廢的中庭、從陽台垂掛而下的植栽，在在讓哥多華成為一座浪漫迷人的城市，猶太區還保留了西班牙少見的猶太教堂。

## ④格拉那達王宮與城堡
Alhambra, Generalife and Albayzín, Granada

登錄時間：1984年　遺產類型：**文化遺產**

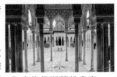

阿爾罕布拉宮堪稱摩爾建築藝術的極致之作，美得令人神魂顛倒，到訪遊客有如置身於「天方夜譚」的夢幻場景！阿爾罕布拉宮在阿拉伯語指的是「紅色城堡」，原為摩爾式碉堡，王宮部分興建於14世紀，為末代伊斯蘭教皇宮。

之後，陸續增建教堂、修道院、要塞及查理五世宮殿，於是成為集碉堡、王宮和城鎮於一處的建築群。18~19世紀期間一度荒廢，政府在1870年代將之列為紀念性建築，隨即展開修復工程，才有如今美麗的面貌。

## ⑤巴塞隆納的高第建築
Works of Antoni Gaudí

登錄時間：1984年
遺產類型：**文化遺產**

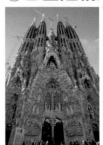

扭曲流動、立體繁複與富有高度想像力的高第建築，形塑出巴塞隆納獨樹一格的風貌。高第身後留下17件建築作品，其中7件榮登世界文化遺產之列，分別是奎爾宮、奎爾公園、米拉之家、巴特婁之家、文生之家、奎爾紡織村及教堂、聖家堂。（詳見P.132）

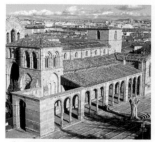

## ⑥ 阿維拉舊城
### Old Town of Ávila with its Extra-Muros Churches

登錄時間：1985年　遺產類型：**文化遺產**

保存完整的中古世紀城牆是其特色，起造年代約在11～12世紀，是古羅馬人與伊斯蘭教徒留下來的防禦工事，共有8座城門及多達88座城塔，其中以文森門和阿卡卡門最令人印象深刻。

有座建造之初就嵌在城牆上的大教堂，儼然形成另一座堅固的防禦堡壘。舊城外西北處有座瞭望台，可將壯觀的城堡景色盡收眼底。

## ⑦ 塞哥維亞舊城及水道橋
### Old Town of Segovia and its Aqueduct

登錄時間：1985年　遺產類型：**文化遺產**

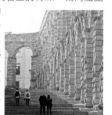

從中古世紀開始，塞哥維亞即受到君王的青睞，城內隨處可見昔日皇室建築，以及羅馬時期的古城牆。值得一提的，首推2,000多年前建造的水道橋，堪稱西班牙境內規模最龐大的古羅馬遺跡，全長894公尺，由163根拱形柱組合而成，工程沒有使用水泥和鋼釘。至於古典精緻的阿卡卡堡，則據說是美國加州迪士尼樂園白雪公主城堡的原型！

## ⑧ 阿爾塔米拉洞穴壁畫
### Cave of Altamira and Paleolithic Cave Art of Northern Spain

登錄時間：1985年

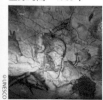

遺產類型：**文化遺產**

位於坎塔布利亞(Cantabria)自治區的聖地亞納‧德‧瑪爾(Santillana del Mar)附近，有著史前洞穴彩繪壁畫的17座洞窟一字排開，構成了這座「史前西斯汀大教堂」（西斯汀大教堂以米開朗基羅的壁畫著稱）。

---

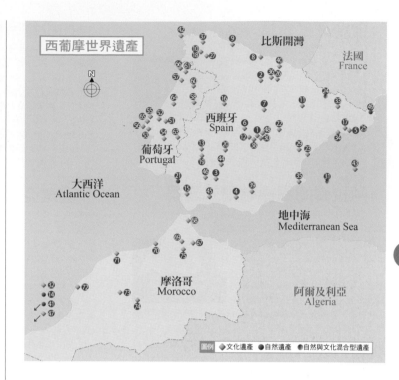

這些壁畫是舊石器時代洞穴藝術的極致之作，保存情況良好，年代約為西元前35,000至11,000年，有高度的歷史與藝術價值。史前人類拿著赭石，運用有限的紅、　、黑等顏色，採寫實、粗獷、重彩的手法，勾勒出簡單的風景和栩栩如生的動物畫像。

## ⑨ 奧維多及奧斯圖里亞斯王國的紀念建築
### Monuments of Oviedo and the Kingdom of the Asturias

登錄時間：1985年　遺產類型：**文化遺產**

8世紀中葉，西哥德人在此建立奧斯圖里亞斯王國，於西班牙北部打造奧維多城，794年時毀於摩爾人之手，阿方索二世決定重建並遷都於此。9世紀時，由於宗教聖物移至此處，奧維多一躍成為與聖地牙哥齊名的聖地，宗教建築紛紛出現，催生出創新的「前仿羅馬式」(pre-Romanesque)風格，深深影響日後伊比利半島上的宗教建築。

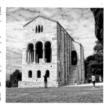

如今依然屹立的聖瑪利(Santa María del Naranco)和聖米蓋爾(San Miguel de Lillo)教堂，興建於842～850年，為前仿羅馬式教堂的經典之作。除眾多古老教堂外，當代的豐卡拉達(Foncalada)水利建築同樣著名。

## ⑩聖地牙哥舊城 Santiago de Compostela
登錄時間：1985年　遺產類型：**文化遺產**

9世紀時，聖雅各的遺骨在此出土，聖地牙哥因此得以與羅馬、耶路撒冷，並列為天主教三大朝聖地，曾經有無數朝聖者翻越庇里牛斯山，來到這「朝聖之路」的終點。

建於12世紀末的大教堂，活脫就是座雕像博物館，其中以「榮耀之門」最為精采！有著拱頂的長廊是舊城區另一特色，即使是多雨的日子，出門也不必帶傘。

## ⑪阿拉崗的穆德哈爾式建築
Mudejar Architecture of Aragon

登錄時間：1986年　遺產類型：**文化遺產**

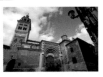

阿拉崗自治區位於西班牙東北部，穆德哈爾(Mudejar)一詞有兩個解釋，一是在基督教政權重掌西班牙後，改信天主教的摩爾人及安達魯西亞的穆斯林；二是12至17世紀期間，風行於阿拉崗與卡斯提亞的裝飾藝術和建築風格，其深受摩爾風格影響，也反映出當代歐洲的藝術潮流，特別是哥德式建築。

穆德哈爾式建築在運用磚材和釉面磁磚上，極為精巧且富創意，尤其是鐘樓建築。建於12世紀末的特魯埃爾(Teruel)聖瑪麗亞大教堂，及13世紀初的聖馬丁大教堂，皆為經典之作。

## ⑫托雷多古城 Historic City of Toledo
登錄時間：1986年　遺產類型：**文化遺產**

洋溢中世紀風情的托雷多，當地的基督教、伊斯蘭教和猶太教長期交流融合，又有「三個文化之城」之名。

其多元文化也反映在當地最知名的大教堂上，教堂原為哥德式，內部採穆德哈爾式，禮拜堂呈現的卻是文藝復興風格，聖壇則是巴洛克設計。至於聖母升天教堂，則是棟穆德哈爾式的猶太教禮拜堂。

## ⑬卡薩雷斯舊城 Old Town of Cáceres
登錄時間：1986年　遺產類型：**文化遺產**

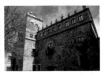

建城歷史可追溯至西元前，這座古城幾乎不曾受戰火波及，得以完好保存中世紀時的風貌，也因此，其主廣場在1949年成為西班牙政府列管的第一座國家級古蹟。

除了為數眾多的教堂，舊城內的塔樓、豪宅林立，見證曾經一時的繁榮富庶。葉鐸塔、布亞可塔、白鸛塔等，一塔高過一塔！而豪宅擁有者不乏大有來頭的家族，如佛朗哥將軍於1936年在「強盜之家」就任總統，「勾斗乙之家」則曾是祕魯及智利征服者的宅第。

## ⑭加拉霍奈國家公園
Garajonay National Park

登錄時間：1986年　遺產類型：**自然遺產**

加那利群島之一的戈梅拉(Gomera)島中央的國家公園，占地3,984公頃，面積有七成為珍稀的月桂樹森林，數量居全球之冠。西風帶來大量水氣，島上植被茂密，植物種類多達450種，其中34種為特有種。至於特有種動物，則有Rabiche和Turqué兩種罕見的鴿子。加那利群島為火山噴發形成，因此加拉霍奈國家公園裡不時可見裸露地表的黑色凝固火山岩流，嶙峋崢嶸，增添不少奇趣。

## ⑮塞維亞大教堂與王宮
Cathedral, Alcázar and Archivo de Indias in Seville

登錄時間：1987年　遺產類型：**文化遺產**

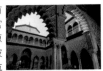

塞維亞曾為摩爾王朝的首都，留有不少穆德哈爾式建築，大教堂與王宮為兩大遊客必訪重點。建於清真寺原址的大教堂，規模僅次於羅馬的聖彼得及倫敦的聖保羅兩大教堂，一代航海家哥倫布的靈柩即安葬於此，不可錯過的是禮拜堂超大的鍍金屏風，費時80多年完工！

塞維亞王宮與格拉那達的阿爾罕布拉宮，並列西班牙最具代表的伊斯蘭王宮，西班牙皇室迄今仍使用王宮裡部分樓層。

## ⑯莎拉曼卡舊城 Old City of Salamanca
登錄時間：1988年　遺產類型：**文化遺產**

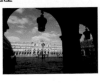

舊城有座創建於13世紀、全西班牙最古老的大學，中世紀時與英國牛津、法國巴黎大學齊名，建築風格不同的各間學院遍布整個城區。另有間外觀鋪滿貝殼的貝殼之家，是16世紀聖地牙哥騎士團的私人宅邸。

除了被譽為西班牙最優雅的廣場的主廣場，新、舊兩座教堂是當地地標，新教堂始建於1513年，前後200年才完工，舊教堂建於1120年，融合哥德與伊斯蘭風格，禮拜堂裡有座歐洲最古老的管風琴。

## ⑰波布列特修道院 Poblet Monastery
登錄時間：1991年　遺產類型：**文化遺產**

這座建於12～15世紀的修道院，是全西班牙規模最大的修道院，建築形式介於羅馬式與哥德式之間，外觀樸實無華。自1196年起，加泰隆尼亞皇室即選擇長眠於此，因此被指定為皇室的萬神殿。主祭壇前壯觀的皇帝陵寢，雖重建於1950年，但無損其藝術價值。完成於16世紀的主祭壇屏風，同樣可觀，聖母瑪麗亞雕像栩栩如生，為加泰隆尼亞文藝復興的先驅作品之一，當時曾引起很大爭議。

## ⑱聖地牙哥朝聖之路
Route of Santiago de Compostela

登錄時間：1993年　遺產類型：**文化遺產**

　　在西班牙西北部，9世紀時有位牧羊人宣稱見到一道光芒指向山上，主教於是下令搜山，結果發現一具石櫃，主教遂宣布使徒聖雅各在此顯聖，那座山即日後的聖地牙哥城。自此，無數信徒從法國松坡(Somport)啟程，越過庇里牛斯山前往朝聖，全程長達840公里。這條路上仍保有1,800多棟老建築，不論是宗教性或非宗教性用途，皆有很高的歷史價值。

　　在促進伊比利半島與歐洲其他地區的文化交流上，中世紀的這條「朝聖之路」扮演著極為重要的角色，歐洲理事會(Council of Europe)因而在1987年宣佈它是歐洲第一條文化之路。

## ⑲梅里達考古遺址
Archaeological Ensemble of Mérida

登錄時間：1993年　遺產類型：**文化遺產**

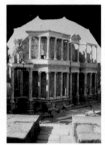

　　羅馬皇帝奧古斯都的女婿艾格列帕於西元前25年所建的殖民地，就在今日的梅里達。城內保留著眾多羅馬遺跡，尤其是羅馬劇院，稱得上是當地羅馬遺產中的珍寶，又以神殿式的舞台最為精采。

　　全長792公尺的羅馬古橋，為西班牙現存最長的羅馬橋，而原為羅馬貴族豪宅的米特瑞歐之家，出土的各式古羅馬文物現於羅馬藝術博物館展示。此外，水道橋、圓形競技場、黛安娜神殿、聖尤拉利亞教堂、皇宮等遺址，同樣不容錯過。

## ⑳瓜達盧佩的聖瑪麗亞皇家修道院
Royal Monastery of Santa María de Guadalupe

登錄時間：1993年　遺產類型：**文化遺產**

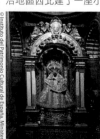

　　始建於13世紀，牧羊人在瓜達盧佩河畔偶然挖出一尊聖母像，民眾於是在卡薩雷斯省埃斯特雷馬杜杜(Extremadura)自治地區西北建了一座小教堂來供奉。1340年，基督教軍隊在薩拉多河(Rio Salado)戰役大獲全勝，阿方索六世認為係受聖母庇護之故，遂封這座小教堂為皇家修道院，之後的4個世紀不斷擴建，融入不同時期的建築風格。

　　這座氣勢恢宏的宗教建築瑰寶，與1492年的兩件歷史大事有關：一是基督教政權重掌西班牙政府，二是哥倫布發現新大陸，修道院裡的聖母像於是成為基督教宣揚新大陸的象徵。

## ㉑多納納國家公園 Doñana National Park

登錄時間：1994年　遺產類型：**自然遺產**

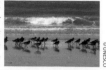

　　這座安達魯西亞省境內的國家公園，是拉姆薩濕地公約(Ramsar Convention)列管的全球水鳥重要棲息保育地，闊濕地涵蓋瓜達基維爾(Guadalquivir)河入大西洋河口右岸，面積達5萬4,000多公頃，其上遍布潟湖、沼澤、小丘、灌木叢林。

　　據統計，每年有多達50萬隻水鳥來此過冬，另有5種瀕絕鳥類棲息於此。1998年，由於有毒廢料外洩，污染瓜達基維爾河支流，一度造成生態災難。

## ㉒昆卡古城 Historic Walled Town of Cuenca

登錄時間：1996年　遺產類型：**文化遺產**

　　昆卡古城區位於Júcar和Huecar兩座河谷間的陡峭山脊，景點多集中在Júcar山邊，其中以大教堂、懸壁屋及鵝卵石街道最具特色。城區仍完整保留中世紀的樣貌，噴泉、拱門、窄街和教堂散落古城的各個角落。

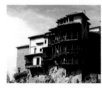

坐落於主廣場的大教堂，建於12世紀末，結合哥德、文藝復興和巴洛克等建築風格。其後方的懸壁屋群是一絕，屋後即為峭壁，站在向外突出的木造陽台上，只有「驚心動魄」足以形容。

## ㉓瓦倫西亞絲綢交易中心
La Lonja de la Seda de Valencia

登錄時間：1996年　遺產類型：**文化遺產**

　　早在1483年落成啟用的這座絲綢交易中心，無疑是哥德式建築的完美呈現，每個細節都是創意與功能的結合，例如28座自外牆延伸而出的出水口，造型極盡誇張，導水功能無懈可擊。

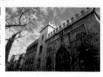

超高的正廳裡，矗立著8根呈螺旋狀的巨大石柱，象徵著扭纏的船繩和絲絹。交易中心曾被挪用為麥倉和醫院，如今在假日做為錢幣及郵票的交易市集。

## ㉔庇里牛斯山脈 — 普渡峰 Pyrénées - Mont Perdu

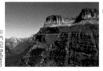

登錄時間：1997年
遺產類型：**綜合遺產**

　　位於西班牙和法國兩國邊界，庇里牛斯山脈呈東西走向、長453公里、平均海拔2,000公尺以上，最高峰為海拔3,352公尺的普渡峰。普渡峰的氣候與植被明顯呈垂直變化，2,300公尺之上是高山草原，3,000公尺以上則有冰川。西班牙這一側有Añisclo和Escuain兩座歐洲最大最深的峽谷，景色壯麗。托爾托薩(Tortosa)為登山滑雪聖地，遊客絡繹不絕。值得注意的是，此處山區除了保有恬靜的田園景觀，同時保留歐洲僅見的昔日高地生活方式，有如一座傳統農業生活展示館。

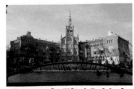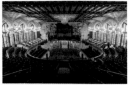

## ㉕巴塞隆納的加泰隆尼亞音樂廳與聖保羅醫院

Palau de la Música Catalana and Hospital de Sant Pau, Barcelona

登錄時間：1997年　遺產類型：**文化遺產**

這座音樂廳與聖保羅醫院同為加泰隆尼亞現代主義建築大師多明尼克(Lluis Domènech i Montaner)的代表作。多明尼克、高第、普意居(Josep Puig i Cadafalch)並稱為「加泰隆尼亞現代主義建築三傑」，作品強調「師法自然」，多以動物、植物作為裝飾元素，除了使用紅磚、馬賽克和彩色玻璃等建材，也開發出不少新技術，例如這座音樂廳本身即為巨大的鋼架結構，有助引進外部陽光，同時內部空間開闊。

聖保羅醫院則像座花草繁茂的摩爾風格花園，園中錯落著26棟馬賽克城堡般的醫院建築。這座花園醫院的前身是歷史悠久的聖十字醫院，在20世紀初改建之前，是座貧民區中的老舊醫院，而高第就是在此結束其精采的一生。

## ㉖聖米蘭·尤索和聖米蘭·蘇索修道院 San Millán Yuso and Suso Monasteries

登錄時間：1997年　遺產類型：**文化遺產**

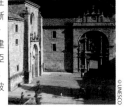

6世紀中葉，聖米蘭(St Millán)在此一地區建立起修道院社區，逐漸成為基督教徒的朝聖地。聖米蘭·蘇索修道院是為了紀念聖米蘭而建的羅馬式建築，第一部以卡斯提亞語（Castilian，即現代西班牙語）撰寫的文學作品即誕生於此，而被視為現代西班牙語的發源地。

16世紀初期，舊修道院下方新蓋了一座聖米蘭·尤索修道院，至今仍持續舉辦著宗教活動。

## ㉗拉斯梅德拉斯 Las Médulas

登錄時間：1997年　遺產類型：**文化遺產**

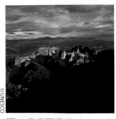

西元1世紀，來自羅馬帝國的統治者在西班牙西北部的拉斯梅德拉斯地區開始興建水力工程，以便開採、淘篩山裡的金銀礦產。兩個世紀後，羅馬人撤退了，留下一片廢墟，當地自此不再有工業活動，卻因而完整保留下此一獨特的地景。

如今，在當地陡峭的山坡和開闊地面，處處可見當時留下來的礦井和水渠，部分水渠轉為灌溉之用。

## ㉘科阿峽谷與席爾加·維德的史前岩石藝術遺跡

Prehistoric Rock Art Sites in the Côa Valley and Siega Verde

登錄時間：1998年列名、2010年擴充　遺產類型：**文化遺產**

葡萄牙東北部群山間的科阿峽谷和西班牙卡斯提亞·萊昂自治區的席爾加·維德，這兩處擁有全球現今最重要的史前人類藝術活動作品，這些距今上萬年的上石器時代(Upper Paleolithic Era)岩石雕刻藝術，主題多為山羊、馬匹、古代野牛等，皆是常見於西歐早期藝術作品的題材，其他還包括魚拓，鐵器時代之後則出現人形雕刻，大多是小頭、佩劍、雙腿細長的騎馬戰士。

## ㉙伊比利半島地中海盆地的岩畫藝術

Rock Art of the Mediterranean Basin on the Iberian Peninsula

登錄時間：1998年　遺產類型：**文化遺產**

伊比利半島東部的地中海盆地有不少史前文化遺跡，自1879年發現阿爾塔米拉(Altamira)岩洞的舊石器時代壁畫後，在阿拉崗、安達魯西亞、卡斯提亞·拉曼查(Castilla-La Mancha)、加泰隆尼亞、穆爾希亞(Murcia)、瓦倫西亞等地陸續發現大規模的石器時代壁畫群。

這些壁畫生動記錄下人類從採集、狩獵到種植作物、馴養動物等重要的文明轉折歷程，考古學家按年代及藝術風格，分為三大類：一是舊石器時代壁畫，約西元前4萬年至西元前1萬年，主題多為鹿、野牛等動物，也有抽象符號及人的手印；二為地中海沿岸壁畫，約西元前6,000年至西元前4,000年，開始出現人形圖畫，描繪狩獵、種植、舞蹈、戰爭等景象；三為簡圖式壁畫，西元前4,000年至西元前1,000年，畫面簡單卻充滿活力，大量出現抽象符號，被認為是藝術抽象化的重要起步。

## ㉚阿卡拉·德·埃納雷斯大學與舊城區

University and Historic Precinct of Alcalá de Henares

登錄時間：1998年　遺產類型：**文化遺產**

距離馬德里30公里，紅衣大主教斯內羅斯(Cisneros)1499年在此創立聖伊德豐索高等學院(Colegio Mayor de San Ildefonso)，可以說是世界第一座規畫設立的大學城，享譽歐洲數個世紀，歐洲的大學多尊其為範本。1836年，伊莎貝爾二世將大學遷往馬德里，1977年才又復校。

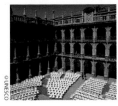

此地也是「上帝之城」(Civitas Dei)的原型，後有西班牙傳教士將此理想的市鎮模式傳入美洲。這裡還是西班牙大文豪塞萬提斯(Cervantes)的故鄉，著有《唐吉訶德》等鉅作，為現代西班牙語與西班牙文學留下了不可抹滅的影響。

## ㉛伊比薩島 Ibiza, Biodiversity and Culture

登錄時間：1999年　遺產類型：**自然與文化混合遺產**

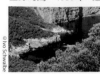

伊比薩島是海洋與海岸的生態系統互動的最好例子，這裡生長著大片濃密的波西尼亞海草（Posidonia Oceanica）。波西尼亞海草為地中海特有種，是許多海洋生物賴以維生的食物。島上保留不少年代久遠的歷史遺跡，薩卡雷塔（Sa Caleta）古民居、普奇‧德‧莫林古墓群（Puig des Molins）的出土，證明此一島嶼在早期的地中海海上貿易上，特別是腓尼基及迦太基時期，曾扮演過重要角色。另還有文藝復興時期要塞建築的經典之作，上城(Alta Vila)甚至影響了日後西班牙殖民帝國在新大陸的要塞設計。

## ㉜拉古納的聖克里斯托瓦爾城

San Cristóbal de La Laguna

登錄時間：1999年　遺產類型：**文化遺產**

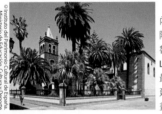

坐落於加那利群島的特內里費(Tenerife)島上，阿隆索‧費爾南德斯‧德‧魯格(Alonso Fernández de Lugo)在1496年征服島上最後的土著勢力後，在此建城，但沒有好好地規畫，城區動線和建築雜亂無章，此即「高城」(Upper Town)。

魯格於是決定另闢「低城」(Lower Town)，按照歐洲當時風行的幾何形來規劃城市，於是街道寬敞，公共空間開闊，都市規畫布局至今沒有太大改變，其中不乏可追溯至16至18世紀的教堂、公共建築及私人宅第。

這座古城還是西班牙首都不設防的殖民城市，成為日後許多美洲殖民城市的設計典範，直至1723年都是該島首府。

## ㉝博伊峽谷的仿羅馬式教堂

Catalan Romanesque Churches of the Vall de Boí

登錄時間：2000年　遺產類型：**文化遺產**

崇山峻嶺環抱的博伊峽谷，位於東北部加泰隆尼亞自治區內的庇里牛斯山區。峽谷內散落著8個小村莊，每個村莊都有一座保存狀況良好的羅馬式教堂，其中，聖克雷門德(Sant Climent de Taüll)和聖瑪利亞(Santa Maria de Taüll)教堂尤為經典，有著大批精美的中世紀壁畫。

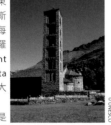

所謂「仿羅馬式建築」，指的是融合羅馬、拜占庭及早期基督教的建築風格與工藝的建築形式，盛行於11世紀中葉至12世紀末，特色為厚實的牆壁、高大的塔樓及圓拱形穹頂。

## ㉞塔拉克考古遺址

Archaeological Ensemble of Tárraco

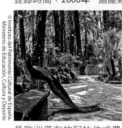

登錄時間：2000年
遺產類型：**文化遺產**

塔拉克今名為塔拉戈納(Tarragona)，分為新與舊兩個城區，舊城建在一處可俯瞰地中海的山丘上，三面是巨大的城牆所圍繞。塔拉克在羅馬時代是伊比利半島的行政、商業暨宗教重鎮，現留有許多羅馬時期的建築，包括長550公尺的城牆、兩座巨大的石門、塔樓、皇宮、圓形劇場、凱旋門及水道橋，展現了其作為羅馬行省首府的豪華氣派，塔拉克同時是羅馬帝國境內其他行省首府的城鎮設計與規畫的典範。

## ㉟埃爾切的帕梅拉爾 Palmeral of Elche

登錄時間：2000年　遺產類型：**文化遺產**

西班牙東南部的埃爾切是一座沿海城市，創建於10世紀末阿拉伯人 治伊比利半島的時期，帕梅拉爾是城裡極具北非特色的農業區。

「帕梅拉爾」意指種滿椰棗的地方，當地種植椰棗的歷史由來已久，早在西元前500多年就開始。腓尼基和羅馬人皆曾殖民至此，現是歐洲僅存的阿拉伯式農業區，由於摩爾人在中世紀建造的灌溉系 極為完善，且迄今持續運作中，因此得以在貧瘠土地上創造出農業奇蹟。

## ㊱阿塔普爾卡考古遺址

Archaeological Site of Atapuerca

登錄時間：2000年　遺產類型：**文化遺產**

位於布勾斯以東15公里處，當地洞窟群中保存著大批歐洲早期人類化石，年代從100多萬年前跨至基督教紀元初始，為研究遠古時代人類體態特徵及生活方式提供珍貴的原始資料。2008年初，考古學家在此挖掘出一塊120萬年前的人類下顎骨碎片，是迄今在該遺址出土最古老的化石，有可能是尼安德塔人和智人最後的共同祖先。

## ㊲盧戈的羅馬古城牆 Roman Walls of Lugo

登錄時間：2000年　遺產類型：**文化遺產**

盧戈位於西班牙北部、米尼奧(Minho)河上游支流畔，西元前19年被羅馬帝國征服，盧卡斯‧奧古斯汀(Lucus Augusti)的羅馬軍營曾駐紮於此，但由於當地盛產黃金，且位於布拉加(Bracara)往阿斯圖里加(Asturica)的大馬路上，而逐漸形成一座小城鎮。為了加強防禦能力，當時以巨大的片岩砌成長2,000公尺、高約10公尺的城牆，為羅馬帝國後期典型的防禦工事。

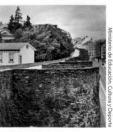

## ㊳阿蘭惠斯文化景觀
### Aranjuez Cultural Landscape

登錄時間：2001年　遺產類型：**文化遺產**

阿蘭惠斯的文化景觀融合了自然與人類的互動、彎曲河道及幾何景觀設計、田園風光與都市景觀、森林地貌和富麗建築之間的複雜關係。300多年來，由於西班牙王室投注了相當多的心力，阿蘭惠斯文化景觀呈現出人文主義與中央集權的色彩，還可見到18世紀法國巴洛克風格的花園，及啟蒙運動時期伴隨著種植植物和飼養牲畜而發展的城市生活。

## ㊴烏韋達與巴埃薩文藝復興建築群
### Renaissance Monumental Ensembles of Úbeda and Baeza

登錄時間：2003年　遺產類型：**文化遺產**

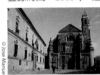

這兩座西班牙南部的小城，崛起年代可追溯至9世紀摩爾人統治及13世紀基督教重掌西班牙政權時期，至16世紀的文藝復興時期，烏韋達與巴埃薩的城市建設出現重大發展，在義大利傳入的人文主義思潮影響下，西班牙政府開始有計畫、有步驟地建設這兩座小城市，此一做法日後沿用至拉丁美洲的殖民城市建設上。

## ㊵維斯蓋亞橋　Vizcaya Bridge

登錄時間：2006年　遺產類型：**文化遺產**

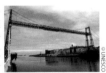

橫跨於畢爾包西側的伊拜薩巴(Ibaizabal)河口，1893年完工的維斯蓋亞橋，設計師是巴斯克建築師阿貝爾托・帕拉西奧(Alberto de Palacio)。這座45公尺高的大橋長約160公尺，沿用19世紀使用鋼鐵建材的傳統，並運用稍後出現的輕量化鋼索技術，是世界第一座裝有吊艙、可供行人與汽車過河的高空拉索橋，也　工業革命時期傑出的鋼鐵建築之一。這座兼具功能與美感的金屬大橋，曾毀於西班牙內戰期間，之後採用部分新技術重建，1941年恢復通行。

## ㊶泰德國家公園　Teide National Park

登錄時間：2007年　遺產類型：**自然遺產**

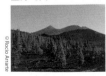

這處占地廣達18,990公頃的國家公園，位於加那利群島裡最大的特內利費(Tenerife)島中央，其存在為海洋島嶼演化的地質過程提供了證據。園區內的泰德峰是座活火山，海拔3,718公尺，為西班牙第一高峰，但若從大西洋底算起，泰德峰更高達7,500公尺，是世界第三高的火山結構體，巨大的垂直落差和火山活動，讓這裡的生態系統自成一格。

## ㊷海克力士塔　Tower of Hercules

登錄時間：2009年　遺產類型：**文化遺產**

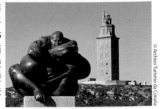

在西班牙西北部，距離拉科魯尼亞2.4公里的半島上，聳立著一座高達55公尺的建築，俯視北大西洋超過1,900年，是仍在使用中的古希臘羅馬時期燈塔，也是當今全球最古老的燈塔。

這座燈塔的名稱來自希臘羅馬神話的大力士，西元2世紀時建於57公尺高的巨岩上，海克力士塔打從落成以來就是地標。這座西班牙第二高的燈塔1791年時曾經過翻修，燈塔下方有座年代可上溯至鐵器時代的雕刻公園，以及一片伊斯蘭教墓園。

## ㊸特拉蒙塔納山區的文化景觀
### Cultural Landscape of the Serra de Tramuntana

登錄時間：2011年　遺產類型：**文化遺產**

特拉蒙塔那山脈矗立於地中海的馬約卡島(Majorca)西北部，與海岸線平行延伸，山勢陡峭險峻。數千年來，當地居民利用極為有限的自然資源，在一片崇山峻嶺中發展農耕文化，改變土地的容貌，營造出今日充滿獨特田園風光的山區文化景觀。

摩爾人在西元10世紀初占領馬約卡島，他們運用阿拉伯世界的水利技術，在島上修築相互連通的灌溉渠道和集水設施，發展出複雜交錯的水利系統，時到今日，當地居民仍沿用這套將近千年歷史的系統。

13世紀，馬約卡島隨著西班牙成為基督教王國的領土，居民開始引進基督教世界的農耕技術以及土地管理制度，逐漸形成現今的樣貌，而這塊占地30,745公頃的特拉蒙塔那山區，成為伊斯蘭文化與基督教文化互相交會的絕佳範例。

## ㊹阿爾馬登和伊德里亞的水銀遺產
### Heritage of Mercury. Almadén and Idrija

登錄時間：2012年　遺產類型：**文化遺產**

這座文化遺產是由西班牙的阿爾馬登(Almadén)與斯洛維尼亞(Slovenija)的伊德里亞(Idrija)兩地的水銀礦遺址及其附屬建築共同組成，這兩處是全球最大的兩個水銀礦脈，開採歷史悠久，見證歐洲與美洲之間好幾個世紀以來的水銀貿易。

阿爾馬登保留了不少與採礦歷史相關的建築，包括Retamar城堡、宗教建築，和當地傳統的住屋等。

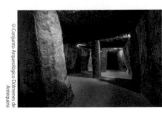

## ㊺安特克拉支石墓　Antequera Dolmens Site

登錄時間：2016年

遺產類型：**文化遺產**

這處遺址位於安達魯

西亞的心臟地帶，主要有三處支石墓，分別為蒙加(Menga)和維拉( Viera)、艾爾羅梅拉爾的地下圓形墳墓(Tholos of El Romeral)，以及兩處自然形成的山形墓塚Peña de los Enamorados和El Torcal。

這些支石墓皆建於新石器時代至銅器時代，而所謂的支石墓(Dolmens)，是史前巨石文明的殯葬表現方式，地上豎起數塊大巨石，一邊往外傾，上方架起大型石板做頂，架構的空間做為墓室使用，上述三處墓室是歐洲重要的史前建築及巨石文明範例。

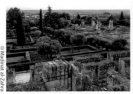

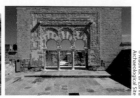

©Madinat al-Zahra Archaeological Site

## 46 哈里發的阿爾札哈拉古城
Caliphate city of Medina Azahara

登錄時間：2018　遺產類型：文化遺產

考古遺址位於安達魯西亞的哥多華西郊，為倭馬亞王朝(Umayyad)於西元10世紀中葉建立，是科爾多瓦哈里發的所在地，經過80幾年的繁榮歲月後，西元1009～1010年間的內戰摧毀了哈里發國家，古城於是被遺忘了上千年，直到20世紀才被發掘。

該遺址保留了完整的城市機能，包括道路、橋樑、水道系統、住宅建設、基礎設施等，呈現伊斯蘭文化鼎盛時期的安達魯西亞地區樣貌。

## 47 大加那利島的里斯科卡伊多考古遺址和聖山
Risco Caido and the Sacred Mountains of Gran Canaria Cultural Landscape

登錄時間：2019　遺產類型：文化遺產

里斯科卡伊多位於大加那利島中心的廣大山區，有著懸崖、峽谷與火山岩洞，擁有豐富的生物多樣性。大加那利島文化景觀包括數量龐大的穴居聚落，這裡可以看到住所、穀倉和蓄水池，其存在的年代足以證明在西班牙人到來之前，這裡即有文化存在，推測是北非柏柏人來到島上後，因與外界隔絕，逐漸發展出獨立的文化，直到15世紀首批西班牙移民抵達大加那利島。

穴居聚落裡還包括宗教洞穴及Risco Caido、Roque Bentayga兩座聖殿，一般認為，聖殿是舉辦定期宗教儀式的場所，宗教內容則可能與星宿和「大地之母」崇拜有關。

## 48 普拉多大道和雷提洛公園，藝術與科學之地
Paseo del Prado and Buen Retiro, a landscape of Arts and Sciences

登錄時間：2021　遺產類型：文化遺產

位於馬德里市中心，這一區自16世紀普拉多三線大道通車開始發展，宏偉建築圍繞著太陽神阿波羅、海神波賽頓、象徵馬德里城市的大地女神等幾座主題噴泉。此處體現了18世紀開明專制主義對都市空間和發展提出的新概念，讓各種用途的建物存在於同一個地區裡，有做為藝術和科學使用的，也有工業、健康照護和研究功能等建築，這是全盛時期的西班牙帝國對烏托邦社會的想像，後來也深深影響了拉丁美洲。

這一區包括佔地120公頃的雷提洛公園，大部分園區的前身是17世紀的夏宮，另有皇家植物園和耶羅尼姆斯大型住宅區，後者的屋舍型式多元，建築年代可追溯至19至20世紀，其間包括做為文化展演和科學用途的場地。

## 49 喀爾巴阡山脈與其他歐洲地區的古山毛櫸森林
Ancient and Primeval Beech Forests of the Carpathians and Other Regions of Europe

登錄時間：2021　遺產類型：自然遺產

聯合國教科文組織早在2007年就將這一大片林地列為自然遺產，但由於森林綿延廣被，為求完善管理保護，遺產範圍不斷擴大，包括2021年的西班牙在內，共有18個國家94區列入此一自然遺產裡。

古山毛櫸樹對氣候、地形、土壤等環境有著強大適應力，其基因對應不同的地理條件持續演變，甚至融合其他樹種，因此得以在1萬1千年前的冰河時期結束後，迅速地從散落在歐洲南部的阿爾卑斯山脈、喀爾巴阡山脈、地中海沿岸，以及庇里牛斯山等幾座各自獨立的林地往外推進，林地至今仍在不斷擴張中。

# 葡萄牙
## 50 亞速爾群島的英雄港中心區
Central Zone of the Town of Angra do Heroismo in the Azores

登錄時間：1983年　遺產類型：文化遺產

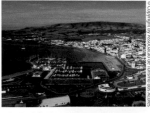

©Copyright by Associação de Turismo dos Açores

英雄港坐落於亞速群島的特爾賽拉島(Terceira)，這座當地最古老的城市，是昔日亞速爾群島的首府，15世紀時隨著葡萄牙東印度公司的崛起，成為重要的貿易與軍事港口，鎮日帆船川流不息的盛況，直到19世紀輪船出現為止才停歇。

在這長達四個世紀的巔峰時期，英雄港市區出現大量宮殿、修道院、教堂與城牆，令人為這座小島上的小城能有此番發展規模而感到震撼，而它今日的名稱來自於瑪莉亞二世，這位葡萄牙皇后於1830~1833年間曾避居於此，因為當地勇敢奮戰的居民，於是賦予它「英雄」的名號。

## ⑤ 托馬爾的女子修道院
Convent of Christ in Tomar

登錄時間：1983年　遺產類型：文化遺產

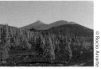

托馬爾的基督教女修院位於里斯本東北方143公里處，其前身為創立於12世紀的聖殿騎士堡壘，由於聖殿騎士從伊斯蘭教徒手中收回了不少失地，因而在基督教世界的資助下擴建了顯赫一時的修道院，成為「收復失地運動」(Reconquest)中的象徵。

然而隨著14世紀聖殿騎士團的消失，1344年時該修道院改變了最初的設計結構，搖身一變成為基督教女修院，展現葡萄牙曼努埃爾時期(Manuel)對於外來文化開放的一面。除了融合羅馬、拜占庭風格以及堡壘和教堂式樣外，裝飾彩磚的哥德式迴廊和葡萄牙首座雙層迴廊，都說明它重要的文化與歷史價值。

## ㊷ 巴塔哈修道院 Monastery of Batalha

登錄時間：1983年　遺產類型：文化遺產

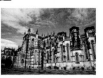

曼努埃爾式(Manueline)建築是葡萄牙在15世紀晚期到16世紀中期，因極力發展海權主義，而在藝術和建築上出現其獨特的建築風格，取名自當時執政的曼努埃爾一世。其建築特色在於扭轉造型的圓柱、國王紋章和雕飾精細又繁複的窗框，同時運用大自然圖像，如在石頭上鑲著貝殼、錨等。

以淡色石灰岩建造的巴塔哈修道院，佇立在巴塔哈鎮中心，除了建築本身是傑作外，還與葡萄牙14、15世紀的歷史息息相關。卡斯提亞國王朱安(Juan)與葡萄牙公主聯姻，但因對於葡萄牙國王的王位虎視眈眈，於是便在1385年派兵攻打葡萄牙。而當時身兼埃維斯騎士團指揮的若昂(Joào)發誓，如果贏得勝利，將興建一座紀念聖母的偉大修道院。最後，葡萄牙人贏得這場戰役，若昂也成為葡萄牙國王。修道院便於1388年開始興建，一直到1533年才大致完工。

建築本體包括有教堂、皇家迴廊、創立者禮拜堂、修士大會堂等，都是以火焰形式的哥德風格在1434年完工的，不過在15、16世紀增添的曼努埃爾式建築，主導了整個修道院的風格。

## ㊳ 里斯本的傑羅尼摩斯修道院與貝倫塔
Monastery of the Hieronymites and Tower of Belém in Lisbon

登錄時間：1983年　遺產類型：文化遺產

為了紀念達迦瑪(Vasco da Gama)發現前往印度的航海路線，曼努埃爾一世(Manuel I)於1502年下令建造了這座修道院。整個設計起先是哥德式的風格，隨著設計師去世後，接手的西班牙建築師加入了文藝復興式的色彩，以航海、風景、人物裝飾的精緻大理石壁雕，展現世界獨一無二的葡萄牙哥德風味。修道院完工後一直作為當時即將出海冒險和征戰水手的心靈祈禱聖地。達迦瑪等人的棺木停放於修道院的教堂裡，葡萄牙也是在此簽署加入歐洲聯盟。

離傑羅尼摩斯修道院不遠的貝倫塔，也是由曼努埃爾式一世下令所建造的，宛如城堡般的奇特造型與略具摩爾風格裝飾的貝倫塔，在1515~1521年間建造，這時便是葡萄牙航海冒險的時期，許多冒險家都是由此出發前往全球各地探險。

## ㊴ 艾芙拉歷史中心 Historic Centre of Évora

登錄時間：1986年　遺產類型：文化遺產

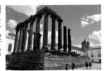

艾芙拉舊城被保存完整的摩爾城牆所包圍，15世紀時，成為葡萄牙王室的行宮，城裡石板街道和優雅的建築，有股濃濃的中世紀城鎮風味。當地的建築十分有特色，白牆、花磚，加上飾以花草動物的花紋的鑄鐵陽台，營造出獨特的風韻，而這種建築特色在日後影響巴西的建築甚巨。

## ㊵ 阿寇巴薩修道院 Monastery of Alcobaça

登錄時間：1989年　遺產類型：文化遺產

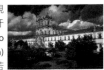

阿寇巴薩修道院是葡萄牙境內規格最大的中古建築群之一。葡萄牙首任國王阿方索‧亨利克斯(Afonso Henriques)曾向西妥隱士會(Cistercian)的創始人聖伯納(St. Bernard)發誓，若能成功擊退摩爾人，將為西妥隱士會興建修道院。當阿方索於1147年成功地擊退摩爾人時，1178年便開始大興土木，直至1223年才完工。修士們在此過著自給自足和奉獻教會的工作，1269年起興學回饋鄉梓。

教堂則是葡萄牙現存最高大的哥德式建築。教堂裡有兩座石棺，訴說著佩德羅一世(King Pedro I)與英娜斯(Inês de Castro)之間的淒美愛情故事。修道院的迴廊的十分漂亮，1樓雕有花飾窗格的拱門，建於14世紀狄尼斯國王執政時，而2樓的曼努埃爾式建築則是在16世紀加上的。在迴廊西北邊有間國王廳(Sala dos Reis)，也就是現今的修道院入口處，這是在18世紀時所增添的，裡面有葡萄牙歷任國王的雕像，廳堂四周鑲有描述建造修道院故事的青色瓷磚。

## ㊶ 辛特拉人文景觀 Cultural Landscape of Sintra

登錄時間：1995年　遺產類型：文化遺產

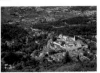

辛特拉被森林與冷泉所圍繞，自古以來這裡就是葡萄牙國王最喜愛的夏季避暑勝地，再加上這裡建築仍舊保有浪漫的風格，讓辛特拉成為一個暨懷舊又浪漫的古典山城。浪漫派的英國詩人拜倫(Lord Byron)也在他的遊記中對辛特拉讚譽有加。

19世紀時，辛特拉變成歐洲第一個浪漫主義建築的中心，費迪南二世(Ferdinand II)把一處廢棄的修道院改造成一座城

堡，內部融合了哥德、埃及、摩爾、文藝復興等各種建築風格，同時打造一座花園，裡面種植了在地及各種異國的樹種。而山坡周邊的住宅區，結合了花園和公園的設計規劃，也影響到後來歐洲城市建築景觀的發展。

## �57 波爾圖歷史中心、路易一世橋和賽拉多皮拉爾修道院

Historic Centre of Oporto, Luiz I Bridge and Monastery of Serra do Pilar

登錄時間：1996年　遺產類型：**文化遺產**

葡萄牙的第二大城波多坐落於杜羅河(Douro)河口，它是北部重要的文化與經濟中心，以生產且外銷葡萄牙最著名的特產波特酒(Port wine)聞名於世。

這座擁有傑出都市景觀的城市，名稱衍生自「港口」這個字，回溯其歷史，早在西元4世紀創立以來，就是一座重要的商業港口，今日錯落於國內的各色古蹟，從羅馬式唱詩班席、新古典主義的股票交易所，到曼努埃爾風格的教堂等等，都能看出它長達兩千多年的發展，以及對外與西方世界間的文化和貿易聯繫。

除了波爾圖的歷史中心區，該城市最顯眼的地標路易一世橋，以及杜羅河對岸、位於加亞村(Vila Nova de Gaia)的賽拉多皮拉爾修道院，也納入世界遺產範圍。

## �57 科阿峽谷和西艾加維德史前岩石藝術遺址

Prehistoric Rock Art Sites in the Côa Valley and Siega Verde

登錄時間：1998年　遺產類型：**文化遺產**

遺產主要內容：**舊石器時代遺址/史前岩畫**

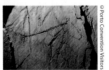

擁有現今全世界最重要的史前人類藝術活動遺跡的科阿峽谷，位於葡萄牙東北部的群山間。17世紀開始，當地再度興起岩石藝術，主題轉而與宗教相關，到了20世紀中這裡甚至出現飛機、火車和船隻等現代產物，見證人類藝術與文化的漫長發展。2010年聯合國教科文組織再度擴大遺產的範圍，把西班牙境內的西艾加維德也納進來。

## �59 馬德拉群島的月桂樹森林

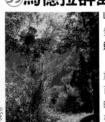

Laurisilva of Madeira

登錄時間：1999年　遺產類型：**自然遺產**

15世紀初，葡萄牙航海家發現了位於該國西南方的馬德拉群島，這座幾百萬年前因地殼運動和火山噴發形成的島嶼，以分布廣闊且年代久遠的月桂樹森林聞名，為當今全世界最大的月桂樹林。

特別是其中將近90% 的面積都屬於原生林，也因此擁有大量當地特有且珍貴的生物，像是馬德拉長趾鴿，以及稀少的苔蘚、蕨類和開花植物，與多達66種的維管束植物等等，有別於其他月桂樹森林的特色，此外，它更是許多無脊椎動物的家。

## ㊿ 上杜羅河葡萄酒區

Alto Douro Wine Region

登錄時間：2001年　遺產類型：**文化遺產**

遺產主要內容：**農業景觀/葡萄園**

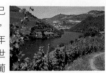

杜羅河上游成為葡萄酒鄉的歷史已將近兩千年，根據考古證據顯示，早在西元3~4世紀的西羅馬帝國末年時，這裡已經開始釀製葡萄酒。17世紀下半葉波特酒的出現，讓該區的葡萄園不斷擴張，到了18世紀時，波特酒不但成為上杜羅河的主要產品，更以絕佳的品質躋身世界名酒之列。

上杜羅河當地的景觀因為這項人類長期發展的產業活動而形成獨特的面貌，葡萄園、酒莊、村落、教堂以及道路，勾勒出傳統歐洲葡萄酒區的景象，也反映出隨時間變遷的釀酒業，在技術以及社會等各方面的發展。

## ㊅ 吉馬萊斯歷史中心

Historic Centre of Guimarães

登錄時間：2001年　遺產類型：**文化遺產**

身為葡萄牙王國第一位國王阿方索一世(Afonso I of Portugal)誕生地的吉馬萊斯，是一座興建於西元4世紀的葡萄牙北方城市，至今其城牆上還有一段醒目的文字，訴說這個發源於12世紀的西歐國家歷史。吉馬良在12~16世紀時進入發展巔峰，出現

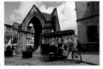

多座地標性建築和華美的別墅，16世紀時該城已出現水渠等大規模城市建設規劃，17世紀時還修築了沃邦式防禦工事。

如今這個區內各時期建築保存完善的城市，是中世紀聚落轉型現代城市的最佳發展範例，其中特別是15~19世紀的建築，展現了葡萄牙的傳統建築材料與技術。

## �62 皮庫島葡萄園文化景觀

Landscape of the Pico Island Vineyard Culture

登錄時間：2004年　遺產類型：**文化遺產**

皮庫島是以島上火山、同時為葡萄牙最高峰皮庫山(Ponta do Pico)命名，是亞速群島的第二大島，面積447平方公里，密布著一小塊、一小塊的葡萄園，它們的周遭圍繞著以玄武岩塊堆砌、沒有加上任何水泥接合的護牆，使葡萄免受強風與海水的侵害。

皮庫島的葡萄酒文化起源於15世紀，從當地的葡萄園、石牆、房舍、莊園地主的宅邸、酒窖、教堂和港口等人文景觀，得以一窺當地如何以小規模的葡萄酒區塊，發展出適合當地生活環境的作業型態，並生產出極具價值的美酒。

## ㊿艾爾瓦斯邊城及其防禦工事

**Garrison Border Town of Elvas and its Fortifications**

登錄時間：2012年　遺產類型：**文化遺產**

　　艾爾瓦斯位於葡萄牙東南部的阿蓮特茹地區(Alentejo)，緊鄰西班牙邊界。自從1640年葡萄牙成功反抗西班牙的統治、恢復獨立開始，葡萄牙人就大規模地加強艾爾瓦斯的軍事建築，使它成為在17到19世紀期間保衛葡萄牙的重要邊境城鎮。

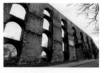

　　艾爾瓦斯擁有全世界最大的乾溝式防禦工事，設計者是荷蘭耶穌會神父佩卓・若昂・皮斯卡西歐・科斯曼德(João Piscásio Cosmander)，他依照荷蘭學派的堡壘工程理論，依山坡建造十幾座分布成不規則多邊形的堡壘，堡壘四周環繞著乾溝，外頭還有數座稜堡加以保護，是目前荷蘭式防禦工事中保存得最完善的典範。

　　除了軍營、教堂、修道院、城牆、護城河以及軍事堡壘之外，艾爾瓦斯還有一座長達7公里的阿莫雷拉水道橋(Amoreira Aqueduct)，可以在長期圍城的狀況下供應足夠的水源。

## ㊷科英布拉大學─阿爾塔和索菲亞校區 University of Coimbra–Alta and Sofia

登錄時間：2013　遺產類型：文化遺產

　　科英布拉大學是葡萄牙歷史最悠久的大學，創建於1290年，擁有超過七百年的歷史。

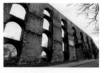

　　校園坐落於山丘，能俯瞰整座城市，也因為歷時已久，建築物保有歷史韻味，其建築形式對於之後葡萄牙殖民地區的大學建設上，也有深刻影響。

　　科英布拉大學保有許多特色建築，其中著名的包括聖克魯茲大教堂(Cathedral of Santa Cruz)、由皇宮改建的學院建築，以及巴洛克風格、被譽為全世界最美圖書館之一的喬安娜圖書館(Joanine Library)。此外，科英布拉植物園、大學出版社，以及建於1728年的巴洛克式鐘塔，由義大利建築師所設計，成為日後歐洲大學鐘塔的表徵。

　　1940年代科英布拉大學逐漸發展成大學城，連結都市與大學間的關係，體現教育與城市相輔相成的關係。

## ㊸馬夫拉皇室建築-宮殿、大教堂、修道院、塞爾科花園及塔帕達狩獵公園

**Royal Building of Mafra – Palace, Basilica, Convent, Cerco Garden and Hunting Park**

登錄時間：2019　遺產類型：**文化遺產**

　　馬夫拉皇室建築群位於里斯本西北方30公里處，為若昂五世(João V) 1711年所構思設計，具體展現葡萄牙的君主制和國家概念。這個宏偉的矩形建築包括國王和皇后的宮殿、以羅

馬巴洛克風格大教堂為藍本建造的皇家禮拜堂、一座方濟會修道院、以及擁有36,000冊藏書的圖書館。該建築群包括了幾何布局的塞爾科花園和皇家狩獵公園（Tapada）。馬夫拉皇室建築為意大利巴洛克風格的卓越範例之一，充分展示葡萄牙帝國的實力和影響力。

## ㊻布拉加山上仁慈耶穌朝聖所

**Sanctuary of Bom Jesus do Monte in Braga**

登錄時間：2019　遺產類型：：**文化遺產**

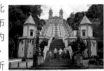

　　山上仁慈耶穌朝聖所位於葡萄牙北部埃斯皮諾山的山坡上，俯瞰整個布拉加城和北部平原，沿山坡而建的朝聖道再現基督教耶路撒冷的形象，宛如一座被教堂加冕的聖山。朝聖所歷經六百多年的發展，主體為巴洛克風格，展示16世紀天主教會在特倫托大公會議上所推廣的創建神聖山(SacriMonti)傳統，以回應當時的宗教改革。現在的教堂本體建於1784年，是葡萄牙早期的新古典主義式風格。

# 摩洛哥

## ㊼菲斯舊城區　Medina of Fez

登錄時間：1981　遺產類型：**文化遺產**

　　摩洛哥的宗教聖地與文化之都，菲斯城建於西元9世紀，這裡有世界上最早建立的伊斯蘭教大學，在西元13世紀至

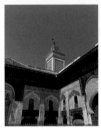

西元14世紀時，菲斯被定為首都並達到了它的鼎盛時期，菲斯舊城區（Medina）面積達300公頃，是全世界現存最大的舊城區，其中錯綜複雜的巷道多達9千多條，宛如一座超大型迷宮，兩側商店櫛比鱗次，巷道狹窄處、甚至無法兩人並行，舊城區中有許多珍貴的遺跡與建築，其中包括伊斯蘭學校、清真寺等等。

## ㊽得土安舊城區

**Medina of Tétouan (formerly known as Titawin)**

登錄時間：1997　遺產類型：**文化遺產**

　　得土安是摩洛哥地中海沿岸的重要港口之一，位於直布羅陀海峽南岸，距坦吉爾(Tanger)約60公里，西元8世紀時，得土安是連接摩洛哥和西班牙安德魯西亞(伊比利半島南方自治區)

的主要通道，15世紀時伊比利半島的西班牙國王開始國土收復運動，促使了許多伊比利半島上的住民流放至摩洛哥北部，這個城市便由流放自安達魯西亞的難民重建，因此城市的建築和藝術風格都深受安達魯西亞風格的影響，舊城區狹窄街巷中密密麻麻的建築融合了安達魯西亞及摩爾風格。1912年至1956年期間得土安是西屬摩洛哥的首府。

## ㊉沃呂比利斯考古遺址
### Archaeological Site of Volubilis

登錄時間：1997 遺產類型：文化遺產

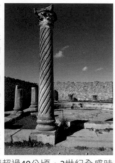

　　摩洛哥境內保存最完好的一座古羅馬城市遺址，位於梅克內斯北方約33公里處的肥沃平原上，也是羅馬帝國勢力範圍下西邊最偏遠的一區，西元1至3世紀時在羅馬帝國統治下，開發了小麥等經濟作物種植區，成為重要的農耕社區，為羅馬軍隊提供橄欖油、小麥葡萄酒。建築物除了如凱旋門、大神廟、浴場、製油工坊、商店、紅燈戶等，還保留了許多鑲嵌希臘神話馬賽克地磚的豪宅，整座城市面積超過40公頃，2世紀全盛時期居民多達2萬人口。1755年曾受里斯本大地震時破壞震毀了所有古建築。

## ㊉拉巴特現代都市與歷史古城
### Rabat, Modern Capital and Historic City: a Shared Heritage

登錄時間：2012 遺產類型：文化遺產

　　摩洛哥首都及政治、行政和金融中心，它與古城塞拉隔著布瑞格瑞河 (Bouregreg)遙遙相望，現代化的新城區有寬敞的林蔭大道、路面電車、政府機構及各國大使館，舊城區則有著古老的城堡與整齊清潔的露天市集，舒適的城市氛圍使其成為一座融合現代化首都與歷史性舊城雙重身分的魅力城市，沿著主要

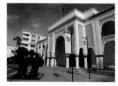

大街漫步，輕易地就能抵達舊城區，瞬間時光彷彿倒流回到了半世紀。1912年法國殖民時期，選擇了容易防衛的沿海都市拉巴特作為首都，直至今日拉巴特一直都是政府和國王官邸的所在地。

## ㊉馬扎甘(傑迪代)葡萄牙城
### Portuguese City of Mazagan (El Jadida)

登錄時間：2004 遺產類型：文化遺產

　　位於卡薩布蘭加西南方90公里處的馬扎甘軍事要塞是16世紀早期葡萄牙人在大西洋岸的殖民地，其堡壘城牆和防禦工事具有文藝復興早期的軍事設計風格，保存下來的葡萄牙式建築包括帶有曼奴埃爾風格的水塔和聖母昇天教堂。葡萄牙城是葡萄牙探險家前往印度途中，在非洲建立的早期殖民地之一，這裡是歐洲與摩洛哥文化相互影響交流和融會的例證，在建築、技術和城鎮規劃方面均可從此處得到完美的體現。

## ㊉索維拉舊城區（原名摩加多爾）
### Medina of Essaouira (formerly Mogador)

登錄時間：2001 遺產類型：文化遺產

　　大西洋沿岸的海港城鎮索維拉，又被稱為「非洲風城」，

城市名字的意思為「設計精美、巧奪天工」，索維拉的藍白色調既具摩洛哥風情又極度歐化，至今所見的舊城(Medina)及城市規模建於18世紀後期，由法國建築師進行規劃，建成一座完美的防禦性海港城市，這座宛如中世紀歐洲的城寨，融合了歐洲與摩洛哥風格，曾是摩洛哥最活躍的國際商港，舊城區內吸引了為從事商業貿易的各個族群前來居住，是阿拉伯人、柏柏爾人、非洲土著部落、猶太人及歐洲人的文化大熔爐。

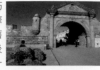

## ㊉馬拉喀什舊城區 Medina of Marrakesh

登錄時間：1985 遺產類型：文化遺產

　　馬拉喀什曾是早期的商隊驛站與貿易中心，舊城區最著名的地標德吉瑪廣場是北非最大的露天市集，從清晨到傍晚無時無刻不充滿著喧囂與活力，弄蛇人、賣水人、占卜師、雜

技演員在廣場上賣力演出，小吃攤販此起彼落攬客叫賣，精采程度讓人眼花撩亂應接不暇，至今整座舊城區至今還保留著傳統的樣貌，狹小如迷宮般的巷弄與市集到處都是。

## ㊉艾本哈杜城堡 Ksar of Aït Benhaddou

登錄時間：1987 遺產類型：文化遺產

　　17世紀時艾本哈杜聚落逐漸形成，成為撒哈拉往返馬拉喀什古道沿線最大的城堡(Kasr)。在北非上千個傳統柏柏爾土造建築中，是最具代表性且維護最完整的一座。由於土造建築的壽命都不長，需要

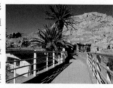

不斷經歷塌陷後再重建的循環，因此經歷了幾世紀，它的外貌一直略有改變，古城沿著山丘東南坡往上搭建，占地約2公頃，包含防禦性的外牆、高塔、屋舍、糧倉、商店及清真寺等建築，村內街道宛如迷宮般蜿蜒曲折，爬到最頂端有間荒廢的防禦性糧倉，從這裡可俯瞰周邊的綠州。古城全盛時期可容納千人，目前僅剩不到10戶柏柏爾人家族居住，大部分居民都搬遷至河對岸的新村落。

## ㊉歷史名城梅克內斯 Historic City of Meknes

登錄時間：1996 遺產類型：文化遺產

　　梅克內斯是摩洛哥四大皇城之一，坐落於首都拉巴特與古城菲斯的中間，西元1672-1727年間成為當時阿拉伯王朝帝國的首都，蘇丹穆萊伊斯梅爾(Sultan Moulay Ismaïl)在這座城市建造了巨大的皇宮建築群、防禦工事、蜿蜒的城牆和高大城門，將梅克內斯建設成為一個西班牙及摩洛哥風格的城市，城市至今仍能看出是17世紀北非伊斯蘭教與歐洲風格融合統一的體現。

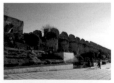

# Best Taste in Spain, Portugal & Morocco
# 西葡摩好味

陽光普照的伊比利半島，蘊育出西葡兩國豐美的農產和食材，西班牙幅員廣大，各個省份不同的氣候、地理環境與歷史等風土條件，造就出多元的美食。而葡萄牙緊鄰大西洋，擁有豐富的海產資源，來自海洋的鮮味自然佔據葡式料理的大塊版圖，調味方式偏向地中海風味，與西班牙料理有一定程度的相似。幾乎所有菜色都會添加洋蔥和大蒜，橄欖油和葡萄酒則是餐桌必備品。摩洛哥是伊斯蘭教國家，因此基本上當地餐廳不提供豬肉料理也不提供酒，摩洛哥菜擁有特有的香料風味，菜式融合阿拉伯、柏柏爾、西班牙以及法國等地的精華。

## 西班牙 Spain

### 吉拿棒 Churros

吉拿棒就是西班牙的炸油條，金黃香酥，有粗細兩種尺寸，細的口感較酥脆，粗的則能咀嚼到麵粉的香甜。熱騰騰的吉拿棒沾上熱巧克力，又是油炸又是濃郁，鮮少有人能抵抗這種誘惑，而令人忌妒的是，這就是西班牙人的日常早餐！

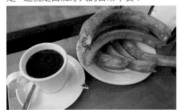

### 西班牙蛋餅 La Tortilla

可納入西班牙國菜名單的常見家常菜，這種以馬鈴薯加蛋攪拌再下去煎的蛋餅，很有飽足感。Tortilla可以加入不同食材，衍生出各種變化，像是加入馬鈴薯和洋蔥的稱為Tortilla Española；加入火腿、大蒜、番茄的是Tortilla Murciana；格拉那達著名的Tortilla del Sacromonte，則加了蠶豆、羊腦和羊睪丸。此外，不只出現在早餐餐桌，La Tortilla也是受歡迎的小酒館下酒菜。

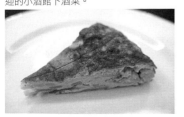

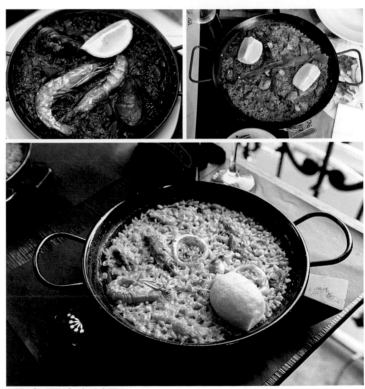

### 西班牙海鮮飯 Paella

東北方的加泰隆尼亞省以橄欖、葡萄園、海鮮等聞名，其中的瓦倫西亞則有「西班牙米鄉」之稱，瓦倫西亞的米配合加泰隆尼亞的海鮮，著名的海鮮飯便應運而生。這種屬於大雜燴的農家日常菜，以生猛的海鮮（有時加入雞肉、兔肉等肉類）搭配米飯，拌入不同的蔬菜與番紅花燉煮，成為西班牙代表食物之一，而其燒焦的米飯鍋巴更令人垂涎三尺！

這道海鮮飯今日已是西班牙的國菜，在西國任何地方都能吃到，有的還會以細短的Fideos義大利麵取代米飯做成海鮮麵。

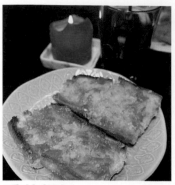

## 番茄麵包 Pan con Tomate

長棍麵包切片，烤至焦脆，塗上混合著番茄、大蒜和橄欖油的抹醬，是簡單又健康的地中海風味。

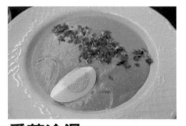

## 番茄冷湯 Gazpacho

安達魯西亞聲稱擁有最厲害的番茄冷湯，質地濃稠得像醬汁，入口則滿溢著清爽的番茄香。這種以番茄為湯底的新鮮蔬菜冷湯，是因應當地炎熱的氣候而創作出來的一道菜餚，據說有防止中暑的功效，常作為下酒菜或第一道開胃菜。

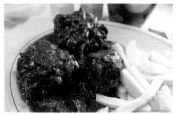

## 燉牛尾 Rabo de Toro

安達魯西亞的鬥牛風氣興盛，牛隻耗損量大，燉牛尾因此成了安達魯西亞的名菜之一，其中又以哥多華和隆達最為有名。作法是將牛尾以蜂蜜醃漬，再連同水果一起熬，煮到完全入味，吃的時候，牛尾肉質軟嫩、膠質盡出，恨不得手邊有碗白飯，把盤底醬汁也一併收了。

## 火腿 Jamón

西班牙火腿種類繁多，主要分伊比利火腿(Jamón Ibérico)、塞拉諾火腿(Jamón Serrano) 兩大類，同類火腿之中，又會因產地、部位、放養方式等條件，影響火腿的價格、等級。

塞拉諾火腿用的是白豬肉，伊比利火腿則選用伊比利種的黑蹄豬。黑蹄豬放養於安達魯西亞的山區，吃野生橡樹果實長大，為了確保肉質細膩，幾乎皆採用2歲多的小豬仔，添加特殊香料後，高溫風乾再蠟封，成品價格普遍比塞拉諾火腿高出許多。市場可以買到真空包裝的生火腿切片，在小酒館內，則可以先欣賞侍者表演切火腿片的絕活，再細細品嚐火腿風味，抿一口西班牙紅酒、搭配一顆醃橄欖，可以說是至高無上的享受。

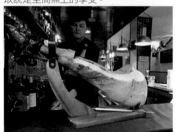

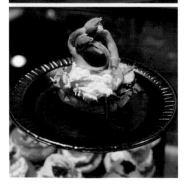

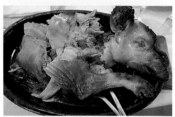

## 烤乳豬 Cochinillo Asado

烤乳豬是塞哥維亞的特產，選用3、4公斤重的小豬，浸泡在大蒜和丁香等香料裡，再用香草煙薰烘烤，必須烤到皮脆肉嫩到能夠直接以盤子切開，才可以上桌。1898年開業的烤乳豬老店康迪多餐廳天天生意興隆，塞哥維亞街頭的其他餐廳因此也紛紛以烤乳豬為招牌，吸引遊客。

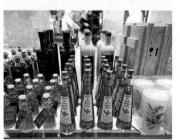

## 橄欖油 Aceite de Oliva

行經安達魯西亞的小鎮之間，就像一朵朵綠色圓球的橄欖樹，遍布於平原緩坡，數量之多，舉目望去，綿延不絕，不愧西班牙是全球最大的橄欖油生產和出口國。11月為橄欖產季，橄欖可直接食用或榨油，年平均產量約80公噸。安達魯西亞是西班牙國內橄欖園最多的地區，據統計，歐洲的橄欖油有1/3來自安達魯西亞，為西班牙賺進大筆收益。橄欖油多用於烹調料理上，也可以用麵包蘸著吃，或拿來醃漬小菜等食材。

# 小酒館與經典款開胃小菜Tapas

西班牙小酒館(Taberna)的開店時間相當早，許多酒館從清晨營業到深夜，食物也從早餐一路賣到宵夜。酒館每日會公告當日菜單，也會推出將主菜、沙拉、薯條等放在同一個盤子上的簡餐(Plato Combinado)。小酒館提供的餐點裡，最精彩的就是Tapas。Tapas指的是飯前的開胃小菜，或兩頓正餐之間的點心，起源於18～19世紀的酒館。當時酒館老闆為了要防止蒼蠅掉入酒杯，會在酒杯口蓋上一片麵包，「蓋上」的西班牙文就是「Tapa」，

後來大概覺得只有麵包太單調，開始在麵包上放著口味較重的醃漬橄欖、醃漬鯷魚或火腿片等，結果發現因為這些可口的下酒菜，酒類的銷售量居然隨之變好了。傳統一點的小酒館會將用牙籤串著Tapas，結帳時就以牙籤的數量來結帳。

玻璃櫥窗內擺滿各式各樣的Tapas，不用擔心語言隔閡，動動手指就能點菜，對什麼都想要嚐一點的貪心饕客來說，這裡就是天堂，點上幾盤，搭配桑格莉亞水果酒、雪莉酒或啤酒，就是最道地的西班牙

生活。安達魯西亞當地人去的酒館，下酒菜甚至是免費招待。稍有規模的酒館，每一份Tapa就像一幅繽紛的小畫作，精緻地擺在白色瓷盤裡上桌。

到底有多少種Tapas，可能誰也說不清，大致上可分為熱盤和冷盤，熱盤常見油炸或清炒，也可以是任何傳統菜餚，就是份量少一點；冷盤則以沙拉、橄欖油漬品、橄欖、生火腿片等為主。除了生火腿片、番茄麵包、西班牙蛋餅以外，常見的經典款Tapas還有以下幾種：

## 醃漬橄欖 Aceitunas

初收的綠橄欖或深秋轉為紫黑色的橄欖，都可以清洗後，以食鹽醃漬，就是一盤小酒館裡常見的小菜，根據醃漬方法，有不同的口味。用牙籤串起小洋蔥、醃漬橄欖和油漬番茄，視覺上也是種享受。

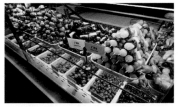

## 桑格莉亞水果酒 Sangria

桑格莉亞被視為西班牙的國飲，不只是小酒館，餐廳、市集、大型活動必能看見人手一杯。以紅酒為基底，加入白蘭地、橙汁、糖漿、氣泡水、以及水果切片，調製成雞尾酒，以白酒為基底的則稱為SangriaBlanca。在氣泡的誘發下，紅酒和果香更為融合溫順，適合炎炎夏季。

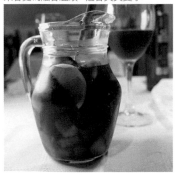

## 番茄燉肉球 Albondigas

源自阿拉伯地區的傳統菜餚，用番茄醬汁燉煮牛肉丸子，加入乳酪、小茴香等增添風味，通常事備好，用餐時再分裝盛盤。

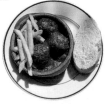

## 炸魚 Pescados Fritos

簡單炸過後即可上桌，吃之前淋上清爽的檸檬汁提味，小酒館或市場都能見到。除了炸小魚之外，也常見炸花枝(Calamares Fritos)。

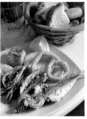

## 蒜蓉蝦
### Cazuelita de Gambas al Ajillo

標準的地中海下酒菜，以蘆筍、大蒜、橄欖油和辣椒，清炒蝦子，香辣夠味。食材新鮮是美味關鍵，有時會用花枝取代蝦子，與啤酒最對味。

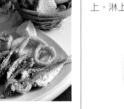

## 綜合拼盤
### Verbena de Canapes

各種乳酪、煙燻火腿、臘腸組成的拼盤，視覺上相當澎湃，如果只想點一樣下酒菜或人數比較多，非綜合拼盤莫屬。

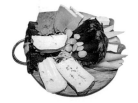

## 涼拌沙拉 Ensalada Ole

在番茄、各式乳酪、醃漬橄欖等食材上，淋上橄欖油涼拌，相當開胃。

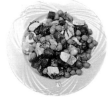

## 海鮮沙拉 Ensalada Rusa

番茄、洋蔥、甜椒、章魚等切絲，與橄欖油、醋一起涼拌，有時會加入淡菜。

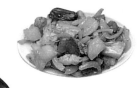

# 葡萄牙Portugal

## 葡萄牙海鮮飯
### Arroz de Marisco

不同於西班牙的乾式海鮮飯，葡式海鮮飯比較像是「湯飯」，通常是小鐵鍋燉煮後就整鍋直接上桌，所以在餐廳點這道菜，也大多以兩人份為單位。鍋子內的海鮮用料澎拜，包含蝦子、蜆、螃蟹、蛤蠣、魚肉等，番茄基底的湯汁與大蒜、香菜、橄欖油的香氣充分融合，米飯不會煮到太爛，剛剛好吸飽海鮮湯汁，依然有粒粒分明的口感，連同蟹肉、魚肉一起入口，滿足度破表。

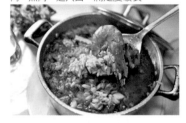

## 鱈魚炒炸薯絲蛋
### Bacalhau à Brás

據說葡萄牙人有超過百種料理鱈魚的方式，除了餐桌上常見的香煎鱈魚、烤鱈魚、炸鱈魚球等，布拉斯式　稱得上是葡萄牙國菜之一。這道菜將切碎的醃鱈魚(Bacalhau)、洋蔥、細細的馬鈴薯絲和雞蛋一起拌炒，起鍋後再撒上黑橄欖和新鮮香菜。

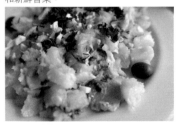

## 烤沙丁魚 Sardinha Assada

走一趟6月聖安東尼節時期的里斯本，會發現整個城市就像個沙丁魚烤箱，瀰漫烤魚的味道。葡萄牙人愛沙丁魚的程度，從每間餐廳必定有這道菜可見端倪，料理方式簡單，沙丁魚抹上鹽後，以炭火小火慢烤，上桌再滴些橄欖油增加香氣，並搭配薯條、生菜和煎蛋。

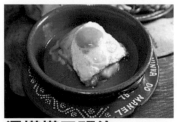

## 濕搭搭三明治
### Francesinha

這又是一道能反應波爾圖人豪爽個性的料理，厚片吐司之間夾著一層又一層往上疊的豬排、火腿、培根、漢堡排、香腸等，包裹在融化起司的懷抱中，最上層再打上一顆半熟蛋。但料理尚未完成，比蛋糕還厚的三明治最後還要浸泡在以番茄和啤酒為基底的醬汁中，所以雖然名稱上意思是法國人的三明治，卻被戲稱為「濕搭搭三明治」。雖然這是源自波爾圖的料理，但現在葡萄牙主要城市的餐廳都能吃得到。

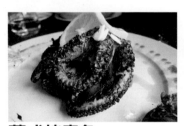

## 葡式烤章魚 Polvo ä Lagareiro

葡萄牙料理料理章魚的方式也是一流，通常將章魚煮得較為軟嫩，與台灣喜歡彈牙的口感不同，Lagareiro是一種料理海鮮的方法，在烤好的章魚上淋上冷壓橄欖油，口感一樣美味。除了烤章魚外，章魚飯(Arroz de polvo)、章魚沙拉(Salade de Polvo)也是不錯的選擇。

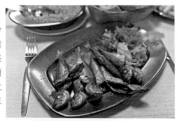

## 米蘭德拉香腸
### Alheira de Mirandela

葡萄牙香腸的種類很多，而最有名的就是米蘭德拉地區生產的香腸。米蘭德拉香腸背後還有一段宗教迫害的歷史，曾經猶太被迫皈依天主教，他們為了保有自己的信仰，就把香腸中的填充物從豬肉改成雞、鴨、兔肉和小麥麵包的混合，讓天主教徒誤以為他們已改變信仰。這種香腸結合大蒜和辛辣橄欖油的獨特滋味，只使用天然鹹味的牛腸，內餡的小麥麵包粒在製作過程吸飽雞高湯，更添風味。傳統的做法會將燒烤後的香腸放在特製陶器皿上，淋上烈酒並點火，火焰香腸上桌的戲劇效果十足。現在一般餐廳大多採用油煎的方式，搭配薯條和煎蛋。

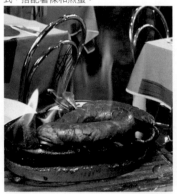

## 阿連特茹蛤蠣燉豬肉
### Carne de Porco à Alentejana

阿連特茹地區的特色美食，可以說是「海陸全餐」，同時能嚐到豬肉和蛤蠣的滋味。豬肉選用伊比利半島最好的品種，豬仔在阿連特茹的山間奔跑、吃橡樹子長大，脂肪含量少，口感有彈性且香氣十足，切成小塊與新鮮蛤蠣一起燉煮，用橄欖、大蒜和香菜調味。

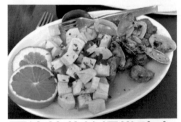

53

## 紅酒燉山羊肉
### Chanfana à moda

葡萄牙中部地區的鄉土菜餚，尤其以科英布拉、中北部地區最為知名，說穿了其實就是山羊肉版本的紅酒燉牛肉，將葡萄酒、香料與小羊肉一起熬煮至其完全入味。

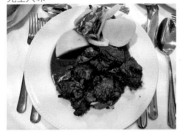

## 阿爾加維銅鍋海鮮燉菜 Cataplana

南部沿海的阿爾加維地區盛產甲殼類、貝類食材，因此應用當地食材烹煮的銅鍋料理也是聞名全國的名菜之一，其中以加入新鮮蛤蠣、淡菜、海螺的銅鍋海鮮燉菜最受好評，可說是葡萄牙版本的西班牙海鮮飯。料理方式是將種類豐富的海鮮加上蔬菜熬煮，利用銅鍋加熱均勻的特性，保留海鮮的甜味與鮮味，有時會配上烤得酥脆且吸滿湯汁的大蒜麵包，是道讓人允指回味，念念不忘的經典菜餚。

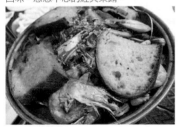

## 蔬菜湯 Caldo Verde

蔬菜湯起緣於葡萄牙北部，這道菜的主角是羽衣甘藍(couve-galega)，再加上馬鈴薯、洋蔥、大蒜、橄欖油、和煙燻肉腸一起烹調，味道清爽，製作方式簡單，一下子就廣受全國歡迎，大大小小的餐廳都少不了它的身影。

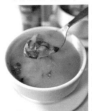

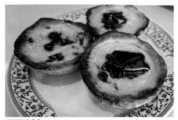

## 蛋塔 Pastéis de Nata

葡萄牙人嗜甜如命，每家咖啡館至少都提供30種以上的甜點，其中又以貝倫蛋塔出盡風頭。蛋塔秘方來自傑羅尼摩斯修道院西妥會的修士，一位商人買下後在修道院旁邊開了間蛋塔店Pastéis de Belém，從1837年至今仍然穩居葡萄牙蛋塔的美味寶座。貝倫蛋塔體型較小，塔皮沒有澳門蛋塔的酥脆，稍微有咬勁卻更能品嚐到麵粉香氣，溫熱的內餡入口即化，濃濃的蛋黃與奶味在口腔內爆炸。品嚐過原味後，別忘了撒點店家提供的肉桂粉，會將甜點提升到另一個層次！

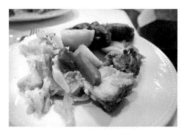

## 葡萄牙傳統燉菜
### Cozido à Portuguesa

被稱為燉菜之王，這是一道受葡萄牙人歡迎的傳統美食，通常在家庭聚餐時享用，分量十足，適合兩人以上享用，需在傳統餐廳才能找到。傳統燉菜會將各種肉類、內臟如豬肚、豬耳、豬腳、香腸和蔬菜如甘藍菜、高麗菜、紅蘿蔔、馬鈴薯等一起烹調，不會浪費寶貴食材的任何一部分。

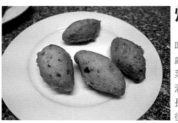

## 烤乳豬 Leitão da Bairrada

這道中部地區的特色菜，光是呈盤上桌的剎那，就擄獲人心。百拉達烤乳豬(Leitão à Bairrada)需要選取一個巨大、重量在6~8公斤的小豬，架在柴燒烤爐上慢慢翻轉烘烤，期間並不斷塗抹以豬油、大蒜、胡椒、月桂葉、猶太鹽(Kosher salt)等香料製成的醬料，是相當費工的料理。外皮烤的金黃油亮，咬下瞬間都能聽到爽脆的聲音，如同被油炸過一般酥香，卻沒有多餘油膩，豬肉經香料入味，多汁軟嫩，有小火慢燉過的口感，兩者在舌尖上合而為一，再搭配爽口飽滿的鮮橙，讓美味更上一層。

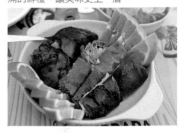

## 豬扒堡 Bifana

如果你以為葡萄牙的豬扒堡和在澳門吃到的一樣，就太小看它了！這一道葡萄牙人從早吃到晚，可當正餐也可作為點心的庶民美味，最能看出簡單中的深蘊。厚切豬排在大鍋中滷至軟嫩入味，切開外脆內軟的麵包，豪邁地夾上2~3片熱騰騰的豬排，香氣撲鼻，滷汁、肉香與吸飽醬汁的麵包簡直是天作之合，一口咬下，直令人大呼過癮。還有另一種豬扒堡使用炸豬排，但由於豬排大多不是現炸，相較之下遜色許多。

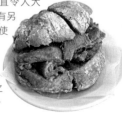

## 炸鱈魚球 Bolinhos de Bacalhau

將醃鱈魚與馬鈴薯泥、香料混合的國民小吃，油炸得外表酥脆，裡面柔軟綿密，是到處都看得到的小吃，在餐廳通常被當作開胃菜，冷食熱食都可，可在各糕餅、熟食店、酒吧、咖啡廳、超市找到，此外，另一種長條形的油炸鱈魚天婦羅(Isca de Bacalahu)也很值得一嘗，

## 燒烤黑豬肉
### Grelhado misto de porco preto

以豬肉料理聞名的阿蓮特茹地區，最不能錯過的就是炭烤黑豬肉，油花分布均勻的伊比利黑豬肉，只要簡單的炭火燒烤，撒上鹽巴就是一道傳奇美味。

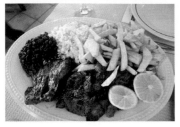

## 炸肉餃、炸蝦餃
### Rissois de Leitão、Rissois de Camarao

Rissois炸肉餃是葡萄牙常見的油炸類小吃，將各種餡料包入皮(派)皮內，再加以油炸，依餡料的不同而有不同的口味。炸豬肉餃餡料扎實多汁，而炸蝦餃內通常會放入濃稠蝦膠混合醬汁與一到兩隻小小的蝦仁，嘴饞的時候，隨時可買來充飢，各大糕餅、熟食店、加油站超市都找得到。

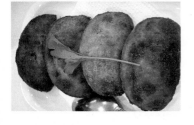

## 焗烤火腿麵包 Cachorrinho

來自波爾圖的特色小吃，將長麵包內放入香腸、起士，再淋上特製的辛辣醬汁，一起壓扁烤得酥脆，咬下去時外面嘎吱作響，裡面起士融化在香腸上十分美味，最後還帶有微辣的後勁，加上一杯冰鎮的啤酒，是與朋友共度午後的完美搭配。

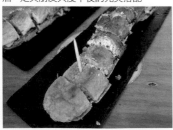

## 豆泥糕 Pastel de Feijão

以白扁豆泥所製作的傳統糕點，19世紀流傳至今，有點像稍甜的綠豆糕，目前也有新一代的甜點師推出改良配方，加上新的元素，如焦糖、奶油等，賦予傳統甜點新生命。

## 葡式國王蛋糕 Bolo Rei

擺滿繽紛顏色水果的聖誕節糕點，與其說是蛋糕，口感更偏向麵包，做成如王冠形狀的環形狀，上面再加上以酒浸泡的葡萄乾、堅果，從12月起到隔年1月期間到處都可以看到。

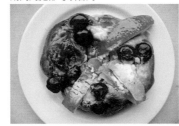

## 葡式米蛋糕 Bolo de Arroz

口感很像蛋糕，但又較為蓬鬆濕潤的米蛋糕，使用米磨成的米粉，加入雞蛋、奶油、牛奶與檸檬汁做成麵糊烘烤而成，樸實而美味，也是葡萄牙傳統甜點之一。

## 葡式柏林之球
### Bolas de Berlim

雖然原始發源地是德國，但葡萄牙發明了自己的版本，將甜甜圈麵團內放入特製的蛋黃內餡，隨著內餡比例的不同，每家都有不同的風味，在葡萄牙非常受歡迎。

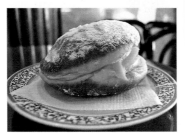

# 摩洛哥
# Morocco

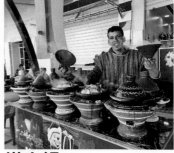

## 塔吉鍋 Tajine

摩洛哥人每日都會吃上一道的傳統燉煮菜肴，種類千變萬化，一般有雞、羊、牛或海鮮等選擇，再搭配胡蘿蔔、洋蔥、南瓜、黃瓜、鷹嘴豆、梅乾和甜椒等色彩豐富的配菜，用薑、孜然、肉桂等香料調味小火燉煮而成，使用尖錐型的陶器烹煮不僅十分節能也能保持菜餚的水分與營養。

## 庫斯庫斯 couscous

又被稱為北非小米，其實是由粗麵粉製造，是一種源自北非(亦稱馬格里布地區 Maghrib)柏柏爾人的主食，料理方式為先將肉類與蔬菜一起烹煮，再淋上已經蒸熟了的黃色小米上，加上葡萄乾洋蔥醬、各家獨特的香料調味，將遊牧民族所需的小米、蔬菜以及肉類營養一次補足。擺盤上肉類大多藏在蔬菜底下。

## 薄荷茶 mint tea

薄荷茶在摩洛哥不僅是國民飲品，也是用來招待朋友的迎賓飲品，甜甜的薄荷茶不僅解膩幫助消化據說還可清熱消暑，作法通常為水煮沸，加入綠茶，再以小火熬煮，然後加入白糖(糖柱)，最後再放入乾燥或是新鮮的薄荷葉。

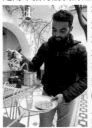

# Best Buy in Spain, Portugal & Morocco
# 西葡摩好買

西班牙的好買商品無論是平價時尚的Zara和Mango、在全球精品占有一席之地的Loewe、或還是因創意設計擁有死忠粉絲的Camper，就連紀念品店裡的陶瓷器，都讓人愛不釋手。而鄰近的葡萄牙好物也不少，不論是色彩鮮豔的磁磚、花公雞、軟木製品，或是魚罐頭和波特酒，而且都具有文化獨特性。至於北非摩洛哥則到處都是物美價廉的手工製品，前提是必須與老闆展開殺價心理戰，各種手工藤編商品、皮革製品、塔吉鍋、阿甘油、化石等好物，充滿濃濃的異國情調與伊斯蘭風情。

## 西班牙Spain

### Loewe

打著西班牙皇室御用的皮件精品，品牌名稱卻來自1872年的德國皮革師傅Enrique Loewe Roessberg，他精湛的手工技藝及嚴謹的工作態度催生了Loewe。在1905年時，因被顧客引薦給西班牙皇室，從此成為奢侈品牌的代名詞。

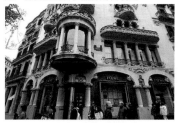

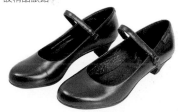

### Camper

擅長將豐富多彩的有趣圖案運用在鞋子設計上，1975年問世的Camper，以鞋底為彈力圓球設計的Pelotas系列為最暢銷款式，近期則將創意和自由的品牌哲學融入生活品味，在巴塞隆納和柏林開設精品旅館。

### Lupo

享有盛譽的西班牙皮件品牌，由1920年代開始從事皮件與手工皮箱的工藝家族，以創造獨特且高品質的商品為目標，於1988年在巴塞隆納開啟Lupo，強調俐落線條和精美做工，在義大利皮包博覽會拿下大獎的Abanico系列是其代表作。

### TOUS

加泰隆尼亞的珠寶飾品品牌，創立於1920年，1985年推出熊熊造型珠寶，風靡全球，之後推出的各項飾品，幾乎都看得到可愛熊熊點綴其間，高雅又帶著一絲俏皮，受到不同年齡層的歡迎，與Loewe、Zara併列為西班牙三大時尚品牌。

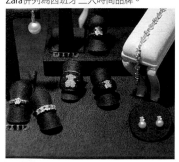

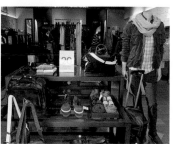

### Adolfo Domínguez

最具代表性的當代設計師品牌，與品牌同名的設計師Adolfo最早在1973年開設裁縫店，後來開始提倡「皺摺美」(La arruga es bella)，並推出中高價位時裝，1980年代在馬德里和巴塞隆納開設專賣店，並走上巴黎的時尚舞台，如今設計遍布歐洲、美洲、日本和東南亞。

### Lladró

以姿態寫實且面容逼真的陶瓷人偶聞名，瓦倫西亞近郊小鎮Almácera的三兄弟以自家姓氏為名在1953年開設了Lladró，1956年起使用硬瓷混合物做胚料，得以運用雕刻技術，並添加祕密配方的釉彩，賦與每尊瓷偶獨特的個性。

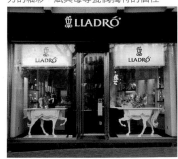

## 設計商品

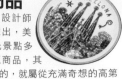

西班牙的設計師和藝術家輩出，美術館、觀光景點多會推出主題商品，其中最受歡迎的，就屬從充滿奇想的高第建築發想的迷你建築或磁鐵、拼貼磁磚等紀念品。

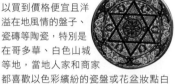

## 佛朗明哥用品

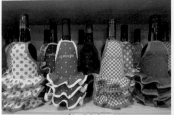

安達魯西亞地區有不少歷史悠久的佛朗明哥舞用品專賣店，販賣專業且多樣的舞衣、披肩、舞鞋。當然，如果只是想帶點西班牙的風情，一般店裡也有扇子、響板等物品或相關主題的小紀念品。

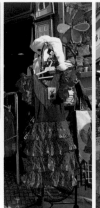
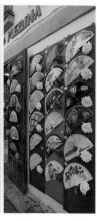

## 陶瓷器

西班牙有不少小鎮可以買到價格便宜且洋溢在地風情的盤子、瓷磚等陶瓷，特別是在哥多華、白色山城等地，當地人家和商家都喜歡以色彩繽紛的瓷盤或花盆妝點白牆與中庭，幾乎隨處都可以找到販賣陶瓷器的商家。

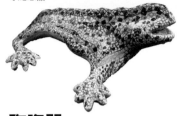

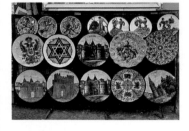

## 杏仁餅

托雷多的糕餅店開設密度極高，常沒幾步路就會看到一家，而且家家必備「Mazapan」小點心，這是當地特產的杏仁餅，以杏仁和砂糖製作，從伊斯蘭政權統治時代傳承至今。

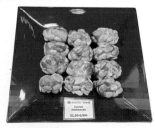

## 足球商品

足球是西班牙的國民運動，當地人瘋狂程度令人咋舌，球衣、加油圍巾、球隊帽子充斥著紀念品店，各大職業球隊則會設立專門店，提供官方授權的獨家商品，有些甚至可以提供和球星的「近距離」合成照，足球迷千萬別錯過這個千載難逢的機會。

## 鑲嵌工藝

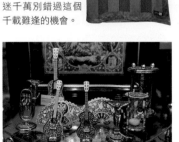

托雷多的鑲嵌工藝(Damascene)是用金線、銀線、銅線細膩地嵌進黑色金屬裡，有如中國傳統的螺鈿工藝，只是嵌進的材質不同。不同材質的細線在金屬表面組合成花樣，由於作工精細，要是不知原理，會誤認顏色是漆上去的。通常面積愈大、花紋愈繁複的作品，價格就愈貴。

## 蛋黃甜點

許多城鎮會賣一種「Yemas」的小蛋黃甜點，據傳是從中古世紀的修道院傳出來的手藝，但確實起源不可考。主要原料是蛋黃，然後加上糖漿、檸檬汁、肉桂等，吃起來非常甜，有著濃郁的蛋黃味。

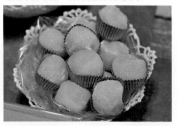

## 雪莉酒

西班牙人稱雪莉酒Sherry為Jerez，其名來自安達魯西亞產地附近的赫雷斯(Jerez)，當地的石灰岩地質適合栽種帕洛米諾(Palomino)白葡萄，採收後放置橡木桶釀造出的就是最早的雪莉酒。雪莉酒的風味取決於釀造時間、新舊酒混調，和酵母菌種，一般分為帶澀味的淺色Fino，和甜度高的深色Oloroso等兩種。

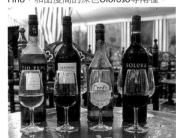

# 葡萄牙Portugal

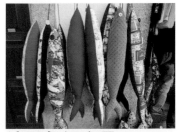

## 花磁磚

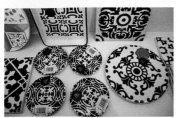

磁磚王國的伴手禮，當然少不了各式各樣的磁磚，無論是典雅細緻的藍白磁磚，或是色彩繽紛的彩色花磚，總能挑到喜歡的樣式。磁磚圖案非常多樣化，單片仿古花紋、可拼貼成大片圖案的系列磁磚、伊斯蘭風格幾何圖紋、甚至里斯本的電車和沙丁魚也成了磁磚上的主角，手繪磁磚和創意手工磁磚大多價格不菲，大眾化商品的圖案由機器大量生產打印，售價當然親切許多。

## 葡萄牙刺繡

葡萄牙手工藝特別精緻，傳統刺繡也小有名氣，然而真正的手工刺繡作品，價格非常昂貴，一般在紀念品商店看到的商品，從桌巾、圍裙、毛巾到手帕，雖然大部分都是機器所製作，但花樣繁多且具葡萄牙特色的圖案，仍讓人愛不釋手。

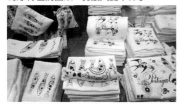

## 陶瓷餐具

和西班牙一樣，多樣化的陶瓷器也是葡萄牙的特色。除了有如藝術品般精緻的皇家御用瓷器Vista Alegre，每個大城小鎮也都有極具地方風情與民俗風味的陶瓷餐具，花草果樹常常是餐具上的主角，搭配鮮豔飽和的色彩，像是把葡萄牙的豐腴與陽光放上餐桌。

## 花公雞

不管在葡萄牙哪個地區，都別想擺脫花公雞的身影，可說是葡萄牙吉祥物的唯一代表。花公雞的傳說來自北部巴塞羅小鎮，一位朝聖者經過鎮上時，被誤認為是小偷，需接受刑罰被吊死，他在臨行前的晚餐喊冤，法官表示若盤中烤雞能站起來啼叫，就證明他的清白，結果奇蹟發生，烤雞真的復活，朝聖者也就無罪釋放。花公雞的造型只有一種，但顏色鮮豔多變，除了大大小小的擺飾，也出現在明信片、瓷盤、圍裙等各種紀念品上。

## 醃鱈魚乾

葡萄牙國菜的主要食材-醃鱈魚乾(Bacalhau)是葡萄牙料理的主角之一，以它變化的料理食譜有上百種，熱愛料理的人，或許也可挑戰一下自己的廚藝，但打包時要注意特別密封，以免鹹魚味外洩。

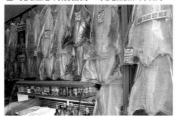

## 軟木商品

大部份人都不知道，葡萄牙是世界上最大軟木生產和出口國，酒瓶上的軟木塞大多來自於此。而葡萄牙人也的確善於活用軟木輕巧且防水的性質，發展出許多日用品或是時尚商品，又以里斯本、艾芙拉和歐比多斯這一帶最多軟木製品，包括文具、明信片、皮夾、包包、帽子、鞋子、雨傘等，用途廣泛，超乎想像。

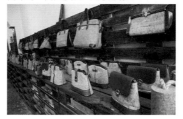

## 魚罐頭

葡萄牙人熱愛沙丁魚，平日裡吃新鮮沙丁魚不夠，還要做成各式各樣的魚罐頭，將海洋滋味濃縮在小小的盒子中。論起魚罐頭文化的變化多端，沒人比得上葡萄牙，除了最受歡迎的沙丁魚和魚卵，還有鮭魚、鯖魚、鰻魚等，又從魚的部位、海域、補獲季節、醃製時間長短等變項發展出不同品項，此外，依照不同調味方式，更細分為橄欖油漬、鹽漬、茄漬等。外包裝也絲毫不含糊，花花綠綠呈現各種風格，走進魚罐頭專賣店，一定會面臨選擇困難症候群。

## 沙丁魚紀念品

除了罐頭，沙丁魚造型的商品也是具葡萄牙特色的紀念品之一，從陶瓷、餐具到各種尺寸的布娃娃、抱枕，讓人很難不心動。

## 橄欖油

如果少了橄欖油，葡萄牙的美食將會有所不同。事實上，葡菜料理中橄欖油幾乎無所不在，有些小量生產的優質橄欖油必須在特定店家才能買得到，帶瓶好油回去，可說是最健康的紀念品。葡萄牙的橄欖種植可追溯到羅馬時代，目前共有6個PDO保護原產地(Protected Designation of Origin)產區所生產的初榨橄欖油，每個產區特色都都不盡相同，北部山後地區(Trás-os-Montes)的橄欖油有些具果味，入喉微帶辛辣，後味苦澀等層次豐富，十分令人驚豔。

## 櫻桃酒

　　稱為Ginja的櫻桃酒以歐比多斯地區的酸櫻桃加糖發酵釀酒，酒精濃度約20%，入喉溫潤，氣味香甜，甜度中等，一般作為開胃酒或餐後甜酒飲用。

　　除了直接飲用，另一種方式是使用一口份量的巧克力杯盛酒，喝完Ginja，再吃掉殘留美酒的巧克力杯，巧克力的苦甜和櫻桃酒的芳香在舌尖交融，那是令人滿足的天堂滋味。歐比多斯和里斯本有許多店家販售各種尺寸的櫻桃酒，也有包含巧克力杯的組合，只是要注意，旅行途中天氣太熱，巧克力杯有融化的可能。

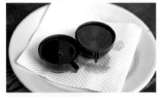

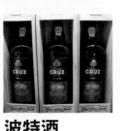

## 波特酒

　　只有杜羅河上游葡萄產區生產釀造，並在波爾圖或加亞新城窖藏陳年，才有資格被冠上「波特酒」的名稱。波特酒的來源要從英法戰爭說起，當時英國人抵制法國紅酒，開始探詢其他產酒區，從葡萄牙杜羅河流域進口紅酒，為了要在長途運送過程中維持酒的品質，嘗試在釀造的過程中加入蒸餾的葡萄烈酒，達到停止發酵的功用，因此保留了葡萄液中的糖分，意外造就受歡迎的波特酒。

　　波特酒有豐富的香氣、圓潤的甜味和濃郁的口感，適合做為作為餐前酒或餐後甜酒，每家酒莊都有自己的混合葡萄比例配方，又依據年份和窖藏陳釀方式，分為Vintage、Ruby、Tawny、Rosé等類別。

# 摩洛哥 Morocco

## 手工皮革製品

　　皮革製品是摩洛哥的主要產業之一，菲斯、馬拉喀什等地都有知名的皮革地區，手工皮革製品的花樣與種類繁多，來自羊、牛的真皮製品包括皮包、皮帶、皮夾、傳統皮革拖鞋、抱枕皮套、書套等等應有盡有，購買時一定要記得殺價。整體上來說菲斯、拉巴特的價格會比馬拉喀什較為划算。

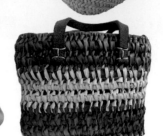

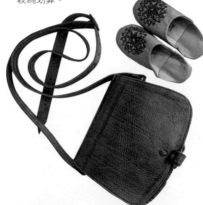

## 阿甘油

　　阿甘油被稱為摩洛哥國寶，由阿甘樹(Argan)上的堅果經過大量的人工榨取而成，不僅製成了許多天然保養品，如護髮護膚香皂等產品，阿甘果營養豐富因此也有經冷榨製成的食用阿甘油，可放入沙拉中食用。

## 礦石與化石

　　摩洛哥是世界上最大的化石供應國之一，位於東南部沙漠地區的小鎮伊爾富德(Erfoud)附近被稱為是世上最大的露天化石博物館，除了當地的禮品店外，路邊也常見當地居民擺攤販賣各種礦石與古生物化石，包括三葉蟲、貝殼等。

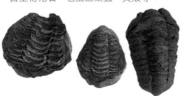

## 手工編織品

　　傳統編織工藝在摩洛哥婦女中世代相傳，已成為許多家庭的重要收入來源。編織藝術需要大量的技能和耐心，磨練了幾個世紀的手工藝商品在各地都能找到，而摩洛哥也是羅非亞椰子天然纖維(Raffia fiber)的生產地，相關商品如提籃、餐墊等都是永續與生態友好的商品。此外摩洛哥草編、編織地毯也很受青睞。

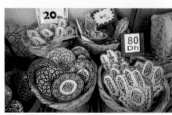

## 陶瓷&塔吉鍋

　　摩洛哥各地如菲斯、薩非、索維拉等地都有陶瓷工坊，其中古城菲斯是首屈一指的陶瓷產地，「菲斯藍」鼎鼎有名。摩洛哥各式都可買到色彩繽紛的杯、盤、壺商品，設計花樣繁多讓人眼花撩亂，對遊客來說，利用蔬菜本身的水分對流烹煮食物的塔吉鍋也很受歡迎。

# The Festivals in Spain
# 西班牙三大節慶

在歐洲各國中，就屬西班牙的節慶活動最具特色，也最瘋狂、最刺激！除了全國性的聖週，各地根據不同習俗及宗教活動，又發展出地區特色的慶典，不管哪個季節前往旅遊，總會在小鎮上與狂歡的民眾不期而遇。每年的三大節慶，更是吸引無數觀光客專程前往參與盛會。

## 火節 Las Fallas

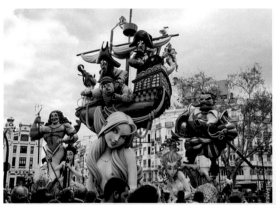
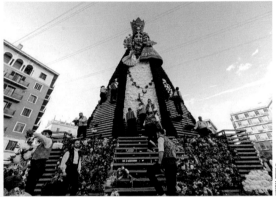
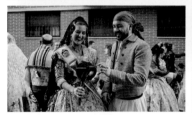
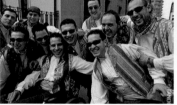
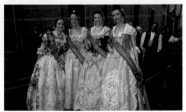

©Mike Waterl

　　瓦倫西亞的火節歷時一週(3月13~19日)，依序燃爆竹、放煙火、遊行、向聖母獻花，最後以19日午夜焚偶達到最高潮，喧鬧的歌舞、璀璨的煙火，及戲謔的程度，讓人熱血沸騰！

　　由今日焚城的狂態，很難想像，火節在18世紀只是紀念Saint Joseph的慣例，過程平和簡單。關於火節起源，據說是當時木匠習慣在冬天搭台燃燭(或油燈)作為照明，待春天就拆台焚燒，藉以送舊迎新、驅魔避邪，後來才演變成燒偶像。

　　偶像(Ninot)無疑是火節的靈魂，從18世紀民眾在舊衣內填塞稻草自製成人偶掛在屋外，到今天動員200多名藝術家、600多位畫家及工匠、700多名學徒、900多名工人齊聚動腦，耗費1年的時間運用多種素材創作，無論偶像是寫實逼真，或是誇張怪誕，都始終保持鮮明代言的個性。500多座各式偶像，只有首獎佳作可免除浴火，躋身博物館收藏之列。

　　火節期間會舉辦多達4場以上的遊行，遊行主角全是來自瓦倫西亞自治區各城鎮的居民，一律穿著傳統服飾，浩蕩行過市政廳廣場(Plaza del Ayuntamiento)。其中兩場遊行主題為向聖母獻花，遊行者人手一束鮮花呈獻聖母，工作人員一一將鮮花固定在木架上，裝飾成聖母服飾。

　　節慶期間的另一高潮是燃放爆竹和施放煙火。每天下午2點一到，數百個炸藥包接連引爆，撼動全城！3月14日起，午夜另有一場煙火秀，每晚花樣不同。壓軸好戲則在3月19日晚間10點開鑼，數百座偶像陷入火海，專業人員將火種(油罐)塞入塑像內，並在塑像週身纏繞綁著炮竹的纜線作為導線，一旦爆竹引爆火種，塑像立刻陷入火海，而這樣的狂歡活動直至凌晨2點才畫下句點。

# 塞維亞春會Feria de Sevilla

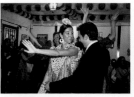
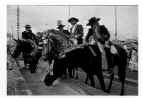
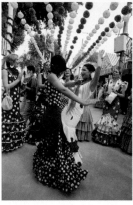
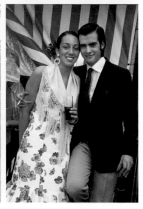

聖週結束後的第二週，就是色彩繽紛、地方味濃厚的春會。

過去春會只是安達魯西亞省每年春、秋兩季的趕集，中世紀時發展到全國性的活動，後來才演變成人們身著華麗服飾，帶著駿馬、馬車一起參加的春季大聚會。目前，西班牙南部各城鎮多有自己的春會活動，其中又以塞維亞的規模最大。

每年塞維亞春會會場都選在Avenida de Ramon de Carranza和Avenida Gacia Morato兩街之間，會場入口處設有一座裝飾數萬盞彩燈的大牌樓。活動第一天跨第二天午夜，舉行點燈儀式，並施放煙火，最後一天午夜同樣以煙火秀作結束。

節慶期間當地人穿上傳統服裝，飲酒、聊天，唱跳著地方色彩濃厚的Sevillana。Sevillana和Flamego不同，它是種以6個6拍為一段、每首樂曲共分3段，並由4首樂曲組成完整架構的民俗舞蹈，但因為樂曲節奏相同，又不限舞者人數，旁人隨時都可以加入同歡。穿著緊身且多層次波浪魚尾裙擺Faralaes的女人，耳邊或髮髻上插上紅花，佩戴誇張的耳飾和項鍊，風情萬種的模樣是遊客關注的焦點，至於男人則多為全套馬裝。

# 聖週Semana Santa in Sevilla

聖週指的是復活節的前一週，從天主教的「聖棕樹節」(Palm Sunday)起算一星期，每年此時，全國各地都有遊行，塞維亞的遊行，是該地區春季最大的宗教慶典。

根據《新約聖經》記載，耶穌在聖棕樹節時進入耶路撒冷，當週星期四晚上與門徒共進最後晚餐。週五清晨即因猶大背叛通信，而被羅馬兵丁逮捕，耶穌終被釘死在十字架上，3日後復活。起源於1520年的聖週遊行多以此歷史以及聖母悲傷守護愛子為主題。

遊行隊伍以聖轎(Peso)為中心，由兄弟團(Hermanos)與鼓號樂隊前導，從各教堂出發，沿不同路線前進到市中心大教堂，繞行一圈後再回原出發地，聖轎在抬出教會時，現場寧靜肅穆，群眾們默默地跟著聖轎前進。遊行多從中午後開始，行進時間約10~12小時，週四和週五更是連續24小時，活動直到週日凌晨才結束。

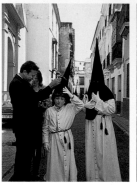
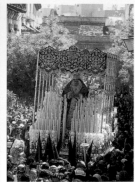

在聖週前2星期，各種以聖母瑪莉亞或耶穌為主角的聖轎就已停放在教堂中，主要塑像皆出自當地藝術家之手，每個聖轎佈置都極盡奢華之能事。塞維亞和其他地方最大不同在於聖母塑像的臉上都掛著銀色淚珠，表情愁苦，身上披掛著以絨布手工縫製的華袍，有的頭上

還有光芒金冠。其他亦有耶穌背十字架，羅馬兵丁在側鞭打行刑，或是以耶穌騎驢進城佈道等聖經故事為主題的聖轎，有的甚至在聖轎上重現最後晚餐的場景。

除了聖轎，最引人注目的就是聖轎前導者兄弟團(Hermanos)，頭戴尖帽面罩，帽沿遮至胸前，只露出雙眼；身著長袍，有的還赤足行走。當地有種說法，這些兄弟團跟著聖轎前進，是為悔改自身罪衍，身著掩面服飾，為的是不讓旁人認出來；另一種說法則是說這樣的服飾是源自西班牙古宗教法庭審判時穿戴的衣服。

# Planning an Unforgettable Tour to the Sahara Desert

## 計畫一生難忘的撒哈拉之旅

「每想你一次，天上飄落一粒沙，從此形成了撒哈拉。」邂逅作家三毛筆下的夢中情人，探索《小王子》及《牧羊少年奇幻之旅》裡的魔幻之地；追隨昔日駱駝商隊的沙漠路線，在藍袍嚮導帶領下前進沙漠，揭開如夢似幻的神秘面紗......。

大部分來到摩洛哥的旅行者都是衝著撒哈拉而來。撒哈拉是世界上最大的沙漠，橫跨非洲包括阿爾及利亞、埃及、利比亞、突尼西亞以及摩洛哥等10個國家，雖稱為沙漠，但並非想像中全是萬里黃沙，當中還包括了沙丘、岩漠、礫漠、乾谷與沙質荒漠等地形，各地區的沙漠的顏色也不同，除了印象中的金黃色，還有紅、白、黑、綠等顏色。摩洛哥雖僅位於撒哈拉的邊緣地區，然而其東南部的切比沙丘(Erg Chebbi)、奇加加沙丘(Erg Chigaga)因一望無際的金黃色沙海及佔盡地利之便進出容易，深受遊客的喜愛，

要享有一趟盡興的沙漠之旅，提前規劃絕對是王道。良好聲譽的沙漠團與導遊司機旺季時很早就會被預定，盡早準備能降低踩雷風險。選擇評價高，語言溝通能力良好的導遊或司機，絕對能為行程加分不少。一般來說，沙漠團走的路線都大同小異，還能依旅客需求停留不同的景點、選擇沙漠帳篷的等級以及進出的城市；針

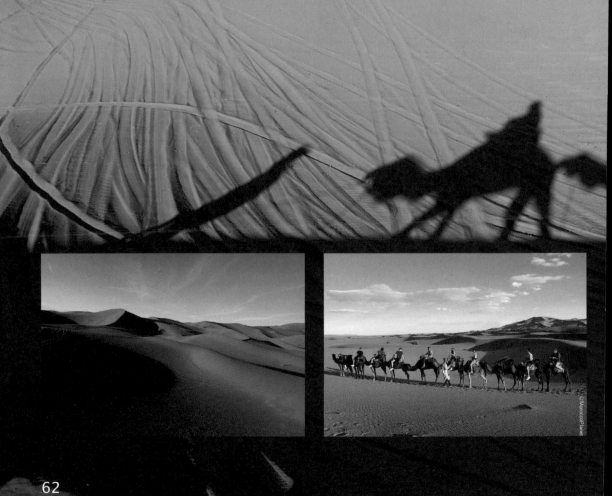

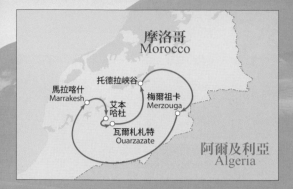

摩洛哥
Morocco

托德拉峽谷
馬拉喀什
Marrakesh
艾本哈杜
梅爾祖卡
Merzouga
瓦爾札札特
Ouarzazate

阿爾及利亞
Algeria

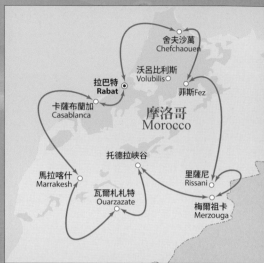

摩洛哥
Morocco

舍夫沙萬
Chefchaouen

沃呂比利斯
Volubilis

拉巴特
Rabat

菲斯Fez

卡薩布蘭加
Casablanca

托德拉峽谷

馬拉喀什
Marrakesh

里薩尼
Rissani

瓦爾札札特
Ouarzazate

梅爾祖卡
Merzouga

對時間有限的旅客，可選擇較短旅遊天數的行程如馬拉喀什來回3天2夜，或4天3夜馬拉喀什出發最後再回到菲斯(或反方向)，針對時間充裕的旅客，則可選擇順時針或逆時針繞著摩洛哥的環遊之旅(至少需8日以上)，更能深入體驗摩洛哥的風土民情。

## 編輯筆記

### 沙漠中的藍人

摩洛哥柏柏爾人(Berbers)是當地原住民的統稱，北非原住民的總類非常多，其中居住在撒哈拉沙漠西部的遊牧民族圖瓦雷克人(Tuareg)身上穿著藍染的長袍，纏著深藍色的頭巾，為了抵禦沙漠地區的風暴，以藍色面巾遮掩口鼻，間接使得藍色變成圖阿雷格民族的識別象徵，他們被稱為「沙漠中的藍人」。圖瓦雷克人民族性慓悍，19世紀前以搶劫駱駝商隊及村莊維生，之後由於生活環境的改變，很多圖阿雷格人被迫放棄長期以來的遊牧生活型態，而遷入固定的城市村落中定居，或投身農業耕種及旅遊業。

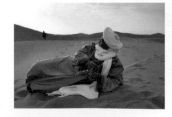

# 馬拉喀什來回**3天2夜之旅**

## 第1天

由馬拉喀什出發,翻越亞特拉斯山脈,穿越北非最高的提契卡隘口(Tizzi-N-Tichka,海拔標高2260公尺),來到世界遺產艾本哈杜古城,親身體驗權力遊戲-冰與火之歌中龍女攻下首座城堡,解放奴隸的拍攝場景,接著前往昔日法國軍事基地瓦爾札札特稍作停留,遊客可選擇參觀附近的亞特拉斯電影製片廠,或著直奔摩洛哥最壯麗的沙漠景觀公路-城堡大道,綿延不斷的山嶺、綠洲與土紅色的城堡(Kasbahs)。接著在玫瑰小鎮凱拉姆貢納短暫購物後,於達代斯峽谷(Dades Gorge)於涼爽的山谷溪流旁休憩一宿。

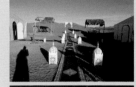

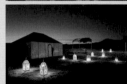

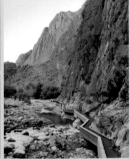

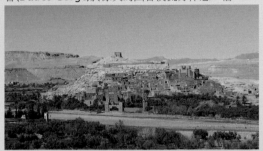

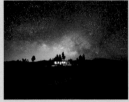

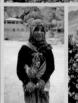

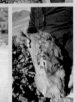

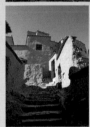

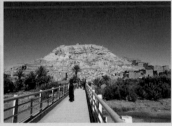

## 第2天

由達代斯峽谷出發前往托德拉峽谷(Todra Gorge)漫步於峽谷河畔,接著前往露天化石與礦石博物館伊爾富德(Erfoud)地區,親手挖掘遠古生物化石。在嚮導帶領下抵達梅爾祖卡(Merzouga)附近的小村落品嚐柏柏爾(當地原住民)披薩、聆聽吟唱自靈魂深處的格瓦納音樂,之後整裝待發,於日落前騎著駱駝進入撒哈拉沙漠,在夕陽餘暉中拍下瞬息萬變的沙漠顏色,直到夜幕低垂後跟著駱駝回到沙漠營地,在營火與傳統音樂歡迎下夜宿一晚,或躺在滿天星斗的星空下緩緩進入夢鄉。

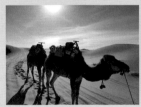

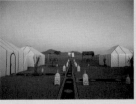

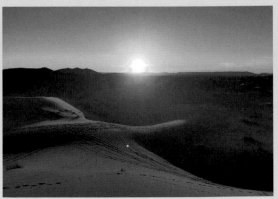

## 第3天

早起於沙丘上迎接日出,體驗沙漠活動如滑沙板、沙漠越野車等活動,告別撒哈拉沙漠後,在嚮導帶領下前往附近小鎮里薩尼(Risinni)漫遊當地市集,時間允許還能造訪少數沙漠遊牧民族的家,回程可返回出發地馬拉喀什,或繼續北上前往古城菲斯。

# Café in Portugal
# 葡萄牙咖啡館

翻開歐洲咖啡風雲榜，葡萄牙似乎總不在清單上，然而葡萄牙人愛喝咖啡的程度，大概和義大利人不相上下，不管再偏遠的小鎮，總會有幾家街角咖啡館。不同於義大利咖啡的經典、法國咖啡的浪漫、北歐咖啡的精品風格，葡萄牙人把喝咖啡這回事當做生活的一部分，在歐洲大陸最西端，發展出屬於自己的咖啡文化。

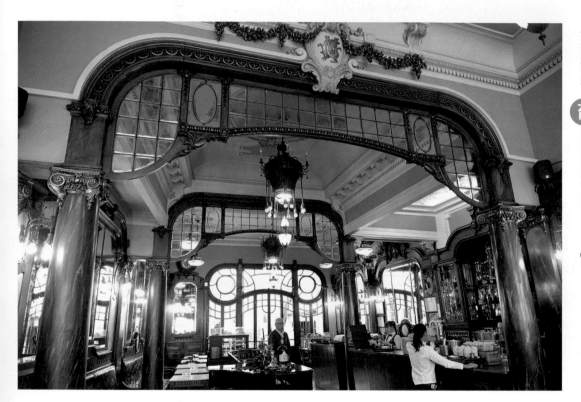

雖然咖啡的魅力早在17世紀中席捲歐洲，咖啡館出現在葡萄牙人生活中，卻是1755年里斯本大地震後的事。隨著地震後的城市重建工程，里斯本出現第一家咖啡館，彭巴爾侯爵（Marquês de Pomba）還曾經對咖啡館經營立下規定，要求店門口一定要掛上Café招牌，標示出咖啡館的身份。當時咖啡館提供知識份子和貴族們社交往來的空間，直到20世紀初，咖啡館中才首次出現女性身影，而琳琅滿目的甜點則是21世紀後才出現在咖啡館中。

葡萄牙咖啡館是當下社會的縮影，歷史古城孕育百年咖啡文化，璀璨的水晶吊燈下，曾是文學家和哲學家過招交手的場域，那股咖啡香浸泡出的文人氣息，至今仍棲息在深色皮椅的刻痕間；新式咖啡館悄悄在城市中崛起，明亮清新的設計空間，受到北歐咖啡影響的淺陪單品，開啟屬於年輕世代的輕盈與個性。

最常見的是街角那不起眼的小咖啡店，門口隨意擺上幾張桌椅，取之不盡的伊比利陽光就是賣點，室內沒有特殊裝潢，只有甜點滿滿的玻璃櫃搭配色彩繽紛的磁磚牆，每個走進咖啡館的人似乎都認識彼此，氣氛輕鬆熱絡，不需特別約定，每天陸續報到，那份隱形的默契在咖啡香裡精萃出來。在這裏，葡萄牙人喝的不是時髦，而是日常。

## 從AM到PM

葡萄牙人用一杯加了牛奶的Galão開啟一天；餐後當然要來杯濃縮苦味的Bica；午休時間和朋友小聚聊天，少不了Pingada陪伴；而為一天寫下句點，還有什麼比混合酒香的Café com Cheirinho更完美！對葡萄牙人而言，一天4~5杯咖啡不成問題。

咖啡館的營業時間大部分是08:00~23:00，幾乎和便利商店一樣；一杯濃縮咖啡大約€0.8~1，加了牛奶的Galão也只要€1.2~1.6，比便利商店的咖啡還便宜，葡萄牙咖啡館可說是社區的好鄰居。

即使看起來再高級的文人咖啡館，也不需感到拘束，直接入內選一個喜歡的位置，服務生自然會前來點餐。同一種咖啡可能2~3種價格，這是「座位」和「站位」的差價，站在吧台前喝咖啡(Balcão)比較便宜，所以總能看到一排葡萄牙人站著話家常。有些咖啡館又分成室內座(Mesas)和戶外座(Esplanada)，歐洲人熱愛陽光，戶外座當然比較高貴。

## 看懂葡萄牙咖啡

葡式咖啡的特點是苦，而且是加倍濃縮的苦，碳香味明顯，口感滑順，相較於深度烘焙的義大利咖啡豆，葡萄牙的咖啡多為中度烘焙，有些咖啡館會以肉桂棒代替小湯匙，咖啡的熱度釋出肉桂香味，風味更特殊。

葡萄牙人沒有野心又不從眾的個性，從咖啡文化能窺知一二。他們既不積極於把葡式咖啡拓展到其他區域，也不願追隨主流，甚至發展出一整套咖啡命名，想在咖啡館中點一杯符合期待的咖啡，可得先記清楚以下名詞。

**Bica**：濃縮黑咖啡，Bica是葡萄牙南部的用法，北部直接稱café。

**Café duplo**：雙倍濃縮咖啡。

**Cheio**：稀釋後的黑咖啡。

**Pingado/Pingo**：濃縮咖啡加入少量溫熱牛奶，用以降低咖啡裡的酸度，奶味又不會喧賓奪主，以濃縮咖啡杯盛載。

**Meia de Leite**：濃縮咖啡與牛奶的比例為1:1，裝在較大的咖啡磁杯裡。

**Galão**：用玻璃咖啡杯盛裝的奶咖啡，濃縮咖啡與牛奶的比例是1:3。

**Garoto/Cortado**：與Pingado正好相反，大量的溫牛奶加入少量咖啡，Garoto的葡萄牙文意思是男孩，代表這是給還不適合喝濃縮咖啡的孩子的飲料。

**Carioca**：第二遍萃取的黑咖啡，咖啡因含量較低。

**Café com Cheirinho**：濃縮咖啡加入葡萄牙生產的Bagaço或威士忌等烈酒。

## 櫥窗裡的點心百科

不管走進哪一家咖啡館，一定會先被玻璃櫃中多達30~40種的點心陣仗嚇到，然後陷入選擇困難症候群。

葡萄牙的傳統甜點不注重外觀精緻度，走的是親切樸實路線，最大特色就是甜。每個葡萄牙人都生來擁有螞蟻舌頭，吃的一嘴甜膩，剛剛好搭配Bica的濃苦。在各大咖啡館獨佔鰲頭的當然非蛋塔(Pastel de Nata)莫屬，肉桂口味的米布丁(Arroz Doce)和巧克力慕斯也是受歡迎的甜點。點餐其實不會有語言障礙，直接指出櫃子中想要的那一個就可以，重點是保持勇於嘗試的熱忱。

除了甜點，咖啡館中也提供鹹點，例如炸鱈魚球、炸肉泥球、炸蝦泥球等，每顆大約只要€0.8~1.2，許多咖啡館也供應正餐，葡萄牙人的一天，都可以在咖啡館中解決。

## 點一杯文人味道

葡萄牙有許多充滿古典細節的百年人文咖啡館，推開門就有時光倒流的錯覺，彷彿回到布爾喬亞的年代。

百年咖啡館總是深不可測的狹長，新藝術風格的華麗吊燈及燭台造型壁燈照亮挑高空間，大量使用鏡面，增加空間的寬敞及亮度，胡桃木吧台後方排滿各式各樣的酒，深色鉚釘皮椅陷入歲月痕跡，冰涼涼的大理石桌觸感和入口溫熱的咖啡，既衝突又協調。

在這樣的咖啡館中，迷人的不是咖啡本身，而是文人在咖啡香中淬煉的作品，是曾經存在空間裡的時代風範，是那不經意散發、時間洗鍊過的老派文青味。

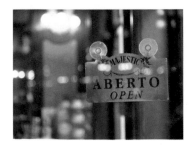

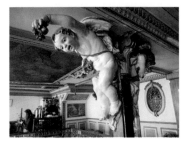

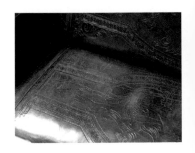

## 巴西人咖啡館 A Brasileira

**Info**

🔺P.193C4 🏠R. Garrett 120, Lisboa ⏰08:00~02:00 🌐abrasileira.pt

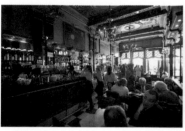
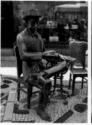
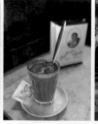
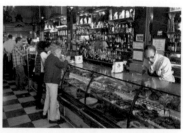

每個歐洲城市都有一間代表性的百年咖啡館，就像花神之於威尼斯、金杯之於羅馬，在那個動盪而充滿希望的年代，匯集思想家和文人們的高談闊論，而里斯本的經典就是A Brasileira。

20世紀初期，巴西人咖啡館幾乎等於里斯本的文化中心，知識份子、詩人、作家和藝術家們聚集在此辯思哲學、議論時政、討論創作。葡萄牙最偉大的詩人費爾南多 佩索亞(Fernando Pessoa)也是這裏的常客，不過，據說詩人最愛點的是苦艾酒。為了紀念那個文思薈萃的年代，1988年在門口立了一座詩人雕像，現在成了最受歡迎的拍照景點。

自1905年開業以來，一直維持Art Deco裝飾藝術風格，燭台式吊燈、花草藤蔓的壁飾、深色胡桃木吧台以及雕刻花紋的原木皮椅，一層層堆砌古典歐洲氛圍。咖啡館使用巴西進口的咖啡豆，同時也是葡萄牙版濃縮咖啡Bica的發源地，對許多本地人而言，這杯Bica或許一喝就是數十年。

絡繹不絕的觀光客來了又走，急促又有效率，而巴西人咖啡館依然用同樣步調悠悠前行，日日上演老里斯本的日常。

## Café Majestic

**Info**

🔺P.228C1(上) 🏠Rua Santa Catarina 112, Porto ⏰週一至週六09:00~23:30 休週日 🌐www.cafemajestic.com

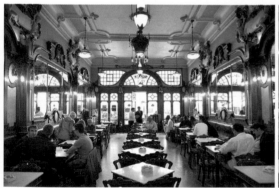
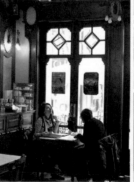
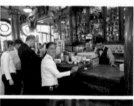
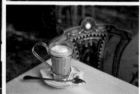

新藝術風格的曲線鑄鐵門窗纏繞一室華麗，真皮原木座椅上雕刻細緻花紋，刻意斑駁的鏡面交互反射，讓空間更加深邃，穿著挺拔立領制服的仕者溫和有禮不失親切，波爾圖的Café Majestic被評選為世界十大最美咖啡館之一，每一處細節都講究。

白色大理石桌上那只造型優雅的咖啡杯，盛裝的不只是咖啡，還有一份、一份氣質。

Café Majestic創業於1926年，原名Elite Café，但這個帶點君主色彩的命字，在當時共和風氣和布爾喬亞階級盛行的葡萄牙不受歡迎，所以改名為Majestic，表現巴黎美好年代(La Belle Époque)的魅力。這間咖啡館從以前就是知識份子、名人和名媛的聚會場所，J.K.羅琳在這裏低頭寫出魔法世界的故事，葡萄牙、巴西和法國總統也都曾是座上嘉賓。

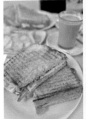

### Café Nicola

**Info**

🚇 P.193D3  🏠 Praça Dom Pedro IV 24-25, Lisboa
🕐 08:00~00:00  🌐 www.restaurantenicola.pt

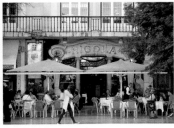

　　Café Nicola的歷史可追溯到18世紀，當時由一位叫做Nicola的義大利商人經營，曾是文學和政治圈菁英的聚會場所，詩人Manuel Barbosa du Bocage就是這裡的常客，現在咖啡館內還有一尊詩人雕像做為紀念，陪伴現代版的風流雅士喝咖啡。

　　接下來的百年時光幾經易主，1929年後重新裝潢改名，才成為現在看到的新藝術風格，有種介於現代與古典之間的曖昧。Café Nicola是間有態度的咖啡館，咖啡館內禁止拍照，一方面希望你能好好品嚐咖啡，另一方面也不願快門聲打擾了這一室優雅。

　　由於正對著羅西歐廣場，Café Nicola的戶外座位總是比室內更受歡迎，同時也供應正餐，以葡萄牙菜為主，包含牛排、螃蟹、海鮮飯等，有時週末晚上還會有Fado表演。

### Pasterlaria Versailles

**Info**

🚇 P.193D2  🏠 Av. da República 15-A, Lisboa
🕐 07:30~22:00

　　推開Pasterlaria Versailles大門的鑄銀手把，一時間會忘了找座位和點餐這回事，因為咖啡館的華麗程度會讓你誤以為走進凡爾賽宮內的房間。

　　Pasterlaria Versailles自1922年開業以來，就是里斯本上流社會的社交中心。內部空間相當寬闊，彩繪玻璃、圓弧造型的大鏡子、石膏雕花天花板垂下水滴吊燈，處處可見新藝術風格的影子，而穿著酒紅色背心搭配白色長圍裙的侍者往來穿梭，與同色調桌巾、印上店名的特製咖啡杯盤，共同打造古典咖啡館的節奏。

　　Pasterlaria Versailles有自己的烘焙室，蛋糕、麵包與各式甜點都源於自家食譜，有一定品質保證，這裏的熱巧克力香滑濃稠，特別受歡迎。

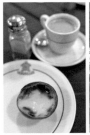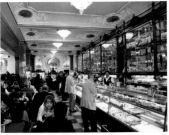

### Confeitaria Nacional

**Info**

🚇 P.193D3  🏠 Praça da Figueira, 18 B, Lisboa  🕐 週一至週四08:00~20:00　、週五和週六08:00~21:00、週日09:00~21:00  🌐 www.confeitarianacional.com

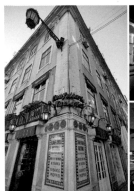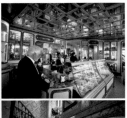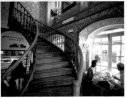

　　推開Confeitaria Nacional核桃木框的玻璃門，瞬間回到19世紀的里斯本。

　　Balthazar Roiz Castanheiro於1829年創立這間店，專門為皇室成員提供糕點和麵包。這間位於無花果樹廣場旁的咖啡館不只是百年糕餅店，也是城市歷史的一部分，建築本身就是里斯本大地震後重建的代表，至今店內依然維持當時的模樣，華麗的金色鏡面鋪滿天花板、圓弧造型的核桃木櫥窗寫著草創年代、白色雲彩大理石後方還留有傳統咖啡壺，典雅的迴旋木梯則通往二樓用餐空間。

　　傳承百年的配方依然是美味糕點的秘訣，店內有超過上百種的蛋糕、巧克力、甜派和麵包，光是蛋塔就有多種口味，最特別的是無花果內餡的蛋塔，味道相當奇妙。店內招牌是國王蛋糕(Fatia bolo rei)，口感類似扎實的五穀麵包。

# 分區導覽
## Area Guide

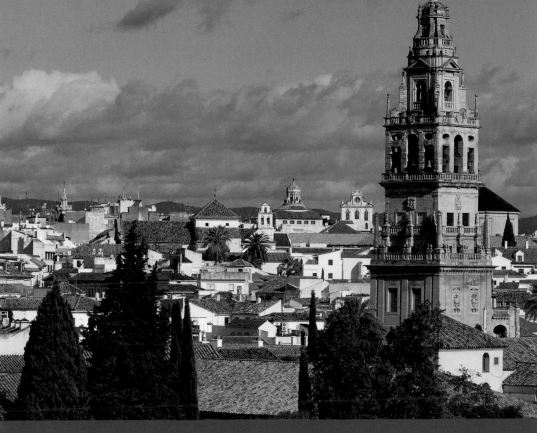

# 西班牙

● 西班牙

# Spain

文●墨刻編輯部
攝影●墨刻攝影組

西班牙各區各具特色，每探訪一個區域，都會獲得新的驚喜，沒想到在同一個國家裡，竟然能呈現如此多樣變化！

中部的首都馬德里，有著皇家富麗與國際都會的明亮氣息，但周圍的紅土大地卻彷彿仍留在中世紀，同樣在中部的古城托雷多、塞哥維亞、阿維拉等，獨特風情教人捨不得離開；東部海岸是陽光度假勝地，巴塞隆納的藝術和奇詭建築早就蜚聲國際，瓦倫西亞火節吸引世界人潮。南部安達魯西亞蘊藏最鮮活的西班牙印象，格拉那達、哥多華和塞維亞的穆德哈爾建築，以其繁複細緻讓人目眩神馳，白色山城小鎮在山林間勾勒出一抹與世無爭的愜意。

西班牙像盤色彩繽紛的調色盤，個性鮮明，無可取代。佛朗明哥翻飛的舞裙和明快節奏，踩踏出西班牙的熱情；鬥牛場裡血脈賁張的生死交會，抓住每個屏氣凝神的視線；慶典釋放狂熱的因子，不管是奔牛節、番茄節、火節或塞維亞春會，保證永生難忘；不踩雷的美食天堂，海鮮飯、伊比利豬、燉牛尾、Tapas…小酒館裡喝的桑格莉亞，也是生活與文化。

別忘了，西班牙還是藝術鬼才的製造地，從17世紀的委拉斯奎茲和埃爾 葛雷科先發，到19世紀開啟浪漫派的哥雅，20世紀接棒的達利、畢卡索、米羅和高第，每一盞光芒都是強力探照燈等級。

## 西班牙之最 The Highlights of Spin

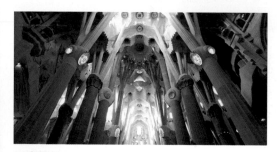

**巴塞隆納 Barcelona**
位於富庶的加泰隆尼亞，巴塞隆納孕育出高第、畢卡索、米羅等藝術大師，絕不可錯過建築大師高第傾畢生心血投入的聖家堂、如童話中巨龍的巴特婁之家、被稱為採石場的米拉之家、充滿童話趣味的奎爾公園等建築藝術。

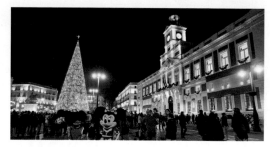

**馬德里 Madrid**
寬敞筆直的街道、宏偉華麗的建築、奢華遼闊的綠地，即使今日皇室僅為全民共主的象徵，輝煌一時的帝國已不復見，首都馬德里仍彌漫著尊貴的氣氛。藏有12至19世紀西班牙大師藝術精品的普拉多美術館更是必去之地。

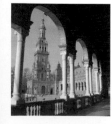

**塞維亞 Sevilla**
長期接受伊斯蘭藝術的洗禮，後成為卡斯提亞王室最喜愛的住所，保留著許多珍貴的穆德哈爾式建築。乘坐馬車漫遊石板路、迷失在王宮中庭、穿梭於聖十字區的蜿蜒街道，塞維亞像跳著佛朗明哥朗舞的女郎，讓人移不開視線。

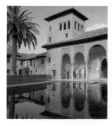

**格拉那達 Granada**
作為伊斯蘭政權統治最久的城市，阿爾辛拜區的阿拉伯風情至今依然流竄石板巷弄間。阿爾罕布拉宮吸引全世界的旅人前來朝聖，佇立在格拉那達山崖上，從王宮、花園到軒尼洛斯菲宮，將精緻的摩爾藝術發揮得淋漓盡致。

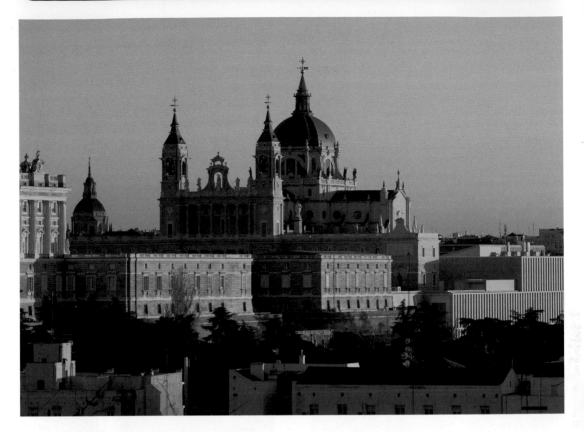

●馬德里

# 馬德里及周邊
# Madrid & Around

這座不起眼的小城鎮，直到西元10世紀，才有相關的文字記載，並一躍成為西班牙歷史的重點舞台。馬德里曾經是摩爾人的回教中心馬黑理(Magerit)，西元1083年基督教國王阿方索六世(Alfonso VI)征服此地，1561年菲利浦二世(Felipe II)將首都設於此地，讓其地位逐漸超越週遭的托雷多、塞哥維亞。

　　相對於巴黎、羅馬，馬德里或許少了些古蹟，不過，也正因為如此，這個屬於19、20世紀的新生代城市，宛若充滿活力的青少年！尤其到了週末午夜，馬德里街頭擠滿人潮，三五成群出門覓食或坐在街頭咖啡店喝酒聊天，那種熱鬧的氣氛令人大開眼界！

　　旅客可以安排2～3天參觀馬德里的歷史景點，時間較寬裕的，多停留幾天，好好欣賞普拉多美術館、提森‧波尼米薩美術館，及國立蘇菲亞王妃藝術中心，保證值回票價。

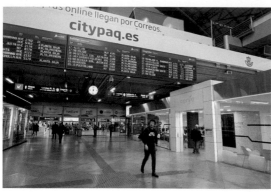
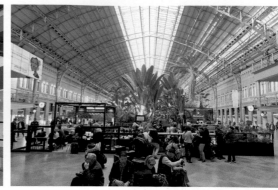

# INFO

## 基本資訊

**人口**：約322萬人
**面積**：604.3平方公里
**區碼**：(0)91

## 如何前往

### ◎飛機

台灣目前無直飛航班，可以搭乘瑞航、德航、荷航、英航、土航、卡達、阿聯酋等航空，中經歐洲或中東城市，再轉往馬德里。

巴拉哈斯國際機場（Aeropuerto de Barajas，機場代號MAD）位於馬德里市區東北方約12公里處，該機場共有4座航廈，從亞洲起飛的航班多停靠T1和T2，T1至T3航廈之間彼此互連通道，最新落成的T4與前三座航廈相距略遠，機場設有免費巴士穿梭接駁。

機場內設有24小時的旅館訂房櫃台、匯兌中心、西班牙國鐵Renfe辦事處、租車公司櫃檯，及馬德里旅遊服務中心等。

**巴拉哈斯國際機場**
🌐www.aeropuertomadrid-barajas.com
**西班牙機場與航行區域查詢**
**(Aeropuertos Españoles y Navegación Aérea)**
🌐www.aena.es

### ◎火車

從巴塞隆納可搭高速火車AVE至馬德里，車程約2.5～3小時；哥多華出發的快車，至馬德里的車程則約1小時50分至2小時。

馬德里有3大主要火車站，分別是北邊的查馬丁火車站、南邊的阿托查火車站，以及西北方的皮歐王子火車站。火車時刻表及票價可上官網或至車站查詢。

● 查馬丁火車站(Estación de Chamartín)：西班牙北部的AVE或長程特快列車，以及往來巴黎或里斯本的國際列車皆停靠於此，從這裡可以搭乘地鐵1、10號線或近郊火車Cercanías接駁至其他景點。

● 阿托查火車站(Estación de Atocha)：旅客使用頻率最高的火車站，車站分為兩部分：Atocha Cercanías車站提供馬德里近郊火車停靠，從這裡搭車可以前往艾斯科瑞亞皇宮(El Escorial)、阿蘭惠斯(Aranjuez)等；靠近普拉多大道的Puerta de Atocha則是往來巴塞隆納或安達魯西亞的高速火車AVE，或前往托雷多等長程特快列車AVANT、ALARIS的停靠站。在阿托查火車站，可搭乘地鐵1號線。

● 皮歐王子火車站(Estación de Príncipe Pío)：僅提供馬德里近郊鐵路使用，從這裡可以轉搭6號、10號和R線地鐵。

**西班牙國鐵** 🌐www.renfe.com
**歐洲鐵路** 🌐www.raileurope.com

## 長途巴士

市區有多處巴士轉運站，最大的是南站(Estación Sur de Autobuses)，往來歐洲各國的巴士和國內的長途巴士都停靠此站，位於阿托查火車站西南方約1.5公里處，附近可轉搭3號或6號地鐵進市中心。

美洲大道站(Intercambiador de Avenida de América)除了有巴士前往機場和近郊外，往來於西班牙北部的巴士多以此為起迄點，搭乘Alsa長途巴士前往巴塞隆納的車程約8小時，轉運站附近可搭4、6、7、9號地鐵。

**南站**
📍Méndez Álvaro, 83
📞468-4200
🌐www.estaciondeautobuses.com

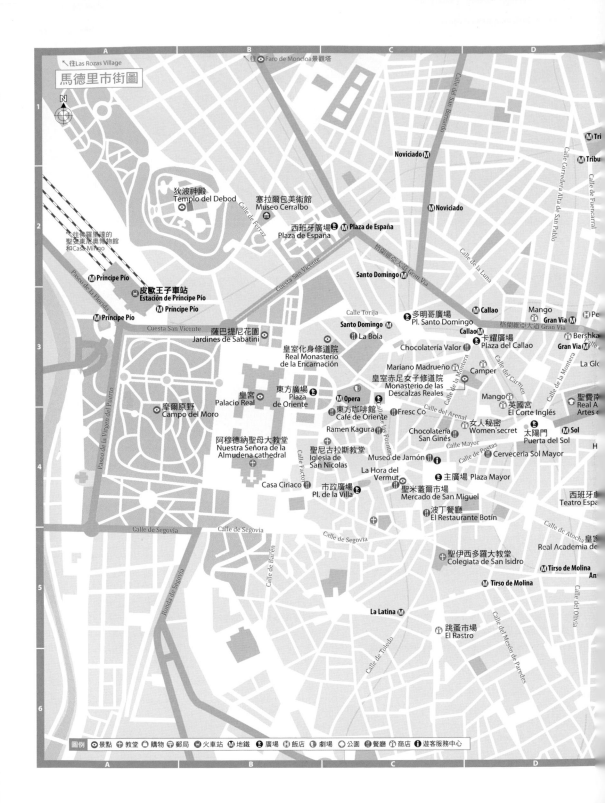

往Las Rozas Village

往 Faro de Moncloa景觀塔

N

狄波神殿
Templo del Debod

塞拉爾包美術館
Museo Cerralbo

西班牙廣場
Plaza de España

Plaza de España

Noviciado

Noviciado

往傑羅里達的
聖安鳥奧博物館
和Casa Mingo

Príncipe Pío

皮歐王子車站
Estación de Príncipe Pío

Príncipe Pío

Príncipe Pío

Príncipe Pío

Santo Domingo

Gran Vía

Calle de la Luna

Calle Torija

多明哥廣場
Pl. Santo Domingo

Callao

Mango

Gran Vía

Pe

薩巴提尼花園
Jardines de Sabatini

Santo Domingo

La Bola

Callao

卡耀廣場
Plaza del Callao

Bershka

Gran Vía

皇室化身修道院
Real Monasterio
de la Encarnación

Chocolatería Valor

La Glo

Camper

皇宮
Palacio Real

東方廣場
Plaza
de Oriente

Mariano Madrueño

皇室赤足女子修道院
Monasterio de las
Descalzas Reales

Camper

Mango

英國宮
El Corte Inglés

聖費南
Real A
Artes

摩爾原野
Campo del Moro

Opera

東方咖啡館
Café de Oriente

Fresc Co

Calle del Arenal

女人秘密
Women'secret

太陽門
Puerta del Sol

Sol

Ramen Kagura

阿穆德納聖母大教堂
Nuestra Señora de la
Almudena cathedral

聖尼古拉斯教堂
Iglesia de
San Nicolas

Chocolatería
San Ginés

Calle Mayor

Cervecería Sol Mayor

Museo de Jamón

H

Casa Ciriaco

市政廣場
Pl. de la Villa

La Hora del
Vermut

主廣場 Plaza Mayor

聖米蓋爾市場
Mercado de San Miguel

西班牙
Teatro Espa

波丁餐廳
El Restaurante Botín

Calle de Segovia

Calle de Segovia

Calle de Segovia

聖伊西多羅大教堂
Colegiata de San Isidro

Real Academia de

Tirso de Molina

An

Calle de Bailén

Tirso de Molina

La Latina

跳蚤市場
El Rastro

Calle de Toledo

Ronda de Segovia

Calle del Mesón de Paredes

Calle del Olivia

圖例 ◎景點 ✚教堂 🛍購物 ✉郵局 🚂火車站 Ⓜ地鐵 廣場 🏨飯店 劇場 ◯公園 🍴餐廳 🏪商店 ❶遊客服務中心

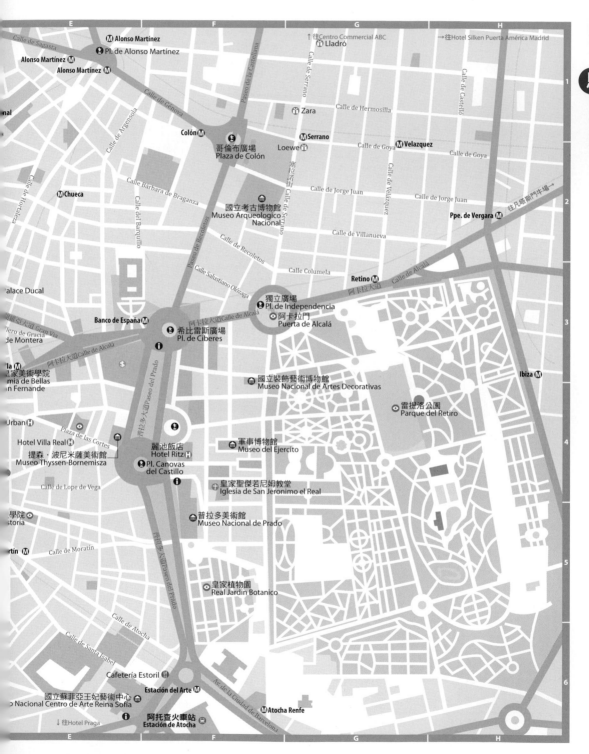

Calle de Sagasta

往Centro Commercial ABC
Lladró

→往Hotel Silken Puerta América Madrid

Alonso Martínez
Pl. de Alonso Martínez

Alonso Martínez
Alonso Martínez

Calle de Castelló

Calle de Serrano

Zara
Calle de Hermosilla

1

Calle de Génova
Calle de Argensola

Calle del Paseo de la Castellana

Colón
哥倫布廣場
Plaza de Colón

Serrano
Loewe
Calle de Goya
Velazquez
Calle de Goya

Calle de Hortaleza

Chueca

Calle Bárbara de Braganza

Calle del Barquillo

國立考古博物館
Museo Arqueologico
Nacional

Calle de Jorge Juan

Calle de Jorge Juan

往凡塔斯門牛場→

Ppe. de Vergara

2

Calle de Velázquez

Paseo de Recoletos

Calle de Recoletos

Calle Salustiano Olózaga

Calle de Villanueva

Palace Ducal

希比雷斯大河Gran Vía
ro de Gracia
de Montera

Banco de España

阿卡拉大道Calle de Alcalá

希比雷斯廣場
Pl. de Ciberes

阿卡拉大道Calle de Alcalá

Calle Columela

獨立廣場
Pl. de Independencia

阿卡拉門
Puerta de Alcalá

Retino
阿卡拉大道 Calle de Alcalá

3

la
家美術學院
mia de Bellas
n Fernande

Paseo del Prado

國立裝飾藝術博物館
Museo Nacional de Artes Decorativas

雷捷洛公園
Parque del Retiro

Ibiza

Urban

Plaza de las Cortes

Hotel Villa Real
提森‧波尼米薩美術館
Museo Thyssen-Bornemisza

麗池飯店
Hotel Ritz
Pl. Canovas
del Castillo

軍事博物館
Museo del Ejercito

4

Calle de Lope de Vega

皇家聖傑若尼姆教堂
Iglesia de San Jeronimo el Real

學院
storia

rtin

Calle de Moratín

普拉多大河Paseo del Prado

普拉多美術館
Museo Nacional de Prado

5

皇家植物園
Real Jardin Botanico

Calle de Atocha

Calle de Santa Isabel

Cafetería Estoril

Estación del Arte

6

國立蘇菲亞王妃藝術中心
o Nacional Centro de Arte Reina Sofía

阿托查火車站
Estación de Atocha

↓往Hotel Praga

Av. de la Ciudad de Barcelona

Atocha Renfe

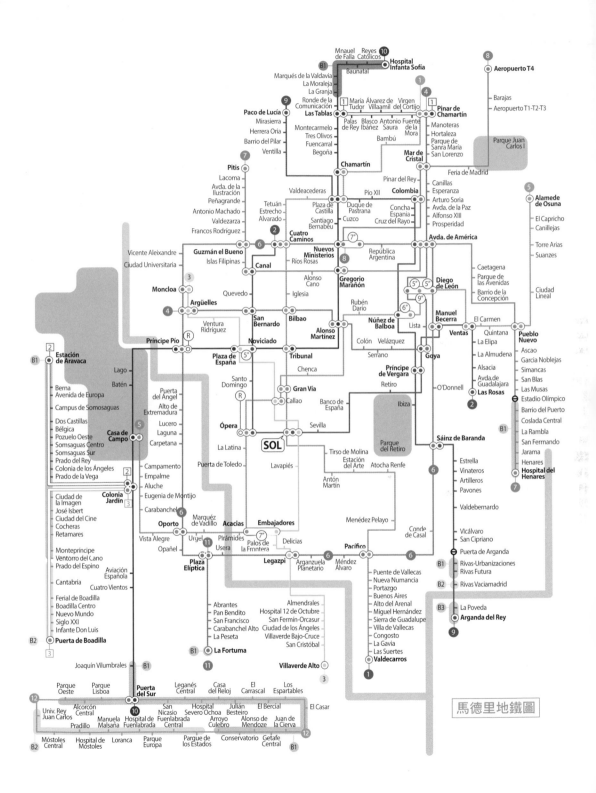

馬德里地鐵圖

76

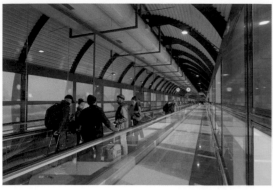

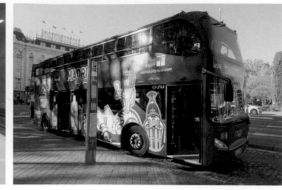

**美洲大道站**

📍Avenida de América, 9-A ☎745-6300

**主要巴士公司**

**Alsa** 🆙www.alsa.es

**Socibus** 🆙socibusventas.es

**Avanza** 🆙www.avanzabus.com

**Interbus** 🆙www.interbus.es

## 機場至市區交通

從巴拉哈斯機場往返馬德里市中心，有近郊火車、地鐵、機場巴士、計程車等可供選擇。

### ◎近郊火車Cercanías

西班牙國鐵RENFE經營的近郊火車C1和C10線，北端起站和終站即是T4航廈，機場至阿托查火車站單程約29分鐘、查馬丁火車站約15分鐘、皮歐王子車站約41分鐘，若欲前往其他航廈，可於抵達後再利用免費接駁巴士。

🕐約15～20分鐘一班，機場出發至市區的時刻表為05:46～00:01，市區出發至機場則為05:15～23:19。

💰單程€2.6，來回€5.2，持西班牙國內長途車票或AVE高速鐵路車票可免費搭乘。

🆙www.renfe.com

### ◎地鐵Metro

地鐵8號線(L8)北端終點即是機場(Aeropuerto)，「Aeropuerto T1-T2-T3」站可至T1至T3航廈，地鐵站靠近T2的中心位置，從機場前往市中心約13至15分鐘；「Aeropuerto T4」站則是T4航廈，至市中心車程約20分鐘。

🕐06:05～01:30

💰地鐵A區單程票＋機場附加費€3；若使用地鐵十次卡，需另付€3機場附加費

🆙www.metromadrid.es

### ◎機場巴士Exprés Aeropuerto

往返於T1、T2、T4航廈與市區之間，每天24小時營運，06:00～23:30停靠市區阿托查火車站的外側，深夜則停靠希比雷斯廣場(Plaza De Cibeles)，車程約30分鐘。除了機場巴士，101、200、822、824等號公車也往返機場與市區之間。

**Exprés Aeropuerto**

🕐06:00～23:30之間，每15到20分一班；23:30～6:00之間，每35分一班

💰單程€5

🆙www.crtm.es

### ◎長途巴士

若打算從機場直接前往馬德里之外的小鎮，瓦倫西亞可在T1和T4搭乘Avanzabus直達巴士，莎拉曼卡則在T1搭乘Avanzabus直達巴士。若要前往聖地牙哥、奧維耶多(Oviedo)、薩拉哥薩(Zaragossa)等地，T4有Alsa巴士公司的直達車；要到安達魯西亞地區的各大城，T1航廈有Socibus巴士的直達車。

### ◎計程車Taxi

馬德里的計程車採跳表計費，市區的平日、假日和夜間的最低收費均不同，不過，從機場前往市中心的車資則統一為€30，內含行李費用，車程約20至30分鐘。

## 市區交通

馬德里的地底有地鐵和近郊火車，地面上則是星羅棋布的巴士網和市區外圍的輕軌電車(Metro Ligero)等，交通相當方便。要記得的是，地鐵和巴士的車票可通用，但轉乘不是免費，而地鐵和近郊火車的車票則不通用，需另外購買，最好依此趟旅行最常運用的交通工具，來購買合適的票券和方案，以節省金錢和時間。

### ◎大眾交通票種

地鐵、巴士和輕軌電車等共用Metrobus票卡，依A

到E區的範圍來收費，由於主要的觀光景點多數集中在A區，建議買A區的票。

成人單程每趟€1.5，除購買單程票(Billete Sencillo)之外，也可選擇十次卡(10 Viajes)，即搭十趟優惠價€12.2，而且一張票可多人使用，如果不是每天行程排滿滿，得搭很多趟車，十次卡是最好的選擇。

專為遊客設計的交通旅遊卡(Tourist Card)，可於T2、T4航廈或任一地鐵站購買，分為可隨意搭乘市中心巴士、地鐵和火車的Zone A票，以及含括前往托雷多與Guadalajara等地巴士的Zone T票。兩者皆可選擇天數，有1、2、3、4、5、7天等5種，Zone A票價隨天數不同價格分別為€8.4、14.2、18.4、22.6、26.8和35.4，而Zone T則為同天數的Zone A票的一倍。

**馬德里交通運輸協會**
**(Consorcio Transportes Madrid)**
☎580-4260
🌐www.crtm.es

◎**地鐵Metro**

整潔、快速的地鐵是馬德里最方便的大眾交通工具，地鐵線名皆冠有「L」，後接數字，加上皮歐王子火車站和歌劇院之間的R線，共有13條線。

其中，2號線往來太陽門廣場的Sol站、皇宮附近的Ópera站、普拉多美術館一帶的Banco de España站，及雷提諾公園的Retino站，幾乎串連起各大重量級景點，是遊客使用頻率最高的路線。其他像前往阿托查火車站的1號線、皇家馬德里球隊主場貝納烏球場與查馬丁車站的10號線等，遊客也經常搭乘。
◔約06:00～1:30
💲使用Metrobus票卡，Zone A的5站內單程票價€1.5，之後每站追加€0.1，10站後的車資皆為€2；十次券(10 Viajes)€12.2。
🌐www.metromadrid.es

◎**近郊火車Cercanías**

和地鐵同在地下行駛，標示著像是倒栽蔥的「C」號誌的是近郊火車，以阿托查和查馬丁火車站為中心，共有10條線，連接市中心和郊區。出入站的閘門和地鐵站有區隔，Metrobus票卡無法通用。
◔約05:30～23:30
💲1區和2區的單程€1.7；十次券€10。

◎**市區巴士EMT**

馬德里有多達203條巴士路線及26條夜間公車，網絡四通八達，記得查好要搭哪一班公車和下車的站名，就可以好好運用。可以事先購買Metrobus票卡，插入司機身旁的驗票機即可，或備好零錢向司機買票。
◔約06:00～23:30，其他時段為夜間公車「N」。

💲單程€1.5，十次券(10 Viajes)€12.2，通用Metrobus票卡

◎**輕軌電車Metro Ligero**

車號前冠有「ML」，共3條線，架設在偏遠的市區外圍，主要目的是方便當地居民通勤，一般觀光客很少用到，通用Metrobus票卡。

◎**計程車Taxi**

馬德里的計程車都是白色的，有專用招呼站，也可在路旁招車，起跳價格在平日、假日和夜間都不同，市區的平日起跳價€2.5，每公里跳€1.1；夜間和假日起跳價€3.1，每公里增加€1.3。

## 優惠票券

◎**藝術大道套票(Paseo del Arte Pass)**

套票可同時參觀普拉多美術館、國立蘇菲亞王妃藝術中心及提森・波尼米薩美術館的常設展，使用期限從購買日起算一年，購買時也可選擇適用時間，持這張套票可以直接進館參觀，免去排隊買票的時間。

在這三家美術館的官網上皆可購買這張套票，價格約是這三張門票的總價8折。要注意的是，在哪家官網訂票就要在哪裡取票！
💲€32（每年保留異動空間）

## 觀光行程

◎**馬德里觀光巴士Madrid City Tour**

市區經常可見這台紅色雙層觀光巴士，透過個人語音導覽（中文），得以最速成的方式大略認識馬德里。巴士有兩條路線，每天巡迴繞行太陽門、主廣場、格蘭維亞大道、西班牙廣場、皇宮、普拉多美術館、凡塔斯鬥牛場等重要景點，在車票有效期限內可任意上下車，繞一圈約1小時45分鐘。
🎫官網、上車購票，或在市區的書報攤、票亭購買。
◔09:00～22:00，每30至40分鐘一班 💲1日券一成人€23、優待票€10；2日券一成人€27、優待票€14。網站購票9折優惠。 🌐madridcitytour.es

## 旅遊諮詢

◎**主廣場遊客中心**
🅿P.74C4 🚇地鐵1、2、3號線的Sol站，或地鐵2、5號線的Ópera站。 🏠Plaza Mayor 27 ☎578-7810
◔09:30～20:30 🌐www.esmadrid.com

◎**CentroCentro遊客中心**
🅿P.75F3 🚇地鐵2號Banco de España站 🏠Plaza de Cibeles, 1 ◔週二至日10:00～20:00；1月5日10:00～14:00 ❌每週一；1/1、1/6、5/1、12/24～25、12/31

◎**蘇菲亞王妃藝術中心遊客中心**

◆P.75E6 ◆地鐵1號Atocha站，位於美術館門口 ▽
09:30～20:00；12月24和31日提早至17:00關閉；1
月1日和12月25延後至11:00開放。
◎巴拉哈斯機場遊客中心
◆T2及T4航廈 ▽09:30～20:30；12月24和31日提早
至17:00關閉；1月1日和12月25延後至11:00開放。

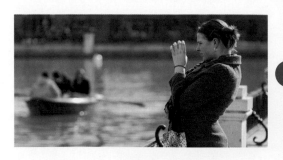

# 城市概略City Briefing

馬德里都會區相當大，但主要的觀光景點集中在阿托查車站和皮歐王子車站間的舊城區，以有「西班牙中心」之稱的太陽門為起點，就不容易弄錯方向。

太陽門往西，經主廣場到皇宮之間是舊城區，蜿蜒巷弄間留有許多珍貴的歷史建築；太陽門以東，阿卡拉大道銜接普拉多大道，往南至阿托查車站之間，則是馬德里的文化區，普拉多美術館、提森 波尼米薩美術館、蘇菲亞王妃藝術中心等博物館座落於大片公園綠意之間；希比雷斯廣場東北區在19世紀時是上流貴族的住所，現在則是精品林立的高級購物街。

# 馬德里行程建議
## Itineraries in Madrid

馬德里是西班牙交通系統的核心，建議以馬德里為據點，先停留2天的時間好好探索這個城市，再將足跡拓展至鄰近小城鎮。

第一天參考散步路線，安排一趟舊城之旅，走進皇宮見證強盛一時的西班牙帝國榮光，待在皇室赤足女子修道院欣賞藝術珍藏，駐足主廣場喝杯咖啡享受南歐的陽光。

第二天投入藝術與自然的懷抱，普拉多大道綠蔭蔽天，雷提諾公園也有媲美紐約中央公園的蓊鬱林地，三間精彩絕倫的美術館錯落兩旁，絕不能錯過與巴黎羅浮宮、倫敦大英博物館並列世界三大博物館的普拉多美術館。若於鬥牛賽期間到訪，在凡塔斯鬥牛場目睹人與牛之間熱血沸騰的共舞，是不可多得的體驗。

若還有時間，曾為西班牙首都的小城托雷多，羅馬水道橋橫亙市區的山城塞哥維亞等，都可安排一日來回。

# 馬德里散步路線
## Walking Route in Madrid

馬德里發展的年代較晚，再加上一年四季燦爛的陽光，得以跳脫古都的沉重感，洋溢著明亮歡愉的氣氛，感覺無比輕鬆自在。

搭地鐵到歌劇院站，以此為馬德里散步路線的起點。在林立西班牙多位統治者雕像的**東方廣場①**之後，前往融合巴洛克和新古典主義風格的**皇宮②**，見證曾權傾一時的西班牙皇室輝煌時光，在艷陽的照射下，潔白的外壁亮晃晃得令人炫目。

一旁聳立著**阿穆德納聖母大教堂③**，西班牙王儲菲利浦2004年在此舉辦婚禮，主祭壇獨特的裝飾令人印象深刻。走上大教堂附近的主街(Calle Mayor)，沿途經過**市政廳廣場④**和**主廣場⑤**，市政廳廣場尺寸迷你、主廣場則裝飾得繽紛多彩，在這裡找家咖啡館休息一下。

恢復體力後，前往**皇室赤足女子修道院⑥**參觀，這處隱身鬧區的修道院，擁有裝飾著17世紀濕壁畫的大階梯和無數藝術珍品。走一小段路到**格蘭維亞大道⑦**，從這裡再一路往**太陽門⑧**方向慢慢逛回去，最後別忘了找家小酒館來點Tapas和桑格莉亞犒賞自己。

**距離**：約2公里　**時間**：約2小時

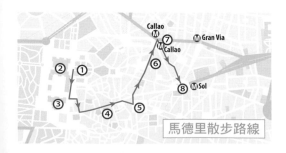

馬德里散步路線

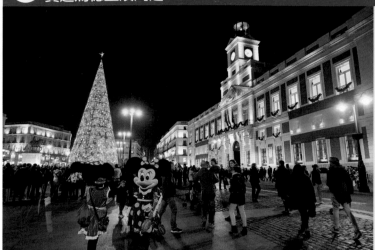

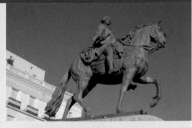

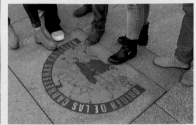

**太陽門周邊**

**MAP ▶ P.74D4**

# 太陽門

**MOOK Choice**

Puerta del Sol

### 西班牙公路起點

🚇 地鐵1、2、3號線Sol站

太陽門是西班牙的中心點，西國公路上標示的公里數，便是從此一點開始算，因此在廣場的市政廳門口人行道上，可以找到菲利浦二世在16世紀鋪設的一塊標註「零公里」的地磚，而馬德里市區的6條大馬路就從太陽門呈放射狀延伸出去。

這裡是政府機關的聚集區域，還是一個大型的商業區，範圍從太陽門到卡耀廣場(Plaza del Callao)的幾條街道，包括Calle Preiados、Calle del Carmen、Calle de Tetuan等。光是西班牙

最大的連鎖百貨—英國宮(El Corte Inglés)就有3家，Fnac、H&M、Mango、Zara及Camper鞋店，在此皆設有專賣店。

你也許會好奇，太陽門的「門」在哪裡？這裡在15世紀是分隔城內外的城牆所在，因開在古城牆裡的一道門面向東方，且雕飾著太陽圖案，遂稱為「太陽門」。今日這座古城牆早已毀壞，門也不知去向，只有「太陽門」一名流傳下來。

馬德里人平日愛約在這裡碰面和購物，但由於人潮洶湧，旅客得注意隨身攜帶的重要物品。廣場南邊矗立著卡洛斯三世(Carlos III)的雕像，他在執政期間為城市發展盡心盡力，被譽為「最佳市長」。

這裡還有一個重要習俗，西班牙人會聚集在太陽門跨年倒數，拿著12粒葡萄，計時鐘聲敲響一次，就吃下一粒，以此迎接新的一年到來。

### 小熊與馬德里市徽

「小熊與莓果樹」(El Oso y el Madroño)矗立在太陽門廣場的北邊，馬德里的市徽原是一隻身上有七顆星星的熊，七顆星星指的是大熊星座的北斗七星，莓果樹是後來加上去，代表當時的市政府和神職人員解決土地糾紛的友好象徵。

選擇莓果樹，有一說是莓果樹的西文學名madroño和馬德里(Madrid)相似；另一個說法是從前的馬德里附近有一大片森林，長著許多莓果樹，吸引了大批嗜吃莓果的熊群，而馬德里最早稱為Ursaria，即拉丁文的「熊的土地」。

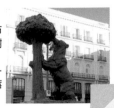

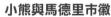

太陽門周邊

**MAP ▶ P.74C4**

# 聖米蓋爾市場

**MOOK Choice**

Mercado de San Miguel

## 馬德里人的日常餐桌

🚇地鐵2、5、R號線Ópera站，步行約5分鐘 🏠Plaza de San Miguel ☎542-4936 ⏰週日至四10:00～00:00，週五、六10:00～01:00 🌐mercadodesanmiguel.es

　　想要一網打盡西班牙各地美食，走一趟聖米蓋爾市場就對了！

　　這家人聲鼎沸的市場有百年歷史，從1916年什麼食物都賣的露天市集開始，後來加上鑄鐵頂篷，2009年翻修，在原建物上增添玻璃等現代元素，在馬德里人心中，聖米蓋爾市場的地位無可取代。

　　翻新的聖米蓋爾市場有別於傳統市場的凌亂，環境乾整齊且有空調，攤位經過精心設計，玻璃櫃內不管是海鮮飯、炸花枝、各式各樣Tapas、伊比利火腿、卡斯提亞省的起司、或每天從加利西亞省新鮮送到的漁獲，樣樣看來美味誘人。

　　別以為市場內的食物一定很平價，其實，這裏已經很觀光化，有些攤位的食物甚至比外面小餐館還貴，建議淺嚐幾種，感受氣氛，想要吃飽得有荷包大失血的心理準備。

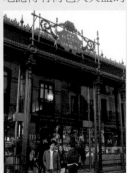
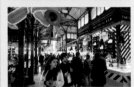
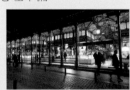
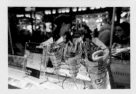
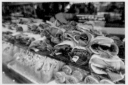

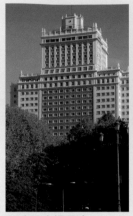
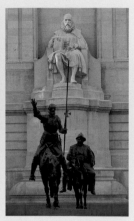

西班牙廣場周邊

**MAP ▶ P.74B2**

# 西班牙廣場

Plaza de España

## 20世紀新潮廣場

🚇地鐵3、10號Plaza de España站

　　格蘭維亞大道的盡頭便是西班牙廣場，這個被高樓包圍的廣場是為了紀念西班牙大文豪塞萬提斯(Miguel de Cervantes Saavedra)而設立，廣場中央立著這位作家的大型紀念碑，《唐吉訶德》主僕二人雕像就站在作家前方，一幅即將前往的姿態。紀念碑大部分興建於1925至1930年，由建築師Rafael Martínez Zapatero 和Pedro Muguruza設計，雕刻家Lorenzo Coullaut Valera和其子接手在1957年完工。

　　另一個讓西班牙廣場令人印象深刻的原因，是拿破崙軍隊攻占西班牙後，法軍在此槍殺西班牙游擊隊。普拉多美術館收藏的哥雅名畫《1808年5月3日的馬德里》，描述的正是這個場景。

　　廣場後有兩棟全馬德里最早的摩天大樓，皆於20世紀中落成，面對紀念碑的方向，左側是142公尺的馬德里塔(Torre de Madrid)，右側則是117公尺的西班牙大廈(Edificio España)。

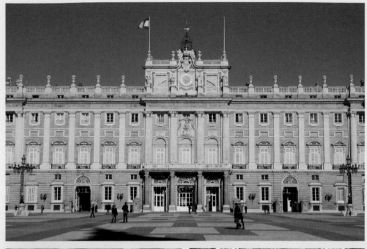
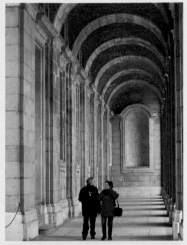
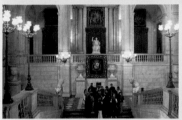
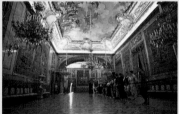
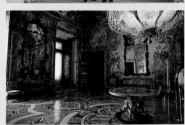

太陽門周邊

MAP ▶ P.74B3

# 皇宮

MOOK
Choice

## Palacio Real

**留住皇室輝煌過往**

🚇 地鐵2、5、R號線在Ópera站下，步行約5分鐘 🏠 Calle Bailén s/n 📞 454-8700 🕐 4至9月：週一至六10:00～19:00，週日10:00～16:00；10至3月：週一至六10:00～18:00，週日10:00～16:00 🚫 1/1、5/1、12/24～25等重要節日 💲全票€13、優待票€7 🌐 www. patrimonionacional.es ❗內部禁止拍照

這座結合巴洛克式和新古典主義風格的宮殿，是西班牙皇室鼎盛時期的代表建築！

皇宮前身建於9世紀的一座碉堡上，當時無足輕重的馬德里是伊斯蘭教政權統治下的一處軍事要塞；11世紀時，卡斯提亞的國王將它奪回，並興建了一座阿卡乍堡。儘管打從那時開始，它就扮演著皇宮的角色，不過卻不是今日富麗堂皇的模樣，現今皇宮是18世紀時一場大火燒毀阿卡乍堡後重建的，義大利的著名建築師沙切迪

(Sachetti)和薩巴提尼(Sabatini)等人，都曾參與設計。

雖然當時的菲利浦五世來不及看見落成，不過直到西元1931年阿方索十二世(Alfonso XII)逃到法國之前，這裡一直是歷代國王執政與居住的地方。今日皇室則低調地長住於郊區較小的行宮，皇宮目前僅供招待外賓及舉辦典禮之用。

皇宮內部設計十分精緻，對外開放20間展覽室供參觀。其中，最精彩的要屬寶座廳(Salon de Trono)，這裡是國王在正式場合接見賓客的殿堂，頂上的 晶吊燈來自威尼斯，國王寶座四周則安置著4隻銅獅，據說是委拉斯奎茲特地挑選的。

圓柱廳(Salon de Columnas)牆上掛著法蘭德斯織毯，是西班牙簽約加入歐洲共同體的地方；宴會廳(Comedor de Gala)可容納150人同時用餐，最近一次重要聚會是2004年菲利浦王儲的婚禮。其他還有瓷器廳(Gabinete de Porcelana)、黃絲綢廳(Saleta Amarilla)、17世紀的皇室藥房、兵器室等。

## 皇宮衛隊與侍衛換崗儀式 Relevo solemne y cambio de Guardia

和倫敦的衛兵交接儀式一樣，馬德里皇宮的衛隊換崗儀式也非常受注目。換崗儀式分為每月一次的皇宮衛隊換崗，及每週三、六的侍衛換崗。

皇宮衛隊換崗，會依循著阿方索十二世與十三世時代的正式儀式，長槍兵、戟兵和步槍營分隊等共400位軍人與100匹馬，全程約1小時。侍衛換崗儀式則是步兵和騎兵在王儲門(Puerta del Príncipe)的交接，步兵每半小時交接1次，騎兵每1小時交接一次。

🔽皇宮衛隊：每月第一個週三中午12:00。侍衛：9至6月的每週三、六11:00～14:00；7至8月的每週三、六10:00～12:00 🚫皇宮衛隊1、8、9月 ❗天氣狀況不允許，或舉辦國事活動時，皆取消換崗儀式。

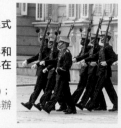

---

**太陽門周邊**

**MAP ▶ P.74C3**

MOOK Choice

# 皇室化身
# 修道院

## Real Monasterio de la Encarnación

### 皇室珍藏的寶窟

🚇地鐵2、5、R號線Ópera站，步行約5分鐘 🏠Plaza de la Encarnación 1 ☎454-8700 🔽週二至六10:00～14:00、16:00～18:30，週日和假日10:00～15:00 🚫每週一及1/1、1/6、4/13～16、5/1、12/24～25、12/31等節日 💲全票€6 🌐www.patrimonionacional.es ❗需跟著西班牙語導覽團參觀，每梯次約50分鐘

菲利浦三世和奧地利的瑪格麗特(Margaret of Austria)於1611年設立，昔日是皇族女眷出家的地方，因此有許多來自皇室的珍貴藝術品，1980年代才對外開放。

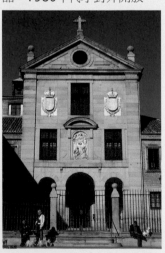

其中，最為人所津津樂道的，是St. Pantaleón的聖骨匣，在這個玻璃容器中收藏著凝固的血液，據說每年7月27日當天會還原液化，否則來年西班牙可能會遭逢厄運，吸引眾多遊客前來參觀。

---

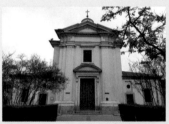
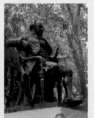

**西班牙廣場周邊**

**MAP ▶ P.74A2**

MOOK Choice

# 佛羅里達的
# 聖安東尼奧禮拜堂

## Ermita de San Antonio de la Florida

### 大師細膩彩繪屋頂

🚇地鐵6、10、R號線Príncipe Pío站，步行約7分鐘 🏠Glorieta de San Antonio de la Florida 5 ☎542-0722 🔽7/14～9/15：週二至五09:30～14:00和15:00～19:00、週六日09:30～19:00；其他日期：週二至日09:30～20:00 🚫每週一，及1/1、1/6、5/1、12/24～25、12/31 💲免費 🌐www.munimadrid.es/ermita

卡洛斯四世在1792至1798年下令興建，讓它聲名大噪的是哥雅手繪的屋頂壁畫，他以極其細膩的筆法，描繪出動人的生活景象。中央拱頂主要敘述兩大主題：一是身旁圍繞著村民的聖安東尼，如何讓一位自殺的男子復活，以證明他父親的清白；另一則是少女的守護神。

壁畫以大自然風光為背景，增添當地傳統節慶時的景象，巧妙融合藝術與民間習俗，人物安排充滿戲劇張力，彷彿從圓頂向下窺視。20世紀初，哥雅的遺體移至此處，長眠於自己的作品之下。

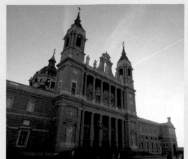

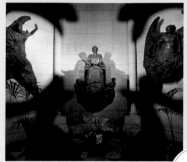

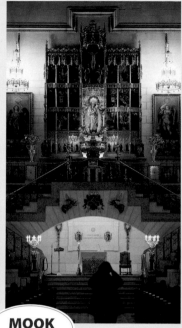

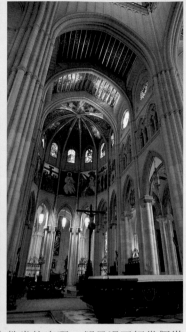

太陽門周邊

**MAP ▶ P.74B4**

# 阿穆德納聖母大教堂

Nuestra Señora de la Almudena
Cathedral

**確立首都宗教地位**

🚇 地鐵2、5、R號線Ópera站,步行約7分鐘　🏠Calle Bailén 10　☎️教堂542-2200;博物館559-2874　🕐教堂:9至6月週一至日10:00～20:00,7至8月週一至日10:00～21:00;博物館:週一至六10:00～14:30　💰捐獻€1,博物館€7　🌐 www.catedraldelaalmudena.es

　　阿穆納德聖母是馬德里的守護神,其名「阿穆納德」指的是穀倉,因為當初發現這尊聖母雕像時,是在摩爾人的穀倉附近。阿方索六世在1083年從摩爾人手中拿下馬德里,下令淨化遭伊斯蘭教徒褻瀆的聖母教堂,由於使徒聖詹姆斯當年放置於這間教堂裡的聖母像已經消失,國王和幾位重要宗教人士於是向聖母祈求,幫助他們早日找到聖母像。虔誠的信徒邊環繞城牆邊吟唱祈禱,突然一部分城牆倒塌,露出了藏於其中超過300年的聖母像。

　　然而,這座大教堂的出現,卻是過了好幾個世紀之後。16世紀中葉,雖然西班牙皇室已經遷都馬德里,不過教廷依舊留在托雷多,興建大教堂一事即使早在16世紀開始討論,卻一直拖到1879年動工。

　　阿穆德納聖母大教堂坐落於中世紀的清真寺遺址上,原本採用哥德復興式風格(Gothic Revival Style),中途因西班牙內戰停工,直到1950年才繼續施工,接手的建築師Fernando Chueca Goitia將外觀改為巴洛克式,以呼應皇宮灰色和白色的外觀。大教堂最終在1993年完工,2004年由教宗若望‧保祿二世(Pope John Paul II)祝聖,同年舉辦西班牙王儲菲利浦的世紀婚禮。

　　因著過往的背景,教堂有著現代化的一面,像是出自Kiko Arguello之手的主祭壇壁畫;也有著歷史悠久的一面,如收藏在地下室的16世紀的阿穆納德聖母像,而靠近主街(Calle Mayor)的地方,則保留了摩爾遺跡和中世紀城牆。如果想深入了解教堂歷史,建議參觀教堂內的博物館,還可以從這裡登上大教堂的屋頂,盡攬皇宮、皇宮的花園及馬德里市區。

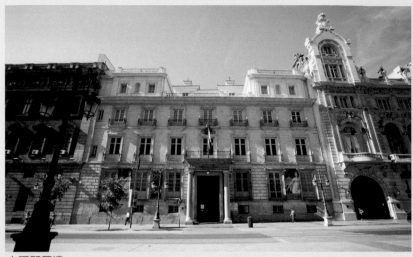

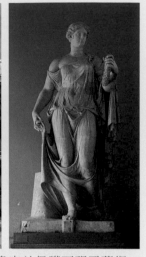

太陽門周邊

MAP ▶ P.74D3

# 聖費南度皇家美術學院

MOOK Choice

Real Academia de Bellas Artes de San Fernando

## 藝術大師的搖籃

🚇地鐵1、2、3號線Sol站，步行約2分鐘 　🏠Calle de Alcalá 13 　📞524-0864 　🕐週二至日10:00～15:00 　❌五月及每週一、和1/1～6、11/9、12/24～25、12/31等假日 　💲全票€8、優待票€4 　🌐www.realacademiabellasartessanfernando.com 　ℹ️英文導覽APP提供作品介紹及美術學院歷史；非假日的週三、5/18、10/12、12/6免費參觀

皇室下令於1744年創立聖費南度皇家美術學

院，目的在培育優秀畫家並保護西班牙藝術，20多年後，卡洛斯三世重金買下阿卡拉大道上這棟巴洛克式宮殿，下令建築師Diego de Villanueva改建為美術學院，成為多位藝術大師的搖籃，畢卡索和達利等人都曾在此研習。該學院現為馬德里藝術學校的總部，並以博物館和藝廊的面貌對民眾開放。

當初為了讓學生有學習和臨摹的對象，聖費南度皇家美術學院收藏了多幅大師名作，以16至19世紀的西班牙繪畫最為精彩，像是蘇巴蘭、慕里歐、埃爾·葛雷科等人作品，此外，哥雅曾在此擔任要職，因此有一整間展覽室陳列他的作，是參觀重點之一。

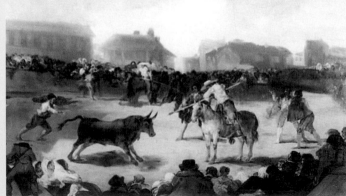

## 《鄉村鬥牛》，哥雅，1808～1812
## Corrida de Toros en un Pueblo, Goya

鬥牛是西班牙的國家運動，這項讓1954年的諾貝爾文學獎得主海明威熱血沸騰的活動，既殘酷又迷人，哥雅也是其中一位愛好者，曾以此主題創作一系列版畫。鬥牛運動於18世紀開始於西班牙盛行，繪畫當下的19世紀，這項運動已經脫離貴族階層，逐漸走向民間，可以看到畫中的鬥牛場地是小鎮的大廣場，事實上，至今每逢鬥牛季，馬德里近郊的小鎮依舊可以看見市中心主廣場在舉辦鬥牛活動。

### 《沙丁魚葬禮》，哥雅，1808～1812
**El Entierro de la Sardina, Goya**

這是一項在馬德里舉辦的嘉年華，在聖灰星期三(Ash Wednesday)前的三天期間，頭戴面具的狂歡者隨意跳舞，一路抵達舉辦埋葬沙丁魚儀式的Manzanares河畔。畫中沒有出現節慶裡的魚或稻草玩偶，而以高舉的嘉年華國王雕像象徵。它之所以引人囑目，在於繪畫的主題與活潑的色彩，民俗節慶和如卡通般的明亮畫風，令人想起他年輕時期的作品。

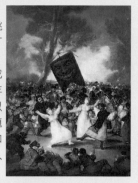

### 《Fray Jerónimo Pérez》，蘇巴蘭，1628
**Fray Jerónimo Pérez, Francisco de Zurbarán**

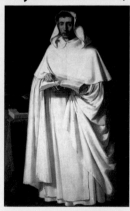

蘇巴蘭的「白衣修士」系列之一，身著白色長袍的修士幾乎占據著整個畫面，在這幅看似單調的人像畫中，蘇巴蘭巧妙利用光線陰影勾勒出衣服的線條，擺脫了構圖的沉重感。Jerónimo Pérez神父書寫時的專注神情栩栩如生，讓觀者幾乎有種面對面的臨場感。與白袍對比的黑色背景及紅色的書桌，不但凸顯畫中主角，更協助形成三角平衡的穩定構圖。

### 《春》，阿爾欽博托，1563
**La Primavera, Arcimboldo**

以植物和蔬果繪製出半身肖像的阿爾欽博托，在米蘭出生，曾任神聖羅馬帝國和多位皇帝宮廷畫家，為薩克森(Sachsen)國王繪製的《四季》，是他個人的代表作。《四季》中的《春》以五顏六色的花朵裝飾肖像的臉，鮮艷欲滴的玫瑰花苞是嘴唇，臉頰的緋紅則是一朵盛開的花，衣服則是綠意盎然的植物組成，被公認為是文藝復興時期最有魅力的作品。

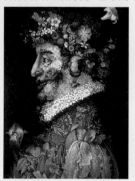

---

**MAP ▶ P.75G2**

# 塞拉諾街
## Calle de Serrano

**精品名店雲集**

🚇地鐵4號線Colón站，步行約3分鐘　🚏Calle de Serrano

想要大肆揮霍、滿足購物慾望，別忘了到塞拉諾街來朝聖！

這條精品街兩旁林立著令人荷包失血的商店，從西班牙最具代表性的Loewe皮革製品、Yanko皮鞋和Adolfo dominguez高級服飾，到貼身衣物Women's Secrect、平價時尚品牌Zara，甚至以聚集各大名牌聞名的El Jardin de Serrano、英國宮等高級百貨，都一字排開，想「全身而退」也難。

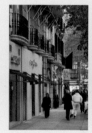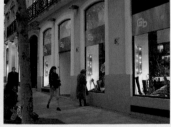

---

### 伊西多羅節
### Las Fiestas de San Isidro

5月15日是馬德里為守護聖人伊西多羅慶祝的重要節日，馬德里人在這一天會著傳統服飾上街，並在草坪上野餐，享用「甜甜圈＋檸檬水」經典組合。

甜甜圈(Rosquillas)是用茴香調味，有四種口味，原味的Las Tontas、加了彩色糖霜粉的Las Listas、有蛋白霜的Las de Santa Clara，及加了杏仁的Las Francesas，檸檬水(Clara con limón)則是由葡萄酒、檸檬汁、糖及水果塊混合而成的飲料。

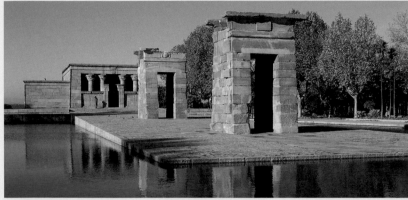
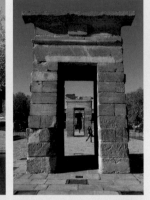
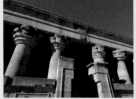
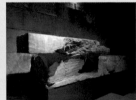
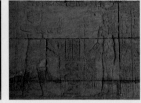
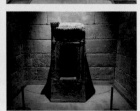

**西班牙廣場周邊**

**MAP ▶ P.74A2**

# 狄波神殿

**MOOK Choice**

**Templo del Debod**

**埃及古蹟異地重生**

🚇地鐵2、3、10號Plaza de España站，步行約7分鐘 🏠Calle Ferraz 1 ☎366-7415 🕐週二至日和節日10:00～20:00 🚫每週一，及1/1、1/6、5/1、12/24～25、12/31 💲免費 🌐www.madrid.es/templodebod ❗不接受團體預約，參觀人數上限30人，部分空間可能暫時關閉

這是一座真正的埃及神殿，原本位於亞斯文以南15公里處，是座獻給Isis女神的重要宗教中心。西元2世紀時，庫施(Kushite)王國的Adikhalamani國王開始興建一座獻給阿蒙(Amun)的單間禮拜堂，經過不斷擴建，到了托勒密王朝(Ptolemaic)，隱然已有今日這座擁有4座側殿的小神廟雛形，至羅馬皇帝奧古斯都和Tiberius時代，細部裝飾逐漸完成，最後搭出以三道塔門與通道連接的石造圍牆。

亞斯文水壩在1902年的興建與擴張，將狄波神殿及尼羅河畔無數間努比亞神殿與遺址沈在水面之下，長達將近半個世紀，只有在每年夏天，水壩為了洩洪而打開閘門時，這些神殿才得以重見天日。

聯合國教科文組織(UNESCO)有鑑於此，便在1960年呼籲各國拯救這些歷史遺產，由於西班牙曾大力幫助保存阿布辛貝神廟，埃及政府在1968年決定將狄波神殿當禮物贈送給西班牙。西班牙團隊隨即在次年前往埃及，將這些拆解下來的石塊運往西班牙，神殿原址則保留著主要建築和兩道大門，地板、通道和通往尼羅河的堤道也留在原地。

歷經費時的搬運和重組工程後，狄波神殿終於在1972年7月18日在西班牙廣場西側的公園綠地上重見天日，儘管重生後的模樣和當初昂然矗立於埃及時不大相同，像是走道上方側面包圍著蛇的太陽裝飾，其實並未出現於原神殿的資料照片中，但大體上這座神殿仍保留了埃及古文明的餘韻。

這座象徵兩國友誼的神廟，牆上壁畫主題多為Adikhalamani國王向Isis、Orsiris、阿蒙、Min等神祇獻上香、麵包、牛奶、項圈等祭品與禮物。而在底層的最內部，保留著托勒密王朝的阿蒙神殿，壁龕昔日供奉著阿蒙神像，內殿則是整座神殿中最神聖的地方，過去只允許祭司進入。

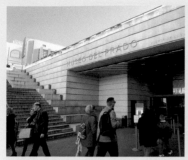
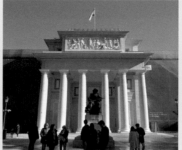
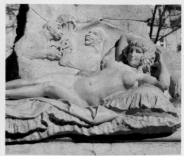

普拉多大道周邊

MAP ▶ P.75F5

# 普拉多美術館

**MOOK Choice**

## Museo Nacional del Prado

### 西班牙藝術寶窟

🚇地鐵1號線Atocha站，或2號線Banco de España站，步行約8分鐘 🏠Calle Ruiz de Alarcón 23 ☎210-7077 🕐週一至六10:00～20:00，週日及假日10:00～19:00；1/6、12/24、12/31提早至14:00關閉 🚫1/1、5/1、12/25 💲全票€15、優待票€7.5 🌐www.museodelprado.es 週一至六18:00～20:00、週日及假日17:00～19:00免費參觀；每日最後兩小時的臨時展覽票價5折

和巴黎羅浮宮、倫敦大英博物館並列世界三大博物館的普拉多美術館，擁有全世界最完整的西班牙藝術作品，包括7,600幅畫作、4,800件印刷品、8,200張素描，以及1,000座雕塑等，館藏之豐富令人歎為觀止。

大部份收藏來自西班牙皇室，最引人矚目的是12至19世紀的畫作，尤其是宮廷肖像畫，不乏委拉斯奎茲、哥雅和埃爾·葛雷科等大師巨作，其中以委拉斯奎茲的《仕女圖》(Las Meninas, Diego de Silva Velázquez)為鎮館之寶。此外，這裡也收藏義大利、法國、荷蘭、德國以及法蘭德斯等外國藝術家的大批畫作。

這座新古典風格的建築是卡洛斯三世在1785年任命建築師Juan de Villauueva規畫的，原本打算做為國家歷史資料館，後在卡洛斯三世的孫子、也就是斐迪南七世(Ferdinand VII)的第三任妻子María Isabel de Braganza建議下，改為一座皇室繪畫與雕刻博物館，到1819年則進一步成為對大眾開放的普拉多美術館。

## 17世紀的西班牙繪畫

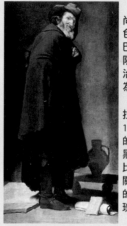

17世紀的西班牙繪畫尚未發展出自己的特色，主要跟隨義大利的巴洛克風潮，主題也侷限於宗教故事，其為政治和宗教服務的現象極為明顯。

當時的義大利大師卡拉瓦喬(Caravaggio，1573～1609)，以寫實的手法、嚴謹的結構、黑色的背景、明暗的對比，以及對人性受苦的關心，深深影響著後世的藝術風格，特別是西班牙。

利貝拉是卡拉瓦喬最忠實的追隨者，熱愛衝突場面且毫不遮掩粗暴；蘇巴蘭則簡約、內斂、沉穩，主題雖是靜止狀態，情緒卻很飽滿。早期追隨卡拉瓦喬的委拉斯奎茲，喜愛溫柔的人性互動題材，後來受魯本斯和威尼斯畫派影響，對遠近距離和透視科學的理解幾近登峰造極。慕里歐展現另一種甜美、沉靜的風格，後來甚至比蘇巴蘭更受歡迎，顯示巴洛克式的戲劇張力風格漸成17世紀後期西班牙畫壇的主流。

普拉多的地面樓層，以12至20世紀的西班牙、15至16世紀的法蘭德斯、以及14至17世紀的義大利畫作和雕塑品為主；一樓展出16至19世紀的西班牙、17至18世紀的法蘭德斯、以及17至19世紀的義大利畫派等繪畫；二樓則有一小部分18至19世紀的西班牙畫作。

## 卡拉瓦喬茲的忠實信徒─利貝拉

利貝拉(Jusepe de Ribera，1591～1652)是瓦倫西亞人，很早就移居義大利的那不勒斯，畫風深受卡拉瓦喬影響，寫實且強調暗色調。他的畫風宗教意味濃厚，所以接到許多西班牙皇室及教會的委託案，雖一度改走用色豐富飽滿的威尼斯畫派，但最重要的作品還是暗色調，且人物置於前景，富含悲天憫人的宗教訓示意味。

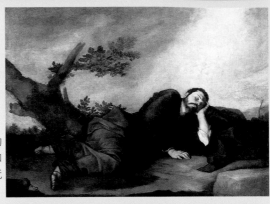

### 《雅各之夢》(El Sueño de Jacob)

這可能是利貝拉作品中相當值得探究的一幅，畫的是作夢的聖徒，但卻不讓觀者看到夢中的內容，只能從雅各的表情和身後模糊、金黃色的暗示猜測一二，利貝拉似乎在和我們玩一種好奇心的遊戲。

## 狂熱的宗教畫家─埃爾‧葛雷科

埃爾‧葛雷科(El Greco，1541～1614)一名原意是「希臘人」，他雖然不是西班牙人，卻因為長居此地而被歸類為傑出的「西班牙」畫家。埃爾‧葛雷科在克里特島出生，曾在羅馬、威尼斯習畫，後於馬德里近郊的托雷多定居，開展他的繪畫事業。

當時，托雷多是伊比利半島的宗教中心，伊斯蘭教徒、猶太教徒及基督教徒和平共處一地，城內多是宗教家、數學家、哲學家、詩人等，讓托雷多也成為當時的知識中心。在這樣的時代中，埃爾‧葛雷科投注畢生精力於宗教畫，透過畫筆傳達他對宗教、神學的狂熱，得到托雷多各界的喜愛。

宗教精神的昇華是埃爾‧葛雷科最關切的課題，他的畫作中，固定形體不是重點，透過明亮多彩的顏色、向上延展的線條，跟觀畫者分享宗教的喜悅。耶穌受難、聖徒殉難、死亡及近乎瘋狂的禱告場面，都是他最常作畫的主題，連他的自畫像都是舉起右手置於心臟，以表達虔誠。

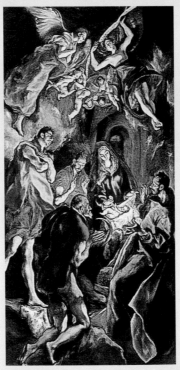

### 《牧羊人朝拜》(La Adoración de los Pastores)

埃爾‧葛雷科晚年畫風轉變，降低筆下色彩的明亮度，這幅作品是他為自己預計下葬的教堂─托雷多的聖多明尼克教堂(Santa Dominigo El Antiguo)所繪製的耶穌誕生場景。畫中人物幾乎失去重量，比例拉長至不合理的狀態，以強調精神昇華的喜悅，冷色調帶出顫動的筆觸，宗教熱情似乎狂熱到即將崩裂的邊緣。

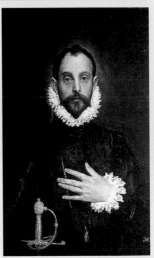

### 《手放在胸上的騎士像》(El Caballero de la Mano en el Pecho)

埃爾‧葛雷科曾以相同主題繪製多幅畫作，這幅藏於普拉多美術館的作品，無疑是其中最傑出的一幅。畫像主角雖為騎士，但一般認為是畫家本身的自畫像，在這幅作品中，主角將手放在胸口的十字架上。傳達宗教信仰對於當時民眾的重要性，為埃爾‧葛雷科的早期作品。

## 西班牙最偉大的畫家——委拉斯奎茲

「西班牙最偉大的畫家」、「巴洛克時代最偉大的大師之一」、「對後世、繪畫史影響最大的西班牙畫家」、「畫家中的詩人」…這些都是委拉斯奎茲(Diego Velazquez，1599～1660)的稱號，集宮廷畫師、藝術買家、外交官於一身，印象派畫家馬內形容他是「畫家中的畫家」，畢卡索不斷以自己的手法仿作他的重要作品，連超現實主義怪才達利都極力汲取他作畫的精神。

委拉斯奎茲從出生地塞維亞（安達魯西亞大城）到馬德里尋找為皇室工作的機會，沒有多久就成了國王的宮廷畫師，主要原因是他高明的肖像畫，但成就委拉斯奎茲的「畫神」地位，是他與法蘭德斯畫家魯本斯的來往，以及為了替皇宮購買藝術收藏品，兩次拜訪義大利時，從義大利畫家習得的技巧，雖然早期的暗色調畫法可能受到義大利畫家卡拉瓦喬或西班牙南部黑暗畫派的影響，但後來的的威尼斯畫派，對於光線及色彩亮度的重視，對他影響更為深刻。

其最為人稱道的，就是畫作中的光線處理及肖像畫的人物布局，開放且自由的筆觸，讓線條及色彩完美搭配。普拉多美術館藏有委拉斯奎茲的幾幅經典畫作，包括：解開空間、透視及光線難題的《仕女圖》、以前後景結構繪成的神話故事《紡織女》、小公主瑪格麗特等皇室成員的肖像畫。

他晚年的宮廷及涉外任務繁重，為了讓西班牙與法蘭西簽訂庇里牛斯山合約，最終力竭而死，但他死前的權力及榮耀已達頂峰，委拉斯奎茲的影響力不僅及於蘇巴蘭、慕利歐、哥雅等西班牙畫家，更影響至20世紀的畫壇。

### 連畢卡索和達利「致敬」這幅名畫！

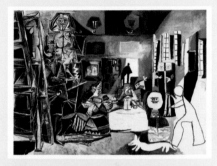

畢卡索是委拉斯奎茲的忠實粉絲，他花了數個月的時間，以立體派畫風臨摹這幅仕女圖，以表現其對大師的敬仰，而且以此為藍本，一口氣畫了50多幅，這些臨摹的珍貴畫作現皆收藏在巴塞隆納的畢卡索美術館！至於超現實主義大師達利，則將這幅畫的局部，以獨有的奇想和手法解構，成為自己作品的一部分。

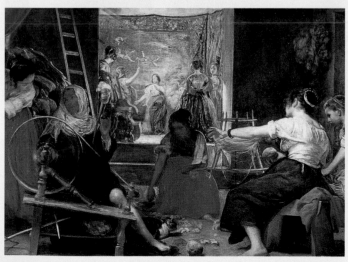

### 《紡織女》(Las Hilanderas)

委拉斯奎茲畫這幅畫的意義何在，一直是個謎，畫作背景是馬德里的皇家紡織工廠，但主題是一則神話故事。前景中，他畫的是紡織女工現實工作的情形，前廳光亮處，則是女神降臨並帶來對女織工的懲罰，似乎暗示些什麼。

右前方抬起頭的是挑戰織女星Mineva的紡織女工Arachne，其他紡織女工則忙得無暇顧及前廳的騷動；受到人類挑戰的織女星降臨後會發生什麼事？氣氛顯得十分懸疑。

根據西班牙民間神話，Arachne最後被女神變成蜘蛛，終生紡織不停，但從女神到達紡織場，到紡織女變成蜘蛛的過程為何，是畫家留給觀賞者的想像空間。

## 《仕女圖》(Las Meninas)

表面看來，小公主和一群侍女、侍從是這幅畫的主角，但仔細一看，這幅畫大有玄機，小公主後方的鏡子和架在前方的大畫布，才是解讀整幅畫的關鍵，讓觀者得以理解這幅畫討論的是一個作畫的空間與時間。

真正的模特兒其實跟觀者站在同一邊，是鏡中的國王與皇后，小公主是闖入者，跑進來欣賞畫家作畫，而畫家本身也出現於畫中，就在畫面左側的大畫布後，在小公主旁，專心看著模特兒。

委拉斯奎茲利用明暗及人物關係，呈現空間深度和視覺翻轉。他透過鏡中反映出的國王與皇后身影，營造出既深且廣的空間感，從公主和侍女的動作、畫家後傾的姿勢來看，他更掌握了全體人物的動作瞬間，此舉影響了200年後擅長描繪芭蕾舞者的畫家寶加(Degas)以及印象派大師馬內(Manet)，其完美的布局與透視，更讓哥雅和畢卡索推崇不已。委拉斯奎茲利用這幅畫，向所有人證明藝術需要技巧，也需要智慧。

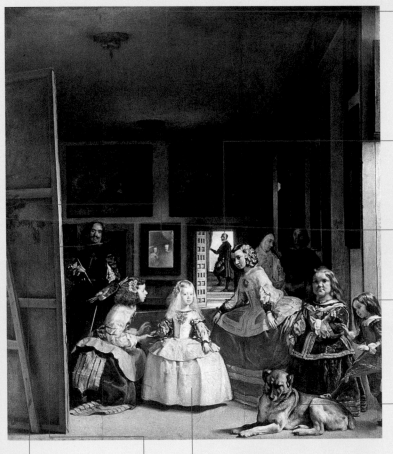

**天花板**
藉由明暗光線創造空間感，給予這幅畫更多深度和廣度，儘管畫布不大，卻讓我們有置身於大空間的感覺，右上方天花板的深黑突顯出右前方的側光，以及正前方最主要的光線來源，也就是觀者或國王與皇后所在的地方。

**皇后的管家**
站在門外階梯上、只出現半身側影的管家，是總管皇室日常生活事務的大臣，他從另一方向看著皇室一家，也看著「正看著」皇室一家的我們。

**修女與牧師**
站在側光邊緣的修女和牧師，意謂著天主教在西班牙的勢力，以及皇室對宗教的虔誠。

**弄臣與女侏儒**
弄臣用腳調皮地逗弄昏昏欲睡的狗，此舉強化了人物的動作，展現凝結於一瞬間的律動。一旁的女侏儒是皇室的娛樂丑角，她的穿著與造型和小公主恰成對比。

**趴臥的狗**
昏昏欲睡的狗，暗示小公主闖入畫室之前，作畫已經進行了好一段時間。

**皇室模特兒**
鏡中的人物是國王菲利浦八世和皇后，也是委拉斯奎茲作畫的對象，這意味著國王和皇后和我們站在同一邊，一同看著畫家、小公主和侍女等人的一舉一動。

**畫家**
站在大畫布後方，委拉斯奎茲稍稍後傾，代表他正仔細地觀察他的模特兒，水彩盤上的紅色吸引我們的目光，顯示他受到威尼斯畫派的影響，擅長掌握紅色。畫家悠閒而從容的態度，暗示他在宮中地位不凡，皇室成員全把他當成一份子，小公主的闖入不致影響他作畫的專注和進度。在畫中，委拉斯奎茲的裝扮非常隆重，胸前的十字架顯示其崇高的地位，雖然那是畫作完成多年後才得到的殊榮。

**小公主**
5歲大的小公主是整幅畫的中心人物，她驕傲地看著前方，可能正看著讓畫家作畫的父母親，也似乎看著和她父母親站在同一邊的觀者。觀者雖然像是局外人，但小公主的眼神又像與我們毫無阻隔，似乎我們就身在現場，看著皇室成員的互動。

# 開啟浪漫派之鑰──哥雅

如果說委拉斯奎茲是17世紀西班牙最偉大的畫家，哥雅(Francisco de Goya，1746～1828)就是19世紀西班牙最偉大的畫家；哥雅是浪漫派及印象派的先驅，是委拉斯奎茲之後第二位可以左右繪畫藝術發展的西班牙畫家。

哥雅33歲時曾申請成為宮廷畫師，但遭駁回，後又努力不懈地爭取，直到10年後才得以如願，此時在位的是卡洛斯四世。這個新王顯然很喜歡哥雅，但不幸的是，卡洛斯四世的時期，皇后干政、外戚當道，自由派備受壓抑。

哥雅早年專為錦織廠繪製草圖，主題多取材自西班牙人的日常生活，庶民日常的畫作相當多，他的風格也在這一段期間磨練得更為成熟，《陽傘》(El Quitasol)的古典風格、完美輪廓，可以說是巴洛克晚期最重要的作品之一。

哥雅曾說他的老師有三位：大自然、委拉斯奎茲，及法蘭德斯光影大師林布蘭(Rembrandt)。對委拉斯奎茲的崇拜，讓哥雅常常臨摹或模仿委拉斯奎茲的畫作，以表達對他的敬意，這加速了哥雅技法的成熟。林布蘭的光影技法則對哥雅影響很大，哥雅同樣模仿林布蘭畫自畫像的習慣，一生畫下35幅自畫像，從年輕的意氣風發，畫到垂垂老矣。

以《耶穌被釘十字架》成為聖費南度皇家美術學院的一員後，上流社會的委託案接踵而至，這些權勢將哥雅捲進政治鬥爭的漩渦中，一生不得逃脫。他的自由派思想及與自由派人士的交往，讓哥雅對腐敗的皇室、干政的外戚非常不滿，但他卻又不得不畫這些人的肖像畫，這讓他身心備受煎熬，終於一場大病導致他的耳聾，並讓他的個性更趨孤僻。

耳聾雖是他逃避黑暗政治的藉口，不幸的是，皇室及干政大臣還是把他當自己人，至少干政大臣還敢委託他畫親密女友的畫像，那就是哥雅有名的《裸體瑪哈》(La Maja Desnuda)及《穿衣瑪哈》(La Maja Vestida)。

法國拿破崙入侵西班牙，讓西班牙陷入戰亂，人民的受苦最讓哥雅感到痛心，這一段期間的畫作常充滿無望的哀傷，觀者很容易感受到無比的衝擊。《1808年5月3日的馬德里》就是一例，西班牙百姓手無寸鐵、表情驚恐地面對武裝的法軍，配備精良的法軍則毫不留情地執行槍決，子彈無情地射穿過百姓的胸膛，讓我們也隨之焦慮，甚至產生罪惡感；另一幅類似場景的《5月2日》也有同樣的效果，暴動的民眾遭到無情的鎮壓，場面混亂但冷血，這幅畫對法國浪漫派巨匠德拉克洛瓦(Delacroix)有許多啟發，尤其在色彩及布局上。

皇室復辟後，政局依然專制及黑暗，哥雅漸不得勢，幾乎隱居起來，然而哥雅仍持續作畫，但顯然對世局有著更嚴厲的批判心態，作畫主題幾乎都與恐懼等或強烈情緒有關。《農神噬子》表達出哥雅對人性幾近絕望的控訴，他為裝飾隱居住處所繪的「黑暗畫」(Black Paintings)，也都讓人感受到強烈情緒。

晚年的哥雅選擇放逐自我，離開西班牙到法國波爾多定居，過著與世隔絕的日子，但此時仍留下許多精彩的肖像畫，如《欽邱伯爵夫人》等。這批肖像畫反映出哥雅不再虛偽奉承皇室的心態，而是直接表達對他們的反感或諷刺。

直至19世紀浪漫派及印象派興起後，哥雅才確立他不朽的地位，世界各地的美術館也都把哥雅畫作視為最珍貴的珍寶。

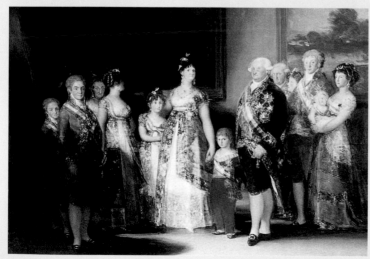

## 《卡洛斯四世一家》
### (La Familia de Carlos IV)

在這張看似平常的家族肖像畫中，哥雅巧妙點出卡洛斯四世一家的個性：國王呆滯的眼神，顯現出他的無能和膽怯；掌握實權的皇后位居畫面中央，表情精明且蠻橫。站在左側畫布後方陰暗處的是哥雅，他對自己宮廷畫家的身份感到無比驕傲，所以將自己放入畫中，顯示他和皇室不凡的關係。

仔細觀察這幅畫，會發現和委拉斯奎茲《仕女圖》有著些許的類似，這是因為哥雅尊委拉斯奎茲為老師，模仿他的優點就是哥雅對委拉斯奎茲表達敬意的方式之一。

## 《裸體瑪哈》(La Maja Desnuda) 及 《穿衣瑪哈》(La Maja Vestida)

關於瑪哈的身分，有兩種說法，除了是宰相的情婦，也有人說是與哥雅過從甚密的公爵夫人。這兩幅畫之所以引起廣泛討論，其實是跟《裸體瑪哈》有關，西班牙當時禁止繪製裸體畫，或許正因為如此，哥雅必須創作這兩幅，一幅可以公開展示，一幅則讓主人私下欣賞。

把這兩幅畫並列，有種透視畫的錯覺。《穿衣瑪哈》貼身衣物勾勒出模特兒的線條；《裸體瑪哈》大膽的女性裸體則散發出絲緞般的光澤，呈現兩種截然不同的「誘惑」。

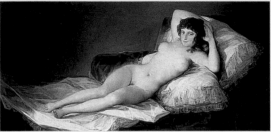 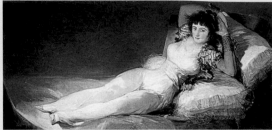

## 《1808年5月3日的馬德里》(El Tres de Mayo de 1808 en Madrid)

再也沒有比人類無情地將暴力施加於另一人的事更慘絕人寰的了，哥雅用此畫控訴法軍的暴行以及人性的淪喪。

拿破崙的軍隊占領西班牙後，馬德里市民在5月3日起義對抗，隔天，法軍在西班牙廣場槍決起義的游擊隊，甚至無辜的市民。哥雅直到西班牙皇室再次復辟後，才畫出當時的情景，雖是假設性的畫面，但畫中的悲愴和人道主義關懷躍於紙上，這是哥雅最高超的地方。

整幅畫的光源來自於法軍前面地上的那一盞大燈，光線投射在高舉雙手的馬德里市民的白色襯衫上，十字架的姿勢暗示著他的無辜，和黯淡無光、充滿憂傷的天空相互呼應，身邊的市民則驚恐地躲避，從他們扭曲的表情，我們似乎能聽到他們的尖叫。

反觀法軍則像機械人，不帶任何情感與同情心，哥雅故意不露出他們的臉部，讓他們像是單純地執行任務、踐踏生命也不在乎的模樣。

對照畫家過去總是以英雄、勝利者為主角，哥雅顯然不同，在這幅畫中，無論是故事主角或視覺主角，都是失敗者、平民，而獲勝的一方卻遭到他的貶抑，代表著他對西班牙平民的人道情懷。

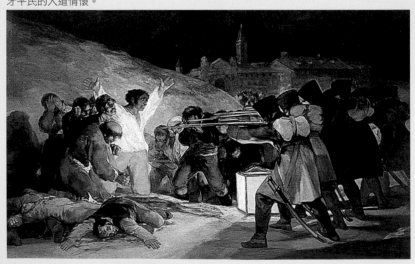

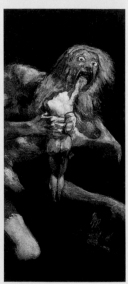

## 《農神噬子》(Saturno Devorando a Su Hijo)

哥雅的「黑暗畫」恐怖而激烈，畫面經常出現血腥場景。他假托故事來控訴世局。傳說農神聽到其子將奪去其統治權的預言，於是將自己的孩子吞嚥下肚，此畫說的是人心的恐懼，藉由農神發狂而緊繃的身體，展現極致的情緒，顯現外來的壓迫教人崩潰。

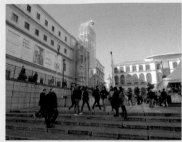
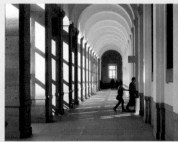
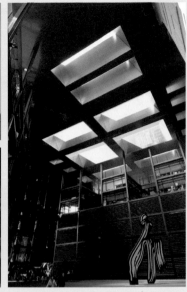
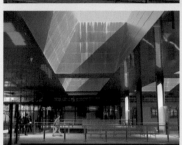
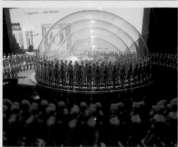

普拉多大道周邊

MAP ▶ P.75E6

# 國立蘇菲亞王妃藝術中心

（MOOK Choice）

Museo Nacional Centro de Arte Reina Sofía

## 集西班牙現代美術大成

🚇地鐵1號線Atocha站，步行約1分鐘 🏠Calle Santa Isabel 52 📞791-1330 🕐週一、週三至六10:00～21:00，週日10:00～14:30（閉館30分鐘前停止售票） 🚫每週二，和1/1、1/6、5/1、5/16、11/9、12/24～25、12/31 💲永久展和臨時展套票€12 🌐www.museoreinasofia.es ☀週一、週三至六19:00～21:00、週日12:30～14:30；4/18、5/18、10/12免費入場參觀

它是全球數一數二的現代美術館，想了解西班牙現代美術，絕對不能錯過蘇菲亞王妃藝術中心！

國立蘇菲亞王妃藝術中心主要收藏20世紀的西班牙作品，包括畢卡索、達利和米羅等畫作，還有先鋒畫家Antoni Tàpies、立體主義代表Juan Gris，以及超現實主義、唯美主義等畫派的作品。其中，畢卡索《格爾尼卡》（Guernica，1937）為鎮館之寶，在西班牙內戰期間，曾被移置於紐約的現代美術館，直至西班牙恢復民主制度後，才依畢卡索生前遺願，於1981年送回西班牙。

藝術中心於1990年正式開幕，以西班牙皇后命名，事實上在1986年即有部份對民眾開放，當時的地面樓和1樓做為臨時展覽的藝廊。今日的建築主體，前身是卡洛斯三世下令興建的18世紀醫院，1980年進行多項現代化的改建和擴張，最後由José Luis Iñiguez de Onzoño和Antonio Vázquez de Castro兩位設計師在1988年做整修收尾，並加上3座外觀現代的玻璃電梯。

藝術中心近年將館藏範圍從雕塑與繪畫，擴及至視覺藝術等更多類型的創作，並開始舉辦教學活動、臨時展覽其他推廣活動，因此需求更多的空間。2001年時，不惜重金禮聘法國名設計師Jean Nouvel增建新大樓，擴充將近60%的面積，於2005年落成，如今占地約8萬4,000平方公尺。

藝術中心雖然以西班牙藝術為主，但仍蒐藏有立體主義畫家布拉克（Georges Braque）和Robert Delaunay、超現實主義畫家Yves Tanguy和Man Ray、空間主義畫家Lucio Fontana，及新寫實主義畫家Yves Klein等外國藝術家創作。此外，中心內還附設一座免費對外開放的藝術博物館，有超過10萬本相關著作，及3,500件錄音資料和1,000部左右的影像。

## 《格爾尼卡》・畢卡索・1937
### Guernica, Picasso

格爾尼卡是西班牙巴斯克地區的一座小鎮，共和國政府在內戰期間在此對抗佛朗哥軍政府，做為反抗運動的北方堡壘，因此註定它悲劇的命運。1937年，和與佛朗哥將軍同一陣線的德國與義大利，對這座小鎮進行了地毯式的轟炸攻擊，讓當地遭受慘烈的蹂躪。

同年，共和國政府委託畢卡索繪製一幅代表西班牙的畫作，以在巴黎的萬國博覽會上展出，畢卡索於是將他對西班牙深受內戰所苦的絕望心情，表現在畫紙上。這幅畫日後成為立體派的代表作，也成為畢卡索最傑出的作品之一。

摒棄戰爭畫面經常出現的血腥色，畢卡索以簡單的黑、灰、白三色來勾勒《格爾尼卡》，反而呈現出一種無法言喻的陰鬱和沉重的痛苦，以及難以分辨的混亂。畫中無論是動物或人，其姿勢或身形都展現防禦的動作，然而卻皆遭到無情的折磨，被長矛刺穿的馬匹、懷抱著嬰孩的嚎哭婦女、手持斷劍的倒臥屍體⋯無一能躲過厄運的降臨。

大火燒燬的建築和倒塌的牆壁，表達的不只是這座小鎮遭到摧毀，更反映出內戰的無情破壞。至於馬匹頭上、被「邪惡之眼」包圍的燈泡，是畢卡索試圖以西文的「燈泡」(bombilla)隱喻英文的「炸彈」(bomb)。

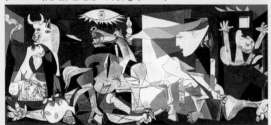

## 《窗畔少女》・達利・1925
### Muchacha en la Ventana, Dalí

達利(Salvador Dalí，1904～1989)早年在聖費南度皇家美術學院進修，當時尚未受到超現實主義影響，仍以寫實手法處理畫作，這幅畫大約是他20歲左右的作品。

畫中主角是達利的17歲妹妹Ana María，地點在Cadaqués的面海度假小屋。畫面大量採用藍色色調，令人聯想起畢卡索早期作品。《窗畔少女》構圖簡單，觀者透過背對少女，與她分享前方注視的沙灘，與之後以超現實主義享譽國際的達利作品大異其趣。

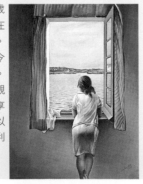

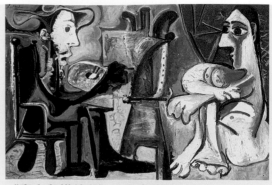

## 《畫家與模特兒》・畢卡索・1963
### El Pintor y la Modelo, Picasso

歷經年少的「藍色時期」到立體派畫風，畢卡索在1950年代再度轉換風格，以自己的角度重新詮釋委拉斯奎茲、哥雅、馬內等人的著名畫作。

這是畢卡索80幾歲的作品，在這幅畫中，可以看出他作畫方式更為大膽，採用鮮豔的色彩、更強烈的表達，顯現畫家雖年事已高，仍對繪畫充滿熱情。

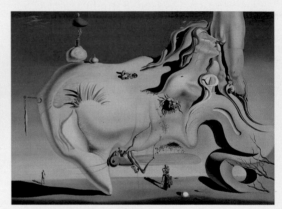

## 《手淫成癖者》・達利・1929
### El Gran Masturbador, Dalí

達利的創作常讓人摸不著邊際，然而其豐富的想像力和大膽的畫風，吸引了無數人的追捧。他著迷於佛洛依德對夢和潛意識的各種著作及理論，發展出混合著記憶、夢境、心理及病理的表達方式。

這位花花公子遇上加拉(Gala)後一改惡習，經常將他的繆斯女神入畫，《手淫成癖者》便是他替加拉繪製的第一幅畫。女人的半側面和象徵Cadaqués海岸的黃色，共組成畫面的主要部分，下方的蝗蟲是達利從孩提時代即感到害怕的昆蟲，象徵著死亡。畫作名稱聳動，畫面則以極其抽象的方式，表達因性遭到壓迫而生的不安感，畫面中隱藏著許多隱喻：獅子頭代表性慾，鮮紅的舌頭和花朵的雄蕊則象徵著陽具。

**MAP ▶ P.75E4**

# 提森·波尼米薩美術館

## Museo Thyssen-Bornemisza

**馬德里藝術金三角**

🚇 地鐵2號線Banco de España站，步行約5分鐘　🏠 Paseo del Prado 8　☎ 791-1370　🕐 週一12:00～16:00（僅常設展開放），週二至日10:00～19:00　⛔ 1/1、5/1、12/25　💲 全票€13、優待票€9，門票含永久展及特展　🌐 www.museothyssen.org

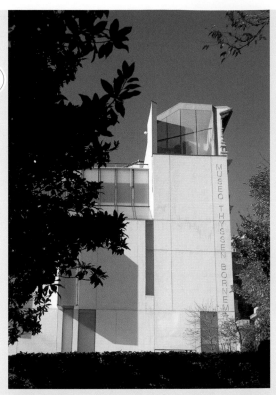

提森·波尼米薩美術館與普拉多美術館、蘇菲亞王妃藝術中心共同組成馬德里的「藝術金三角」，重量級地位不言而喻。展品來自提森男爵家族的兩代私人收藏。

父親Heinrich Thyssen-Bornemisza (1875～1947)是位德國／匈牙利籍的企業家兼收藏家，1920年代投身收藏行列，最主要的收藏管道是一群面臨1929年開始的「大蕭條」且需負擔驚人遺產稅的美國富豪，從他們手中得到了吉蘭達優等大師作品，其中《少女像》(Retrato de Giovanna degli Albizzi Tornabuoni)更成為日後提森·波尼米薩美術館的鎮館之寶。

兒子Hans Heinrich(1921～2002)則將親戚手上的收藏加以整理，同時擴充傳承自父親的遺產，讓提森家族成為全球頂尖的私人收藏家之一。1985年，Hans娶了西班牙小姐Carmen

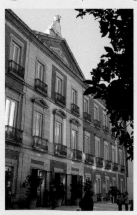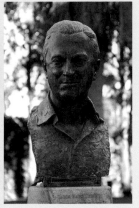

Cervera為妻。在妻子的說服下，Hans與西班牙政府在1992年達成協議，提森·波尼米薩美術館於是開幕，西班牙政府則於隔年買下Hans的收藏。

美術館今日所在的建築前身是一棟18世紀的宮殿Palacio de Villahermosa，後由西班牙建築師改建成今日模樣，館內的緋紅色牆壁出自Carmen的意見。與其他美術館不同的是，提森·波尼米薩的參觀路線是從頂層開始，收藏品也依年代順序逐漸往下遞增。

2樓是13至17世紀的義大利畫作，如吉蘭達優的《托納布歐尼的肖像》等；1樓展出的則是17至20世紀初的作品，特別是法蘭德斯派、德國表現主義和法國印象派畫作，包括梵谷《奧維的風光》(Les Vessenots)、竇加的《芭蕾舞者》，及德國表現主義先驅凱爾希納等名作。地面樓展出的是20世紀的現代作品，包括畢卡索、達利、米羅、蒙德里安等立體派和超現實主義等大師作品，依序參觀可以對歐洲繪畫史有大致瞭解！

### 《托納布歐尼的肖像》‧吉蘭達優‧1489～1490
**Retrato de Giovanna degli Albizzi Tornabuoni, Ghirlandaio**

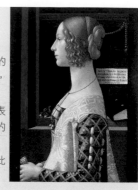

吉蘭達優(Domenico Ghirlandaio)是義大利15世紀的早期文藝復興畫家,來自佛羅倫斯的他雖然主要替教堂繪製壁畫,卻總是喜歡在畫面中加入人物,他擅長以簡單率直的筆觸,搭配平易近人的風格,來描繪人物的神韻,米開朗基羅是他最知名的學生。

這幅畫是15世紀肖像畫的完美範例,主角擺出當時的經典姿勢:面向左邊的半側面的表情平靜,彎曲的雙手交疊一起,而畫作背景只有幾項私人物品:一串紅色念珠、Martial的警世語、一本可能是聖經的書籍和一件珠寶。

無論是畫中人物的神情,或背景中與宗教的相關物品,都讓人感受到純潔的氣氛。此外,畫中人物的服飾讓人得以一窺15世紀佛羅倫斯貴族的生活面貌。

### 《芭蕾舞者》‧寶加‧1877～1879
**Bailarina Basculando, Degas**

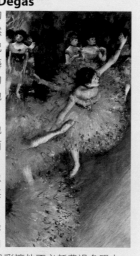

出身自法國巴黎富裕家庭的寶加,擅長人物像,他以超然眼光觀察社會百態,以畫筆記錄庶民生活,女工、酒館藝人、女模特兒等都是他描繪的對象,其中,芭蕾舞者成為他最著名的畫作主題。

他以創新的構圖,細膩地繪出人物的動作,使得畫面栩栩如生,彷彿時間凝結,儘管人們常將之歸類於印象派,事實上他橫跨古典、甚至浪漫主義。

這幅《芭蕾舞者》又稱《綠衣舞者》,以粉彩創作,由於寶加晚年視力大不如前,粉彩讓他不必耗費過多眼力。畫面中的綠衣舞者只有一位出現完整全身,彷彿急速轉彎後,被人以畫筆定格,從畫面傾斜的水平面推測,畫家的角度可能是一旁的包廂。

### 《雕刻坐椅前的法蘭欣》‧凱爾希納‧1910
**Fränzi ante una Silla Tallada, Kirchner**

出生於1880年的凱爾希納(Ernst Ludwig Kirchner)是表現主義派畫家,也是「橋派」(Die Brücke)畫派的發起人之一。「橋派」是20世紀初德國表現主義的一支,由一群對孟克作品感興趣的年輕人發起,他們強調獨特個性,以寫生方式抒發澎湃激昂的情感。

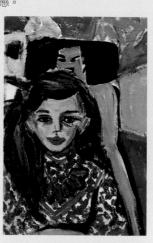

凱爾希納原本唸的是建築,這對他在寫意素描和透視技巧上有很大的助益,而他強烈的用色與大膽的構圖,給人留下深刻印象。

這張畫是「橋派」畫派和現實主義的代表作,勞動階級的少女坐在一張雕刻成裸女的椅子上,她瞪著畫家的表情,綠色的深濃筆觸下,和背景的粉紅色「人體」,形成強烈的對比。

### 《旅館房間》‧霍普‧ 1931 Habitación de Hotel, Hopper

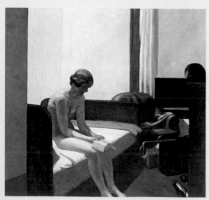

愛德華‧霍普(Edward Hopper)這位美國畫家早年在紐約學習商業藝術與繪畫,追隨推廣早期都會寫實風格的Robert Henri,以他個人獨特的「都會荒涼畫作」,達到老師「引起世界騷動」的訴求。

他的畫中總是可以看見潛藏於人心的不確定感:面露愁容甚至看不清臉的主角,處於一種現代的冰冷環境中,詭譎的光線,為畫中簡潔、銳利的線條,增添了無比的疏離感。

這幅畫是其代表作之一,一間不知名旅館,再平凡不過的房間,一名赤裸女子,獨坐於床沿。她看來極度疲倦,甚至無法收拾散落的衣物,牆壁和衣櫃勾勒出空間感。畫中出現的對角視野,讓觀者有如透過房門或窗戶看進房裡。光線落在沉思女子手中的紙張,和她處於陰影中的臉龐、下垂的肩膀,形成強烈的對比。

MAP ▶ P.75H2

# 凡塔斯鬥牛場

**MOOK Choice**

## Plaza de Toros de Las Ventas

### 人與牛的競技藝術

🚇地鐵2、5號線Ventas站,步行約3分鐘 🏠Calle Alcalá 237 ☎356-2200 ⏰博物館:10:00~18:00,鬥牛賽日提前3小時關閉;導覽行程:10:00~17:30 💲導覽行程:含鬥牛賽和博物館€14.9;鬥牛賽:視座位和比賽而異,費用約€5.5~€162 🌐www.las-ventas.com

凡塔斯鬥牛場是西班牙最大的鬥牛場,也名列世界上第三大鬥牛場,僅次於墨西哥和委內瑞拉的瓦倫西亞。每年3月底至10月初的週日都會舉辦鬥牛,尤其在5月的聖伊西多羅節(Fiestas de San Isidro)期間,更是每天都上演熱鬧滾滾的鬥牛賽!鬥牛於下午6、7點左右開始,會持續2至3小時。

鬥牛場建於1929年,1931年正式啟用,是座帶有伊斯蘭教色彩的紅磚建築,分成10區2萬3千多個座位。鬥牛場前廣場立著兩尊雕像,分別為西班牙著名的鬥牛士Antonio Bienvenida和

**觀看鬥牛表演小TIPS!**
★依日曬分區:門票分為日曬區(Sol)、日蔭區(Sombra)和介於中間的半日曬半日蔭區(Sol y Sombra),如果不想曬到西班牙毒辣的太陽,建議買最貴的日蔭區。
★軟坐墊不可少:除了第一排的高級沙發區,多數座位是硬梆梆的石板,現場提供軟座墊租借服務,一個約為€1.2,小花費帶來舒適感,相當值得~
★帶上白手帕:在傳統鬥牛賽中,如果鬥牛士表現精采,觀眾會揮舞手中的白手帕喝采,想加入西班牙觀眾的歡呼隊伍,就記得帶條白手帕!

Jose Cubero。此外,附設有鬥牛博物館(Museo Taurino),展出與鬥牛相關的史蹟與用具,如果錯過鬥牛季,還是可以到這裡參觀。

近幾年,凡塔斯不僅是鬥牛場,更有多功能的運用。2003年夏天,「電台司令」(Radiohead)樂團在此舉辦演唱會;2008年,這裡改為戴維斯杯(Davis Cup)網球賽的球場,納達爾(Rafael Nadal)在此帶領西班牙隊贏得冠軍。

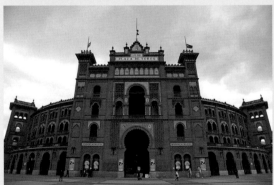

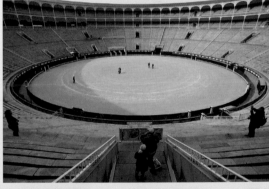

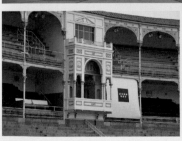

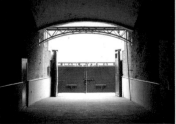

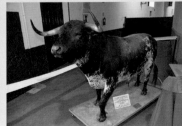

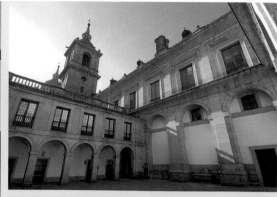

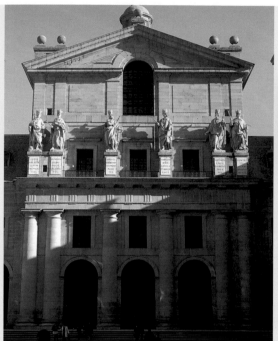

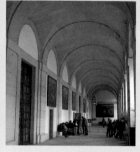

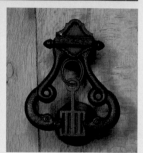

馬德里近郊

**MAP ▶ P.5C1**

# 艾斯科瑞亞的皇家聖羅倫索修道院

## Real Sitio de San Lorenzo de El Escorial

### 穿著修道院外袍的皇宮

在查馬丁和阿托查火車站搭近郊火車，車程約1小時，火車班次頻繁；或地鐵3、6號線Moncloa站下方的巴士總站，搭乘661、664號公車，車程同樣約1小時，到艾斯科瑞亞後，沿車站外主要道路直走約15分鐘。 🚇Calle de Juan de Borbón y Battemberg s/n 🕙10至3月：週二至日10:00～18:00；4至9月：週二至日10:00～19:00 🚫週一（特殊開放時間除外），及1/1、1/6、5/1、9/11、12/24～25、12/31 💲全票€12、優待票€6、導覽€4 🌐www.patrimonionacional.es；www.monasteriodelescorial.com

菲利浦二世在西班牙國勢鼎盛時，投注畢生心血完成的偉大建築，兼具美術館、圖書館、陵寢和教堂等機能，曾是伊比利半島的政治、經濟、文化中心，內部收藏的美術品，無論價值或數量都難以估計。

艾斯科瑞亞皇宮的外觀簡樸，黃灰色調配上剛硬線條，打破過往的建築風格，影響伊比利半島的建築長達一個世紀。而其冷冰冰的外觀，反而更加突顯內部裝潢的華麗，菲利浦二世幾乎動員了西班牙、義大利最有名的藝術家，也因此皇宮處處無不精雕細鑿，且建築體積相當龐大，房間多達4,500間、庭院總計16座，特別是中心的主教堂圓頂，可說是達到建築工事與裝飾上的巔峰之作。

由於艾斯科瑞亞的輝煌宏偉，從菲利浦二世之後的國王幾乎都長眠於其內的皇室陵寢(Los Panteones)，一具具鑲金棺木井然有序地置放著。

一度是歐洲兩大霸權家族的波旁家族和哈布斯堡家族，都曾為艾斯科瑞亞的主人，宮殿裡保留了兩大家族昔日的居所，華麗的家具、擺飾，以及陶瓷、玻璃等用品，令人讚嘆。

艾斯科瑞亞最大的參觀重點是美術收藏，以菲利浦二世收藏的畫作為主，從義大利文藝復興時期的拉斐爾，到西班牙大師委拉斯奎茲，以及菲利浦二世最偏愛的埃爾‧葛雷科(El Greco)的傑作，都在收藏之列，件件都是無價之寶。參觀過修道院和教堂，別忘了前往藏有大批古籍的圖書館(La Biblioteca)，出自Tibaldi之手的天花板濕壁畫，其金碧輝煌教人眼花撩亂。

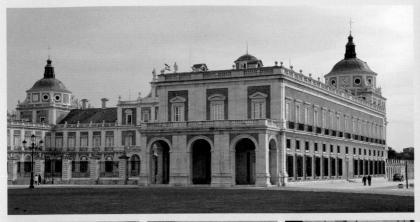
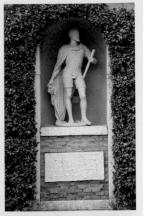

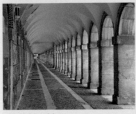
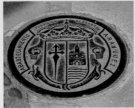
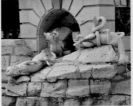
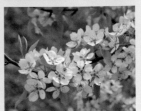

**馬德里近郊**

MAP ▶ P.5C1

# 阿蘭惠斯皇宮

**MOOK Choice**

## Real Sitio de Aranjuez

**庭園環伺清麗皇宮**

🚃搭乘近郊火車C3線，往阿蘭惠斯方向至終點站，約30分鐘一班，從阿托查火車站出發，車程約40分鐘。 🚏Plaza de Parejas s/n ☎809-0360 ⏰10至3月：週二至日10:00~18:00；4~9月：週二至日10:00~19:00 ❌週一（特殊開放時間除外），及1/1、1/6、5/1、12/24~25、12/31 💲皇宮全票€9、優待票€4 🌐www.patrimonionacional.es；www.aranjuez.es

　這座小鎮人口只有3萬6千人，位於馬德里南方不到30公里處，因為塔霍河(Río Tajo)流貫其中，是麥西達高原(Meseta)地區難得的肥沃平原，農作興盛，以草莓和蘆筍最受歡迎。

　阿蘭惠斯以皇宮和庭園之美著稱，和艾斯科瑞亞一樣，皇宮是菲利浦二世聘請磺‧包提斯達(Juan Bautista)、磺‧德艾雷拉(Juan de Herrera)兩位大建築師設計的，只是年代還稍早一些。

　當初是希望建一座在花園之中的宮殿，但這幢以磚塊與石頭為建材的的古典式皇宮有些多災多難，18世紀數度被火燒毀，幸好都被補救復原。皇宮內部特別設置一間瓷器室(Salon de Porcelana)，收藏來自中國的瓷器，連房間都大量運用中式圖案，佈置得中國味十足，比起其他廳室更吸引觀光客駐足。

　皇宮東北方的聖安東紐廣場(Plaza de San Antonio)，是屬於開放式的綠地兼廣場，廣場上有噴泉、教堂，四周建築則設有典雅的迴廊。這些附有迴廊的房舍，早年目的是供皇宮的僕人和客人居住，也是大師磺‧德艾雷拉的傑作，現在是鎮上政府的辦公廳。

　這幢皇宮附近有多處庭園，西側的小島庭園(Jardin de la Isla)是利用塔霍河蜿蜒合抱的地形，精心設計成的人工島嶼，所以名為「小島」；東鄰的王子庭園(Jardin del Principe)同樣順著塔霍河的流向，但園地幅員更為遼闊、「花樣」更多；王子庭園最東邊的盡頭，有一幢農民小屋(Casa del Labrador)，名字聽起來很淳樸，其實是18世紀末卡洛斯四世所建的宮殿，造型類似馬德里的皇宮，但又更奢華，「農民小屋」一名字純粹是因為原址是一處農莊。

## Where to Eat in Madrid & Around
## 吃在馬德里及周邊

### 太陽門周邊

**MAP** ▸ P.74C4　**El Restaurante Botín**

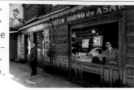

🚇地鐵1、2、3號線Sol站，或2、5、R號線Ópera站，步行約10分鐘 🏠Calle de los Cuchilleros 17 ☎366-4217 ⏰13:00～16:00、20:00～24:00 🌐www.botin.es

根據《金氏世界紀錄》，波丁餐廳是全世界最古老的餐廳，1725年就已開幕，營業長達200多年，從客棧、酒窖、酒館到餐廳，無一不是歷史。今日的內部陳設仍保有傳統的酒館裝潢，昔日的地下室酒窖則改建成餐廳，從1、2樓鑲有木雕裝飾的陳設，可以感受其悠久的時光！

波丁餐廳的服務非常親切，「烤乳豬」是這裡的招牌菜，餐廳十分歡迎客人到1樓烤乳豬廚房，與廚師、數百隻豬拍照。在用餐完畢後，還會附贈一份店裡的菜單和歷史簡介！

### 太陽門周邊

**MAP** ▸ P.74C4　**Museo de Jamón**

🚇地鐵1、2、3號線在Sol站或2、5、R號線在Ópera站下，步行約7分鐘 🏠Plaza Mayor 17-18 ☎542-2632 ⏰09:00～00:00 🌐www.museodeljamon.com

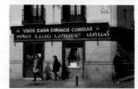

別當真以為它是家「火腿博物館」，這是馬德里當地著名的連鎖火腿商店和餐廳，採複合式經營。店內區分為火腿販售區、站著享用Tapas的吧台、餐廳等三區，而「博物館」一名來自它能提供西班牙各地種類眾多的火腿。

這家主廣場上的分店，表面上看來店面不大，但地下有一整層的空間，餐廳內掛滿火腿的景象相當壯觀。除了可以品嘗各種火腿，平日還供價格非常便宜的每日套餐，不到€10就能吃到前菜、肉類主菜、飲料、麵包和甜點，相當划算。

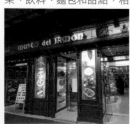

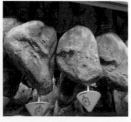

### 太陽門周邊

**MAP** ▸ P.74C4　**Chocolatería San Ginés**

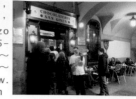

🚇地鐵1、2、3號線Sol站，或2、5、R號線Ópera站，步行約5分鐘 🏠Pasadizo de San Ginés 5 ☎365-6546 ⏰週一至三08:00～23:30、週五至日08:00～02:00 🌐週四 🌐www.chocolateriasangines.com

這家1894年開業的熱巧克力專賣店，供應濃稠香甜的熱巧克力和吉拿棒，吉拿棒在西班牙被當成早餐，拿來沾熱巧克力，是當地特殊的吃法。店家雖隱身於太陽門附近的小路裡，小小的店門口卻總是擠滿了排隊點餐的人龍，戶外有一長排露天座位，但無論室內或戶外，常是座無虛席且一位難求。

### 太陽門周邊

**MAP** ▸ P.74B4　**Casa Ciriaco**

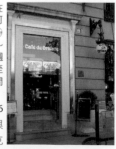

🚇地鐵2、5、R號線Ópera站，步行約7分鐘 🏠Calle Mayor 84 ☎548-0620 ⏰12:00～23:00，週日和週一至16:00 🌐www.casaciriaco.es

1916年開業，主要供應卡斯提亞的地方菜，招牌菜Pepitoria de Gallina是一道以特殊湯頭熬煮的雞肉料理。餐廳在馬德里深受歡迎，來訪的客人包括藝術家、政治人物、鬥牛士等各領域的有頭有臉人物、甚至是皇室家族。

### 太陽門周邊

**MAP** ▸ P.74C3　**Café de Oriente**

🚇搭乘地鐵2、5、R號線在Ópera站下，後步行約5分鐘可達 🏠Plaza de Oriente 2 ☎541-3974 ⏰週一到四12:00～00:00（週五延後至1:00），週六日11:00～00:00（週日延後至1:00）／參考Google的營業時間 🌐www.cafedeoriente.es

位於東方廣場旁，改建自16世紀的修道院，昔日的廚房與酒窖，今日是供應法國巴斯克地區料理的餐廳，樓上則提供卡斯提亞菜。擁有皇宮視野的東方咖啡館，每當天氣晴朗，露天座位總吸引無數遊客或當地人前來喝咖啡，裝飾嵌板和紅色軟沙發的室內也相當舒適，皇室成員和外交官都是座上賓。

## 太陽門周邊

**MAP ▶ P.74C3** | **La Bola**

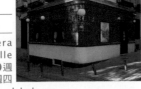

🚇 地鐵2、5、R號線Ópera站，步行約3分鐘　🏠Calle Bola 5　📞547-6930　🕐週日至三13:30～15:30，週四至六12:00～21:00　💻www.labola.es

這棟紅色的建築位於皇室化身修道院附近一條同名街道的轉角，1870年開幕，店內的威尼斯水晶及厚重的絲絨裝潢，古典優雅一如往昔。在馬德里要吃傳統的大雜燴(Cocido)，這家是首選，這道以陶鍋盛裝、木柴加熱的料理，據說每天可賣到200多份。

## 太陽門周邊

**MAP ▶ P.74C4** | **Fresc Co**

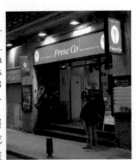

🚇 地鐵2、5、R號線Ópera站，步行約4分鐘　🏠C/ Las Fuentes 12　📞685-5773　🕐12:00～23:30　💻www.frescco.com

西班牙的吃到飽連鎖餐廳，可以推薦給預算較少或不希望有用餐時間限制的旅客。結帳後就自己找位子坐下，生菜沙拉吧只能取用一次，但除此之外，熱食區的披薩、肉類料理、海鮮麵或海鮮飯，及甜點區的蛋糕、冰淇淋水果，和汽水、咖啡等飲料，全都無限使用，絕對能大快朵頤。

## 太陽門周邊

**MAP ▶ P.74D4** | **Cerveceria Sol Mayor**

🚇 地鐵1、2、3號線Sol站，步行約3分鐘　🏠Calle de Postas 5　📞521 7218　🕐週三至一08:00～00:00　🚫週二　💻cerveceriasolmayor.com

不管何時經過這家Cerveceria Sol Mayor，都會被店內滿滿的人潮嚇到。這家店專賣馬德里特色小吃──炸魷魚圈三明治(Bocadillo de Calamares)，做法很簡單，就是把剛炸好的魷魚圈夾進剖半的麵包中，再隨喜好加入番茄醬或黃芥末醬，麵包會吸附多餘油脂，吃起來不會太油膩且份量十足，適合搭配啤酒。除了炸魷魚，還可以夾鯖魚、鳳尾魚、橄欖油醃漬沙丁魚、火腿、炸香腸、勃根地黑布丁等。

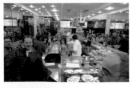
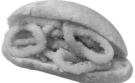

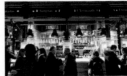
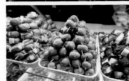

## 太陽門周邊

**MAP ▶ P.74C4** | **La Hora del Vermut**

🚇 地鐵2、5、R號線Ópera站，步行約5分鐘　🏠聖米蓋爾市場內　📞250-7004　🕐週日至四10:00～00:00，週五、六延後至01:00　💻lahoradelvermut.wordpress.com

這一攤在聖米蓋爾市場裡相當受歡迎，店名指的是「苦艾酒時間」，當然，這裏不只有苦艾酒，也提供當地鮮釀啤酒和不同口味的桑格莉亞水果酒，老闆要表達的是「儘情享受開胃酒的時光」的態度。美酒少不了下酒菜，玻璃櫃內擺滿各種肉館捲餅和Tapas，醃漬橄欖、生火腿、乳酪⋯讓人陷入選擇困難。Ibiza地鐵站另有一家分店，除了不變的多樣Tapas之外，提供80多種苦艾酒選項。

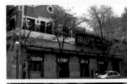
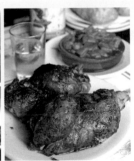
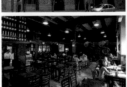

## 西班牙廣場周邊

**MAP ▶ P.74A2** | **Casa Mingo**

🚇 地鐵6、10、R號線Príncipe Pío站，步行約5分鐘　🏠Paseo de la Florida 34　📞547-7918　🕐11:00～00:00　💻www.casamingo.es

和聖安東尼奧禮拜堂僅一街之隔，這家餐廳有著西班牙北部的酒館風情，1888年開業，必點的招牌有兩樣，一是鮮嫩味美的烤雞，一是清甜的蘋果酒。餐廳內空間寬敞，放置著木頭桌椅，櫃台上方一整面擺放著各式各樣的酒，帶出挑高的天花板，當地人假日常來用餐，只要來晚些就一位難求。除了烤雞，也提供燉牛肚、火腿、乳酪、西班牙蛋餅等當地常見食物。

## Where to Shop in Madrid & Around
## 買在馬德里及周邊

### 太陽門周邊

**MAP ▶ P.74D3** **格蘭維亞大道Gran Via**

🚇地鐵3、5號線Plaza del Callao站,或5號線Gran Via站

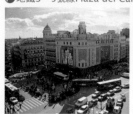

鼎鼎大名的格蘭維亞大道,是從阿卡拉街到另一頭的西班牙廣場,慢慢步行約要花上1個小時。這裡是商家聚集地,從一般的小商店、餐廳、咖啡店、電影院、匯兌中心、服飾店、網路咖啡店,到旅館等,都能在此找到。卡耀廣場(Plaza de la Callao)周邊最值得一逛,Zara、Bershka、H & M、Benetton等平價時尚品牌林立,是血拼的好地點。

### 太陽門周邊

**MAP ▶ P.74D3** **El Corte Inglés**

🚇地鐵1、2、3號線Sol站,步行約2分鐘 🏠Calle del Preciados 3 ☎379-8000 🕙週一至六10:00~22:00、週日11:00~21:00 🌐www.elcorteingles.es

英國宮是西班牙最大的百貨公司集團,有它的地點就是該市的市中心或鬧區。英國宮在馬德里有兩大據點,一是太陽門廣場上的這家,橫跨好幾棟建築,裡頭從生鮮超市、化妝品、服飾、電器到書店等一應俱全,相當好逛;另一則位於名牌齊聚的塞拉諾街。

### 太陽門周邊

**MAP ▶ P.74C5** **跳蚤市場El Rastro**

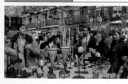

🚇地鐵5號線La Latina站 🏠Calle de la Ribera de Curtidores 🕙週日與假日09:00~15:00,建議11:00前到 🌐www.elrastro.org

馬德里的週日跳蚤市場就屬這裡規模最大,從中古世紀開始,這裡就有市集,想挖寶或找些稀奇古怪的東西,到這裡準沒錯!市場自Plaza de Cascorro開始,主要的攤位和商家在Calle de la Ribera de Curtidores和Calle de los Embajadores這兩條街上。販賣的商品有二手服飾、皮衣、皮件、嬉皮風的飾品與衣服、古董等,雖然說價格比歐洲其他地方的跳蚤市場來得低,但還是別忘了好好享受殺價樂趣!

### 薩拉曼卡區周邊

**MAP ▶ P.75G1** **Centro Commercial ABC**

🚇地鐵5、9號線Nunez de Balboa站,步行約5分鐘 🏠Calle Serrano 61 ☎577-5031 🕙週一至六10:00~21:00 🌐www.abcserrano.com

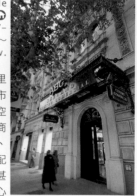

ABC購物中心是馬德里最大的購物商場,距離市中心稍遠,高達5層樓的空間裡,有多達50家各式商店,除了Zara、Mango、Musgo等潮流品牌,還有配件、襪子、鞋子、酒類,甚至電話等專賣店。購物中心內有多家咖啡館,逛街之餘可以稍作休息。

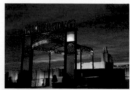
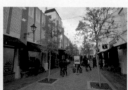
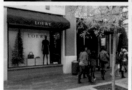
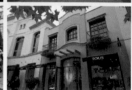

### 馬德里近郊

**MAP ▶ P.74A1** **Las Rozas Village**

🚇馬德里的3、6號線地鐵Moncloa站下方的巴士總站,搭625、628或629號巴士,在Las Rozas Village/Heron City站下,車程約40分鐘;或搭Las Rozas的直達巴士,每日11:00、13:00、15:00從皇宮對面的東方廣場出發,回程時間為17:00和20:00,來回車票成人€18 🏠Calle Juan Ramón Jiménez 3, Las Rozas ☎640-4900 🕙10:00~22:00 🌐www.lasrozasvillage.com

位於馬德里西方約20公里處,這家暢貨中心擁有舒適的購物環境,規畫得宜的街道,串連起兩旁約百家商店。Loewe、Camper、Custo Barcelona、Adolfo Domíniguez、TOUS等西班牙品牌,均在此設有銷售店面,部份折扣多達50%。其他國際精品品牌與潮流品牌如也在商場有一席之地,喜歡設計師品牌、香氛品牌以及雷朋太陽眼鏡等精品配件的,也別錯過到此地撿便宜。

●托雷多

# 托雷多
# Toledo

托雷多離馬德里不過70公里,坐落於7座山丘上,三面環河、後擁城牆,托雷多以其優越的地理位置成為防禦要衝,並在歷史上扮演著重要的角色。

今日的托雷多是座小城,但在馬德里崛起之前,一直是西班牙的政治重鎮。在羅馬統治時代,羅馬人慧眼看中它絕佳的戰略地位,在此修築堡壘、建立城鎮;後來的西哥德人、摩爾人,也先後建都於此;卡斯提亞王朝在1085年奪下托雷多,這也是西班牙人與摩爾人勢力消長的重要里程碑。一直到1561年,菲利浦二世將首都遷往馬德里,托雷多才安靜了下來。

若把馬德里比作西班牙的北京,那麼托雷多應該就是西班牙的西安。托雷多自從讓出首都寶座後,500年來的市容沒有太大改變,整座古城等於是座現成的歷史博物館,在地的建築和文化深受歷來各外來統治文明的影響。

漫長的歷史帶來無數珍貴的資產,融合伊斯蘭教、天主教和猶太教的混血文化,讓它擁有「三個文化城」的美譽。除此之外,埃爾‧葛雷科在此定居,也讓托雷多聲名大噪,這位希臘畫家為了謀職來到西班牙,最後在此度過長達40年的歲月,留下許多作品,其最傑出的作品之一《奧格斯伯爵的葬禮》,目前收藏於托雷多的聖托美教堂。

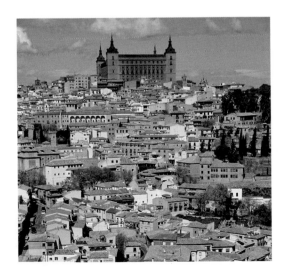

## INFO

### 基本資訊
**人口**:約8.4萬人
**面積**:232.1平方公里
**區碼**:(0)925

### 如何前往
**◎火車**
在馬德里的阿托查火車站,可搭乘高速火車AVE和AVANT,車程約30分鐘,約每小時一班車,時刻表及購票可上網或至火車站查詢。

火車站位於托雷多東北方1公里處,步行至市區約20分鐘,也可以在火車站前搭乘61或62號巴士,可以至市中心的索科多佛廣場。
**西班牙國鐵** www.renfe.com

**◎長途巴士**
在馬德里的Plaza Elliptical巴士站,搭乘Alsa巴士,車程約60至90分鐘,平均每30分鐘1班。

托雷多的巴士站位於Avenida de Castilla a la Mancha大道上,步行前往新比薩格拉城門(Puerta Nueva de Bisagra)約10分鐘,也可搭乘5號巴士至索科多佛廣場。
**Alsa巴士** www.alsa.es

### 市區交通
舊城區不大,適合步行遊覽。從河的東岸或南岸的Mirador del Valle,眺望舊城景觀,相當迷人。建議搭乘雙層觀光巴士或觀光小火車Zocotren繞行城市外圍,從不同的角度欣賞托雷多,若時間充裕,慢慢散步過河也相當舒服。

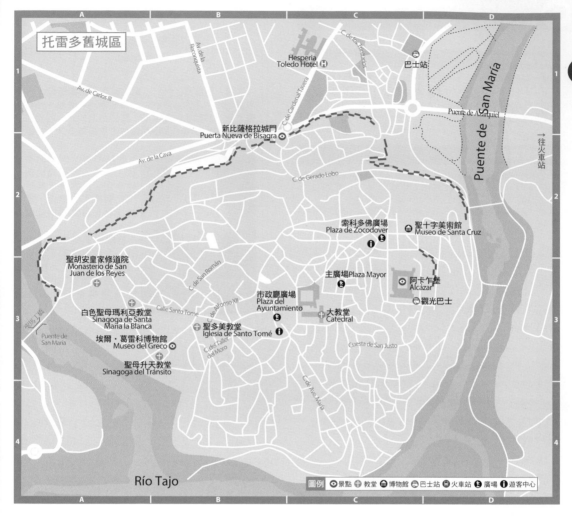

托雷多舊城區

Av. de la Reconquista

Av. de Carlos III

Av. de la Cava

C. de Cardenal Tavera

Hesperia Toledo Hotel Ⓗ

巴士站

Puente de Alcántara

Puente de San María

→往火車站

新比薩格拉城門
Puerta Nueva de Bisagra

C. de Gerado Lobo

索科多佛廣場
Plaza de Zocodover

聖十字美術館
Museo de Santa Cruz

C. de San Román

聖胡安皇家修道院
Monasterio de San Juan de los Reyes

主廣場Plaza Mayor

阿卡乍堡
Alcázar

Calle Santo Tomé

Calle de Alfonso XIII

市政廳廣場
Plaza del Ayuntamiento

觀光巴士

白色聖母瑪利亞教堂
Sinagoga de Santa María la Blanca

聖多美教堂
Iglesia de Santo Tomé

大教堂
Catedral

埃爾·葛雷科博物館
Museo del Greco

C. del Taller del Moro

Cuesta de San Justo

聖母升天教堂
Sinagoga del Tránsito

Puente de San María

C. de Ave María

Río Tajo

圖例 ◎景點 ✚教堂 🏛博物館 🚌巴士站 🚉火車站 ⬛廣場 ❶遊客中心

## 優惠票券
### ◎托雷多卡Toledo Card

　旅行社包裝的托雷多卡，包含馬德里來回的高速火車票、托雷多觀光巴士、大教堂導覽、博物館等景點門票等，組合多樣化，詳情可上網查詢。

## 觀光行程
### ◎托雷多觀光巴士Hop-on Hop-off Toledo

　托雷多有雙層觀光巴士，每天09:30至20:00間從阿卡乍堡出發，繞塔霍河外圍一圈，車上有包含中文在內的12種語音導覽，24小時內可任意上下車。觀光巴士停靠AVE高速火車站，可以在火車站直接上巴士，再在車上買票。

💲Toledo Premium Experience全票€22.5，Toledo Cathedral Experience全票€33.9（含大教堂門票及導覽）

🕸city-sightseeing.com

## 旅遊諮詢
### ◎托雷多市遊客服務中心
🏠Plaza del Consistorio 1（大教堂內）　☎254-030
🔽週日至五10:00～15:30，週六10:00～18:00
🕸turismo.toledo.es
### ◎高速火車站遊客服務中心
🏠Paseo de la Rosa s/n（AVE車站內）　☎239-121
🕙09:30～15:00　❗目前暫時關閉

**MAP ▶ P.105B3**

# 埃爾·葛雷科博物館

MOOK Choice

**Museo Del Greco**

## 集大師名畫之大成

🚶從索科多佛廣場步行約12分鐘 🏠Paseo del Tránsito s/n ☎223-665 ⏰週二至六09:30～19:30（11至2月提早至18:00），週日及假日10:00～15:00 🚫週一，及1/1、1/6、5/1、12/24～25、12/31 💲全票€3，優待票€1.5 🌐museodelgreco.mcu.es ✈週六14:00後及週日免費

造訪托雷多的遊客必到埃爾·葛雷科故居緬懷一下大師風采，不過經過多次整修的故居，規模早已不是他當年居住的樣貌，成為館藏豐富的博物館。Vega Inclán侯爵在1906年買下埃爾·葛雷科故居附近的廢墟，加以重建整修，搭配這位畫家在世時的家具，重現他的畫室風貌。

這位1541年出生於希臘克里特島的畫家，早年在威尼斯學畫，後來得知艾斯科瑞亞皇宮興建之初亟需人才，於是來到西班牙求職，他在1577年到托雷多，為一座修道院繪製主祭壇，從此和托雷多有了不解之緣。

博物館有固定的參觀動線，從庭院的中世紀地下酒窖開始，進到包含中庭的住宅區，可以看到灰泥牆面、文藝復興時期的陶器，以及畫家當年的生活擺設。最精彩當然還是多幅埃爾·葛雷科的畫作，包括《托雷多風光》(Vista y Plano de Toledo)，以及晚年的「十二門徒」（Paintings of the Apostles）系列。

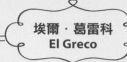

## 埃爾·葛雷科 El Greco

埃爾·葛雷科(1541～1614)雖然不是西班牙人，但其創作生涯的大多數時間都在西班牙度過，尤其後半輩子長期住在托雷多，最後終老於此，因此過世後才揚名立萬的埃爾葛雷科可以稱得上是「托雷多之光」。

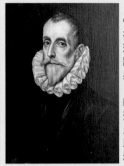

他當年對於宗教的熱忱，常讓人誤以為他精神錯亂，直到畢卡索等現代藝術家的推崇，才讓埃爾·葛雷科得以翻身。

葛雷科的畫作特色鮮明，瘦瘦高高的人物造形，有如不食人間煙火，用色頗具現代感，即使是神聖的宗教主題，也沒有顧忌。

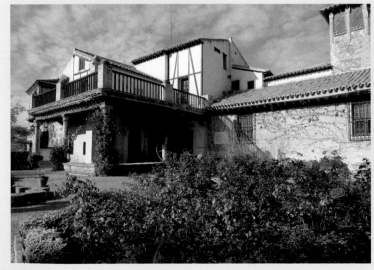

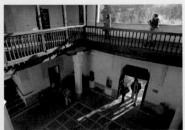

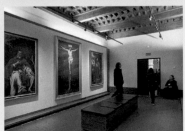

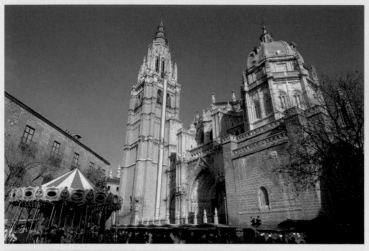
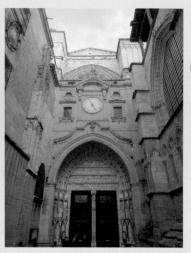

**MAP ▶ P.105C3**

# 托雷多大教堂 ⌜MOOK Choice⌝

## Catedral Primada Toledo

**西班牙的天主教核心**

🚶從索科多佛廣場步行約5分鐘 🏠Calle Cardenal Cisneros 1 ☎222-241 ⏰週一至六10:00～18:30、週日和假日 14:00～18:30 💰全票€12.5；不含鐘塔€10，門票包含語音 導覽 🌐www.catedralprimada.es ⛔教堂內部禁止拍照

西班牙三大教堂之一的托雷多大教堂，有著悠久的歷史、雄偉的建築，及巧奪天工的雕刻，享有崇高的聲譽。

大教堂歷經多次重建，最早在古羅馬時期，此處即被視為宗教聖地，托雷多主教在646年正式將之納天主教懷抱，但在伊斯蘭教統治的3個世紀間，教堂轉做清真寺使用，之後再度被天主教徒收復。1085年時，儘管阿方索六世保證伊斯蘭教徒仍可繼續使用這座清真寺，但協議不久後破裂，清真寺遭到徹底破壞，到了1226年，斐迪南三世著手興建大教堂，15世紀末正式啟用。

當時的大教堂為哥德式建築，摻雜著混合文化的托雷多建築風格，像是有些內部裝飾呈現的是穆德哈爾式風格。而隨著時代推進，歷經多次的改建與修補，教堂原本的面貌逐漸轉化，融合後的整體反而展現出相當高的藝術價值，西班牙式文藝復興風格的禮拜堂、邱里格拉式（西班牙巴

洛克式）的大型聖壇等多樣且細膩的設計，多少彌補了教堂內採光不足的缺憾。

大教堂的室內有4個地方最為精彩：寶物室(Sala del Tesoro)、聖器室(Sacristía)、唱詩班席(Coro)以及聖職者室(Sala Capitular)。

寶物室的鎮館之寶首推聖體顯示台(the monstrance)，一根根小柱子撐起六角形結構，上方雕刻著天使、聖人、花環和小鐘等繁複的圖案。這是16世紀的手工藝匠Enrique de Arfe花費整整7年的功大，才打造出這座高達3公尺的藝術品，據說用掉重達200公斤的金、銀、珠寶等材料。

聖器室則猶如一座小型美術館，除了綴滿天棚的美麗濕壁畫，四周牆上掛滿了埃爾·葛瑞科、提香、哥雅等大師作品。而唱詩班席的雕刻分為兩部份，出自兩位雕刻師傅之手，下半部的54幅浮雕為哥德式，描繪格拉那達王朝的戰爭場面，上半部則屬於文藝復興風格。

聖職者室裡高掛歷任托雷多大主教肖像和耶穌生涯的壁畫，穆德哈爾式的天棚尤其吸睛。別錯過主祭壇的屏風，前方圍繞著金色柵欄，是建築師、畫家與雕刻家在1497至1504年間共同打造的作品。屏風分為五層，以水平階梯狀層層往上，中央由下往上分別為聖母與聖嬰、哥德式聖體匣、耶穌誕生與升天，兩旁則分別敘述耶穌生平及受難的場景。

# 聖多美教堂
## Iglesia de Santo Tomé

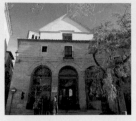

**MOOK Choice**

### 大師鉅作吸睛

🚶 從索科多佛廣場步行約10分鐘 🏠 Plaza del Conde 4 📞
256-098 🕐 週一、三至五10:00～14:00、15:00～17:45、
週六、日10:00～17:45 ⓧ 週二，和1/1、12/25 💲 全票€3
🌐 www.santotome.org

這座建於14世紀的教堂，擁有典型的穆德哈爾
式六角形高塔，不過，它之所以聞名，不是因為
教堂本身，而是因為收藏了埃爾·葛雷科最著名
的畫作《奧格斯伯爵的葬禮》。購票進入後，只
能參觀展示畫作的小空間，若對葛雷科的作品沒
有興趣，可以考慮有無必要。

這幅畫和一場曠日費時的官司有關，源起是伯
爵的後代違背前人捐錢給教堂的承諾，聖多美
教堂的牧師因而提起訴
訟，最後贏了這場官
司。為了慶祝打贏，也
為了頌揚伯爵當年的承
諾，牧師決定委由葛雷
科畫一幅描繪戰功彪炳
的伯爵榮登天國的畫作。

葛雷科憑恃著一股宗教熱忱，運用兩種不同畫
風來成就這幅作品，上層屬於葛雷科式的西班牙
畫風，下層則採用義大利畫派的畫法。本作的繪
製時間已是伯爵過世後250年，當年的葬禮場面
及參與人物皆不可考，葛雷科只好將身邊的人或
自己敬仰的對象放入畫中，例如他崇拜的作家塞
萬提斯，甚至是他的兒子和他自己。總之，這幅
畫勾勒的是不真實的葬禮場景，然而在層次分明
的作畫技巧下，虛擬情節更增加了可看性。

### 1. 天國之鑰
聖彼得拿出天國之鑰，準
備打開天堂之門。

### 2. 聖母
聖母慈祥地伸手，迎接天
使帶來的伯爵靈魂。

### 3. 基督
基督一面聆聽施洗者約翰
的陳述，一邊用手指示聖彼
得打開天國之門，迎接伯爵
的靈魂。

### 4. 伯爵的靈魂
伯爵的靈魂宛若一具沒有
形體的嬰兒般，被天使小心
地捧著。

### 5. 施洗者約翰
施洗者約翰口若懸河地向
基督說明奧格斯伯爵的義行
善舉。

### 6. 小葛雷科
他是埃爾·葛雷科的兒
子，出生於1578年。葛雷科
將他的名字標示在小男孩口
袋外露的手帕上。

### 7. 聖徒史蒂芬
葛雷科請來聖徒為伯爵送
葬，以示對伯爵的敬意。他
請來的這一位是聖徒史蒂

## 《奧格斯伯爵的葬禮》
### Entierre del Conde de Orgaz

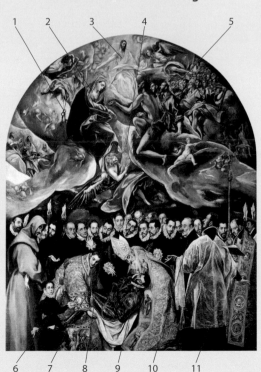

芬，從聖袍上繪著暴民亂石
打死聖史蒂芬的故事情節，
我們可以得知祂的身分。

### 8. 畫家
分隔天國與人間的是一排
前來送葬的人物，他們各個
表情生動，埃爾·葛雷科也
將自己安排其中。

### 9. 伯爵
伯爵曾經資助聖多美教堂
的重建，因而得以下葬於
此。他身上的盔甲是托雷多
的特產，當地自古就以兵器
和盔甲的製作工藝聞名，葛
雷科替伯爵穿上盔甲，象徵
伯爵對這裡的熱愛，也希望
他的後世子孫能夠記取這一
點。

### 10. 塞萬提斯
送葬人物中最特別的是
《唐吉訶德》作者塞萬提
斯，由於葛雷科很崇拜他，
所以將他畫入送葬行列中。

### 11. 聖多美教堂牧師
這位就是贏得官司的牧
師，他的眼神望向天國，從
人間強調施洗者聖約翰所言
不假。

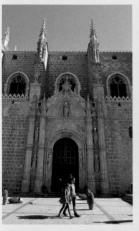

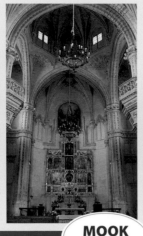

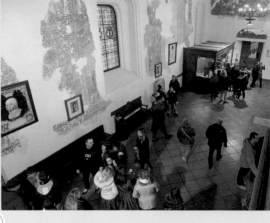

**MAP ▶ P.105A3**

> **MOOK**
> **Choice**

# 聖胡安皇家修道院

## Monasterio de San Juan de los Reyes

### 精雕細琢美麗建築

🚶 從索科多佛廣場步行約20分鐘 🏠 Calle de los Reyes Católicos 17 ☎ 223-802 🕐 10/16至2月：10:00～17:45，3月至10/15：10:00～18:45 💲 全票€2.8，優惠票€2.4 🌐 www.sanjuandelosreyes.org

天主教雙王費南度和伊莎貝爾在1476年Toro戰役中戰勝葡萄牙後，下令興建這座修道院，一方面紀念這場勝利，而選擇將修道院建於托雷多的猶太區裡，隱喻著打壓天主教以外的異教徒；另一方面則當作兩人未來可能的陵寢，不過，他們最後決定長眠在格拉那達。

這座融合哥德式與穆德哈爾式風格的教堂，由Juan Güas設計，是托雷多最漂亮也是西班牙火焰哥德式建築的最佳範例之一。教堂後方的修道院迴廊十分值得參觀，這是Enrique Egas的傑作，朝中庭開放的四邊迴廊，裝飾著大型的火焰式格狀窗，迴廊拱門上有伊莎貝爾樣式的裝飾，條柱上則刻著天主教統一西班牙後的徽章。

迴廊1樓屬於哥德式風格，2樓則是銀匠式風格，色彩繽紛的天棚，裝飾著符號、徽章及天主教雙王的縮寫。此外，修道院外牆上懸掛著手銬與腳鍊，代表在天主教君王與伊斯蘭教政權交戰時，從重獲自由的天主教徒身上解除的束縛。

---

**MAP ▶ P.105C2**

# 索科多佛廣場

## Plaza de Zocodover

### 舊城繁華的中心地段

🚌 火車站或巴士站搭5、61、62號巴士

索科多佛廣場是托雷多的主廣場，名稱來自阿拉伯文，意思是「馱獸市集」，因為這裡在摩爾人統治時期是座牲畜市場。西班牙內戰後，廣場歷經重建，現在四周環繞著露天咖啡座和餐廳，是當地人約會碰面的熱門地點。

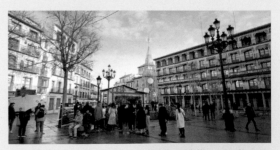

廣場歷史可追溯至天主教雙王時期，是當地舉辦鬥牛、節慶聚會，甚至執行火刑的地方，在1465至1960年間，還是週二市集的舉辦地，不過週二市集目前已移往他處舉辦。

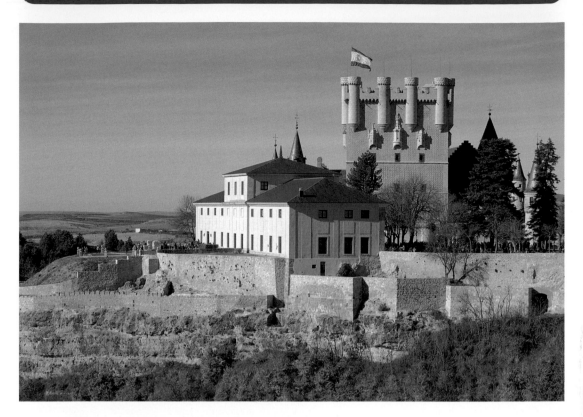

# 塞哥維亞
# Segovia

馬德里西北方95公里處，坐落於海拔1,000公尺以上的高地，這座環繞兩條河流的古老城市，彷彿聳立於岩壁上，每到黃昏時刻，從河谷遙望舊城，有種穿越到中古世紀的懷舊感。

「塞哥維亞」一名來自伊比利半島的首批居民，凱爾特人將此地命名為Segobriga，意思是「勝利之城」。其優越的戰略位置，是中古世紀以來備受君王青睞的主因，城內處處可見昔日的皇宮建築，以及可遠溯至羅馬時期的古老城牆和水道橋。

塞哥維亞在15世紀時，成為卡斯提亞王國的重要城市，後來成為天主教雙王之一的伊莎貝爾1474年在此地的聖米蓋爾教堂(Iglesia de San Miguel)加冕，成為卡斯提亞王國的女王，她所居住的阿卡乍堡，據說是迪士尼電影《白雪公主》城堡的靈感來源。

主廣場位在舊城的中心區，是當地居民生活的重心，林立著咖啡館、餐廳和紀念品店，也是遊客中心的所在。

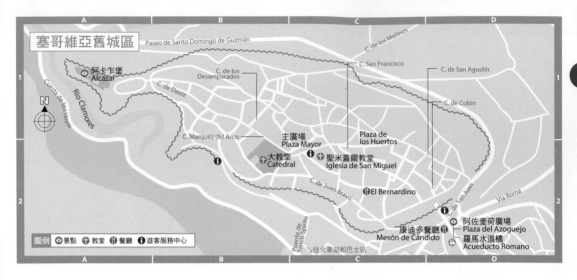

塞哥維亞舊城區

# INFO

## 基本資訊
**人口**：約5.2萬人
**面積**：163.59平方公里
**區碼**：(0)921

## 如何前往
### ◎火車
　　在馬德里的查馬丁火車站，搭乘高速火車AVE、AVANT，或長程特快列車ALVIA等，車程約30分鐘，平均每小時1至2班車。詳細時刻表及票價可上網或至火車站查詢。

　　這裡有兩個火車站，搭乘區域火車，會抵達市中心西南方約2公里處的舊火車站，再搭8號巴士至水道橋或主廣場(Plaza Mayor)。

　　若搭乘高速火車，則到市中心西南方約5公里處的AVE火車站，在這搭乘11號巴士，至水道橋的車程約20分鐘，巴士班次會配合火車時間接駁。由於車班沒有很頻繁，建議先至旅遊服務中心詢問回程巴士的發車時間，以免錯過。
**西班牙國鐵** ◍www.renfe.com
### ◎長途巴士
　　在馬德里的Moncloa巴士站，搭Avanza巴士，至塞哥維亞的車程約80～105分鐘，每小時平均約1至2班車。水道橋的西方是長途巴士總站，離水道橋約6分鐘路程。
**Avanza巴士** ◍www.avanzabus.com

## 市區交通
　　舊城區不大，建議步行參觀。

## 優惠票券
### ◎塞哥維亞之友卡Amigos de Segovia
　　組合多樣化，可享有當地的飯店、餐廳、商店、博物館等優惠，詳情可上網查詢。
⑤€3
◍tarjetaturisticasegovia.com

## 旅遊諮詢
### ◎塞哥維亞遊客服務中心
⚑P.111D2
⚐Plaza del Azoguejo 1
☎466-720
🕐4/9至7/1：週一至五10:00～14:00、16:00～18:00（7/2至9月延至19:00關門），週六10:00～19:00，週日10:00-15:00（7/2～9月延至17:00）；10月至4/8：週一至六10:00～14:00、16:00～18:00，週日10:00～15:00
◍www.turismodesegovia.com
### ◎高速火車站遊客服務中心
⚐Calle Campos de Castilla 1
☎447-262

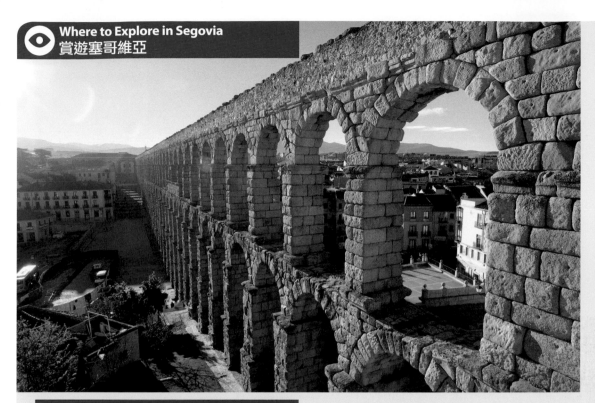

**MAP ▶ P.111D2**

# 羅馬水道橋
## Acueducto Romano
### 古羅馬人的智慧見證

🚌 在AVE火車站搭乘11號巴士

這座壯觀的古羅馬水道橋，是西班牙境內最具規模的古羅馬遺跡之一，全長728公尺、拱門多達166座，共由120根柱子撐起，整體工程沒有使用水泥或用上一根釘子，靈活運用石頭的角度互相嵌合堆砌，展現古羅馬人的高超工藝，堪稱人類最偉大的工程之一。

塞哥維亞的周邊雖然圍繞著兩條河，然而高起的城市地勢影響取水方便，於是羅馬人興築水道橋，從15公里外的山上，將Acebeda河水一路引進市區，直抵西邊的阿卡乍堡。水道橋落成的確切年代難以查證，一般認為是西元前1世紀Domitian或圖拉真(Trajan)皇帝任內。

水道橋的最高點在阿佐奎荷廣場(Plaza del Azoguejo)，橋面聳立於廣場上方30公尺處，這裡也是欣賞水道橋的最佳角度之一，可以爬上一旁階梯，俯瞰水道橋與城牆殘存的歷史遺蹟。

---

### 母狼與男孩雕像

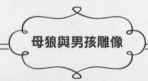

這座青銅雕像座落於水道橋旁，正好是從廣場進入舊城的位置。雕像的故事來自羅馬建城的傳說，據說篡位奪權的叔父將這對孿生兄弟丟到河裡，路過的母狼救起他們並以乳汁哺育。兄弟長大後推翻叔父，重登王位，在有七座山丘的地方建城，並以其中一人的名字命名，這就是「羅馬」，而自此哺育兩兄弟的母狼也成了古羅馬的城市象徵。

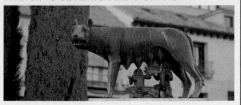

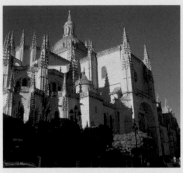
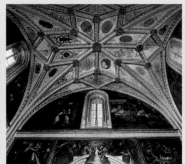
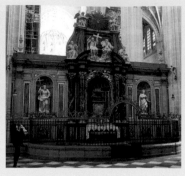

**MAP ▶ P.111B2**

# 塞哥維亞大教堂
## Catedral de Segovia
### 教堂中的華麗貴婦

🚶從羅馬水道橋步行約10分鐘 🏠C/ Marqués del Arco 1 ☎462-205 ⏰4到10月：09:00～21:30；11到3月：09:30～18:30 💲全票€3，優待票€2.5，鐘塔導覽＋大教堂€7 🌐catedralsegovia.wordpress.com ✨週日09:00～11:00免費

這座體積龐大的教堂盤踞主廣場一角，所有想像得到的地方都安置著一座座小尖塔和飛扶壁，或許是如此繁複的裝飾營造出層層疊疊的形象，讓人聯想到貴婦的蓬裙，而有「大教堂貴婦」的美譽。

塞哥維亞大教堂的命運說來十分滄桑，原本位於阿卡乍堡，曾毀於戰火和雷擊，卡洛斯五世1525年下令重建，不過卻耗費了兩個世紀的時間才落成，讓它成為西班牙境內最「新」的哥德式建築。

相較宏偉的外觀，大教堂內部顯得平淡，綠色大理石打造的唱詩班席，占去了大部分的空間，其中的樂譜架是採銀匠風格雕刻而成。面對從前一座大教堂搬來的15世紀寶物室，是展出各種宗教藝術品的博物館，在十字架、法衣、畫作之外，還有座Pedro小王子的墳墓，據說他被保姆抱著欣賞阿卡乍堡窗外風景時，不慎墜樓而死，而保姆也只得跟著跳樓身亡。

108公尺的鐘塔在1614年以前是西班牙境內最高建物，可惜遭受大火毀損，重建之後只有88公尺，不過，在塞哥維亞及鄰近區域，不管從哪個角度，都能看見它的存在。

---

💡 **脆皮烤乳豬**

海鮮飯之外的另一道西班牙國民美食，傳說有位國王嗜吃烤乳豬，各地廚師為了討國王歡心，紛紛努力研發出最好吃的烤乳豬，這股烤乳豬風氣因此推廣至全國各地。

塞哥維亞的烤乳豬是豬中極品，選用約4公斤的小豬，以大蒜和丁香等香料浸泡後，再以香草薰烤，要烤到皮脆肉嫩，能以盤子直切切開的程度。每到中午用餐時間，烤乳豬餐廳都是一位難求，想要品嘗記得先訂位。

其中，1898年開業的百年老店康迪多餐廳，招牌菜就是烤乳豬，牆上掛著蘇菲亞羅蘭、葛麗絲凱莉、卡萊葛倫等巨星照片，百年老店康迪多強調就連大明星也垂涎這道美食。

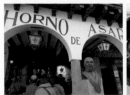
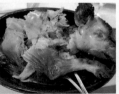

**康迪多餐廳Mesón de Cándido**
🏠Plaza del Azoguejo 5 ☎425-911 ⏰10:30～00:00 💲烤乳豬1人份€28 🌐www.mesondecandido.es

**El Bernardino**
🏠Cervantes 3 ☎462-477 ⏰09:30～23:30／參考Google的營業時間 💲烤乳豬1人份€23 🌐elbernardino.com

●阿維拉

# 阿維拉
# Ávila

坐落於海拔超過1,130公尺的山頂平台上，阿維拉是全西班牙最高的地區首府，也因此四季涼爽，冬季甚至會下起靄靄白雪。

位於馬德里的西北方，這座圍繞著厚實城牆的舊城，有「石頭城」的封號，城牆保存狀況相當完整，沿著舊城外圍走一圈，可以看到捍衛這座城市的塔樓與多道當作出入口的城門，瀰漫著濃厚的中世紀氣氛，1985年成為世界文化遺產一員。

## INFO

### 基本資訊
**人口**：57,949人 **面積**：231.9平方公里 **區碼**：(0)920

## 如何前往
### ◎火車
在馬德里的皮歐王子車站，搭乘中程火車MD，車程約1.5小時，詳細時刻表及票價可上網查詢。

從阿維拉火車站步行，至舊城約需20分鐘，也可以在火車站前搭乘1或4號巴士，到大教堂西側的 San Vicente站。

**西班牙國鐵** ◍www.renfe.com
### ◎長途巴士
在馬德里的南巴士站(Estación del Sur)搭Alsa巴士，車程約80至105分。從塞哥維亞亦有Avanza巴士往返，車程約1小時。

**Alsa巴士** ◍www.alsa.com
**Avanza巴士** ◍www.avanzabus.com

## 市區交通
步行是最適合的遊覽方式
### ◎阿維拉卡Visit Ávila Tourist Card
這張48小時效期的旅遊卡，幾乎涵蓋舊城裡的主要景點。全票€15，在遊客中心或網路可購買。
◍www.avilaturismo.com

## 旅遊諮詢
### ◎阿維拉旅遊服務中心Centro de Recepción de Visitantes
⊙Avda. de Madrid 39（聖維森特大教堂對面） ⊙350-000 ⊙夏季09:00～20:00、冬季09:00～18:00 ◍www.avilaturismo.com

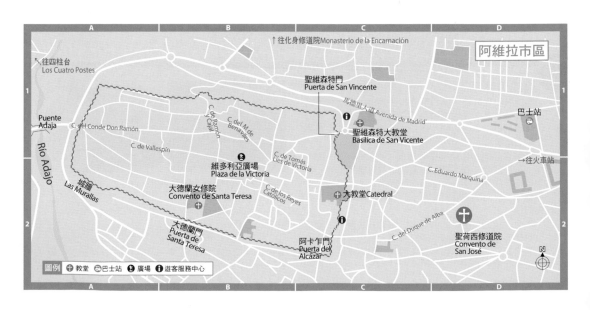

## Where to Explore in Ávila
## 賞遊阿維拉

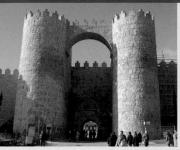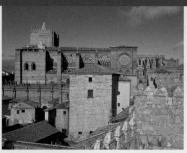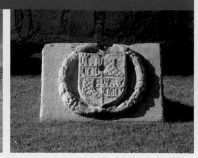

**MAP ▶ P.114C1C2**

# 城牆

**MOOK Choice**

Las Murallas

### 完固中世紀防禦建築

🏠一處入口位於阿卡乍門(Puerta del Alcázar)，另一處則是大教堂旁的Casa de las Carnicerias，也是卡斯提亞．萊昂旅遊服務中心所在。 ☎350-000 ⏰4至10月：10:00～20:00（7、8月延後至21:00），11至3月：週二至日10:00～18:00 ⚓11至3月的週一 💲全票€5、優待票€3.5 🌐www.murralladeavila.com 🎫週二14:00～16:00免費參觀

環繞著舊城的城牆，是阿維拉最值得參觀的景點。11世紀末，阿方索六世的女婿從伊斯蘭教徒手中奪回這座城市後，開始改建古羅馬人與伊斯蘭教徒留下的這些防禦建築，花了9年的時間，完成今日所見的城牆，這不但是西班牙最佳的羅馬式軍事建築範例，也是歐洲碩果僅存且保存最完善的中世紀建築。

城牆沿著地勢起伏而建，南面在斜坡上，城牆高度較矮，南面和北面則最為厚實、堅固，而東面在制高點上，具有極佳的觀察位置，因此再興建了擁有阿卡乍門和聖維森特門(Puerta de San Vincente)兩座城門的阿卡乍堡，而為了加強阿維拉的防衛，城牆前方還設置了壕溝與外堡等。

城牆在14世紀之前不斷增建，陸續增添哥德式與文藝復興風格的裝飾，最終成為全長2.5公里、厚度達3公尺、平均高度約12公尺，擁有9道城門、88座高塔、3座後門、雉堞多達2,500個的現貌。登上城牆，可以欣賞阿維拉的城市景觀，及附近的起伏地勢。

**MAP ▶ P.114C2**

# 聖維森特大教堂

**MOOK Choice**

Basilíca de San Vicente

### 阿維拉最早的教堂

🚶從阿卡乍門步行約5分鐘 🏠Calle de San Vicente 4 ☎255-230 ⏰週一、三至六10:00～18:30，週二10:00～13:30、15:00～18:30，週日16:00～18:00 💲全票€3、優待票€2.2 🌐www.basilicasanvicente.es

這座教堂始建於1130年，於12世紀末落成，據說現址是聖徒維森特和姊妹Sabina、Christeta在4世紀殉教的地方。聖維森特大教堂是當地最早啟用的教堂，而成為阿維拉同類建築的典範及最重要的羅馬式建築。

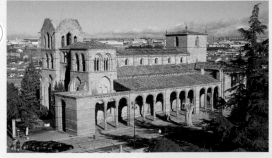

教堂內有聖維森特等人的衣冠塚，石棺上的浮雕敘述他們3人遭受羅馬人嚴刑拷打的情景。大教堂外觀除了醒目的鐘樓外，西南側的柱廊由林立的細長柱子撐起一道道馬蹄狀的圓拱，側門及簷口裝飾著多種花草圖案與雕像，值得細細品味。

# 大德蘭女修院
**MOOK Choice**

## Convento de Santa Teresa

### 聖女出生地改建的聖堂

🚶 從阿卡乍門步行約8分鐘　🏠 Plaza de La Santa 2　☎211-030　🕐 教堂：週二至六10:00～13:00、17:00～19:00；博物館：4至10月10:00～14:00、16:00～19:00，11至3月10:00～13:30、15:30～17:30　❌週一　💲教堂免費，博物館€2　🌐 www.teresadejesus.com

　　女修院就蓋在大德蘭修女的出生地，儘管昔日屋舍已改建成這座17世紀的巴洛克式修道院，仍依稀得以一窺其成長的痕跡。教堂後方的博物館裡，展示著大德蘭修女的相關物品，包括生前使用的玫瑰念珠，及一節她的手指骨。

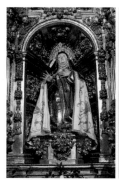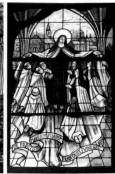

### 大德蘭修女Santa Teresa

　　大德蘭修女1515年出生於阿維拉當地的貴族家庭，從童年開始，便深深著迷於聖人的故事，因而多次逃家，希望殉道於摩爾人手中。

　　16歲被父親送往修道院生活，她發現自己對天主的熱愛，19歲選擇成為修女，前往阿維拉北郊的化身修道院(Monasterio de la Encarnación)，成為加爾默羅會(Orden de los Carmelitas)的一員，過著嚴苛的苦修生活。

　　然而，她仍認為加爾默羅會過於世俗化，大力推動改革，1562年成立了新的修道院，創立更加嚴謹的「赤足加爾默羅會」，即使在酷寒的冬天，也不穿襪子，只著涼鞋，因之得名。

　　大德蘭於1582年過世，40年後封聖。大德蘭修女在自傳中敘述，曾體驗過天使將利劍刺穿她的心臟，讓她靈魂感受到神賜予的狂喜，而傳說醫生解剖大德蘭修女遺體時，果真發現心臟上有道深長的傷痕。

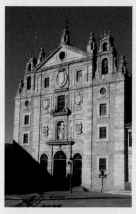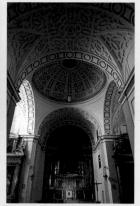

---

# 維多利亞廣場

## Plaza de la Victoria

### 舊城繁華地段

🚶 阿卡乍門步行約5分鐘

　　又稱為小市集廣場(Plaza Mercado Chico)或市政廳廣場(Plaza Ayuntamiento)，四周圍繞著綿延的拱廊，是週五舉辦農產和日常生活用品市集的地方，中央的雙塔建築為市政廳。

　　廣場和附近的巷道裡，開著多家餐廳、小酒館，及出售蛋黃甜點(las Yemas)特產的商店。這種圓圓小小甜點，是將砂糖加進蛋黃做成，味道相當甜膩，雖然常在商店櫥窗裡看到，但對西班牙人而言，聖德蕾莎廣場旁La Flor de Castilla賣的才是最正統的。

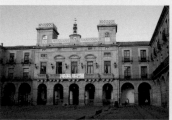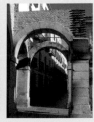

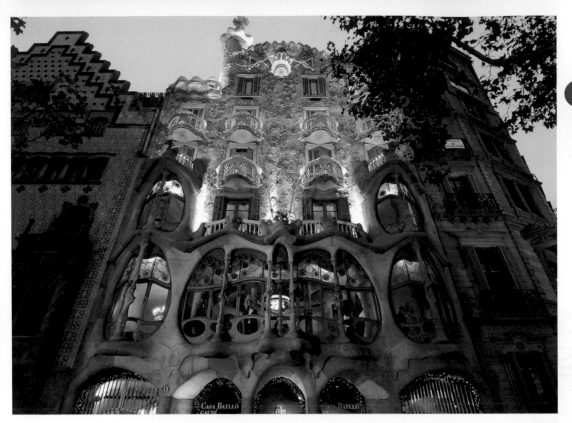

巴塞隆納及
東部海岸

# 巴塞隆納及周邊
# Barcelona & Around

巴塞隆納坐落在海岸旁的緩丘平原上，擁有廣闊的視野和哥德式的古老建築，當然，還有全世界最奇特的立體藝術作品。

巴塞隆納是加泰隆尼亞自治區的首府，加泰隆尼亞西元9世紀脫離伊斯蘭教政權統治後，便有自己的獨立王國政體，由於語言、文化風情與生活態度，和西班牙其他地區差異太大，即使在佛朗哥政權之後，於1977年成為自治區，爭取獨立的聲音仍然未歇。

對於鍾情藝術的人來說，巴塞隆納無疑是一處必訪的重點城市，不同於馬德里強調西班牙帝國和古典大師著重繪畫技巧的藝術氛圍，這座瀰漫著活潑氣氛的海港城市，成就了西班牙現代藝術家米羅、畢卡索和達利，在他們的美術館中，能親眼目睹這些國寶大師的創作。而古色古香的哥德區、悠閒歡樂的海港邊、流行時尚的購物大道…加上鄰近法國南部邊界，不只西班牙人，就連許多歐洲人都常到此歡度週末，瘋狂一下！

# INFO

## 基本資訊

**人口**：約163萬人　**面積**：101.4平方公里
**區碼**：(0)93

## 如何前往

### ◎飛機

台灣目前無直飛巴塞隆納的航班，可以在蘇黎世、日內瓦、慕尼黑、羅馬、土耳其等歐洲都市，轉搭歐洲主要的航空公司，輾轉抵達巴塞隆納。

巴塞隆納的普拉特國際機場（Aeropuerto de Barcelona El Prat，機場代號BCN），位於市區西南方約14公里處，有T1和T2兩座航廈，其中T2分為A、B、C三區，視航空公司停靠不同區域，T2做為歐洲廉價航空及貨運使用。

從亞洲起飛的航班一般停靠於T1航廈，T1和T2航廈相距約4公里，可搭免費接駁巴士，平均6至7分鐘一班，車程約10～15分鐘，可多加利用。

**普拉特國際機場**
ⓦwww.barcelona-airport.com
**西班牙機場與航行區域查詢**
**(Aeropuertos Españoles y Navegación Aérea)**
ⓦwww.aena.es

### ◎火車

巴塞隆納有2個主要火車站，分別是城市西邊的聖哲火車站(Estació Sants)，及位於市中心、靠近城堡公園(Parc de la Ciutadella)的法蘭莎火車站(Estació de França)。

聖哲火車站是巴塞隆納最大的火車站，為來自巴黎、馬賽、里昂等國際列車的終點站，另往來西班牙各地的高速火車AVE、特快列車，甚至近郊火車也在此停靠。

在車站可搭3號和5號地鐵或近郊火車，前往加泰隆尼亞廣場。車站內有遊客服務中心、寄物櫃、餐廳等設施。

鄰近貝爾港的法蘭莎火車站，是國內特快車ALVIA和加泰隆尼亞地區火車的停靠站。在法蘭莎火車站可轉搭地鐵4號線或近郊火車，前往加泰隆尼亞廣場或轉往聖哲火車站。詳細火車時刻表可上西班牙國鐵網站或至火車站查詢。

**西班牙國鐵** ⓦwww.renfe.com
**歐洲國鐵** ⓦwww.raileurope.com

### ◎長途巴士

兩處巴士中繼站，一是哥德區以東的北巴士總站(Estaciód'Autobusos Barcelona Nord)，是巴塞隆納最大的巴士中繼站，除了往返西班牙各城市，來自安道爾、法國、義大利、葡萄牙、北非摩洛哥等國際巴士也停靠於此，可步行至附近的1號線地鐵站Arc de Triomf。

另一處是聖哲火車站旁的聖哲巴士總站(Estaciód' Autobusos de Sants)，為西班牙巴士公司的辦公室所在，巴士往返鄰近區域及西班牙各地，最近的地鐵站是Sants Estació，可搭乘3、5號線前往巴塞隆納各地，或就近搭乘近郊火車。

**北巴士總站** ⓦwww.barcelonanord.cat
**聖哲巴士總站** ⓦwww.adif.es

## 機場至市區交通

### ◎地鐵Metro

從T1、T2出發的地鐵L9 Sud線可前往市區，另可在Torrassa站轉乘L1、Collblanc 站轉乘L5、Zona Universitària站轉乘L3。

**巴塞隆納大都會交通公司(TMB)**
⊙週一至四、週日和假日05：00～00：00、週五和假日前夕至02：00、週六24小時。約每7分鐘一班，至終點Zona Universitària需32分鐘。
⑤單程€5.15
ⓦwww.tmb.cat

### ◎機場巴士Aerobús

從普拉特機場前往巴塞隆納市區，若攜帶大型行李，最方便的是搭乘機場巴士。巴士往來機場和市中心的加泰隆尼亞廣場，分T1航廈和T2航廈兩條路線，沿途經過西班牙廣場(Pl. Espanya)、Urgell地鐵站和巴塞隆納大學(Pl. Universitat)；回程同樣從加泰隆尼亞廣場發車，經Sepúlveda-Urgell和Pl. Espanya兩站後抵達機場。詳細時刻表及搭車地點可上官網查詢。
⊙在巴士站、售票機、官網，或車上直接購票
⊙T1航廈至市區：05：35～01：05；市區到T1航廈：05：00～00：35。平均10分鐘一班，車程約35分鐘。
⑤單程€5.9、來回€10.2
ⓦwww.aerobusbarcelona.es

### ◎近郊火車Cercanías

機場的火車站(Aeropuerto)位於T2航廈的A區與B區之間，走過天橋即可抵達火車站。搭Line R2 North，可至市區的聖哲火車站或感恩大道(Passeig de Gràcia)站，至聖哲火車站約18分鐘，感恩大道站約25分鐘，之後可就近轉搭地鐵前往目的地。

若預計搭火車前往機場，建議預留充足的交通時間，因為火車經常誤點，且步行至T2的航空公司櫃台約需10至15分鐘。

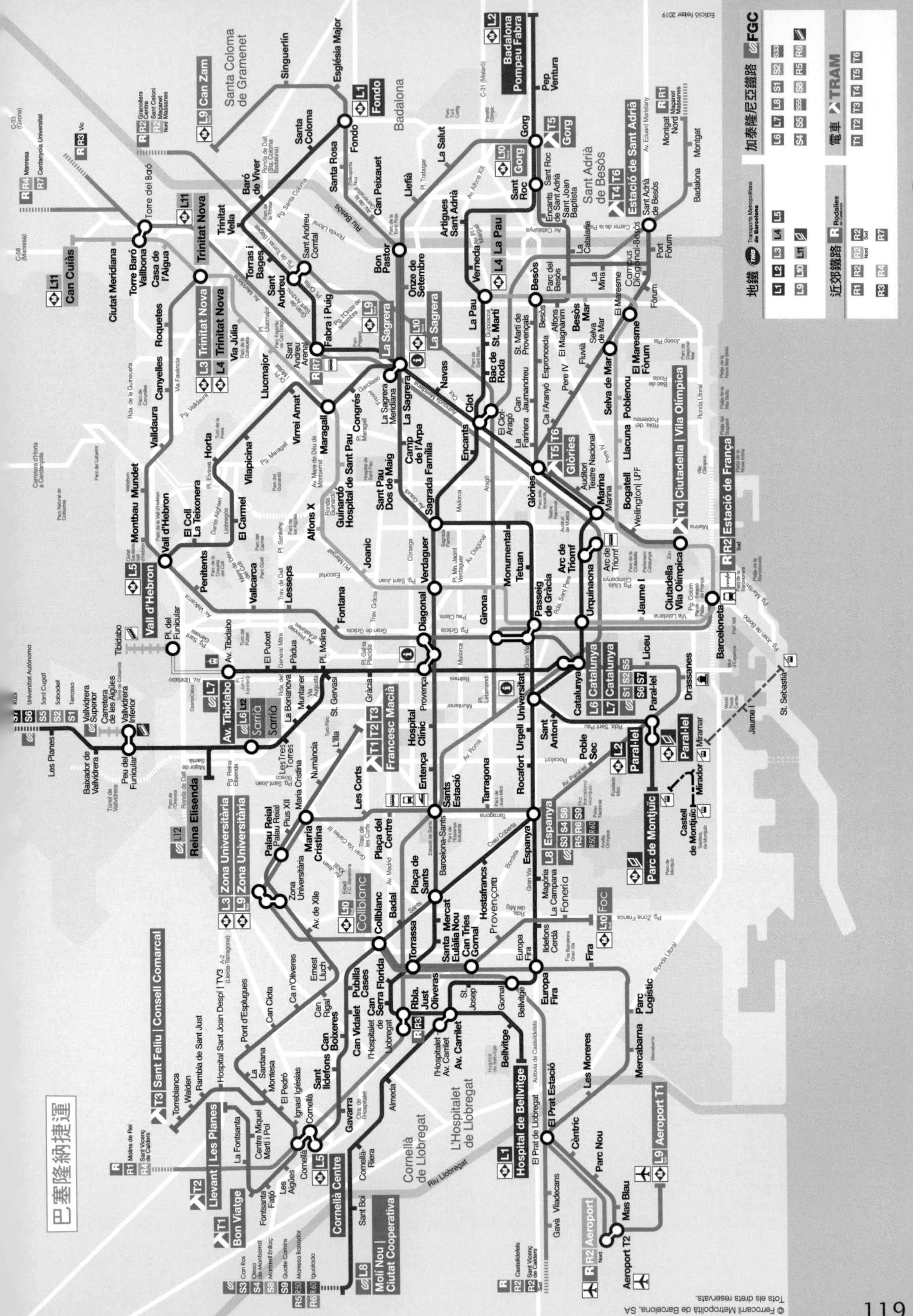

巴塞隆納捷運
地鐵
加泰隆尼亞鐵路 FGC
近郊鐵路 Rodalies
電車 TRAM
Edició febrer 2019
© Ferrocarril Metropolità de Barcelona, SA
Tots els drets reservats.
Catalunya
Passeig de Gràcia
Diagonal
Espanya
Sants Estació
Sagrada Família
Verdaguer
Universitat
Urquinaona
Arc de Triomf
Barceloneta
Liceu
Drassanes
Paral·lel
Parc de Montjuïc
Ciutadella | Vila Olímpica
Estació de França
Glòries
Clot
La Sagrera
Fabra i Puig
Sant Andreu
Trinitat Nova
Vall d'Hebron
Montbau
Mundet
Torre Baró | Vallbona
Ciutat Meridiana
Can Cuiàs
Fondo
Badalona Pompeu Fabra
Gorg
Estació de Sant Adrià
Zona Universitària
Collblanc
Francesc Macià
Reina Elisenda
Av. Tibidabo
Sarrià
Tibidabo
Les Planes
Sant Feliu | Consell Comarcal
Cornellà Centre
Molí Nou | Ciutat Cooperativa
Hospital de Bellvitge
Aeroport T1
Aeroport T2
Aeroport
Mas Blau
El Prat Estació
Fira
Europa | Fira
Santa Coloma de Gramenet
Badalona
Sant Adrià de Besòs
Cornellà de Llobregat
L'Hospitalet de Llobregat
Riu Llobregat
Riu Besòs
Ronda Litoral

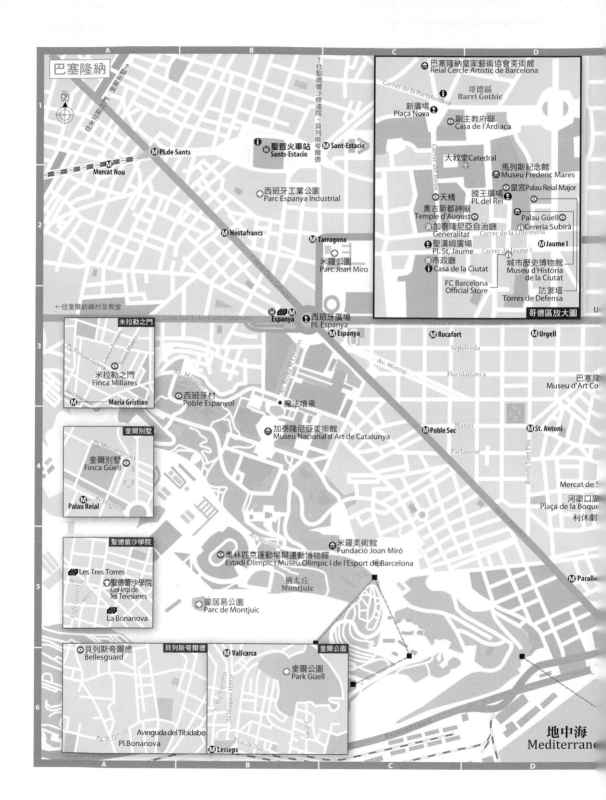

巴塞隆納

往拉科魯尼亞‧聖地牙哥─
往聖德雷沙修道院‧貝列斯夸爾德

Pl.de Sants

Mercat Nou

聖哲火車站
Sants-Estacio

Sant-Estacio

西班牙工業公園
Parc Espanya Industrial

Hostafrancs

Tarragona

米羅公園
Parc Joan Miro

←往奎爾紡織村及教堂

Gran Via de les Corts Catalanes

Espanya

西班牙廣場
Pl. Espanya

西班牙廣場
Pl. Espanya

米拉勒之門

米拉勒之門
Finca Millares

Maria Gristian

奎爾別墅

奎爾別墅
Finca Güell

Palau Reial

聖德蕾沙學院

Les Tres Torres

聖德蕾沙學院
Col·legi de
les Teresianes

La Bonanova

Rosari

西班牙村
Poble Espanyol

魔法噴泉

加泰隆尼亞美術館
Museu Nacional d'Art de Catalunya

Av. Miramar

米羅美術館
Fundació Joan Miró

奧林匹克運動場與運動博物館
Estadi Olímpic i Museu Olímpic i de l'Esport de Barcelona

猶太丘
Montjuic

蒙居易公園
Parc de Montjuic

貝列斯夸爾德
Bellesguard

貝列斯夸爾德

Vallcarca

奎爾公園
Park Güell

奎爾公園

Avinguda del Tibidabo
Pl.Bonanova

Pg. St Gervasi

T.av de Dalt

Lesseps

Rocafort

Sepulveda

Urgell

Av. Mistral

Floridablanca

巴塞隆
Museu d'Art Co

Manso

Poble Sec

St. Antoni

Parlament

Ronda Sant Pau

Gran Via de les Corts Catalanes

河渠口廣
Plaça de la Boque

利休劇

Paral·le

地中海
Mediterrane

巴塞隆納皇家藝術協會美術館
Reial Cercle Artístic de Barcelona

Carrer de la Portaferrissa

哥德區
Barri Gothic

新廣場
Plaça Nova

副主教府邸
Casa de l'Ardiaca

Carrer del Bisbe

大教堂Catedral

馬列斯紀念館
Museu Frederic Mares

天橋

國王廣場
Pl. del Rei

皇宮Palau Reial Major

奧古斯都神廟
Temple d'August

加泰隆尼亞自治廳
Generalitat

Carrer de la Llibreteria

Palau Güell

Cereria Subirà

聖漢姆廣場
Pl. St. Jaume

Carrer de Jaume I

Jaume I

市政廳
Casa de la Ciutat

城市歷史博物館
Museu d'Història
de la Ciutat

FC Barcelona
Official Store

防禦塔
Torres de Defensa

哥德區放大圖

120

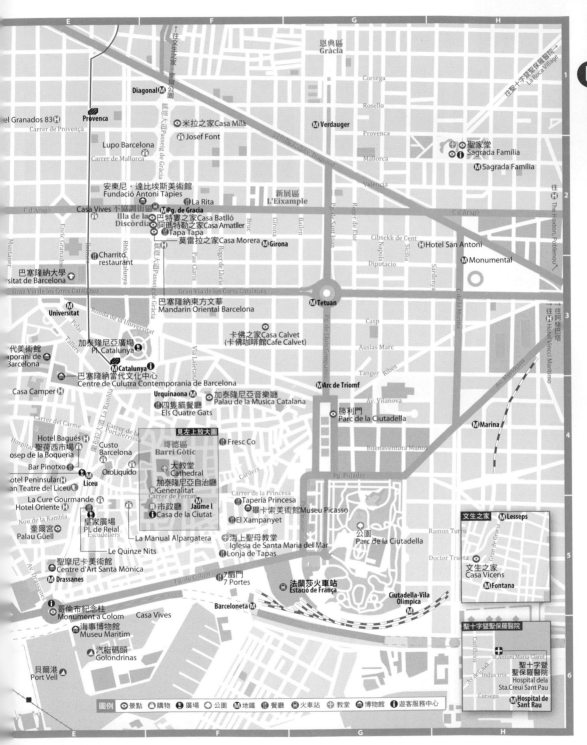

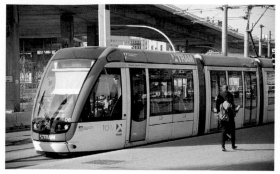
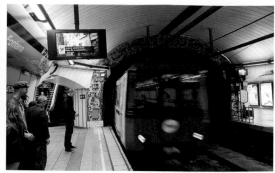

**西班牙國鐵renfe**

⌄ 06:00～23:00。約每30分鐘一班

💲 單程€4.6

🌐 www.renfe.com

### ◎計程車Taxi

計程車採跳表計費，平日、假日和夜間的收費計價均不同。從機場至市中心約20至30分鐘車程，車資約€25～35，另外需支付€4.3的機場接送費。當地計程車的品質參差不齊，建議一定要在機場的計程車招呼站叫車。

🌐 www.taxibarcelona.cat

## 市區交通

公共交通非常方便，中心地段有地鐵、巴士、近郊火車等，部分地區還有地面電車、纜車等。

巴塞隆納大都會交通公司(TMB)發行的票卡，可通用地鐵、巴士、電車及纜車，轉乘不須另外加價，除了機場線需另外購票。

一般遊客的活動範圍主要在Zone 1，可以購買單程票(Billete Zenzill)或十次卡(T-casual)，進站時刷卡，可多人同時使用，75分鐘內可自由轉乘；亦可購買Hola Barcelona Travel Card，有效期限內無限搭乘各種大眾交通工具。

**巴塞隆納大都會交通公司(TMB)**

💲 Zone 1：成人單程€2.4、十次卡(T-10)€11.35

🌐 www.tmb.cat

### ◎地鐵Metro

地鐵快速、標示清楚，是最方便的大眾交通工具，市區共有8條線，以數字和顏色畫分。3號線往來於感恩大道的Passeig de Gràcia站、加泰隆尼亞廣場的Catalunya站、蘭布拉大道的Liceu站，是遊客搭乘頻率最高的路線。

其他常用的路線，像前往聖家堂的2號線、奧運選手村的4號線等。L6、L7、和L8則是往來郊區的通勤路線，由加泰隆尼亞鐵路(FGC)經營。

⌄ 週一至四、週日和假日05:00～00:00，週五和假日前一天為05:00～2:00，週六24小時，重要節日的時間請見官網

### ◎市區巴士City Bus

巴塞隆納有多達80條的巴士路線，以及17線夜間公車，網絡四通八達，但若不熟悉當地路名，也搞不清楚路線，建議搭配Google Map，以免搭錯車下錯站。

市區巴士營運時間大多介於05:00～23:00之間，其他時段必須搭乘夜間公車。你可以事先購買好票券，插入司機旁的剪票機，或準備好零錢，跟司機買票。

### ◎計程車Taxi

想搭計程車，除招呼站外，也可在路旁招車，起跳€2.3，之後每公里加€1.21，若往返機場，則另需支付單程€4.3歐元。

🌐 taxi.amb.cat

## 觀光行程

### ◎巴塞隆納觀光巴士Barcelona Bus Turístic

對首次造訪的旅客而言，搭乘雙層觀光巴士遊覽相當方便，在車票效期內隨時上下車，車上提供華語在內的多語言的導覽耳機。

觀光巴士分紅、藍、綠3條路線，囊括感恩大道、聖家堂、奎爾公園、西班牙廣場、貝爾港、猶太丘等重要景點，紅線及藍線繞一圈約2小時，綠線約40分鐘。

🎫 向旅遊諮詢中心買票，或上車向司機購票

⌄ 約09:00～19:00，平均20至30分鐘一班

💲 1日券：全票€30、半票€16；2日券：全票€40、半票€21。官網購票九折優惠

🌐 www.barcelonabusturistic.cat

## 優惠票券

### ◎歐啪！巴塞隆納Hola Barcelona Travel Card

如果在巴塞隆納停留超過2天，且頻繁使用交通工

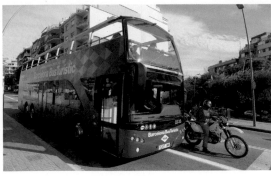
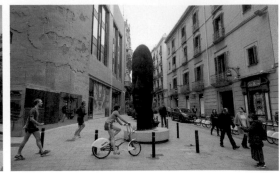

具，不妨購買專為旅客設計的交通周遊券，分為2至5天4種，可在限定的區域範圍和時間內，無限次搭乘上述所有交通工具、Zone 1內的近郊鐵路、機場線和猶太丘纜車。

🚇在地鐵站自動售票機或官網購買

💶2日券€16.4、3日券€23.8、4日券€31、5日券€38.2。官網購買9折優惠

🌐www.tmb.cat/barcelona-fares-metro-bus/tickets-visit-barcelona

### ◎巴塞隆納卡Barcelona Card

持卡參觀巴塞隆納多處博物館與景點可免費或打折，參加城市導覽、搭乘觀光巴士、參觀佛朗明哥舞表演等也有折扣，有效期限內還可無限搭乘地鐵、巴士、電車等大眾交通工具。最大好處是參觀景點時，不用排隊購票，節省不少時間。

🚇在遊客中心或官網購買

💶Express Card（2日）：全票€22；3日：全票€48、優待票€26；4日：全票€58、優待票€35；5日：全票€63、優待票€40。網路購票另享5%折扣

🌐www.barcelonacard.com

### ◎巴塞隆納博物館卡Articket Barcelona

這張Articket可以通行6家博物館，約能省下45%的門票費用，包含畢卡索美術館、米羅美術館、安東尼達比埃斯美術館(Fundació Antoni Tàpies)、加泰隆尼亞美術館、巴塞隆納當代美術館(MACBA)，及巴塞隆納當代文化中心(CCCB)的常設站與特展。

🚇遊客中心、上述6家美術館，或官網購票

💶€35 🌐articketbcn.org

### 旅遊諮詢
### ◎加泰隆尼亞廣場遊客中心

📍P.121F3 📍Plaça de Catalunya 17-S

📞285-3834 ⏰08:30～20:30

🌐www.barcelonaturisme.com

### ◎機場遊客中心

📍T1和T2 ⏰T1：週一至五08:00～20:30，週六日08:30～20:30；T2：週一至六08:00～20:30，週日08:30～20:30

### ◎聖豪美廣場遊客中心

📍P.121F5 📍Plaça Sant Jaume，Ciutat 2（市政廳一樓）⏰暫時關閉

### ◎聖哲火車站遊客中心

📍P.120B1 📍Estació de Sants，Plaça dels Països Catalans s/n ⏰暫時關閉

### ◎蘭布拉大道遊客中心

📍P.120C1 📍La Rambla, 51-59 ⏰09:00～15:00

### ◎哥倫布紀念柱遊客中心

📍P.121E5 📍哥倫布紀念柱一樓 ⏰08:30～14:30

## 城市概略City Guideline

每座城市都有一個用來辨別方位的主廣場，而巴塞隆納的心臟正是加泰隆尼亞廣場。廣場分隔新舊城區，蘭布拉大道往南延伸至貝爾港，是最有活力的商業區，觀光客絡繹不絕，咖啡館、餐廳和各式商店林立；蘭布拉大道東側是城市起源的哥德區(Barri Gòtic)，穿梭中世紀巷弄間，參觀大教堂和古羅馬遺蹟、前往畢卡索美術館向大師致敬。

加泰隆尼亞廣場往北，感恩大道貫穿19世紀時因都市計畫擴建的新展區(L'Eixample)，多棟現代主義藝術建築將此區妝點得衝突又時髦，而滿街精品店則媲美巴黎香榭麗舍大道。對角線大道(Avinguda Diagonal)東西向橫越新城，北邊的恩典區(Gràcia)地勢緩緩上升，街巷藏著許多獨特的設計小店，文森之家和奎爾公園都在這一區。

市區西邊的廣大綠地是猶太丘(Montjuïc)，這裏曾是1929年世界博覽會、1992年奧運的辦場地，現在則座落著不少家美術館，也是俯瞰城市的好地方。

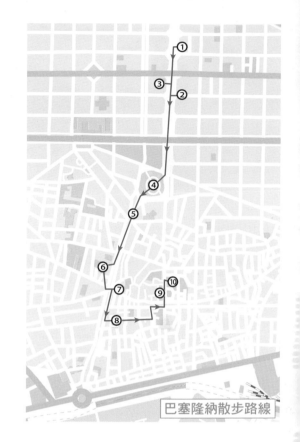

巴塞隆納散步路線

# 巴塞隆納行程建議
# Itineraries in Barcelona

這座城市散發著濃厚的加泰隆尼亞色彩，迥異於馬德里及其他西班牙城市，再加上高第、畢卡索、米羅等大師加持，讓巴塞隆納的全球知名度超級響亮。高第建築自然是參觀重點，其它如哥德區的古建築、熱鬧的蘭布拉大道、停滿遊艇的海港等，都有其獨特的魅力。

第一天建議以哥德區為出發點，探索舊城與海港。以大教堂高高的尖塔為地標，就不怕在錯綜複雜的石板街道中迷路，一定要參觀畢卡索美術館，再至哥德區西側的蘭布拉大道消磨一下午，再加入從聖荷西市場到貝爾港的人潮逛街去。

第二天深入高第的異想世界，要認識這位巴塞隆納的驕傲，得從聖家堂開始。精品店林立的感恩大道上，巴特婁之家、莫雷拉之家、阿瑪特勒之家並肩而立，組成無與倫比的「不協調街區」，再走進米拉之家，看藝術家如何落實馳騁的想像力。

第三天，前往稍遠的奎爾公園和市區西方的猶太丘。以加泰隆尼亞美術館為背景的西班牙廣場，猶如猶太丘的大門，從這裡可搭車前往米羅美術館和西班牙村。

如果還有時間，別錯過離巴塞隆納大約2小時車程的達利劇院美術館；而想看看大自然與人文景觀相融合的，蒙瑟瑞特山與瑪麗亞修道院是不錯的選擇。

# 巴塞隆納散步路線
# Walking Route in Barcelona

跟著路線走，可以瞭解巴塞隆納的城市發展歷史，代表景點也一併收入其間。

從新展區的現代藝術建築開始，欣賞高第等大師傑作與城市更新計畫帶來的面貌，**米拉之家①**是高第落實自然主義最成熟的作品，從裡到外全無直線的設計，營造出無窮的空間流動感。沿著**感恩大道②**往港口方向前進，不遠處的**巴特婁之家③**是一棟童話屋，繽紛的彩色磁磚和龍骨般的建築結構令人驚艷，鄰居是同樣美輪美奐的莫雷拉之家與阿瑪特勒之家。

經過城市心臟**加泰隆尼亞廣場④**，前往人潮熙來攘往的**蘭布拉大道⑤**，走逛綠蔭下的攤位，觀賞街頭藝人的表演。在**聖荷西市場⑥**買些新鮮水果或果汁、餅乾等零食，欣賞**河渠口廣場⑦**米羅的馬賽克鑲嵌畫和洋溢濃厚東洋風情的傘店後，轉往隱身巷弄中的**皇家廣場⑧**，這裡有高第年輕時設計的街燈，是他第一件公共藝術品。

沿著蜿蜒的街道前進，前往巴塞隆納最古老的哥德區。三面環繞著哥德式建築的**國王廣場⑨**，曾是巴塞隆納的權力中心，如今分別聳立著總督府、阿拉崗國王的皇宮及聖亞佳塔皇室禮拜堂。不遠處的**大教堂⑩**，供奉著巴塞隆納守護聖人聖尤拉莉亞，主祭壇下方的地下聖堂還供奉著這位聖人的石棺。

**距離：**約2.5公里　　**時間：**約2小時

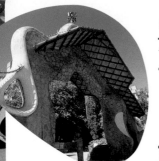

# 無法超越的經典—
# 高第建築

## 直線屬於人類，曲線屬於上帝

　　這位建築鬼才的作品，見過就保證你畢生難忘！

　　安東尼‧高第‧柯爾內特(Antoni Gaudil Cornet，1852～1926)出身自西班牙工業小村雷烏斯(Reus)的鑄鐵匠之家，自幼習得一手傑出的鍛鐵技術，當過短期的打鐵工人，但從小立志學習建築的他，終在1869年前往巴塞隆納學習建築，1873年取得巴塞隆納省立建築學校的入學許可，於1878年取得建築師執照，此後幾乎都在巴塞隆納工作生活。他是不折不扣的加泰隆尼亞人，總是精力充沛、孜孜不倦地工作，一直到1926年6月車禍身亡以前，可說從未休息，在巴塞隆納留下眾多建築，其中被列為世界文化遺產的作品就有7座，為城市創造出獨一無二的特色，而至今仍未完成的曠世巨作－聖家堂，更是為巴塞隆納創造驚人的觀光收益！

　　高第深受英國美術大師羅斯金(John Ruskin，1819～1900)的自然主義學說和新藝術風格(Art Nouveau)的影響，以心中那股濃烈的加泰隆尼亞民族意識，和對蒙特瑟瑞(Montserrat)聖石山的觀察，做為創作時的靈感泉源。他打破對直線的「迷思」，回歸上帝的創作，認為大自然界不存在絕對的直線，他說：「藝術必須出自於大自然，因為大自然已為人們創造出最獨特美麗的造型。」。

　　他的作品使用大批陶瓷、磚瓦和石材，結合傳統與當代的多元建築風格之中，同時保有獨特的原創

力，從建材、型式，到門、角、窗、牆等任何一處細部都獨一無二。其作品幾乎難以歸類，既是建築、大型雕塑、也是藝術，而獲得「建築史的但丁」、「上帝的建築師」等稱號。

　　擁有獨特的創意與精湛的技藝，這位大師更因有伯樂賞識而得以發揮長才，1878年巴黎萬國博覽會時，高第以一只玻璃展示櫃參展，讓奎爾公爵(Eusebi Güell，1846～1918)大為激賞。隨後數十年，在公爵的支持下，高第設計了奎爾宮、奎爾教堂、奎爾酒窖、奎爾公園等私人建築，奎爾公爵的慷慨財力和全然信任，讓高第得以盡情揮灑創意，不受金錢、時間等限制，淬鍊出益加成熟的作品。

## 高第建築作品年表
（依起建時間排列）

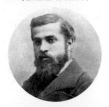

### 1883~2026(預計)
聖家堂Sagrada Família
(1984年列為世界文化
遺產)

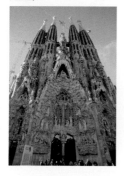

### 1883~1885
文生之家Casa Vicens
(1984年列為世界文化
遺產)

### 1883~1887
奎爾別墅
Pavellons de la Finca
Güell

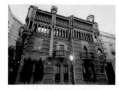

### 1886~1890
奎爾宮Palau
Güell(1984年列為世
界文化遺產)

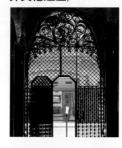

### 1888~1890
聖德雷沙學院
Collegi de les
Teresianes

### 1891~1892
波提內之家
Casa Botines

### 1895~1897
奎爾倉庫
Bodegas Güell

### 1898~1999
卡佛之家Casa Calvet

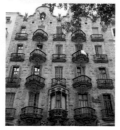

### 1890~1917
奎爾紡織村及教堂
Colonia Güell (教堂地
下室1984年列為世界
文化遺產)

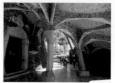

### 1900~1909
貝列斯夸爾德
Bellesguard

### 1900~1914
奎爾公園Park Güell
(1984年列為世界文化
遺產)

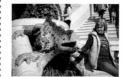

### 1901~1902
米拉勒之門
Puerta de la Finca
Miralles

### 1904~1906
巴特婁之家Casa
Batlló(1984年列為世
界文化遺產)

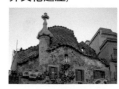

### 1906~1912
米拉之家Casa Milà
(1984年列為世界文化
遺產)

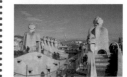

## 什麼！沒有許可證

聖家堂早在1882年動工，高第雖然早在1885年向市府申請建築變更許可，但卻從未取得政府核發的建築執照。巴塞隆納市政府和聖家堂在近期進行將近3年的協商，2018年達成協議，聖家堂支付460萬歐元給市政府，並於10年內支付3,600萬歐元，以改善周圍交通、興建公共設施。所以，等了137年，聖家堂終於在2019年6月取得效期至2026年的施工許可。

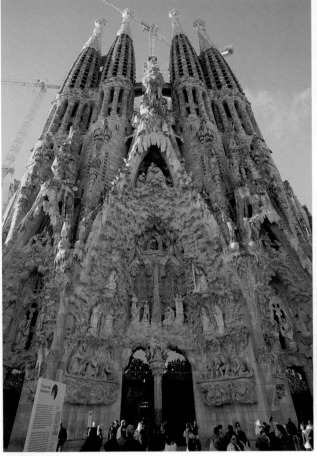

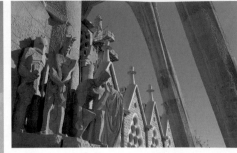

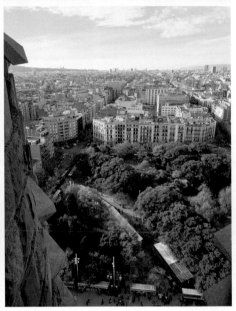

新展區周邊

MAP ▶ P.121H2

# 聖家堂

世界文化遺產

## Sagrada Família

🚇地鐵2或5號線Sagrada Família站，步行約1分鐘　🏠Carrer de Mallorca 401　☎208-0414　🕐4至9月：週一至六09:00～20:00；3月、10月：週一至六09:00～19:00；11至2月：週一至六09:00～18:00；週日10:30開放參觀，1/1、1/6、12/25～26：09:00～14:00　💲聖家堂＋中文語音導覽，全票€26；聖家堂＋塔樓＋語音，全票€36；聖家堂＋高第之家博物館＋語音導覽，全票€30　🌐www.sagradafamilia.org　❶為避免排隊等候，建議提前上網購票並預約參觀時段，此外，選擇搭電梯上塔的人，記得需按票上的梯次時間前往。上塔人數有上限，建議網路購票的同時預約。

聖家堂既不受教皇統御，也不屬於天主教的財產，這間舉世聞名的教堂其實是一間私人出資的宗教建築，資金完全仰賴個人捐款及門票收入。

身兼聖約瑟奉獻協會主席的書店老闆柏卡貝勒(Josep Ma Bocabella)有個夢想，希望能建造一間可以禮拜耶穌、聖約瑟、聖母瑪麗亞等聖家族的教堂，他在市區找到一塊便宜又足夠的土地，1882年委託建築師維拉(Frrancisco de Villar)興建，不過，才一年的時間，雙方即因意見不合而拆夥，柏卡貝勒於是找了當時才30幾歲的高第接手。

高第投入聖家堂工程的第二年起，便一改趾高氣昂的態度，每天從奎爾公園的理想屋走十幾公里到聖家堂工作。聖家堂的建體龐大且雕工繁複精細，遲遲無法完工，高第解釋：「我的客戶天主不趕時間，而且天使會看到。」

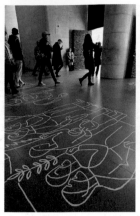
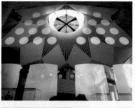
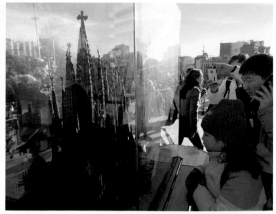
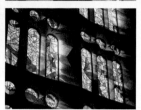

　　這裡成了他貢獻畢生心血的家，1925年更直接住進工地，全心全意投入，甚至因為工程經費不足，而親自捧著奉獻箱蹲坐在工地邊，希望路人施捨！1926年6月7日下午，當高第一如往常完成聖家堂的工作，正要走到市中心的St. Philip Neri做禮拜時，被一輛路面電車撞倒。

　　當時的他衣衫破舊，路人誤以為是流浪漢，送至聖十字聖保羅醫院，三天後去世。當高第去世的消息傳出後，巴塞隆納市民湧向街道，伴隨著靈柩一路走到聖家堂，高第最後安葬於他工作了數十年的聖家堂的地下墓室。

　　聖家堂平面結構為拉丁十字形，由18座尖塔和東西南3個立面組成。每個立面各有4座高達94公尺的尖塔，代表耶穌的12門徒，內圈的4座107公尺高塔，代表四位傳福音者，最高的2座則設於中央區，代表至高無上的聖母瑪麗亞以及耶穌，一旦完工，最高的尖塔將達172公尺，讓聖家堂成為全世界最高的教堂。高第投入43年的歲月，但在意外去世之前，只完成一個立面和一座尖塔。

　　聖家堂的三個立面，分為基督誕生和成長的「誕生立面」（Fachada del Nacimiento）、耶穌受難和死亡的「受難立面」（Fachada de la Pasión），以及描寫死亡、審判、地獄、最後榮光的「榮耀立面」（Fachada de la Gloria），這也將是聖家堂最大、最豪華的立面和正門所在。

　　聖家堂的工程從19世紀持續推進至21世紀，是全世界唯一一座列入世界文化遺產的未完工建築。旅客每次前往都可以看到有點不一樣，教堂內部的主要結構大致完成，剩下還有細部裝飾與塔樓等，建築師正力拼在高第逝世百年的2026年完工，至於是不是不可能的任務，就請大家拭目以待！

### 設計靈感來源

　　蒙瑟瑞特山因聖母修道院坐落於此而被稱為「聖山」，其鬼斧神工的天然地貌，據說為高第帶來不少設計聖家堂時的靈感。他將觀察大自然得到的靈感，結合深厚的宗教知識和美學素養，以嚴謹的科學、力學理論，做出模型測試其可行性，希望創作出一座外觀結合動植物形體、內部有如森林結構般的建築。

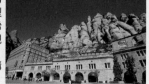

### 如何拍到全景

　　上午9點之前的光線柔和，是拍誕生立面的最佳時機。若要拍攝誕生立面的全景，可到馬路對面的小公園，站在水池邊的石頭上拍攝。下午5點以後，則是拍復活立面的最佳時機，要拍攝復活立面的全景，同樣需跨過馬路，用24mm以下的廣角貼地拍攝。

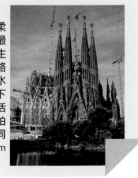

## 誕生立面Fachada del Nacimient

誕生立面正對著太陽升起的東方，代表生生不息。高第用雕刻述說著耶穌誕生和成長的聖經故事，以及加泰隆尼亞人的信仰，創作出「石頭書寫的聖經」，立面的每一吋都有故事，這也是高第最嘔心瀝血的設計。

誕生立面共有3扇門，由右到左分別代表天主教最重要的精神「信、愛、望」─「信仰之門」(Pórtico de la Fe)、「基督之愛門」(Pórtico de la Caridad)，以及「希望之門」(Pórtico de la Esperanza)。中間長著一棵連接天堂與人間的橋樑及門檻的生命之樹，群繞著柏樹的鴿子則象徵著等特著進入天堂的純潔靈魂。

在高第原本的設計中，這個立面要塗上飽滿且搶眼的色彩，中間的基督之愛門應該是耶誕午夜的藍色，左邊的希望之門是象徵埃及尼羅河的綠色，至於右邊的信仰之門則是象徵巴勒斯坦地區(Palestine)的赭石濃黃。可惜的是，在他去世後才完成的誕生立面，最後決定不上顏色。

高第希望以逼真且猶如身旁朋友的雕塑來吸引信眾，所以在設計時，皆是以真實的民眾做為雕像的模特兒，就連出現其中的動物也不例外。除了人像及動植物，文字在聖家堂也占有重要的地位，誕生立面有著聖家族所有人的名字以及榮耀神的話語，每一座高塔的塔身則刻著所代表的使徒名字，並馬賽克拼出「讚美上帝」等字樣等等，宣揚福音不遺餘力。

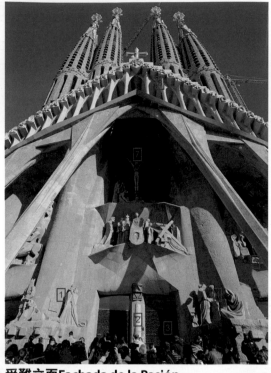

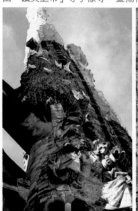

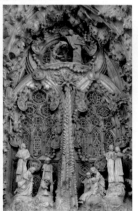

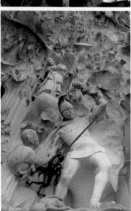

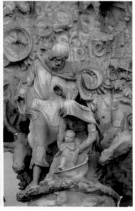

## 受難立面Fachada de la Pasión

高第說過，若從耶穌死亡的受難立面開始蓋起，人們就會退卻，因此先從誕生立面著手，但在他去世前15年（1911年），其實已繪製好受難立面的草圖，只是來不及在有生之年動工。

史巴奇斯(Joseph Maria Subirachs)接手設計的受難立面，和高第的1911年草圖有約一半以上的相似度，均由六根傾斜的立柱支撐入口的天幕，以倒S的順序來排列群像，運用3層的群像，來述說耶穌殉難前一週的故事，起於左下方最後的晚餐，終結於右上角的安放耶穌於新墓。

要在不世出的天才大師之後，延續其未竟志業，不難想見史巴奇斯得承受多大的壓力及批評，但他從一開始的爭議不斷，到最後得以成功傳達出耶穌受難過程中的悲壯情懷。史巴奇斯發展出一種新的人像雕塑語言，混合外在的形式與抽象的意念，用簡單的線條勾勒出形體，卻能營造出豐富的情緒張力，得以呈現積極與消極、滿溢與空虛等對立元素。

❶猶大出賣耶穌給祭司長，告訴士兵說，待會他親吻誰，誰就是耶穌。猶大的後方牆上刻有一條蛇，代表魔鬼的化身，暗喻猶大受了魔鬼的驅使，作出違背良心的事。耶穌身後方格裡的數字，不論橫、直、斜，加起來都是33，代表耶穌受難時的年齡。

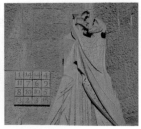

❷受鞭刑的耶穌被綁在一根裂成四塊的圓柱上，斷裂的圓柱代表十字架的四支，也代表古世界的分裂，而通往圓柱的三個石階，暗喻耶穌受難三日以及死後三日復活。

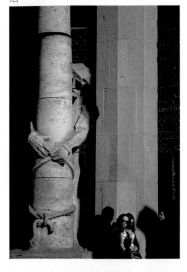

❸史巴奇斯在兩扇青銅大門上，放上福音書裡耶穌殉難的記載，在正在受刑的耶穌雕像兩側展開的「大聖經」，有如圖說般用文字述說著耶穌所受的苦難。

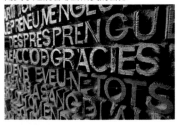

❹耶穌預言聖徒彼得會在雞鳴兩聲前，對外三次不認主。史巴奇斯刻了一隻公雞，再刻了三個詢問彼得是否認識耶穌的使女和僕人，以及低頭滿臉歉容的彼得。

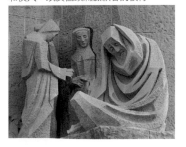

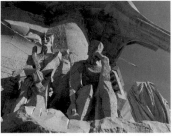

❺落寞不語、頭戴荊棘、手拿蘆葦的耶穌，旁邊坐著的是苦惱的彼拉多，因為不知道該判耶穌什麼罪，又不想觸犯眾怒而發愁。

❻扛著十字架的耶穌，後方是圍觀的群眾和羅馬士兵，中間的女子展示著耶穌的裹頭巾，耶穌面容採凹形的陰刻雕法，暗示此人已不存在。

史巴奇斯為紀念高第的貢獻，特地讓高第化為衛兵左邊的人物，另衛兵的頭盔外形模仿米拉之家的頂樓煙囪，這個用心設計也是在向高第致敬。

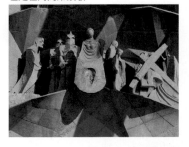

❼史巴奇斯顛覆傳統地將十字架水平放置，讓耶穌只有雙手釘在十字架上，身體彷彿懸浮在空中。

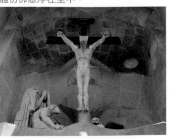

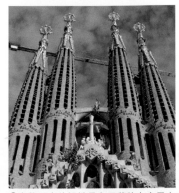

❽高第原本的設計是在天幕的上方又有一重天幕，支柱採骨頭外形，意謂著「殉難是需要付出鮮血的事業」，史巴奇斯則採用比較抽象的形式來呈現骨頭。視線再向上移，十字架上方是金色的耶穌正俯視世人。

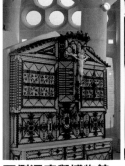
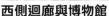
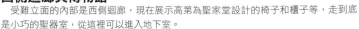

### 西側迴廊與博物館

受難立面的內部是西側迴廊，現在展示高第為聖家堂設計的椅子和櫃子等，走到底是小巧的聖器室，從這裡可以進入地下室。

地下室目前做為博物館和工作室使用，陳列與設計聖家堂相關的照片、草圖、模型，另放置一些高第研究自然界現象和力學的模型，遊客有機會動手操作。想向高第致意的，可以從相隔的玻璃小窗，看見在古典哥德式地窖內的高第墓室。

## 高塔

每一座高塔代表著一位使徒，柱子上刻著他們的雕像和名字，而在高塔的頂端，高第則集結戒指、權杖、主教冠、十字架等意象，代表12使徒的繼任者，也就是大主教的代表物品。

塔頂的圓形體就是主教冠，兩面中空，每面中間有一個十字，周圍鑲著15顆白球，3大12小；主教冠下方是一根往上彎曲的短柱，綴滿金字塔般的錐狀物，象徵主教的權杖；權杖之下的中空圓環，就是主教的戒指。戒指中間的空間及其他留著的小洞，在教堂完工後，都會裝上反射鏡，讓人從遠處就能清楚看見頂端的裝飾。

誕生立面和受難立面各有電梯可登上高塔，塔內不論從上往下或由下往上看都很驚人，可以近距離欣賞塔頂的馬賽克磁磚。兩座立面的高塔之間不相通，購票時需決定要上哪座塔，下塔則會經過令人頭暈的渦旋狀螺旋梯。

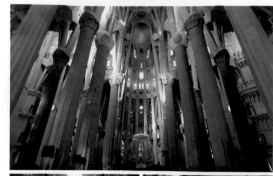

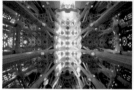

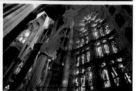

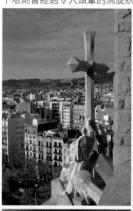

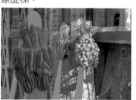

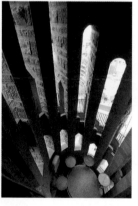

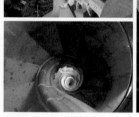

## 教堂內部

高第希望聖家堂的內部像座森林，柱子就是樹幹，拱頂是樹葉，藉由向四周展開的樹枝撐起整座空間，樹幹的分叉處是置入燈光的橢圓形「樹瘤」，拱頂部份則設計了葉子般的效果。

為了營造出陽光灑落及緩步移動的效果，設計師遵循高第生前指示願，在頂棚開了一個個圓洞，引進巴塞隆納耀眼的陽光，另透過四散的旋轉紋路將陽光折射到室內各處，再加上馬賽克拼貼、金色的葉子，處處閃著光芒。東西兩面的大面積彩繪玻璃，也有引入自然光線的作用，東面的藍綠色調象徵旭日東昇，西面的紅黃色調代表日暮將落，為教堂內部帶來隨著太陽起落的不同色調。

5條通道勾勒出教堂的拉丁十字平面，中央主殿拱頂高達45公尺，足足比側殿高出15公尺。側廊有3條通道，廊柱呈格狀排列，不過，東面的半圓形室維持1882年第一位設計師維拉的規畫，此區的廊柱排列不是格狀，而是採馬蹄狀。

中央十字區立著4根粗大的斑岩支柱，撐起大面積的拱肋，兩翼多達12座的雙曲面結構。高第希望讓站在主要大門的參觀者，能夠一眼看到主殿拱頂、中央的十字區以及半圓形室，因此創造出這種逐漸墊高的拱頂效果。

## 側禮拜堂

高第按照原建築師維拉的計畫，完成哥德式的地窖之後，開始設計半圓形的側禮拜堂，以兩座迴旋梯通往地窖。側禮拜堂裡裝飾了許多天使頭像及成串眼淚，是為了提醒世人耶穌所受的苦難。

側禮拜堂的屋外，牆頭刻有青蛙、龍、蜥蜴、蛇和蠑螈等不准進入聖殿的動物，尖頂則飾以麥穗等農作物。側禮拜堂僅對做禮拜的教徒開放，地窖可於彌撒時間進入。

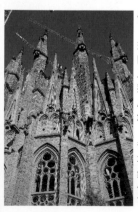

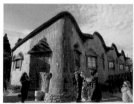

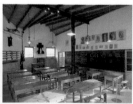

## 學校

在受難立面的旁邊，是一棟較為矮小的屋子，這是高第設計的學校。這棟看來樸實的紅磚屋舍，乍看簡簡單單、毫無裝飾，其實應用了許多物理原理。例如像葉子般起伏的屋頂、如波浪般彎曲的壁面，都提供給這棟建築穩固的支撐力。

# 奎爾宮
## Palau Güell

🚇地鐵3號線Liceu或Drassanes站，步行約7分鐘 🏠Carrer
Nou de la Rambla 3-5 📞472-5775 🕐4至9月：週二至
日10:00～20:00；10至3月：週二至日10:00～17:30 🚫週
一（假日除外）💲全票€12、優待票€9 🌐inici.palauguell.
cat ⚙每月第一個週日、2/12、4/23、6/10、9/11、
9/24、12/15免費。免費票的數量有限，需於前一週的週一上
官網申請

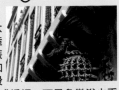

### 隱喻深意的鳳凰

在兩扇氣派無比的大門之間是一個鍛鐵打造的加泰隆尼亞紋章裝飾，這是高第為同是加泰隆尼亞人的奎爾所設計，不是當時常見的龍或蝙蝠，而是象徵浴火重生的鳳凰，隱喻支持當時19世紀加泰隆尼亞文化的語言復興運動。

　　奎爾公爵一則不想荒廢家族產業，其次想挽救自己在蘭布拉大道西區的名聲，同時又很欣賞高第的才華，決定聘請高第設計一棟華美絕倫的豪宅，且預算及工期皆未設限，讓高第得以盡情發揮。

　　這棟豪宅足足蓋了6年（1886～1891年），花掉奎爾公爵大部分的財產，但高第卻因這個作品聲名大噪。奎爾宮在1969年被西班牙政府列為國家級史蹟，1984年指定為世界文化遺產。

　　窄巷之中，很難窺見奎爾宮的全貌，不過，拋物線形的鍛鐵大門、花樣繁複的窗櫺欄杆、以及鳳凰立體徽紋，都展現了有如皇宮般的奢華。兩座大門分別讓運貨及馬車通進，其中，馬車可從大門直達馬廄，並可經蜿蜒的螺旋形斜坡到地下室，這種空間運用手法在當時是一大創舉。

　　內部空間以跨樓層的挑高大廳為中心，周圍安排客廳、餐廳、娛樂室等共用空間。中央大廳有著特殊的環繞設計，讓音樂聲得以迴盪每個角落，是最佳音樂表演場所，天花板、樑柱都有精巧雕刻，就連陽台欄干也別出心裁，有螺旋如繩、或方正如柵等設設，繁複卻不見雜亂是其高明之處。

　　最能彰顯高第風格的是屋頂，15公尺高的尖頂四周是20根彩色煙囪包圍，以馬賽克彩磚拼貼鑲嵌，煙囪頂蓋或是樹木、或是冰淇淋，還有摩爾帽等造型，有如萬花筒般繽紛閃爍。

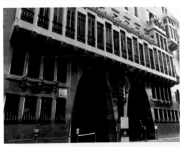

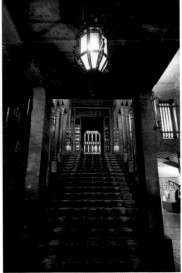

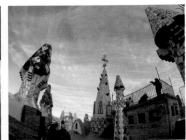

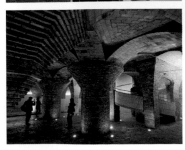

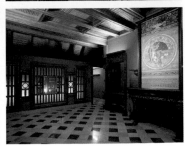

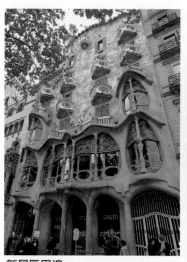
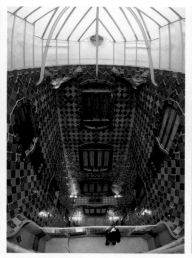
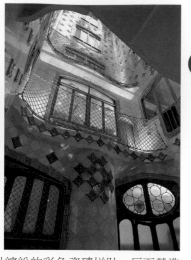

新展區周邊

MAP ▶ P.121F2

# 巴特婁之家

世界文化
遺產

## Casa Batlló

🚇地鐵2、3、4號線Passeig de Gràcia站，步行約2分鐘 🏠
Passeig de Gràcia 43 ☎216-0306 🕐09:00～20:15 💲全
票：普通票€35、夜場參觀€59～€69（含露天音樂會）；早安票
€45（限線上購票），可於08:30前入場參觀，避開人潮。門票
皆含中文語音導覽。現場購票需加收€4 🌐www.casabatllo.es

　　高第不是這棟建築的建築師，他接手的是改建工
程，將房子從裡到外大變身。巴特婁之家的屋主，
和奎爾同為紡織業鉅子，他買下這棟1877年的建
築之後，看到隔壁這棟1900年落成的阿馬特勒之
家(Casa Amatller)裝飾得美輪美奐，於是輸人不
輸陣地找來高第替他的「舊宅」改頭換面一番。

　　身為虔誠的教徒，高第對聖喬治屠龍的故事非
常著迷，在多件作品裡都可以看見相關的元素。
隔壁的阿馬特勒之家偏偏也參雜了聖喬治屠龍的
元素，這從其殘留的浮雕可略見一二，高第於是
決定以同樣的主題一決高下，形塑出巴特婁之家
今日的面貌。

　　惡龍鱗片是上釉的波狀鱗片瓷磚、聖喬治的利
刃是插刺在龍脊的十字架、受難者以面具般的窗
飾代表、惡龍的腹部則是一樓的骨頭…意象看似

殘忍，卻因為以繽紛的彩色瓷磚拼貼，反而營造
出童話般的氛圍。

　　屋子內部同樣令人驚奇。樓梯是巨龍的脊椎
骨，穿越蘑菇形的壁爐，到一樓的寬敞會客廳，
橡木門像有機體般無限往上延伸，連接波浪設計
的天花板，大面彩繪玻璃窗框住感恩大道流動的
街景，活動式隔間方便空間靈活運用，相當符合
現代需求。

　　中央天井是房子最重要的結構，為了讓每個樓
層享受均勻的自然光，高第利用五種深淺不同的
藍色瓷磚，拼貼出如深海中的天井。光線穿透不
平整的玻璃，散射柔美的水波紋，所展現的「海
洋」主題，象徵加泰隆尼亞人與海為伍，冒險犯
難、追尋自由和樂觀進取的民族精神。

　　閣樓的60道白色拱門，則令人聯想到動物的肋
骨。流線造型的柚木家具、樓梯扶手、窗框、書
桌、椅子等，不但華麗且符合人體工學，令人對
高第的用心感到驚艷。

　　巴特婁之家目前僅開放頂樓、底層、一樓與後
院，參觀者可以藉由結合多媒體和AR擴充實境的
個人導覽機，從各種角度深入認識這棟建築。建
議停留個半天時間，好好仔細欣賞，最好在黃昏
前1～2小時前來，可以欣賞到白天與夜晚兩種截
然不同的風情，入夜後的建築在溫暖燈光的照射
下顯得更加夢幻。

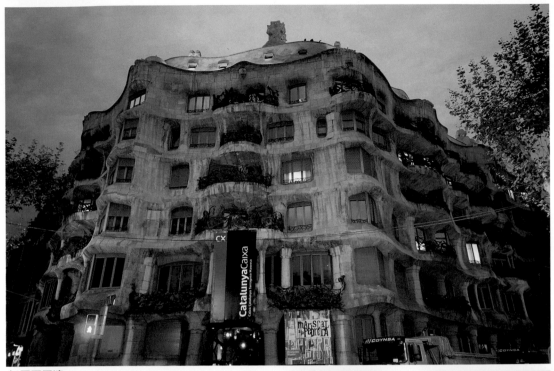

新展區周邊

MAP ▶ P.121F1

# 米拉之家

世界文化
遺產

## Casa Milà

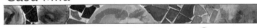

🚇 地鐵3號線Diagonal站,步行約3分鐘 🏠 Passeig de Gràcia 92 ☎ 214-2576 🕐 3至10月:09:00～18:30、夜間導覽20:30～23:00;11至2月:09:00～18:30、夜間導覽19:00～21:00 💲 全票€25、Premium全票(不需指定參觀日期)€32、夜間導覽全票€35。門票含中文語音導覽 🌐 www.lapedrera.com

興建於1906至1912年,佔地1萬1,000平方公尺的米拉之家,不僅是棟建築,也是件大型雕塑!整個結構從裡到外無稜也無角,全無直線的設計創造出無窮的空間流動感,連達利都認可是超現實主義在現實空間的具象,盛讚其為「石化的海洋」。堪稱是高第落實自然主義最成熟的作品。

米拉之家採用乳白原色的石材,且在陽台之外幾乎不見任何裝飾,因此被巴塞隆納人暱稱為採石場(La Pedrera)。這棟白色波浪形建築,外觀

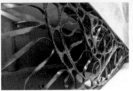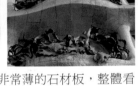

拼貼著看似厚重、其實非常薄的石材板,整體看來宏偉大器,點綴著精雕細琢的鍛鐵陽台,可以看出高第的鐵匠家庭背景,可以將鐵材發揮得淋漓盡致。

改建後的米拉之家命運坎坷,原為紡織業鉅子的豪宅,後來卻淪為賭場,也曾做為補習班和分租公寓。聯合國教科文組織在1984年指定為世界文化遺產之後,1986年由加泰隆尼亞儲蓄銀行文化中心(Centre Calture Caixa Catalunya)買下整修,重現其令人驚艷的往日風采。

米拉之家目前只開放頂樓、高第展覽廳、高第設計的一間公寓,和做為藝術展覽廳的2樓,管理單位已設定好參觀路線,只要照著箭頭前進,肯定不會迷路!

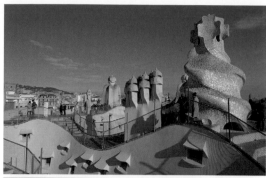

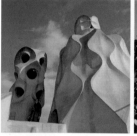

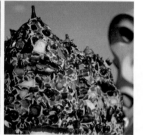

## 屋頂天台

屋頂上十幾個造型前衛的「外星悍客」令人莞爾,這些的作用是排煙管或水塔,在高第的巧手美化下,成為一處遊憩場地。除了可欣賞巴塞隆納的市景、眺望聖家堂,夜晚還有相當特別的燈光秀演出。

## 閣樓

這是米拉之家最具特色的空間,372道紅磚砌成的鏈狀拱門,有如舊約聖經裡描述的鯨魚身體,當時規畫是做為住戶共用的洗衣和曬衣間,現在是高第建築作品的展示廳,以縮小的建築物模型、多媒體等方式,解析高第運用的力學原理和設計元素。

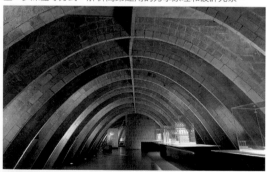

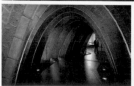
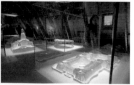

## 眾人都嫌棄的設計!

佩雷・米拉(Pere Milà)是巴特婁的好友,因欣賞巴特婁之家的設計,聘請高第為自己建造新宅,做為住家及分租公寓,但成品完工落成後,並不受當地居民青睞,甚至稱其為「地表最醜陋的房子」。在眾人一致嫌醜的情況下,耗費鉅資的米拉也大為不滿,一位入住房客抱怨這些沒一處方正的房間,根本無法放置她的鋼琴,不過,高第仍然堅持他的設計理念,成就了今日的傑作!

## 天井

高第為米拉之家設計了兩座天井,讓每一戶都能雙面採光。天井立面和通往二樓的階梯造型有如一隻正要展翅飛翔的蝴蝶,搭配綠色植物、淡彩花卉和有機體形狀的鍛鐵,宛如一座都市中的森林。

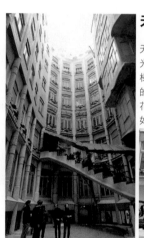

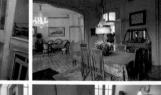

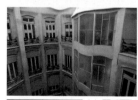
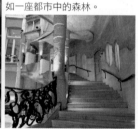

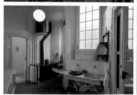
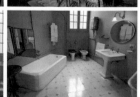

## 分租公寓

為了讓米拉之家內部更寬敞,高第想盡方法節省空間和運用結構學,讓內部的任何一面牆都可以拆除,每層樓可以互相串連,走道空間更節省,即便在今日,都算得上大膽且前衛的設計。在開放參觀的5樓,可以清楚看見室內佈局、高第擅長的裝飾元素、以及20世紀初資產階級家庭的生活。

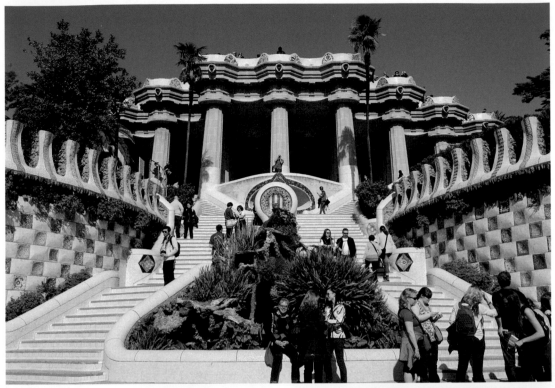

新展區周邊

**MAP ▶ P.120B6**

# 奎爾公園

## Park Güell

世界文化
遺產

🚇地鐵3號線Lesseps站或Vallcarca站，步行約20分鐘；或搭地鐵4號線至Alfons X站，轉搭接駁車Bus Güell，車程約15分鐘，車費包在入園門票裡。 🏠Carrer D'Olot s/n ☎902-200302 ⏰管制區：11至1月09:30～18:30，2至3月09:30～19:00，4至6月和9至10月09:30～20:30，7至8月09:00～20:30；博物館：10至3月10:00～18:00，4至9月09:30～20:00；紀念公園：05:00～凌晨 💲公園全票€10、優待票€7；博物館€5.5 🎫公園：parkguell.barcelona/en；博物館：www.casamuseugaudi.org ❗管制區域每時段的入場人數有上限，購票後請於指定時間的30分鐘內進場，進場後無參觀時間限制。旺季人潮眾多，建議先於網站或遊客中心購票。

奎爾公園建於1900～1914年，原本設計成擁有60戶別墅的英式花園，因此名字採用的是英文的「Park」，而非西班牙文的「Parc」，最後卻因為案子失敗而變更成公園。

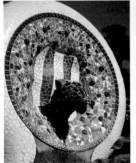

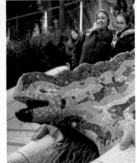

高第運用高低起伏的地形，搭配蘑菇、糖果屋和七彩大蜥蜴等童話趣味，創造出他最多采多姿的作品之一，雖然最後未能真正落成，仍廣受遊客歡迎。

公園分為需購票進入的管制區，及佔地廣闊的外圍紀念公園，高第的創作主要集中在管制區，最受歡迎的是中央階梯上那隻彩陶拼貼的大蜥蜴，這也是奎爾公園的代表象徵，想和這個大明星拍照得乖乖排隊。

## 警衛室 The Porter's Lodge

兩座糖果屋般的建築分立入口兩側，飾以波浪形陶瓷片的拱形屋頂、細高的螺旋塔樓、十字架標誌，邀請旅客走入高第的童話世界。正如其名，這裡原本是警衛工作和住宿的地方，現在一是紀念品店，另一則是巴塞隆納歷史博物館，持城市歷史博物館（P.XX）門票可入內參觀，內以多媒體方式展示高第在巴塞隆納的作品。

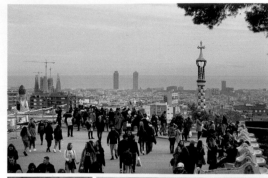

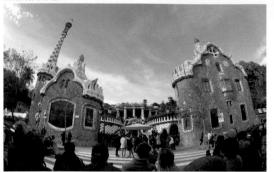

## 拱廊 Portico

園內有3座特殊的拱廊，跟聖家堂一樣，靈感來源都是蒙瑟瑞特山，以當地石塊層疊堆砌而成，奇異的原始感交織著厚重的體積感，除了外側廊柱之外不見任何支撐，更見大師的大膽與巧思。

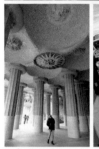

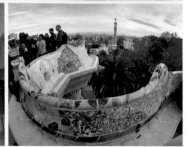

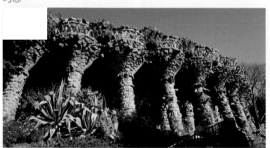

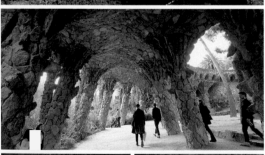

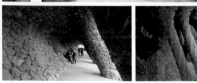

## 希臘劇場 The Greek Theatre(Nature Square)

希臘劇場又稱「自然廣場」，84根圓柱支撐起這座大平台，下方柱廊的回音效果極佳，是街頭藝人的最愛，上方平台則是劇場兼廣場，由高第和另一位建築師Josep Maria Jujol共同規畫。

蜿蜒似長蛇般的女兒牆，營造出極佳的視覺效果，一長排鑲嵌著彩色陶瓷的石椅，彎曲的設計成為可容納三五人聊天的獨立座位，頗具巧思，就連歌手張惠妹都曾遠赴此地為MV取景。

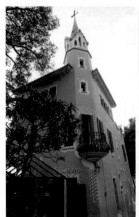

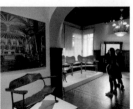

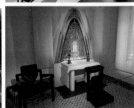

## 高第之家博物館 Casa-Museu Gaudí

高第為自己在公園裡設計了一棟房子，1906年短暫入住，現為高第之家博物館，展示高第私人生活的那一面，包含臥室、宗教信仰工具、使用過的傢俱和私人物件，還有高第設計的傢具。博物館位於紀念公園區，需要另外購票參觀。

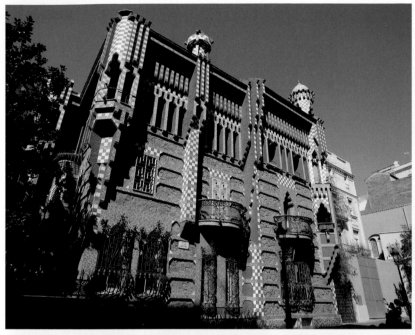
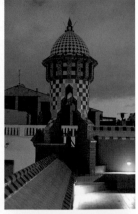
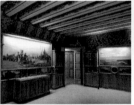
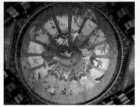
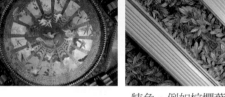
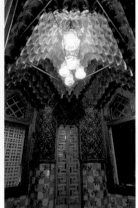
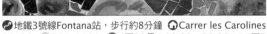

**新展區周邊**

**MAP ▶ P.121H5**

# 文生之家

世界文化
遺產

## Casa Vicens

🚇地鐵3號線Fontana站，步行約8分鐘 🏠Carrer les Carolines 20~26 ☎271-1064 ⏰4至10月：10:00～20:00；11至3月：週一10:00～15:00，週二至日10:00～19:00。閉館前1小時停止入場 💰全票€20、優待票€18 ℹ️casavicens.org

初見到花花綠綠的文生之家，那種彷彿看見糖果屋般的愉悅心情，讓人打從心底佩服屋主與建築師的大膽與創意！這座瓷磚製造商Manuel Vicens的私人宅邸，正是年輕的高第成為建築師之後，初試啼聲的處女作。

這時的高第尚未揚棄直線，正在嘗試走出自己的

特色，例如棕櫚葉鑄鐵大門和萬壽菊磁磚，是運用自然元素的開端；令人歎為觀止的窗台欄杆設計，預告了鑄鐵在高第建築中所占的份量；鋪滿馬賽克的摩爾式高塔，則正是各種彩色煙囪的前身。

由於屋主是瓷磚製造商，高第在裡裡外外鑲砌了許多磁磚，當時他受到地中海植物的啟發，以鑄鐵、壁畫、陶器、木雕和磁磚拼貼，在房舍內外呈現出非洲萬壽菊、棕櫚樹、爬藤植物等樣貌，並配合在花園栽種同樣植物，搭配精心配置的噴泉造景，為這座夏季別墅帶來清涼感。室內設計洋溢著摩爾風情，尤其是一樓交誼廳的牆壁、天花板，以及半露天吸菸室。

文生之家內，目前已無原本的傢俱，主要參觀的是高第的建築細節，二樓則展示文生之家歷年的整修過程及位於此街區的變化。

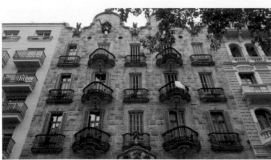

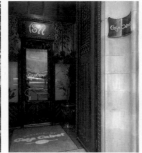

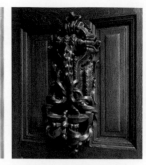

新展區周邊

**MAP ▶ P.121F3**

# 卡佛之家

## Casa Calvet

🚇地鐵1、4號線Urquinaona站，步行約8分鐘　🏠Carrer de Casp 48　☎412-4012

　　高第有生之年唯一獲得的建築獎項，就是1900年以卡佛之家拿到巴塞隆納市議會的「最佳巴塞隆納建築獎」，這是高第的早期作品，咸認是他最保守的建築。

　　卡佛之家是紡織實業家卡佛(D. Pedro Martir Calvet)的居所及辦公室，高第在地面樓層規畫了倉庫與一間辦公室。原本預計1898年開工，然而高第設計的5樓建築超過當時的建築高度規定，所以遲遲拿不到動工許可，直至1899年，市政府看在卡佛先生對於巴塞隆納的巨大貢獻上才批准了建案。

　　由於卡佛先生另一個身分是研究真菌的學者，高第將把這項元素融入建築之中，在大門上方的凸形立窗周圍，設有許多真菌形狀的石雕，另把卡佛先生家鄉的守護神Vilasar de Mar刻在外牆上，十足地量身訂製。

　　卡佛之家的山牆由兩個拱形組成，貼心的高第還掛上兩個美麗的鑄鐵滑輪，方便住戶運送大型傢俱和貨物上樓。很可惜地，卡佛之家屬於私人產業，內部不開放參觀。

---

其他區域

**MAP ▶ P.120A5**

# 聖德雷沙學院

## Col·legi de les Teresianes

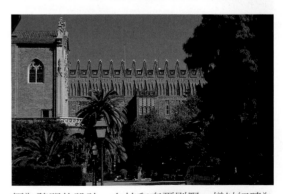

🚃FGC鐵路列車Les Tres Torres站，步行約5分鐘　🏠Carrer de Ganduxer 85-103　☎212-3354　🌐ganduxer.escolateresiana.com　❶內部不對外開放

　　高第在1889年接手這間私立天主教女子學校，在這棟建築上，可以看到高第不但接受已完工的地基和一樓，在有限的預算，禁慾不張揚的校規等框架下，還能保有自己獨特與富於想像力的風格。

　　高第運用許多拱形結構來取代樑柱，而外牆及屋頂的細瘦尖拱，相當符合教會的保守作風，是極為聰明的設計。女校和奎爾別墅一樣以紅磚為主要建材，運用磚材的排列變化來裝飾，散發著濃濃的摩爾建築風味，但仍能從建築外側一角的耶穌縮寫「JHS」及繁複的鑄鐵門扉，辨識出高第的設計特徵。

# 米拉勒之門
## Portal i Tanca Finca Miralles

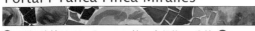

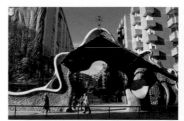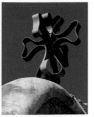

🚇地鐵3號線Maria Cristina站，步行約13分鐘 🏠Passeig Manuel Girona 55 💲免費

米拉勒這個社區是奎爾的好朋友Hermenegild Miralles Anglès所有，他邀請高第設計社區的圍牆和大門，高第於是設計了36段的圍牆，如今只保留下通道入口和附近的圍牆。

如波浪起伏的灰泥圍牆，牆身拼貼著白色馬賽克，沿著牆頂是架高鐵欄杆，有如鎖鍊的鐵柱之間張著鐵網，欄杆還頂著一排排尖刺。

入口通道上方架有遮陽棚，原先的遮陽棚是在金屬骨架上，填以如龜殼形狀的瓷磚，現已換成複製品，在頂端的則是罕見的鏤空聖十字。通道在2000年時進行整修工程時，同步放上真人大小的高第雕像和簽名，以紀念這位建築師。

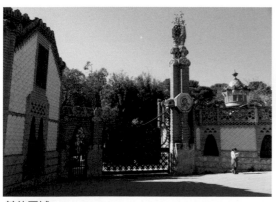

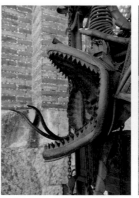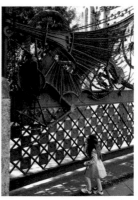

# 奎爾別墅
## Pavellons de Finca Güell

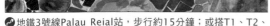

🚇地鐵3號線Palau Reial站，步行約15分鐘；或搭T1、T2、T3電車至Pius XII站 🏠Av. Pedralbes 7 📞256-2504 ◷週六、日10:15和12:15各一場英語導覽，需事先電話預約 💲全票€5、優待票€2.5 ❗門房關閉整修中

奎爾公爵1883年委託高第為其別墅設計馬廄及門房，高第為配合別墅的樣貌，設計出數棟風格不一的建築，紅磚是高第當時最常用的主要建材，他採用多道拱肋支撐，讓偌大的馬廄不需架設大根樑柱。奎爾別墅現為加泰隆尼亞建築學院的高第協會所在，平日不對外開放，週末有專人導覽行程。

以鍛鐵製成的龍之門是奎爾別墅的參觀重點，高第以1877年J. Verdaguer寫的長篇史詩Atlàntida為創作靈感，龍張大口彷彿就要衝出的模樣讓人驚嘆，這座龍之門還隱藏了一個機關，當門打開時，門上鐵鍊會拉動龍爪往上伸出，讓龍更活靈活現！門房及圍牆是用瓷磚、陶瓷和紅磚堆疊砌成，色彩鮮艷的馬賽克則點綴其中。大門右上方，是高第的標誌「G」，這就像他的署名，柱頂的橘子樹則是根據希臘神話「海絲佩拉蒂的果園」來設計，值得細細欣賞。

**其他區域**

MAP ▶ P.120A6

# 貝列斯夸爾德

## Torre Bellesguard

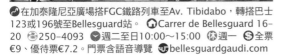

🚇在加泰隆尼亞廣場搭FGC鐵路列車至Av. Tibidabo，轉搭巴士123或196號至Bellesguard站。 🏠Carrer de Bellesguard 16-20 ☎250-4093 🕐週二至日10:00～15:00 ❌週一 💲全票€9、優待票€7.2。門票含語音導覽 🌐bellesguardgaudi.com

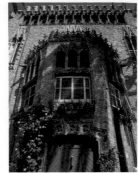
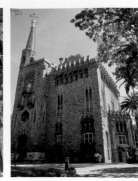

「貝列斯夸爾德」一名的意思是「美麗的景色」，在這塊土地上，曾建有加泰隆尼亞末代國王的夏宮，Doña María Sagués女士後來取得產權，但已經不見任何昔日的建築。Doña María Sagués相當仰慕高第的才華，於是委請高第幫忙設計這棟別墅。

別墅建材多取自當地的石材和磚塊，外表是柔和的土黃色，讓人隱然回想起曾存在此處的中世紀行宮，並和周圍環境相呼應。高第也因為從中世紀城堡來發想，因此這裡可以看到其作品少見的直線跟稜角，他同時設計了多扇併排的哥德式瘦長窗戶，讓建物看起來更高，還能提供內部充足的採光。

此外，高第每棟建築頂端出現的聖十字，這次放在塔樓頂端，十字鑲嵌著馬賽克，在陽光照射下閃閃發光。高第將石材切割成各種大小尺寸，運用排列組合，堆砌出多種樣貌窗櫺和陽台，讓每一處都有獨特的表情。

---

**萊昂**

MAP ▶ P.5B1

# 波提內之家

## Casa Botines

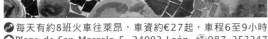

🚉每天有約8班火車往萊昂，車資約€27起，車程6至9小時 🏠Plaza de San Marcelo 5. 24002 León ☎987-353247 🕐10:00～21:00 💲全票€8、含導覽全票€12 🌐www.casabotines.es

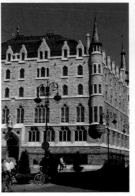
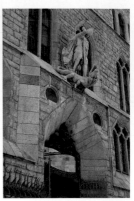

高第迷別錯過這座位於Plaza de San Marcelo的波提內之家，這可是大師少數幾件在加泰隆尼亞區之外的作品。在奎爾公爵的牽線之下，高第接受從事紡織品買賣的Fernandez和Mariano Andres邀約，為他們擁有的波提內公司設計這棟內設倉庫的住宅。

此棟建築曾改成銀行辦公室，內部裝潢也重新翻修過，現在則是高第博物館和藝廊。四層高的建築包括地下室、四個樓層和一個閣樓，並在每個角落皆設有塔樓，為了改進照明和地下室的通風，四周挖有壕溝，這技術也用於聖家堂和阿斯托佳(Astorga)主教宮。

這棟新哥德式的作品，在快完成之際，曾遭到市民的噓聲，甚至預言遲早會倒塌，然而在1892年啟用後至今日，在上百年的歲月裡仍然堅固如新，簡潔卻不失莊重的風采依舊，顯現大師的遠見與不凡。

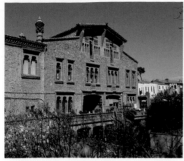

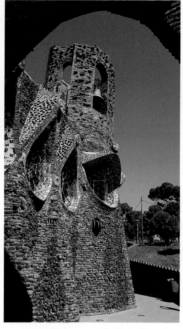

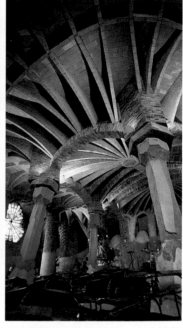

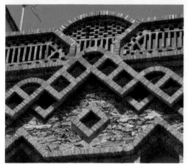

巴塞隆納近郊

**MAP ▶ P.120A3**

# 奎爾紡織村

世界文化
遺產

Colonia Güell

🚆在Pl. Espanya火車站，搭S3、S4、S8、S9線FGC鐵路列車至Colonia Güell站，車程約20分鐘，沿藍色腳印的路標步行，路程約15分鐘。 🏠Colonia Güell S.A, 08690 Santa Coloma de Cervelló, Barcelona ☎630-5807 ⏰10:00～15:00 ❌1/1、1/6、12/25、12/26 💲教堂全票€8.5、教堂+語音導覽€9.5 🌐www.gaudicoloniaguell.org

除了私人住宅，最忠實的高第粉絲奎爾也請高第為其經營的紡織廠和織工宿舍規畫一座小城鎮，包括紡織工廠、小教堂及住宿區，住宅區則有宿舍、劇院、學校、商店與花園，這是西班牙村鎮計畫保留最完整的古蹟之一。

整座城鎮工程開始於1890年，但高第親自完成的部分只有小教堂的地窖，其餘則由高第的兩位徒弟F. Berenguer和J. Rubió i Bellver負責，整座村鎮整齊畫一的建築風格，令人印象深刻。

這座地窖的規模雖小，卻是最常被研究與景仰的高第作品之一，因為高第就是在這裡開始進行多項力學實驗，像用吊砂袋的線繩來計算每一座肋拱的承重量，並運用鏡子的反射原理，安排柱子的位置、傾斜度等，奠定後來聖家堂的技術基礎。

奎爾村小教堂最主要的支柱只有4根，就在禮拜堂內，其餘則搭配不規則的磚拱加以協助。禮拜堂外是一個小迴廊，同樣以不規則的仿樹狀磚石柱、肋拱，支撐不規則的天花板。

這些有如樹枝般的支柱，配上小小的馬賽克花紋，及禮拜堂內粗獷的玫瑰花窗，營造出一種自然原生的氛圍，不同於其他歐洲教堂的人造聖潔感。禮拜堂內以木頭和鑄鐵打造的椅子，同樣出自高第的設計

沿著禮拜堂右側的樓梯，往上至地窖禮拜堂的屋頂，這裡原本應該是教堂的地面建築開始之處，然而至今仍是一片平地，地面上的圓點和線條，標示出當初設想的梁柱所在地及支撐點。

除了小教堂之外，住宅區的民宅以紅磚、石頭為建材，有著繁複的紅磚排列與堆砌法，讓人不得不佩服高第等人對磚石、幾何學的高超運用，許多磚石堆砌法甚至和中國的閩式建築有著異曲同工之妙！

## Where to Explore in Barcelona & Around
## 賞遊巴塞隆納及周邊

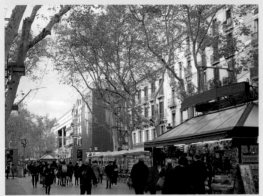

蘭布拉大道周邊

**MAP ▶ P.121E4**

# 蘭布拉大道

## La Rambla

**繁華行人徒步街**

🚇地鐵1或3號線Catalunya、Liceu、Drassanes等站

「蘭布拉」一名是阿拉伯語裡的「沙」，這裡曾是雨季時的河川流經之處，乾季時的乾涸河床被當成往來交通的道路，到了14世紀，填上了碎石，鋪成了路面，正式成為往來舊城和港口之間的通道，現在是巴塞隆納最熱鬧的商業街，連接加泰隆尼亞廣場和哥倫布紀念柱。

今日梧桐樹林立的徒步大道，是19世紀時改建的結果，大道靠近加泰隆尼亞廣場的地區主要是花鳥市集，往港口方向則可見紀念品攤位，週日時還有露天藝術市集。

蘭布拉大道周邊

**MAP ▶ P.121E4**

# 聖荷西市場

## Mercat de Sant Josepde la Boqueria

**地方美食琳瑯滿目**

🚇地鐵3號線Liceu站，步行約3分鐘 🏠La Rambla 91 ☎318-2017 🕐週一至六08:00～20:30 ㊡週日 🌐www.boqueria.info

這處巴塞隆納最著名的市集，當地人多叫它「La Boqueria」，坐落於蘭布拉大道旁，歷史可追溯至西元1217年在舊城門旁的肉攤市集，1470年發展成豬肉市場，後來政府決定在蘭布拉大道上興建一座容納魚販和肉販的獨立市場，建築師Mas Vilà於是在1840年完成今日建築的雛型，之後歷經多次改建，現在的金屬屋頂是在1914年落成。

聖荷西市場是遊客和當地人的廚房，水果、蔬菜、火腿、麵包、家常Pasta等一應俱全，口味道地且價格便宜，市場內還有好幾家小酒館，可以用便宜的價格嘗到道地的Tapas。

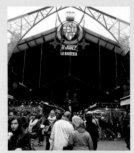

市場的營業時間雖然很長，最熱鬧的時段還是集中在上午，建議盡量於午餐時間前到訪，不僅出來擺攤的比較多，販售的商品也較新鮮，逛完還能順道在市場裡吃頓道地的午餐，完整體會巴塞隆納大廚房的各種風情！

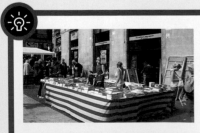

**聖喬治節La Diada de Sant Jordi**

加泰隆尼亞在每年4月23日慶祝聖喬治節，以前男人會在這天送玫瑰花給心愛的女人，女人則回贈一本書，因此賣花和賣書的小攤在當天會擠滿蘭布拉大道，也有很多作者會就地開辦簽書會。

4月23日也是西國作家塞萬提斯與英國作家莎士比亞的忌日，送書的傳統當年會流行起來，就是書商為紀念這兩大文豪而大力鼓吹，讓這項傳統廣為人知，聯合國教科文組織1995年遂把這天訂為「世界讀書日」。

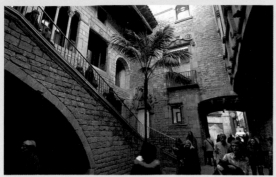

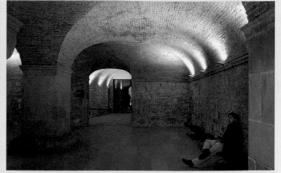

哥德區周邊

MAP ▶ P.121F5

# 畢卡索美術館

MOOK Choice

## Museu Picasso

### 西班牙最豐富的畢卡索收藏

🚇地鐵4號線Jaume I站,步行約5分鐘 🏠Calle Montcada 15-23 ☎256-3030 ⏰週二至日、假日10:00～19:00 🚫週一、1/1、5/1、6/24、12/25;1/5提早至17:00休館;12/24和12/31提早到14:00休館 💲常設展全票€12、優待票€7;常設展+特展全票€12、優待票€7 🌐www.museupicasso.bcn.es ❗每月第一個週日、每週四16:00～19:00、2/12、2/13、5/18和9/24免費。展覽禁止拍照

這位啟蒙現代藝術的大師,在巴塞隆納度過他的「藍色時期」,儘管出生於馬拉加,畢卡索(Pablo Picasso,1881～1973)一直以加泰隆尼亞人自居,即使後來去了巴黎,仍和這座城市保持著密切的關係。

美術館由五座建於13至15世紀的宮殿組成,館藏以畢卡索早期創作為主,依時間順序展示,包括《初領聖體》(La Primera Comunío)、《科學與慈愛》(Ciència i Caritat)、《侍女》(Las Meninas)、《母親肖像》和《父親肖像》(Retrat de la Mare de l'Artista y El Padre del Artista)等。

在4,000多幅館藏作品中,可以看到這位畫家如何從青澀邁向成熟、最後走出自己風格的畫風轉變,並得以透過素描、版畫、陶藝品、油畫等作品型態,看到畢卡索早年在巴塞隆納和後期在巴黎時期的創作,及晚年師法委拉斯蓋茲等大師名畫的解構畫作,一次見識到他悠游現代藝術各流派的驚人才華。

### 《初領聖體》La Primera Comuníon, 1896

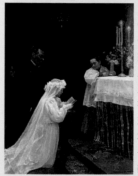

畢卡索15歲的作品,也是他在藝術界正式出道的處女作。畫中的女孩是畢卡索的妹妹Lola,「領聖禮」是天主教的重要儀式,代表孩子正式被教會接受,與成年禮有異曲同工的寓意。畫中呈現複雜的細節,如白紗和桌布的紋路,可以看出少年畢卡索的畫功已和經驗豐富的藝術家不分高下。

### 《侍女》Las Meninas, 1957

畢卡索非常敬仰委拉斯奎茲,決定用立體派畫風重新詮釋《仕女圖》,而且畫了44個版本,這是畢卡索畫的第一幅《仕女圖》。

委拉斯奎茲的《仕女圖》是以公主為中心,而畢卡索的版本卻有兩個主角,除了公主,另一個是身形巨大至不成比例的畫家,畢卡索藉此傳達,在藝術的產生過程中,畫家本人是最重要的,右下角的小狗則是畢加索的愛犬Lump。

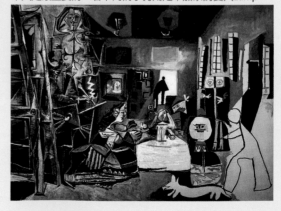

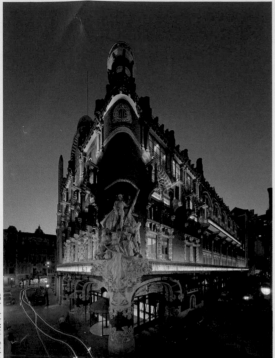

©Palau de la Música Catalana

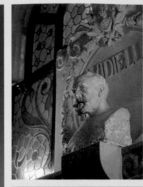

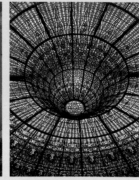

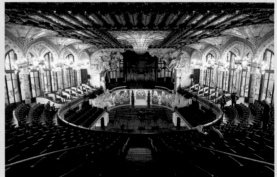

哥德區周邊

**MAP ▶ P.121F4**

# 加泰隆尼亞
# 音樂廳

MOOK
Choice

## Palau de la Música Catalana

### 新藝術的建築地標

🚇地鐵1、4號線Urquinaona站，步行約3分鐘 🏠C/ Palau de la Música 4-6 ☎295-7200、90-247-5485 ⏰自由參觀；英語導覽：9至6月10:00～15:30，復活節和7月10:00～18:00，8月09:00～18:00，每半小時一梯次，行程約55分鐘 💰表演視演出和座位而異；導覽行程全票€20；自由參觀+語音導覽€15 🌐www.palaumusica.org ❗導覽行程有人數限制，建議預先購票或上網預訂

　　矗立於狹窄巷弄間，這座造型奇特的音樂廳，建於1905～1908年，原本是當地合唱團Orfeo Català的專屬表演場所，現在則成為巴塞隆納市立管弦樂團常駐表演的音樂廳。

　　與高第同時期的現代主義建築大師多明尼克（Lluís Domènech i Montaner）為音樂廳的主要設計師，打造出洋溢著加泰隆尼亞現代主義（modernismo catalán）色彩的建築，結合加泰隆尼亞在地的傳統建築工法與新藝術的技術，大量運用紅磚、雕刻、馬賽克、彩繪玻璃、鑄鐵等元素，於1997年與多明尼克另一個作品—聖保羅醫院，合併列入世界文化遺產。

　　建築外觀是裸露的紅磚，裝飾著色彩繽紛的馬賽克，三根粗大的柱子猶如象腿般支撐著立面，下方是昔日的售票口。立面上方的三座半身雕像，分別是帕萊斯特里納（Giovanni Pierluigi da Palestrina）、巴赫、貝多芬；轉角處的浮雕出自Miquel Blay之手，以加泰隆尼亞民謠為主題，上方的寓言人物受到聖人Sant Jordi的保護。

　　音樂廳的外觀就讓人眼花撩亂，內部更是燦爛華麗，特別是表演廳上方圓頂，鑲嵌著水滴形彩繪玻璃，代表著太陽和天空，每當陽光灑落穿透，圓頂就猶如一顆大珠寶般光彩奪目，這也是歐洲唯一一間採用白天自然光線的表演廳。舞台後方的繆思女神雕像，則令人聯想起中國神話的飛天仙女。

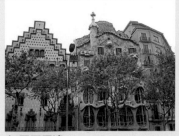
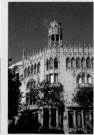

新展區周邊
**MAP ▶ P.121F2**

# 感恩大道與不協調街區

## Passeig de Gràcia & Manzana de la Discòrdia

**建築奇才同街競技**

🚇地鐵2、3、4號線Passeig de Gràcia站

和蘭布拉大道交會於加泰隆尼亞廣場，感恩大道散發出來的魅力，與嘉年華般熱鬧氣氛的蘭布拉大道迥然不同，比較像是《羅馬假期》裡的奧黛莉赫本，是位高貴且天真的公主，它是巴塞隆納的精品大街，並有著當地最漂亮的建築群。

19世紀初，感恩大道是一條名叫「耶穌路(Camí de Jesús)」的郊區道路，連接巴塞隆納和「感恩」(Gràcia)小鎮的新展區。一直到1827年的都市更新計畫，這條郊區道路才拓建成寬達42公尺的新道路。

建築師Pere Falqués i Urpí在20世紀初為它設計了街燈與長椅，高第等新藝術建築師則陸續替它增添新的元素，像是人行道地磚就是出自高第之手，讓今日的感恩大道化身成為巴塞隆納最時髦的地方。

出「感恩大道」地鐵站，就是不協調街區，這個奇特的名稱，據說和緊鄰的3棟建築有關，分別是莫雷拉之家(Casa Lleó-Morera)、阿瑪特勒之家(Casa Amatller)和巴特婁之家(Casa Batlló)。這三棟分別由有「現代主義建築三傑」之稱的高第、多明尼克及普意居設計，呈現出來的風格各異，撞擊出不協調的「衝突感」。

莫雷拉之家是加泰隆尼亞音樂廳的建築師多明尼克的另一件作品，建築線條柔和，滿布著各式各樣的花卉植物雕飾，不但讓外觀顯得明亮，同時充滿清新的少女氣息。

有著階梯式山牆的阿瑪特勒之家，則是普意居(Josep Puig i Cadafalch)的作品，閃閃發亮的山牆上，妝點著粉紅色圖案，由於這位建築師熱愛中世紀的羅馬藝術，常常可以在建築細節上看到類似中世紀羅馬的風格。

---

蘭布拉大道周邊
**MAP ▶ P.121E5**

# 皇家廣場

## Plaça Reial

**高第設計的街燈**

🚇地鐵3號線Liceu站，步行約3分鐘

這座遍植棕櫚樹的廣場，位於蘭布拉大道旁的小巷弄內，中央有座頗具伊斯蘭風情的小噴泉，廣場四周是馬蹄形拱廊。一到夜晚，拱廊下的餐廳和酒館高朋滿座，街頭藝人表演雜耍、音樂或歌唱，洋溢歡樂氣氛。

這座廣場因為兩盞街燈而小有名氣，這可是

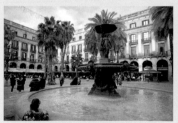
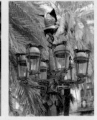

高第年輕時接受巴塞隆納市政府的委託，所設計的第一件公共藝術品。此外，電影《香水》中，男主角在街上被香味吸引的畫面，也在此取景，而香味來源的場景則為廣場旁的百年藥草店Herboristeria del Rei，店裡裝潢保持著近200年前的樣貌。

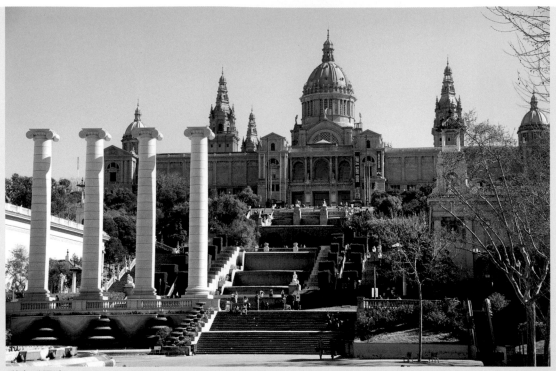

猶太丘周邊

**MAP ▶ P.120B4**

# 加泰隆尼亞美術館
## Museu Nacional d'Art de Catalunya
### 中古世紀藝術珍藏

🚇地鐵1、3號線Espanya站，徒步10分鐘或搭公車50號 🏠 Palau Nacional, Parc de Montjuïc ☎622-0360 ⏰5至9月：週二至六10:00～20:00；10至4月：週二至六10:00～18:00；全年：週日與假日10:00～15:00 🚫週一（假日除外）、1/1、5/1、12/25 💲全票€12（兩日券），屋頂€2。與西班牙村聯票全票€20。優待票皆7折 🌐www.museunacional.cat 🆓每週六15:00以後、每月第一個週日、5/18、9/11免費

考古學家在20世紀初期於加泰隆尼亞地區發現大批中世紀的遺跡與藝術作品，文化組織和教會此時遂一併將同時期的教堂壁畫和聖物，統一搬運至中央作研究，因此催生了日後的加泰隆尼亞美術館，其館藏就是以11至13世紀羅馬藝術品為主。

以宏偉的西班牙廣場為前景，1927年落成的現址，原是為了1929年巴塞隆納世界博覽會所興建的宮殿，在博覽會結束後，改建成美術館。

在館內，可以細細欣賞來自庇里牛斯山附近

教堂的中古世紀壁畫，尤其是聖克里蒙特教堂(Iglesia de San Clemente)的《全能的基督》(El Pantocrátor)，其他還包括祭壇畫、宗教雕像，及哥德時期的作品，若對中古藝術感興趣，不可錯過到此處參觀。

## 絢麗魔法噴泉
### Font Màgica de Montjuïc

美術館正前方的噴泉，白天看起來和一般噴泉無異，一到晚上就好像被施了魔法，有多達7千萬種水舞燈光組合，並搭配各種音樂表演，每年吸引近250萬人觀看！每次表演搭配的音樂都不一樣，建議上網查詢當日「演奏曲目」是不是你喜歡的音樂類型！

🏠Plaza Carles Buïgas 1 ⏰週二至六11:00～13:00、16:00～18:00，週日11:00～15:00，每場約15～20分鐘 🌐www.barcelona.cat/en/what-to-do-in-bcn/magic-fountain

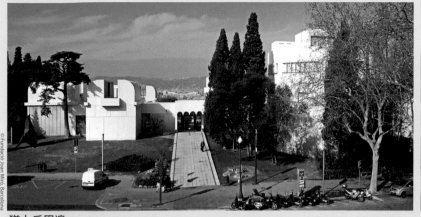
© Fundació Joan Miró, Barcelona

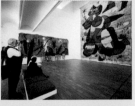
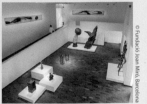
© Fundació Joan Miró, Barcelona

猶太丘周邊

**MAP ▶ P.120C5**

# 米羅美術館

## Fundació Joan Miró

### 米羅的奇幻世界

🚇地鐵1、3號線Espanya站，步行約30分鐘，或轉搭55、150號公車；也可搭地鐵2、3號線至Paral-lel站，轉搭蒙居易纜車(Funicular de Montjuïc)上山 🏛Parc de Montjuïc s/n ☎443-9470 🕐4至10月：週二至六10:00～20:00，週日與假日10:00～18:00；11至3月：週二至日及假日10:00～18:00 ❌週一 💲常設展＋特展：全票€13、優待票€7 🌐www.fundaciomiro-bcn.org

　　米羅的好友Josep Luis Sert設計的這座美術館，位居巴塞隆納的高處，是俯瞰巴塞隆納的絕佳之處，原本做為基金會使用，1975年改為博物館。館內有著偌大的窗戶，完美結合室內光線與窗外景色，而一如米羅的創作，館內有著輕鬆又富現代感的氣氛！

　　這裡可說是米羅作品收藏得最完整的地方，包括雕塑、版畫、繪畫、素描等上千件作品，像是大型雕塑《女人與鳥(Mujer y Pájaro)》的模型、《星座(Constellations)》系列等。館內另闢有展覽室，展出馬蒂斯、Max Ernst以及Richard Serra等藝術家向米羅致敬的作品。

　　米羅美術館也舉辦現代藝術展覽，以及一些現代音樂會、座談會等活動。離館前別忘了看看天台上的雕像，創作概念來自米羅的幻想，從這裡也能眺望巴塞隆納市區。

---

### 米羅的超現實異想

　　米羅(Joan Miró，1893-1984)出生於巴塞隆納，曾在家人的要求下，擔任藥局的出納人員，卻讓這位從小立志做畫家的年輕人精神衰弱，必須待在鄉間休養，後來終於說服父親，而有機會進入美術學校就讀。

　　接受後印象派、野獸派及立體派的影響，加上自己的創意，米羅成為超現實主義運動的重要成員。他和畢卡索是終生好友，兩人創意互相激盪，讓西班牙藝術家在20世紀初的畫壇占有重要地位。

　　幻想、非理性、童趣，這三者是米羅創作的主軸，而夢、宇宙和性，則是他創作的題材；單純的色彩和個人獨有的語言符號，組成屬於米羅自己個人的世界，深深影響了抽象主義。米羅晚年放棄繪畫，改用大型雕塑來表達他的藝術主張，並嘗試許多實驗性方法，包括撕紙等，讓人不得不佩服他的創作精力，足以媲美他的好友畢卡索。

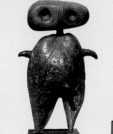
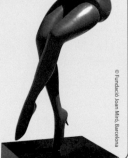
© Fundació Joan Miró, Barcelona

巴塞隆納近郊

**MAP ▶ P.5D1**

# 蒙瑟瑞特山

**MOOK Choice**

Montserrat

## 聖石山上靈氣修道院

🚇 在巴塞隆納市區的PlaçaEspanya火車站，搭往Montserrat的FGC火車，或R5往Manresa方向，於Montserrat Aeri 站下車，車程約70分鐘，每日8:32開始，每小時1班車(www.fgc.cat)，轉搭纜車Aeri(www.aeridemontserrat.com)上山，車程約5分鐘，平均每15分鐘一班車；或搭乘FGC火車至Monistrol Enllaç 站，轉搭登山列車Cremallera(www.cremallerademontserrat.cat)前往，車程約15分鐘，每20分鐘一班 ☎ 877-7777 ⏱ 聖母修道院附設教堂07:00～20:00；黑面聖母寶座：平日08:00～10:30、12:00～18:25，週末07:30～20:00；男童合唱團公開演出 ▼ 週一至六13:00，週日和假日12:00、18:45 💲 Aeri纜車：單程€8、來回€12；登山列車Cremallera：單程€7.8、來回€13；另有巴塞隆納地鐵、FGC火車、登山列車、山頂台車、午餐、蒙瑟瑞特博物館、影音互動展覽館的各種組合套票，詳見官網及Cremallera網站 🌐 www.montserratvisita.com；聖母修道院www.abadiamontserrat.net

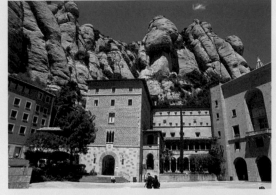

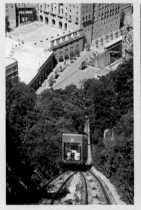

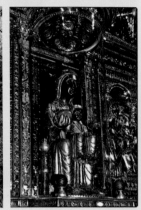

距巴塞隆納38公里，陡然凸出大地約1,236公尺高，與其說蒙瑟瑞特山是座山，其實更像是一塊巨石。外形猶如多根指頭黏在一起，經過數千萬年的造山運動及沈積、下沈等作用，形成長10公里、寬5公里的壯觀山頭，而被命名為「鋸齒山」。

早在新石器時代就有人類蹤跡，西元9世紀時，山上出現4座修道院，今日的聖母修道院(Monestir)即為其一，當時只是一座小小的羅馬式建築。11世紀時，修道院的聖母神蹟，在修士的傳播下，聲名大噪，吸引許多來朝聖與參觀的人潮，因此在12世紀翻新改建後，聖母修道院很快成為加泰隆尼亞最具威望的修道院。

19世紀時，拿破崙軍隊入侵，燒毀所有建築、賣光寶物，幸好修士將院裡最珍貴的黑面聖母雕像（La Mare de Déu，或稱La Moreneta）藏在山洞裡，才倖免於難。這尊膝上坐著嬰兒耶穌的聖母像，出自12世紀末、13世紀初的木匠之手，有著祥和、樸實的美感。聖母與嬰兒耶穌雕像的臉部和手部，因釉藥產生化學變化，加上長期煙燻，而有「黑面聖母」之稱。

一般相信，只要瞻仰黑面聖母的面容，並摸摸她右手上的球，就能得到平安與祝福，因此瞻仰的人龍往往長達數十公尺，至少要排30分鐘以上才能如願！而經過漫長的重建，蒙瑟瑞特山今日再度成為加泰隆尼亞的神聖光環之一。

若想欣賞蒙瑟瑞特山，可以搭小台車上Sant Joan峰頂，感受居高臨下的視野以及自然景觀。另一趟約1小時來回的徒步之旅，也是先搭小台車到Santa Cova站，再步行前往找到黑面聖母的山洞，該處現已是一座小教堂，沿途除了一塊塊巨岩盤踞天際，還有高第等名家的雕刻、鑄鐵作品，像極一座露天藝廊！

此外，修道院附設的宗教音樂學校(Escolania)，是歐洲最古老的音樂學校之一，起源於12世紀至13世紀。此校只收男童，遵循古法教學，除了聲樂，還教授社會、人文及科學教育，並且得專精一樣樂器。該校每天有1至2場演出，是參觀重點之一。

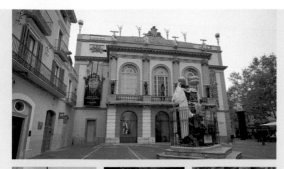

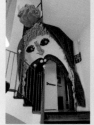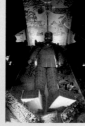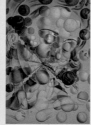

巴塞隆納近郊

MAP ▶ P.5D1

# 達利劇院美術館

**MOOK Choice**

## Teatre-Museu Dali

### 達利的異想世界

🌐 Estació Sants或Passeig de Gràcia火車站，搭往菲格列斯(Figueres)的火車，至Figueres站的車程約1.5至2.5小時，火車平均30至60分鐘一班。從火車站前往，步行約15～20分鐘，也可在火車站門口搭巴士至Figueres市中心 🏠 Plaça Gala-Salvador Dalí 5 ☎ 97-2677500 🕐 11至2月：10:30～18:00；3至6月、10月：09:30～18:00；7至9月：09:00～20:00；8月22:00～01:00，夜間特別開放 🚫 10至6月的每週一、1/1、12/25，每年休日略有異動 💲 全票€17~21、優待票€13~14，價格因不同日期而有變動 🌐 www.salvador-dali.org

　超現實主義大師達利在1904年出生於巴塞隆納以北130多公里處的菲格列斯(Figueres)，他15歲就舉行個展。1974年，達利將家鄉的老劇場改建成達利劇院美術館，「我希望我的博物館成為一座獨一無二的超現實迷宮，所有來參觀過的人，當走出我的作品後，將被一股戲劇般的夢幻情緒環繞。」

　達利花了13年的心血參與打造美術館，從建築到展出內容，都是嘔心瀝血之作。達利將劇院美術館視為一整件藝術作品，希望每一步都能顛覆觀賞者的想像。從排隊買票開始，你就進入他的

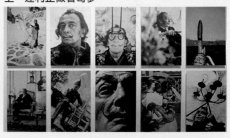
世界。

　例如建築上的雕像，分別是3位希臘神話中掌管命運的女神和白色士兵，但卻頭頂著長麵包，對達利而言，麵包是種超越自由想像的象徵；整棟建築物的頂端，環繞著一個個小金人和白色巨蛋，像是童話裡的城堡；屋外空地上，是加泰隆尼亞作家Francesc Pujols的雕像，他是達利眼中的大師和先驅者。

　進到館內，常態展出的1,500多件作品，包含少年時期的手稿，及成年後的印象派、未來派、立體派和超現實主義等創作，表現方式跨越油畫、版畫、素描、雕塑、空間裝置、3D攝影等素材，搭配其他同領域的藝術家作品，讓此處成為最重要的超現實主義美術館之一。

## 大廳

　像是天文台的玻璃穹頂下，是可以看到中庭的挑高展覽廳，舞台後方是達利為在紐約大都會歌劇院上演的芭蕾舞劇《迷宮》創作的佈景畫，右側高懸一幅充滿玄機的馬賽克畫作，近看是加拉的背影，但往後退20公尺，就會看到林肯的頭像！

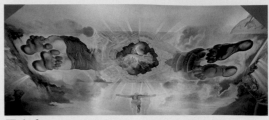

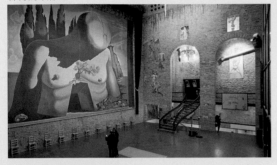

## 風之宮Palau del vent

　這是達利想像中的藝術家生活空間：客廳、畫室及臥室。在客廳裡，最值得細細觀賞的是上方壁畫，達利以安靜、明亮、豐富的筆觸，描述他與妻子加拉有如升天般踏入天堂的景象。

## 梅‧韋斯房間Mae West Hall

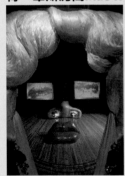

　達利自從在報紙上看到美國艷星梅‧韋斯的照片，便想設計一個房間「看起來像梅‧韋斯小姐的臉」，他請設計師製作出唇形椅、鼻狀壁爐，再到巴黎訂製了兩幅以點描法繪製的黑白風景畫，及猶如真人頭髮般的窗簾，成功地將平面照片具像化，再邀請觀者來挑戰，如何「將立體世界變成平面（例如拍照）」。

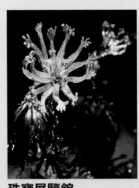

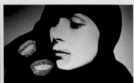

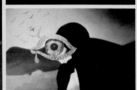

## 珠寶展覽館

　除了繪畫、雕塑、戲劇等創作，達利設計的珠寶也堪稱一絕！達利模擬口、眼、心臟、眼淚等人體器官，及植物、昆蟲等形狀，設計出的珠寶繁複擬真，眼角的淚珠看似正緩緩落下！

---

### 畫迷不可錯過「達利金三角」(El triangle dalinià)

　「達利金三角」是菲格列斯、Portlligat及Púbol這三個城鎮所圈出的三角區域，菲格列斯是達利的出生地及安息的地方，Portlligat是達利長期生活和工作的處所，而Púbol則是妻子加拉的私人居所，達利在這裡買了座城堡送他，且連達利也得拿到妻子的書面邀請才可以前往拜訪。

　這三處目前皆有對大眾開放的博物館──菲格列斯的「達利劇院美術館」、Portlligat的「達利故居」，及Púbol的「加拉達利城堡」。

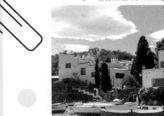

#### 達利故居Casa Salvador Dalí

🔘Portlligat, Cadaqués ☎97- 2251015 ◑9月中至1月上旬、2至6月中：10:30～18:00；6月中至9月中：09:30～20:30 ❌每年不一，請參考官網 💲全票€18、優待票€11，價格隨日期異動 ❗須事先訂票，每十分鐘分批入內參觀

#### 加拉達利城堡Castillo Gala Dalí

🔘Plaza Gala Dalí, Púbol-la Pera ☎97-2488655 ◑11月至1月初：10:30～17:00；3月中至6月中、9月中至10月：10:30～18:00；6月中至9月中：10:00至19:00 ❌每年不一，請參考官網 💲全票€10、優待票€7（不含導覽），價格隨日期異動

### 哥德區周邊

**MAP ▶ P.121F5** 七扇門Restaurant 7 Portes

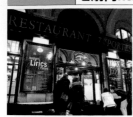

🚇地鐵4號線Barceloneta站，步行約4分鐘 ♀Passeig Isabel II 14 ☎319-3033 🕐13:00～00:00 ⓤ www.7portes.com

1836年開幕，至今有將近180年歷史，是巴塞隆納最老的餐廳，由於維護得宜，外表完全看不出來老舊，天天高朋滿座，每到用餐時間，門外就大排長龍，建議最好事先訂位。

七扇門位於舊市區的南端，靠近海岸的一側，創辦人當年是加泰隆尼亞的首富，他仰慕巴黎Rivoli路上的樓房格局，於是親手策畫了這幢建築，原本做為住家與辦公室，後來決定開一家奢華咖啡廳，因而有七扇大門而得其名。

七扇門運用當季食材，提供道地的加泰隆尼亞及地中海風味料理，火候拿捏得宜，招牌的米飯料理料多味美，口味選擇眾多，其他菜色亦頗受推崇。酒單上的選擇琳瑯滿目，甚至有長期合作的酒商協助出產有著七扇門商標的餐酒。

顧客留言本非常風光，米羅、多位國王與皇后、伍迪艾倫、麥可道格拉斯等名人都曾是座上客。

### 哥德區周邊

**MAP ▶ P.121F5** El Xampanyet

🚇地鐵4號線Jaume I站，步行約7分鐘 ♀Carrer de Montcada 22 ☎319-7003 🕐週二至五12:00～15:00、19:00～23:00；週一晚上和週六下午營業 🚫週日

在海上聖母教堂附近，這家小酒館常常高朋滿座，小小空間裡擠滿了當地人，以吧台為中心，朝外圍成了好幾圈，連想看看吧台上有哪些Tapas都困難重重。

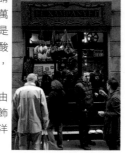

店內供應的Tapas琳瑯滿目，由於沒有菜單，若不知從何點起或擠不進吧台，可以請服務人員代為搭配，記得千萬別錯過鯷魚。El Xampanyet是店裡的招牌酒，是種加上碳酸飲料的白酒，喝起來甜甜的，讓人忍不住一杯接著一杯。

從1930年代開始，酒吧便由同一個家族經營，酒館裡裝飾著色彩繽紛的瓷磚與酒桶，洋溢著老酒館的熱絡氣氛。

### 哥德區周邊

**MAP ▶ P.121F5** Lonja de Tapas

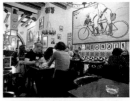

🚇地鐵4號線Jaume I站，步行約7分鐘 ♀Carrer de Jaume I 8-10 ☎667-0706 🕐12:00～00:00 ⓤ www.familialonja.com

海上聖母教堂附近的巷弄是小酒館一級戰區，能夠座無虛席的，都有點過人之處。Lonja de Tapas是Familia Lonja餐飲集團的一家分店，翻開菜單，光是Tapas的種類就多達20樣，菜色以傳統與經典為主。

固定合作的供應商每日送來新鮮食材，海鮮僅以橄欖油、辣椒、蒜頭拌炒，彈牙的伊比利豬肉直接香煎，自家熬出飽滿香氣的番茄醬汁，淋在炸肉丸上、或塗抹麵包，因為做法簡單，所以食材講究，若你難以抉擇，建議選餐廳配好的套餐。

### 哥德區周邊

**MAP ▶ P.121F5** Taperia Princesa

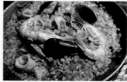

🚇地鐵4號線Jaume I站，步行約5分鐘 ♀Carrer de la Princesa 20 ☎227-2392 🕐12:00～01:00

鄰近畢卡索美術館，小小店面能容納的客人不多，吧台與各式各樣的酒就佔了一半空間，才剛到用餐時間，就湧進鬧哄哄的人潮，桌上擺滿一個個Tapas。想來點主食，海鮮飯不會讓人失望，小鐵鍋現點現煮，用料新鮮、份量十足，搭配桑格莉亞水果酒最對味。

### 哥德區周邊

**MAP ▶ P.121F5** 四隻貓Els Quatre Gats

🚇地鐵1、4號線Urquinaona站，步行約5分鐘 ♀Carrer de Montsió 3 ☎302-4140 🕐週二和日11:00～17:00（週日延至12:00營業），週三至六11:00～00:00（週六延至12:00營業）🚫週一 ⓤwww.4gats.com

這家在購物區Portal d'Angel一條小巷內的餐廳，由著名建築師卡達法(Josep Puig i Cadafalch)設計，鑄鐵打造的招牌與路燈，室內牆壁裝飾的彩色磁磚，玻璃窗上彩繪著圓圈，洋溢著巴塞隆納現代主義的獨特風情。20世紀初期，這裡是崇尚自由的波希米亞人與藝術家的聚會場所，餐廳名取自加泰隆尼亞文「quatre gats」，意思是「幾乎無人」！今日稱為「四隻貓」，創立於19世紀末，第一份菜單還是由年輕的畢卡索設計的！

## 蘭布拉大道周邊

**MAP ▶ P.121E5** **Le Quinze Nits**

🚇 地鐵3號線Liceu站，步行約3分鐘 🏠 Plaça Reial 6 📞 317-3075 🕐 10:00~23:30 📱 www.andilana.com/locales/les-quinze-nits/

坐落於皇家廣場，Le Quinze Nits是La Rita的姊妹店，也是蘭布拉大道附近最熱門的餐廳之一，大排長龍是它的日常，經常在還沒開門前，就已經有人在外等著用餐。料理以地中海風味為主，搭配時尚的氣氛和現代的呈現手法。

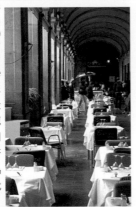

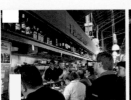
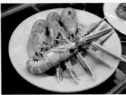

## 蘭布拉大道周邊

**MAP ▶ P.121E4** **Bar Pinotxo**

🚇 地鐵3號線Liceu站，步行約3分鐘 🏠 Mercat de la Boqueria 466-470 📞 317-1731 🕐 06:30~16:00 🚫 週日 📱 pinotxobar.com

從聖荷西市場的正門走進去，右手邊的酒吧從早餐開始就坐滿了客人，服務人員這邊倒生啤酒、那邊遞食物，即使忙得不可開交，仍不會忽略掉任何一位走近的顧客，幫著瞻前顧後挪座位。這間傳統市場裡的老字號酒吧，長長的吧台後面就是料理台，處理當天運送到的最新鮮食材，尤其是鄰近海域捕獲的生猛海鮮，以最直接的手法，現場烹調出一道道美味料理，主要顧客是本地居民，價格實惠又充滿在地的生活趣味。

## 新展區周邊

**MAP ▶ P.121F2** **La Rita**

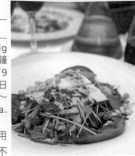

🚇 地鐵2、3、4號線Passeig de Gràcia站，步行約2分鐘 🏠 Carrer d'Aragón 279 📞 487-2376 🕐 週一至日13:00~16:00、20:00~23:30 📱 www.andilana.com/locales/la-rita/

午餐期間要到La Rita用餐，得做好排隊的準備，不過保證值回票價。在感恩大道附近的這家時髦餐廳，是參觀米拉之家或巴特婁之家時的最棒用餐選擇，平日中午推出€10上下的套餐，連當地人也喜歡到此大快朵頤。

套餐包含前菜、主菜和甜點，以及飲料、麵包，價格儘管便宜，內容一點也不馬虎，每道都有3種左右的選擇，前菜包括沙拉、湯品或義大利麵，主菜有多種肉類選擇，就連甜點也不例外，CP值超高，難怪往往排上半個小時的隊伍。餐廳晚上和週末採單點制，預算會比中午套餐多上一倍左右。

## 新展區周邊

**MAP ▶ P.121F2** **Tapa Tapa**

🚇 地鐵2、3、4號線Passeig de Gràcia站，徒步約2分鐘 🏠 Passeig de Gràcia 44 📞 488-3369 🕐 週一至五07:30~00:00（週五延後至00:30休息）、週六09:00~00:30（週日提早至00:00休息）📱 www.tapataparestaurant.cat

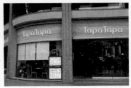

天氣晴朗時，Tapa Tapa會在感恩大道上擺設露天座位，讓客人可以邊用餐邊欣賞大道上的風光。

光從店名就不難得知，餐廳主要提供Tapas，每天端出多達50種的下酒小菜，除了傳統的可樂餅、炸花枝圈、馬鈴薯煎餅，還有一些創新口味，遊客可以直接看菜單上的圖片挑選。

## 新展區周邊

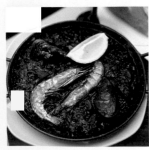

**MAP ▶ P.121E3** **Charrito restaurant**

🚇 地鐵2、3、4號線Passeig de Gràcia站，步行約5分鐘 🏠 Carrer de la Diputació 233 📞 487-6034 🕐 週一至五06:00~02:30（週五延後至03:00休息），週六08:00~02:30（週日延後至03:00休息）📱 www.charritobarcelona.com/la-carta

大學附近一定會有幾間師生們熱愛的聚會場所，價格平易近人，餐點也有一定水準，巴塞隆納大學旁邊的Charrito restaurant就是這樣的餐廳，提供聚餐與併桌的彈性空間。

從早餐、正餐、Tapas賣到宵夜喝酒場，洋溢著青春歡樂的氣息。19:00以前還可以選擇€10左右的三道式餐點，適合重視CP值的旅人。

## Where to Shop in Barcelona & Around
# 買在巴塞隆納及周邊

### 新展區周邊

**MAP ▶ P.121E2　Casa Vives**

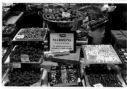

🚇地鐵2、3、4號線Passeig de Gràcia站，步行約4分鐘 🏠Rambla de Catalunya 58 ☎216-0269 🕐週一至六08:30～20:30，週日09:00～15:00（參考google營業時間）🌐casavives.com

別以為感恩大道附近只有精品和潮牌店，在安東尼·達比埃斯美術館斜對面的街頭轉角，坐落著一家四代傳承、歷史超過50年的糕餅糖果店，以美味的甜點吸引眾人的目光。店面的大面櫥窗中，展示著各式各樣的手工巧克力，柑橘造型的糖果裹上巧克力、裹著櫻桃和威士忌的巧克力球、比手指還長的巧克力棒…店裡的選擇更多，就連空氣裡都飄著巧克力的濃郁香味。

### 哥德區周邊

**MAP ▶ P.120D2　FC Barcelona Official Store**

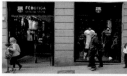

🚇地鐵4號線Jaume I站，步行約1分鐘 🏠La Rambla 124 ☎902-189900 🕐10:00～21:00 🌐store.fcbarcelona.com

西班牙人對足球的狂熱舉世聞名，FC Barcelona身為多次歐洲聯賽、西班牙超級盃的常勝軍，更擁有廣大球迷，如果你也為足球場上的球員風采著迷，走進大教堂旁這家專賣店一定會瘋狂！各式各樣的球衣、外套、帽子、襪子、圍巾、背包、足球、明信片和周邊商品一應俱全，最受歡迎的當然是當紅的明星球員的球衣，先入手一件，再買張票到球場為偶像加油！

### 哥德區周邊

**MAP ▶ P.120D2　Cereria Subirà**

🚇地鐵4號線Jaume I站，步行約2分鐘 🏠Baixada de libreteria 7 ☎315-2606 🕐週一至六10:00～20:00 🌐cereriasubira.cat

哥德區附近的巷弄裡，坐落著幾家老店，大多販售手工製作的商品，像是Jaume I地鐵站旁的蠟燭店，開店歷史可追溯至1716年，在那個還沒供應電力的年代，Cereria Subirà出售的蠟燭，就為家家戶戶提供每日照明。值得一提的是，店中央的扶手階梯，自1847年遷店時就已存在。

### 哥德區周邊

**MAP ▶ P.121E5　La Manual Alpargatera**

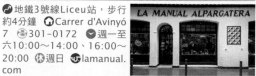

🚇地鐵3號線Liceu站，步行約4分鐘 🏠Carrer d'Avinyó 7 ☎301-0172 🕐週一至六10:00～14:00、16:00～20:00 🈺週日 🌐lamanual.com

Alpargatera是一種流傳於地中海一帶的草編涼鞋，最常見的就是厚厚的船形底上繫著一條可綁到腳踝上的長鞋帶。這家手工涼鞋專賣店，創立於西班牙內戰後的1951年，老店因應時代演進，運用傳統手工技術，發展各式新鞋款，今日可以看到有扣環、各種鞋口的涼鞋，店內有一整面牆，牆上的壁櫃放滿各種尺寸的素面涼鞋，可以依照客人的喜好刻上花色，後方的工作室中，則能看見師傅縫製涼鞋的工作。

### 哥德區周邊

**MAP ▶ P.121E4　OroLíquido**

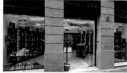

🚇地鐵3號線Liceu站，步行約4分鐘 🏠Carrer de la Palla 8 ☎606-243137 🕐週一至六11:00～19:00，週日預約開放 🌐www.oroliquido.es

喜歡橄欖油的，千萬別錯過，位於Plaça del Pi旁的巷子裡，不算小的店面裡，擺滿各種與橄欖相關的產品，從吃的橄欖油到用的橄欖產品一應俱全。產品產地包括西班牙在內的全世界，各種等級一字排開。店內的美容用品選擇眾多，原料都是橄欖，令人愛不釋手。

### 巴塞隆納近郊

**MAP ▶ P.121H1　La Roca Village**

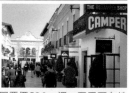

🚇在加泰隆尼亞廣場附近的感恩大道6號(Passeig de Gràcia, 6)，可搭乘購物專車，車程約30分鐘，去程的開車時間為10:00、12:00、14:00、17:00、19:00，回程時間則為11:00、13:00、16:00、18:00、20:00，來回票價€20。週一至五可在地鐵1號線Fabra i Puig站出口附近的巴士總站，搭每日三班的502公車，票價比較便宜，車程55分鐘。 🏠Santa Agnès de Malanyanes (La Roca del Vallès) ☎842-3939 🕐10:00～22:00 🌐www.larocavillage.com

這家暢貨中心位於巴塞隆納東北方約30公里處，聚集多家西班牙與國際品牌，包括Loewe、Camper、Custo Barcelona等，折扣超實惠，建議至少要規畫3個小時以上的購物時間。

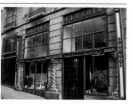

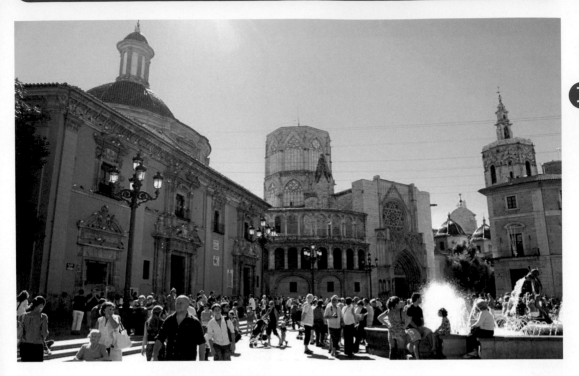

瓦倫西亞

# 瓦倫西亞
## Valencia

瓦倫西亞緊鄰地中海，有度里亞河(Rio Turia)灌溉沃土，麗質天生，卻也注定受人覬覦。西元前138年，羅馬人進駐，建城「瓦倫提亞」(Valentia)，迥異的文化和積極的開發，帶來第一波的民族混血和經濟發展；西元718年，摩爾人征服此地，戮力規劃河渠水道、開墾農地，瓦倫西亞因而躍升為人口達15,000的大城。阿拉伯政權隨後頻繁進出此地，注入文化交流及經貿改革的活水，為此地創造難得一見的繁榮與光彩。

如今的瓦倫西亞榮耀不再，但溫和氣候、廣袤綠野、悠長海景仍一如往昔，每年3月中旬的火節(Las Fallas)則喚醒人們的注意力。它或許不是遊客造訪西班牙的首站，但肯定不會在行程表上缺席，這座西班牙第三大城市，自始至終自信飽滿，魅力獨具。

## INFO

### 基本資訊
**人口：**約80萬人　**面積：**134.65平方公里
**區碼：**(0)963

## 如何前往

### ◎火車

從馬德里，在阿托查火車站搭AVE或ALVIA，車程約1.5至3小時，平均30至60分鐘一班車；從巴塞隆納，在聖哲火車站搭長程特快列車EUROMED或ALARIS，車程約3至5.5小時，平均1至2小時一班車。

高速火車及長程列車皆停靠瓦倫西亞市區南邊的Joaquín Sorolla火車站，附近可搭地鐵L1或L5，或憑火車票搭往北火車站的免費接駁巴士，或步行約20分鐘至市政廳廣場。

地區火車則停靠北火車站(Estación del Nord)，往北沿Avenida Marqués de Sotelo走5分鐘，可以到市中心的市政廳廣場(Plaza del Ayuntamiento)。

**西班牙國鐵**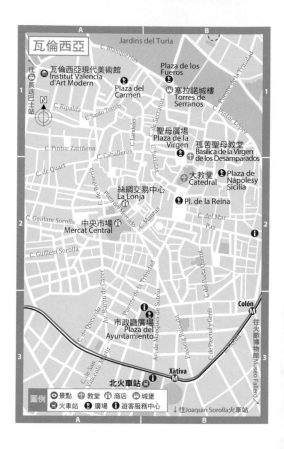www.renfe.com

### ◎長途巴士

從馬德里，在南巴士總站搭Avanza巴士公司的車，車程約4至4.5小時，一天艱12至13班車；從巴塞隆納，在北巴士站(Barcelona Nord)搭Alsa巴士公司的車，車程約4小時，每天約發10班車。

巴士站位於市區西北方的Carrer Menendez Pidal，搭巴士8、79號或地鐵L1，可前往市區。

**Avanza** www.avanzabus.com

**Alsa** www.alsa.es

## 市區交通

參觀景點多集中在市中心，除了火節博物館之外，其他都可以步行前往。

## 優惠票券

### ◎瓦倫西亞觀光卡Valencia Tourist Card

在效期內，可以任意搭乘巴士、地鐵、電車等大眾交通，及參觀各重要景點，還有旅遊行程的優惠。

遊客中心或官網購買

24小時€15、48小時€20、72小時€25，網上購買享10%折扣

www.visitvalencia.com/valencia-tourist-card

## 觀光行程

### ◎瓦倫西亞觀光巴士Valencia Tourist Bus

繞行市區及郊區重要景點的雙層觀光巴士，依行駛路線分為歷史古蹟的綠色巴士和海洋路線的紅色巴士，繞行一圈約90分鐘，效期內可任意上下車及換路線搭乘，一天有10個班次。

官網、遊客中心或上車購票 綠色：24小時的全票€21、優惠票€10，48小時的全票€22、優惠票€11；紅色：24小時的全票€22、優惠票€11，48小時的全票€24、優惠票€12。網站購票另有優惠

www.visitvalencia.com/en/shop/hop-on-hop-off-bus-tour

## 旅遊諮詢

### ◎市政廳遊客中心

P.156A3 Plaza del Ayuntamiento，1 524-908 11至2月：週一至六09:30～18:00、週日和假日10:00～14:00；3至10月：週一至六09:00～19:00、週日和假日10:00～14:00 1/1、1/6、12/25 www.visitvalencia.com

### ◎Paz遊客服務中心

P.156B2 Paz, 48 986-422 11至2月：週一至六09:30～18:00、週日和假日10:00～14:00；3至10月：週一至六09:00～19:00、週日和假日10:00～14:00 1/1、1/6、12/25

### ◎Joaquín Sorolla火車站遊客中心

San Vicente, 171 803-623 週一至五10:00～18:00，週六10:00～15:00 週日、1/1、1/6、12/25

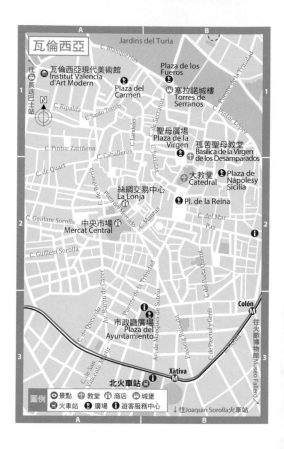

# Where to Explore in Valencia
## 賞遊瓦倫西亞

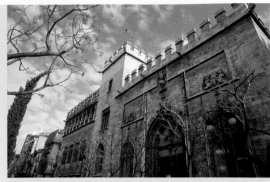

### MAP ▶ P.156A2

# 絲綢交易中心

**MOOK Choice**

## La Lonja de la Seda
### 城市繁榮的象徵

🚇 從市政廳廣場，步行約10分鐘 🏠Plaza del Mercado s/n. 📞962-084-153 🕐週一至六10:00～19:00、週日和假日10:00～14:00 ❌1/1、1/6、5/1、12/25 💰全票€2，週日及假日免費入場 🌐www.visitvalencia.com/en/what-to-do-valencia/valencian-culture/monuments-in-valencia/lonja-silk-exchange

這座氣宇不凡的建築位於瓦倫西亞市中心，因應當時鼎盛的絲綢貿易，於1483年開始修建，其後歷經整建，今日以其精緻的哥德式建築，展現身為世界遺產的風采。

屋內正廳寬21.39公尺、長35.6公尺、高17.4公尺，室內8根巨大石柱呈螺旋狀，自大理石地板往上直至拱頂，象徵扭纏的船繩和絲絹。從建築的細節，看得出創意與實用的結合，例如自外牆伸出的28座出水口，仿自傳說中的魔怪，造型極盡誇張，但導水功能無懈可擊。

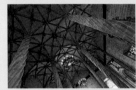
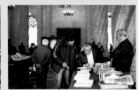

當年在這裡進行許多貿易商業行為，但除了簽訂許多關鍵性的經貿契約，這裡曾設立西班牙第一座貿易法庭，地下還建有地牢，欠債商人在審判有罪後就會直接送入監獄，用來解決當時多如牛毛的貿易糾紛！

交易中心後曾轉做為麥倉、醫院使用，但仍不脫商賈氣息，每週日在正廳定時舉辦錢幣及郵票交易市集，不妨親臨參與。

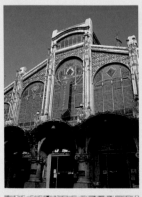
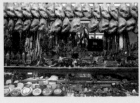
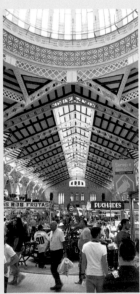

### MAP ▶ P.156A2

# 中央市場

## Mercat Central
### 傳統熱鬧朝市

🚇 從市政廳廣場，步行約10分鐘 🏠Plaça de la Ciutat de Bruges s/n 📞829-100 🕐週一至六07:30～15:00 ❌週日 🌐www.mercadocentralvalencia.es

走一趟中央市場，就能了解瓦倫西亞人對待美食的態度。這座佔地廣達8,030平方公尺的圓頂建築物，1928年開門營業，有數千個攤位在此販賣著蔬果、魚肉、火腿，是歐洲數一數二的大型市場，入口處可以看到磁磚鑲嵌著市場大名。

若想採買物資，或貼近當地民情，中央市場無疑是最好的選擇。這裡的物品齊全價廉，精力旺盛的小販尤其能讓你見識到西班牙式的熱情。

# 塞拉諾城樓

**MOOK Choice**

## Torres de Serranos

### 既雄壯又柔雅的軍事要塞

🚌 從市政廳廣場，步行約15分鐘，或搭5、19、27、79、80、94、98號巴士，至Torres de Serranos站 📍Plaza de los Fueros s/n ☎919-070 🕐週一至六10:00～19:00，週日和假日10:00～14:00 💲全票€2，週日及假日免費入場 🌐www.visitvalencia.com

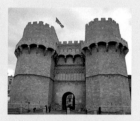

瓦倫西亞自古即為兵家必爭之地，早在11世紀，回教徒就以現今的大教堂為城中心，築起第一道城牆，也開啟了瓦倫西亞的黃金年代。1365年，King Pedro IV再築新城牆，12道厚實的城門打造出固若金湯的氣勢，並將城區往外拓展3倍，自此奠定瓦倫西亞獨霸一方的威望。到了1865年，政府實施重劃整建計畫，城牆拆毀殆盡，僅留下塞拉諾城樓和奎爾特城樓(Torres de Quart)。Pere Balaguer建於1392至1398年的塞拉諾城樓，外觀威嚴，其間點綴著哥德式裝飾，這在當時是一大創舉，今日仍是全歐知名的範例。

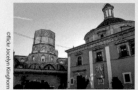
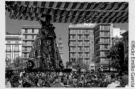

# 孤苦聖母教堂

## Basílica de la Virgen de los Desamparados

### 當地市民信仰中心

🚌 從市政廳廣場，步行約12分鐘 📍Plaza de la Virgen , 6 ☎919-214 🕐07:30～14:00、16:30～21:00 💲免費 🌐www.basilicadesamparados.org

建於1652至1667年，面積不大的主禮拜堂呈橢圓形，Antoni Palomino在穹頂安置禮讚聖母塑像，典雅的聖母手持權杖、披著長袍，慈愛地懷抱著聖子，俯視眾生，立於兩側的Saint Vicent Martir及Saint Vicent Ferrer，則出自Esteve Bonet之手。這裡常見排隊人潮，是教堂一大特色。

每年有兩個時段，信徒可以向聖母表達崇敬之意，一是3月火節，聖母會被花海環抱；一是5月第二個週日，信徒當天會舉著聖母遶市遊行，這兩大節慶都有成千上萬的信徒參與。

# 火節博物館

**MOOK Choice**

## Museo Fallero

### 市井藝術深植人心

🚌 公車15、95號，至Alcalde Reig站 📍Plaza Monteolivete 4 ☎525-478 🕐週二至六10:00～19:00、週日及假日10:00～14:00 🈳週一、1/1、1/6、5/1、12/25 💲全票€2、優待票€1。週日及假日免費 🌐www.visitvalencia.com/que-hacer-valencia/cultura-valenciana/museos-en-valencia/museo-fallero

如果可以，最好選在3月13日至3月19日造訪瓦倫西亞，參與火節盛會，見識烈焰奇景，但如果錯過了，別遺憾，你還可以參觀火節博物館。

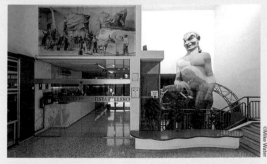

關於火節的照片、資料、海報，及塑像等，都收藏在火節博物館。而且，除了第一名，其他參與遊行的塑像都會在3月19日午夜獻身火海，因此，火節博物館裡的全都是歷年來最棒的作品！

●塞維亞

# 塞維亞
# Sevilla

熱情而充滿陽光的氣氛，造就出塞維亞迷人的色彩，在這些歡樂的背後，其實有其精采的歷史背景。塞維亞是由伊比利人創建，後來遭凱撒大帝掠奪，成為羅馬帝國管轄下的土地；西元712年被摩爾人攻克，改名為Ishbiliya，成為摩爾王朝的首都；直到1248年，才被費南度三世(Fernando III)收復，回歸為天主教徒的領域。由於長期接受伊斯蘭教藝術的洗禮，至今依然留下許多珍貴的穆德哈爾式建築，成為西班牙文藝復興的重要城市。

乘坐馬車漫遊石板路、在酒館的露天座位邊聊天邊品嘗Tapas下酒菜、迷失在王宮內的中庭、穿梭於聖十字區蜿蜒的街道上、攀爬大教堂的鐘塔俯瞰這座城市、在西班牙廣場追憶20世紀初美洲博覽會的盛況、甚至在春會期間參與西班牙最熱鬧的盛宴⋯⋯這些都是遊客在塞維亞不可錯過的體驗。

今日身為區域首府的塞維亞可說扮演著捍衛安達魯西亞文化的角色，從佛朗明歌舞、供應下酒菜的小酒館、鬥牛、春會到聖週活動，都讓造訪過的遊客回味無窮！而這座歷史悠久的城市也有新潮的一面，位於化身廣場(Plaza de la Encarnación)的都市陽傘(Satas de Sevilla)如同一座格狀的大型裝置藝術，海浪般的律動曲線劃過城市天空，地下層為考古博物館，地面是中央市場，屋頂與廣場空間合而為一，還能走上格狀傘頂，眺望塞維亞主教堂，將城市的過去歷史、現代生活匯集於這個垂直動線。

## INFO

### 基本資訊
**人口**：約68.4萬人　**面積**：140.8平方公里　**區碼**：(0)95

### 如何前往
◎飛機

塞維亞機場(Aeropuerto de Sevilla，代號SVQ)是安達魯西亞區域最主要的機場，位於市區東北方約10公里處，每天有航班往來馬德里及巴塞隆納，透過廉價航空Ryanair、Vueling等往來歐洲主要城市。

機場前往市中心可搭乘機場巴士，路線行經火車站、Prado de San Sebastián、最後抵達武器廣場的巴士總站(Plaza de Armas)，04:30～01:00間運行，20至30分鐘一班次，車程約35分鐘，票價單程€4。搭乘計程車前往市中心，車程15分鐘，車資約€24。

**Tussam機場巴士** ⓤ www.tussam.es

◎火車

從馬德里的阿托查火車站，可搭AVE或ALVIA，車程約3小時，每小時1至2班車；從哥多華，車程約45分鐘至1小時25分鐘，每小時2至3班次；從格拉那達，搭直達的中程火車AVANT，車程約2小時40分鐘，每天3班，或搭AVE至哥多華，轉乘另一段AVE，車程2.5~3小時，每天2班。

聖胡斯塔火車站(Estación de Santa Justa)位於城東邊，距舊城中心約1.5公里，步行約20分鐘。市區巴士可搭32號巴士至化身廣場(Plaza de la Encarnación)；或搭C1號巴士至塞維亞大學對面的Av.Carlos V(juzgodos)。市區巴士票可在書報攤購買，或直接向司機購票，單程€1.4。

**西班牙國鐵** ⓤ www.renfe.com

◎長途巴士

從馬德里的南巴士總站，搭 Socibus巴士，車程約6至6.5小時，每天6至7班；從格拉那達或哥多華，搭Alsa巴士，車程各約需3小時及2小時。

塞維亞有兩個主要的巴士站，聖塞巴斯提安普拉多巴士站位於塞維亞大學(Universidad de Sevilla)對面，往返安達魯西亞其他城鎮的中程巴士幾乎都停靠於此；至於從馬德里、巴塞隆納和里斯本等長程線巴士，則主要停靠河畔的武器廣場巴士總站(Estación de Autobuses de Plaza de Armas)，步行前往大教堂約20分鐘。

**Socibus巴士** ⓤ www.socibus.es
**Alsa巴士** ⓤ www.alsa.com

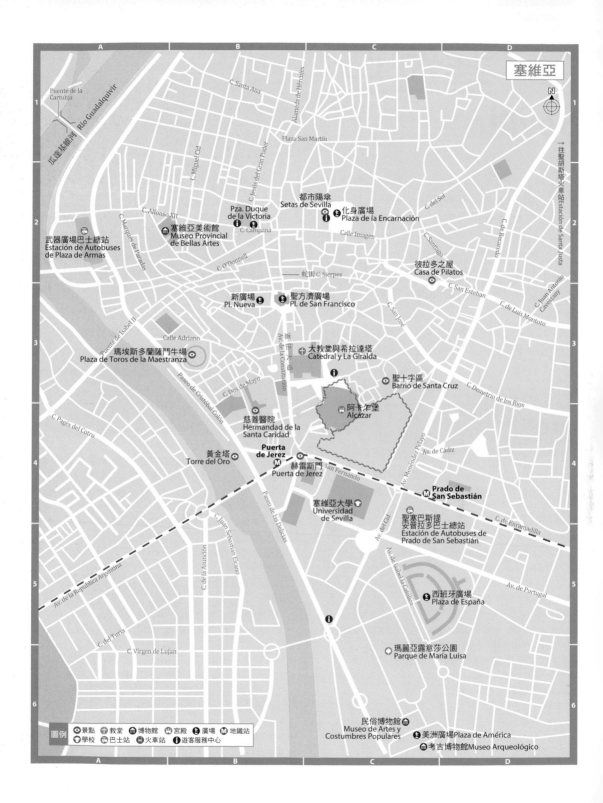

塞維亞

C. Santa Ana

Puente de la
Cartuhja

瓜達基維河 Río Guadalquivir

Plaza San Martín

Alameda de Hércules

↑往聖胡斯塔火車站Estación de Santa Justa

都市陽傘
Setas de Sevilla

化身廣場
Plaza de la Encarnación

C. del Sol

C. Jesús de Gran Poder

C. Miguel Cid

Pza. Duque
de la Victoria

C. Alfonso XII

C. Marqués de Paradas

塞維亞美術館
Museo Provincial
de Bellas Artes

C. Campana

C. de Recaredo

C. de Santiago

Calle Imagen

彼拉多之屋
Casa de Pilatos

武器廣場巴士總站
Estación de Autobuses
de Plaza de Armas

C. O'Donnell

蛇街 C. Sierpes

C. San Esteban

C. de Luis Montoto

C. Juan Antonio Cavestany

新廣場
Pl. Nueva

聖方濟廣場
Pl. de San Francisco

C. San José

Puente de Isabel II

Calle Adriano

Av. de la Constitución

大教堂與希拉達塔
Catedral y La Giralda

C. Demetrio de los Ríos

C. Pagés del Cotro

瑪埃斯多蘭薩鬥牛場
Plaza de Toros de la Maestranza

Paseo de Cristóbal Colón

C. Dos de Mayo

聖十字區
Barrio de Santa Cruz

慈善醫院
Hermandad de la
Santa Caridad

阿卡乍堡
Alcázar

Av. Menéndez Pelayo

Av. de Cádiz

黃金塔
Torre del Oro

Puerta
de Jerez

赫雷斯門
Puerta de Jerez

San Fernando

Prado de
San Sebastián

C. Juan Sebastián Elcano

C. de la Asunción

Paseo de las Delicias

塞維亞大學
Universidad
de Sevilla

Av. del Cid

聖塞巴斯提
安普拉多巴士總站
Estación de Autobuses de
Prado de San Sebastián

C. de Enramadilla

Av. de la República Argentina

Av. de Portugal

Av. de Isabel la Católica

西班牙廣場
Plaza de España

C. del Turia

C. Virgen de Lujan

瑪麗亞露意莎公園
Parque de María Luisa

圖例 ● 景點 ♦ 教堂 ⌂ 博物館 ⌂ 宮殿 ● 廣場 Ⓜ 地鐵站
♦ 學校 ● 巴士站 ● 火車站 ⓘ 遊客服務中心

民俗博物館
Museo de Artes y
Costumbres Populares

● 美洲廣場 Plaza de América

⌂ 考古博物館 Museo Arqueológico

## 市區交通

景點多集中舊城市區，步行即可。

### ◎觀光巴士Tour por Sevilla y Triana

持有效的車票，兩天內可不限次數搭雙層巴士，沿途停靠14站，並提供9種語言的語音導覽。購買一張票可玩遍4種行程：Sightseeing Tour、Romantic Tour、Walking Tour of the Santa Cruz quarter以及Walking Tour of Triana。

🚌全票€20，優待票€7，網路訂票另有優惠 ◔4至10月09:30～22:00，11至3月10:00～19:00，全程5小時，20至30分鐘班車 🌐sevilla.busturistico.com/en

## 旅遊諮詢

### ◎塞維亞省遊客中心

📍P.160C3 🏠Plaza de Triunfo 1（大教堂旁）📞421-0005 ◔09:00～19:30 🌐www.andalucia.org

### ◎聖胡斯塔火車站遊客中心

🏠Avda. Kansas City s/n（火車站內）📞478-2002 ◔週一至五09:00～15:00、週末和假日09:30～15:00

### ◎賽維亞市立旅遊局

📍P.160C3 🏠Paseo de las Delicias 9 📞547-1232 ◔週一至五09:30～13:30 🌐www.visitasevilla.es

---

## 佛朗明哥舞表演場

塞維亞是佛朗明哥舞的發源地之一，有許多專業表演場地，Tablao是遊客可以輕鬆欣賞佛朗明哥舞的場所，有些用餐和表演同時進行，有些先用餐再看表演，熱門的Tablao常常客滿，建議先向旅客服務中心或旅館洽詢及訂位。

### Los Callos

創立於1966年，全塞維亞歷史最悠久的佛朗明哥表演場地，有許多一線舞者前來表演。

🌐www.tablaolosgallos.com

### Casa de la Memoria

位於18世紀的貴族宅邸，夜間在中庭露天演出的表演氣氛滿點。

🌐www.casadelamemoria.es

### Auditorio Álvarez Quintero

小巧、不華麗的表演會場，然而舞者美妙的姿態和動人的樂音讓人深感純粹的震撼。

### El Arenal

創立於1975年，《紐約時報》譽為塞維亞最專業的佛朗明哥表演。

🌐www.tablaoelarenal.com

---

## ◉ Where to Explore in Sevilla
## 賞遊塞維亞

### MAP ▶ P.160C6

# 瑪麗亞露意莎公園

**MOOK Choice**

## Parque de María Luisa

**華麗展現帝國榮耀**

🚶從大教堂，步行約15分鐘 🏠Parque de María Luisa ◔冬季：08:00～22:00，夏季08:00～00:00

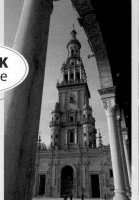
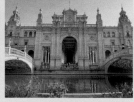
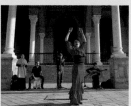

瑪麗亞露意莎王妃在1893年捐出聖特爾摩宮(Palacio de San Telmo)部分土地來蓋公園。後來，為了舉辦1929年的伊比利－美洲博覽會，公園畫分成西班牙廣場(Plaza de España)與美洲廣場(Plaza de América)。

離塞維亞大學比較近的西班牙廣場，是一座半圓形廣場，兩旁聳立兩座高大塔樓，分別象徵天主教雙王費南度和伊莎貝爾，底層有一座座座椅，代表西班牙58個重要城市，座椅上的彩色磁磚敘述著該市最重要的史跡並標出所在位置。

美洲廣場保留著昔日博覽會的建築，其中有兩棟改建成博物館—民俗博物館(Museo de Artes y Costumbres Populares)和考古博物館(Museo Arqueológico)，前者是穆德哈爾式混哥德和文藝復興風格的大型宮殿建築，後者則採新文藝復興式風格。

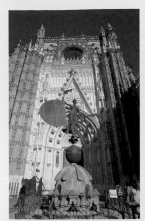
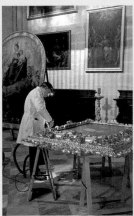
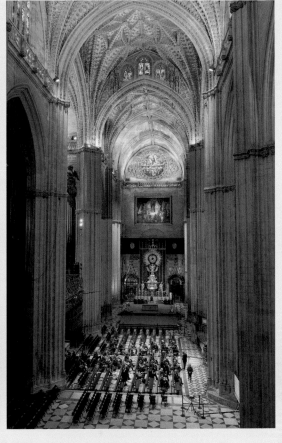
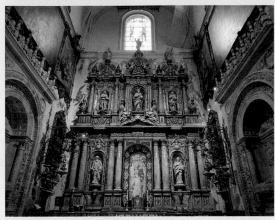

# 大教堂和
# 希拉達塔

MOOK
Choice

## Catedral y La Giralda

**融合多種風格的混血教堂**

🚶 從聖塞巴斯提安普拉多巴士站或化身廣場,步行約10分鐘
🏛 Avenida de la Constitución s/n 📞 902-099692 ⏰ 教堂:週一至六10:30~19:30(週日14:30開放);屋頂導覽:購票時安排場次,時間約90分鐘 💲 全票(含希拉達塔)€11,優待票€6,屋頂導覽+教堂€20 🌐 www.catedraldesevilla.es

大教堂和希拉達塔是塞維亞最華麗的天際線,1248年塞維亞重回天主教徒手中後,將原本的清真寺當成教堂使用,後因受損嚴重,1401年教會決定在此重修一座更大、更壯觀的教堂,以彰顯天主教在西班牙的勢力,於是昔日的Almohad清真

寺完全遭到拆除,誕生了這座寬160公尺、長140公尺的大教堂。它是全世界第三大的教堂,僅次於羅馬的聖彼得大教堂和義大利的米蘭大教堂。

歷經一個世紀興建的大教堂,原本為哥德式,中央圓頂坍塌之後,建築風格轉為文藝復興式,加上改建自喚拜塔的摩爾式希拉達塔,及伊斯蘭教徒入內祈禱前淨身的橘子庭園(Patio de los Naranjos),整座教堂融合了多種風格。

龐大的體積和富麗堂皇的裝飾是大教堂的特色,儘管如此,教堂在整體結構上卻不複雜,中央圓頂高42公尺,圓頂下方的主禮拜堂(Capilla Mayor)和唱詩班席猶如兩個巨大的盒子彼此對望,外圍環繞著無數的小禮拜堂,哥德式中殿的一邊為圓弧型的教長會議廳和聖器室,另一邊通往庭園。

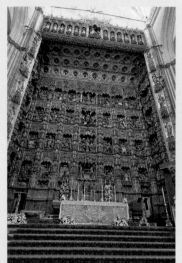

## 祭壇屏風

鎮堂之寶－祭壇屏風位於主禮拜堂，這座堪稱全世界最大的祭壇屏風，費時80多年完工，雕飾超過1,000位聖經人物雕像，金碧輝煌的程度令人驚嘆，隨著不同位置的燈光亮起，搭配語音介紹，就像瀏覽一本立體聖經故事。屏風下還有一座供奉聖母與聖子(Santa Maria de la Sede)的神龕。

### 哥倫布靈柩
### Sepulcro de Cristóbal Colón

教堂內另一處吸睛的景點，是面對Puerta de los Principes大門的哥倫布靈柩。這位大航海家原本下葬於古巴的哈瓦納(Havan)，西元1898年古巴獨立後，由聖地牙哥遷回此地，今日的靈柩完工於1902年，其四周扶棺者分別代表哥倫布大航海時代的西班牙四大王國－卡斯提亞(Castilla)、萊昂、亞拉崗(Aragón)和納瓦拉(Navarra)的國王。

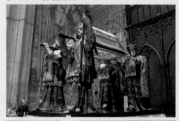

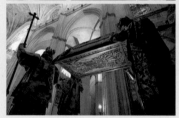

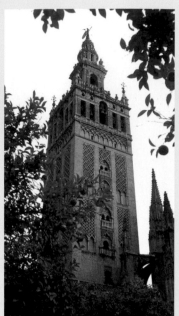

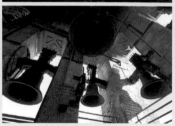

### 希拉達塔 La Giralda

希拉達塔高98公尺，外觀裝飾著精緻的灰泥浮雕，頂端有座一手持君士坦丁棋子的女人雕像，成為塞維亞最著名的地標，教堂門口也放了一個複製品。

以尖塔頂端的16世紀風向標giraldillo命名，這座摩爾式結構的伊斯蘭教鐘塔建於西元1184年，歷經12年完工，14世紀天主教政權取回失土後，將鐘塔的圓頂改建為教堂式的尖塔，到了1568年，頂部再增添具文藝復興風格的裝飾。

有別於其他鐘樓要一階階爬樓梯上去，希拉達塔登頂路線卻是斜坡，據說這是為了讓以前的國王可以騎馬登上鐘樓而做的改建。從教堂內部登上鐘塔，塞維亞市景開展於眾人眼前。

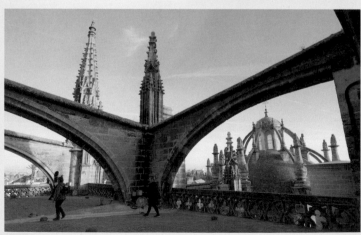

## 屋頂

爬上狹窄螺旋梯，城市在腳下展開。穿梭飛扶壁圓拱間，路過壯觀的巨型玫瑰花窗，尋找不同時期的建造線索，蕾絲裙般的尖細高塔和希拉達塔彷彿伸手可及，大教堂屋頂導覽行程提供另一種截然不同的視野。

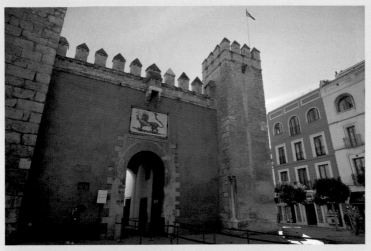
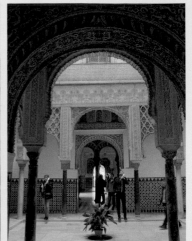

MAP ▶ P.160C4

# 阿卡乍堡

**MOOK Choice**

## Real Alcázar de Sevilla

### 穆德哈爾式王宮典範

🚶 從大教堂,步行約1分鐘 📍 Patio de Banderas s/n ☎ 501-0010 🕐 4月至10/28:09:30~19:00;10/29至3月:09:30~17:00 ⛔ 1/1、1/6、12/25 💰 全票€13.5,優待票€7,國王寢殿€5.5 🌐 www.alcazarsevilla.org 🕐 4至9月18:00~19:00、10至3月16:00~17:00免費。主要入口在Plaza del Triunfo上的獅子門(Puerta de León)

　　這座皇宮與格拉那達的阿爾罕布拉宮,並列為西班牙最具代表的伊斯蘭教宮殿!

　　羅馬時期原為一座防禦性的堡壘,建於西元913年,9世紀末,伊斯蘭教政權阿拔斯王朝(Abbadid)的統治者穆塔迪德(al-Mu'tadid)哈里發在此興建宮殿,據說當時還有座足以容納800位后妃的後宮,而這位殘酷的國王將敵人的頭骨拿來當作花盆種花,用來裝飾陽台。12世紀的阿爾摩哈德王朝(Almohads)進一步擴建為堅固的要塞,面積之大一度延伸至瓜達基維河(Guadalquivir)畔的黃金塔(Torre del Oro)。

　　1248年卡斯提亞國王費南度三世收復塞維亞後,將王室成員安置於此。目前看到的宮殿,是1364年時佩德羅一世(Pedro I)下令修建,來自格拉那達和托雷多的工匠,在此建造了具穆德哈爾風格的佩德羅一世宮殿(Palacioi Pedro I),不

### 為什麼到處都有阿卡乍堡(Alcázar)?

Alcázar不是城堡的名字,這個字源於阿拉伯語「宮殿」,當初阿拉伯語系的摩爾人征服伊比利半島,在各地興建宮殿堡壘,因此處處都有名為阿卡乍堡的景點。

過部分建於阿爾摩哈德王朝的城牆還是獲得保留。

　　之後的天主教伊莎貝爾女王和費南度國王也將此當作收復格拉那達的基地,由於天主教政權收復西班牙之後,塞維亞長達4個世紀成為西班牙諸王最愛的居住地之一,阿卡乍堡也因此當作皇宮使用,歷經多次重修與擴建後,逐漸改變面貌,然而依舊是西班牙境內保存最完善的穆德哈爾式建築之一。

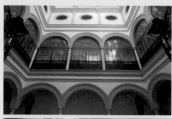

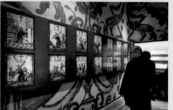

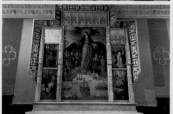

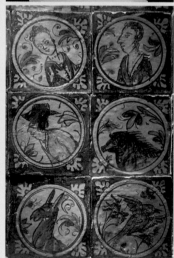

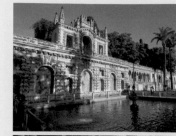

### 少女中庭
### Patio de las Doncellas

少女中庭位於佩德羅一世宮殿的核心，是皇宮的朝政中心，分為上下兩層，四周環繞著迴廊；一樓的多層式拱門與精緻的鑽石形灰泥壁雕，是格拉那達工匠的傑作，壁緣上嵌著阿拉伯花紋的多彩瓷磚。

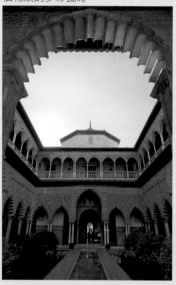

### 使節廳
### Salon de Embajadores

興建於西元1427年的使節廳，有一座幾乎令人暈眩的鑲金木雕圓頂，圓頂上裝飾的星星狀圖案代表宇宙，它是整座皇宮裡最精緻的大廳，原來是穆德哈爾式宮殿的加冕廳，四周被8個長方形的臥室所包圍，其中3面牆嵌著三重式哥多華風格的馬蹄拱門，這些馬蹄拱門上方又被一個大型的拱狀穹頂所包圍，雕飾華麗，令人讚嘆。

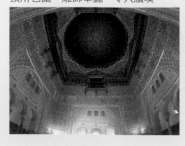

### 中庭花園

占地廣達7英畝的熱帶花園，洋溢著典型的伊斯蘭風格，以步道分區，點綴噴泉水池與花床，為炎熱的安達魯西亞提供綠蔭與涼意。熱門影集《冰與火之歌》第五季中，有關多恩國王馬泰爾家的流水花園就是在此取景。

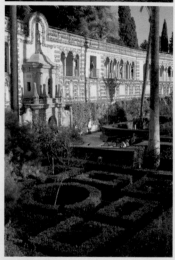

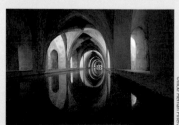

©flickr Hernán Piñera

### 皇家浴池
### Baños de Doña María de Padilla

位於卡洛斯五世宮殿的地下，長型池兩旁是能引進天光的狹長走道，也是《冰與火之歌》拍攝場景之一。

### 貿易館
### Casa de la Contratación

位於狩獵中庭的右邊，屬於皇宮內少數保留摩爾人建築痕跡的地方，阿爾摩哈德王朝在原有基礎上所建。1503年伊莎貝拉女王在此設立管理美洲殖民地及處理貿易問題的機構，二樓現為瓷器展示廳，可通往國王寢宮。

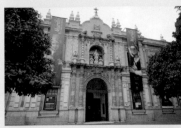

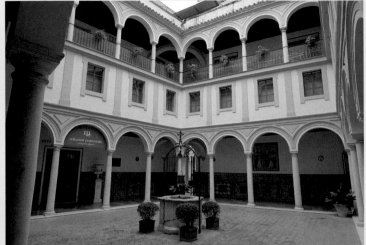

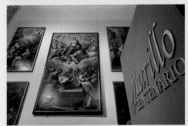

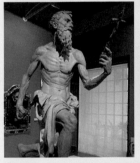

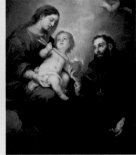

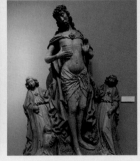

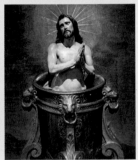

**MAP ▶ P.160A2**

# 塞維亞美術館

## Museo de Bellas Artes de Sevilla

**集塞維亞畫派大成**

🎵從大教堂，步行約20分鐘 🏠Plaza del Museo 9 📞478-6498 🕐週二至六09:00～21:00，週日與假日09:00～15:00；8月：09:00～15:00 🚫週一、1/1、1/6、5/1、12/24~25、12/31 💲€1.5 🌐www.museosdeandalucia.es/cultura/museos

　　圍繞著三座中庭，改建自17世紀修道院的塞維亞美術館，收藏了中世紀至現代的西班牙繪畫，其中以塞維亞派(Sevilla School)的作品最有看頭。

　　西班牙在16、17世紀因海外殖民地帶來的資源和貿易，進入黃金時期，帶動起鼎盛的藝術風氣，尤其是皇室居住地塞維亞，許多當地藝術家獲得培植，誕生了以委拉斯奎茲、慕里歐、蘇巴蘭等人為首的塞維亞派，畫風以明亮和擅長處理光線著稱。

　　幾件非看不可的代表作，《哀悼耶穌之死》(Wepping over the Dead Christ)，是15世紀塞維亞派雕刻之父Pedro Millán的作品，融合哥德與自然主義風格；《聖傑洛尼莫》(San Jerónimo)出自在塞維亞度過晚年的義大利雕刻家Pietro Torrigiano之手；至於繪畫方面，慕里歐的《聖告圖》(La Purisima Concepción)和《聖胡絲塔與聖露菲娜》(Santas Justa y Rufina)、蘇巴蘭的《耶穌受難》(Jesús Crucificado Expirante)和《聖湯瑪斯‧阿居紐受封》(Apoteósis de Santo Tomás de Aquino)、萊亞爾(Valdés Leal)的《聖傑洛尼莫的誘惑》(Tentaciones de San Jerónimo，以及利貝拉的《聖泰瑞莎》(Santa Teresa)等，都是不可錯過的作品。

## 蘇巴蘭－聖潔簡樸的白袍畫家

16世紀初，當西班牙畫派進入發光的時代，當時有四大畫家：委拉斯奎茲、慕里歐、萊亞爾和蘇巴蘭(Francisco de Zurbarán, 1598～1664)，尤以蘇巴蘭的畫風最早成熟，畫中聖潔、簡樸的氣氛成為他的特色。

蘇巴蘭的家境還不錯，透過親友關係，很容易就進入塞維亞著名的畫室當學徒，而且年紀輕輕就被任命作畫，得到塞維亞市長的讚美：「寧靜而簡單的藝術。」

穿著白袍的修士經常是蘇巴蘭作畫的主題，那帶著重量感的潔淨及細微的動作，讓他贏得「白袍畫家」之名；不過他最成功的畫作是在他搬往塞維亞後畫的《聖湯瑪斯·阿居紐學封》(Apoteósis de Santo Tomás de Aquino)，該畫以色彩深淺創造出空間感。

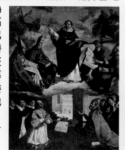

蘇巴蘭晚期的風采全讓給了慕里歐，他抑鬱地遷往馬德里，希望能為皇室工作再創事業高峰，但事與願違，蘇巴蘭也被後人遺忘一段時日。其實蘇巴蘭對西班牙畫派的影響深遠，慕里歐、利貝拉，甚至委拉斯奎茲也都曾臨摹他的畫、學習他的技巧，所以觀察西班牙畫派一定不能忽略蘇巴蘭。

## 慕里歐－甜美的巴洛克視野

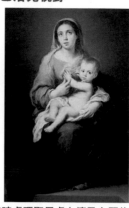

慕里歐(Bartolomé Esteban Murillo, 1617～1682)出生於塞維亞的富裕家庭，自由奔放的巴洛克晚期風格讓色彩超越形體，這一點和委拉斯奎茲很像。

慕里歐畫的乞丐等下層人物的肖像畫，展現他最高的技術成就，尤其是以巴洛克手法所繪的《聖告圖》極受好評，幾乎等於是當時處理聖母處女懷孕主題的第一人選；慕里歐同時也是宗教熱忱極高的畫家，他藉著畫出人物虔誠的沈思、脆弱而敏感的表情以及低層人物的日常生活，來顯現宗教悲天憫人的情懷，因此慕里歐留下許多關於乞丐、窮人、流浪漢的畫作。慕里歐在妻子去世後，筆觸變得更流暢、色彩更明亮，《塞維亞聖母》(Virgen con el Niño－Virgen de la servilleta)中半身聖母抱著的聖嬰，似乎快探頭出畫布，眼神及動作直向觀畫者奔來，是他風格改變後最教人難忘的作品。

---

MAP ▶ P.160B3

# 瑪埃斯多蘭薩鬥牛場
## Plaza de Toros de la Maestranza
### 人與牛的生死競技場

🚶 從大教堂，步行約10分鐘 🏠 Paseo de Colón 12 ☎ 422-4577 🕐 博物館：11至3月09:30～19:00，4至10月09:30～21:30，每20分鐘一場導覽；鬥牛活動在4月春會至10月間舉行 🚫 12/25 💲 博物館＋導覽全票€10、優待票€8；鬥牛門票視座位而異 🌐 www.realmaestranza.com

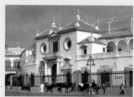
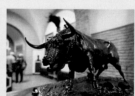
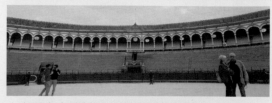

這是西班牙最重要的鬥牛場之一，建於18世紀，歷經120年才完工，可容納超過1萬名觀眾。外觀為白色和黃色，場內設有鬥牛博物館，藏有鬥牛主題的畫作、鬥牛器具、名鬥牛士的華麗服裝，及曾在場上刺死鬥牛士的牛頭標本，以上有畢卡索繪製圖案的鬥牛披肩最引人注目。

塞維亞的鬥牛季從每年的春會開始，平日可以參加導覽，入內參觀博物館，了解鬥牛的歷史與方式，並走進場中，實際感受一下鬥牛的緊張氣氛。

●格拉那達

# 格拉那達
# Granada

格拉那達最重要的遺跡便是舉世聞名的阿拉伯建築傑作—阿爾罕布拉宮,這座西班牙伊斯蘭教末代王宮,不論就其歷史意義或建築本身,在世界上都舉足輕重。

格拉那達坐落於海拔680公尺以上的丘陵,以內華達山脈(Sierra Nevada)為背景,冬季得以望見山頂覆蓋白雪的美景,夏季時氣溫也略低於塞維亞和哥多華。

格拉那達是西班牙境內接受伊斯蘭統治時間最久的城市,在摩爾人的統治下聲勢達到巔峰。13世紀時,西班牙天主教勢力在國土復興運動上獲得一連串的勝利,潰敗的摩爾難民紛紛逃往當時唯一與天主教維持友好關係的格拉那達,卻也造就此地在經濟、藝術、文化上的黃金時期。

1474年,費南度與伊莎貝爾聯姻,天主教勢力大增,終於在1492年攻陷格拉那達,完成天主教統一西班牙的大願,格拉那達也是最後被天主教雙王收復的國土。

現今的格拉那達,除了精采的阿拉伯建築藝術之外,還有充滿伊斯蘭教風情的阿爾拜辛區,以及沿山坡而建的白色薩克羅蒙特山丘,很容易就讓人掉入阿拉伯神話般的夢境!

## INFO

### 基本資訊
**人口**:231,755人
**面積**:88.02平方公里
**區碼**:(0)958

### 如何前往
◎飛機

格拉那達機場(F.G.L. Granada-Jaén, 代號GRX)位於市區西邊17公里,每日有航班往來馬德里、巴塞隆納及西班牙各地,歐洲廉價航空EasyJet、Vueling、Iberia也有航班往來倫敦、米蘭等歐洲城市。

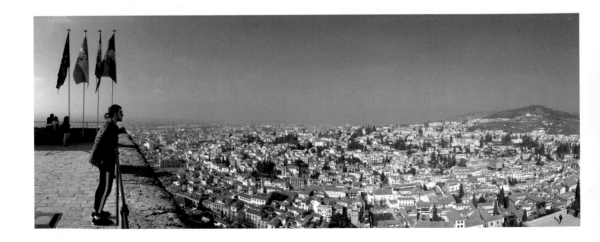

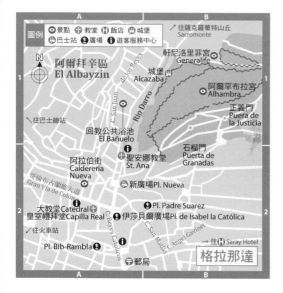

**圖例**
⊙景點　✚教堂　ℍ飯店　🏰城堡
🚍巴士站　🟦廣場　ℹ遊客服務中心
↗往薩克羅蒙特山丘 Sacromonte

阿爾拜辛區
El Albayzín

軒尼洛里菲宮 Generalife

城堡 Alcazaba

阿爾罕布拉宮 Alhambra

Río Darro

正義門 Puera de la Justicia

↖往巴士總站

回教公共浴池 El Bañuelo

阿拉伯街 Calderería Nueva

聖安娜教堂 St. Ana

石榴門 Puerta de Granadas

哥倫布古蘭維亞大道 Gran Vía de Colón

新廣場 Pl. Nueva

大教堂 Catedral
皇室禮拜堂 Capilla Real

Pl. Padre Suarez

伊莎貝爾廣場 Pl. de Isabel la Católica

↙往火車站

Pl. Bib-Rambla

→往 ℍ Saray Hotel

郵局

**格拉那達**

---

機場至市區可搭乘Alsa巴士，行經巴士總站前往大教堂附近的Gran Vía，車票€3，飛機降落後約30分鐘發車。搭計程車約€27~29。

**Alsa巴士** 🌐www.alsa.com

◎**火車**

從馬德里的阿托查火車站，搭高速火車AVE，車程約3小時20分鐘，每天3班；從塞維亞，搭中程火車AVANT，車程約4小時，每天3班；從哥多華，搭AVE車程約1.5至2小時，每天4班直達；從巴塞隆納，需在馬德里轉車，車程約7小時。時刻表及票價可上網或至火車站查詢，見P.XX。

格拉那達的火車站位於市區西邊，從火車站前方的安達魯西亞大道(Avda. de Andaluces)直走到憲法大道(Avda. de la Constitución)，可搭4、8、33等號巴士，經哥倫布格蘭維亞大道(Gran Vía de Colón)，前往市中心的伊莎貝爾廣場（pl. de isabel la católica）等地。巴士票需事先在巴士站購票。

**西班牙國鐵** 🌐www.renfe.com

◎**長途巴士**

從馬德里的南巴士總站，搭 Alsa巴士公司的車，車程約4.5至5.5小時，每小時約1至2班。從巴塞隆納的北巴士站，車程約13至17小時，每天7班。從哥多華出發，約3小時；從塞維亞出發，約3小時，每天約有6至7班車。

巴士站位於西北方3公里，可搭33號巴士至大教堂附近，車程約15分鐘。

**Alsa巴士** 🌐www.alsa.es

## 市區交通

市區景點多半在大教堂、伊莎貝爾廣場、新廣場(Plaza Nueva)附近，可步行串連；阿爾罕布拉宮和阿爾拜辛區位於山坡上，可步行或利用小巴。市區巴士單程€1.4。

## 觀光行程

### ◎格拉那達觀光巴士Granada City Tour

格拉那達有三節的觀光小巴士，繞行火車站、市區內重要景點、阿爾罕布拉宮和阿爾拜辛區，包含中文語音導覽，效期內可任意上下車，1趟約1小時20分鐘。可於官網或上車購票。

🔽09:30～21:30。白天約每30至40分鐘一班
💲一日票€9、二日票€13
🌐www.granada.city-tour.com

## 優惠票券

### ◎格拉那達城市通Granada Card

格拉那達推出的旅遊卡分為四種卡，24小時(Granada Card 24h)、48小時(Granada Card 48h)、72小時（Granada Card 72h）及花園卡(Granada Card Jardines)。

除了花園卡不包含阿爾罕布拉宮，其他票卡都包含大教堂、皇室禮拜堂等門票，此外，可搭9趟市區巴士和觀光巴士，5天內有效。由於拜訪阿爾罕布拉宮須提前1天預約入場時間，購票時售票人員即會代為安排預約。建議事先於網站購買較方便。

☎858-880990
🔽09:00～20:00
💲成人€36.5~43、3~11歲€10.5
🌐en.granadatur.com/granada-card

## 旅遊諮詢

### ◎格拉那達省遊客服務中心

📍P.169A2　🏠Cárcel Baja 3（大教堂旁）
☎247-128
🔽週一至五09:00～20:00、週六10:00～19:00、週日和假日10:00～15:00
🌐www.turgranada.es

### ◎格拉那達市遊客服務中心

📍P.169A2　🏠Plaza del Carmen s/n（市政廳內部）
☎248-280
🔽週一至五09:30～17:30，週日和假日09:30～13:30；7至9月：09:00～14:00
🌐www.granadatur.com

### ◎安達魯西亞旅遊局

🌐www.andalucia.org

**MAP ▶ P.169A2**

# 大教堂
## Catedral
### 多元風格富麗堂皇

🚇 從伊莎貝爾廣場步行約2分鐘 🏠 Gran Vía de Colón 5 ☎222-959 🕐週一至六10:00～18:15、週日和假日15:00～18:15 💲全票€5、優待票€3.5 🌐www.catedraldegranada.com

收復格拉那達之後，在天主教君王的命令下，西元1518年開始興建這座大教堂。建於昔日的清真寺所在，原本希望打造出類似托雷多大教堂的哥德式風格，然而，接手的建築師Diego de Siloé採用富麗堂皇的銀匠風格裝飾教堂內部，又受到義大利文藝復興風格的影響，將主禮拜堂(Capilla Mayor)設計成圓形，取代常見的半圓形結構。

歷經181年的工程期，大教堂換過多位設計師，直到18世紀，成為混合了哥德式、銀匠式和文藝復興風格的龐大建築。教堂立面由3座大型拱門所組成，出自建造羅馬凱旋門的建築師Alonso Cano的設計，這位格拉那達當地出生的畫家還完成與主禮拜堂圓頂等高的彩繪玻璃，敘述聖母的故事。除此之外，炫目的黃金祭壇也值得一看。

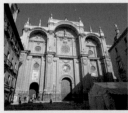
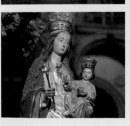
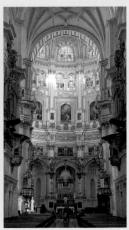

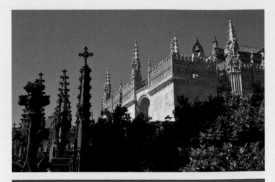

**MAP ▶ P.169A2**

# 皇室禮拜堂

## Capilla Real
### 收復西班牙雙王長眠地

🚇從伊莎貝爾廣場，步行約2分鐘 🏠Calle Oficios s/n ☎227-848 🕐週一至六10:00～18:30、週日及宗教節日11:00～18:00 ❌1/1、耶穌受難日、12/25、及1/2、10/12上午 💲全票€5、優待票€3.5 🌐www.capillarealgranada.com ⏰週三14:30-18:30免費，需上網預約

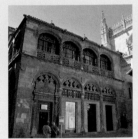

對於將格拉那達自伊斯蘭政權手中收復的伊莎貝爾女王而言，將陵寢建立於格拉那達不僅是她的遺願，更是紀念西班牙自此統一的最佳地點。

這座於西元1505至1507年間為了天主教君王而建的禮拜堂，長眠著伊莎貝爾和費南度，以及他們的女兒胡安娜(Juana la Loca)、女婿菲力浦(Felip el Hermoso)一家。大型陵寢環繞著金色的欄杆，陵寢中央的豪華石棺雕像，出自佛羅倫斯雕刻家Domendico Fancelli之手。自陵寢兩側，可走進地下室的納骨堂，裡面是他們的停柩之處。

主祭壇金碧輝煌的屏風上描繪耶穌的生平故事，祭壇上存放著數代羅馬教皇進貢給國王的聖遺骨。此外，聖器室展出這兩位君王的雕像和伊莎貝爾的皇冠、費南度的寶劍等寶物，以及梅林(Hans Memling)等法蘭德斯大師的畫作。

MAP ▶ P.169B1

# 阿爾罕布拉宮

**MOOK Choice**

## La Alhambra

### 摩爾建築藝術巔峰

🚌 從伊莎貝爾廣場，搭C3、C4小型巴士；從新廣場(Pl. Nueva)旁的Cuesta Gómerez街往上坡走，通過格拉那達門，沿著小徑至正義門(Puerta de la Justicia)，購票處在軒尼洛里菲宮附近，路程約20分鐘 🏠Real de La Alhambra s/n 📞027-971 ⏰4至10月中：08:30～20:00，週二至六夜間票22:00～23:30；10月中至3月：08:30～18:00，週五和週六夜間票22:00～23:30 ❌1/1、12/25 💲通票全票€14，軒尼洛里菲宮、花園和城堡€7，夜間全票€8，網路訂票手續費€0.7 🌐www.alhambra-patronato.es

誰都無法否認，這是一座美麗的宮殿，精緻的摩爾藝術在此發揮得淋漓盡致。「阿爾罕布拉」一名是阿拉伯文的「紅色城堡」，宮殿的紅色城牆和高塔，在莎碧卡山丘(La Sabica)的圍繞下顯得特別醒目。

阿爾罕布拉宮原為摩爾式碉堡，可能建於13世紀，穆罕默德(Muhammed Al-Ahmar)曾加以修復，其子在繼位後也陸續加蓋；約14世紀，在兩位摩爾國王Yusuf Ⅰ和穆罕默德五世(Muhammed V)的努力下，開始興建王宮，範圍包括正義門、浴室(baños)、格瑪雷斯塔(Torre

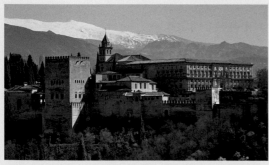

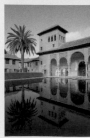
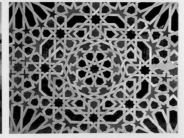

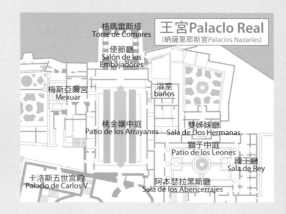

de Comares)和其他塔樓。穆罕默德五世執政時，除了完成王宮工程，還修築了獅子宮殿。

1474年，費南度與伊莎貝爾聯姻，天主教勢力大增，終於在1492年完成天主教統一西班牙的宿願。阿爾罕布拉宮於是落入天主教徒手中，陸續增建教堂、聖方濟各修道院和要塞。在這座宮殿度過幾個月的卡洛斯五世，更以自己的名義增建新建築，而有了卡洛斯五世宮殿。

18至19世紀初，阿爾罕布拉宮逐漸荒廢。成為罪犯和小偷的聚集場所，拿破崙的軍隊也曾在此紮營，撤退時炸燬了碉堡，僅留下Torre de los Siete Suelos 和Torre de Agua兩座塔樓。直到1870年，這裡才被西班牙政府列為紀念性建築，在努力修復下，世人才得以重見這座精心雕琢的摩爾宮殿！

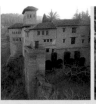
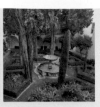

## 王宮Palacio Real

又稱「納薩里耶斯宮(Palacios Nazaríes)」，原是摩爾國王的起居室，更是阿爾罕布拉宮中最具藝術價值的建築。

王宮區分為3大部分：梅斯亞爾宮、格瑪雷斯宮、獅子中庭。繁複灰泥壁飾、天花板雕工、格局嚴謹的房間，及充滿回教風味的中庭，皆值得細細品味。

### 梅斯亞爾宮 Mexuar

王宮最古老的部分，一般認為是摩爾王室的審判庭，天主教君王在此增建禮拜堂，可從樓上的木欄杆往外看。祈禱室位於梅斯亞爾宮盡頭，面對著阿爾拜辛區。北邊的牆壁有4扇拱形窗，雕刻著精細複雜的灰泥壁飾和阿拉伯經文。中庭的牆壁原刻滿阿拉伯經文，後來被天主教徒改成天主教祈禱文。

### 格瑪雷斯宮Comares

由使節廳(Salón de los Embajadores)、加冕廳和桃金孃中庭(Patio de los Arrayanes)組成，是王宮中最重要的地方。線條極簡，左右平衡的設計讓人有種宛如置身天堂般的奇妙。

這裡是蘇丹詔見大臣共商國事的宮殿，也是訪客等候的地方。中庭有一長方水池，兩旁植滿桃金孃，格瑪雷斯塔(Torre de Comares)的倒影清楚倒映池中，遊客可從中體會「對稱」的

設計理念。

興建於1334至1354年的使節廳，富麗堂皇的程度讓人瞠目結舌，它是斯里德王朝的象徵，被視為歐洲最後的伊斯蘭教殿堂。每項建築元素都非常細緻，入口處的拱門上貼有金箔雕飾，內部布滿令人眼花撩亂的灰泥壁飾與阿拉伯文，令人讚嘆的頂棚代表伊斯蘭教的七重天宇宙觀。

### 獅子中庭Patio de los Leones

這裡是摩爾王真正的私人活動空間，當然也包括後宮。根據歷史記載，蘇丹曾在此舉辦過政治及外交活動。不過根據1362年穆罕默德五世執政時的紀錄，並沒有獅子宮的相關文件，因此應該是之後才建的部分。

由124根柱子圍成的獅子中庭，中央噴泉四周環繞著12隻獅子，噴泉水源源不絕，再向四方溢流至小噴泉，可見識到宮殿複雜的引水系統；廊柱間的拱形簾幕，雕刻著精細的裝飾花

紋，上方還有一排斯里德王朝「阿拉是唯一的征服者」的格言。

圍繞著獅子中庭的是雙姊妹廳(Sala de Dos Hermanas)、國王廳(Sala de Rey)和阿本瑟拉黑斯廳(Sala de los Abencerrajes)。雙姊妹廳是獅子中庭裡最古老的宮殿，裝飾上也獲得最高評價，猶如5,416塊蜂窩般組織而成的天棚，光線透過上方的小窗戶照入。

中庭東側的國王廳可分為5個區域，包括3間廳堂，光線來自中庭和內部的小窗，每間房間皆以高挑的拱形廊柱區隔開來。在中央廳堂的天棚上方裝飾著大型彩色畫作，圖案包括斯里德王朝的前10位國王和中世紀的騎士與穆斯林爭奪心儀女子的故事。

阿本瑟拉黑斯廳的設計架構與雙姊妹廳相似，亮點是鐘乳石形狀的八角形頂棚。傳說這裏上演過一場血腥的鴻門宴，大權在握的阿本瑟拉黑斯家族中所有男性，一夜之間全部在此被處死

---

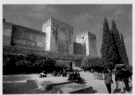

## 城堡Alcazaba

這座軍事用途的堡壘歷史可追溯至9世紀，為宮裡最早期的遺跡，如今僅存城牆與殘石。制高點設有守望塔，可眺望內華達山脈、對面的阿爾拜辛區和格拉那達市區的景觀。

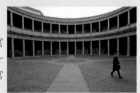

## 卡洛斯五世宮殿
## Palacio de Carlos V

這座大型的文藝復興式宮殿，是阿爾罕布拉宮中唯一建於天主教統治時期的宮殿，由米開朗基羅的學生、也是托雷多畫家Pedro Machuca，於西元1527年開始建造。整座中庭環繞著32根圓柱，分為上下兩層，下層是阿爾罕布拉宮博物館，上層為美術館，參觀美術館須額外付費。

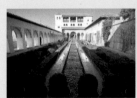
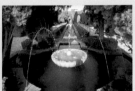

## 軒尼洛里菲宮和花園Generalife

軒尼洛里菲宮位在王宮東側，為國王夏宮，由數座噴泉花園和一座宮殿所組成，國王在此可暫時拋開政務，享受片刻寧靜，有「高居天堂的花園」之稱。

整座花園維持著伊斯蘭風格，像是宮殿、中庭、花園步道、水池、高大的柏樹林。其中，長池庭(Patio de la Acequia)為融合西班牙與伊斯蘭風格的花園，東西兩側分別聳立著一座宮殿。隔壁的蘇塔娜中庭(Patio de la Sultana)又名柏樹中庭，有棵700多歲的巨柏，傳說某位蘇丹抓到其愛妾蘇塔娜在此和阿本瑟拉黑斯家族成員幽會，導致此一家族的男子全部被殺的慘劇。

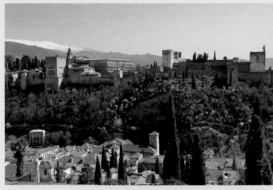
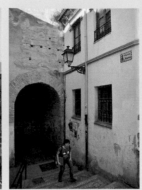
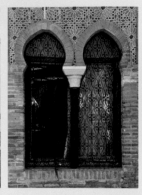

MAP ▶ P.169A1

# 阿爾拜辛區

**MOOK Choice**

## El Albayzín

**眺望阿爾罕布拉宮最美角度**

🚍 從伊莎貝爾廣場，步行約15分鐘；從新廣場，搭C1小巴至聖尼可拉斯瞭望台 ⌂ 面對新廣場的後方山區

摩爾人很早就在此落腳，密密麻麻的白色房舍沿山壁而建，在伊斯蘭式的建築、中庭、門飾、餐廳等，巷弄曲曲折折，有種迷失在阿拉伯世界裡的錯覺。

歷史回溯到11世紀，伊斯蘭教君主開始興建阿爾罕布拉宮時，百姓也隨之在附近設立自己的社區。而在天主教雙王收復格拉那達之時，潰敗的摩爾人更以此山頭當作反攻基地，可惜戰局並未翻盤，反而血洗了四周的白牆。

從聖尼可拉斯瞭望台(Mirador de San Nicolás)眺望阿爾罕布拉宮，可順便把終年白頭的內華達山脈(Sierra Nevada)收進眼底，畫面讓人捨不得眨眼。

不妨以聖尼可拉斯瞭望台為起點，在此區的小巷中亂走，即使參照地圖或問路，還是難免迷路。這一帶沿著城牆有許多觀景餐廳，阿爾罕布拉宮就是最佳賣點。

---

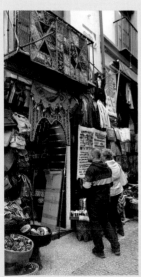
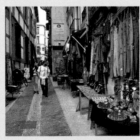
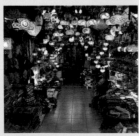

MAP ▶ P.169A2

# 阿拉伯街

## Calle Calderería

**濃郁中東風情**

🚍 從大教堂或新廣場，步行約5分鐘 ⌂ Calle Calderería Nueva與Calle Calderería Vieja一帶

阿爾拜辛區山腳下的Calle Calderería Nueva，整條街道盡是摩爾式的茶館與伊斯蘭風格的飾品店，瀰漫著中東香柱散發的特殊氣味，並延伸到相鄰的Calle Calderería Vieja。

這一帶有來自摩洛哥的手工牛皮燈罩、阿拉伯傳統服飾、彩色玻璃燈罩、水煙等，相當具有異國風味，餐館亦以阿拉伯茶和甜點為主。

# 薩克羅蒙特

MOOK Choice

## Sacromonte

### 吉普賽人大本營

🚌 從新廣場，搭C2號小型巴士；或從阿爾拜辛區步行　📍 阿爾拜辛區東北方山區

薩克羅蒙特山村的樣貌和阿爾拜辛區乍看之下差不多，也都是白壁、紅瓦、青瓷飾牆和地磚，一派伊斯蘭風情；不同的是，此區的房舍大部分是挖掘山洞而成的半穴居，背部多半嵌入山壁，近看更顯特別。

從阿爾拜辛區的東面，一路延伸至薩克羅蒙特山丘，是吉普賽人在格拉那達的大本營，此區的房舍一片純白，室內空間狹小，而且天花板很低，或許和久居於此的吉普賽人較為矮小的體型有關。

這支流浪的民族為了避暑，昔日多鑿洞而居，這些洞穴遺留至今，聰明的吉普賽人轉而將它當作佛朗明哥舞的表演場所，也因此，入夜後，有許多遊客前來探訪。除此之外，薩克羅蒙特山丘仍遺留著摩爾式水道，和洋溢著安達魯西亞風情的花花草草，走在小小的巷弄中，不時會被這些景象所吸引。

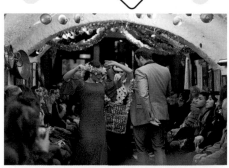

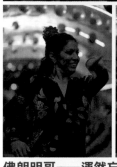
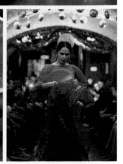

## 佛朗明哥——渾然忘我的靈魂舞動

在薩克羅蒙特山丘洞穴觀賞佛朗明哥舞，是旅遊格拉那達不可錯過的行程。

多數業者提供接送服務，在預定好的時間，至各家飯店載遊客前往洞穴小酒館。抵達表演場之前或結束後，會安排夜間徒步導覽，導遊帶著遊客穿梭在阿爾拜辛區與薩克羅蒙特山丘的巷弄間，解說本地的歷史背景和吉普賽人在此穴居的來龍去脈。若擔心語言障礙，可請旅遊服務中心或飯店代訂。

表演場地也是餐廳所在，遊客可選用餐加表演；不用餐的，票價通常包含一杯飲料，可選擇西班牙最有名的桑格莉亞水果酒，和氣氛最搭。

這裡的佛朗明哥舞者燕瘦環肥、老的小的都有，他們跳的佛朗明哥稱為Zambra，用「自己人聊天討論」的方式來串場，像是一場隨興的家庭聚會，可是一旦輪到自己站到聚光燈下舞動，立刻沉浸在自己的世界裡，令人鼓掌叫好。

**Venta El Gallo**
🌐 cuevaventaelgallo.es
**Cuevas Los Tarantos**
🌐 www.cuevaslostarantos.com
**Jardines de Zoraya**
🌐 jardinesdezoraya.com
**La Rocío**
🌐 www.granadainfo.com/rocio

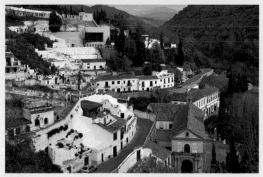

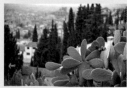
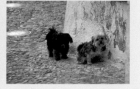

● 哥多華

# 哥多華
# Córdoba

哥多華曾是羅馬帝國統治下的西班牙首都，西哥德人在西元6至8世紀佔領此地，200多年後，摩爾人聯合受天主教迫害的猶太人，拿下哥多華的統治權，在阿布杜勒·拉曼三世(Abd-al-Rahman III)和哈坎二世(Hakam II)的統治期間，哥多華成為10世紀歐洲最進步且富裕的城市，擁有一座阿拉伯大學，以及300多座清真寺。

在舊城區裡，伊斯蘭的建築、靜謐的中庭和陽台的鮮豔花朵，讓哥多華成為一座浪漫迷人的城市，特別是境內融合伊斯蘭教、猶太教和天主教等文化，清真寺的拱門與壁龕代表著摩爾人政權帶來的伊斯蘭藝術，猶太區保留著伊比利半島罕見的猶太教堂，至於14世紀的皮亞納宮(Palacio de l Viana)，則為西班牙16至17世紀的黃金時期埋下伏筆。

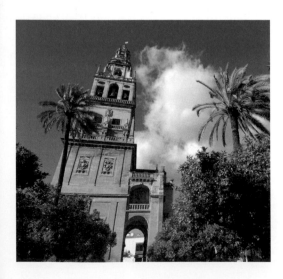

## INFO

### 基本資訊
**人口**：約32.5萬人
**面積**：1,253平方公里
**區碼**：(0)957

### 如何前往
#### ◎火車
從馬德里的阿托查火車站，可搭高速火車AVE和長程特快車ALTARIA，車程約1小時40分至2小時；從塞維亞，可搭AVE、ALTARIA或MD，車程40分至1小時20分；從格拉那達，車程約1小時50分。詳細時刻表及票價可上網或至火車站查詢。

哥多華的中央火車站(Estación Central)位於舊城北方約2公里處，可搭3號巴士至羅馬橋邊，或步行20至30分鐘，搭計程車前往市區約€5。
**西班牙國鐵** ⓤ www.renfe.com
#### ◎長途巴士
從馬德里的南巴士總站，搭Secorbus巴士公司的車，車程近5小時，每天約5班車；從巴塞隆納北車站，搭Alsa巴士公司的車，約15小時，一天4班（週六3班）；從格拉那達或塞維亞，搭Alsa巴士，車程各需2小時50分和2小時。至於哥多華巴士站，就在火車站旁。
**Secorbus巴士** ⓤ www.socibus.es
**Alsa巴士** ⓤ www.alsa.es

### 市區交通
景點多在舊城市區，可以步行遊覽。

### 旅遊諮詢
#### ◎哥多華遊客中心
🔺P.176A2
🏠Plaza del Triunfo（羅馬橋旁）
☎902-201774
🕐週一至六09:00～19:00，週日和假日09:00～14:30
ⓤwww.turismodecordoba.org
#### ◎中央火車站遊客中心(RENFE-AVE)
🏠Estación Central
🕐09:30～14:00、16:30～19:30
ⓤwww.esp.andalucia.com
#### ◎坦蒂里亞斯廣場遊客中心
🏠Plaza de las tendillas
🕐09:00～14:30

## 喧囂中尋覓一方寧靜—中庭Patio

安達魯西亞的中庭，是最能展現出數百年伊斯蘭政權帶來的文化特色，尤其是哥多華，行走於巷弄間，常會突然闖進藏身其中的一方寧靜空間。

中庭的文化來自兩個外來政權：一是羅馬，一是伊斯蘭。羅馬人將中庭視為與人會面之處；伊斯蘭文化裡，中庭則是休息與娛樂的空間。至於今日的中庭，延續著這兩大功能，可以在這裡偷得浮生半日閒。

在San Lorenzo、猶太街區、清真寺西邊的San Basilio等地，可以看到典型的安達魯西亞地中海型房舍中庭，特色包括磚瓦砌成的拱形門柱、色彩鮮豔的瓷磚、鐵門或燈飾等鐵製品，以及幾棵柳橙或檸檬樹、小池塘或水柱，和許多花朵，圍繞著中庭的是客廳和臥室。

一般只要看到門口有「Patio」標誌，即可入內參觀中庭，開放時間約下午5點至凌晨，全年開放的則有皮亞納宮和安達魯西亞之家。而在每年5月初的中庭節(Festival de los Patios)，為了角逐獎項，至少有50多座中庭會用大量鮮花裝飾，相當值得前往參觀。

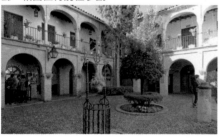

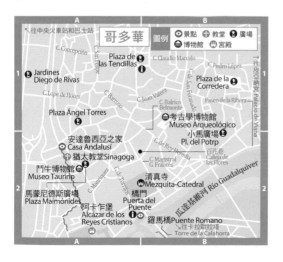

哥多華

圖例　⊙景點　✝教堂　Ｅ廣場　🏛博物館　宮殿

**MAP ▶ P.176A2**

# 猶太街區

**MOOK Choice**

## La Judería
### 窄巷裡的花花世界

🚃 從清真寺，步行約5分鐘　📍 清真寺和Avda. del Gran Capitán之間

**猶太會堂**

🏠 Calle Judíos 20　☎ 202-928　🕐 週二至六09:00～21:00（7至8月提早至15:00休息），週日及假日09:00～15:00　❌ 週一、1/1、1/6、5/1、5/12、12/24～25、12/31　💲 €0.3　🌐 www.turismodecordoba.org

清真寺的北邊和西邊都屬於猶太區，一盆盆鮮艷花卉妝點著牆壁，其中以百花巷(Calleja de las Flores)最為迷人，附近聚集不少餐廳和紀念品店，店家陳列於戶外的商品讓人目不暇給。

猶太區是舊城中最古老的一區，四周有多座清真寺，這裡曾聚集著伊比利半島上最大的猶太社群。猶太人在伊斯蘭政權期間扛起重要的經濟支柱，因此不但免於種族迫害，還受到摩爾人重用，多數擔任稅吏。

不過，天主教收復國土之後，猶太人也失去了勢力，甚至在1492年被逐出西班牙國土。現今唯一能見證那段猶太歷史的，是坐落於猶太街區的猶太會堂(Sinagoga)，它是西班牙境內碩果僅存的3座中世紀猶太會堂之一，其他兩座位於托雷多。根據建築內發現的碑文，這間會堂大約興建於1314至1315年，一直使用到被驅逐為止。

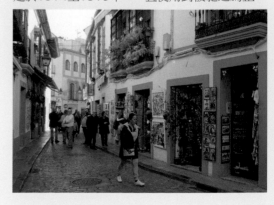

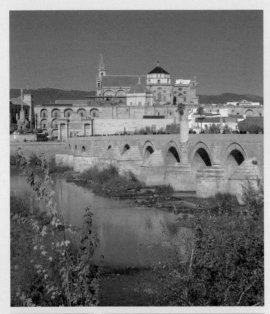

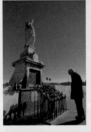

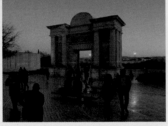

**MAP ▶ P.176B2**

# 羅馬橋

**MOOK Choice**

Puente Romano
## 扼守城市的戰略要道

🎧 從清真寺，步行約2分鐘

奧古斯都大帝在西元1世紀打造的羅馬橋，如今僅殘留部分橋樑，其他皆為後來整修新建，因此整座橋看起來相當新。

羅馬橋自清真寺前的橋門(Puerta del Puente)延伸至對岸的卡拉歐拉塔(Torre de la Calahorra)，橋長230公尺，共有16座橋墩，4座呈尖頂狀，其他則為半圓形，中央立著哥多華的守護神─聖拉菲爾(San Rafael)雕像，這是出自藝術家Gómez del Río之手。

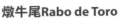

## 燉牛尾Rabo de Toro

燉牛尾是哥多華的傳統料理，也是西班牙名菜，當年為了充份利用因鬥牛而死亡的牛隻，以香料與紅酒燉煮入味，肉質軟嫩多汁又富含膠質。今天若走進餐廳詢問招牌菜，十之八九會推薦這道燉牛尾！

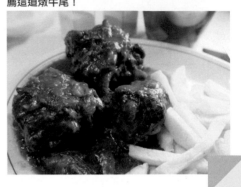

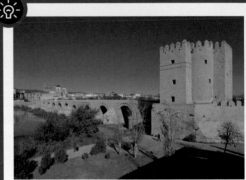

## 卡拉歐拉塔

想要拍攝到最佳角度，一定要走過羅馬橋，到卡拉歐拉塔。卡拉歐拉塔是佩德羅一世(Pedro I)和他的兄弟Enrique II de Trastamara下令興建，扼守哥多華的對外通道，在西班牙的軍事歷史上相當重要。

這棟蓋在舊伊斯蘭建築上的多角型塔樓相當堅固，有易守難攻的特性，20世紀後曾當作監獄和學校使用，現改為安達魯西亞生活博物館，展示該地區的建築、藝術、音樂、科學與生活民俗等。

🏠Puente Romano s/n ☎293-929 ⏰6至9月：10:00～14:00、16:30～20:30；10至5月：10:00～19:00 💲全票€4.5、優待票€3 🌐www.torrecalahorra.com

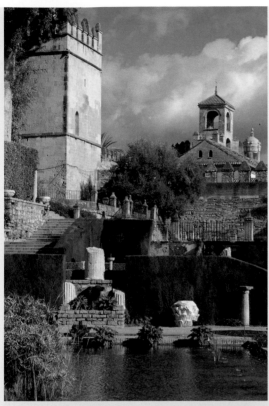

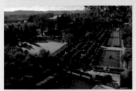
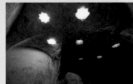

MAP ▶ P.176A2

# 阿卡乍堡

**MOOK Choice**

Alcázar de los Reyes Cristianos

**曾經的皇宮兼堡壘**

從清真寺，步行約5分鐘　Calle Caballerizas Reales　420-151　6月中至9月中：週二至日08:15～14:45；9月中至6月中：週二至五08:15～20:00、週六09:30～18:00、週日08:15～14:45　週一　全票€4.91、優惠票€2.66、哈里發浴池€3.11(票價因日期變動調整)　www.alcazardelosreyescristianos.cordoba.es

四周築起厚實城牆的阿卡乍堡，既是要塞也是皇宮，歷經統治者的更迭，層層建築彼此相疊或接鄰，形成今日這座擁有古羅馬、西哥德、伊斯蘭等多樣風格的建築。

## 爭取贊助的哥倫布

哥倫布當初能愉快出航，尋找新大陸，要感謝天主教雙王伊莎貝爾女王和費南度二世的贊助，1489年他就是在這座城堡中，謁見雙王爭取贊助，庭院裡還有座雕像描寫當時場景！

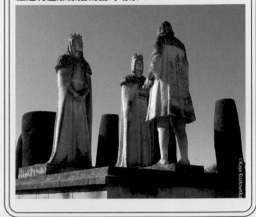

©Kuja Kozlowska

在西元1236年費南度三世收復哥多華後，這座伊斯蘭宮殿便棄置成為廢墟，阿方索五世著手重建，於14世紀的阿方索六世任內完工。然而，這處天主教雙王曾經下榻的地方，仍一度淪為監獄，在1428至1821年還成為宗教法庭(Inquisition)所在地。

堡內現設置博物館，藏有3世紀的古羅馬石棺，石棺上方浮雕一扇半開的門，描述死後前往地下世界的歷程，而在巴洛克式的小禮拜堂牆上，可以看到珍貴的馬賽克鑲嵌，蛇髮女妖梅杜莎、愛神厄洛斯等神話人物清晰可辨。

除了登高塔和城牆來欣賞風景，不要錯過阿卡乍堡的阿拉伯式庭園，排列有序的噴水池、池塘、橘子樹、花園、樹林，及自庭園後方延伸出去的古羅馬城牆和城門，皆值得細細品味。

皇宮外有一座保存狀況良好的哈里發浴池(Baños del Alcázar Califal)，屬於皇宮的一部分，設有不同水溫的水池，陽光透過拱頂的星形氣孔灑落地面，採光之外，也很有伊斯蘭風味。

MAP ▶ P.176B2

# 清真寺
## Mezquita-Catedral

**MOOK Choice**

### 伊斯蘭柱子叢林遇見教堂

🚶從羅馬橋，步行約3分鐘 🏠C/ Cardenal Herrero 1 ☎470-512 ⏰清真寺：週一至六10:00～19:00，週日和假日08:30～11:30、15:00～19:00；鐘塔：09:30～14:30，購票時會安排上塔時間 💰日間全票€11、優待票€9、鐘塔€3 🌐www.catedraldecordoba.es ❄週一至六08:30～9:30免費參觀

　　舉世聞名的哥多華清真寺，最早可追溯至西元786至788年的伍麥葉王朝，阿布杜勒·拉曼一世(Abd al Rahman I)下令興建這座規模超過巴格達清真寺的建築，它是伊斯蘭王朝留在安達魯西亞的最佳文化遺跡，但耐人尋味的是，裡頭還塞了座教堂！

　　9至10世紀，哥多華發展成足以媲美東羅馬帝國首都君士坦丁堡的城市，阿布杜勒·拉曼三世(Abd ar-Rahman III)決定打造一座能充分彰顯這座城市繁榮和因應需求的清真寺，重建了高達80公尺的喚拜塔。其子哈坎二世(Hakam II)則將清真寺擴建一倍，拆除了南邊牆面，增添了14排廊柱，並聘請拜占庭工匠打造一座堪稱摩爾式宗教建築最美的壁龕(Mihrab)。

　　清真寺最後一次的擴建工程，是Almanzor在東翼新增的7排廊柱，完成今日所見這座占地2萬4,000平方公尺、可容納2萬5千人的超大清真寺。它是西方世界中規模最大的清真寺，也是伊斯蘭教藝術的最佳典範。

　　然而，天主教政權收復哥多華後，清真寺搖身一變，成了天主教徒的禮拜場所，不過，在天主教雙王收復這座城市將近3個世紀後，16世紀的卡洛斯五世不顧當地市政府與居民的反對，硬要將清真寺改建成天主教堂，把文藝復興風格的主祭壇和唱詩班席大刺刺地放在清真寺的正中央。

　　儘管這樣的改建工程對清真寺造成永難回復的破壞，並引發後世相當多的批評，卻也因此誕生了一座獨一無二的奇特建築。或許，它的存在便是為了說明當年伊斯蘭教和天主教的文化如何互相影響，並產生了什麼樣的糾結情緒！

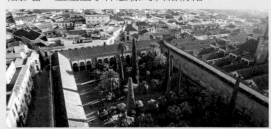

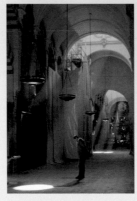

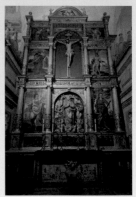

### 主教堂Cathedral

卡洛斯五世在1523年動工興建主教堂，他與當時的主教達成協議，不破壞哈坎二世擴建的部分，更動的部分將鎖定阿布杜勒·拉曼三世和Almanzor增建的區塊。工程歷經兩個世紀，建築師Hernán Ruiz I和其兒孫先後參與工事，最後完成這個擁有拉丁十字結構的建築。

整座教堂結合16至17世紀的法蘭德斯、文藝復興和早期巴洛克的建築風格，哥德式拱頂和文藝復興式圓頂的下方，是17世紀完工的大理石祭壇，兩旁以大理石和桃花心木打造的講壇，出自雕刻家Miguel Verdiguer之手，而邱里格拉風格的唱詩班席則幾乎每吋都刻滿了圖案。

### 贖罪門和喚拜塔 Puerta del Perdon y Minaret

緊鄰喚拜塔的贖罪門，是1377年天主教政權統治下動工的建築，卻有著穆德哈爾式風格，據說通過此門，所有罪孽都將被赦免，如今則將做為出口使用。

現在用途是鐘樓的喚拜塔，是帶領哥多華邁向盛世的阿布杜勒·拉曼三世所建，1593年因遭大風暴破壞，天主教廷於是委任Hernán Ruiz II將它改建成鐘樓；17世紀末時，為了害怕坍塌，再次強化其建築結構。鐘塔上方立著聖拉菲爾雕像，與羅馬橋上的雕像一樣，皆是藝術家Gómez del Río的作品。

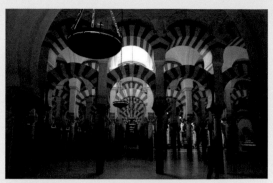

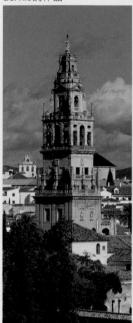

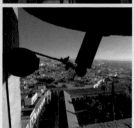

### 拱門與樑柱 Arches and Pillars

清真寺中有850多根外來的花崗岩、碧玉和大理石柱，多半來自西哥德人和羅馬人的建築。在昏暗的清真寺內，眾多的樑柱營造出一種神祕的氣氛。紅白兩色磚石砌成的馬蹄狀拱頂，壓在一根根柱腳上，數十列一字排開，形成一座柱林，既如棋盤般整齊，又如迷宮般令人迷惑。

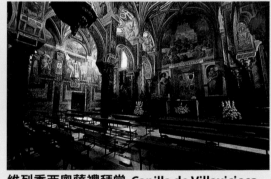

### 壁龕 Mihrab

清真寺南邊的壁龕是摩爾宗教藝術的經典之作，以一整塊大理石打磨出貝殼狀頂棚的壁龕和兩旁側廊，用金碧輝煌且巧奪天工的拜占庭鑲嵌藝術裝飾，令人嘆為觀止！壁龕在伊斯蘭教膜拜儀式中有兩個功能：一是標示麥加的方向，一是讓帶領祈禱的伊瑪目(Imam)聲音更嘹亮。地上一面面帶有磨痕的石板，是昔日教徒行一日七跪的禱告處。

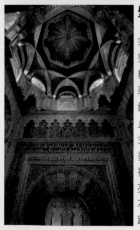

### 維列委西奧薩禮拜堂 Capilla de Villaviciosa

天主教政權入駐哥多華的第一年，清真寺便被祝聖為大教堂。不過，禮拜堂則要等到阿方索十世在1371年下令興建，維列委西奧薩禮拜堂是首座在清真寺內的禮拜堂，裝飾著許多造型特殊的多重葉瓣拱形門柱。

### 橘園中庭
### Patio de los Naranjos

庭園因滿是橘子樹而聞名，同樣經過多次整建，阿布杜勒·拉曼三世在重建新喚拜塔的同時，也將庭園往北擴建，這裡在伊斯蘭政權時期用來舉辦公眾活動，像是政策宣揚與教導。中庭有一個阿蒙斯爾水池，以前是供信徒禱告前淨身。

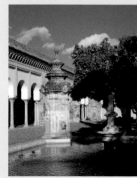

白色小鎮

# 白色小鎮
# Los Pueblos Blancos

西班牙⋯白 色小鎮 Los Pueblos Blancos

行經安達魯西亞,放眼望去,清一色白牆瓦頂的民宅,依著地形起起落落,每個村鎮有各自的個性和美麗,成為此一地區獨特的風情。

摩爾人以灰泥塗抹外牆的建築習慣,延襲迄今形成了一處處的白色小鎮。建於斜坡、窄街、白牆及滿是鮮豔花卉的陽台,是典型的白色小鎮景觀,高高低低的樓梯宛如迷宮,常被帶往不知名的中庭或角落。而異族政權的更迭,除了影響民居建築及生活習慣,還留下清真寺、羅馬城堡、教堂等建築,見證歷史的軌跡。

這些山城各具特色,像是擁有橫斷崖壁城牆的隆達(Ronda)、保留穴居的瓜地斯(Guadix)、擁有最多伊斯蘭圓拱建築的阿爾克斯(Arcos de la Frontera),或是卡畢雷拉、布比昂、潘帕內拉串連的最佳健行路線等,都有其獨特的魅力與景色。

不過,白色小鎮對外交通不甚方便,除了隆達和安特蓋拉(Antequera)等大城有火車經過,巴士是最主要的大眾交通工具,然而班次不多,一天只能拜訪1到2個城市,建議先在大城市的長途巴士站或旅遊服務中心詢問清楚往返的班車時刻表,以免不小心錯過回程的時間。

有些城鎮的巴士站沒有服務人員,也不見得會張貼時刻表,而且小鎮巴士站的服務人員大多英文有限,最好寫下預計前往的地名,筆談會比較容易和清楚。

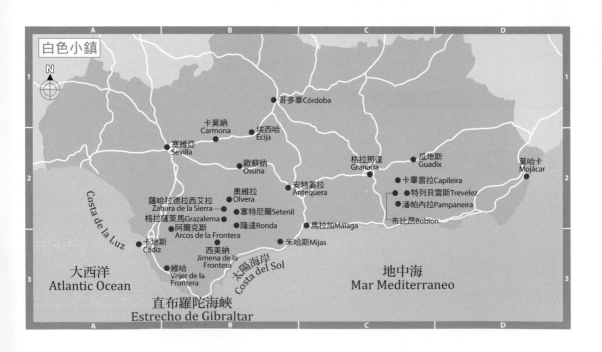

白色小鎮

哥多華Córdoba
卡莫納Carmona
埃西哈Ecija
塞維亞Sevilla
歐蘇納Osuna
格拉那達Granada
瓜地斯Guadix
莫哈卡Mojácar
卡畢雷拉Capileira
特列貝雷斯Trevelez
潘帕內拉Pampaneira
布比昂Bubîon
奧維拉Olvera
安特蓋拉Antequera
薩哈拉德拉西艾拉Zahara de la Sierra
格拉薩萊馬Grazalema
塞特尼爾Setenil
隆達Ronda
馬拉加Málaga
阿爾克斯Arcos de la Frontera
米哈斯Mijas
卡地斯Cádiz
西美納Jimena de la Frontera
維哈Vejer de la Frontera
Costa de la Luz
大西洋Atlantic Ocean
太陽海岸Costa del Sol
直布羅陀海峽Estrecho de Gibraltar
地中海Mar Mediterraneo

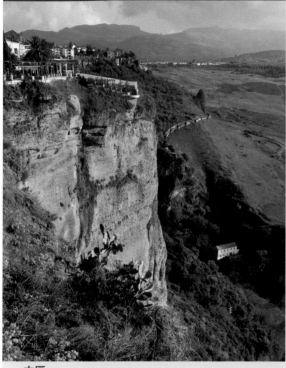

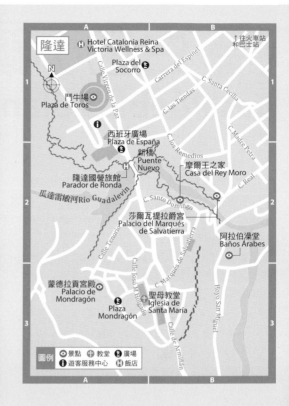

隆達

Hotel Catalonia Reina Victoria Wellness & Spa
↑往火車站和巴士站
Plaza del Socorro
鬥牛場 Plaza de Toros
西班牙廣場 Plaza de España
新橋 Puente Nuevo
摩爾王之家 Casa del Rey Moro
隆達國營旅館 Parador de Ronda
瓜達雷敏河 Río Guadalevin
莎爾瓦提拉爵宮 Palacio del Marqués de Salvatierra
阿拉伯澡堂 Baños Árabes
蒙德拉貢宮殿 Palacio de Mondragón
聖母教堂 Iglesia de Santa María
Plaza Mondragón

圖例 ◎景點 ✝教堂 ❶廣場 ❶遊客服務中心 Ⓗ飯店

中區

**MAP ▶ P.181B3**

# 隆達

## Ronda

### 懸崖深谷驚心動魄

🚄火車─從馬德里阿托查火車站，搭城際火車AV city經哥多華至隆達，車程約3小時50分鐘，每日2班；從格拉那達與塞維亞，皆需在Antequera-Santa Ana換車，車程分別為2至3.5小時和3小時。抵達隆達火車站後，搭每30分鐘一班的小巴士至城中心的西班牙廣場(Plaza de España)，若步行則約20分鐘，搭計程車約€7。

巴士─從塞維亞和馬拉加，搭Damas(www.damas-sa.es)的巴士，車程各約2.5小時和2小時，每天分別有2至4班及5至8班车；從邊界的赫雷斯和卡地斯，搭Transportes Generales Comes巴士公司(www.tgcomes.es)的車，車程分別為2.5和3.5小時，每天1班車。

### 旅遊服務中心

🏠Paseo de Blas Infante s/n ☎952-187119 🕐週一至五10:00～19:00，週六10:00～14:00、15:00-18:00，週日和假日10:00～15:00 🌐www.turismoderonda.es

隆達坐落在**740**公尺高的山崖上，是西班牙最古老的城鎮之一。

數百年來有無數人妄想征服此處，它是羅馬人的貿易中心，是阿拉伯人的王室采邑，天主教國王費南度在1485年將其收復，拿破崙在1808年率軍抵達此地…

隆達也是鬥牛士羅密歐(Pedro Romero)率先制定出鬥牛賽規則的地方；1984年，導演Francesco Rosi選在此地拍攝電影《卡門》，讓此悲劇更具真實性；熱愛旅行的諾貝爾文學獎得主海明威，1925年發表作《In Our Time》時，曾在此停留。

瓜達雷敏河(Río Guadalevin)河谷將隆達分成新舊兩城，跨過新橋即抵舊城，許多建築就蓋在山崖邊，景象十分壯觀。

隆達可以說是最大、最容易到達、景觀又最令人印象深刻的白色小鎮，如果時間有限、只能擇一探訪，那麼隆達無疑是最佳選擇；但若時間充足，建議以隆達為基地，往外延伸探索其他小鎮。

## 新橋 Puente Nuevo

🚶 從火車站，步行15至20分鐘　🏠Plaza de España後方

在隆達，即使不造訪任何景點，只要往新橋上一站，就會覺得不虛此行。新橋建於1735年，當時工程歷時8個月，橋身卻在6年後倒塌，造成50人死亡；1751年進行第二次工程，這次施工期卻長達42年，可見工程的艱鉅與浩大。

新橋的橋身由3個拱頂支撐，中央是高達90公尺的大拱頂，兩側以小型的側拱頂與路面相銜接，橫跨深達100多公尺的峽谷，是當地最著名的景觀。如果體力不錯，可以沿著峽谷走到溪谷看台，仰望新橋橫跨峽谷的壯觀景象。

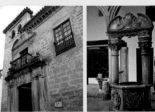
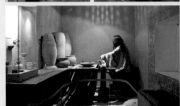
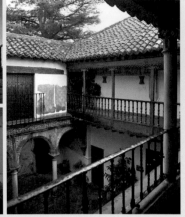

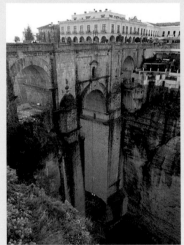

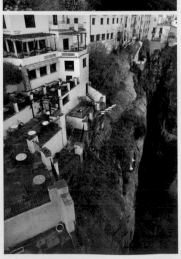

## 蒙德拉貢宮殿 Palacio de Mondragón

🚶 從新橋，步行約5分鐘　🏠Plaza Mondragón s/n　☎952-870818　🕐春夏：週一至五10:00～19:00，週六日及假日10:00～15:00；秋冬：週一至五10:00～18:00　❌1/1、1/6、12/25　💲全票€3、優待票€1.5　🌐www.museoderonda.es　🆓週三免費參觀

曾是摩洛哥蘇丹之子Abomelic、伊斯蘭的格拉達國王，甚至天主教雙王的皇宮，目前則做為市立考古博物館。

宮殿內部採用摩爾式或穆德哈爾風格，裝飾著馬賽克磁磚鑲嵌和馬蹄形拱門，錯落著多座伊斯蘭式中庭。立面以石塊堆砌，上方兩座16世紀的多立克式柱，支撐著增建於17世紀的更高樓層，窗戶兩側則是愛奧尼克式石柱。

主建物兩側分別是穆德哈爾式的塔樓和半圓形拱門，4面斜屋頂之下的塔樓內部，有座18世紀的中庭，是這座宮殿的第一座、也是最重要的中庭，又名「蓄水池庭院」。

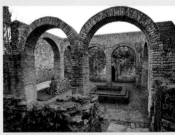
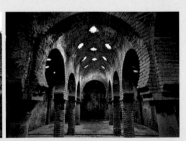

## 阿拉伯澡堂 Baños Árabes

🚶 從新橋，步行約15至20分鐘　🏠Calle San Miguel s/nMolino de Alarcón, 11　☎656-950937　🕐週一和六10:00～14:00、15:00～18:00，週二至五：09:30～20:00，週日和假日10:00～15:00　❌1/1、1/6、12/24-25、12/31　💲全票€4.5、優待票€3　🌐www.juntadeandalucia.es/cultura/enclaves

從舊城往東走，站在崖上俯瞰，可以望見舊橋(Puente Viejo)和聖米蓋橋(Puente San Miguel)，順著橋的方向往下行，經過菲力浦五世之門(Puerta de Felipe V)，不久就到了幾乎成了一片廢墟的阿拉伯澡堂。

這裡因為地勢低，便於儲水，適合蓋澡堂，建造歷史可以追溯至13世紀末至14世紀初，是西班牙同類型建築裡少數幾座規模較大的。以前運用水車引進溪水，從浴池拱門上方的引水道流入澡堂，不過今日已不見水車蹤跡。內部大致分成三大區，由馬蹄形的拱門，支撐起鑿有星形透氣孔的天花板。

# 塞特尼爾

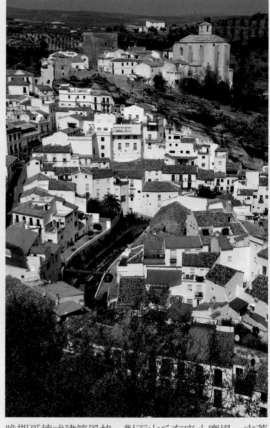

**MOOK Choice**

Setenil de las Bodegas

**冬暖夏涼半穴居**

🚌 從隆達，搭Damas巴士公司(www.damas-sa.es)的車，車程約65分鐘，每天最多1班車，亦可能全日停駛

**旅遊服務中心**
🏠 Calle Villa 2　☎ 956-134004　🌐 www.turismodesetenil.es

　塞特尼爾在卡地斯省的東北方，特雷荷河(Río Trejo)流經小鎮，沿岸民居多依崖壁而建，室內可見扭曲或不甚平順的牆壁與室內樓梯，這類民居冬暖夏涼，若有機會可一探究竟。

　鎮上有些餐廳以此為賣點，刻意不粉飾室內牆面，讓顧客體驗當地的「半穴居」生活。最具代表性的街道，就是向陽岩洞(Cuevas del Sol)和向陰岩洞(Cuevas de la Sombra)。

　主教堂(Iglesia de Ntra. Sra. de la Encarnación)與城堡(Castillo)等老建築，位於安達魯西亞廣場(Plaza de Andalucía)附近。當地的城堡雖不像其他小鎮般宏偉，但在1484年時天主教國王得發動7次戰役，才能將其拿下。

　位在最高處的主教堂，遠看猶如城堡，建於15至16世紀，內部有座圓頂，左右翼呈十字形，採

晚期哥德式建築風格。對面山丘有座小廣場，立著一尊耶穌像，那裡是拍攝主教堂全景的最佳地點。

---

# 格拉薩萊馬

**MOOK Choice**

Grazalema

**自然公園健行踏青**

🚌 從隆達，搭Damas巴士公司(www.damas-sa.es)的車，車程約45分鐘，每天1至2班車

　格拉薩萊馬山脈(Sierra de Grazalema)簇擁下的格拉薩萊馬，離塞特尼爾不遠，1984年成為安達魯西亞第一座自然公園，自然生態保護良好，有很多獨特的動植物，也有多條健行步道。

　小鎮的歷史雖然可以追溯至羅馬時期，但要到17世紀，這裡製造的羊毛織毯和服飾等受到歡迎，名氣才傳開來。除了紡織品，當地居民主要以農耕、牧羊、家具製造維生，以前有水車做動力，磨坊可以榨橄欖油和磨麵粉，可惜這些早期的機械多半遭廢棄或消失。

　不幸的是，19世紀工業革命後，西班牙北方開始大批生產紡織品，嚴重打擊小鎮的經濟命脈，工作機會驟減、人口外移，小鎮於是沒落。

　格拉薩萊馬目前仍有2,000名居民，拜自然公園所賜，來健行、爬山、玩獨木舟等戶外活動的人相當多，觀光業成為當地最重要的產業。

## 中區

MAP ▶ P.181B2

# 薩哈拉德拉西艾拉

### Zahara de La Sierra

**青山綠水擁抱白牆紅瓦**

🚗 從隆達,搭Transportes Generales Comes巴士公司(www.tgcomes.es)的車,車程約75分鐘,平日每天約2班車,週六、日及假日停駛

**旅遊服務中心** 🏠Plaza de Zahara 3 ☎956-123114

　　位於格拉薩萊馬自然公園( Parque Natural de Sierra de Grazalema)北側,從南面走進,底部的大水壩有如這白色小鎮以的背景,天氣好的時候,青山綠水圍繞著白色房舍,說它是最美的白色小鎮也不為過。

　　早在摩爾人統治時期,就有薩哈拉德拉西艾拉的存在,伊斯蘭教和天主教兩大勢力經常爭奪此地的統治權,山丘上的制高處至今還留著8世紀摩爾人建的城堡。

　　體力好的人,不妨順著山徑登上16世紀的鐘樓(Torre de Reloj),換個角度來欣賞這座山城,之後再沿著巴洛克式教堂Iglesia de Santa María de la Mesa,走至摩爾城堡的頂端,從這裡俯瞰,一邊是層層疊疊的白牆房舍,一邊是青山綠水交織的畫面,隨便拍都好看。這段坡路雖然陡,但不難走,約15分鐘可攻頂。

## 西區

MAP ▶ P.181B3

# 阿爾克斯

### Arcos de la Frontera

**拱門與高處的防禦城**

🚗 從隆達、塞維亞、邊界的赫雷斯,搭Los Amarillos巴士公司(reserbus.es)的車前往,班次請上網查詢。抵達阿爾克斯後,巴士站位在新市鎮,步行前往舊城鎮Corredera街約15至20分鐘

**旅遊服務中心**

🏠C/ Cuesta de Belén 5 ☎956-702264 ◐週一至二10:00～14:00,週三至六10:00～14:00、16:30～19:30,週日和假日10:00～14:00 ◆turismoarcos.com

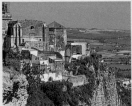

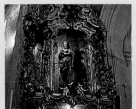

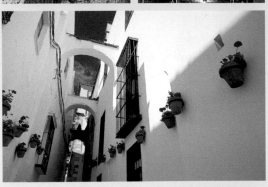

　　主要景點集中於舊市區,市政廳的Plaza del Cabildo是本鎮的重心,市政廳後方的15世紀城堡,曾是阿爾克斯公爵的府邸,目前不對外開放。城堡旁有座瞭望台,可遠眺田園風光,正對面的是聖母教堂(Iglesia de Santa María),前身為清真寺,重建於1764年,是鎮上的信仰中心,綴有藍色瓷磚的鐘塔,哥德式銀匠風格的正門恢弘雄偉。

　　巷弄中的聖佩德羅教堂(Iglesia de San Pedro)原為15世紀阿拉伯防禦建築,18世紀改建,巴洛克風格的大門頂端聳立著一座新古典式鐘塔。教堂收藏有歷年聖週遊行的聖母和耶穌像,及卡地斯最古老的聖壇。

　　教堂前是座改建為音樂學校的舊行宮Palacio del Mayorazgo,保留著文藝復興時期的雙圓柱大門,及西班牙建築特有的明亮中庭。另一棟有趣建築是仁慈修女修道院(Convent des Dechaussees de la Merci),原是座監獄,雖然早在1642年就改建為修道院,但監控犯人用的刺馬窗戶,迄今仍留在牆上。

# 安特蓋拉

**MOOK Choice**

Antequera

## 罕見巨石遺址群

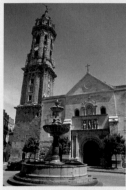

🎵火車—從格拉那達、塞維亞和隆達，每天約有1至4班火車，車程約48分鐘至2小時45分；巴士—從塞維亞或格拉那達，搭Alsa巴士公司(www.alsa.com)的車，車程約1小時50分鐘至3小時，每天約2至5班，下車的巴士總站在市區西北1公里處

**旅遊服務中心**
⌂Calle Encarnación, 4 ☎952-702505 🕐週一至日09:00~15:00 ⓜturismo.antequera.es

要認識安特蓋拉，可以從名列世界文化遺產的巨石遺址群開始。遺址分為3大區，其中，孟加巨石遺址(Dolmens de Menga)歷史最久，遠溯至西元前2,500年，再來是西元前2000年的維拉巨石遺址(Dolmens de Viera)，和西元前1800年的羅曼拉巨石遺址(Dolmen de el Romeral)。

這些遺址使用巨石架設石室，推斷用途應為陵墓群，細究其採石與架設手法，可知當時已發展出卓越的建築技術，並擁有嚴謹的社會結構。

回到市區，參觀重點有16世紀的巨人門(Arco de los Gigantes)，及13世紀摩爾人的城堡(Alcazaba)，巨人門為文藝復興風格，裝飾著象徵安特蓋拉的獅子，至於城堡，前身是羅馬人的要塞，伊斯蘭教徒和基督徒為其戰略價值，爭戰近兩個世紀，還發生一齣情侶苦戀的悲劇，男女主角最後跳崖殉情，地點就在城郊的情人岩(La Peña de los Enamorados)。

內哈拉宮(Palacio de Nájera)的鎮立博物館(Museo Municipal)珍藏不少羅馬藝術品，鎮館之寶是1世紀的青年青銅像，線條柔美、姿勢優雅，有「伊比利半島最美出土物」的美譽。

# 瓜地斯

**MOOK Choice**

Guadix

## 穴居最密集的白色小鎮

🚌從格拉那達，搭Alsa巴士公司(www.alsa.com)的車，班次請上網查詢

**旅遊服務中心**
⌂ Plaza de la Constitución 15/18 ☎958-662804 🕐10:00~14:00 ⓜwww.guadix.es

不同時代的移民，為瓜地斯留下了豐富且多元的古蹟。在市中心的大教堂(Catedral)，看得出有清真寺、哥德式、文藝復興式和巴洛克式的痕跡；後方巷弄裡的聖地牙哥教堂，興建於16世紀，深具哥德風采，金字塔型的塔樓十分搶眼。

一旁的佩內浮洛侯爵宮(Palacio de los Marqueses de Peñaflor)，展現17、18世紀貴族生活的奢華；相鄰的城堡(Alcazaba)屹立近10個世紀，依舊散發著無敵的氣勢。城堡後方的陶器博物館(Cueva Museo de Alfarería la Alcazaba)，展示陶器藝術之外，洞穴式展覽室是一大特色。

瓜地斯的魅力之一就是穴居建築，全境有多達2,000餘棟，為安達魯西亞地區穴居最密集的城鎮。今日的穴居民宅通常有4至8間房，水電及家電用品一應俱全，就連車庫都有，室內維持17℃恆溫。至於穴居的由來，根據穴居博物館(Cueva Museo de Costumbres Populares de Guadix)的推論，可能是16世紀摩爾人為躲避迫害而開鑿的避難所，更多相關資訊可至博物館參觀，若想體驗箇中滋味，不妨找間穴居旅館住上一晚。

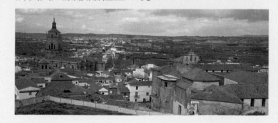

東區

**MAP ▶ P.181B2**

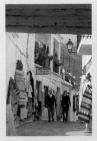

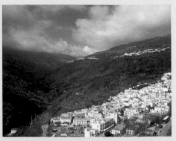

MOOK Choice

# 卡畢雷拉、布比昂、潘帕內拉

Capileira/Bubión/Pampaneira

## 登山健行三小鎮

🚌 從格拉那達，搭Alsa巴士公司(www.alsa.es) 往Alcutar的車，就會經過潘帕內拉、布比昂、卡畢雷拉，每天約2至3班。格拉那達至潘帕內拉車程約2小時5分鐘；潘帕內拉至布比昂約7至13分鐘；布比昂至卡畢雷拉約7至13分鐘。巴士班次請上網查詢。 ⓘ www.nevadensis.com

波卡拉峽谷(Poqueira Ravine)由下往上依序坐落著潘帕內拉、布比昂、卡畢雷拉等3座白色小鎮，宛如珍珠點綴在翠綠山嶺間，多數為摩爾人於16世紀末逃到艾爾普哈拉山區所拓墾打造。

潘帕內拉如今仍有不少摩爾式房舍，屋頂鋪著數層石板，房子間的通道常用石板搭出遮棚，通道上再加建房間或陽台；煙囪呈圓柱形，上方覆以蘑菇狀小頂蓋；外牆敷土、刷白漆，門窗垂掛著鮮花，一派優雅閒適。

最上方的卡畢雷拉，海拔1,436公尺，背倚維萊塔峰，是山野運動愛好者必遊之地，每逢夏季擠滿登山客。遊客也可選擇健行路線，掌控好體力、往返時間，就可玩得盡興。

體力好的遊客可嘗試健行遊覽3城，單程約6公里，居中的布比昂可作為休憩站。除了白屋與山景，這3座小城也販售陶器、針茅草(Esparto)編織品、粗獷的氈毯等具地方特色的手工藝品，實用且富異國風情。

---

東區

**MAP ▶ P.181D2**

# 莫哈卡

Mojácar

## 混合文化的地中海氣味

🚌 從格拉那達或哥多華，搭Alsa巴士公司(www.alsa.es)的車，車程約5小時45分至8小時40分不等，每天約1至2班。莫哈卡分為海濱區及山城區，巴士首站停海濱區，第二站才停在山城區，兩站均設有Transportes Urbanos公車站牌，可轉搭至山頂的鎮中心。

### 旅遊服務中心

🏠 Plaza del Frontón s/nº　📞 950-615025　🕐 週一至六10:00～14:00、17:00～20:00　ⓘ www.mojacar.es

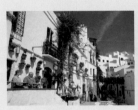

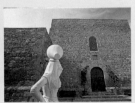

一面倚山，一側鄰海，莫哈卡全境分為海濱區及山城區，相距約2公里，依山而建的白屋和濱海戲潮區各有風情。

城鎮中心位於山頂，新廣場(Plaza Nueva)四周盡是紀念品店，家家戶戶門上掛著一個雙手扛著曲拱的人形，這是著名的避邪標誌Indalo。

Indalo是古代伊利半島居民對全能天神的敬稱，此圖和莫哈卡北方山區的Vélez-Blanco洞穴岩畫相仿，最早可追溯至西元前2,500年。莫哈卡人早期將Indalo畫在門上，藉以驅除惡咒或天災，如今成了觀光圖騰，出現在T恤、陶盤、馬克杯上，造型多樣可愛。

由新廣場往西沿著Alcalde Jacinto小街，會先看到聖母教堂(Iglesia de Santa María)，這座建於1560年代的教堂，原是碉堡，因此氣勢與一般教堂迥異。再循階梯往下走，曲折巷弄往四處延伸，耀眼的白牆和繽紛的鮮花，鋪陳出獨特的魅力，間或散發地中海混合文化的氣味，這就是莫哈卡，安達魯西亞家族中最具異國情調的成員。

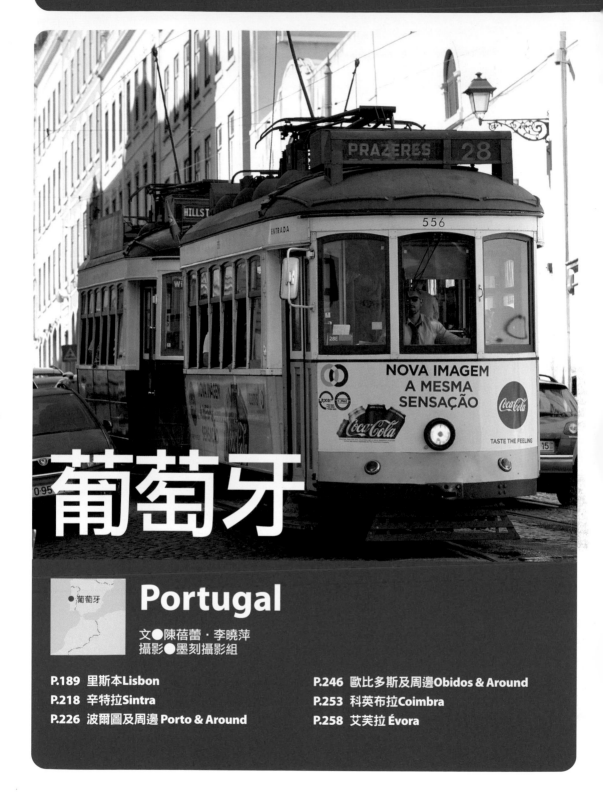

# 葡萄牙

## Portugal

文●陳蓓蕾・李曉萍
攝影●墨刻攝影組

葡萄牙是旅人的天堂，不僅物價平易近人，還有處處是明信片風景的美麗港都、依著山勢起伏而建的城堡與村落、豐富多樣的自然美景、令人銷魂難忘的美食，以及深厚的歷史與文化底蘊。史前時代的人類透過刻在石頭上的壁畫，留下了生活的印記；大航海時代開啟留下輝煌的建築與藝術，隨處是羅馬遺跡、摩爾村落，多元文化的融合造就了風情萬種的葡萄牙，越深入當地人的生活日常，越讓人留連忘返，深深愛上這個國家。

葡萄牙北部、山後(Trás-os-Montes)地區仍保留著傳統的鄉村生活方式，而南部的阿爾加維(Algarve)則是歐洲著名的渡假勝地。在這兩者之間是被森林覆蓋的山丘、陽光普照的平原，被橄欖樹、葡萄園圍繞的中世紀小鎮，還有大西洋沿岸浪花陣陣拍打著的濱海小漁村。

首都里斯本是遊客的最愛，擁有華麗裝飾的曼努埃爾式修道院，修道院的傳奇蛋撻，戲劇化的法朵音樂和噹噹作響的黃色古董電車。而北方波爾圖也不惶多讓，城中遍布被藍白瓷磚裝飾著的教堂，來一杯波特酒，沉浸在河岸浪漫醉人的風景中，葡萄牙太多不同的面貌值得去體驗和發掘，值得駐足停留細細品味。

# 葡萄牙之最The Highlights of Portugal

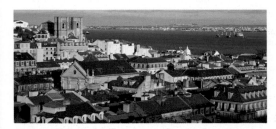

### 里斯本Lisbon
分佈在七座小山丘上，舊城區錯綜複雜的老巷弄迴盪著傳唱的法朵音樂，空氣中飄著烤沙丁魚的香味；城市裡經典黃色電車穿梭，摩爾人在山丘上留下堡壘，雕刻家把海洋刻進修道院迴廊，白底藍紋磁磚拼貼歷史與故事。

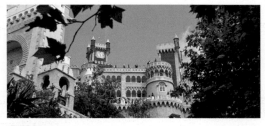

### 辛特拉Sintra
森林與冷泉包圍的城堡宮殿，奇幻亮麗的佩娜宮是曼奴埃爾揮灑創意、調和多元文化的舞台；登上盤據山頭的摩爾人城堡遺跡，眺望遼闊風景；探訪雷加萊拉莊園與共濟會的神祕關聯；國家王宮用空間歷史，在天花板與磁磚間說故事。

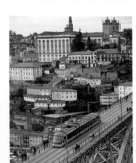

### 波爾圖與杜羅河葡萄酒產區 Porto & Douro Wine Region
波爾圖依偎著杜羅河，展現風情萬種的姿態；路易一世大橋壯觀跨越天際，教堂外牆藍白瓷磚典雅細緻。沿著杜羅河上游葡萄酒區遊河，品一杯波特酒，拜訪一個個淳樸的釀酒小村落、山坡層層疊疊的翠綠葡萄園，Cheers!

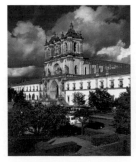

### 巴哈塔與阿寇巴薩修道院Mosterio da Batalha & de Alcobaça
雙雙被列為世界遺產，是葡國歷史上最了不起的建築，這兩座伊比利半島上最迷人的哥德式建築，也是曼努埃爾式建築的極致，處處都有精緻的雕刻環繞，迴廊、未完成的教堂、訴說著淒美愛情的石棺，每一個角落都讓人驚嘆。

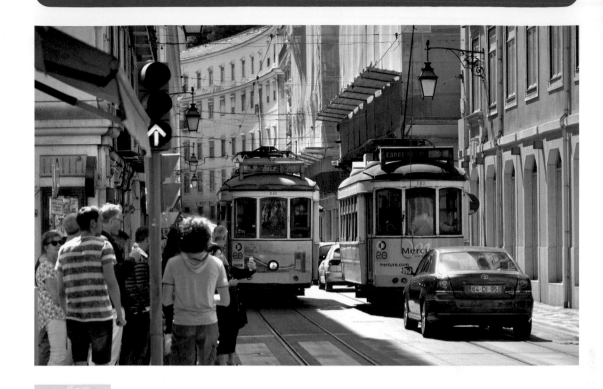

# 里斯本
# Lisbon

里斯本位於廣闊的特茹河(Tejo)出海口，城市分佈在七座小山丘上，被稱為「七丘城」。早在腓尼基人時期，這裡就是一個港口，後來經過羅馬人統治，8世紀又被摩爾人佔領，一直到葡萄牙首任國王阿方索在1147年將摩爾人驅逐出後，里斯本才重回基督教世界。

1256年阿方索三世(Afonso III)宣布里斯本為葡萄牙的首都，從此躍升成為歐洲和地中海一帶重要的貿易城市。15世紀末的地理大發現是里斯本的黃金歲月，達迦瑪發現印度的海上航線、在殖民地巴西運來黃金，這個得天獨厚的航海起點，連接歐洲、北美和非洲大陸，航海家從這裡出發探險，各地的商人紛紛到此交易黃金和香料等物品。1755年的大地震幾乎摧毀整個城市，雖然在蓬巴爾侯爵(Marques de Pombal)的規劃下，寬闊筆直的棋盤式道路和下水道網絡，讓里斯本成為當時歐洲最現代化的城市，但葡萄牙國力已從此一蹶不振。之後的里斯本經歷過君主制度的解放、薩拉塞(Antonio de Oliveira Salazar)的獨裁政權、1974年4月25日推翻獨裁的軍事政變，葡萄牙國內外政局不安定，國民所得在歐盟會員國中偏低。但無可置疑的，過去20多年來藉由歐盟所提供的金錢援助，里斯本的建設進步了許多，同時也讓它成為許多歐洲大型活動的舉辦地。

擺脫沈重的歷史和不景氣，這個似乎被歐洲遺忘百年的城市，又重新回到舞台，以混合華麗與凌亂的獨特魅力，吸引世界旅人。若要問為什麼選擇里斯本，陽光普照、氣候宜人、物價親切、食物美味、居民熱情，還需要更多理由嗎！

# INFO

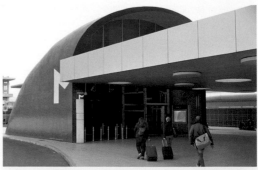

## 基本資訊

**人口**：564,477 (市區)、2,685,000(大里斯本地區)
**面積**：84.6平方公里(市區)、958平方公里(大里斯本地區)

## 如何前往

### ◎飛機

里斯本國際機場(Aeroporto Humberto Delgado，機場代號LIS)是葡萄牙的主要出入門戶，距離市區僅約7公里。從台灣出發，沒有航班直飛里斯本或葡萄牙任一城市，必須至法蘭克福、蘇黎世、羅馬、馬德里或歐洲任一主要城市轉機。

**里斯本國際機場Aeroporto Humberto Delgado**
🌐 www.aeroportolisboa.pt/en/lis/home

### ◎火車

市中心範圍內共有5個主要火車站，跨國列車及往來葡萄牙北部的國內線火車都會停靠Santa Apolónia車站及Gare do Oriente車站。搭乘從西班牙馬德里出發，Chamartín出發的夜車，約需時10小時15分。

**Santa Apolónia火車站**：位於阿爾法瑪舊城區(Alfama)，距離市中心較近，有地鐵連接市區各處，也是跨國列車及南北向城際列車的發車站，車站內設有投幣式寄物櫃。

**東方火車站(Gare do Oriente)**：里斯本的新門戶，有現代化建築外觀及國際高速列車停靠。

**羅西歐火車站(Rossio)**：位於自由大道與光復廣場附近，前往辛特拉(Sintra)的火車由此搭乘。

**Cais do Sodré火車站**：位於特茹河河畔，主要為前往貝倫區(Belém)、濱海小鎮卡斯凱什(Cascais)方向的列車。

**Entrecampos 火車站**：位於城市北邊的商業區，前往里斯本東南方及艾芙拉(Évora)的火車由此出發。

**葡萄牙國鐵(Comboios de Portugal，簡稱CP)**
🌐 www.cp.pt

### ◎長途巴士

巴士總站Terminal de Sete Rios位於市區的北邊，不管是連接西班牙馬德里、賽維亞的跨國巴士，或是波爾圖、科英布拉出發的長途巴士都會停靠於此。最接近的地鐵站為藍線的Jardim Zoológico站。

## 機場至市區交通

### ◎地鐵

前往市區最便捷的方式是搭乘地鐵紅線，約20分鐘

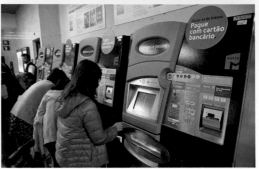

車程即可進入市中心，並可轉乘其他地鐵線到達市區各處。地鐵站入口位於入境大廳右側，可使用自動售票機或售票櫃檯購票，第一次購票需加上儲值卡Viva Viagem的費用，並選擇加值金額。若當天預計使用多次交通工具，如地鐵、電車、巴士以及聖加斯塔升降梯，則建議可直接購買24小時卡。24小時卡時間計算方式以打票的那一刻開始往後計算24小時。

🕐 06:30~01:00
💲 Viva卡片€0.5、單程€1.5、24小時卡€6.4
🌐 www.metrolisboa.pt

### ◎市區巴士

搭乘Carris經營的市區巴士744或783號都可前往市區，但市區巴士有行李大小限制，若行李箱大於50×40×20公分，只能搭乘機場接駁巴士。

🕐 約06:00~00:00
💲 同地鐵，上車購票單程€2
🌐 carris.transporteslisboa.pt

### ◎計程車

入境大廳外有排班計程車，採用跳錶計費，起跳金額為€3.95，每公里€0.5，大型行李與夜間時段將額外收費，而由機場前往市中心價格視交通狀況和路程而異，含行李費用大約€15~20，建議事先確認司機按下計費錶，並於下車時索取收據，避免事後的車

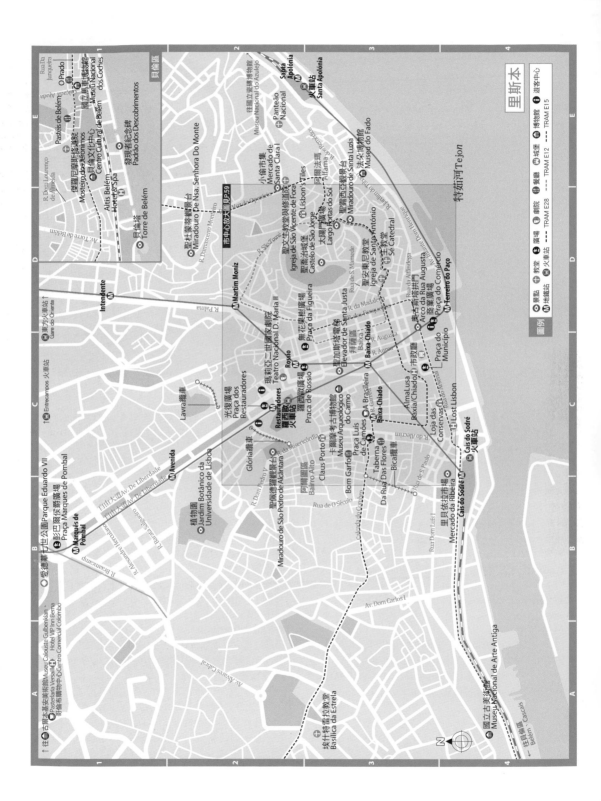

里斯本

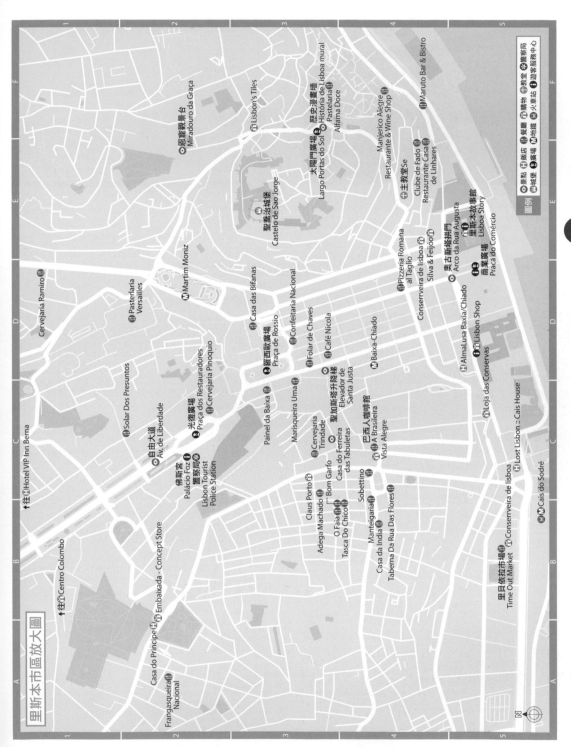

里斯本市區放大圖

圖例 ●景點 ①飯店 ①餐廳 ①購物 ❸教堂 ❸警察局
　　 ①城堡 ❸廣場 ⑩地鐵 ⬤火車站 ①遊客服務中心

Frangasqueira Nacional
Casa do Príncipe ⓗ Embaixada - Concept Store
住①Hotel VIP Inn Berna
住①Centro Colombo
Cervejaria Ramiro ①
Solar Dos Presuntos ①
Pastelaria Versailles ①
自由大道 Av. de Liberdade
佩斯宮 Palácio Foz ①
警察局 Lisbon Tourist Police Station
光復廣場 Praça dos Restauradores
Cervejaria Pinoquio ❸
Ⓜ Martim Moniz
恩寵觀景台 Miradouro da Graça ●
Lisbon's Tiles ①
歷史漫畫牆 História de Lisboa mural
大陽門廣場 Largo Portas do Sol
Pastelaria ① Alfama Doce
Manjerico Alegre Restaurante & Wine Shop
Maruto Bar & Bistro ①
聖喬治城堡 Castelo de Sao Jorge ●
Casa das Bifanas ①
Confeitaria Nacional ①
Folar de Chaves ①
Café Nicola ①
羅西歐廣場 Praça do Rossio ❸
主教堂Se ❸
Clube de Fado ①
Restaurante Casa ① de Linhares
Pizzeria Romana al Taglio ①
Conserveira de lisboa ①
Silva & Feijóo ①
奧古斯塔拱門 Arco da Rua Augusta
里斯本故事館 Lisboa Story
Painel da Baixa ①
Marisqueira Uma ①
Cervejaria Trindade ①
聖加斯塔升降梯 Elevador de Santa Justa
巴西人咖啡館 A Brasileira ①
Vista Alegre ①
Baixa-Chiado Ⓜ
AlmaLusa Baxia/Chiado ①
Lisbon Shop ①
Loja das Conservas ①
商業廣場 Praça do Comércio
Claus Porto ①
Bom Garfo ①
O Faia ① Tasca Do Chico ①
Casa do Ferreira das Tabuletas
Sobettino
Adega Machado ①
Manteigaria ①
Casa da India ①
Taberna Da Rua Das Flores ①
Lost Lisbon :: Cais House ①
Conserveira de lisboa ①
里貝依拉市場 Time Out Market ①
Ⓜ Cais do Sodré

193

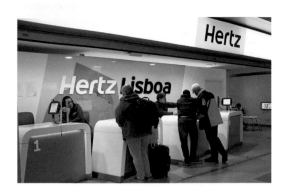

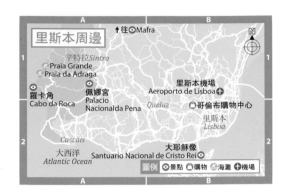

里斯本周邊

往 ◉Mafra

辛特拉Sintra
◉Praia Grande
◉Praia da Adraga

羅卡角
Cabo da Roca

佩娜宮
Palacio
Nacionalda Pena

Queluz

里斯本機場
Aeroporto de Lisboa ✈

◉哥倫布購物中心

里斯本
Lisboa

Cascais

大西洋
Atlantic Ocean

大耶穌像
Santuario Nacional de Cristo Rei ◉

圖例 ◉景點 ◉購物 ◉海灘 ✈機場

資爭議。此外，若預算有限，在里斯本也可選擇使用Uber手機app的叫車服務。

**Cooptaxis** ☎217-932-756 🌐cooptaxis.pt/en
**Uber** 🌐www.uber.com

## ◎租車

里斯本機場內可找到各家租車公司的櫃台，若事先於網上預訂，便可直接辦理租車手續並取車，相當方便。建議自駕遊時，應盡量避免開車進入里斯本市區，因為在地勢起伏，巷道狹小的市中心內開車並不容易，而且市區內單行道與電車車道繁複，並容易塞車。

**Hertz** ☎808-202-038 🌐www.hertz.com
**Avis** ☎808-201-002 🌐www.avis.com.pt
**Europacar** ☎219-407-790 🌐www.europcar.pt

# 市區交通

大部分的景點都集中在市中心拜薩區(Baixa)及阿爾法瑪(Alfama)，步行是遊覽最好的方式，但若要前往較遠的貝倫區、國立瓷磚博物館或國立古美術館，還是有機會使用大眾運輸工具。

里斯本的大眾運輸包含地鐵、電車、巴士、纜車，旅客比較常利用的是電車和地鐵，纜車則是節省爬坡力氣的好幫手。

搭乘大眾運輸最方便的方法是使用Viva Viagem卡，這是一種可重複加值的IC卡，不但可搭乘四種市區的交通工具，也可搭乘渡輪和通勤火車。Viva卡可於地鐵站的自動售票機或是人工售票櫃檯購買，購卡可同時儲值，第一次購票的空卡費用為€0.5，使用售票機加值，每次最低金額為€3。你可以選擇使用Viva Viagem購買單程車票(Viagem Carris/ Metro)，1小時內可使用公車、電車、地鐵，或者選擇儲值(Zapping)的方式，儲值後按次扣款，亦或方便的24小時卡。值得注意的是，同一張卡，這3種方

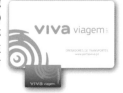

式不能同時混用，必須等前一種額度使用完畢，才能選擇另一種。不管購買24小時卡或是單程車票，均須額外加上空卡費用，卡片有效期限為一年。使用時，進出地鐵站皆需刷卡，巴士和電車則於上車時感應刷卡即可。

## ◎地鐵Metropolitano

里斯本的地鐵站以紅底白色M字表示，共有4條路線，以4種顏色符號呼應這個航海國家，分別是藍線是海鷗、黃線菊花、綠色船帆與紅色羅盤。進出地鐵站時，不妨多留心各站風格，里斯本政府1980年代開始著手改建，邀請許多本土和國際藝術家，為地鐵站量身定做不同的主題，讓地鐵站成為城市的地下藝術展演場。

🕐06:30~1:00
💲單程€1.65、Viva Viagem卡儲值單程€1.47、地鐵＋巴士24小時卡€6.6、地鐵＋巴士＋通勤火車24小時卡€10.7
🌐www.metrolisboa.pt

## ◎電車Eléctrico

里斯本的電車公司創立於1872年，是葡萄牙最早經營公共交通運輸的公司，目前則由巴士公司Carris

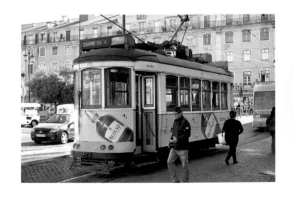

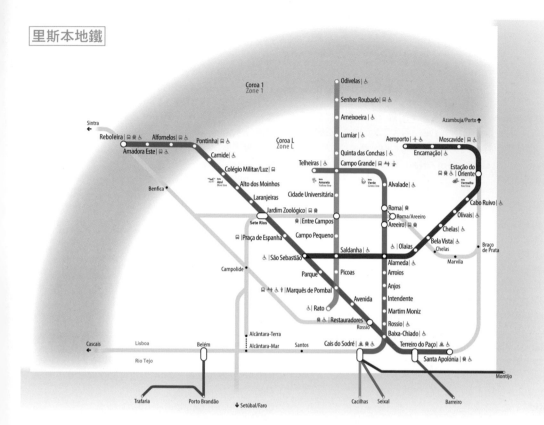

負責營運。大部份的電車路線已停駛，目前只保留5條有軌電車路線，雖然現在也有新穎亮麗的雙節電車，但單節木質車廂的老電車才是里斯本最經典的招牌風景。亮黃色的28號電車穿梭阿爾圖區(Bairro Alto)、拜薩區及阿爾法瑪舊城，幾乎連結所有主要景點，是觀光客的最愛；電車15號則是前往拜倫區的最佳方式。

🔽約06:00~23:00，根據每條路線而異，週末班次較少
💲上車購票€3、Viva Viagem卡儲值單程€1.47
🚇carris.transporteslisboa.pt

◎巴士Autocarro/Carris

　市區巴士由Carris營運，巴士站牌都會有時刻表及沿途停靠站，車上有電子看板顯示下一個停靠站，所以不用怕坐過站。深夜巴士共有9條路線。

🔽05:30~00:30，深夜另有夜間巴士，週末班次較少
💲單程€1.65、上車購票€2、Viva Viagem卡儲值單程€1.47
🚇www.carris.pt/en

◎纜車Elevator

　在里斯本陡峭的山坡上上下下，需要好腳力，搭乘纜車爬山則是省力又特別的體驗。市區共有三條19世紀留下的纜車路線，也是由Carris經營，路線大約都只有200~300公尺，Gloria纜車連接光復廣場(Praça Restauradores)和阿爾圖區的聖佩德羅觀景台(Miradouro de São Pedro de Alcântara)；Bica纜車往來São Paulo街和Calhariz廣場；Lavra纜車則在自由大道的東邊，連接Anunciada廣場和Câmara Pestana街。

🔽Gloria纜車07:15~23:55、Bica纜車07:00~21:00、Lavra纜車07:50~19:55，週日約09:00開始營運
💲現場購票來回€3.8、Viva Viagem卡儲值單程€1.47

## 優惠票券

◎里斯本卡Lisboa Card

　持有里斯本卡可於效期內無限搭乘市區大眾交通工具，包含地鐵、巴士、電車及纜車，免費參觀39處博

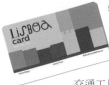

物館及景點，並享有部分景點門票折扣或觀光行程優惠。第一次使用時須於卡片填上日期、時間、姓名，進入博物館前於售票口出示卡片兌換票卷，搭乘交通工具只需在感應器上刷卡即可。

⊙於遊客服務中心或旅遊局官網上購買

⑤24小時卡全票€21、優待票€13.5；48小時卡全票€35、優待票€19.5；72小時卡全票€44、優待票€23

ⓤwww.visitlisboa.com/plan/tickets-offers/lisbon-card

## 觀光行程

### ◎步行導覽Walking Tours

想要深度了解城市歷史、舊城區不為人知的小故事、或是當地人喜愛的餐廳美食，不妨參加里斯本的步行導覽。貝倫、阿爾法瑪和阿爾圖區都有導覽行程，全程以英語解說，最好事先上網 報名，並在出發時間在集合點找到穿著制服背心的導覽員就可參加。若選擇免費的導覽，行程結束後，可依滿意程度給予小費。

### Sandeman Walking Tours Lisbon

⊙賈梅士廣場(Camões Monument in Praça Luís de Camões)

⊙10:00、11:00、14:00，行程約3小時

⑤小費制，無基本費用

ⓤwww.neweuropetours.eu/lisbon/en/home

### Lisbon Chill Out

⊙賈梅士廣場(Camões Monument in Praça Luís de Camões)

⊙10/1~3/31每日10:00、15:00；4/1~9/30每日10:00、16:30，行程約3小時

⑤小費制，無基本費用

ⓤlisbon-chillout-freetour.com

### Lisbon Walker

⊙賈梅士廣場(Camões Monument in Praça Luís de Camões)

⊙「舊城區徒步」每週三、六10:00；「間諜故事徒步」每週五14:30；「傳說與共濟會徒步」每週二10:00，行程約4小時

⑤€15，需提前網上預訂

ⓤwww.lisbonwalker.com

### Treasures of Lisboa

⊙每週二、四、日20:00，行程約4小時

⑤美食主題徒步€75，價格含18種當地小吃費用，須提前網上預訂

ⓤfollowyourdestination.com/listing-item/fado-tour/

### Follow Your Destination

⊙每週二、四、日20:00，行程約4小時

⑤Fado音樂主題徒步€44.9(包含表演與晚餐)，需線上預訂

ⓤwww.lisbondestinationtours.com/

---

## 里斯本的治安

葡萄牙基本上算是治安良好，相對安全的國家。然而由近年來旅遊業發達，在大城市中也常出現一些犯罪事件。最常見的就是扒手出沒的地鐵站、人滿為患的蛋塔店，還有由機場前往市區幾個主要的轉接站。搭乘電扶梯、擁擠的電梯時，務必小心身上與口袋的財物。在餐廳或咖啡廳內，包包與重要物品最好貼身攜帶，切忌掛在椅背或隨意放在椅子旁邊。若遇財務損失，可前往專門處理遊客事宜的警察局Tourist Police (PSP)報案。

### 警察局Lisbon Tourist Police Station

⊙Praça dos Restauradores

☎213-421-623

ⓤwww.safecommunitiesportugal.com/psp/psp-lisbon-tourism-support

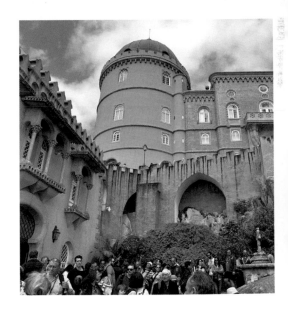

## 里斯本美食Tips

- 快餐店和咖啡館通常都從早上營業到深夜,除了咖啡、甜點、早餐以外,也供應各種簡餐,價格平實、上菜速度也比較快,是午餐的好選擇。
- 在餐廳一入坐,服務生就會提供麵包和橄欖、起士,有時還會有炸鱈魚球等小菜,這些都要額外收費,若不需要可請服務生直接收走。

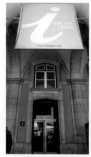
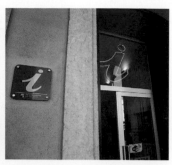

### ◎觀光巴士City Sightseeing Portugal

露天觀光巴士有兩種路線,紅線繞行新市區、阿爾圖區後前往貝倫區;藍線則繞行阿爾法瑪外圍,並前往里斯本東邊的Gare do Oriente火車站等新興區域。提供包含中文在內的12種語言語音導覽,每30分鐘一班次,24小時內可無限次上下巴士,若中途不下車參觀任何景點,全程約90分鐘。

🏠 起點為蓬巴爾侯爵廣場(Praca Marques de Pombal)
🕐 4~10月紅線09:30~19:00、藍線09:45~18:45;11~3月紅線09:30~17:00、藍線09:45~16:45
💲全票€22、優待票€11　🌐www.douroacima.pt

### ◎一日遊One Day Tours

由里斯本出發,有各式各樣的一日團體遊行程,其中最熱門的,莫過於前往近郊辛特拉、羅卡角的一日遊行程,由當地人示範獨特的「山路駕車守則」,品嘗道地美食,並前往開車才能抵達的海灘秘密景點景點。

### Keep It Local Tours
☎914-918-197
💲辛特拉一日遊€60起(午餐自費)
🕐09:00~17:30
🌐keepitlocaltours.com

### We Hate Tourism Tours
☎913-776-598
💲X-day Trip里斯本近郊€75起
🕐每日9:00起,行程約7小時
🌐www.wehatetourismtours.com/lisbon-tours

## 旅遊諮詢

里斯本市中心設有5處遊客服務中心(Ask Me),機場及貝倫區也設有詢問處,除了12/25、1/1以外,大多為每日開放,資訊詳見下表。
🌐www.visitlisboa.com

| 遊客中心 | 地址 | 地圖座標 | 交通 | 電話 | 時間 |
|---|---|---|---|---|---|
| 商業廣場 (Terreiro do Paço) | Praça do Comércio | P.193E5 | 地鐵藍線至Terreiro do Paço | 210-312-810 | 10:00~19:00 |
| 里斯本故事館 (Lisboa Story centre) | Praça do Comércio, 78-81 | P.193E5 | 地鐵藍線至Terreiro do Paço | 910-517-886 | 10:00~19:00 |
| 羅西歐廣場(Rossio) | Praça D. Pedro IV | P.192C2 | 地鐵綠線至Rossio | 910-517-914 | 10:00~13:00、14:00~19:00 |
| 光復廣場 (Jardim do Regedor) | Rua Jardim do Regedor, 50 | P.192C2 | 地鐵藍線至Restauradores | 213-472-134 | 10:00~13:00、14:00~18:30 |
| 佛斯宮(Palácio Foz) | Praça dos Restauradores | P.192E2 | 地鐵藍線至Restauradores | 213-463-314 | 週二至週日 10:00~13:00、14:00~19:00 |
| 里斯本機場 | | P.194B1 | 入境大廳 | 218-450-660 | 07:00~22:00 |
| 貝倫(Belém) | Mosteiro dos Jerónimos | P.192E1 | 傑羅尼摩斯修道院對面 | 213-658-435 | 週二至週日 10:00~13:00、14:00~18:00 |

# 城市概略City Guideline

新舊城區交匯處的羅西歐廣場(Praça de Rossio)是認識里斯本的開始，廣場北緣連接的光復廣場(Praça dos Restauradores)就是自由大道(Av. de Liberdade)的起點，這條寬敞的林蔭大道沿途盡是名牌服飾及精品，有里斯本「香榭麗舍大道」之稱，自由大道向西北延伸，一路通往山丘上的彭巴爾侯爵廣場(Praça Marques de Pombal)，這一區是里斯本的新城區(Praça Marquês de Pombal & Around)。

從羅西歐廣場向南至河畔商業廣場(Praça do Comércio)，是1755年大地震後重建的區域，棋盤式街道滿佈紀念品店、餐廳和旅館，稱為拜薩區(Baixa)。拜薩東邊山丘是里斯本最風情萬種的歷史區阿爾法瑪(Alfama)，西邊丘陵則是另一個舊城區阿爾圖(Bairro Alto)。而沿著特茹河向西前進，就會抵達發現者紀念碑和貝倫塔昂然佇立的貝倫區(Belém)。

# 里斯本行程建議
## Itineraries in Lisboa

里斯本的景點大多分佈在拜薩區和阿爾法瑪，雖然地形上上下下，是腿力大考驗，但景點集中，加快腳步一天就能逛完，只是打卡式的趕行程未免太辜負里斯本的迷人風情，用慵懶閒散的南歐步調，才能細細

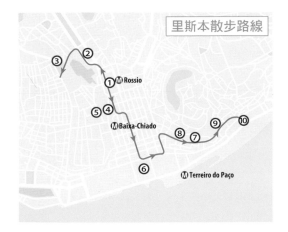

探訪巷弄之間的舊時氛圍。

第1天可以跟隨散步路線走訪市中心，最後再搭乘電車28號上山，參觀聖喬治城堡並等待夕陽；隔日把一整天留給貝倫區，傑羅尼摩斯修道院、貝倫塔、發現者紀念碑都值得細細品味，當然別忘了葡萄牙的蛋塔始祖店。

第3~5天可以里斯本為中心，探訪周圍車程1~2小時的小城鎮，東邊有艾芙拉的人骨教堂、西邊有度假勝地辛特拉的三座宮殿、北方則是浪漫可愛的婚禮小鎮歐比多斯，若還有時間，世界文化遺產阿寇巴薩修道院和巴塔哈修道院也是一日遊的選擇。

# 里斯本散步路線
## Walking Route in Lisboa

這一條散步路線從拜薩區開始，到舊城區結束，幾乎可以走遍里斯本市中心的重要景點，還能用不同的高度欣賞這個城市。

認識里斯本最好的起點是**羅西歐廣場①**，廣場上鋪滿葡萄牙特色的波浪紋黑白地磚，周圍被露天咖啡館、餐廳與紀念品店圍繞，這裏永遠是城市最熱鬧的心臟。廣場的西北角銜接**光復廣場②**，搭乘一段百年歷史的Gloria纜車爬到山丘上，是相當有趣的體驗，而**聖佩德羅觀景台③**就在纜車終點，從雙層花園景觀台可以眺望拜薩區延伸到特茹河的景觀。

離開觀景台後，你可以選擇順著道路下坡，穿越阿爾圖區到達有廢墟美感的**卡爾摩考古博物館⑤**，或是原路折返羅西歐廣場，前往**聖加斯塔電梯④**，電梯的上層出口正好與考古博物館相鄰，電梯頂端的觀景台，能夠近距離欣賞羅西歐廣場和對面山丘的聖喬治城堡。

再度返回拜薩區，隨意選擇道路亂逛，這裏有無數的紀念品店和潮牌服飾，棋盤式道路設計，不需擔心迷路，只要朝特茹河的方向，就能看到壯麗雄偉的**奧古斯塔拱門和商業廣場⑥**。接著朝另一邊山丘前進，一路上28號經典老電車穿梭身邊而過，沒多久**主教堂⑦**和**聖安東尼教堂⑧**就在眼前，而主教堂後方的**阿爾法瑪舊城區⑨**曲折蜿蜒，最能感受里斯本的老城氣息。行程最後來到河邊的**法朵博物館⑩**，若正好是晚餐時間，在阿爾法瑪選一間餐廳，聆聽現場版的葡萄牙靈魂之歌，是最完美的句點。

**距離**：約2.5公里　　**時間**：約2小時

# 28號電車的浪漫懷舊
## The Famous Tram No. 28 Route in Lisbon

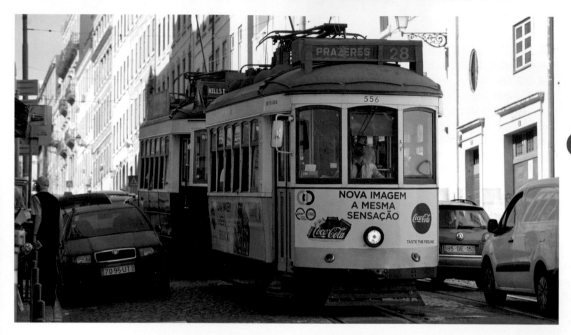

　　鮮黃可愛的單節電車緩緩行駛，在里斯本起伏的山丘間爬上爬下，在阿爾法瑪區的小巷弄間穿梭，傳統的古典木製車廂早已超越交通工具的角色，而是帶領旅人回到過去的浪漫領航者。

　　里斯本有條復古電車路線，分別是前往貝倫區的15號、環繞阿爾法瑪區的12號，以及連接兩個舊城區(阿爾圖區與阿爾法瑪區)的28號。其中，以28號電車最受青睞，幾乎可以走遍里斯本主要觀光景點，例如：埃斯特雷拉教堂①、西亞多區②、商業廣場③、主教堂④、太陽門廣場⑤、恩寵觀景台⑥，以及附近的聖喬治城堡等等，全程約40分鐘，最適合當作認識里斯本的起點。

　　舊城區道路狹窄，很多地方甚至僅比一輛車身寬些，常常可以看到電車被左右房舍緊緊包夾的有趣畫面，乘客只要稍微伸手就能觸碰到民宅的牆壁，若是遇到路旁有人亂停車，就會讓交通大打結。有時後，會看到有人踩在車尾或後門的踏板上，身體懸掛在車箱外的有趣畫面，這種屬於里斯本人的「搭便車」方式，電車司機早就處變不驚，見怪不怪！

## 主要電車站名
### ①埃斯特雷拉Estrela

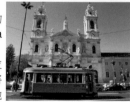

　　你可以選擇由最西邊的埃斯特雷拉教堂(Basilica da Estrela)為起點，由教堂對面埃斯特雷拉(Estrela)站上車。電車將一路東行，進入位於高地的上城區–阿爾圖區(Bairro Alto)。一路行駛於上上下下的急坡。來到西亞多區。

### ②西亞多區Chiado

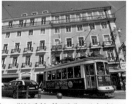

　　西亞多區可說是通往上城區的入口，附近有熱鬧的賈梅士廣場(Largo Camões)，這裡除了是許多徒步之旅的集合點，周遭還有最時尚的精品名店，咖啡廳、蛋塔點心小店，附近的巷弄內更有數不清的法朵餐廳與酒吧，人聲鼎沸直到深夜。

### ③孔瑟桑街
**Rua da Concelcao**

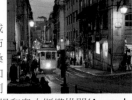

電車由亞多區進入舊城拜薩區(Baixa)，來到了市中心，交通繁忙的)孔瑟桑街，孔瑟桑街的一側是知名的羅西歐廣場另一側則是靠近特如河口的商業廣場和奧古斯塔拱門(Arco da Rua Augusta)，廣場附近商店與餐館林立。

### ④主教堂Sé

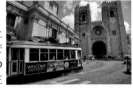

離開拜薩區市中心後，電車接著繼續爬坡，在上坡路段會經過左側的聖安東尼教堂Igreja de Santo António，以及右側的主教堂，在這裡會看到無數遊客舉起相機與手機，為得是捕捉老電車與大教堂組成的經典畫面，

### ⑤太陽門廣場
**Largo Portas do Sol**

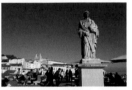

由主教堂往上繼續爬坡，就到了太陽門廣場，廣場中央佇立著里斯本的守護神「聖文森」的白色雕像與散落四周的咖啡座，旁側則附有觀景台，可將舊城區阿爾法瑪與遠方的特茹河景緻一覽無遺。

## 編 輯 筆 記

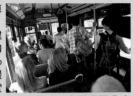

熱門的28號電車總是擠滿觀光客，若想要有座位，建議從阿爾圖區的賈梅士廣場(Largo Camões)或最西邊的埃斯特雷拉教堂(Basilica da Estrela)上車。此外，盡量選擇非尖峰時段搭乘，比如清晨或傍晚時刻，更能避開人潮。值得注意的是，擁擠的28號電車有時也成為扒手活動的最佳場所，因此搭乘時請留意隨身財物，最好將背包抱在身前。

### ⑥恩寵觀景台
**Miradouro da Graça**

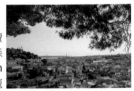

由太陽門廣場繼續前行，會經過聖文森教堂(Basilica de San Vicente)，接著在恩寵站停靠(Graça)，從這裡可步行至有著松樹環繞的恩寵觀景台，欣賞阿爾法瑪的風景。有些電車的終點站於此，有些也可繼續搭乘至貨行唐人街(Martim Moniz)。

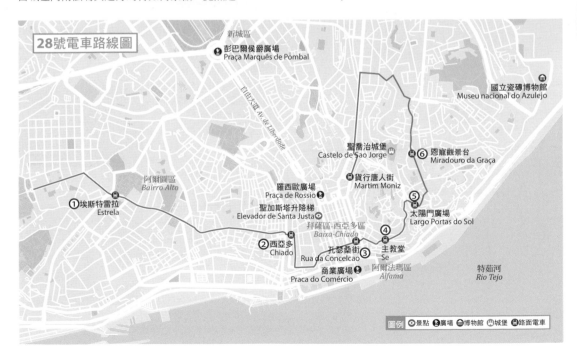

28號電車路線圖

新城區
彭巴爾侯爵廣場
Praça Marquês de Pombal

國立瓷磚博物館
Museu nacional do Azulejo

自由大道 Av. de Liberdade

聖喬治城堡
Castelo de Sao Jorge

⑥ 恩寵觀景台
Miradouro da Graça

阿爾圖區
Bairro Alto

貨行唐人街
Martim Moniz

①埃斯特雷拉
Estrela

羅西歐廣場
Praça de Rossio

聖加斯塔升降梯
Elevador de Santa Justa

拜薩區-西亞多區
Baixa-Chiado

⑤
太陽門廣場
Largo Portas do Sol

②西亞多
Chiado

孔瑟桑街③
Rua da Concelcao

④
主教堂
Se

阿爾法瑪區
Alfama

特茹河
Rio Tejo

商業廣場
Praca do Comércio

圖例 ⊙景點 Ⓛ廣場 🏛博物館 🏰城堡 🚃路面電車

200

**新城區**Praça Marquês de Pombal & Around

**MAP ▶ P.193C2**

# 自由大道與光復廣場

## Av. De Liberdade & Praca dos Restauradores

### 里斯本的香榭大道

🚇 地鐵藍線至Restauradores站或Marquês de Pombal站下

　　每個首都都有引以為傲的那條門面街，在里斯本就是自由大道！自由大道又被稱為「里斯本的香榭麗舍」，寬達90公尺的林蔭大道，共十個車道，連接彭巴爾侯爵廣場和光復廣場。1879年建成以來一直是里斯本最寬敞的大道，是城市向北擴張的里程碑，兩旁精品店、珠寶店、高級旅館、銀行、電影院等林立。

　　大到南端的光復廣場是為了紀念1640年推翻西班牙統治，葡萄牙獨立而建，廣場中央豎立獨立紀念碑，雕刻象徵勝利的圖騰。廣場西側有一棟18世紀由義大利建築師設計的佛斯宮(Palacio Foz)，現在是遊客服務中心，旁邊則是Gloria纜車的乘車處。

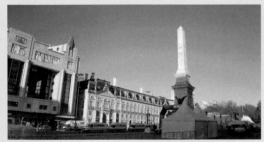

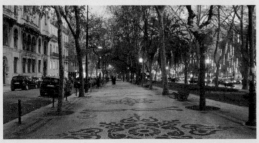

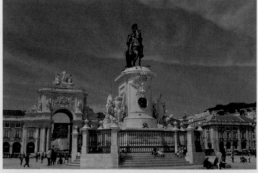

**拜薩Baixa**

**MAP ▶ P.**

# 奧古斯塔拱門和商業廣場

## Arco da Rua Augusta & Praça do Comércio

### 迎向海洋的皇室氣派

🚇 地鐵藍線至Terreiro do Paço站下
**里斯本故事館Lisboa Story Centre**
🏠Terreiro do Paço, 78-81　📞211-941-027　🕐10:00~20:00
💲全票€7，優待票€3　🌐www.lisboastorycentre.pt/en
🎫里斯本卡免費

　　里斯本人仍舊習慣稱這裡為宮殿廣場(Terreiro do Paço)，曼努埃爾一世(Manuel I)在1511年將皇宮從聖喬治城堡遷移到這個更為便利的地理位置後，諾大的開放廣場曾經是葡萄牙皇宮所在地達4百年之久。然而皇宮和附設的圖書館卻在1755年里斯本大地震後摧毀，彭巴爾侯爵的新古典主義理念重塑了新宮殿，以馬蹄形迴廊圍繞這個廣場。然而，在1910年革命後，宮殿便轉換成政府行政機構，里斯本遊客中心和講述城市歷史的故事館則座落於東側迴廊。

　　廣場正中央豎立一尊荷西一世(Jose I)騎著俊馬的銅雕像，由葡萄牙18世紀最好的雕塑家馬加多所雕刻，因此這裡被英國人稱作「黑馬廣場」。

　　雄偉凱旋門式樣的奧古斯塔拱門是廣場上最醒目的建築，用於紀念大地震後的災後重建。石砌拱門柱頂的雕像都是葡萄牙歷史上的重要人物，中間則是葡萄牙國徽。

**MAP ▶ P.192C3**

# 聖加斯塔
# 升降梯

## Elevador de Santa Justa

### 市中心最佳觀景點

地鐵綠線至Rossio站下，步行約3分鐘 ⚑Rua do Ouro ◉ 07:00~20:30 💲兩趟電梯€5.3，觀台 €1.5 ⬧carris. transporteslisboa.pt/en/elevators ❗里斯本卡或Viva Viagem 24小時卡免費

這座造型奇特的新哥德式升降梯啟用於1902年，由法國建築師Raoul Mesnier du Ponsard 所設計，高45公尺的觀景台由雕飾華麗的鏤空鍛鐵架所支撐，乍看之下與周圍古典優雅的建築及卡爾摩教堂(Convento do Carmo)的石牆格格不入，不過現今卻成為拜薩區的重要地標。

搭乘極富歷史韻味的木造電梯上升至平台，平台另一端透過25公尺的空橋連接阿爾圖區的卡孟廣場(Largo do Carmo)，中央兩側則有螺旋梯通往頂端觀景台。這裡擁抱360度的遼闊視野，美麗的羅西歐廣場和拜薩區傑比鱗次的建築蹲踞腳下，聖喬治城堡盤據對面山丘頂端，還能遠眺特茹河(Rio Tejo)上渡輪來來往往。

聖加斯塔電梯觀景台是相當受歡迎的景點，旺季往往要排隊半小時以上，若不想等待電梯，也可步行上山，直接付門票費用登上觀景台，空橋入口由卡爾摩教堂左側巷弄進入。或者，也可以選擇一早前來排隊，避開擁擠的排隊人潮。

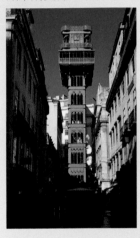

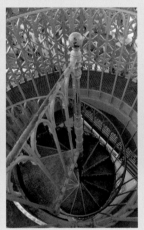

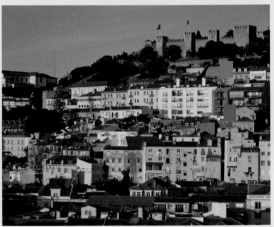

## 葡式碎石路Calçada Portuguesa

漫步在里斯本的街道上，很難能不留意到腳底下美麗的馬賽克鑲嵌碎石路，其中自由大道上的碎石路黑白相間，是里斯本最具代表性的城市名片之一。據說鋪設馬路的石灰岩是由里斯本守護神之一聖文森在西元1173年時，於兩隻烏鴉的守護下運達里斯本，配色上因而使用了黑色象徵了烏鴉與死亡，而白色則象徵守護神聖文森的聖潔。值得一提的是，葡式碎石路全為手工製作，需由專業工匠磨出形狀大小適中的立方體石頭，排好圖案後並以木槌敲打鑲入地面，是極需手藝的工程。里斯本市政府為了招聘短缺的維修人手，甚至為此開設了一所學校！

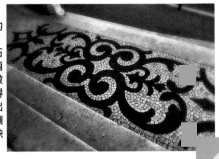

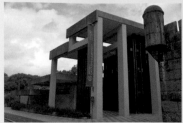

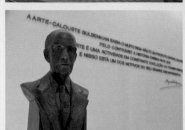

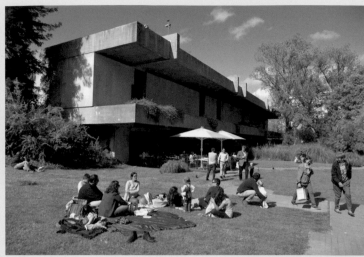

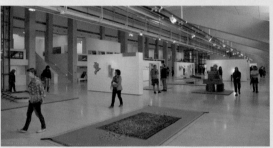

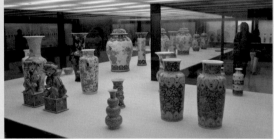

新城區Praça Marquês de Pombal&Around

**MAP ▶ P.192A1**

# 古爾本基安美術館

MOOK Choice

## Museu Calouste Gulbenkian

### 國家水準私人收藏

🚇地鐵藍線或紅線至São Sebastião站下 🏠Av. de Berna, 45A ☎217-823-000 🕐10:00~18:00 🈺週二、1/1、復活節週日、5/1、12/24~25 💲創辦人收藏館＋特展€10 (現代收藏館整修中) 🌐gulbenkian.pt ❗使用里斯本卡8折優惠，每週日14:00後免費

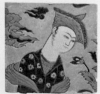

土耳其裔美國人的石油大亨Calouste Gulbenkian在二次大戰期間被放逐至葡萄牙，過世後捐贈出歷年來的私人收藏，成立基金會，打造這個豐富程度媲美國家博物館等級的美術館。

美術館由兩棟建築和佔地廣大的花園組成，分成現代收藏館(Modern Collection)和創辦人收藏館(Founder's Collection)，建築使用大面積落地玻璃的設計，結合室內館藏與戶外光線綠意，讓觀賞者有一種在自然中欣賞藝術的舒適感。

創辦人的收藏品依年代排列展出，包含埃及文物、希臘羅馬時代的雕塑和錢幣、波斯地毯、葡萄牙磁磚、中國和日本的瓷器漆器，在歐洲藝術館藏方面，有中世紀燙金手抄本、象牙和木製的雙折記事版、當然絕對不能錯過魯本斯(Rubens)的和林布蘭(Rembrandt)的，以及雷諾瓦(Rnoir)、莫內(Monet)與凡戴克(Van Dyck)的畫作；現代美術館則展出19世紀末到當代的葡萄牙藝術家作品。

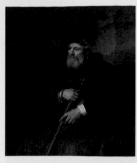

### 《老人的肖像》(Portrait of an Old Man) 林布蘭, 1645

　　17世紀的光影大師林布蘭被譽為是荷蘭最偉大的畫家之一，畫中人物的身份未知，但老年是他的作品中反覆出現的主題，畫作以老人脆弱的面容與強烈而戲劇性的燈光形成鮮明對比。

### 《蜻蜓》Dragonfly Broach 雷內‧拉利克 René Lalique, 1897~1898

　　法國新藝術珠寶設計大師雷內‧拉利克被譽為「現代珠寶首飾發明家」，館藏中有許多讓人歎為觀止的收藏。他富於想像，自然、動物、昆蟲、花草、女體都是他的靈感來源，他的設計被稱為是超越時間限制的風格。蜻蜓與女人的混合的形象，既美麗又奇異。他的另一件作品蛇型胸飾也十分讓人讚嘆。

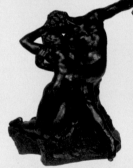

### 《永恆之春》Eternal Springtime (L'Eternel Printemps) 羅丹, 1898

　　法國雕塑大師羅丹在創作《永恆之春》的初期，恰巧與他才華洋溢的戀人卡蜜兒相遇，作品試圖將一對戀人交織纏繞一起，傳達著愛情中充滿激情又超越一切的永恆形象。

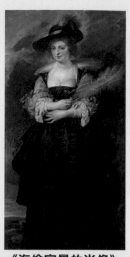

### 《海倫富曼的肖像》Portrait of Helena Fourment 魯本斯, 1630~1632

　　法蘭德斯畫派的代表畫家魯本斯是將巴洛克藝術風格推向極致的大師，海倫富曼是他的第二任妻子，也是他許多畫作的模特兒。這幅畫呈現了魯本斯在渲染黑色緞面衣料的紋理和色調上的技術技巧。而另一幅半人之愛《Loves of the Contaurs》也不容錯過。

### 《黛安娜》Diana, 讓‧安東尼烏敦 Jean Antonie Houdon, 1780

　　由18世紀法國雕塑大師讓‧安東尼烏敦的精美大理石雕像，黛安娜女神被描繪成手拿弓和箭狩獵，以裸體與奔跑的優雅型態呈現，與之前穿著長袍作為童貞象徵的黛安娜型成了鮮明的對比。

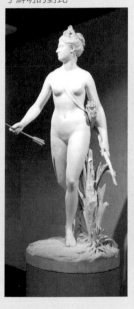

---

拜薩區Baixa

**MAP ▶ P.192B4**

# 里貝依拉市場

## Mercado da Ribeira

### 美食集散地

📍地鐵綠線至Caís do Sodré站下，步行約3分鐘　🏠Av. 24 de Julho 49　📞213-951-274　🕙10:00~00:00　🔗www.timeoutmarket.com

　　如果暫時想不到要吃什麼，不如走一趟里貝依拉市場找靈感吧！

　　典雅的圓頂建築下，上午是傳統批發市場的主

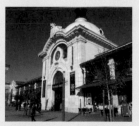

場，販售生鮮蔬果、食材、花卉、乳酪等民生必需品，攤販吆喝叫賣聲此起彼落；另一邊美食街自2014年由英國Time Out雜誌接手經營，延攬在地名廚及代表性餐廳進駐，則從中午開始營業，一路喧囂至深夜。不管是最傳統的葡萄牙式餐點、當日最新鮮的海味、漢堡輕食、小酒吧、或是中式、泰式、義式等各國料理都能找到，滿足所有人的口腹之慾。

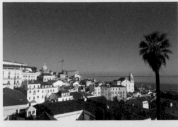
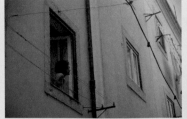
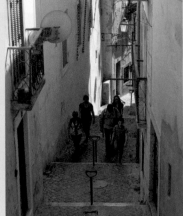

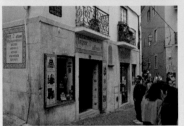
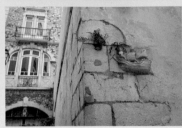

阿爾法瑪區Alfama

**MAP ▶ P.192D3**

# 阿爾法瑪舊城區

## Alfama

### 一窺平民的生活日常

🚎搭乘28號電車於太陽門廣場(Largo Portas do Sol)站下車，即可由高處為起點，展開漫步。 ❗天黑後最好不要進入沒有路燈的小巷內

　　由拜薩區往東行，便會進入了宛如迷宮般的阿爾法瑪。阿爾法瑪位於聖喬治城堡與特如河中間的山坡地帶，這裡遍布了錯綜複雜的巷弄、陡峭的階梯、土紅色屋頂與白色牆壁的房子，是里斯本摩爾文化的匯聚之地。阿爾(Al)是起源於阿拉伯語的字首，阿爾法瑪近似於Al-hamma，阿拉伯文中泉水或浴室的意思。早期北非摩爾人統治期間，這兒就是整個城區，然而在中世紀以後，居民因為害怕地震而往西移動，留下的只剩漁民與貧民。雖然在1755年里斯本大地震後，只有少部分的建築物留下來，但這裡仍保有了原先摩爾城區的布局。

　　雄偉的聖喬治城堡位於阿爾法瑪上方，佔據著天然有利的防禦性位置，俯瞰著整個阿爾法瑪，這裡的山坡上也有許多不同的廣場與觀景台，可以不同角度將大片美景盡收眼底。曾經有人形容阿爾法瑪地區就像是從城堡下方展開的一大片魔

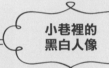

## 小巷裡的黑白人像

　　漫步在阿爾法瑪的巷弄中，一定會看到許多黑白的人物肖像掛在牆壁上。別訝異，這些人物都是當地的居民，也都還在世。原來政府為了使得當地社區更開放，與外界產生互動，因此將每個小區裡居民代表的畫像掛在門口，還標註了名字與年紀，有些是家庭主婦，有些是賣魚的老奶奶。倘若在巷弄散步時，很可能就會遇到這些熟悉的臉孔。

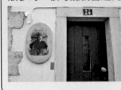
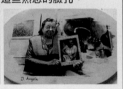

毯，這裡最大的魅力，不只是尋找觀光景點，而是穿梭在小巷中體驗當地人的生活日常。這裡的空氣中散播著室外晾衣的肥皂香味，居民們閒話家常的談話聲，偶爾還有吟唱法朵的歌聲。雖然此區許多破舊的建築物仍在進行整修，但不妨隨意漫步在充滿橘子樹、小雜貨店、魚販與酒吧的巷弄間，累了就找間小餐館歇歇腳，品嘗道地的美食，或前往山腳下的法朵博物館，沉浸在美妙的音樂中。

**MAP ▶ P.192D3**

# 主教堂

## Sé Catedral

**MOOK Choice**

### 毅力不搖的信仰中心

🚇地鐵藍線於Terreiro do Paço站下，步行約5分鐘；或搭乘28號電車於大教堂門口下 ⏰Largo da Sé ☎218-876-628 🕙11~5月10:00~18:00，6~10月9:30~19:00 ❌週日 💰全票€5、優待票€3(含參觀修道院迴廊和寶物室) 🌐www.sedelisboa.pt

亮黃色28號老電車與大教堂組成的畫面，已是里斯本的定番風景，而這座擁有堅固高聳雙塔的建築不只是地標之一，也是里斯本重回基督教世界的勝利象徵。

1147年葡萄牙建國之王亨利阿方索(Dom Afonso Henriques)從摩爾人手中奪回里斯本，在原本的清真寺上興建教堂。受到後來地震和火災的毀損，大教堂不斷的擴建和重修，混合了各個時期的建築風格，阿方索四世期間(Dom Afonso IV)將這裡作為皇家陵寢所在，擴建了哥德式耳堂，今日大教堂的規模則是自1930年修復工作結束而來的，舉例來說：正面兩側宛如堡壘般的鐘塔和大型玫瑰花窗屬於羅馬式風格，14世紀的哥德式的迴廊擁有美麗的雙層拱形門，祭壇和主殿高壇則呈現17~18世紀巴洛克式的華麗。

考古學家曾在這裡挖掘出一段羅馬之路、西哥德時期和清真寺的一些遺跡，另外寶物室則展覽了銀器、主教大袍、雕像、手抄本和與里斯本守護神聖文森相關的遺物。

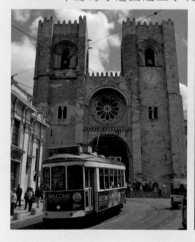

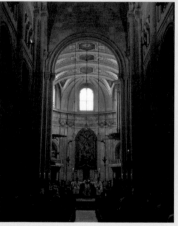

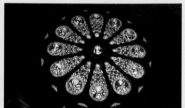

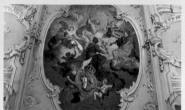

### 聖安東尼節(Festa do Santo António)

葡萄牙每個大城市都有自己的守護聖人，並挑選一個與聖人相關的紀念日，作為該城市的獨特節日。里斯本共有4位著名的守護聖人，其中以守護愛情與孩子的聖人聖安東尼最具人氣。對里斯本人來說，一年中最重要的日子就是6月13日，守護聖人聖安東尼的逝世紀念日，當天從聖安東尼教堂出發的遊行隊伍，浩浩蕩蕩繞行阿爾法瑪老城區。

其實慶祝活動從6月12日晚上就已開啟，里斯本變身一座不夜城，狂歡者個個盛裝打扮，高潮在自由大道上如嘉年華會般的大型遊行，從晚上9點開始，熱鬧喧騰一整夜。大街小巷都擠滿狂歡跳舞的民眾，家家戶戶在門口架起烤肉架，一手烤沙丁魚、一手Sangria酒，整個城市就是一場戶外大型烤肉派對，也因為處處彌漫烤沙丁魚的味道，所以又被稱為「沙丁魚節」。

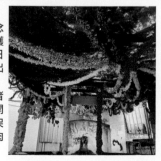

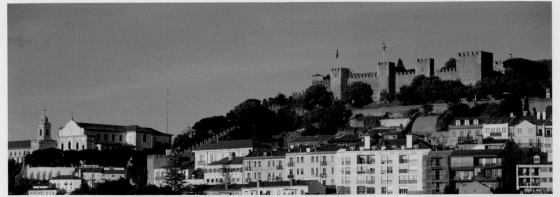

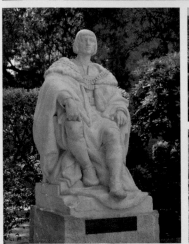

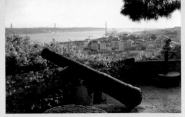

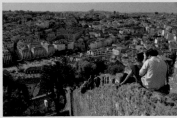

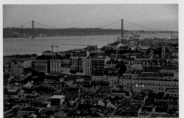

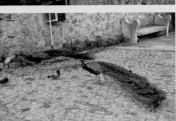

**阿爾法瑪區Alfama**

**MAP ▶ P.193D3**

# 聖喬治城堡

**MOOK Choice**

## Castelo de Sao Jorge

**城市最佳眺望點**

🚋電車28號於Miradouro Santa Luzia站下，步行約5分鐘；或於無花果廣場搭公車737於城堡門口下　🏛Castelo de S. Jorge　☎218-800-620　🕐3~10月09:00~21:00、11~2月09:00~18:00　🚫1/1、5/1、12/24~25、12/31　💲全票€15、優待票 €7.5，12歲以下免費　🌐castelodesaojorge.pt
❗可於售票處索取詳細中文導覽和地圖

　即使卸下略為嚴肅的歷史意義，光是為了里斯本第一的360度景觀視野，就值得走一趟聖喬治城堡！

　聖喬治城堡的歷史可追溯到5世紀，西哥德人選擇里斯本最高的聖喬治山丘，建立防禦碉堡，

後來在摩爾人手進一步修築城牆高塔，1147年葡萄牙第一位國王阿方索收復里斯本後，就將此地作為皇室住所，13~16世紀是城堡的黃金年代，擴充修建工程不斷，這裏是接待外賓貴族和舉行多次加冕活動的場所，直到1511年曼努埃爾一世將皇宮搬遷至商業廣場。1580年後的西班牙統治時期，一直到20世紀初，居高臨下的戰略位置，讓城堡負擔起重要的軍事防衛功能。

　城堡觀景台是俯瞰里斯本的最佳位置，腳下紅瓦屋頂的舊城區連接梅西歐廣場，視線繼續延伸，愛德華七世公園像綠色地毯，鋪在現代化大樓之間。建議選擇傍晚參觀，特茹河閃爍金光悠悠流向出海口，4月25日大橋優美的弧度畫出視覺焦點，隨著天色漸暗，城市燈火逐漸點亮，又是另一番讓人不捨離開的風景。

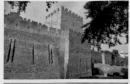

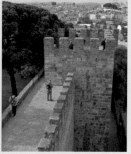

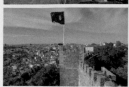

## 里斯本與共濟會圖案
### Casa do Ferreira das Tabuletas

漫步在里斯本的街道上，很難不被這棟外觀鋪著黃色與橘色手繪瓷磚的建築吸引。樓房建造於大地震後的1864年，除了一樓外，立面與隔壁相鄰建築的啤酒廠內部，全由畫家路易斯·費雷拉(Luis Ferreira)所設計，因此被稱為費雷拉之家(House of Ferreira the Sign Painter)。而立面的圖案中，則充滿著許多共濟會(Freemansons)符號與寓言，正中心放著三角形全視之眼(Eye of Providence)，古典人物分別代表著土地、水、工業、商業、農業、科學各個領域。此外，相鄰的啤酒廠內部目前已成為餐廳，內部也可看到類似的圖案。

**Casa do Ferreira das Tabuletas**
🚇P.193C3 🏠R. Trindade 32
**Cervejaria Trindade**
🚇P.193C3 🏠R. Nova da Trindade 20 C ☎213-423-506 🕐12:00~00:00 🌐www.cervejariatrindade.pt/trindade_english.html

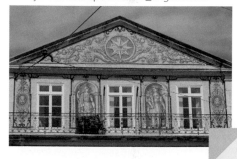

## 城堡與高塔Castelejo

11世紀摩爾人修築的防禦堡壘，主要為駐紮軍隊的用途，在必要時則作為城中精英階層的圍城。目前仍然留有11座高塔，其中財富塔是收藏皇家財寶和皇家檔案的所在，也是最適合眺望市區的位置，塔中設有投影室(Camera Obscura)，利用鏡像反射和凹凸鏡原理，合成360度的里斯本全景影像。高塔透過城牆彼此相連，中庭有沿著城牆修築的樓梯可攀爬上高塔參觀。

## 考古遺跡
### Sítio Arqueológico

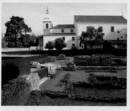

這個不大的區域同時展示了三個不同時期的文化活動痕跡。以金屬屋頂覆蓋保護的部分是西元前7~3世紀的村落，鐵器時代的廚房灶台仍依稀可辨識，出土文物則大多收藏在展覽廳；以白牆模擬重建的則是11世紀的摩爾人住宅街區，可看到回教住宅注重隱私與中庭空間的建築特色；中間區塊只剩裸露的建築地基，是15世紀的前主宮殿遺址。此區需跟隨每日固定時段的免費導覽才能入內參觀。

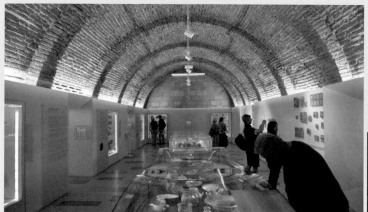

## 展覽廳Exposição Permanente

中世紀葡萄牙國王們都居住的阿爾卡克瓦宮(Paco de Alcaçova)，里斯本大地震嚴重損毀後，只能從花園和天井遺址一窺當時宮殿建築型式，現在是餐廳和展覽館。展覽館的入口處16世紀皇宮的復原圖，內部展示西元前7世紀到18世紀的考古文物發現。

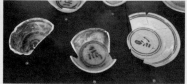

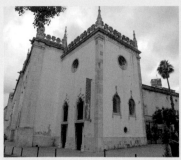
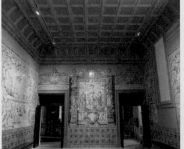
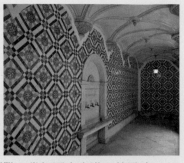

阿爾法瑪Alfama

**MAP ▶ P.192E2**

# 國立瓷磚博物館

## Museu nacional do Azulejo

**拼貼方寸藝術**

🚇地鐵藍線於Santa Apolónia站下，轉乘巴士718、742、759號於門口下車 🏛R. Me. Deus 4 ☎218-100-340 ◷週二至週日10:00~13:00、14:00~18:00(閉館前30分鐘停止入場) ⊘週一 💰全票€5、優待票€2.5。門票含英文語音導覽 🌐www.museudoazulejo.gov.pt ⭐里斯本卡免費

對葡萄牙瓷磚發展史有興趣的人，千萬不可錯過坐落在聖母修道院(Convento da Madre de Deus)內的國立瓷磚博物館。在這裡可以好好欣賞從15世紀到現代，葡萄牙瓷磚發展的過程與花樣的演變。

博物館內的瓷磚依年代分區展示，15世紀的摩爾式磁磚色彩鮮豔、幾何圖案充滿回教風味；16世紀的瓷磚多由當代畫家繪製，以宗教題材和宮廷畫為主，筆觸細膩，藝術價值高；17世紀有許多民間工匠的作品，常民生活百態、動物花鳥、神話風俗都是瓷磚畫的常見題材；18世紀則加入街景、地圖等主題，其中最經典的是一幅里斯本市區全景圖，全長23公尺，描繪1755年大地震前的市容；近代的瓷磚融入現代藝術創作元素，表現方式更多元。

聖母修道院是在1509年時由胡安二世(Joãn II)皇后雷奧諾爾(Dona Leonor)創立的，該建築最初的風格是採曼努埃爾式，後來又增加了一些文藝復興和巴洛克世的建築。除了各式各樣的瓷磚，美術館旁的聖安東尼奧禮拜堂(Capela de Santo António)，重建於1775年地震後，內部金碧輝煌，為葡萄牙代表性的巴洛克建築。

### 聖安東尼奧禮拜堂Capela de Santo António

禮拜堂內部金碧輝煌，天花板上鑲著金框的畫作，包括國王胡安三世和(JoãoIII)和皇后凱薩琳(Catherine of Austria)的肖像。教堂裡的其他幾幅輝煌的畫作則描繪了聖母以及聖徒的生活。大地震後又增添了華麗的洛可可風格祭壇。

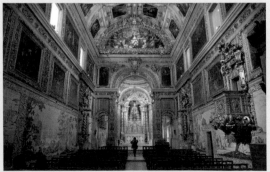

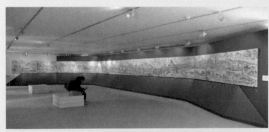

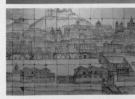

### 里斯本全景
### Panorama of Lisboa

國立瓷磚博物館內最吸引人的亮點之一，館藏位於建築物頂樓，這幅長達3.6公尺的里斯本全景瓷磚畫由1,300幅瓷磚組成，不僅長度驚人，還生動地描繪了1755年大地震發生前的里斯本。

## 看磁磚說故事

在葡萄牙各地旅行，無時無刻都可見到瓷磚的影子，從火車地鐵站、餐廳、教堂、修道院到一般房舍的外牆、路標等，磁磚無疑是建構葡萄牙文化印象的重要元素。

葡萄牙瓷磚(Azulejo)來自於阿拉伯語的az-zulayj，意思是磨亮的石頭，指的是大小約11~18平方公分，畫滿圖案的小磁磚，也就是摩爾人的馬賽克藝術。15世紀時，磁磚藝術在西班牙的安達魯西亞地區發展，1503年，葡萄牙國王曼紐爾一世(Manuel I)造訪西班牙塞維亞(Seville)，帶回磁磚彩繪，大量運用於辛特拉宮的裝飾，此後，葡萄牙人融入自己的藝術和技巧，將磁磚變成畫布，發展出屬於葡式風格的瓷磚。

葡萄牙瓷磚最早是承襲摩爾人的形式，顏色以白底

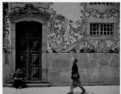
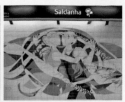

藍色為主，兼有黃、綠、褐等色彩，不過在16世紀時義大利人發明了直接將顏料塗在濕的陶土上，稱為majolica，興起了17世紀的葡萄牙瓷磚風潮，他們大量的在公共場合以瓷磚裝飾建築物，尤以修道院和教堂最為顯著。到了18世紀時全歐洲沒有一個國家像葡萄牙般地生產多樣化的瓷磚！其中巴洛克式的藍白瓷磚被公認為是最好的品質。

---

阿爾法瑪Alfama

**MAP ▶ P.192E3**

# 法朵博物館

MOOK Choice

## Museu do Fado

**唱出靈魂樂音**

地鐵藍線於Santa Apolónia站下，步行約7分鐘　Largo do Chafariz de Dentro, N.º 1　218-823-470　週二至週日10:00~18:00(最後入場時間17:30)　週一、1/1、5/1、12/25　全票€5、優待票€2.5，持有里斯本卡€4　www.museudofado.pt

許多人對法朵的第一印象都來自文‧溫德斯的電影《里斯本的故事》(Lisbon Story)，片中敘述一個老錄音師與葡萄牙國寶級樂團「Madredeus(聖母合唱團)」在里斯本發生的故事，這部電影也扮演將法朵音樂介紹給全世界的重要角色。

在法朵博物館中，音樂才是主角，參觀者會拿

到一副導覽設備，入口處三層樓高的名人牆，就是開啟法朵世界的鑰匙，只要輸入照片旁的號碼，就能聽到不同歌手的吟唱。法朵的歌詞如詩，一首歌就是一個故事，描述對平實生活的渴求、對逝去親人的思念、以及愛情中的背叛、失望和忌妒。在法朵的演唱術語中有Saudade一詞，意思是渴望，就是指唱出歌者最深沈的靈魂，沙啞的歌聲傳達生命的刻痕，即使聽不懂葡萄牙文歌詞，也能感受那壓抑的力量間宣洩出豐沛情感，時而婉轉低迴，時而盪氣迴腸。

兩層樓的展覽空間以影片、圖片和音樂深入介紹法朵的發展歷史、演唱場合、傳播方式、使用樂器、著名歌手等，包含讓民謠成為葡萄牙代表性音樂的「法朵皇后」Amalia Rodrígues的歌聲，以及近代最受歡迎的女歌手Dulce Pontes和Misia的詮釋。

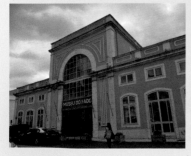
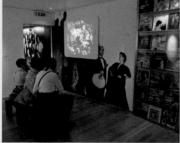
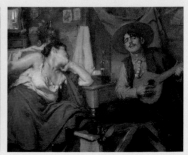

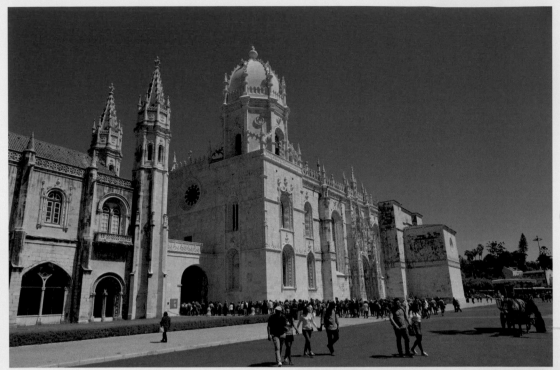

貝倫區Belém

**MAP ▶ P.192E1**

# 傑羅尼摩斯修道院

MOOK Choice

## Mosteiro dos Jerónimos

### 曼努埃爾式建築典範

🚃從Cais do Sodré火車站前搭乘電車15號，於Mosteiro dos Jerónimos下 🏠Praça do Império ☎213-620-034 ⏱週二至週日9:00~1800，最後售票時間17:00 🚫週一、1/1、復活節週日、5/1、6/13、12/25 💲全票€10、優待票€5，與貝倫塔聯票全票€12，教堂免費 🌐www.mosteirojeronimos.gov.pt

走進修道院迴廊的那一刻，除了讚嘆，也找不到第二種情緒了！蜂蜜色石灰岩在雕刻家的手中，竟如工筆畫一般細緻、如蕾絲般優雅。傑羅尼摩斯修道院堪稱曼努埃爾式(Manueline)建築典範，同時也在1983年被聯合國教科文組織列入世界遺產。

為了紀念達迦瑪發現前往印度的航海路線，曼努埃爾一世(Manuel I)下令建造這座偉大的建

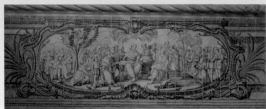

築，原本是皇室家族舉行葬禮的陵寢，完工後也作為當時即將出海冒險和征戰水手的心靈祈禱聖地。修道院的興建從1501年開始，直到1572年才完工，建築材料來自當地盛產的石灰岩，設計之初極具曼努埃爾式風格，由西班牙人João de Castilho接手後，轉為早期的文藝復興建築特色，而後在19世紀時又加上了新曼努埃爾式的西翼和鐘塔。精雕細琢的龐大工程需要大量精力與財力，曼努埃爾一世投入當時印度航線的香料稅收，才得以支付工程款項。

當1833年葡萄牙的自由主義運動發生時，所有宗教都被驅逐，一直到1940年前傑羅尼摩斯修道院都被當作孤兒院和學校使用。

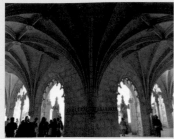

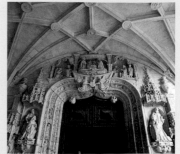

## 南方大門Portal Sul
　　南方大門是João de Castilho最傑出的作品，層層疊疊的山形牆和小尖塔堆砌華麗細緻，高32公尺、寬12公尺的石灰岩牆面遍佈繁複的雕刻，正上方弧形頂飾的半浮雕描述聖傑羅尼摩斯的故事，左邊雕刻聖傑羅尼摩斯拔出獅子腳上的荊棘，並和獅子成為朋友；右邊是他在沙漠中苦行。大門上方佇立抱著聖嬰的貝倫聖母像，兩扇門之間的柱頂則是恩里克王子。

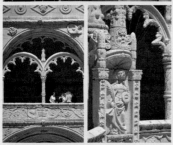

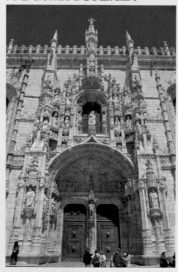

## 迴廊Cloister
　　前後歷經三任建築師，1541年完工才完工的修道院迴廊是傑羅尼摩斯修道院的精華。上下兩層四方迴廊圍繞中庭，繁複華美的浮雕纏繞每一吋圓拱窗廊，細細欣賞，宗教聖者、皇室家徽、花鳥藤蔓、中世紀神獸、以及曼努埃爾式設計中獨有的航海元素都成了欄杆圓柱上的主角，著實令人大開眼界！

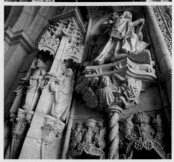

## 西門
　　出自法國雕刻家尼古拉尚特雷特(Nicolau Chanterene, 1470~1551)之手，大門口左側是國王曼努埃爾一世的雕像，右側是皇后瑪麗亞的雕像。門口上方雕刻著三則聖經故事：天使預告瑪麗亞、耶穌誕生、以及東方三博士的朝拜。

## 石棺 Tombs
　　葡萄牙歷史上的兩位著名人物沈睡於教堂第一根樑柱下，六隻石獅了托起他們的靈柩，接受世人瞻仰，左側是1489年開闢束方航線，抵達印度的航海家達·伽馬(Vasco da Gama)，右側是創作史詩《盧西塔尼亞人之歌》的16世紀詩人賈梅士(Luís Vaz de Camões)。中殿祭壇內由石象托負的則是國王曼努埃爾一世和瑪莉亞皇后、若昂三世和卡達琳娜皇后的石棺。

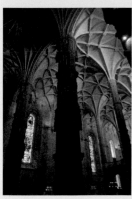

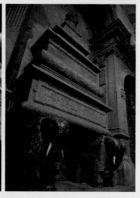

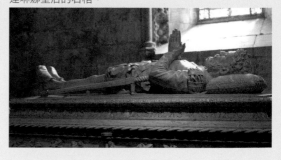

## 聖瑪莉亞教堂Igreja Sta. Maria Belém
　　教堂內共由一個正廳與兩個側廳組成，廳內的柱子像極了椰子樹般長進了屋頂，並在屋頂上形成了無數了幾何圖形網絡，煞是美麗，柱子上雕刻著以大海為主題的華美雕飾，交錯的拱門為教堂內部創造了獨特的空間感。

貝倫區Belém

**MAP ▶ P.192E1**

# 發現者紀念碑

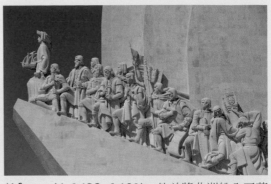

**MOOK Choice**

## Padrão dos Descobrimentos

### 大航海時代的見證

🚋從Cais do Sodré火車站前搭乘電車15號,於Mosteiro dos Jerónimos下 🏠Av. Brasília ☎213-031-950 ⏰3~9月10:00~19:00、10~2月週二至週日10:00~18:00 ❌1/1、5/1、12/25、12/31 💰觀景台與展覽全票€10,優待票€5,里斯本卡€8.3 🌐www.padraodosdescobrimentos.pt/en

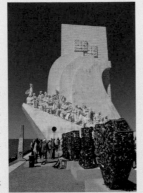

高56公尺、純白船身造型的發現者紀念碑,是特茹河口最醒目的焦點。航海大發現時期的航海家和貢獻者望向海洋,像凝視著那段不能抹滅的榮光歷史,也像似要提醒葡人繼續探險未來。

佇立在傑羅尼摩斯修道院正前方的發現者紀念碑,是1960年為紀念國王航海家亨利(Infante Dom Henrique, 1394~1460)逝世500週年而建。紀念碑上除了葡萄牙的國徽,昂然為首引領眾航海家的,是手抱三軌帆船的亨利王子。紀念碑東側的重要人物由左而右依序為,半跪著的阿方索五世

(Afonso V, 1432~1481),他首將非洲納入了葡萄牙帝國、第三位則是開拓印度航線的探險家達迦瑪(Vasco da Gama, 1460~1524)、第四位是發現了巴西的佩德羅卡布拉爾(Pedro Álvares Cabral, 1467~1520)、而第五位則是首渡太平洋,完成世界航行的航海家麥哲倫(Magellan),最後一位跪坐雙手合十的則是前往國外宣教的傳道士法蘭西斯科沙維爾。

紀念碑前方的廣場地面上,有一個大型的航海羅盤圖案,這是1960年由南非贈送給葡萄牙的禮物,羅盤正中央則有代表葡萄牙在15和16世紀航海發現的路線圖,仔細找找,還能在地圖上找到以比例尺來說面積過大的台灣。

登上發現者紀念碑頂端,不僅能觀望這張大羅盤的全貌,還能俯瞰傑羅尼摩斯修道院、貝倫宮、貝倫塔、4月25日大橋以及整個特茹河流向大西洋的全景。

---

阿爾法瑪區Alfama

**MAP ▶ P.193F3**

# 太陽門廣場

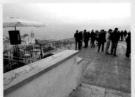 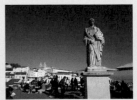

## Largo Portas do Sol

### 俯瞰里斯本全景

🚋搭乘電車28號於太陽門廣場(Largo Portas do Sol)站下車

太陽門廣場是進入阿爾法瑪舊城區的入口之一,廣場位於阿爾法瑪區的上坡,中央佇立著里斯本的守護聖人「聖文森」的白色雕像,他手中

抱著一艘船,船上並有著兩隻烏鴉的守護。除了雕像外,這裡還有散落四周的咖啡座,旁邊並有觀景台,在此可眺望里斯本東部和特茹河的壯麗景色,包括城外的聖文森教堂與修道院,以及阿爾法瑪區的整片紅屋頂的經典風景。

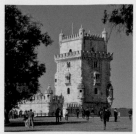
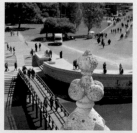
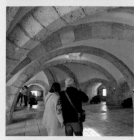
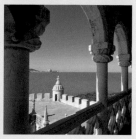

貝倫區Belém

**MAP ▶ P.192D1**

# 貝倫塔

**Torre de Belém**

### 探索海洋的起點

🚋 從Cais do Sodré火車站前搭乘15號電車,於Largo da Princesa站下 🏠Torre de Belém ☎213-620-034 ⏱週二至週日9:30~18:00 ⊗週一、1/1、復活節週日、5/1、6/13、12/25 💰全票€6、優待票€3,與傑羅尼摩斯修道院聯票全票€12 🌐www.torrebelem.gov.pt ♿里斯本卡免費

**MOOK Choice**

同樣被列入曼努埃爾式(Manueline)建築典範和世界文化遺產的貝倫塔,也是由曼努埃爾一世下令所建造的,宛如中世紀城堡般的造型,略具有摩爾風格裝飾的貝倫塔,其實是一座擔任扼守特茹河口的五層高防禦塔,走進貝倫塔大門,首先看到的就是可安置16個大砲的壁壘,宣告它的防衛功能。

貝倫塔在1514~1520年間建造,這是屬於葡萄牙的輝煌大航海時代,許多冒險家都是由此出發,前往世界各地探險,因此貝倫塔也成為海上冒險的象徵建築物。1580年,貝倫塔不敵西班牙人的攻擊,往後的日子在西班牙人掌控下變成監獄,海水漲潮時,許多關在底層的犯人還因此淹死。拿破崙戰爭時期被毀去一截,1845年才

又重修成現在的樣子。

貝倫塔的外觀來的比內部精采,混合著早期哥德、北非阿拉伯和曼努埃爾式風格,塔身上能找到許多曼努埃爾式的裝飾,例如環繞塔身的粗繩索和繩結雕刻,耶穌十字和動植物的裝飾等。北邊角落的小塔下方,可以找到一個特別的犀牛石雕,據推測可能是當時蘇丹國王送給曼努埃爾一世的動物。壁壘的上方是開放式平台,上面佇立著一尊勝利聖母像,這是保護航海士兵的象徵。

貝倫塔附近空曠無遮蔽物,夏季較為炎熱,且內部空間有限,螺旋梯採上下時間管控方式,旺季參觀人潮多,建議一大早就前往排隊。

## 吃一口就上癮——正宗葡式蛋塔

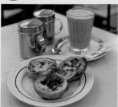

到底是什麼樣的美味讓嗜甜如命的挑嘴葡萄牙人鍾愛這家店?又是什麼樣的魔法秘方可以讓世界各地的旅客甘願為此排隊?

葡萄牙自由運動解散許多修到院和教堂之際,原本在修道院負責製作甜點的修士和修女為了討生活,便在市場上販賣蛋塔,其中最著名的一種蛋塔秘方式來自傑羅尼摩斯修道院西妥會的修士。而1837年的一位商人多明哥(Domingos Rafael Alvés)便當機立斷的買斷蛋塔秘方,在修道院旁開啟這家葡式蛋塔創始店。

貝倫蛋塔體型較小,塔皮沒有台式般的酥脆,比起葡萄牙其他地方的蛋塔,稍微有咬勁與麵粉香氣,微微溫熱的內餡入口即化,濃濃的蛋黃與奶味在口腔內爆炸,足以顛覆你從前對蛋塔的認知。品嚐原味後,別忘了撒點桌上提供的肉桂粉,讓味覺的層次又提升至另一個境界!

**Pastéis de Belém**

🏠Rua de Belém 84-92 ☎213-637-423 ⏱08:00~20:00 🌐pasteisdebelem.pt

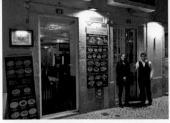

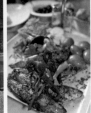

## Where to Eat in Lisbon
## 吃在里斯本

### 阿爾圖區Bairro Alto

**MAP ▶ P.193B3** **Bom Garfo**

🚇地鐵綠線或藍線於Baixa-Chiado站下，步行約12分鐘 🏠R. do Diário de Notícias 51 ☎215-944-881 🕐19:00~01:00 🌐www.bomgarfobairoalto.com

　　阿爾圖區是里斯本餐廳酒吧的一級戰場，連續數條街區都是法朵餐廳，可以一邊享用餐點、一邊聆聽里斯本傳統歌謠的現場演唱。Bom Garfo雖然不算最特別的餐廳，但價格平實，提供美味的葡式傳統菜，如烤沙丁魚、海鮮飯等，頗受旅客青睞，看不懂葡萄牙文也沒關係，門口有大張的附圖菜單，動動手指就能點餐。

### 拜薩區Baixa

**MAP ▶ P.193D3** **Casa das Bifanas**

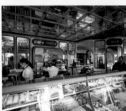

🚇地鐵綠線至Rossio站下，步行約3分鐘 🏠Praça da Figueira 6 ☎213-421-637 🕐06:00~24:00

　　別小看這間無花果樹廣場旁的小店，從早上到深夜，都被里斯本人當作自家廚房。Casa das Bifanas的意思就是「豬扒堡的家」，招牌餐點當然就是大剌剌擺在玻璃櫥窗前迎客的豬排。正宗葡萄牙豬扒堡最能看出簡單中的深蘊，切開外脆內軟的白麵包，豪邁地夾上兩三片厚切豬排，滷過的豬排軟嫩入味，與吸飽醬汁的麵包一起入口，簡直是天作之合，庶民價格、五星美味，怎麼能抗拒再點一個的誘惑！

### 阿爾圖區Bairro Alto

**MAP ▶ P.193C4** **Taberna Da Rua Das Flores**

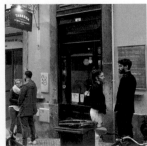

🚇地鐵綠線或藍線於Baixa-Chiado站下，步行約10分鐘 🏠Rua das Flores 103 ☎213-479-418 🕐週一至週五12:00~23:30、週六18:00~23:30 🈲週日

　　營業時間還沒開始，門口已經有好幾組人排隊，想要了解這家本地人和美食雜誌都推薦的餐館，沒有一點耐心還真的品嚐不到！小餐館充滿濃濃的老式酒館風味，一入座，服務人員立刻搬來小黑版，熱情的解說今日提供的餐點，能吃到什麼就看當天拿到哪一種當季新鮮食材，主要提供葡萄牙從南到北的傳統料理，餐點和調味不訴求創新，卻能感受到主廚面對食材的用心。

### 拜薩區Baixa

**MAP ▶ P.193D3** **Confeitaria Nacional**

🚇地鐵線至Rossio站下，步行約1分鐘 🏠Praça da Figueira, 18 B ☎213-424-470 🕐週一至週四08:00~20:00、週五和週六08:00~21:00、週日09:00~21:00 🌐www.confeitarianacional.com

　　位於無花果樹廣場旁的的Confeitaria Nacional不只是間百年糕餅店，也是城市歷史的一部分。推開核桃木框玻璃門，就是踏進里斯本的19世紀，華麗的金色鏡面天花板、圓弧造型的核桃木框櫥窗、典雅的迴旋樓梯，店內依然維持 Balthazar Roiz Castanheiro 於1829年創立時的模樣。玻璃櫃中各式各樣的鹹甜點心疊放得整齊誘人，除了百年配方的傳統糕點，最特別的是無花果口味的蛋塔，勇於嘗試的人可以試試。

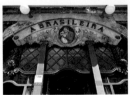

### 拜薩區Baixa

**MAP ▶ P.193C4** **A Brasileira**

🚇地鐵線於Baixa-Chiado站下，步行約1分鐘 🏠R. Garrett 120 ☎213-469-541 🕐08:00~02:00 ❗單品價格根據站在吧台、店內座位和室外座位而不同

　　每個城市都有一間代表性咖啡館，里斯本的首席無疑是巴西人咖啡館。1905年開業以來，一直維持Art Deco裝飾藝術風格，當時，Brasileira就是里斯本的文化中心，知識份子、詩人、作家和藝術家們聚集在此辯思哲學、議論時政、討論創作。葡萄牙最偉大的詩人Fernando Pessoa也是這裏的常客，為了紀念那個文思薈萃的年代，1988年在門口立了一座詩人雕像，現在已成了最受歡迎打卡景點。店內使用巴西進口的咖啡豆，同時也是葡萄牙加強版濃縮咖啡Bica的發源地。

葡萄牙⋯⋯里斯本 Lisbon

215

### 拜薩區Baixa

**MAP ▶ P.193B5** 里貝依拉市場 (Time Out Market)

🚇地鐵綠線至Caís do Sodré站下，步行約3分鐘 🏠Av. 24 de Julho 49 ☎213-951-274 🕐週四至週六10:00~02:00、週日至週三10:00~00:00 🌐www.timeoutmarket.com

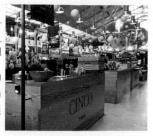

　2014年由英國Time Out雜誌接手後改造的里貝拉市場(Mercado da Ribeira)共有35間以上的攤位，從酒吧、海鮮、漢堡、乳酪、甜點到各類紀念品如沙丁魚罐頭等等應有盡有。市場邀來里斯本在地的餐廳與食鋪進駐，如果在里斯本不知道吃什麼，來這邊最能一網打盡美食精華，隨心所欲的搭配所有想吃的種類。

### 拜薩區Baixa

**MAP ▶ P.193C3** Marisqueira Uma

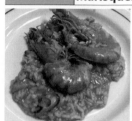

🚇搭乘地鐵於Baixa–Chiado站下，步行約5分鐘 🏠R. dos Sapateiros 177 ☎213-427-425 🕐12:00~15:00、19:00~22:15 ❗擺在桌上的麵包、橄欖或小菜價格稍高，若不需要請服務生收走

　與聖加斯塔升降梯僅隔一條小巷，位居市區中心的絕佳地點。由家族經營的小餐館在以澎湃的海鮮飯聞名，還未達營業時間往往就可看到排隊人潮，通常需等待10~20分鐘左右才能入座，餐廳空間不大，海鮮飯用料澎湃，以大蝦、螃蟹、淡菜等材料烹煮，分量十足，通常需兩人合點一份，店內總是客滿，頗受亞洲遊客青睞，網路評價兩極，菜單也有韓文、中文版本。

### 貝倫區Belém

**192E1MAP ▶ P.** Pastéis de Belém

🚇從Cais do Sodré火車站前搭乘電車15號，於Belém站下 🏠Rua de Belém 84~92 ☎213-637-423 🕐08:00~23:00 🌐pasteisdebelem.pt

　創立於1832年的葡萄牙蛋塔始祖，遠遠就可看到大排長龍的隊伍，從早到晚人潮絡繹不絕。店家每日製作上萬個蛋塔，滿足無數從世界各地慕名而來的遊客們。正宗的葡式蛋塔必須手工製作，火侯的拿捏必須靠烘焙師的經驗，貝倫蛋塔的配方，也是這個行業的機密，蛋塔師傅們必須簽屬終生保密協定。貝倫蛋塔塔皮酥脆，稍有咬勁與麵粉香氣，微微溫熱的內餡入口即化，濃濃的蛋黃與奶味。

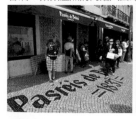
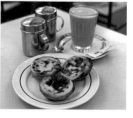

### 新城區周邊Praça Marquês de Pombal & Around

**MAP ▶ P.193D1** Cervejaria Ramiro

🚇搭乘地鐵於Intendente站下，步行約5分鐘 🏠Av. Alm. Reis nº1 - H ☎218-851-024 🕐週二至週日12:00~00:30 ❌聖誕節假期 🌐geral24128.wixsite.com/cervejariaramiro/copia-home

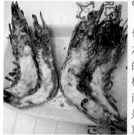

　以海鮮料理為主的名店，也是里斯本的人氣排隊餐廳之一，特別受當地人與遊客的青睞。餐廳的料理大都以橄欖油、焗烤方式料理，然而海鮮新鮮，口味濃郁，是海鮮控必訪之地。必點菜單包括焗烤橄欖油老虎蝦(Gamba Tigre Gigante)，價格以秤重計費，巨大的老虎蝦僅以橄欖油和鹽調味，肉質鮮甜，蝦醬濃郁，讓人難忘。此外，橄欖油泡大蒜蝦仁(Amêijoas à Bulhão Pato)、白酒炒蛤蜊(Gambas a la aguillo)也是必點料理，就連桌上沾有橄欖油的烤麵包，也讓人驚奇於其平凡的美味。建議晚餐最好提早前往，避開用餐人潮，在餐廳入口處可領取排隊號碼牌，這裡竟提供八種語言的選擇，可見有多熱門。

### 新城區Praça Marquês de Pombal & Around

**MAP ▶ P.193D2** Pasterlaria Versailles

🚇地鐵紅線或黃線於Saldanha站下 🏠Av. da República 15-A ☎213-546-340 🕐07:30~22:00

　走進Pasterlaria Versailles，一時間會忘了點餐這回事，因為咖啡館的華麗程度會讓你以為來到凡爾賽宮內的房間，新藝術裝飾、大面積鏡子、水滴吊燈、彩繪玻璃，細細堆砌出歐洲古典咖啡館的氣氛，從1922年開業以來，就是里斯本上流社會的社交中心。Pasterlaria Versailles有自己的烘焙室，蛋糕麵包都是自家食譜，有一定品質保證，這裏的熱巧克力香滑濃稠，特別受歡迎。

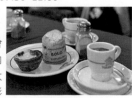

拜薩區Baixa

`MAP ▶ P.193C4` **Vista Alegre**

🚇 地鐵於 Baixa-Chiado站下，步行約3分鐘　🏠Largo do Chiado, 20-23　☎213-461-401　🕐10:00~20:00　Ⓤ vistaalegre.com

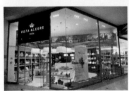

葡萄牙國寶品牌的歷史要從1842年說起，創辦人José Ferreira Pinto Basto獲得國王若望六世頒發的皇家許可證開設工廠，很快成為皇家御用瓷器，得到皇家工廠的頭銜。Vista Alegre的瓷器如藝術品精緻，手繪圖樣細膩典雅，英國的伊莉莎白女皇與西班牙國王胡安•卡洛斯也都是愛用者。除了高不可攀的天價系列，Vista Alegre還是有一些平價商品，例如以里斯本和波爾圖為主題的城市系列。

拜薩區Baixa

`MAP ▶ P.193D5` **Lisbon Shop**

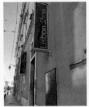

🚋 搭乘電車15E、25E號於商業廣場(Pç. Comércio)站下，步行約1分鐘　🏠Rua do Arsenal, nº 15　☎218-450-660　🕐10:00~19:30　Ⓤ shop.visitlisboa.com/collections/shop-lisboa

里斯本旅遊局的官方紀念品商店，位於商業廣場上的旅遊諮詢中心(Ask me Lisboa)正後方。商品項目眾多，從設計感十足的文具用品、精美的瓷磚、沙丁魚造型的紀念品、陶瓷餐盤、花果茶葉、音樂CD、書籍等應有盡有。持有里斯本卡部分商品還能享有10%的折扣。

拜薩區Baixa

`MAP ▶ P.193C5` **Loja das Conservas**

🚇 地鐵綠線至Cais do Sodré站下，步行約5分鐘　🏠 Rua do Arsenal 130　☎911-181-210　🕐週一至週六10:00~20:00、週日12:00~20:00

超過300種的魚罐頭穿上五顏六色的外包裝，讓人眼花撩亂，不知從何下手。網羅葡萄牙從南到北的知名魚罐頭品牌，以精品的規格陳列，搭配各自的品牌故事，繞店一圈，就像完成了一趟葡萄牙縱貫旅程。最受歡迎的是沙丁魚和魚卵罐頭，其他還有鮭魚、鯖魚、鰻魚，又依照不同調味方式，分為橄欖油漬、鹽漬、茄漬等。

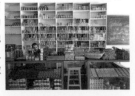

葡萄牙…**里** 斯本 Lisbon

**里斯本購物Tips**

想買紀念品？紀念品商店大多集中在羅西歐廣場周圍、商業廣場旁的Rua do Arsenal；而品牌店則分佈在西亞多(Chiado)的Rua Carret、拜薩區的Rua Augusta和自由大道；想要找個性化商品，就要在阿爾法瑪的巷子裡繞繞。

拜薩區Baixa

`MAP ▶ P.193B5` **Conserrveira de lisboa**

🚇 地鐵綠線至Caís do Sodré站下，步行約3分鐘　🏠Av. 24 de Julho 49　🕐週四至週六10:00~02:00、週日至週三10:00~00:00　Ⓤ www.conserveiradelisboa.pt/en

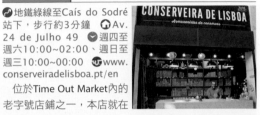

位於Time Out Market內的老字號店舖之一，本店就在步行約15分鐘的市中心(Rua dos Bacalhoeiros)，從1930開業至今已有近90年的歷史，早期以販賣蜜餞的雜貨店起家，之後漸漸轉型成為販賣各式魚罐頭為主的店舖。販賣的魚罐頭種類有上百種之多，沙丁魚、鯖魚、鮪魚，並有原味、辣味、檸檬等各式各樣調味。目前店內販售三種品牌Tricana、Minor、Prata do Mar，如果太多選擇不知如何下手，詢問友善的店員是最快的方法。

其他區域

`MAP ▶ P.192A1` **哥倫布購物中心Centro Colombo**

🚇 地鐵藍線於 Colégio Militar/Luz站下　🏠Av. Lusíada　☎217-113-600　🕐10:00~00:00　Ⓤ www.colombo.pt

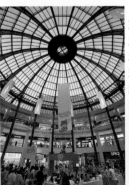

喜歡逛街的人，最好留下充分的時間給里斯本規模最大的哥倫布購物中心，超過340間商店，將葡萄牙、西班牙、以及國際知名品牌一網打盡，而Hypermarket等級的大型超市CONTINENTE商品種類齊全，相當適合採購伴手禮，當然，退稅服務已是必備條件。不同於一般購物中心的現代時髦裝飾，哥倫布購物中心結合許多航海主題的佈景，例如葡萄牙航海路徑的地球儀、懸掛天空的飛船等，血拼之餘不妨欣賞一下。

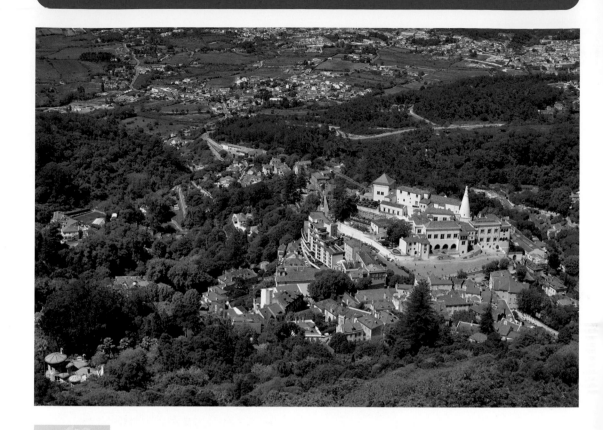

# 辛特拉

## Sintra

辛特拉坐落在辛特拉山脈的北邊、辛特拉－卡斯卡伊斯自然公園(Parque Natural de Sintra-Cascais)的區域內,被森林與泉水所圍繞,自古以來伊比利人對就這片蔥綠森林和絕佳山景愛不釋手,成為宗教的祭祀中心;後來的羅馬人和摩爾人也是如此。涼爽的氣候更讓辛特拉成為葡萄牙國王最喜愛的避暑勝地,這裡除了有專給國王居住的夏宮,同一片山區還有許多15~19世紀之間貴族興建的豪宅花園與隱世的修道院。聯合國教科文組織在1995年將此地定為世界遺產城市,也讓辛特拉成為里斯本近郊最受歡迎的一日遊景點。

辛特拉的旅遊重點集中在以辛特拉國家王宮為中心的舊城(Sintra Vila),一般遊客時間有限下,僅能探訪佩娜皇宮、摩爾古堡、摩爾水池(Fonte Mourisca)和舊城內的博物館與商家。如果預計停留兩天,還能搭乘巴士繼續造訪神秘的雷加萊拉莊園、美麗的Monserrate Gardens、Convento dos Capuchos等宮殿花園呢!

# INFO

## 基本資訊
**人口**：381,728人
**面積**：319.23平方公里

## 如何前往
### ◎火車
　　從里斯本出發前往辛特拉最方便的方式就是火車，出發站於羅西歐火車站(Rossio)，搭乘通勤火車，直達車約40分鐘，每半小時一班次。

　　火車站在舊城區東方1.5公里的Estefânia區域，步行前往舊城約20分鐘，也可搭乘觀光巴士434號前往。

**葡萄牙國鐵** 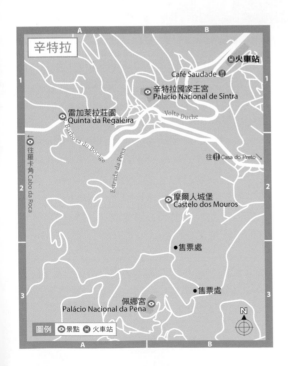www.cp.pt

## 市區交通
　　辛特拉國家王宮周圍的舊城區相當適合徒步逛街，但前往佩納宮或摩爾人城堡的路途較遠，且沿途都是上坡路段，需要一點體力，可以搭乘Socctturb營運的循環觀光巴士434號前往。

　　巴士434號繞行於火車站、辛特拉國家王宮、摩爾

### 避開觀光人潮

　　辛特拉的道路狹小，夏季觀光人潮常常把唯一的上山道路擠的水洩不通，光是排隊搭上公車就要花掉不少時間，更別論路上的塞車狀況了。想盡可能避開觀光人潮，最好能搭09:15的第一輛公車，一口氣直接前往山頂的佩納宮，參觀完佩納宮後，再步行至摩爾人城堡，最後可選擇從摩爾人城堡內的健行小路散步30分鐘回舊城區，或是搭乘公車下山。

城堡、佩納宮之間，營運時間為09:15~19:50，尖峰時段10:00~17:00之間，每小時4班次，繞行一圈票價€6.9，可隨意上下車。此外，若當天計劃前往羅卡角(Cabo da Roca)，建議購買一日周遊票€15，除了可搭乘前往羅卡角和卡斯卡伊斯(Cascais)的巴士403號，也可搭乘前往Monserrate Gardens和Palácio e Quinta da Regaleira的巴士435號。

**Socctturb巴士** www.scotturb.com

### 優惠票券
#### ◎辛特拉和卡斯卡伊斯一日交通券Sintra E Cascais Bilhete de 1 Dia
　　這是葡萄牙國鐵發行的一日交通券，儲值在Viva Viagem交通卡內，包含里斯本羅西歐火車站往來辛特拉的火車、里斯本Cais de Sorde火車站往來卡斯卡伊斯的火車、以及辛特拉區域的Socctturb巴士。

€16，可於羅西歐或Cais de Sorde火車站售票櫃台購買。 www.scotturb.com

### 旅遊諮詢
#### ◎火車站遊客中心
Av. Miguel Bombarda
211-932-545
10:00~12:00、14:00~18:00
www.sintraromantica.net
#### ◎舊城遊客中心
Pç. da República, 23
219-231-157
09:30~18:00，8月延長至19:00
#### ◎羅卡角遊客中心
Cabo da Roca – Azóia
219-280-081
09:00~18:30，5~9月延長至19:30

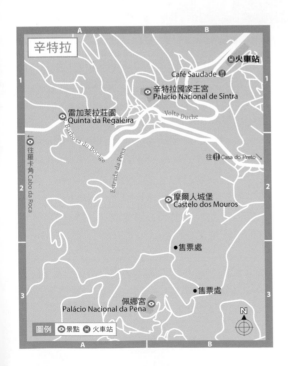

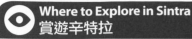
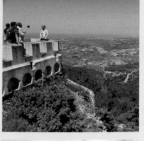
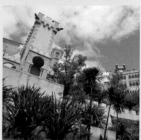
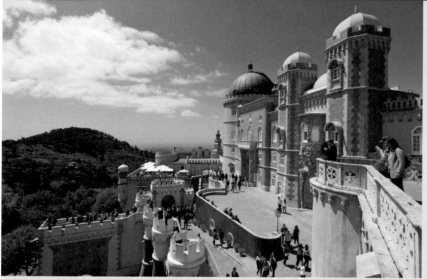
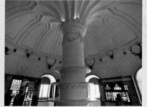

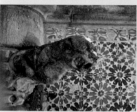
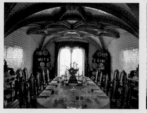
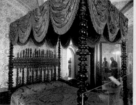

**MAP ▶ P.219B3**

# 佩娜宮

**MOOK Choice**

Palácio Nacional da Pena

**浪漫魔幻宮殿**

🚌 火車站前搭巴士434號至皇宮售票口下，由國家王宮沿健行步道前往約2公里，沿途為上坡，步行約1小時 🏠 Estrada da Pena 📞 219-237-300 ⏰ 皇宮09:30~18:30、公園 09:00~19:00 ❌ 1/1、12/25 💲 全區全票€14、優待票€12.5；公園全票€7.5、優待票€6.5 🌐 www.parquesdesintra.pt ❗ 里斯本卡9折，必須事先於網站購票並預約參觀時段才能進入

色彩飽和的亮黃、赭紅、粉紫宮殿佇立山頭，搭配葡萄牙湛藍澄淨的天空，像頑皮的精靈在森林中打翻了調色盤，邀請遊人走入一場色彩繽紛的魔法幻境。佩娜宮的奇幻混搭風格，比迪士尼城堡還不真實。

佩娜宮建於19世紀，由當時年輕的瑪莉亞二世皇后(Maria II)的夫婿費迪南二世(Don Fernando II)和德國建築師Baron Von Eschwege所設計。原址是一座聖母禮拜堂，西元1503年，曼紐一世國王(King Manuel I)非常喜歡這裡，於是下令擴建成一座修道院，1755年的里斯本地震將修道院變成廢墟，直到費迪南在1838年將它買下後，才開始整修並增建新宮殿。佩娜宮的修建工程一直到1860年代中期，隨著1910年葡萄牙宣布為民主國家之際，政府將佩娜宮收回做為博物館，讓民眾有機會欣賞到這裡百餘年的宮廷生活與家具。

費迪南本身即是一名水彩畫家，同時十分熱忱新事物和藝術，受到萊茵河畔Stolzenfels和Rheinstein城堡的靈感啟發，加上天馬行空的想像力，完成這座綜合德國新哥德、曼努埃爾式、文藝復興、摩爾式元素的建築風格萬花筒，浪漫主義建築的典範實至名歸。

### 崔萊頓拱門The Triton Arch

新曼努埃爾風格的拱門上方有著兇猛的崔萊頓守衛著，崔萊頓是希臘神話中人身魚尾的海神，周圍裝飾著貝殼、珊瑚的造型。

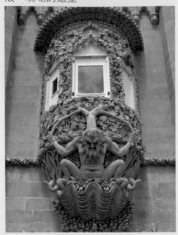

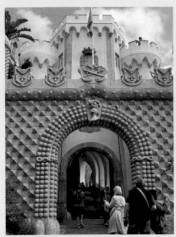

### 入口拱門Entrance Arch

帶有鋸齒狀鉚釘裝飾的拱門，迎接著宮殿入口處的遊客。後方的建築物被漆上了水仙花鵝黃的美麗顏色，穿過拱門就是前往露臺的通道。

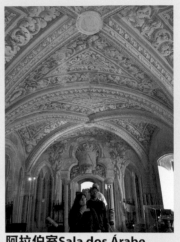

### 阿拉伯室Sala dos Árabe

宮殿中最吸睛的房間之一，華麗與奇妙的線條覆蓋了天花板與牆壁，造成了一種視覺錯覺，東方元素也是浪漫主義的靈感來源之一。

### 皇家廚房 Kitchen

用來籌備宴會的廚房中仍留有原始的銅製器具，上面並標示有PP佩納宮縮寫字母，遠方的角落可看到烤箱與爐灶。

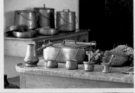

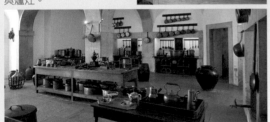

### 接待大廳 Hall

富麗堂皇的寬敞大廳，搭配著德國的彩色玻璃窗，珍貴的東方瓷器，最初被用來做為接待各國使節使用。

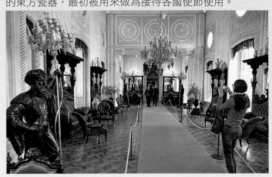

皇宮的室內裝潢也同樣風格混搭到不可思議的程度，例如Amélia皇后精雕細琢的房間，摩爾式花紋填滿天花板和牆壁，卻搭配巴洛克式傢俱；由修道院食堂改建的餐廳內，可以看到珍貴的曼奴埃爾式天花板搭配19世紀磁磚。此外，不可錯過的還有擁抱皇宮最美視野的皇后露台(Terraço da Rainha)、鋪滿阿拉伯磁磚的16世紀修道院迴廊(The cloister)、阿拉伯室(Sala dos Árabe)、宴會廳(Salão Nobre)、禮拜堂(Chpela)和接待大廳(Sala de Recepção)。

除了皇宮建築本身，包圍佩納宮的廣闊森林都屬於皇室後花園，85公頃的山丘包含數個浪漫主義式花園、湖泊、溫室、農場等。從售票口到皇宮入口會經過一小段花園，可搭乘接駁車(來回€3)，散步前往約10分鐘，沿途綠蔭遮蔽，相當舒服。參觀皇宮要遵循規劃的動線，有人數管制，旺季時可能需要排隊30~60分鐘，建議提早前往並利用網址事先購票，可節省排隊時間。

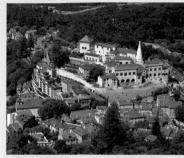

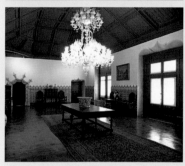

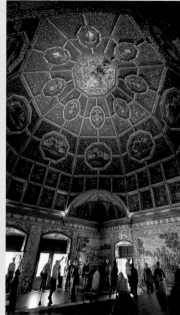

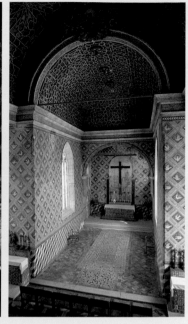

**MAP ▶ P.219B1**

# 辛特拉國家王宮

## Palacio Nacional de Sintra

**輝煌歷史見證者**

🚍火車站前搭巴士434號至國家皇宮門口下，或火車站步行前往約20分鐘 🏛Largo Rainha Dona Amélia ☎219-237-300 🕐9:30~18:30（售票口12:00~13:00休息，可利用自動售票機）🎫1/1、12/25 💶全票€10、半票€8.5；里斯本卡9折 🌐www.parquesdesintra.pt

辛特拉舊城區紅瓦白牆的屋舍中心，兩隻像冰淇淋餅乾圓筒倒放的大煙囪搶走視覺焦點，國家王宮用空間寫下辛特拉長達千年的歷史，也是聯合國於1995年指定的世界文化遺產。

原本是摩爾人建給居住在里斯本政府首長的住家，1147年第一任葡萄牙國王阿方索(Afonso Henriques)收復里斯本後，這裡就成了葡萄牙國王的宮殿。1281年狄尼斯一世(Dinis I)開始第一次的修建，之後一直到16世紀中葉前，又陸續經由若昂一世(Joān I)和曼努埃爾一世(Manuel I)的擴建，才造就今日的規模。也因為其歷史定位的重要性，UNESCO在1995年將此地列為。

它除了是葡萄牙僅存的中世紀皇宮，同時也紀錄著輝煌的歷史大事，這兒當初是若昂一世為了於1415年派兵到修達(Ceuta)所建立的皇宮，之後他3歲大的兒子薩巴斯提奧(Sebastião)在這裡加冕為王；阿方索六世(Afonso VI)被他的胞兄佩德羅二世(Pedro II)禁錮於此6年之久…

仔細一覽國家王宮內部，可以看到摩爾式和曼努埃爾建築的風格，回顧15、16世紀的葡萄牙的家具與瓷磚等設計，最精采的包括有保存葡萄牙最古老瓷磚的阿拉伯室(Sala dos Árabes)、摩爾風格禮拜堂中的馬賽克瓷磚地板和穆德哈爾風格橡木雕刻天花板。

王宮的另一個特別之處需要抬頭欣賞，「天鵝廳」(Sala dos Cisnes)描繪著27隻形態各異的天鵝；金碧輝煌的「徽章廳」(Sala dos Brasões)是曼努埃爾式改建的代表，鑲有葡萄牙72個貴族家族的徽章和葡萄牙皇室徽章；接待權貴和各國大使的「鵲廳」(Sala das Pegas)則有若昂一世特別命人繪製的鳥鵲；曾做為皇家更衣室使用的「美人魚廳」(Sala das Sereias)，古帆船和美人魚是比較少見的裝飾圖案。

# 摩爾人城堡
## Castelo dos Mouros

### 葡萄牙版小長城

🚌火車站前搭巴士434號至摩爾人城堡下,由國家王宮沿健行步道前往約2公里,沿途為上坡,步行約1小時;由佩納宮步行前往約5分鐘 ☎219-237-300 ⏰9:30~18:30 ⏸1/1、12/25 💲全票€8、半票€6.5 🌐www.parquesdesintra.pt ❗與其他城堡聯票另有優惠

　　從佩納宮望向摩爾人城堡,像一條盤踞山頭的巨龍,修築在峭壁巨岩之上,擁有極佳防禦功能。

　　摩爾人佔領伊比利半島後,大約於10世紀在此興建碉堡,1147年第一任葡萄牙國王阿方索(Afonso Henriques)擊退摩爾人時,也收復了這塊領域,目前看到的城堡結構大多是當時修築的。1775年的里斯本大地震毀壞主要建築,僅留下蜿蜒的石牆、碉堡和階梯,19世紀費迪南二世開始修復工程,1910年被列為葡萄牙國家古蹟保護。

　　攀爬沿著山稜線而建的城牆,對體力是一大考驗,陡峭的階梯上上下下,有幾分迷你版萬里長城的樣貌,沒一點膽量還真不敢回頭向下看。登上至高點御風眺望,腳下是國家王宮和辛特拉舊城,翠綠的樹林與農田向遠方延展,連接蔚藍廣闊的大西洋。

　　通往城堡入口的石板小路上,可以看到不少考古遺址,包含12世紀的教堂、摩爾人的住宅、以及中世紀基督教墓地等。

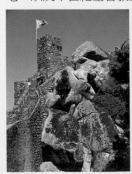
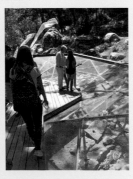

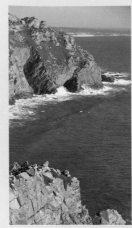
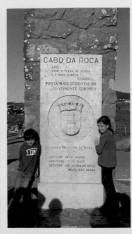

葡萄牙⋯辛 特拉 Sintra

# 羅卡角
## Cabo da Roca

### 歐洲大陸最西端

🚌火車站前搭乘巴士403號於Cabo da Roca站下,車程約40分鐘,來回票價€12.5

　　羅卡角位於北緯38度47分,西經9度30分,這組數字代表歐洲大陸的最西端,而這個140公尺高的海涯上方,除了一大片生態保護區和壯觀的海岸懸崖以外,佇立著一座燈塔和一座紀念碑,面對廣闊無際的大西洋。大老遠從辛特拉來到羅卡角的人,多少都帶點前往「天涯海角」的浪漫情懷吧!

　　在航海時代發現新大陸以前,這裏曾被認為是世界的最西端,紀念碑頂端是面向大洋的十字架,下方以葡萄牙文雕刻一句詩人卡蒙斯(Camões)的名言:「陸止於此、海始於斯」(Onde a terra se acaba e o mar começa)。

　　有趣的是,羅卡角雖然是歐洲大陸的最西點,卻不能說是葡萄牙的最西端,因為葡萄牙最西邊的國土其實是亞速爾群島。如果想為這趟旅程留下證明,可以在遊客中心內購買歐洲最西端的到此一遊證明書,每份€11。此外,從停車場出發,這裡還有一條通往山區以及沿海的步行路線,單程約30分鐘左右。

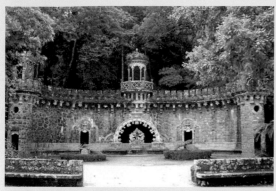
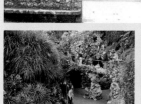
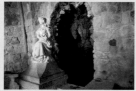
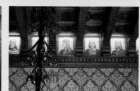
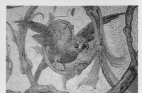

MAP ▶ P.219A1

# 雷加萊拉莊園

**MOOK Choice**

Quinta da Regaleira

## 神秘豪宅的地下迷宮

🚌 可從里斯本的羅西歐車站(Rossio)搭乘火車前往辛特拉車站，再由辛特拉車站搭乘巴士435號，在雷加萊拉莊園(Quinta da Regaleira)站下車後即達。或者由辛特拉火車站步行約25分鐘可達。 🏠Quinta da Regaleira ☎219-106-650 🕐4/1~9/30每日09:30~20:00(最後入場19:00)、10/1~3/31每日09:30~18:00(最後入場17:00) 🚫1/1、12/24、12/25 💰全票€11、優待票€6 🌐www.regaleira.pt/en

雷加萊拉莊園可說是辛特拉最具神秘色彩的地方。19世紀時，這裡曾被富有的雷加萊拉(Regaleira)家族購入，成為了名字的由來。然而真正讓它登峰造極的，是1892年買下它的巴西咖啡大亨安東尼奧·奧古斯多·卡瓦列·蒙特羅(António Augusto de Carvalho Monteiro, 1848-1920)，他還連帶把周遭4公頃的土地一併購入，並聘請義大利建築師路易吉·馬尼尼(Luigi Manini)遵照他的夢想改造，將這偌大的莊園塑造成了一個充滿神祕符號，展現其深奧興趣與熱情的世界。

整個莊園約於1910年翻修完工，括了一棟豪宅、一座小教堂，以及一座擁有地下迷宮的花園。

共有五層樓的豪宅外觀融合了歌德、曼努埃爾、文藝復興等混合的建築風格，外牆上雕刻著卡瓦列·蒙太羅(Carvalho Monteiro)名字縮寫的華麗雕飾，內部則可看到有著巨大壁爐的狩獵室(請留意地板上美麗的馬賽克地磚)、國王室、圖書館、還有將辛特拉全景覽盡的陽台。安東尼奧去世後，莊園於1946年被出售，並多次轉手易主，其中包括一家日本公司，直到1997年，才被市政府購回，並於隔年向大眾開放。

整座莊園宛如一個寓意深奧的遊樂園，參觀的亮點，莫過於連接大宅與花園的地下迷宮，尤其是利用高低地勢落差設計的啟蒙井(Poço Iniciático/Initiatic Well)。抵達井底後，小型的地下迷宮正式展開，沿著微亮的小燈泡，可以沿著地下通道走出去，象徵了人生起伏，柳暗花明，然而最終仍有走向光明的一日，十分耐人尋味。外界對安東尼奧與神祕組織的關係有許多猜測，無論如何，他顯然對煉金術、共濟會、聖殿騎士團、玫瑰十字會、塔羅、自然與神祕主義有著濃厚的興趣。在花園各處的設計中，都能看得到神話的象徵符號與聖殿騎士團標誌頻頻出現。如果你也愛尋找神秘，最好多留點時間探索這座有著神奇又神秘氛圍的莊園。

## 啟蒙井(Initiatic Well)

啟蒙井深27公尺，一共9層、139階，在迴旋樓梯間，還有20多個以上的神秘壁龕，井底畫著一個八角羅盤，有著不同顏色與中心紅點，據說與煉金術的過程與階段有關。

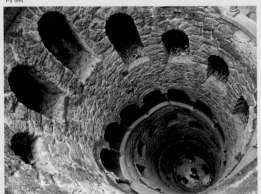

## 雷加萊拉小教堂(Chapel)

位於大宅前方的羅馬天主教教堂，內部有華麗的玻璃窗與壁畫，地上有著聖殿騎士團的標誌。值得注意的是入口處上方，可以看到的三角形全視之眼(All-seeing Eye)，在1元美金上也找得到，被視為共濟會的標誌。

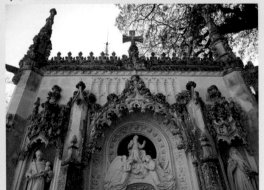

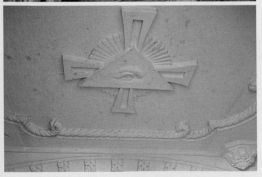

## 辛特拉名產與名店

外皮脆薄，內館帶有甜味與淡淡鹹味的起士塔(Queijada)是辛特拉最知名的點心，從13世紀就開始流傳下來，使用新鮮起士、糖、麵粉製成，口感香甜，很受當地人的喜愛。而另一種杏仁枕頭酥(Traveseiro)也有很高的人氣，以摺疊七次的酥皮包裹蛋黃杏仁館，再灑上糖粉。市區周圍有許多口味正宗，受到當地人喜愛的名店。

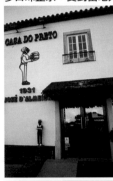
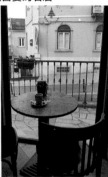

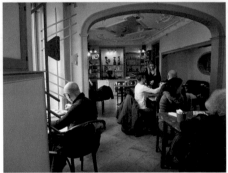

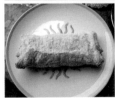
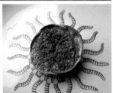

**Café Saudade**
P.219B1 Av. Dr. Miguel Bombarda n06 212-428-804 08:00~19:00 www.facebook.com/CafeSaudade

**Casa do Preto**
P.219B2 Estrada Chao de Meninos 44 219-230-436 週一至週五07:00~20:30，週六至週日08:00~21:00

波爾圖

# 波爾圖及周邊
# Porto and Around

或許是灑滿杜羅河的瑰麗夕陽，或許是波多人熱情的天性，又或許是那杯剛入口的波特酒，波爾圖的每個巷弄街角都帶著一分微醺、二分香甜，令人第一眼就愛上這個城市。

波爾圖是葡萄牙第二大城，4世紀就有人居住，12世紀形成城市規模，Porto源自拉丁語Portus Cale，字面意義就是「溫暖的港口」，而葡萄牙的國名Portugal就是從Porto而來。舊城區和周圍的杜羅河葡萄酒區在1996年被列為世界文化遺產，2017年更被選為歐洲最佳旅遊城市。

葡萄牙有個諺語：「科英布拉人唱歌、布拉加人禱告、里斯本人愛現，波爾圖人工作！」雖然短短的一句話，卻道出波多自古以來人民的特質。波爾圖是葡萄牙最重要的生產和商業中心，儘管如此，它卻保留了迷人的風采，沿著山坡而建的民宅，一間間的面對著杜羅河，狹窄的巷弄保留著歐洲那股尚未開發的街頭傳統，不怎麼稱頭的小餐廳、擺滿波多酒瓶的櫥窗、在陽台發呆的老婆婆、什麼都賣的傳統雜貨店，它也許有些雜亂，卻道盡了葡萄牙人的生活日常。

波爾圖也是杜羅河(Rio Douro)上游葡萄酒的集散地，只有在對岸加亞新城儲存發酵的酒才有資格冠上「波特酒」的名字。這裏也是前往杜羅河河谷的主要門戶，搭上遊河船沿著杜羅河旅行，拜訪一個個淳樸的釀酒小村落、一片片沿山坡築起的葡萄園…關於波爾圖的回憶，似乎總是醉人而甜美。

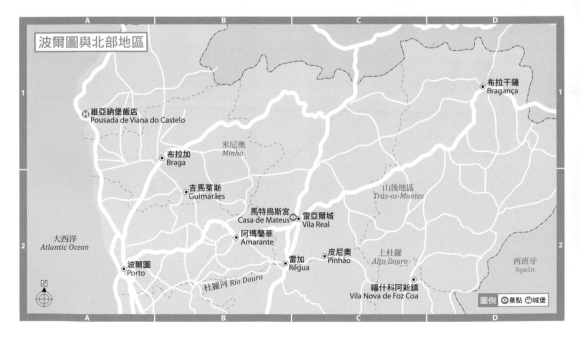

226

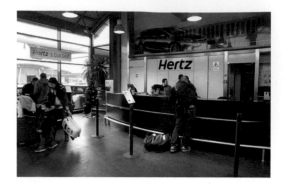

# INFO

## 基本資訊

**人口**：約237,591人　**面積**：41.42平方公里

## 如何前往

### ◎飛機

波爾圖的空中門戶是費爾南多·薩·卡內羅機場(Francisco Sá Carneiro Airport)位於城市西北方11公里處，是葡萄牙境內第二大機場，與歐洲各主要城市皆有航線往來。從台灣出發，沒有航班直飛波爾圖或葡萄牙任一城市，必須至法蘭克福、蘇黎世、羅馬、馬德里或伊斯坦堡等轉機。

**波爾圖機場** 🌐www.aeroportoporto.pt

### ◎火車

從里斯本Santa Apolonia火車站或東方火車站出發，搭乘IC或Alfa Pendular高速火車約3~3.5小時，每小時1~2班次；從科英布拉火車站B出發的高速火車，車程約1.5~2小時，每小時2班次。城際快車IC和高速火車Alfa Pendular都只會到達舊城區東邊的Campanhã火車站，從這裏可轉乘區間車或地鐵前往聖本篤火車站(São Bento)或其他區域。購票及火車時刻表可上網或至車站查詢。

**葡萄牙國鐵Comboios de Portugal** 🌐www.cp.pt

### ◎長途巴士

從里斯本巴士總站Terminal de Sete Rios出發，搭乘Rede Expresso營運的巴士，車程約3.5小時，平均每小時一班次。巴士總站Terminal Rodoviário旁有地鐵站24 de Agosto可前往市區各處。

**Rede Expressos**
🌐www.rede-expressos.pt

## 機場至市區交通

### ◎地鐵Metro

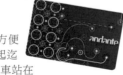

搭乘地鐵前往市區是最方便的方式。地鐵E線(紫線)的起迄點就是機場(Aeroporto)，車站在出境大廳地下一樓，前往舊城區可在Trindade轉乘D線(黃線)到聖本篤火車站，車程約35分鐘，車票可在地鐵站的自動售票機購買。波爾圖的地鐵儲值卡叫Andante，可同時用於地鐵、巴士與電車，也可反覆加值使用，票價視通行的區域範圍而定，如果由機場前往市區的通行範圍為Z4(Zone 4)。

🕐06:00~01:21，約5~16分鐘一班次
💲單程€2、空卡€0.6　🌐www.metrodoporto.pt

### ◎機場巴士

如果行李較多或是在地鐵沒有營運的時間，搭乘機場接駁巴士也很方便，還可在指定的飯店或地址接送，車程約25分鐘。100 Rumos和Terravision都有提供機場到市區的接駁服務，須事先於網址預約。目前兩間公司都只有提供「door to door」的指定地址/飯店接駁服務。

**100 Rumos**
☎960-426-692　🕐機場到市區04:00~00:35
💲3人座房車€31、7人座€45(點對點服務)
🌐100rumos.com

**Terravision**
☎937-599-089　💲單程€18
🌐www.terravision.eu

### ◎市區巴士

市區巴士601、602和604號都可前往市區，但路線只到音樂廳附近的新城區，除非是住在Boavista大道周圍，否則較不方便。

🕐05:30~00:30，約每25分鐘1班次
💲單程€2　🌐www.stcp.pt

### ◎計程車

入境大廳外有排班計程車，機場到市區的價格約€20~30，車程約20分鐘，若行李大於55x35x20需另外加價。波爾圖是Uber的服務區域，在機場叫Uber也相當方便。

### ◎租車

波爾圖機場內可找到各家租車公司的服務櫃台，取車地點通常位於機場附近，若事先於網上預訂，租車公司便會以小巴士接送至取車點，屆時便可辦理租車手續並取車，相當方便。建議自駕遊時，應盡量避免開車進入波爾圖市區，因為在巷道狹小且陡峭山坡路的市中心，開車壓力非常大。

**Hertz** ☎219-426-300　🌐www.hertz.com
**Cael** ☎229-964-269　🌐www.cael.pt

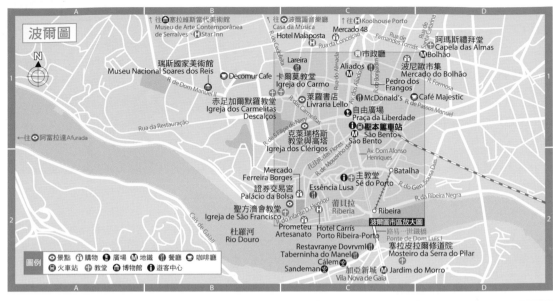

波爾圖

往塞拉維斯當代美術館
Museu de Arte Contemporânea
de Serralves ⓗ Star Inn

往波爾圖音樂廳
Casa da Música

往 ⓗ Koolhouse Porto

Mercado 48

Rua de Fernandes Tomás

阿斯禮拜堂
Capela das Almas

Hotel Malaposta

Rua da Conceição

市政廳

Bolhão

瑞斯國家美術館
Museu Nacional Soares dos Reis

Decomur Cafe

卡爾莫教堂
Igreja do Carmo

Lareira

Aliados Ⓜ

波尼歐市集
Mercado do Bolhão

Pedro dos
Frangos

R. de Dom Manuel II

赤足加爾默羅教堂
Igreja dos Carmelitas
Descalços

萊羅書店
Livraria Lello

McDonald's

Café Majestic

Rua da Restauração

克萊瑞格斯
教堂與高塔
Igreja dos Clérigos

自由廣場
Praça da Liberdade

往 ⓗ 阿富拉達 Afurada

聖本篤車站 Ⓜ
São Bento

São Bento

Av. Dom Afonso
Henriques

Mercado
Ferreira Borges

主教堂
Sé do Porto

Batalha

證券交易宮
Palácio da Bolsa

Essência Lusa

R. da Ribeira Negra

聖方濟會教堂
Igreja de São Francisco

莆貝拉
Riberia

Ribeira

波爾圖市區放大圖

杜羅河
Rio Douro

Prometeu
Artesanato

Hotel Carrís
Porto Ribeira-Porto

路易一世鐵橋
Ponte de Dom Luís I

塞拉皮拉爾修道院
Mosteiro da Serra do Pilar

Restavranye Dovrvml

Taberninha do Manel

Câlem

加亞新城 Ⓜ Jardim do Morro

Sandeman

Vila Nova de Gaia

圖例 ◎景點 🛍購物 ◉廣場 Ⓜ地鐵 🍴餐廳 ☕咖啡廳
🚇火車站 ✝教堂 🏛博物館 ⓘ遊客中心

---

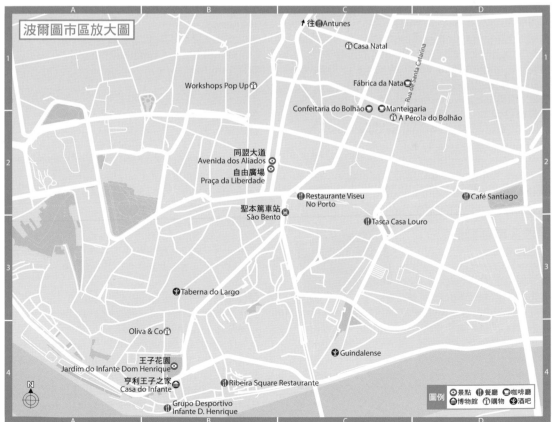

波爾圖市區放大圖

往 ⓗ Antunes

ⓘ Casa Natal

Workshops Pop Up ⓘ

Fábrica da Nata

Rua de Santa Catarina

Confeitaria do Bolhão

Manteigaria

A Pérola do Bolhão

同盟大道
Avenida dos Aliados

自由廣場
Praça da Liberdade

Restaurante Viseu
No Porto

Café Santiago

聖本篤車站
Sào Bento

Tasca Casa Louro

Taberna do Largo

Oliva & Co

Guindalense

王子花園
Jardim do Infante Dom Henrique

亨利王子之家
Casa do Infante

Ribeira Square Restaurante

Grupo Desportivo
Infante D. Henrique

圖例 ◎景點 🍴餐廳 ☕咖啡廳
🏛博物館 🛍購物 🍷酒吧

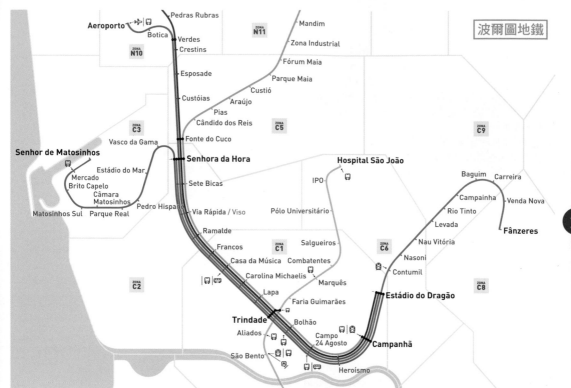

## 行動通訊與網路

　　葡萄牙主要的手機通訊與網路營運商Vodafone，就位於機場大廳一樓，抵達後可以立即在機場購買不同上網流量與通話時間組合的SIM卡。購買時需出示護照或身分證件。若只要上網，Vodafone Go預付卡提供30天上網吃到飽的組合，價格約€30。

**Vodafone機場店**

⊙ 07:30~21:00 🕒 www.vodafone.pt/en/productsservices/visiting-portugal.htm

## 市區交通

　　波爾圖的景點大多集中在市政廳到杜羅河之間，步行遊覽即可，建議先遊覽自由廣場周圍的上城區，再走進舊城巷道慢慢下坡至河。旅客使用地鐵和公車的機率不多，但若住在較外圍的區域、前往波爾圖音樂廳、或是想從加亞新城快速回到自由廣場時，還是有機會搭乘地鐵。

　　對於比較常使用交通工具的旅客，可以購買STCP巴士公司發行的交通卡Andante Tour，在有效期限內可無限次搭乘公車、地鐵、觀光電車和地區火車。分為24小時卡(Andante Tour 1)€7、72小時卡(Andante Tour 3)€15，交通卡只能在Andante售票處、火車站售票處和遊客服務中心購買。

**STCP巴士** 🕒 www.stcp.pt/en/travel/tariffs

**◎地鐵Metro**

　　波爾圖地鐵有6條路線，主要連接市中心與廣大的都會區，分別為A、B、C、D、E、F，機場線為紫色E線。地鐵票價依距離劃分區域，除了機場在Zone 4以外，幾乎所有景點都在Zone 2範圍內，若同一天預計多次搭乘，也可購買24小時有效票券(Andante 24)。

　　第一次購票的Andante Azul空卡費用€0.6，之後可使用同一張卡片繼續購票。Andante Azul雖然有儲值卡的功能，但只能儲存車票，且一張卡片內只能儲存同一種類車票，使用完後才能購買下一種。也就是說，可以在卡片內儲存10趟的Zone 2單程票，但無法同時儲存Zone 2與Zone 3的單程票。

　　地鐵站沒有設置閘口，進入月台前記得使用黃色感應機器刷卡。

🏠 地鐵站售票口或自動售票機購票 　⊙ 大約06:00~01:00

💲 Zone 2單程(1 Title)€1.3、24小時票€4.7

en.metrodoporto.pt

◎纜車Funicular dos Guindais

　　沿著山坡上上下下爬行的纜車建於1891年，用於連接山丘上Batalha和杜羅河畔蕾貝拉(Ribeira)之間的交通。除了可以節省腳力和交通時間，2分鐘的旅程，從不同視角欣賞杜羅河和路易一世鐵橋的風光，觀光與體驗的目的更重要。

🚡上車購票
🕐5~10月週日至週三08:00~22:00、週四至週六08:00~00:00(8月08:00~00:00)；11~4月08:00~20:00
💲單程€4 🌐en.metrodoporto.pt/pages/436

# 優惠票券

## ◎波爾圖卡Porto Card

　　除了免費參觀11間博物館、主要觀光景點的門票優惠以外，還有許多酒莊、餐廳、觀光行程等的折扣。此外，也可選擇搭配無限次使用公車、地鐵和地區火車的交通卡。可於網路上或遊客服務中心購買。

💲含交通卡1日€13、2日€20、3日€25
🌐www.portocard.city/en

# 觀光行程

## ◎步行導覽Walking Tours

　　想要深度了解城市歷史、軼聞趣事，不妨參加每天早上於自由廣場上開始的經典徒步導覽(Classical Free Walking Tour)，只需在出發時間前，在集合點找到穿著制服的導覽員就可參加。行程約3小時，以英語進行，結束後，可依滿意程度給予小費。

### Porto Walkers
🚩自由廣場(Praça da Liberdade) 🕐10:45，行程約3小時 💲小費制，無基本費用 🌐www.portowalkers.pt/see/walking-tour-1

## ◎美食徒步Taste Porto Food Tours

　　由當地人導覽的在地美食徒步之旅，穿越舊城區小巷弄間，拜訪當地人常光顧的小店，品嘗10種以上的道地小吃。費用包含食物與酒水，行程約3小時，以英語進行，需事先上網預訂。

### Walk & Bites
🚩L&L Rent A Bike (Largo de São Domingo13, 1°) ☎223-251-722 🕐13:30，行程約3小時 💲約€50，需提前網上預訂 🌐lopesrentabike.wixsite.com/english/porto-tour，www.airbnb.com/experiences/244063

### Downtown & Bolhão Market Food Tour
🚩波尼歐地鐵站附近(Bolhão) ☎967-258-750 🕐每週一至週六16:00 💲€85，需預訂 🌐tasteporto.com/tour/downtown-food-tour

---

## 濕搭搭三明治Francesinha

　　乍聽這道食物的名字，完全無法想像端上桌的會是什麼。波爾圖的必嚐特色小吃，其實就是肉蛋吐司，只是內層可不是薄薄一片豬排這麼簡單，一層一層疊上火腿、培根、漢堡排，包裹在融化起司的懷抱，最上層再加一顆半熟蛋，最特別的是，比蛋糕還厚的三明治浸泡在以番茄和啤酒為基底的醬汁中，切開瞬間，緩緩流下的蛋黃與醬汁混合，像是開啟食慾的按鈕，大大提升吐司夾肉的美味層次。

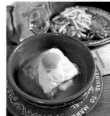

　　波爾圖各家餐廳、咖啡館都能找到這道菜，價位大約€7~15之間，份量十足，熱量也不容小覷。

---

### Other Side
🚩Gomes Teixeira Square 🕐09:30~13:00、15:00~18:30，行程約3.5小時 💲€55，需提前網上預訂 🌐www.theotherside.pt/en/walking-food-tour-porto

## ◎葡萄酒徒步Taste Porto Food Tours

　　行程將品嚐6種不同的葡萄酒，有來自杜羅河谷的紅酒與白酒，或者來自南部阿蓮特茹(Alentejo)等不同產區的紅、白、粉紅葡萄酒，行程3小時，以英語進行，需事先上網預訂。

### Be My Guest
🚩Combatentes地鐵站 🕐10:00、12:00、14:00、15:30，行程約3小時 💲€35，需提前網上預訂 🌐www.bemyguestinporto.com/wine-drinking.html

## ◎波爾圖遊船 Cruise

　　搭乘遊船可以從不同角度欣賞波爾圖，遊船將穿越6座連結舊城區與加亞新城的橋樑，由橋下可看到壯麗的風景。。

### Porto Douro
🚩加亞新城(Villa Nova de Gaia)或蕾貝拉(Ribeira)的Estiva Quay河岸碼頭 🕐10:30~17:00每半小時一班，行程約50分鐘 💲€15~€18 🌐www.portodouro.com/en/cruise/cruise-of-the-six-bridges-in-oporto

## ◎一日遊One Day Tours

　　由波爾圖出發，有各式各樣的一日團體遊行程，其中最熱門的莫過於前往杜羅河谷(Douro Valley)葡萄酒

產區的遊輪之旅，可在船上一邊欣賞美景一邊享用早餐，往返的交通工具可選擇遊輪或火車，中途會在小鎮雷加(Régua)或皮尼奧稍做停留，價格依選擇的交通方式而不同。此外，也有不同方式如以巴士接送的公路遊，行程多半包括當地特色午餐以及參觀葡萄酒廠與品酒費用。除了杜羅河谷外，從波爾圖出發，也有前往米尼奧地區的布拉加、吉馬萊斯一日遊行程。

**Duro Best**

🚇里斯本聖本篤火車站，出發至雷加　☎910-103-784(Albano Capela)　⏱行程約8~9小時，出發時間視火車時刻而定　💲€100，包含火車票、早午餐、午餐、參觀酒窖、品酒、參觀麵包與酒博物館　🌐dourobesttours.com/en/

**Living Tours: Douro River Cruise From Porto to Régua**

🚇加亞新城(Villa Nova de Gaia)或蕾貝拉(Ribeira)的Estiva Quay河岸碼頭　⏱4~10月每週一至週五08:30起，行程約11小時　💲€72起，包含早餐與午餐　🌐www.livingtours.com/douro-river-upstream-cruise-oporto-regua.html　❗去程從波爾圖至雷加(Régua)搭乘遊輪，回程則乘坐巴士返回波爾圖

**Other Side: Douro Vineyards Tour**

🚐9人小巴士飯店接送　⏱09:00起，行程約8~9小時　💲€105，包含午餐、參觀葡萄酒廠與品酒費用　🌐www.theotherside.pt/en/douro-vineyards-tour-porto

**Living Tours: Braga and Guimarães Tour with Lunch**

🚐巴士飯店接送　⏱09:00起，行程約9小時　💲€65起，包含午餐　🌐www.livingtours.com/minho-tour-braga-and-guimaraes-with-lunch-included.html

**Other Side: Undiscovered Corners Tour- A day trip to Guimarães and Braga**

🚐9人小巴士飯店接送　⏱09:00起，行程約8-9小時　💲€85，包含午餐、門票與參觀蛋糕廠與試吃費用　🌐www.theotherside.pt/en/undiscovered-corners-tour

## 旅遊諮詢

◎**Porto Welcome Center**

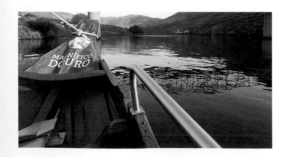

🚩P.228C1(上)　📍Praça Almeida Garret, 27　☎935-557-024　⏱9:00~19:00　🌐visitporto.travel、visitportoandnorth.travel

◎**主教堂遊客服務中心**

🚩P.228C2(上)　📍Calçada D. Pedro Pitões – Torre Medieval, 15　☎223-326-751　⏱09:00~18:00

◎**機場遊客服務中心**

☎4470 – 558　📍Vila Nova da Telha　⏱09:00~18:00(午餐時間休息)

# 城市概略City Guideline

　　波爾圖是葡萄牙北部最重要的工商業中心，城市建立於杜羅河出海口，位於地勢崎嶇不平的丘陵地帶，市區內多狹窄的上下坡道。杜羅河將城市一分為二，大部分的景點集中於北岸的舊城區，舊城區1996年被列為世界遺產，受到政府的保護，市區內可見到許多殘破又美麗的古老建築，由於維修所費不貲，因此整個都市更新以緩慢的速度進行中。北岸與南岸的加亞新城(Villa Nova de Gaia) 彼此遙遙相望，兩區由氣派的路易一世鐵橋(Ponte Luis I)連接，日落時分，橋上的電車緩緩駛過，頗有超現實的夢幻感。波爾圖市中心主要以聖本篤車站(Estação de São Bento)為中心，並往四周延伸，以北為自由廣場(Praca da Liberdade)、市政廳，以南則為靠近杜羅河岸的蕾貝拉區(Riberta)，景點集中，步行是最好的遊覽方式。日落時分，漫步在河岸旁的蕾貝拉(Riberia)地區，緩緩地跨過路易一世鐵橋的沿途風景如詩如畫，一整片層層疊起的橘色屋頂、教堂與鐘樓在河岸邊開展，讓人如癡如醉。

# 波爾圖行程建議
# Itineraries in Porto

　　波爾圖的景點大多集中在市政廳至杜羅河岸這一帶，步行即可遊覽，但由於市區地勢高低起伏，需爬上爬下，對腿力是一大考驗，若加快腳步約一天就能逛完大部分的景點。但波爾圖的慵懶風情更適合放慢腳步，跟著當地人生活的步調，細細探訪巷弄之間的風情，以及落日時分，漫步在蕾貝拉(Riberia)河岸旁的浪漫。

## 懷舊電車之旅

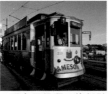

走在波爾圖街頭，常會看到地上有電車(Tram)的軌道，卻見不到幾輛電車在街頭上跑！別奇怪，因為這項1872年開通的交通工具，現在只保留三條行駛路線，角色轉換成觀光電車了。

18與22號電車繞行老城區(上城)，18號線終點電車博物館(Museu Carro Electrico)可轉乘1號水岸線。1號水岸線從聖方濟會教堂前出發，沿著杜羅河行駛，終點是海口處的一座小漁村——Foz do Douro，單程約23分鐘，雖然Foz do Douro沒有什麼特殊的景點，不過坐在可開窗的木頭老電車上欣賞河岸景觀，就是最懷舊的慢旅行。

🏠 可上車購票，或於旅館、遊客中心購買2日票 🕐 每條路線不同，約08:30~20:30，大約每20~30分鐘一班次 💲 單程票€3.7；2日全票€10、優待票€5 🌐 www.stcp.pt/en/tourism/porto-tram-city-tour

第1天可以跟隨散步路線走訪市中心到河對岸的加亞新城(Vila Nova de Gaia)，探訪必看景點，包括聖本篤車站、波爾圖主教堂、路易一世鐵橋等等。下午可在加亞新城河岸旁的酒莊品嘗葡萄酒，或者返回蕾貝拉地區的餐廳，一邊欣賞日落景色，一邊用餐。

第2~3天可以波爾圖為中心，進行不同主題的一日遊，可以選擇搭乘郵輪或火車前往探訪杜羅河谷葡萄酒產區，或者前往北部的歷史古城布拉加(Braga)、葡萄牙的誕生地吉馬萊斯(Guimaraes)等古城探索。

# 波爾圖散步路線
# Walking Route in Porto

這一條散步路線由市區的萊羅書店開始，一直到河對岸的加亞新城結束，幾乎可以走遍波爾圖市中心的重要景點，還能用不同的高度欣賞這個城市。

首先，由哈利波特的靈感起源——**萊羅書店**開始①，沉浸在魔幻與書香的世界後，接著前往巴洛克風格的**克萊瑞格斯教堂與高塔**②，登上76公尺高的塔頂，就可俯瞰波爾圖市區美麗的風景。離開高塔，沿

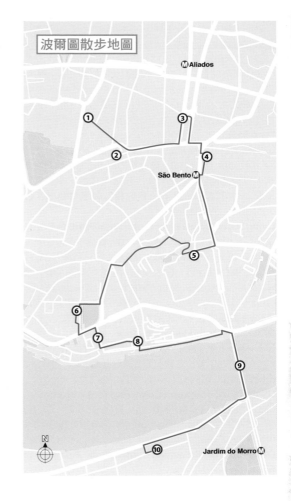

著rua dos Clérigos直行，左側可看見**自由廣場**③與對面的市政廳，右轉則來到了最藝術的火車站**聖本篤車站**④，進入車站大廳內可欣賞360度的藍白瓷磚畫作，呈現了葡萄牙的歷史與生活。此時可在車站旁的Confeitaria Serrana蛋塔店稍微停留，品嘗美味的蛋塔與咖啡，補充體力後，再繼續出發。一路上坡前往**波爾圖主教堂**⑤再沿著旁邊的階梯往下前往**證卷交易宮**⑥，在這裡參觀華麗裝飾阿拉伯廳與鍍金裝飾的舞廳。離開後，會先經過航海家亨利王子的出生地——**亨利王子之家**⑦，最後來到**蕾貝拉**⑧河岸，沿著河岸漫步，穿過**路易一世鐵橋**⑨，抵達對岸的**加亞新城**⑩(Vila Nova de Gaia)，沿著河岸有許多的酒莊，美酒佳餚等你品嘗。

**距離**：約2.5公里　　**時間**：約3小時

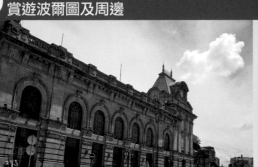

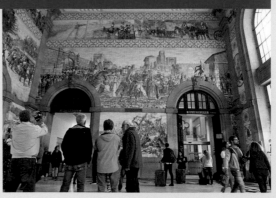

葡萄牙…**波**爾圖及周邊 Porto & Around

**MAP ▶ P.228C1(上)**

# 聖本篤車站

**MOOK Choice**

## Estação de São Bento

**歐洲最藝術的火車站**

🚇搭乘地鐵於São Bento站下即達 🌐www.cp.pt/passageiros/pt/consultar-horarios/estacoes/porto-sao-bento

　　聖本篤車站不只是歐洲最美的車站之一，可能也是旅客最容易錯過火車的車站，不過可不是因為誤點，是因為欣賞車站大廳的磁磚藝術而忘了時間。

　　聖本篤車站的名稱源自16世紀在此處的聖本篤修道院，19世紀末荒廢後，因應1900年葡萄牙鐵路建設的擴展，由國王卡洛斯一世在此奠基，

並於1916年開始啟用，往杜羅河谷、吉馬萊斯(Guimarães)和布拉加(Braga)等的地區性火車都由此出發。

　　車站的外型深受巴黎學院派建築思潮的影響，像一座宮殿，然而真正吸引人的是大廳內由兩萬片磁磚(Azulejo)拼出的葡萄牙歷史與生活，這是葡萄牙藝術家Jorge Colaço於1905~1916年間的創作，生動描繪葡萄牙的重要戰役、人民的日常生活、以及交通運輸的轉變。入口右側，若昂一世和英國公爵之女菲莉帕(Philippa of Lancaster)在此聯姻，受到民眾熱烈歡迎；下方則重現1415年征服北非休達的勝利；而對面牆上，1140年的Valdevez 戰役正打得火熱呢！與其說是火車站，聖本篤車站更像是一座走入生活中的美術館。

## 波爾圖的美麗與殘破

　　行走在波爾圖的市中心和美麗的杜羅河畔，你可能也感到疑問，火車站旁的黃金地段和河岸第一排景觀區怎麼會參雜許多廢墟，任由藤蔓爬滿頹圮牆面而無人處置。

　　2008年期間葡萄牙受到金融海嘯的衝擊，必須接受歐盟的協助才能防止國家破產，根據2011年的統計數字，波爾圖市中心有18.8%的房子因破產離開而被遺棄。此外，葡萄牙政府對於整修房子外觀的法律相當嚴格，在不改變結構之下進行內部整修又所費不貲，對經濟能力許可的屋主而言，不如把市中心的房子閒置，搬到市郊置產。留下來的只有早期的租屋者，房東礙於當時保護房客的法令限制

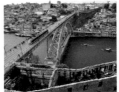

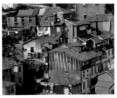

無法隨意調漲房租，當然不願整修年久失修的老屋，老人們也沒有錢搬走，只好繼續留在市中心的殘破房子中生活。

　　隨著旅遊業的復甦，有越來越多旅館業者願意收購市中心的低價破房，再重新整修，也許有一天，波爾圖另類的殘破之美也會逐漸消逝。

MAP ▶ P.228C2(上)

# 證卷交易宮

**MOOK Choice**

## Palácio da Bolsa

### 商業繁榮的象徵

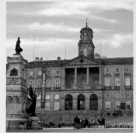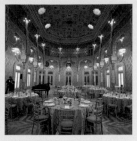

🚶 從聖本篤車站步行約10分鐘可達　🏠R. de Ferreira Borges
📞 223-399-013　🕐9:00~18:30　💲全票€12，優待票€7.5
🌐www.palaciodabolsa.com　❶參觀內部需跟隨導覽，導覽
時間約45分鐘

　　西元1832年，葡萄牙內戰期間，聖方濟教堂的女修道院遭焚毀，瑪麗二世女王將遭焚毀的部分贈送給波爾圖的商人，波爾圖商會於1842年開始在此建造證券交易所。

　　證卷交易宮由波爾圖建築師Joaquim da Costa Lima Júnior設計，採新古典主義式宮殿建築，並受到帕拉第奧式建築的影響。大部分完工於1850年，內部華麗的裝飾工程則持續進行到1910年。當時的波爾圖是繁榮商港，約有26個國家經常在此交易，這裏除了有股票交易功能，也用來接待外賓。現在的證卷交易已移往他處，僅有部分定期會議及活動在此舉行，其他時間則開放遊客參觀。

　　國家大廳(Patio das Nacoes)為建築的中心，陽光透過玻璃八角天頂灑落地板色彩繽紛的馬賽克磚，天頂周圍則裝飾著19世紀與葡萄牙有密切商業往來的國家國徽，營造商會華麗高貴又不流於俗氣的氣息；法庭大廳(Sala do Tribunal)採用法國文藝復興風格，牆上壁畫描繪當時波特酒的產銷方式以及貿易活動的盛況；最受矚目的阿拉伯廳(Salão Árabe)是受到西班牙阿爾罕布拉宮的靈感啟發，使用紫檀木、緞木、花梨木等上好的木材，在每寸空間細細雕刻阿拉伯風格的繁複花紋，並以18公斤的金箔片裝飾，令人眼花撩亂，當年經常舉辦音樂會。

---

MAP ▶ P.228C2(上)

# 聖方濟會教堂

**MOOK Choice**

## Igreja de São Francisco

### 極致華麗巴洛克

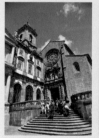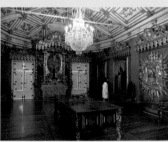

🚶 從聖本篤車站步行約10分鐘可達　🏠Rua do Infante D. Henrique　📞222-062-125　🕐4~9月9:00~20:00、
10~3月9:00~19:00　💲全票€8，持波爾圖卡€6　🌐www.ordemsaofrancisco.pt　❶教堂內部禁止拍照

　　不要被聖方濟會教堂平凡的哥德式外觀騙了，內部超過200公斤的鑲金裝飾讓人看了眼花撩亂！

　　方濟會於13世紀來到波爾圖之初，其實受到其他教派及波爾圖主教的抵制，直到教宗諾森五世下令歸還捐贈給他的們的土地，才在1245年始建小教堂，現在看到的規模大約完成於15世紀。教堂內最特別的是18世紀增加的巴洛克式裝飾，從主壇、樑柱、神像到天花板，華麗誇張的雕刻貼滿閃閃發亮的金箔紙，不留任何一點視覺喘息的空間，金碧輝煌的程度令人嘆為觀止。教堂內最受矚目的是一座耶穌生命之樹木雕，不可錯過。現今的教堂已經不再舉辦任何宗教儀式了，反而被來自四面八方的遊客所包圍。

　　教堂的對面還有博物館和地下墓穴可參觀，博物館展示著曾經位於此地的聖方濟會修道院的家具和一些宗教寶物，地下墓穴的牆壁和地板排滿整齊的墓碑，最內側的鏤空地板擺放著成堆的人骨。

# 路易一世鐵橋

## Ponte de Dom Luis I

### 橫跨杜羅河的地標

🚇 從聖本篤車站步行約7分鐘可達

雖然鄰近區域共有6座橋樑橫跨杜羅河，路易一世鐵橋卻是永遠的目光焦點。工業風格的鏤空雙層鋼鐵拱橋連接了波爾圖和杜羅河南岸的加亞新城(Vila Nova de Gaia)，鐵橋上層更是欣賞蕾貝拉區和杜羅河景觀的最佳地點。

路易一世鐵橋於1886年開始興建，1886年啟用，由比利時的建築師Teófilo Seyrig負責建造，

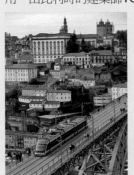

他也是艾菲爾鐵塔設計師 Gustavo Eiffel的工作夥伴。鐵橋總長382.25公尺，高44.6公尺，172公尺的半圓跨距，建造之時為世界第一，除了人行步道以外，上層主要是地鐵通行，下層則供車輛往來。

# Café Majestic

### 喝一口優雅

🚇 從聖本篤車站步行約7分鐘即達 ⌂Rua Santa Catarina 112 ☎222-003-887 🕐 週一至週六09:00~23:30 休週日 ♿ www.cafemajestic.com

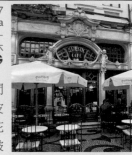

新藝術風格的曲線門窗圈繞一室華麗，真皮的原木座椅雕刻細緻花紋，Café Majestic被評選為世界十大最美咖啡館之一，每一處細節都講究，在Majestic白色大理石桌上，杯中盛裝的不只是咖啡，還有一份優雅。

Café Majestic創業於1926年，原名Elite Café，但這個帶點君主色彩的命字，在當時共和風氣和布爾喬亞階級盛行的葡萄牙不受歡迎，所以改名為Majestic，表現巴黎美好年代(La Belle Époque)的魅力。這間華麗的咖啡館從以前就是知識份子、藝術家和名媛的聚會場所，葡萄牙、巴西和法國總統也都曾是座上嘉賓。

# 蕾貝拉

## Riberia

### 波爾圖最迷人的表情

🚇 從聖本篤車站步行約10分鐘即達

緊鄰杜羅河的蕾貝拉是最早期居民居住的區域，中世紀以來就是商業中心。密密麻麻的民宅隨地形高低起伏，從穿越狹窄的石板巷弄的剎那起，早已掉入那古老雜亂又充滿生命力的奇幻氛圍。

老舊的彩色公寓和懸掛在陽台的衣服被單，是蕾貝拉給人的第一印象，從前這裡住的是中下階層居民，至今那種親切又日常的葡萄牙生活感仍停留在街角，你會被毫不起眼的雜貨店所吸引，

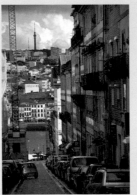

走進一家只聽得到葡萄牙語的小餐館，嚐到行程中最美味的料理。河畔的蕾貝拉廣場又是另一種慵懶氣氛，一家家的餐廳和咖啡館提供欣賞路易一世大橋的最佳視野，怎能不點一杯波特酒搭配美景呢！

蕾貝拉的歷史不僅於此，讓葡萄牙走向海上強權的亨利王子便是在此誕生，這裡還保存了一棟具有歷史的房舍，稱為王子之家(Casa do Infante)，現在是展示葡萄牙大航海歷史的博物館。

# 阿瑪斯禮拜堂
## Capela das Almas

**以教堂牆面為畫布**

🚶從聖本篤車站步行約7分鐘即達 📍 Rua de Santa Catarina 428 ☎222-005-765 🕐週一至週五07:30~18:00、週六日07:30~12:30、18:00~19:30

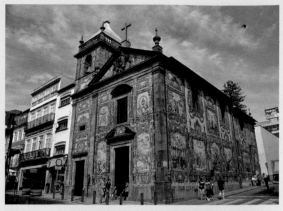

從葡萄牙文的字面意思來看，Capela das Almas意思是「靈魂的禮拜堂」，建造於18世紀，奉獻給聖卡塔琳娜的小教堂。阿瑪斯禮拜堂最有可看性的地方是外牆，整座教堂被藍白葡萄牙瓷磚(Azulejo)包裹，像一間典雅的大型瓷器娃娃屋，佇立在商業區街角，有點不真實。

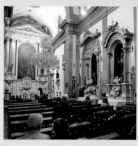

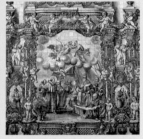

這些磁磚畫是Eduardo Leite於1982年的作品，有趣的是，當時為了符合整個波爾圖的城市調性，所以特地模仿是18世紀的磁磚畫風格，內容描述多位聖人的事蹟，包含阿西西的聖方濟之死和聖卡塔琳娜(Santa Catarina)的殉難。

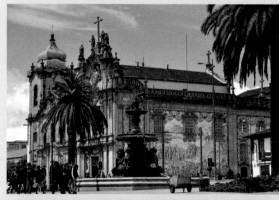

# 卡爾莫教堂
## Igreja do Carmo

**洛可可式教堂代表**

🚶從聖本篤車站步行約7分鐘即達 📍 Praça de Gomes Teixeira 10 ☎222-078-400 🕐09:00~12:00、14:00~18:00 💲教堂免費，博物館€4.5

洛可可式的華麗立面，覆蓋側牆的巨幅磁磚壁畫，以及閃耀的鍍金祭壇，卡爾莫教堂在波爾圖眾多教堂中獨樹一幟。教堂建於18世紀中葉，磁磚畫卻是1912年Silvestre Silvestri的作品，拼貼出天主教隱修會創立的場景，畫中人物的表情生動立體，筆觸細緻，可看出葡萄牙磁磚畫的技術與傳承。

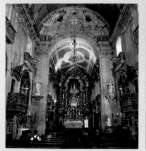

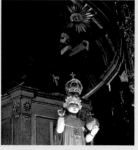

與之相鄰的是赤足加爾默羅教堂(Igreja dos Carmelitas Descalços)，外觀上看來幾乎合而為一，內部巴洛克式的鍍金祭壇和講道臺，比起卡爾莫教堂，奢華程度有過之而無不及。

## 萊羅書店

**MOOK Choice**

MAP ▶ P.228C1(上)

Livraria Lello

### 哈利波特的魔法書店

從聖本篤車站步行約5分鐘即達 ⏺ R. das Carmelitas 144 ☎222-002-037 ⏰9:30~19:00 ⏺網路購票€5，現場購票€6，可使用於購書折抵 www.livrarialello.pt ❗先在街角的紀念品店內抽取號碼牌購票並寄物，再持票至書店門口排隊

　這間書店的來頭不小，據說哈利波特的作者J.K. Rowling旅居波爾圖期間，在這間歷史悠久的書店獲得書中場景的靈感；它的頭銜也很多，「全球十大書店」、「世界最美書店」，小小的雙層樓空間總擠滿來自各地的觀光客。萊羅書店可能是唯一需要收費才能進入的書店，而且想參觀還得乖乖排隊。

　萊羅書店是葡萄牙歷史最悠久的書店之一，由萊羅兄弟開業於1906年，出自建築師 Xavier Esteves之手的設計屬於新哥德式風格。一樓核桃木書牆延伸至雕刻精緻的樓板，牆面上葡萄牙知名作家的半身像陪伴讀者沈浸文學時光，光線透過彩繪玻璃，渲染一室柔和，火焰紅的曲線旋轉樓梯更是波爾圖明信片的主角之一，若不是忙碌拍照的遊客太多，真以為走入魔法世界中的書店。書店中除了大量葡萄牙的作品和繪本，也有許多英、法文書籍以及自製的紀念商品。

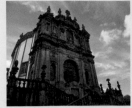

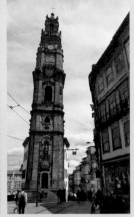

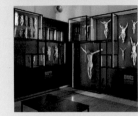

MAP ▶ P.228C1

## 克萊瑞格斯教堂與高塔

**MOOK Choice**

Igreja dos Clérigos

### 360度城市全景

從聖本篤車站步行約5分鐘即達 ⏺R. de São Filipe de Nery ☎220-145-489 ⏰09:00~19:00，節日縮短營業時間 💲教堂免費，高塔及博物館€8，高塔夜間票(19:00~23:00)€5 www.torredosclerigos.p

　不管在舊城區或是杜羅河岸，都能看見克萊瑞格斯高塔挺拔的身影，突出於一片紅瓦之上，雖然高塔只有76公尺，卻已是葡萄牙最高的花崗石塔，1763年建成之時，作為波爾圖最醒目的建築物，自然也就身負船隻的燈塔和地標功能。

　克萊瑞格斯高塔由義大利的建築師Nicolau Nasoni所興建，爬上225個旋轉階梯，等待你的是360度的波爾圖全景，腳底下是舊城區高低交錯的紅屋瓦，像樂高積木朝杜羅河展開，天氣好的時候，甚至還可遠眺到波爾圖的海岸線。

　克萊瑞格斯教堂與高塔相連，同樣建於18世紀前半，反映出當時極受歡迎的巴洛克建築風格，最特別之處，是當時葡萄牙首創的橢圓形教堂空間設計。教堂內的博物館則展示13~20世紀的宗教藝術及文化資產，包含雕像、繪畫、家具和金飾，其中有一間收藏各種耶穌受難像的展廳，令人印象深刻。

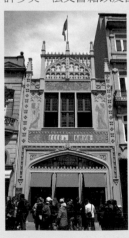

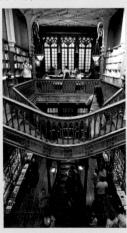

# 塞拉維斯當代美術館

## Museu de Arte Contemporânea de Serralves

### 離塵不離城的城市綠洲

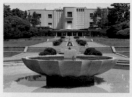

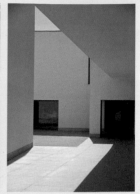

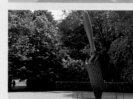

🚇地鐵A、B、C、E、F線於Casa da Música站下，轉乘巴士502、203號於Matosinhos Mercado站下；或從自由廣場搭巴士201號於Viso站下 🏠Rua D. João de Castro, 210 ☎226-156-500 🕐4~9月每日10:00~19:00；10~3月週一至週五10:00~18:00，週末10:00~19:00 🚫1/1、12/25 💲全區票（美術館、公園、別墅、電影之家）€20，參觀任何單一展館或公園€13，優待票半價 🌐www.serralves.pt 🎫持波爾圖卡8折

簡單而優雅的白色立體建築與濃密綠蔭共同譜寫一首寧靜的詩，打開塞拉維斯當代美術館的門，有如瞬間移動，走進另一個波爾圖。

塞拉維斯當代美術館是葡萄牙當代建築大師Álvaro Siza於1999年完成的建築，展出葡萄牙和國際上代表性的當代藝術作品。Álvaro Siza是普立茲克建築獎的得主，他擅長於融合建築與環境的協調性，同樣表現在塞拉維斯美術館，空間結構簡潔細膩，以白色作為最純淨的語彙，不喧賓奪主，讓展覽品成為空間主角，但建築師又巧妙運用建築的U型結構、各展廳大小不同的開窗與折板，讓觀賞者無法忽略光、影、窗外綠意在這塊建築畫布上的即興創作。

廣達18公頃的戶外公園包圍美術館建築，包含另一棟作為特展場地的別墅、花園、噴泉、林地、農場等，保留原本的植被，裝置藝術成為樹林間的驚喜，這裡給想要遠離觀光客與喧囂的旅人，一段靜謐的休憩時光。

---

波爾圖周邊

# 加亞新城

## Vila Nova de Gaia

### 漫步微醺河畔

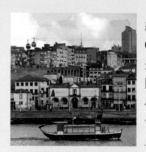

🚇搭乘地鐵於Jardim do Morro站下，步行5分鐘可至河畔

**加亞新城遊客服務中心**

🏠Avenida Diogo Leite, 135 , Vila Nova de Gaia ☎223-742-422 🕐週一至週六10:00~18:00 🌐www.cm-gaia.pt

杜羅河南岸的加亞新城是葡萄牙人口第三多的都市，然而遊客跨河而過不為別的，只為了河畔遠近馳名的波多酒。

和其他葡萄酒不同的是，波多酒的酒莊並非在葡萄園旁，而是選在杜羅河的河口處。1987年時頒發一項規定，只有在加亞新城儲存的波多酒才能命名為「波多酒」。現在這裡大大小小的酒莊約有60來家，Taylor、Calem和Sandeman都是名氣相當大的酒莊，同時也都身兼展售中心，有興趣可付費參加包含品酒的導覽。河面上停泊許多造型優雅的平底木帆船(Barcos rabelos)，這些是早期運送波多酒的交通船，現在因為交通便利，木船早已卸下工作重擔，反倒是當起波多酒莊的廣告代言了。每年唯有等到一年一度的聖若昂紀念日(6月24日)，這些船才會展開風帆在河上競賽。路易一世鐵橋上方的塞拉皮拉爾修道院(Mosteiro da Serra do Pilar)平台有欣賞波爾圖、杜羅河和鐵橋的最佳角度，若是覺得爬坡太累，也可在河邊搭乘纜車(Gaia Cable Car)上山。

**MAP ▶ P.226B2**

# 杜羅河谷
# 葡萄酒產區
## Douro Wine Region

**Cheers! Douro**

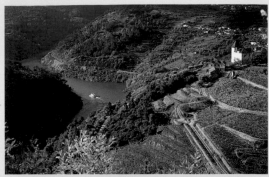

�informations從聖本篤火車站出發到雷加Peso da Régua，車程約2小時，一天13班次；從加亞新城碼頭或波爾圖碼頭登船，到達Peso da Régua，約需6~7小時；自駕開車從波爾圖出發，約需1.5小時。

片岩山脈開墾成滿山遍野的葡萄園梯田，蜿蜒的杜羅河兩岸，夏日一片嬌嫩翠綠，秋季層層疊疊火紅若楓，小巧可愛的酒莊和紅瓦小村莊點綴其間，尚未品嚐到香甜波特酒，就已沈醉在與世無爭的田園景色中。

杜羅河上游成為葡萄酒鄉的歷史已將近兩千年，早在西元3~4世紀的西羅馬帝國末年時，這裡已經開始釀製葡萄酒。17世紀下半葉波特酒的出現，讓該區的葡萄園不斷擴張，1756年得到正式界定，成為世界上最古老的受保護葡萄酒指定產區之一。

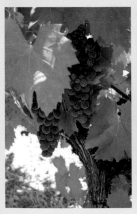

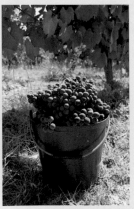

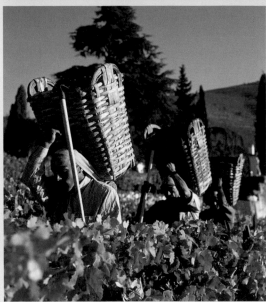

波特酒在上游產地完成發酵加烈程序後，封入橡木桶中的酒用平底船Barcos Rabelos運送至杜羅河口的波爾圖，在加亞新城的各家酒窖中陳釀並封瓶出售。現在因為水壩及公路的修築，已改為陸路的方式運酒。

葡萄酒產區的範圍從西班牙邊界，沿杜羅河兩岸，一直到波爾圖以東90公里的Mesão Frio，這裏隆起的山脈正好擋住大西洋的水氣鹽分，由西而東又分成三個區域Baixo Corgo、Cima Corgo和Douro Superior。Baixo Corgo氣候涼爽多雨，土壤最肥沃，是葡萄園分佈最廣的區域；Cima Corgo被認為生產品質最好的波特酒和葡萄酒。

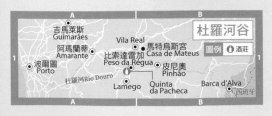

遊覽杜羅河上游葡萄酒區，可以搭乘遊船、火車或是開車，從不同的角度欣賞層層疊疊的葡萄園與蜿蜒河道交織的田園風光。其中最有人氣的小鎮是雷加(Régua)和皮尼奧(Pinhão)，這一段鐵道在6~10月間還有沿河岸行駛的古老蒸汽火車，15:22從雷加出發，於皮尼奧暫停，之後繼續前往Tua，沿途除了欣賞風景，還有音樂表演和品嚐波特酒。

許多遊船公司推出從加亞新城碼頭(Vila Nova de Gaia Quay)或是蕾貝加附近碼頭(Estiva Quay)出發的1日遊，行程包含在船上享用早餐、午餐和品酒，下午到達雷加或皮尼奧，傍晚再搭乘火車返回波爾圖，價格大約€70~80。遊船行程可於遊客中心或碼頭諮詢。(P.230)

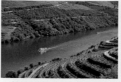 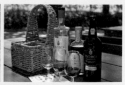

若開車前往，從波爾圖到雷加之間都可行駛高速公路，從雷加正式進入杜羅河谷，可先參觀雷加附近的酒莊，再將車子停在小鎮的停車場，搭乘遊船或火車前往皮尼奧。

**蒸汽火車Histórico do Douro**

🌐www.cp.pt/passageiros/pt/como-viajar/em-lazer/cultura-natureza/comboio-historico ❶火車只有五節車廂，座位有限，建議事先購票

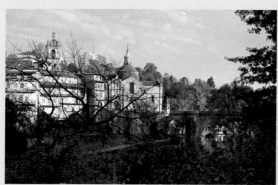 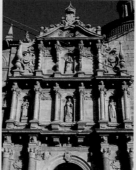 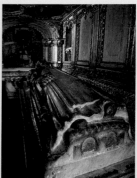

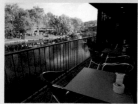 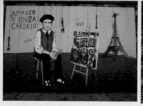 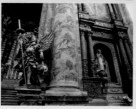 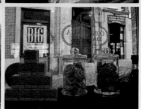

## 阿瑪蘭蒂Amarante

河岸旁種滿成排的柳樹，河面上映照著古城的倒影，寧靜的阿瑪蘭蒂位於波爾圖東邊車程約30分鐘之處，杜羅河的支流塔梅加河(Rio Tamega)流過小鎮，這裡人口約一萬出頭，因葡萄牙隱士聖貢薩洛(São Gonçalo, 1187~1262)而聞名。13世紀時，他在此修建了城鎮與第一座橋梁，並以治癒病人的能力獲得了盛名，後來也成為尋求愛情運的象徵。在河岸旁的聖貢薩洛教堂與修道院(Igreja de São Gonçalo/Mosteiro de São Gonçalo )裡，成了不少祈求健康、愛情運的朝拜所。天氣好時，可以漫步在聖貢薩洛古橋(Pointe de São Gonçalo)兩旁，或者在坐擁河景的咖啡館Confeitaria da Ponte品嘗美味甜點。此外，每年六月第一個週末是聖貢薩洛節，也是鎮上最

熱鬧的日子，許多祈求真愛的單身女子都會前來教堂膜拜，鎮上也會販賣當地名產-陽具形狀的麵包(Bolo de Martelo)。

🚶P.239A1 🚌搭乘Rodonorte巴士前往，車程約50分鐘。若是自駕遊，可開車至Amarante遊客中心，附近有免費停車場(週三與週六除外)，或者可停於Av. Gen. Silveira附近的付費停車位

**Rede Expressos**

🕐07:00~20:30，半小時一班次 💲單程€8 🌐rede-expressos.pt

**遊客中心Turismo Amarante**

🏠R. 31 de Janeiro 32, Amarante 255-420-246 🕐10:00~13:00、14:00~18:00 🌐www.cm-amarante.pt

**Confeitaria da Ponte咖啡館**

🏠R. 31 de Janeiro 186, Amarante 255-432-034 🕐08:30~20:00 🌐confeitariadaponte.pt

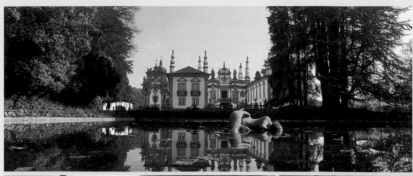

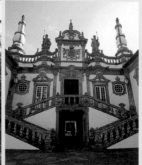

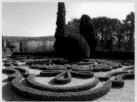

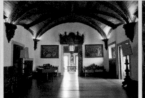

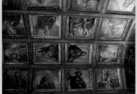

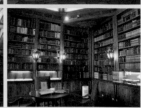

## 馬特烏斯宮 Casa de Mateus

愛喝粉紅酒的人一定對Mateus rosé這款酒不陌生，酒瓶上所描繪著華麗的莊園，就是馬特烏斯宮。馬特烏斯宮位於雷阿爾城(Vila Real)東邊約4公里處，這座巴洛克式建築的宮殿建於18世紀，由當時富有的地主António José Botelho Mourão籌畫建造，至今他的子孫仍居住在此。城堡導覽由寬敞的大廳開始，氣派的天花板和門框由整片雕飾精緻的木頭裝飾，小型圖書館內收藏著16世紀的珍貴圖書，許多房間都保留了原有的佈置和傢俱，許多收藏、壁畫、宗教古董皆傳達出整個家族演進的歷史。來到這裡，千萬別錯過城堡周圍的花園，花壇與樹籬設計浪漫夢幻，

與華麗的房子互相輝映。這裡有19世紀的山茶花、芳香的柏樹隧道、葡萄藤步道、秩序井然的果園，漫步在此讓人心曠神怡。此外，莊園內的葡萄酒商店還提供當地生產的三種葡萄酒試飲，皆為少量瓶裝的Alvarelhão葡萄品種，

🚗 P.239B1　🚌 由波爾圖搭乘Rodonorte巴士前往雷阿爾城(Vila Real)，再轉搭當地的Urbanos Vila Real 1號線(Lordelo-UTAD方向)，在Mateus下車，步行約250公尺即達。若從波爾圖開車自駕，可沿著A4再轉N322即達Casa de Mateus。　🏠 Fundação da Casa de Mateus, Casa de Mateus, Vila Real　📞 259-323-121　🕐 週一至週五09:00~17:00，週末至17:30　💶 花園€12、城堡與教堂導覽€15(含門票及花園)、停車費€8.5、葡萄酒試飲€5起　🌐 www.casademateus.com　❗英語導覽須提前預訂

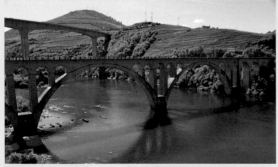

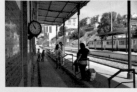

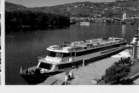

## 比索達雷加Peso da Régua

比索達雷加(簡稱雷加)位於Baixo Corgo區，在波特酒的生產和貿易中佔有舉足輕重的地位，有波特酒之都的稱號，這裡也是老式蒸氣火車的起點。

漫步河畔欣賞兩岸的葡萄梯田和橫跨杜羅河的兩座大橋，走入城鎮還可參觀杜羅博物館(Museu do Douro)和波爾圖葡萄酒之家 (Solar do Vinho do Porto)，瞭解更多關於葡萄酒產區和波特酒的歷史知識。城鎮後方山坡上有聖安東尼奧觀景台(Miradouro de Santo António)，開車前往約17分鐘，從這裡可俯瞰整個葡萄園、雷加和杜羅河美麗的S弧度。

🚗 P.239A1　🚂 由波爾圖可搭乘火車前往雷加Régua，最快約2.5小時。自駕遊可由波爾圖開車走A4公路，約1小時20即達。若參加由波爾圖出發的一日遊，也可選擇搭乘遊輪抵達Régua。(P.XXX)

### 遊客中心Loja Interativa de Turismo do Peso da Régua

🏠 Av. do Douro　🕐 週一至週五09:30~12:30，14:00~18:30　📞 254-318-152　🌐 www.cm-pesoregua.pt

## 皮尼奧Pinhão

　　皮尼奧位於雷加上游25公里的河岸，屬於Cima Corgo區，品質最好的波特酒都集中在這裡。這個相當迷你的小鎮只有一條主街，建造於19世紀末的火車站是參觀重點，車站內外裝飾以葡萄牙手繪花磚，描繪杜羅河谷的風貌以及葡萄酒種植、生產釀造等活動。在杜羅河岸旁有許多公司提供遊船服務，依時間長短而價格不同。

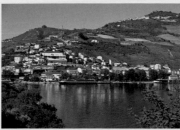
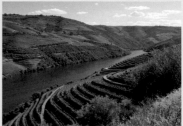
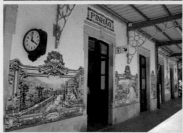
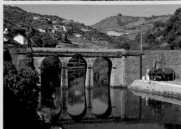

◆P.239B1　◆由雷加可搭乘火車抵達皮尼奧，車程約26分鐘。

### 葡萄牙國鐵CP

www.cp.pt

### Magnifico Douro遊船

⌂皮尼奧出發　◇皮尼奧出發 10:45、15:00
Ⓢ€12.5~25　www.magnificodouro.pt/en

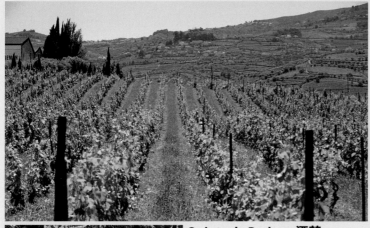

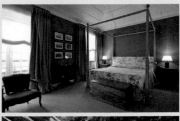

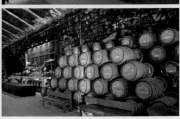

## Quinta da Pacheca酒莊

　　林蔭道路盡頭，翠綠的葡萄藤蔓圍繞18世紀白色別墅，Quinta da Pacheca酒莊優雅寧靜的氣氛讓人印象深刻。Quinta da Pacheca位於比索達雷加的對岸，開業於1738年，是區域內歷史最悠久的酒莊之一，也是第一個以莊園品牌銷售葡萄酒的酒莊。

　　不像其他商業化量產的大品牌，Quinta da Pacheca依然維持少量生產的精緻品質，對自家波特酒嚴格把關，參加酒莊的品酒之旅可以瞭解更多波特酒的釀造過程，看到傳統踩踏葡萄成汁的大池、依然在使用的巨大橡木桶等，並包含試飲3種葡萄酒和2種波特酒。

　　Quinta da Pacheca也是獲獎得無數肯定的四星級莊園旅館，維持傳統建築的風格典雅，並提供現代化的舒適設備，在綿延的葡萄園間放鬆身心，品嚐莊園自豪地波特酒。

◆P.239A1　◆從雷加開車前往約10分鐘，或搭乘計程車前往　⌂Rua do Relógio do Sol, 261, Cambres, Lamego　☎254-331-229　Ⓢ品酒導覽€20起　www.quintadapacheca.com

---

**MAP ▶ P.228C3(上)** | **Essencia Lusa**

🚇從聖本篤車站步行約7分鐘即達 🏠R. de São João 85 ☎910-744-839 ⏰12:00~15:30、19:30~23:00

　　這家距離杜羅河不遠的小餐館位置很少，佈置簡單溫馨，供應各種葡萄牙式料理。廚師手藝和餐廳的感覺很相似，是一種溫暖道地的家常味。特別推薦兩人共享的海鮮飯(Arroz de marisco)，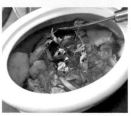大蒜、香菜、橄欖油、番茄與白酒的香氣充分融合，滿滿一鍋鮮蝦、魚肉，份量十足，用料澎拜。

**MAP ▶ P.228C1(上)** | **Pedro dos Frangos**

🚇從聖本篤車站步行約7分鐘即達 🏠Rua do Bonjardim, 223 ☎222-008-522 ⏰12:00~23:00 🌐pedrodosfrangos.pt

　　在Pedro dos Frangos門口排隊是一種折磨，已經烤到金黃色的鋼管雞閃爍著油光緩緩旋轉，吸入的每一口空氣都能誘發食慾，而等待的人潮已經從二樓排到一樓門外，這就是Pedro dos Frangos受歡迎的程度。炭火烤過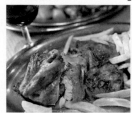後，皮脆肉多汁，直接吃就令人吮指回味了，加上一點piri piri辣椒醬是更正統的葡式烤雞吃法，雖然Pedro dos Frangos也有其他肉類、魚類料理，但誰能抗拒烤雞的魅力呢！

**MAP ▶ P.228C2(下)** | **Restaurante Viseu No Porto**

🚇由聖本篤車站門口往北側門徒步1分鐘即達 🏠R. da Madeira 212 ☎222-004-227 ⏰週一至週六08:00~22:00 🌐www.facebook.com/ViseunoPorto

　　位於聖本篤車站旁，由家族代代經營葡萄牙傳統料理餐廳，沒有華麗的裝潢，樸實的門面販賣的是貨真價實的在地料理，吧檯前擺著油炸鹽醃鱈魚天婦羅(Isca de Bacalahu)、炸魚餅(Isca de Bacalahu)、炸肉盒(Rissol de Leitão)等小食，適合三五好友一起分食。主菜從海鮮到各種肉類都有，推薦章魚沙拉(Salada de Polvo)以及隱藏菜單——美味的辣滷雞胗(Moelas)，再配上一杯紅葡萄酒(Vinho Maduro Tinto)，美味立刻升級。

---

**MAP ▶ P.228C2(下)** | **Tasca Casa Louro**

🚇由聖本篤車站後方往東邊上坡往徒步5分鐘即達 🏠R. de Cimo de Vila 80 ☎222-012-367 ⏰週一至週六09:00~20:00 🌐www.facebook.com/Casa.Louro.Porto

　　開店已有90年歷史的葡萄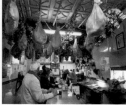牙傳統酒吧，位於狹窄巷弄中，吧檯旁總是站滿了熟客，午後時光在這裡小酌閒聊一番。小酒吧以葡萄牙帕爾馬火腿聞名(Presunto)，煙燻味火腿(Salpicão)也很美味，這些優質的豬肉主要來自於西班牙邊境的小鎮，可以選擇內用，也可以外帶。

**MAP ▶ P.228B3(下)** | **Taberna do Largo**

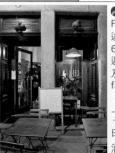🚇由聖本篤火車站沿著R. das Flores往西南方步行約5分鐘即達 🏠Largo São Domingos 69 ☎222-082-154 ⏰週二至週四、週日17:00~00:00，週五及週六17:00~01:00 🌐www.facebook.com/tabernadolargo

　　白天時紅色大門緊閉，一到傍晚就成了迷人的小酒吧。由幾個女性好友共同成立的品酒空間，店外沒有明顯的招牌，很容易錯過，一旦進入店內就會被輕柔的音樂以及舒適輕鬆的氣氛感染，是許多當地人的愛店。這裡提供葡國各地50多種的葡萄酒、氣泡酒，還有葡萄牙傳統小吃(petiscos)，包括來自中部地區少量生產的綿羊、山羊起士、北部米尼奧地區的蒜腸，醃製肉類，以及馬德拉群島的蜂蜜蛋糕(Madeira bolo de mel)等小吃。

**MAP ▶ P.228C2(上)** | **Taberninha do Manel**

🚇搭地鐵至Jardim do Morro站下，步行約10分即達 🏠Avenida Diogo Leite, 308, Cais de Gaia, Vila Nova de Gaia ☎223-753-549 ⏰11:00~02:00 🌐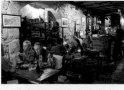taberninhadomanel.com

　　不管在像酒窖一樣有石砌牆面的室內，還是在能欣賞杜羅河景的戶外區，Taberninha do Manel的用餐氣氛都是歡笑熱鬧，這間餐廳同時受到觀光客和在地居民的歡迎，不管哪個時段都是滿滿饕客。最特別的是這裏可以品嘗到傳統方式料理的葡萄牙香腸(Alheira)，香腸放在特製陶器皿上，淋上烈酒後點火，火焰香腸上桌的戲劇效果十足。

**MAP ▶ P.228C4(下)** **Guindalense**

🚶 步行約12分鐘即達　🎧
由蕾貝拉(Ribeira)廣場往
東步行至路易一世鐵橋，
再往北側爬坡約10分鐘即
達　📞222-034-246　⏰
週一至週六13:30~23:00
🌐 www.facebook.com/
GUINDALENSE-FUTEBOL-CLUBE-119607128123564

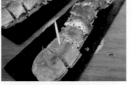

位於路易一世鐵橋東側的山坡上，景色絕佳，是可以
一邊喝著沁涼的啤酒，一邊欣賞風景的小吃店。由於
門口小而不起眼，常常會被來往的人群忽略，因此這
裡也被視為當地人的「秘密基地」之一。傍晚時分，
夕陽西沉前是最好的造訪時間，點杯當地啤酒Cerveja
Super Bock，還有好吃極了的焗烤起司辣醬火腿麵包
Cachorrinho，雖然超高熱量，但卻是安東尼波登在美食
節目中不停加點的當地美食。

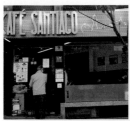
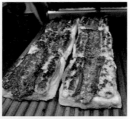

**MAP ▶ P.228D2(下)** **Café Santiago**

🚶 由聖本篤火車站往東北方步行約8分鐘，轉入R. de
Passos Manuel約3分鐘後即達。　🎧R. de Passos Manuel
226　📞222-055-797　⏰週一至週六11:00~23:00　🌐
cafesantiago.pt/index.php/en

以溼答答三明治(Francesinha)聞名的餐廳，一到用餐時
間總是座無虛席，因此Café Santiago又在不遠處開設了分
店Café Santiago F。菜單看起選擇很多，但是是以三明治
的種類為主，可以自行選擇搭配如法國麵包、加蛋、薯條
等等。最經典的組包含了火腿、肉排、香腸、蛋與起士，
最後再淋上微辣的醬汁。建議食量不大的人可以兩人合點
一份，或者選擇蔬菜湯(Caldo Verde)、氣泡飲料解解膩。

**MAP ▶ P.228C1(下)** **Antunes**

🚇 搭乘地鐵於Trindade站下車往車站後方步行約4分鐘即
達，或者由聖本篤火車站往東北方步行約15分鐘即達。　🎧
Rua Bonjardim 525　📞222-052-406　⏰週一至週六
12:00~15:00、19:00~22:00　🌐 restantunes.pai.pt　❗
烤豬腳僅週三與週六提供，須提前訂位

受到當地人歡迎的葡萄牙傳統料理餐廳，服務友善、
價位合理，店內有長長的吧檯與廣大的餐桌區，經典
菜色包括柴燒烤豬腳(Pernil Assado No Forno)、由內臟
與白豆燉煮而成的波爾圖式燉內臟 (Tripas à Moda Do
Porto)、葡式燉菜飯(Cozido à Portuguesa)、葡式鴨飯
(Arroz de Pato à Antiga)、烤
鹽醃鱈魚(Bacalhau à Moda
da Casa)等等，網路盛讚這
家隨便點都好吃，而無論選
擇菜單上的哪一種，最後一
定都會帶著撐飽的肚子滿足
的離開。

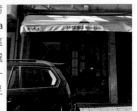

**MAP ▶ P.228A3(下)** **O Caraças**

🚶 由聖本篤火車站往西南方步行約12分鐘即達。　🎧
Rua das Taipas 27　📞220-174-505　⏰週一至週六
11:30~14:30、19:00~22:00

沒有招牌、沒有菜單的葡萄牙家庭料理餐廳，由媽媽與
兩個女兒一起共同經營的有聲有色，人氣很高，還沒到
營業時間時就可看到慕名前來排隊的食客。這裡沒有菜
單，會當場告知客人可以選擇的主菜，前菜與甜點。主
菜通常有新鮮的魚、肉幾種選擇，再搭配不同的配菜，
口味家常，分量十足，價格十分划算，注意僅收現金。

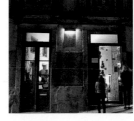
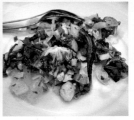

**MAP ▶ P.228C1(下)** **Confeitaria do Bolhão**

🚇 搭乘地鐵於Bolhão站下車，步行約4分鐘即達。　🎧R. Formosa 339　📞223-
395-220　⏰週一至週五06:00~20:00，週六07:00~19:00　🌐www.
confeitariadobolhao.com

來到波爾圖必須朝聖的百年老店，成立於1896年，早期是富人們在前往波
尼歐市集(Bolhão)前市集享用早餐的場所，到了1985~1995年間重新整修，但仍特
意保留了原建築的特色，店內到處都是玻璃、鏡子、花磚，裝潢華麗，點心吧檯內放著所有自
家烘培的鹹、甜點心，各種食物的整齊排列，讓人目不暇給。你可以選擇在後方的座位上享用
餐點，也可以像當地人一樣站在吧檯，點杯咖啡，配上幾樣小點心，觀察熙來攘往的人群。

## Where to Shop in Porto & Around
## 買在波爾圖及周邊

### MAP ▶ P.228D1(上) Rua de Santa Catarina購物街

🚇搭地鐵於Bolhão站下車，步行1分鐘即達。

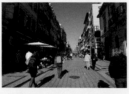

波爾圖最熱鬧的購物街，街道取名與坐落在同一處的阿瑪斯禮拜堂(Capela das Almas/Chapel of Souls)一樣，都是為了紀念殉道的聖人聖凱薩琳。撲滿葡式碎石路的步行街，共長約1,500公尺，一年四季都很熱鬧，人群熙來攘往，這裡有各種時尚服飾、精品店，兩旁的建築還保留著新藝術(Art Nouveau)時期的風格，其中包括了波爾圖最華麗的Café Majestic多年來一直是許多名流的聚會場所。

### MAP ▶ P.228C1(下) Casa Natal

🚇搭地鐵於Bolhão站下車，步行3分鐘即達。 🏠 Rua de Fernandes Tomás 833 ☎222-052-537 🕐週一至週六09:00~19:30，週日10:00~13:00、14:30~19:00 🚇www.facebook.com/casa.natal.porto

創立於1900年的食品雜貨老店，商品種類琳瑯滿目，一字排開井井有序，樣樣都能挑起食慾，從五花八門的乾果、堅果零食、料理食材

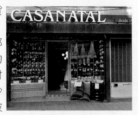

如鹽醃鱈魚、蒜腸香腸、沙丁魚罐頭，到各種等級的波特酒與葡萄酒，這裡是美食者的尋寶勝地。

### MAP ▶ P.228C2(上) Sandeman

🚇搭乘地鐵於Jardim do Morro站下，步行約5分鐘即達。 🏠Largo Miguel Bombarda 3 ☎223-740-533 🕐10:00~12:30、14:00~18:00 💲導覽與試飲€13起 🚇www.sandeman.com

來到波特酒的故鄉，怎麼能不品嘗她的甘醇美味?加亞新城是著名的酒莊區，每家酒莊皆敞開大門，歡迎遊客走訪。有著黑色斗篷蒙面俠的商標圖案，著名的Sandeman是此區最具人氣的酒莊之一，英語導覽常常客滿，由於無法網路預訂，最好提早前往。蘇格蘭人喬治桑德曼在1790年創立了Sandeman，目前已傳承至第七代。導覽行程由專業的品酒師解說，內容包括參觀酒窖，觀賞影片，並可試飲兩款葡萄酒。

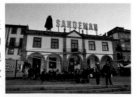

### 波特酒Port wine

波特酒被譽為葡萄牙的國酒，因為這種微甜的紅葡萄酒需在波爾圖窖藏陳釀和銷售而得名。

17世紀時隨著杜羅河區域的葡萄酒出口量增加，為了在長途運送過程中維持酒的品質，嘗試在釀造的過程中加入蒸餾的葡萄烈酒達到停止發酵的功用，因此保留了葡萄液中的糖分，讓波特酒呈現豐富的香氣、圓潤的甜味和濃郁的口感，意外的也更符合英國人的喜好。一般酒精度數為19%~22%，適合作為餐前酒或甜點酒，最適合的飲用溫度是18~19度。

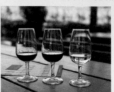

波特酒皆由多種葡萄品種混釀，每家酒廠都有自己的比例和配方，大多使用種植於杜羅河谷的原生種葡萄，品種包含Tinta Roriz、Touriga Franca、Touriga Nacional、Tinta Barroca、和Tinto Cão。又依據瓶裝陳釀、木桶陳釀、以及年份細分種類，以下介紹幾種常見的主要類別：

**紅寶石波特 Ruby:**

酒液有紅寶石的美麗光澤，屬於年輕的波特酒，在橡木桶中至少兩年，陳釀過程杜絕氧化，口感較輕盈滑順。這也是最平價的波特酒。

**白波特 White:**

選用白葡萄混釀而成，酒液呈現金黃色，為即飲而釀製，僅經過短時間的陳化，比起紅波特顯得較為稀少，口感清爽帶有熱帶水果與蜜桃的香氣。

**粉紅波特 Rose:**

與一般粉紅酒的製作方式相同，只攝取葡萄皮的少量顏色，使得酒液呈現粉紅色，屬於年輕的波特酒，帶有果香、肉桂與蜂蜜的風味，可做調酒使用。

**晚裝瓶波特 LBV( Late-Bottled Vintage):**

由特定年份的精選葡萄釀製，在橡木桶中熟成至少五年才裝瓶，產生出更多層次的風味，所以稱為晚裝瓶，高單寧與酸度，具有香料與可可的香氣。

**茶色波特Tawny:**

由多款年份波特混調，並長時間在橡木桶陳釀，呈現金黃色，有堅果風味，調和後約需10年左右的時間熟成，也有20~40年以上的褐色波特。

**年份波特Vintage:**

又被稱為波特酒之王，選用葡萄品質最佳的年份，在釀製後的2~3年間裝瓶，並須經過IVDP認證合格，雖可直接銷售，但陳年10~40年飲用更佳。

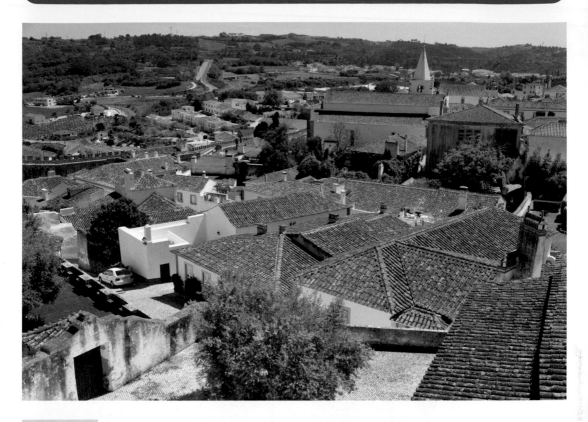

歐比多斯

# 歐比多斯及周邊
# Óbidos and Around

歐比多斯位於里斯本北方80公里處，這個距離太平洋不遠的白色小鎮擁有「婚禮之城」的浪漫暱稱，還曾在世界十大浪漫結婚聖地中票選排名第四。歐比多斯沒有精雕細琢的大教堂和非看不可的景點，漫步在石板街道，耽溺於中世紀小鎮的恬靜，就是最美麗的時光。

1148年阿方索從摩爾人手中奪回葡萄牙，歐比多斯就是戰利品之一。13世紀狄尼斯一世(Dom Dinis I)下令整修城堡，在1282年迎娶亞拉岡王國的伊莎貝爾公主(Queen Santa Isabel)時，將這座小鎮當作禮物，送給新婚的皇后，並在此舉行婚禮，從那時開始，直到1883年以前，歐比多斯和鄰近地區都屬於歷任葡萄牙皇后所有。

歐比多斯保有許多的節慶和傳統，最受歡迎的有3月的國際巧克力節(Festival Internacional de Chocolate)、4月的聖週(Semana Santa)和7月的中世紀市集 (Mercado Medieval)，能感受到全城沸騰的歡樂氣氛。

# INFO

## 基本資訊

**人口**：約11,922人
**面積**：141.55平方公里

## 如何前往

### ◎火車

從里斯本Sete Rios火車站出發，搭乘地區火車約需2~2.5小時，部分車次需在Agualva-Cacem轉車，每日7班次。火車站位於靠近城堡東北部，城門外山腳下，步行至城堡的路途風景宜人，約需15分鐘。購票及火車時刻表可上網或至車站查詢。
**葡萄牙國鐵** ⓤ www.cp.pt

### ◎長途巴士

搭乘長途巴士前往是比較方便的方式。從里斯本Campo Grand巴士站出發，搭乘Rodotejo營運的綠線快速巴士(Rapidas Verde)，車程約1小時，離峰時間每小時1班次，尖峰時間每15~30分一班次。歐比

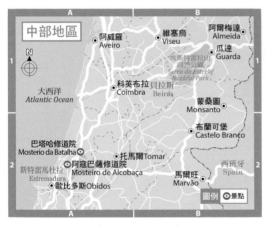

### 喝櫻桃，吃杯子

迪雷達大街上，到處都有販售被稱為Ginja的櫻桃酒，這種甜酒起源於一位修士突破傳統，嘗試將歐比多斯地區的酸櫻桃加糖發酵，浸泡釀酒，之後在里斯本和歐比多斯地區大受歡迎。

Ginja口感滑順，氣味香甜，酒精濃度約20%，適合在15~17度飲用，作為開胃酒或餐後甜酒。歐比多斯的釀酒廠商為了搭上巧克力節的順風車行銷櫻桃酒，發展出用巧克力杯裝酒的喝法，一口飲盡Ginja，再吃掉殘留美酒的巧克力杯，酒香和巧克力的甜味在舌尖混合，品嚐的是一種滿足的幸福滋味。

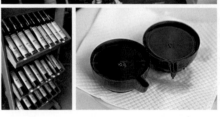
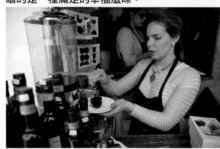
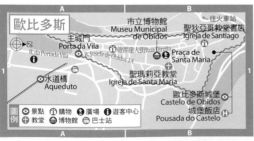

多斯的長途巴士站就在主城門外側。
**Rodotejo** ⓤ www.rodotejo.pt

## 市區交通

舊城區面積不大，步行是最好的遊覽方式。若開車自駕前來，城門外有一座收費停車場，而對面有另一座免費停車場。

## 旅遊諮詢

### ◎遊客服務中心

🔺P.247A1(下)
🏠R. da Porta da Vila
☎262-959-231
⏰09:30~13:00、14:00~17:30
ⓤwww.obidos.pt

（中部地區地圖／歐比多斯地圖）

葡萄牙… 歐 比多斯及周邊 Óbidos & Around

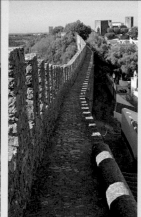

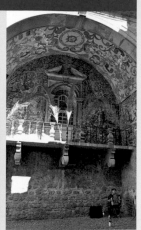

**MAP ▶ P.247B1(下)**

# 城堡與城牆

**MOOK Choice**

## Muralhas & Castelo

### 登高眺望小鎮全景

**Pousada do Castelo**

🚶 從主城門步行約10分鐘可達　🏠 Paço Real　☎ 210-407-630　🌐 www.pousadas.pt

南方的主城門(Porta da Vila)是通往奧比都斯鎮上的主要門戶，門廊牆壁上覆蓋著18世紀的青花瓷磚，描繪耶穌受難，拱頂則彩繪花草圖案，這種雙重城門的設計是葡萄牙城堡的經典樣式。進城後順著主城門旁的階梯可登上城牆，這裡提供奧比都斯最佳的拍照角度。

摩爾人興建的城牆包圍歐比多斯小巧可愛紅瓦白牆，呈現南北走向的狹長三角形，共有6座城門，全長約1.5公里，高12公尺，可以爬上城牆繞小鎮走一整圈，只是高聳的城牆上沒有護欄，行走時需注意安全。

沿著城牆到達位於城鎮高處的城堡，這裡起建於摩爾人統治時，之後經迪尼斯一世和曼努埃爾一世整修擴建，融合多種建築風格，1775年大地震時幾乎全毀，1951年開始才重整為葡萄牙第一間國營旅館(Pousada)，讓旅客體驗中世紀皇室的感覺。

**MAP ▶ P.247A1(下)**

# 迪雷達大街

## Rua Direita

### 最浪漫的商店街

🚶 從主城門進入的主街

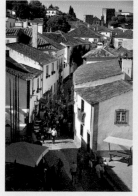

迪雷達大街是歐比多斯的忠孝東路，貫穿小鎮南北，石板街道兩旁都是紀念品店和餐廳，家家戶戶石灰刷白的牆面上，彩繪晴天藍、檸檬黃的線條，點綴明亮活潑的氣息，小窗台上花開盛艷，枝葉藤蔓攀爬牆面，創造最自然的藝術品，即使是熱鬧的商店街，也瀰漫獨有的浪漫情懷。

迪雷達大街盡頭，有一間聖狄亞哥教堂(Igreja de São Tiago)改裝的書店，內部仍保留原來的教堂格局，知識與上帝並存，相當有趣。對宗教藝術有興趣的話，也可以參觀18世紀市長官邸改建的市立博物館(Museu Municipal)。

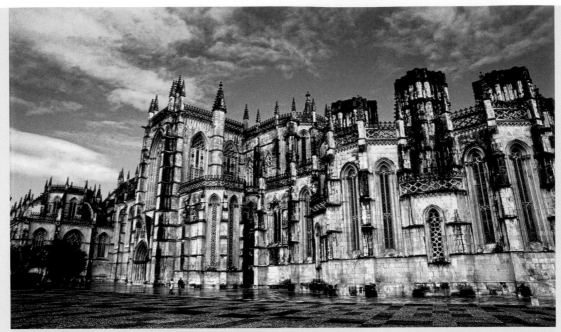

歐比多斯周邊

**MAP ▶ P.247A2(上)**

# 巴塔哈修道院

## Mosterio da Batalha
## (Mosteiro de Santa Maria da Vitória)

**未完成的華麗**

🚌搭乘Rede Expressos巴士從從里斯本出發約2小時，1日4班次，從科英布拉約1.5小時，1日2班次；從歐比多斯搭乘Rodotejo巴士約2小時，週一至週六9:35發車；從阿寇巴薩修道院搭乘約30分鐘，1日3~6班次。 🏛Mosteiro de Santa Maria da Vitória, Batalha ☎244-765-497 ⏰4~10月中旬09:00~18:30、10月下旬~3月底09:00~18:00（閉館前半小時停止入場）🚫1/1、復活節週日、5/1、12/24~25 💲全票€6；巴塔哈修道院、阿寇巴薩修道院與耶穌修道院聯票€15 🌐www.mosterobatalha.gov.pt
**Rodotejo**
🌐www.rodotejo.pt

　　被聯合國教科文組織於1983年列入世界遺產的巴塔哈修道院，可說是葡萄牙史上最了不起的建築之一，雖然本身是伊比利半島最迷人的哥德式的建築，但之後添加的曼努埃爾式(Manueline)的風格卻也搶盡風采。

　　以淡色石灰岩建造的巴塔哈修道院，就佇立在巴塔哈鎮中心，除了建築本身是個傑作外，它

還與葡萄牙14、15世紀的歷史息息相關。卡斯提亞國王胡安一世(Juan I)與葡萄牙公主聯姻，但因虎視瞻瞻於葡萄牙國王的王位，於是便在1385年派兵攻打葡萄牙。而當時身兼埃維斯騎士團指揮的若昂發誓，如果贏得勝利，將興建一座紀念聖母的偉大修道院。最後，葡萄牙人以寡敵眾，贏得這場關鍵的阿爾儒巴羅塔戰役(battle of Aljubarrota)戰役，若昂也成為葡萄牙國王，為若昂一世(Joào I)。修道院便於1386年開始興建，將近兩個世紀才完工，前後歷經7位葡萄牙國王和15位建築師的努力，完工後這裡也成為皇家陵寢。

　　包括有教堂、皇家迴廊、創立者禮拜堂、修士大會堂等，都是以火焰形式的哥德風格在1434年完工的，不過在15、16世紀增添的曼努埃爾式建築風格，卻凌駕整個修道院。巴塔哈修道院的興建工程大約1517年告一段落，原因是當時執政的若昂三世(João III)將注意力轉移到托馬爾的耶穌修道院(Convento de Cristo)。1755年的地震和拿破崙軍隊的破壞曾對修道院造成嚴重損壞，一度淪為廢墟，直到19世紀斐迪南二世著手修復，才拯救了這個國家珍寶。

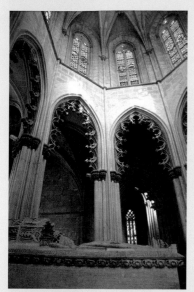

## 未完成的禮拜堂Capelaas Imperfeitas

這裡是修道院中另一個讓人驚歎不已的建築，沒有屋頂的八角形陵墓內部建有7個禮拜堂，最後一面則是15公尺高的大門，上面刻有繁複的長春藤、荊花、干貝等雕飾。這是由若昂一世最年長的兒子－國王杜阿爾特一世(Duarte I)下令為他自己與家人興建的陵寢，然而國王於1437年病逝，隔年，主建築師Huguet也不幸辭世，工程被迫停止。雖然16世紀曼努埃爾一世恢復修建，並完成雕飾繁複的大門，但最後還是選擇將資金挹注於里斯本的傑羅尼摩斯修道院，沒有拱頂的禮拜堂就成了永遠的未完成。

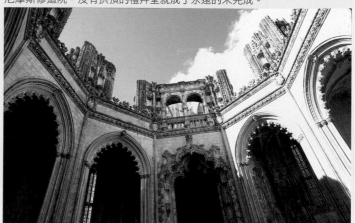

### 創立者禮拜堂
### Capela do Fundador

位在教堂正廳的一旁，是洛昂一世於1426年建立的一間美麗八角星形天花板的房間，房間中央置放著他與英國籍皇后菲莉帕(Philippa of Lancaster)的雙人棺墓。另外在房間的南端則置入他們排行年紀最小的4個小孩墓碑，其中一個便是設立第一座航海學校，為葡萄牙奠定航海基礎的航海家亨利王子。

### 皇家迴廊

雖然皇家迴廊原本以哥德式的建築為主，但真正吸引人目光的是後期增添繁複精緻曼努埃爾式建築風格。迴廊中的每一道拱門上方皆佈滿繁複的曼努埃爾元素，如皇家紋徽和扭轉造型的圓柱；象徵航海的船桿、繩索、貝殼和珍珠浮雕等。總而言之，這裡可稱作是葡萄牙結合哥德和曼努埃爾式建築藝術的最佳見證。

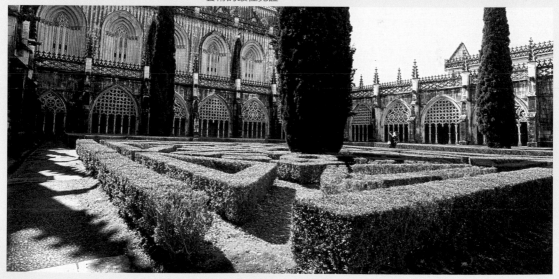

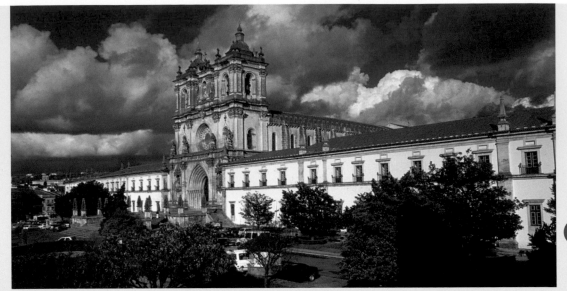

歐比多斯周邊

MAP ▶ P.247A2(上)

# 阿寇巴薩修道院

## Mosteiro de Alcobaça

**永不分離的淒美愛情**

🚌 搭乘Rede Expressos巴士從里斯本出發約2小時，1日6班次；從科英布拉約1.5小時，1日2班次；從歐比多斯搭乘Rodotejo巴士約1~2小時，1日6班次。從巴塔哈修道院約30分鐘，1日6班。從巴塔哈修道院開車自駕需30分鐘。
🏠 Mosteiro de Alcobaça ☎ 262-505-120 🕐 4~9月09:00~19:00、10~3月09:00~18:00 🚫 1/1、復活節週日、5/1、12/24~25 💲 全票€6；巴塔哈修道院、阿寇巴薩修道院與耶穌修道院聯票€15 🌐 www.mosteiroalcobaca.gov.pt
**Rede Expressos** 🌐 www.rede-expressos.pt
**Rodotejo** 🌐 www.rodotejo.pt

阿寇巴薩修道院是葡萄牙境內最大的教堂，不但以早期葡萄牙哥德式的建築典範聞名，也是歐

洲最重要的西妥會(Cistercian)修道院。現今則是被聯合國列入世界文化遺產。

葡萄牙第一位國王阿方索(Afonso Henriques)曾經立下誓願，如果能擊退摩爾人，他要為西妥會興建一座大教堂。阿寇巴薩修道院從1178年開始興建，一直到1223年才完工，之後不但成為西妥會的根據地，同時也是最高的權利中心，當時修士們耕耘院內的土地，每日過著自給自足和奉獻教會的工作，對外界完全沒有聯繫。據說，最多曾有999位修士日以濟夜的舉辦彌撒呢！

為了符合社會需求，到了13世紀修士們開始興辦學校，17世紀時又轉變成製作陶藝品和雕塑品。不過在1834年時，因葡萄牙的自由主義運動，所有的宗教都被驅逐，阿寇巴薩修道院就被修士們遺棄。

## 佩德羅一世與英娜斯之墓
### Túmulo de D. Irès de Castro

雖然石棺分別位在教堂正廳的南北兩翼，但那一段淒美愛情故事卻緊緊維繫兩人。佩德羅一世在娶卡斯提亞公主歐斯塔娜為妻前，就已經愛上了英娜斯，雖然歐斯塔娜不幸去世，佩德羅一世的父親阿方索卻礙於歐斯塔娜的強勢家庭與王國背景，反對佩德羅一世與英娜斯回復舊日情愛。然而他仍舊不顧反對的搬去科英布拉與英娜斯相聚，最後阿方索使出狠招暗中派人刺殺英娜斯。當阿方索去世

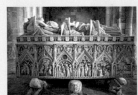

後，佩德羅一世便向世人宣稱他與英娜斯已經完婚，並將她的遺體自墓中挖掘出並且戴上皇冠。

雖然這兩座石棺因19世紀時法國軍隊入侵到修道院收刮寶物時受損，但仍舊可看出石棺上精緻的耶穌生平雕塑，尤其是佩德羅石棺底座和英娜斯石棺上的最後審判最為精采。

251

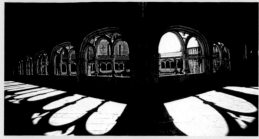

## 寂靜迴廊Claustro do Silencio

美麗的寂靜迴廊又稱作是狄尼斯迴廊(Claustro de D. Dinis)，迴廊的一樓雕有花飾窗格的拱門建於14世紀狄尼斯國王執政時，而二樓的曼努埃爾式建築則是在16世紀加上的。值得一提的是，在迴廊西北邊有一間國王廳(Sala dos Reis)，也就是現今的修道院入口處，這是在18世紀時所增添的，裡面有葡萄牙歷任國王的雕像，廳堂四周鑲有描述建造修道院故事的青色瓷磚。

## 廚房Cozinha

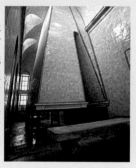

廚房有巨大的煙囪、爐灶與烹飪設備，十分驚人。可用來料理大量的食材，據說能同時燒烤7頭全牛，這裡甚至建造了儲水系統，將河水引進廚房的水池內，方便使用。原本的廚房位置位於迴廊的西側，18世紀以後才遷移至此。

## 餐廳 Refeitório

餐廳位於廚房旁邊，一側有位於高處的講台，用於在用餐時朗讀聖經，有趣的是為了控制僧侶們的身材胖瘦，房間內還有另一個狹窄的小型拱門，無法順利通過拱門的人，就會被限制飲食。

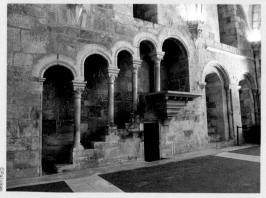

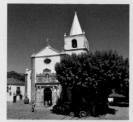 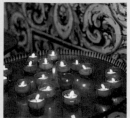

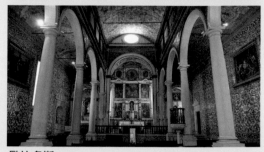

歐比多斯

**MAP ▶ P.247B1(下)**

# 聖瑪莉亞教堂

## Igreja de Santa Maria

**舉辦皇室婚禮的地點**

從南城門步行約5分鐘可達 Praça de Santa Maria
262-959-633 09:30~12:30、14:30~19:00

聖瑪莉亞廣場(Praça de Santa Maria)旁，擁有文藝復興風格拱門的是聖瑪莉亞教堂(Santa Maria)，內部所有牆面都覆蓋著17世紀的優美藍白瓷磚，令人驚艷。教堂的歷史可追溯至西哥德人，曾是摩爾人的清真寺，直到阿方索國王收復歐比多斯才回歸天主教，現在教堂的模樣是1535年地震後，在凱瑟琳凱瑟琳皇后(Queen Catarina)的資助下整修完成。聖瑪莉亞教堂曾作為多位葡萄牙國王的婚禮場地，包括1441年時阿方索五世和他的姪女伊莎貝爾也在此結婚，只是當時阿方索才10歲，而新娘也僅8歲而已。

廣場的噴泉附近有15世紀的曼努埃爾風格的恥辱柱，當時會將帶著刑具枷鎖的犯人綁在柱子上，羞辱示眾。柱子上裝飾有漁網造型，這是若昂二世(João II)的皇后雷奧諾爾(Dona Leonor)對挽救溺水王子的當地漁夫所表示的敬意。

# 科英布拉
# Coimbra

這是一座古老的城市，葡萄牙第一任國王阿方索·亨里克(Afonso Henriques)於12世紀將首都從吉米瑞斯(Guimarães)搬遷至此，接著6位國王誕生於此，被列為世界文化遺產的最古老大學也坐落於此。

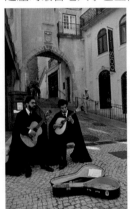

這也是個充滿活力的城市，一半以上的人口是大學生，青春歡鬧洋溢在廣場、酒吧與街頭巷尾。葡萄牙民謠命運之歌(Fado)在此發展出令一種版本，由學生主唱的法朵更偏向輕盈的民謠，正如科英布拉的特質，年輕的思想傳承古老的傳統。

科英布拉擁有葡萄牙的「牛津」美譽，1290年創立至今仍保持最高學府的姿態，16世紀若昂三世提供皇宮作為大學，從此改寫城市的命運，確立科英布拉在葡萄牙的文化地位。大學盤據在小山丘的頂端，順著階梯拾級而上，或許有許多穿著黑色學士服的大學生迎面而來，或許你會隨著他們的背影走到舊大學，遊覽舊教堂、新教堂和國立雕像博物館，回到市區後，順著主要購物街R. Ferreira Borges一路開逛下去，最後在聖十字修道院前的五月八日廣場喝杯咖啡，走入當地人的日常。

黃昏時刻漫步聖克拉拉橋(Ponte de Santa Clara)，橫跨蒙德古河(Rio Mondego)，沿著山丘而建的大學城在夕陽下閃耀玫瑰色澤，而法朵的樂音已不經意從小酒館悄悄流溢到街上⋯

## INFO

### 基本資訊
**人口**：約143,000人
**面積**：319.4平方公里

### 如何前往
◎火車
　從里斯本Santa Apolonia火車站出發，搭乘IC(Intercidade)城際快車或AP(Alfa Pendular)高速火車約1.5~2小時，每小時1~3班次。或從波爾圖Campanhã火車站出發，車程約70~120分鐘，每小時1~3班次。購票及火車時刻表可上網或至車站查詢。
　科英布拉共有2個火車站，科英布拉火車站A(新站)就在市中心，但科英布拉火車站B(舊站)在市區3公里外遠。IC列車和AP長程高速火車都會停在B站，可以在對面月台轉搭區間車到A站，車程約4分鐘。
**葡萄牙國鐵** ⊕www.cp.pt
◎長途巴士
　從里斯本巴士總站Terminal de Sete Rios出發，搭乘Rede Expressos營運的巴士，車程約2.5小時，約每30~60分鐘一班次。長途巴士站位於蒙德古河畔，步行至市中心約5分鐘。
**Rede Expressos** ⊕www.rede-expressos.pt

### 市區交通
　舊城區面積不大，除了新聖克拉拉修道院以外，其他景點集中於蒙德古河右岸，可以步行方式遊覽。觀光區集中在大學所在的丘陵處。

### 旅遊諮詢
◎遊客服務中心
⌂R. Ferreira Borges 20
☎239-488-120
◷週一至週五09:00~12:30、14:00~18:00
⊕www.coimbraportugaltourism.com

## 燃帶節Queima das Fitas

　　每年五月上旬畢業季就是科英布拉陷入狂歡的日子，為期一週的畢業節慶，每天都是屬於不同系所的畢業日。畢業生穿著學士服、披著像哈利波特中霍格華滋的黑斗篷，在校園、廣場、酒吧和街上聚集歡呼，而最後的高潮就是將代表系所的彩色緞帶丟入火爐中。

　　這項傳統的緣由是在大學初創時，為了要區別學生所研讀的科目，便在學士服繫上有顏色的緞帶，以紅色代表法律系、黃色代表醫學系、深藍色代表文學系、畢業時各系所會以不同顏色的花車遊行慶祝，最後將緞帶丟入燃燒的火爐中，象徵學生生涯的結束。

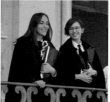

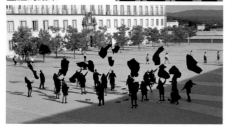

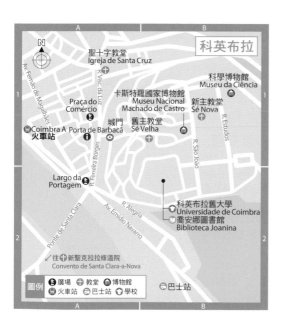

**MAP ▶ P.254B1**

# 舊主教堂

## Sé Velha

**葡萄牙最好的羅馬式建築**

從火車站步行約10分鐘　Largo Sé Velha　239-825-237　週一至週五10:00~17:30、週六10:00~18:00、週日和宗教節日11:00~17:00　€2.5

　　舊主教堂外觀似堅固的碉堡，被公認為是葡萄牙最好的羅馬式建築，在大主教的管轄區遷移到新教堂(Sé Nova)之前，一直扮演科英布拉居民的心靈寄託。

　　1162年，第一位國王阿方索在就有教堂上興建這座主教堂，主祭壇前方還能看到10世紀初舊教堂建立時的基石。阿方索於此地將科英布拉定為葡萄牙的首都，他的兒子桑喬一世(Sancho I)也在這裡加冕為王。正門入口雕飾看出受伊斯蘭文化的影響，華麗的左側門則是João de Ruão所創作，被稱為Porta Especiosa(美麗之門)，是葡萄牙文藝復興式的精品，也是科英布拉藝術及文化水準的代表。

　　教堂內的墓碑包含有13世紀大主教法埃斯(Dom Egas Fa'es)，與曾是拜占庭公主並且是科英布拉宮廷女教師的薇塔卡(Dona Vetaca)。而哥德式的修道院迴廊氣氛靜謐，每個拱門的山形牆都有不同的圖樣。

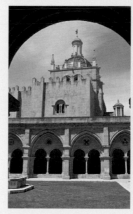

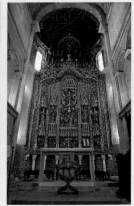

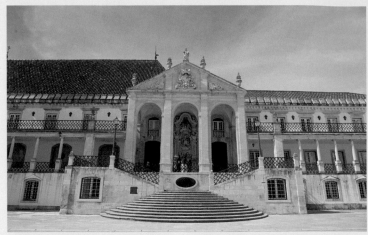

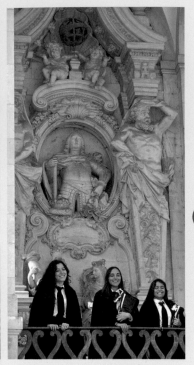

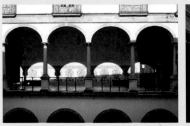

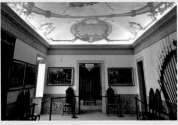

**MAP ▶ P.254B2**

# 科英布拉
# 舊大學

MOOK
Choice

## Universidade de Coimbra

**葡萄牙最老大學**

🚶火車站步行約15分鐘可達 🏠Largo da Porta Férrea 📞
239-859-884 🕐售票處和舊皇宮區09:00~17:00，化學實
驗室09:00~13:00，14:00~17:00 🚫1/1、12/24~25、
12/31 💲舊皇宮校區全票€13.5（包含喬安娜圖書館、聖米歇
爾禮拜堂、舊皇宮、植物園和科學實驗室） 🌐visit.uc.pt ❗
喬安娜圖書館有參觀人數管制，需預約時段，內部禁止拍照。
可在Porta Férrea門口附近的大學訊息中心購票。

　　科英布拉大學是歐洲最古老的大學之一，
1911年以前，也一直是葡萄牙語區的唯一一所
大學。

　　葡萄牙第一所大學由狄尼斯國王(King Dinis)
成立於1290年，直到若昂三世(Joān III)在1537
年將大學遷移到科英布拉以前，大學的位置一直
在里斯本和科英布拉之間輪替，若昂三世的舉動
改寫了大學的歷史並奠定城市的地位。現今大學

的中庭露台(Patio das Escolas)，仍可見到若昂
三世的雕像面對著大學。

　　在摩爾人佔領的時代，舊大學校區是當時城
市長官居住的碉堡，葡萄牙第一位國王阿方索
(Afonso Henriques)於1130年選擇科英布拉為
首都，這裏就順理成章的成為皇宮(Paço Real de
Coimbra)，也是葡萄牙最古老的皇宮。

　　從12~15世紀以來居住著歷任的君王，除了佩
德羅一世以外，第一個朝代的君王都在此誕生。
此外，在1385年時這裡也是葡萄牙第一次成立
國會的地方。在阿方索五世之後，皇宮便被荒廢
了許久，一直到了曼努埃爾一世(Manuel I)才開
始大肆整修這座被遺棄的皇宮，竟而成為當時在
歐洲數一數二的皇宮呢！

　　最古老的曼努埃爾式大門(Porta Férrea)是進入
大學主要門戶。精華參觀區域集中於中庭四周，
包含舊皇宮內部的部分區域、建於1728年被大
學生暱稱為「山羊」的巴洛克式鐘塔(Torre)、喬
安娜圖書館和聖米歇爾禮拜堂。

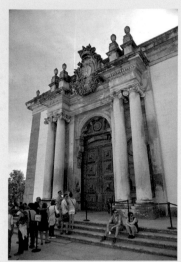

### 喬安娜圖書館
### Biblioteca Joanina

喬安娜圖書館堪稱是世界上最華麗的葡萄牙式巴洛克圖書館，是以捐贈人若昂五世之名所起名的，在圖書館內則掛有他的肖像，大門口則雕有皇家家徽。圖書館興建於1717年，天花板有三幅以知識、學問為主題的巨型彩繪，書架、木梯都雕飾著複雜的花紋，看的令人眼花撩亂，6萬本16~18世紀的藏書極具歷史價值。圖書館的中間層以前是特別藏書區，只開放給特定人士借閱，最底層則是學生違反紀律時處罰作用的學術監獄。

### 儀式大廳Sala dos Capelos

原本是皇宮宴會廳，於1544年改成大學舉辦重要儀式的場所，包含授命教長、開學典禮、博士榮譽勳章等。四周牆面掛滿了歷年來葡萄牙國王的肖像，而精緻的天花板也十分的壯觀。

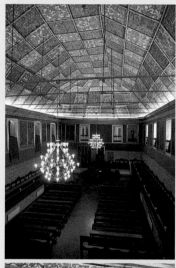

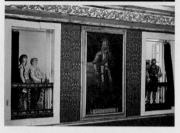

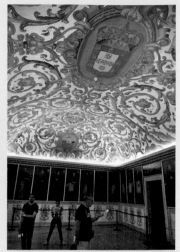

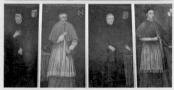

### 考試廳
### Sala do Exame Privado

原是皇宮內國王的臥室，在1544年改建成用來舉辦不對外公開的莊嚴儀式場合。現今的設計是在1701年所做的改變，主要是增加了18世紀修道院院院長的肖像，和增加了由José Ferreira de Araújo所繪的精緻天花板。

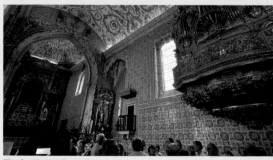

### 聖米歇爾禮拜堂 Capela de São Miguel

現在的禮拜堂大約建於15~16世紀，大門為曼努埃爾式的設計，內部裝飾則是17~18世紀的風格，以覆蓋所有牆面的藍白瓷磚、天花板上裝飾繁複的繪畫、祭壇和巴洛克式的管風琴最有看頭。

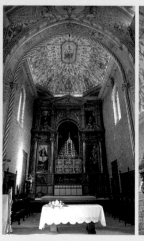

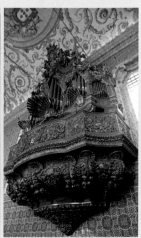

# 卡斯特羅國家博物館
## Museu Nacional Machado de Castro
### 雕像的世界

🚇從火車站步行約15分鐘　🏠Largo Dr. José Rodrigues　☎239-853-070　🕐週二至週日10:00~18:00　🚫週一、1/1、復活節週日、5/1、7/4、12/24~25　💲全票€6　🌐www.patrimoniocultural.gov.pt

　　卡斯特羅國家博物館前身是主教宮，這裡展示著許多傑出的雕塑品，還包括有15世紀後的葡萄牙繪畫、掛毯、家具等物件。

　　博物館以出生在科英布拉，18世紀葡萄牙最偉大的雕塑家Joaquim Machado de Castro命名。利用12世紀修道院迴廊，成為光線充足的展示空間。最豐富的收藏是來自教堂的雕像及建築雕塑，依時間順序展示，從古羅馬、中世紀、哥德到文藝復興時期的宗教藝術，整個聖克拉拉修道院幾乎都放進博物館中了，除了全葡萄牙最好的雕塑作品，也收藏歐洲其他地區的作品。

　　隱藏在博物館的地底，是葡萄牙保存最好的羅馬遺跡之一，迷宮一般的雙層式走道，推測可能是用來支撐羅馬時期的公共集會廣場。

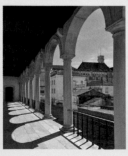

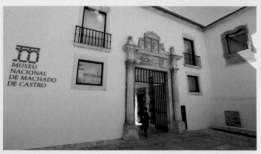

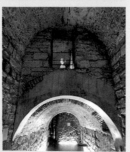

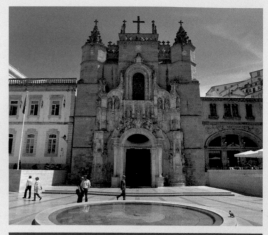

# 聖十字教堂
## Igreja de Santa Cruz
### 建國之王長眠處

🚇從火車站步行約10分鐘　🏠R. Martins de Carvalho, 3　☎239-822-941　🕐週一至週六09:30~16:30、週日和宗教節日14:00~17:30　💲教堂免費，聖器室和迴廊€3　🌐igrejascruz.webnode.pt

　　位在購物街Rua Ferreira Borges盡頭的聖十字教堂，是葡萄牙建國之初最重要的修道院，由第一位國王阿方索於1131年所建，除了擁有國家先賢祠的地位，華麗的曼努埃爾式正門更是五月八日廣場(Praça 8 de Maio)上最亮眼的焦點。

　　聖十字教堂包含教堂、修道院和迴廊空間，最初為羅馬式風格，16世紀以後加入曼努埃爾和文藝復興元素。教堂牆面佈滿美麗的18世紀瓷磚，右邊描述的是聖奧古斯丁的一生，左邊則是神聖的十字架；聖壇兩側雕刻精細的陵寢屬於葡萄牙建國之初的兩位國王：阿方索・亨里克和桑喬一世(Sancho I)。此外，文藝復興式的講道壇和曼努埃爾式拱頂也值得注意。

　　聖器收藏室裡展示多幅16世紀葡萄牙畫家的繪畫與聖袍，其中一幅是由16世紀貴族葛維斯可所製的聖靈降臨節(Pentecost)。而迴廊的四周牆上也鑲滿美麗的瓷磚，氣氛十分莊嚴。

葡萄牙…科　英布拉 Coimbra

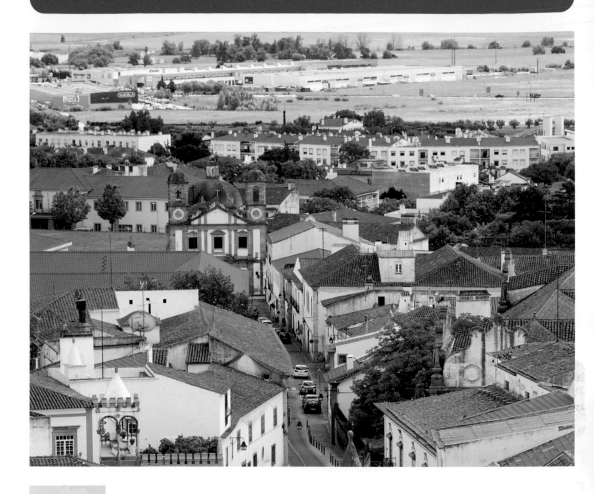

# 艾芙拉
# Évora

艾芙拉

世界遺產城市艾芙拉是個被橄欖樹和葡萄園圍繞的可愛小城，同時也是阿連特茹地區的首府、宗教中心和農業交易中心。艾芙拉的歷史可追溯至古羅馬時代，15世紀被選為葡萄牙國王居住地，開啟了它的建設和輝煌，後來數百年在葡萄牙有極重要的文化地位。

舊城被中世紀城牆所包圍，鋪設平整的石板巷道蜿蜒舊城，白牆點綴亮黃色彩，17世紀鑄鐵窗台圈繞出優雅氣息，若是有充裕的時間住上一晚，更能領略艾芙拉的迷人之處。

吉拉爾朵廣場(Plaça do Giraldo)是舊城區的中心，廣場上8股水流的噴泉象徵向廣場匯集的8條道路，露天咖啡和街頭藝人不時點燃廣場的熱鬧氣氛，人氣十足。不過在這歡樂的背後可是有著沉重的一段歷史呢！包括了1483年時布拉岡薩公爵法南度在此被處死、16世紀時宗教法庭在此公眾燒死異教徒等。十月五日街道(Rua 5 de Outubro)是廣場通往主教堂的可愛小巷，街道兩邊皆是當地的工藝品店，特別是以軟木為材質的各項商品，從餐墊、包包、帽子到鞋子，種類包羅萬象，就是這個地區的特產。

# INFO

## 基本資訊

**人口**：約55,000人
**面積**：1,307平方公里

## 如何前往

### ◎火車

從里斯本火東方火車站(Gare do Oriente)或Entrecampos火車站出發，搭乘IC火車約需1.5小時，每日5班次，僅於上下班時段和中午13:00左右發車。艾芙拉火車站位於舊城區南方約1公里處，步行至吉拉爾朵廣場約需20分鐘。購票及火車時刻表可上網或至車站查詢。

**葡萄牙國鐵 ⓦwww.cp.pt**

### ◎長途巴士

從里斯本Sete Rios巴士總站出發，搭乘Rede Expressos營運的長途巴士，車程約1.5~2.5小時，每日約15~20班次。巴士票須於上車前先購買劃位。長途巴士站就在市中心西側城牆外不遠處，距離吉拉爾朵廣場步行約10分鐘。

**Rede Expressos ⓦwww.rede-expressos.pt**

## 市區交通

舊城區面積不大，步行是最好的遊覽方式。如果開車自駕，由於城內多單行道，且付費停車場車位有限，最好將車停在城牆外帶有標誌的停車場。

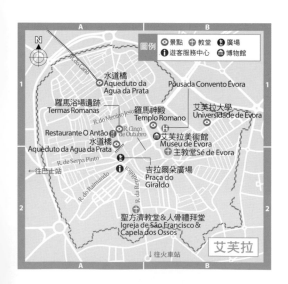

## 阿連特茹美食

艾芙拉所在的阿連特茹(Alentejo)地區號稱葡國的美食倉庫，依季節差異，沿海和內陸地區各有不同的豐富農漁物產，除了高品質橄欖油，集「山珍、海味」於一身的必嚐料理首推阿連特茹燉豬肉(Carne de Porco à Alentejana )。山區飼養的豬號稱是伊比利半島最好的品種，豬仔吃橡樹子長大，在樹林間奔跑，脂肪含量少，肉質口感較有彈性且香氣十足，切成小塊的腰內肉搭配新鮮蛤蠣燉煮，調和橄欖和大蒜香氣的醬汁甜中帶鹹，扮演兩位主角間的最佳媒介。舊城內許多餐廳都有供應這道料理，其中，人氣餐廳Restaurante O Antão不僅獲無數美食獎項肯定，價格也相當親民。

### Restaurante O Antão

🄿P.259A1　◎位於吉拉爾朵廣場(Praça do Giraldo)旁的巷子　☖R. João de Deus 5　☏266-706-459　◷週二至週日12:00~15:00、19:00~22:30　ⓦrestauranteantao.pt

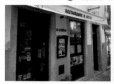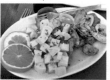

## 觀光行程

如果你對艾芙拉郊外的史前巨石遺址有興趣，那麼以考古為主旅行團將是個不錯的選擇。行程將造訪西元前6000年左右新石器時期的巨石陣(Cromelech of Almendres)、古墓Great Dolmen of Zambujeiro以及巨石柱(Menir dos Almendres)。

### Ebora Megalithica

☏266-782-069
◷每日兩團，分別為10:00~13:00、14:00~17:00
🅢全票€35，16歲以下半價，每團最多7人，價格包含艾芙拉接送
ⓦwww.eboramegalithica.com

## 旅遊諮詢

### ◎市立遊客服務中心

🄿P.259A2　◎位於吉拉爾朵廣場(Praça do Giraldo)上，由巴士總站往東步行約10分鐘，由火車站往北步行約18分鐘可達　☖Praca de Giraldo 73　☏266-777-071　◷週一至週五 09:00~19:00，週末09:00~14:00、15:00~19:00　ⓦwww.cm-evora.pt

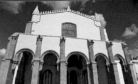
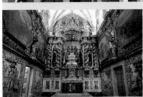
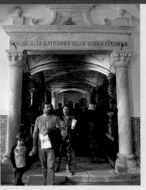

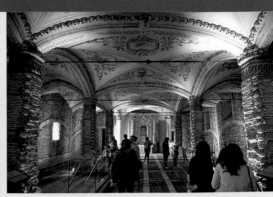

**MAP ▶ P.259A2**

# 聖方濟教堂&
# 人骨禮拜堂

**MOOK Choice**

## Igreja de São Francisco & Capela dos Ossos

### 與死亡面對面

🚶從吉拉爾朵廣場步行約8分鐘可達　🏠Praça 1º de Maio　☎266-704-521　🕐6~9月09:00~18:30、10~5月09:00~17:00　💲全票€6、優待票€4　🌐igrejadesaofrancisco.pt/igreja/

真正讓艾芙拉聲名遠播的其實是附設於聖方濟教堂內的人骨禮拜堂。禮拜堂入口處的碑文刻上「Nós ossos que aqui estamos, pelos vossos esperamos」，意思是「躺在此地的骨骸，等待你的加入」，被一堆骷顱頭用這種方式歡迎，再大膽的人都會感覺到的背脊忽然竄升的涼意吧！

這座另類的禮拜堂是由3位聖方濟各教會的修士建造，因為17世紀時艾芙拉市區腹地不夠使用，只好著手清理原有墓地，用5,000人的骨骸裝飾禮拜堂，同時達到慰靈的效果。人骨禮拜堂並無令人作嘔的氣味，雖然從天花板到牆壁都是以墓地挖出的骷顱頭、骨頭堆築而成，祭壇前方還有兩具完整的人骨，實際上卻不會有恐怖的感覺。

聖方濟教堂完工於1510年，混合了曼努埃爾和哥德式的建築風格，是獻給聖方濟各修士的教堂，原本作為皇家祈禱使用，所以門口還有葡萄牙國王的王徽。2015年剛完成大規模整修，現在看起來相當新穎，教堂上方則規劃為宗教藝術展覽空間。

**MAP ▶ P.259A1**

# 水道橋

## Aqueduto da Àgua da Prata

### 與古蹟共同生活

🚶從吉拉爾朵廣場步行約7分鐘可達　🏠Rua do Cano

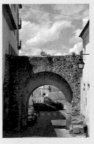
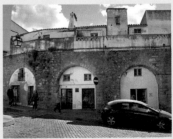

舊城牆北面劃開綠地與天空的高架水道拱橋，看似羅馬風格，其實是若昂三世(King João III)於1537年完成的建設，全長18公里，從艾芙拉北邊的Divor引水進入市中心，完工時還在吉拉爾朵廣場蓋了一座獅子造型的大理石噴泉。

現在的水道橋雖然已失去作用，卻在舊城內形成相當有趣的畫面，居民利用水道橋堅固的花崗岩圓拱支柱，作為房屋樑柱的一部分，也算是一種廢棄建築的再生吧！

MAP ▶ P.259B1

# 羅馬神殿
## Templo Romano de Évora
### 千年屹立不搖

🚶從吉拉爾朵廣場步行約7分鐘 🏠Largo do Conde de Vila Flor

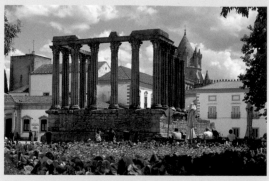

大約建於西元1世紀奧古斯都時代的羅馬神殿，是葡萄牙境內保存最完整的羅馬紀念碑建築，神殿中央的14根柯林斯式圓柱和地板，皆以伊斯特雷摩斯(Estremoz)出產的大理石與黑色花崗岩所製成，保存良好，歷經2,000多年後仍屹立不搖。

羅馬神殿的命運可不是那樣平順，西元5世紀西哥德人入侵伊比利半島時幾乎毀了神殿，中世紀時又被當作刑場，直到19世紀的考古學家恢復神殿的歷史價值。根據考古資料，這裏曾是祭祀黛安娜女神的祭壇，因此又被稱為戴安娜神殿(Temple of Diana)。

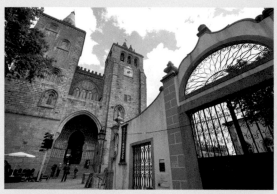

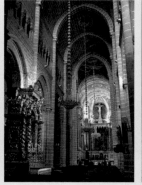

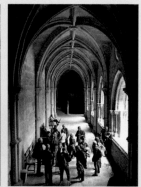

MAP ▶ P.259B2

# 主教堂
## Sé de Évora
### 俯瞰舊城全景

🚶從吉拉爾朵廣場(Praça do Giraldo)步行約5分鐘可達 🏠Largo do Marquês de Marialva ☎266-759-330 ⏰09:00~17:00(最晚入場時間16:00) 💲教堂＋迴廊＋塔樓€3.5、教堂＋迴廊＋塔樓＋博物館€4.5 🌐www.evoracathedral.com

遠遠地就能看到艾芙拉主教堂的兩座不對稱高塔，由圓錐狀尖塔組成的屋頂，是葡萄牙相當罕見的形式。主教堂建於1186年，費時60餘年才完工，不但是葡萄牙最大的中世紀教堂，冒險家達·迦馬(Vasco da Gama)前往印度前也曾在此禱告。

哥德－羅馬風格的正立面酷似碉堡，正門上方12個使徒雕像雕工精美，主禮拜堂於1718年重建為巴洛克式，彩色大理石的裝飾，與其他區域的簡樸莊嚴形成對比。內部相較於其他大教堂顯得平淡，值得注意的有中殿的聖母雕像、唱詩班席位的文藝復興風格橡木椅。此外，聖器藝術博物館(Museu de Arte Sacre)內收藏許多屬於教會的十字架、金、銀器與聖餐杯，14世紀的哥德式迴廊則保存有艾芙拉最後4個主教的石棺。

從鐘塔爬上主教堂屋頂，視線豁然開朗，舊城區鱗次櫛比的紅瓦白牆、城外綿延無盡的綠色原野構成一幅恬靜的鄉村畫，這才是主教堂最吸引人的要素。

葡萄牙…艾 芙拉 Évora

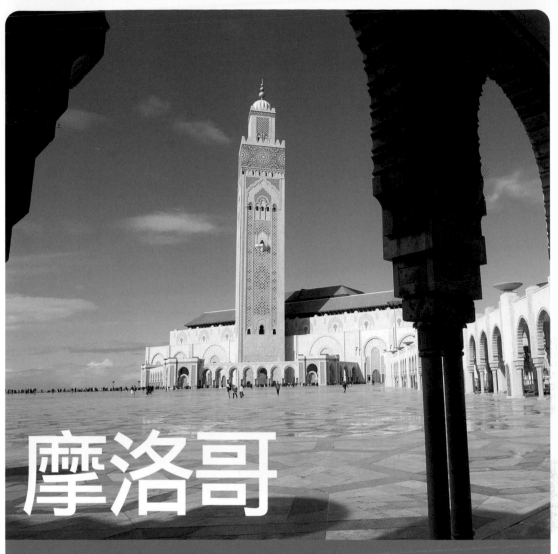

# 摩洛哥

摩洛哥

# Morocco

文●陳蓓蕾
攝影●陳蓓蕾

摩洛哥自古以來是北非的門戶，歐洲的後花園，得天獨厚的地理位置、多樣化的自然地貌與豐富資源讓人驚豔。北非的天然屏障–亞特拉斯山脈由東北向西南延伸縱貫國土，以西有蜿蜒漫長的大西洋沿岸、海港城市與歷史悠久的古城，山脈以東則有峽谷、綠洲、滑雪場、瀑布以及南方的撒哈拉沙漠，美麗的金黃色沙丘成了觀光客來此最主要的目的，摩洛哥的觀光業收入占GDP的18%，每年有800萬的遊客造訪，旅行團也不負眾望地提供一系列探索撒哈拉套裝行程：騎駱駝看夕陽、夜宿沙漠帳篷以及沙丘賞日出等等，帶領遊客一窺撒哈拉的神秘面紗。

　　摩洛哥悠久的歷史文化也和自然景觀同樣豐富多元，歷史首都菲斯、馬拉喀什、梅克內斯以及現在的首都拉巴特並列為4大皇城，它們訴說著一個個王朝的興衰，名列世界遺產。西元1912年摩洛哥成為法國的「保護國」後，原住民柏柏爾文化、阿拉伯文化與歐洲文化再次碰撞融合，法國人保存了既有的舊城區(Medina)，在旁另建新城區，因此多半的古城都能體驗這樣新舊融合的文化風采。入住舊城區的傳統庭園大宅(Riad)，在迷宮般的市集(Souk)中購物，大啖羊臉與塔吉鍋，還有什麼能比這些體驗更具摩洛哥風情呢？西元1956年摩洛哥獨立後便開始推動現代化建設，例如運用高科技打造的海上清真寺–卡薩布蘭加哈珊二世清真寺，現任國王穆罕默德六世成是17世紀阿拉維王朝統治以來的第23位君主，自從2022世足賽晉級4強後，21世紀的摩洛哥愈益充滿自信。

# 摩洛哥之最
# The Highlights of Morocco

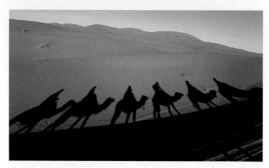

**撒哈拉沙漠 Sahara Desert**
　　騎著駱駝進入撒哈拉沙漠的切比沙丘(Erg Chebbi)或奇加加沙丘(Erg Chigaga)觀賞日落，夕陽餘暉彷彿在一望無際的沙海上施了魔法；夜幕低垂時，夜宿沙漠營地，在寂靜無聲的黑暗中仰望浩瀚閃亮的滿天星斗，撒哈拉魅力讓人難以忘懷。

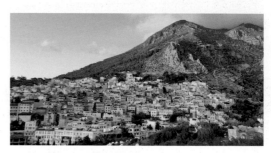

**舍夫沙萬Chefchaouen**
　　曾遺世獨立達5個世紀之久的藍色山城至今仍保留著古風，山城裡安達魯西亞風格的房屋皆粉刷上藍白相間的顏色，穿梭在街道巷弄各式深深淺淺的藍中，如夢似幻，是熱愛攝影與愛貓人士的天堂，也是摩洛哥最迷人的城市之一。

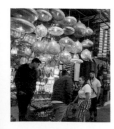

**馬拉喀什Marrakesh**
　　紅城馬拉喀什被赭紅色的夯土城牆包圍著，舊城區的地標–北非最大的露天市集德吉瑪廣場(Jemaa el-Fna)從清晨到傍晚充滿著戲劇化的喧囂與活力，弄蛇人、賣水人、占卜師、以及小吃攤販輪番上陣招客，遊客宛如進入天方夜譚裡的城市。

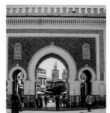

**菲斯Fez**
　　摩洛哥4大皇城中，菲斯擁有全世界現存最大的舊城區，其中錯綜複雜的巷道多達9千多條，可堪稱迷宮之王，兩側商店櫛比鱗次，主要景點包括皮革染坊、波伊那尼尼亞神學院、卡魯因清真寺等，一個轉角可能就會遇見千年歷史的建築。

263

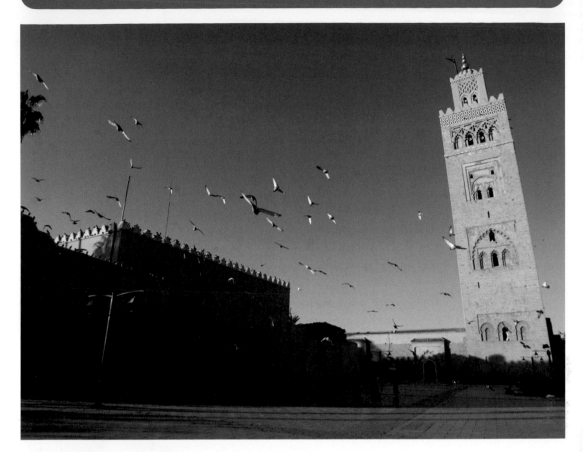

馬拉喀什

# 馬拉喀什
# Marrakesh

文●陳蓓蕾　攝影●陳蓓蕾

被赭紅色的夯土城牆包圍著，「紅城」馬拉喀什坐落在亞特拉斯(Atlas Mountains)山腳下，是摩洛哥重要的歷史、經濟與政治中心。早在一千多年以前，柏柏爾人建立的穆拉比特王朝(Almoravid)選擇在此定都，就賦予了馬拉喀什無可取代的歷史地位。馬拉喀什的柏柏爾語意思是「神的土地」，位於撒哈拉沙漠與大西洋港口之間，這裡曾是早期的商隊驛站與貿易中心，整座舊城區(Médina)至今還保留著傳統的樣貌，走一趟馬拉喀什，彷彿帶人穿梭時空回到古代的王朝，狹小的巷弄，隨處可見五顏六色的手工藝品，想購物最好貨比三家，事先做好議價的心理準備。舊城區最著名的地標-德吉瑪廣場(Jemaa el-Fna)是北非最大

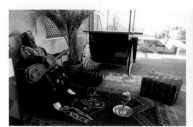
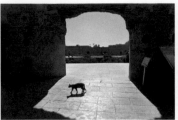
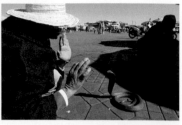

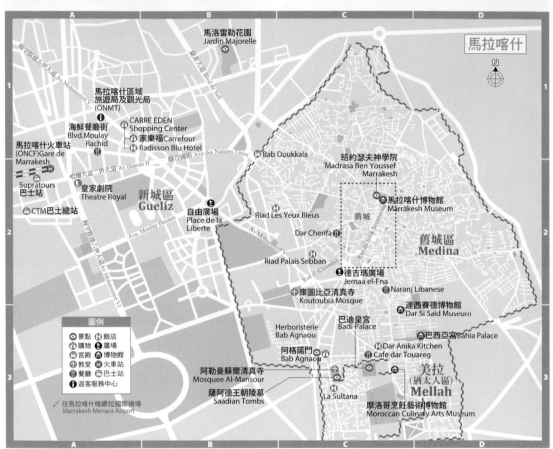

馬拉喀什

馬洛雷勒花園
Jardin Majorelle

馬拉喀什區域
旅遊局及觀光局
(ONMT)

海鮮餐廳街
Blvd.Moulay
Rachid

CARRE EDEN
Shopping Center
家樂福Carrefour
Radisson Blu Hotel

Bab Doukkala

班約瑟夫神學院
Madrasa Ben Youssef
Marrakesh

馬拉喀什火車站
(ONCF)Gare de
Marrakesh

Supratours
巴士站

皇家劇院
Theatre Royal

新城區
Gueliz

馬拉喀什博物館
Marrakesh Museum

CTM巴士總站

自由廣場
Place de la
Liberte

舊城

Riad Les Yeux Bleus

舊城區
Medina

Dar Cherifa

Riad Palais Sebban

德吉瑪廣場
Jemaa el-Fna

Naranj Libanese

庫圖比亞清真寺
Koutoubia Mosque

達西賽德博物館
Dar Si Said Museum

Herboristerie
Bab Agnaou

巴迪皇宮
Badi Palace

巴西亞宮Bahia Palace

阿格諾門
Bab Agnaou

Dar Anika Kitchen

Cafe dar Touareg

阿勒曼蘇爾清真寺
Mosquee Al-Mansour

美拉
(猶太人區)
Mellah

薩阿德王朝陵墓
Saadian Tombs

La Sultana

摩洛哥烹飪藝術博物館
Moroccan Culinary Arts Museum

圖例
景點　飯店
購物　廣場
宮殿　博物館
教堂　火車站
餐廳　巴士站
遊客服務中心

往馬拉喀什梅納拉國際機場
Marrakesh Menara Airport

摩洛哥…**馬**　拉喀什 Marrakesh

的露天市集，從清晨到傍晚無時無刻不充滿著喧囂與活力，廣場上迴響著的是弄蛇人的吹笛聲，賣水人、占卜師、以及小吃攤販此起彼落的叫賣聲，無所不用其極地攬客花招讓人應接不暇，若 受到排山倒海而來的歡迎時可別受寵若驚，小心看好荷包，精打細算才是上策。

除了舊城區，新城區則是另一個截然不同的摩登世界，這裡有時裝大師聖羅蘭長眠的馬洛雷勒花園，流行時尚的大型購物中心，雖然新城區是菁英階層活躍的地區，但馬拉喀什真正的精華與迷人之處卻是在那些隱藏在舊城區巷弄間的隱匿市集(Souk)，這座宛如天方夜譚裡的城市，融合著摩洛哥的傳統與現代，且毫無保留地向旅客展現它的一切。

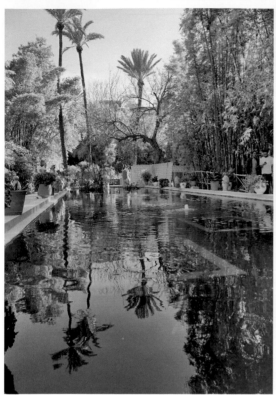
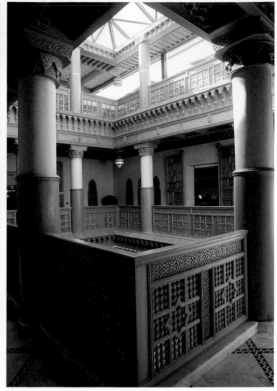

# INFO

## 基本資訊

**人口**：1,329,850
**面積**：230平方公里

## 如何前往

### ◎飛機

馬拉喀什梅娜拉國際機場(Marrakesh Menara Airport，機場代號RAK)是摩洛哥中部的主要出入門戶之一，機場位於市區西南方約6公里處。從台灣出發，沒有航班直飛馬拉喀什或摩洛哥任一城市，必須至第三國城市轉機，如中東的杜拜、阿布達比，或者巴黎、倫敦等歐洲任一主要城市轉機。

**馬拉喀什梅娜拉國際機場**
🌐 www.onda.ma/en
📍 RAK Mhamid saada 6 n209

### ◎火車

馬拉喀什火車站(Gare de Marrakech)位於舊城區外的新城區(Gueliz)，由摩洛哥北部的卡薩布蘭加Casa Voyageurs火車站出發，所需時間約3小時，由首都拉巴特(Rabat)出發，所需時間約4小時30分，由菲斯(Fez)出發，所需時間約7小時。

**摩洛哥國鐵ONCF**
🌐 www.oncf.ma/en

### ◎長途巴士

國營CTM巴士的停靠站位於火車站的西南方，步行約15分鐘可達。而摩洛哥國鐵ONCF經營的巴士Supratours巴士總站則位於馬拉喀什火車站西側，也就是哈桑二世大道上的一棟建築裡，交通上比較方便。由卡薩布蘭加出發，搭乘CTM巴士所需時間約3小時30分，由索維拉出發，所需時間約3小時。此外，如有攜帶大型行李，須加買額外的行李費用。

**Supratours巴士**
🌐 www.supratours.ma/en
📍 Avenue Hassan II

**CTM巴士(Compagnie de Transport Marocains Lignes Nationales)**

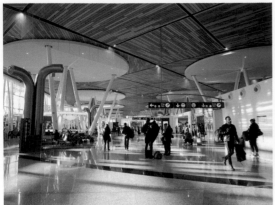
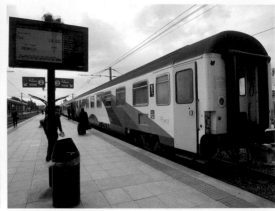

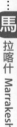

www.ctm.ma

12 bd Zerktouni Gueliz Marrakesh

## 機場、火車站、巴士站至市區交通

### ◎機場巴士 Aeroport bus

搭乘L19 Express Bus19號機場循環巴士可輕鬆前往市區，環狀路線依次會抵達舊城區的德吉瑪廣場(Jemaa el-Fna)廣場，所需時間約30分，之後會繞行至新城區Gueliz Plaza，馬拉喀什火車站前的穆罕默德六世大道Av Mohammed VI，最後回到機場站Aeroport。

6:00-23:30，週間約20分鐘一班次，週末班次減少，機場巴士站位於機場外停車場附近

來回票30DH，回程使用期間須在2星期內

www.alsa.ma/marrakesh/aeroport

停靠站：(1)Aeroport、(2)Hivernage、(3)Sidi Minoun、(4) DJemaa el fna、(5)Bab Doukkala、(6) Gueliz Plaza、(7)Av Mohammed VI、(8)Aeroport

### ◎計程車

機場、火車站與巴士站門口總是排滿了爭相攬客的計程車司機，常理上應該採用跳錶計費，但面對觀光客，大部分的司機都不會這麼做，若對司機的喊價不滿意，可與其展開議價，通常由機場到舊城區的車資約100~180DH，由馬拉喀什火車站或巴士站到舊城區的車資約30DH。

## 市區交通

大部分的景點都集中在舊城區(Medina)，步行是遊覽最好的方式，若要前往新城區的馬洛雷勒花園，步行約25分鐘，也可選擇搭乘計程車前往，但須與司機議價。

## 觀光行程

### ◎步行導覽 Walking Tours

所有的飯店、傳統庭園住宅(Riad)及民宿業者都能預約到具備執照的英文導遊，帶領遊客在短短3小時內徒步遊覽舊城區，收費每人約在250DH左右。

### ◎馬車Calèche

在德吉瑪廣場周圍、城門口以及市區到處都看得到觀光馬車，馬車路線通常會經過著名的觀光景點，如城牆、庫圖比亞清真寺、皇宮、新城區的馬洛雷勒花園等等，一輛馬車可坐4~5人，收費通常為30分鐘100DH左右。

### ◎索維拉一日遊Essaouira One Day

觀光業是摩洛哥重要的經濟支柱之一，因此觀光業很發達，能滿足各種需求的私人包車團、散客團到處都是，德吉瑪廣場周圍與市區中，到處都是旅遊團諮詢與報名處。由馬拉喀什前往索維拉的一日散客團約20~40DH間，單程車程約2.5~3小時，去程會在「羊上阿甘樹」的熱門景點以及阿甘油展售店停留，停留在索維拉的自由活動時間約5小時。

### ◎撒哈拉沙漠團Sahara Desert Tour

大部分由馬拉喀什出發的沙漠團多規劃為三天兩夜，一晚住宿在沙漠旁的飯店，另一晚則入住在沙漠帳篷中，價格也因帳篷設施與豪華等級(黑帳篷、白帳篷)而有所不同。

### ◎摩洛哥環線之旅7天至14天

由於有執照、好評價的領隊與司機十分熱門，建議在出發前就先預訂，以免抵達後只有散客團可選擇，通常價格反應在行程的品質上，需小心廉價招攬遊客的旅行社，一定要確認對方有合法執照，以免日後衍伸不必要的旅遊糾紛。當地旅行社與私人包車團均提供7天至14天的摩洛哥環線之旅，若從馬拉喀什出發，通常以逆時針方向完成環繞摩洛哥一周的路線，

行程包括摩洛哥4大皇城、撒哈拉沙漠、藍色山城舍夫沙萬、卡薩布蘭加等等，其他特殊路線與活動皆可客製化增減。

◎**在地導遊**

由摩洛哥當地柏柏爾人專業導遊經營的摩洛哥星球，客製化行程包括深入化石區尋找上億年前的海洋與恐龍骨頭化石、造訪當地遊牧民族的家，以及前往沙漠古城市集採買。而若對人文生態路線感興趣，遠嫁當地遊牧民族貝都因先生的台灣人所經營的天堂島嶼，則提供探索史前壁畫等不同的選擇。

**摩洛哥星球 Morocco Planet LLC -領隊Amar**
☎ +212-666-452-346(WhatsApp)
🌐 www.moroccoplanet.com

**天堂島嶼le de Paradise**
🌐 www.iledeparadise.com/
☎ +212-667-498-870

## 旅遊諮詢

馬拉喀什區域旅遊局(Conseil Régional du Tourisme de Marrakesh)以及觀光局(ONMT)位於新城區，由舊城區的庫比圖亞清真寺步行前往約26分鐘，交通上較不容易抵達且提供資訊有限，建議可多利用其中文網站。

**馬拉喀什區域旅游局及觀光局(ONMT)**
📍 137 Av. Mohammed V
🕐 週一至週五8:30-16:30
🌐 visitmarrakesh.cn、www.facebook.com/visitmarrakeshregion

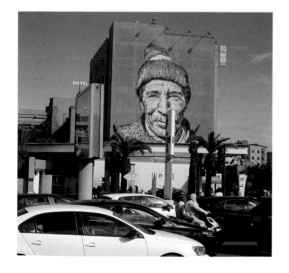

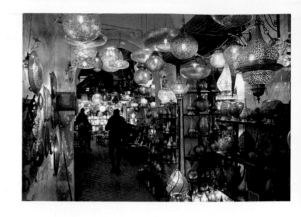

## 城市概略City Guideline

馬拉喀什是摩洛哥僅次於菲斯的第二大歷史名城，市區大致可分為由紅土城牆圍起來的舊城區(Medina)，以及現代化的新城區(Gueliz)，新城區是全球化的產物，擁有許多國際品牌進駐的購物中心，然而對大部分的遊客來說，舊城本身更具摩洛哥風情。大部分景點與古蹟都坐落在舊城區周圍，也是紅城的精華與魅力所在。馬拉喀什舊城區在摩洛哥四大古城(拉巴特、菲斯、梅內克斯)中所占面積最大，舊城區以德吉瑪廣場(DJemaa el-Fna)為中心，無數的攤販與街頭藝人都聚集在此，不僅是北非規模最大，從早到晚熱鬧喧囂的氣氛也是這露天市集獨一無二的特色。德吉瑪廣場的北邊是綿延半公里的傳統露天市集(Souk)集中地，約有十數個不同名稱的傳統市集，而德吉瑪廣場南邊則是城堡區(Kasbah Area)，坐落著宮殿、陵墓等洋溢著伊斯蘭教風情的歷史古蹟。由德吉瑪廣場出發，沿著Ave Mohammed V步行約25分鐘則可抵達新城區，新城區的觀光景點个多，最著名的有時尚大師聖羅蘭的居所馬洛雷勒花園，附近也有許多咖啡館及大型購物中心，是與舊城區是截然不同的摩登世界。

## 馬拉喀什行程建議
## Itineraries in Marrakesh

傳統與現代並存、混亂又充滿活力的馬拉喀什至少得待上2~3天以上，才能真正體驗它的魅力。如果時間有限，建議以舊城區為遊覽重點，可以花上一整天

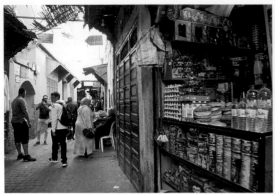

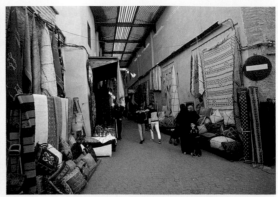

探索隱藏在宛如迷宮般巷弄內的傳統市集(souk)，傍晚前登上德吉瑪廣場(DJemaa el-Fna)周圍的咖啡館樓頂等待夕陽，欣賞城區內一片金紅色的奇景，夜間在廣場上的攤販上品嘗傳統小吃羊臉、羊腦，見識越夜越熱鬧的北非最大夜市。第2天建議前往造訪廣場南邊的撒阿迪王朝陵墓、巴伊亞宮殿、巴迪宮殿等歷史古蹟，下午則可前往新城區，造訪時尚大師長眠之地馬洛雷勒花園。第3天可選擇由馬拉喀什出發的一日遊，前往大西洋旁的風城索維拉；或者前往撒哈拉沙漠的三天兩夜之旅，最後一天的回程通常可選擇回到馬拉喀什，或者是驅車北上前往古城菲斯。

## 馬拉喀什散步路線
## Walking Route in Marrakesh

散步路線從德吉瑪廣場(Jemaa el-Fna)開始，由南到北穿越整個舊城區，最後在廣場北側的班約瑟夫神學院結束，路線中除了經過多重要景點外，還會路過穿越不少傳統市集。

認識馬拉喀什最好的起點是**德吉瑪廣場①**，由廣場上的Café de France頂樓絕佳的景觀展開這段徒步之旅的開端，往西而行至舊城區的地標，高聳入天的**庫圖比亞清真寺②**，接著穿過後方的花園往南沿著土城牆前行，進入城門後沿著小巷前行至**薩阿德王朝陵墓③**，陵墓東側出了城牆口的是蘇丹王宮殿**巴迪皇宮④**，皇宮雖然如今已宛如廢墟，但另一座位於東側的**巴西亞宮⑤**可是艷麗輝煌，值得好好駐留欣賞一番。離開皇宮後，沿著Rue Riad Zitoun el Jdid往北走，首先會經過摩洛哥**烹飪藝術博物館⑥**，有關北非料理的秘密都可在這裡找到了解答，而位於其東北方小巷內，還有展示著手工藝術的**達西賽德博物館⑦**，沿著

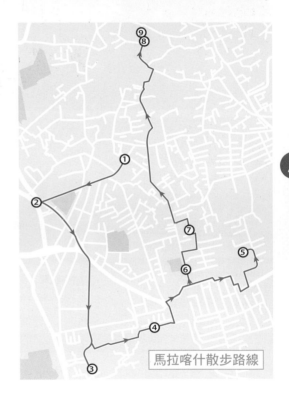

馬拉喀什散步路線

Rue Riad Zitoun el Jdid繼續往北走，兩旁盡是令人目不暇給的商店、餐廳、市集、攤販，一直到延續到北邊的Rue Biadine，最後抵達**馬拉喀什博物館⑧**，以及內部裝飾美不勝收的**班約瑟夫神學院⑨**，如果還有時間，不妨以探索附近小巷內的傳統市集，畫下此行完美的句點。

**距離：**約5.4公里　　**時間：**約3.5小時

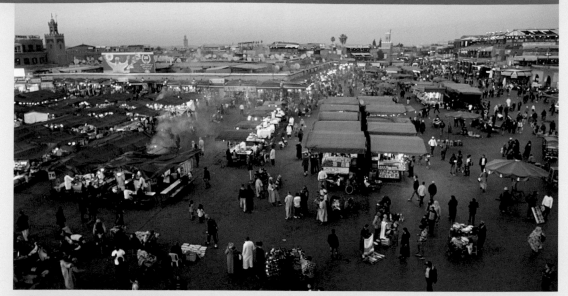

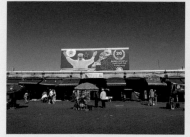
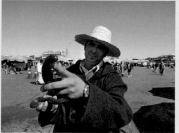
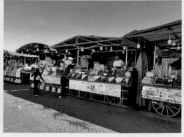

**MAP ▶ P.265C2**

# 德吉瑪廣場

**MOOK Choice**

## Djemaa el-Fna / Jemaa el-Fna

### 北非最大的露天市集

🏠 DJemaa el-Fna 🔵 位於舊城區中心，由庫圖比亞真寺出發步行約5分鐘 🕐 9:00~凌晨00:00 ❗ 遊客拍照時最好先徵求同意，一般若對著街頭藝人、弄蛇人攝影時須支付費用，有時會被索取天價小費，需特別留意。❗

2001年被列入世界文化遺產，德吉瑪廣場的原意為「死者的聚集地」，因為一千年前，這裡曾是公開處決犯人的廣場，如今血腥的處決已不再，而德吉瑪廣場仍舊上演著一千零一夜裏的故事。弄蛇人、賣水人、算命師、賣藝人、來自四面八方來擺攤的商人、販賣傳統美食的攤位，讓人眼花撩亂、目不暇給。這裡從早到晚都充滿著活力與人潮，過了正午，街頭藝人、耍猴人陸續出現，而氣氛在日落前進入最高峰，拉客的小吃攤員工簇擁、果汁攤的熱情吆喝，頓時讓人陷入選擇困難。廣場周圍的咖啡廳頂樓陽台是最好的觀景處，居高臨下可以將整個被夕陽餘暉染紅德吉瑪的廣場盡收眼底，黃昏時常常一位難求，最好提早前往。熱鬧的廣場早期除了曾是公開的刑場外，也是來自鄰近亞特拉斯山脈與撒哈拉商人及農民交易中心，後期廣場內規劃成為行人徒步區禁行車輛(僅人力車可通行)，而廣場四週則是各類巴士旅遊集合乘車處。

截稿前(2023.9,8)因該區發生地震，景點及旅遊資訊可能異動，前往該地請先查詢相關資訊。

# 庫圖比亞清真寺
## Koutoubia Mosque
### 直聳天際的城市地標

🏠 Avenue Mohammed V, Marrakesh ✈ 位於Rue el Klutoubia和Ave Mohammed V的交叉路口，由德吉瑪廣場出發朝著宣禮塔方向步行約5分鐘即達。 ❗內部僅對伊斯蘭教徒開放

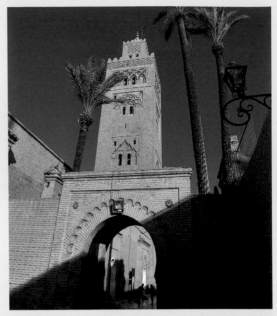

　　庫圖比亞清真寺高達70多公尺的宣禮塔(喚拜樓)不僅是這城市最顯目地標，更是遊客們漫遊舊城區時的最佳方向指標。每日5次，宣禮塔會對外發出廣播，提醒信徒們禱告的時間到了。點綴著綠釉磚的方形宣禮塔呈現了數學幾何之美，因為優美的比例結構，被認為是伊斯蘭建築的完美典範，西班牙賽維亞的吉拉達塔(Giralda)、拉巴特的哈桑塔(Hassan)便是參考其原型而建造。事實上，現存的建築重建於西元12世紀，因為最初的清真寺建築面對麥加聖地的角度偏移了5度，因此被迫拆除作廢，至今原址還留著當時的地基與石柱。庫圖比亞的意思為「書商」，據說完工的那天，周圍經營書店販賣古蘭經的人都聚集在此，因此而得名。

# 班約瑟夫神學院

**MOOK Choice**

## Madrasa Ben Youssef Marrakesh
### 北非最大的古蘭經學校

🚌 由德吉瑪廣場往北穿越傳統市集步行約10分鐘即達。 🏠 Rue Assoue, Marrakesh ⏰ 9:00-18:00，4月-9月9:00-15:00 ✖ 5月1日及宗教節日 💲 40Dh 🌐 madrasabenyoussef.com

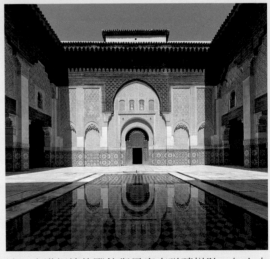

　　班約瑟夫神學院不僅曾是北非最大，同時也是最精美華麗的一所古蘭經神學院，最鼎盛時期曾擁有900多名學生，它也是摩洛哥少數向非伊斯蘭徒開放的宗教建築。最初建造於14世紀，然而其豐富多彩的裝飾卻是由薩阿德王朝蘇丹於1565年完成，其建築風格與精湛華麗和菲斯古城的神學院不相上下。學校中庭的兩側是雙層樓的共130間房的學生宿舍，展示著簡單用品，學院最美的地方在中庭，由大理石鋪成的地板與水池，充滿細節的雕飾與馬賽克磁磚拼貼，加上中央水池反射著牆面倒影，讓人目眩神迷。神學院附屬於附近的班約瑟夫清真寺，一直營運至1960年重新整修後才開放給公眾參觀。

摩洛哥⋯⋯**馬**拉喀什 Marrakesh

# The Souks
# 漫遊迷宮般的舊城市集

從德吉瑪廣場以北到班約瑟夫清真寺之間綿延半公里的區域，是摩洛哥最大的傳統露天市集(Souk)集中地，除了購物，遊客們還可當街目睹工匠師傅打鐵或操作手搖紡車，體驗當地傳統手工藝品製作。傳統露天市集的歷史與舊城一樣悠久，中世紀時為了迷惑敵人而打造的街道，不僅狹窄且錯綜複雜，往往容易使遊客迷失方向，建議漫遊的起點可以德吉瑪廣場的賽瑪因城門(Bab Semmarine)開始，沿著香料、首飾、糕點、衣服等什麼都賣的主要購物街–賽瑪因市集街(Rue Semmarine)往北前行，即可展開漫遊之旅。舊城市集由各個行業的商家共同組成，每個市集也依特色擁有不同的名字。

## 摩洛哥人的議價文化

在馬拉克什市集中通常是看不到商品標價，所謂貨比三家不吃虧，在市集購物除了多看多比價外，殺價議價也是絕對必備的技巧。通常商家喊出的價格皆為定價的2-6倍，地毯可能高達10倍以上，因此出發前最好先調查好商品大致的物價，掌握「嫌貨就是買貨人」購物氣勢，就可展開殺價議價之旅了。

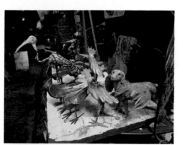

## 鐵製品市集Souk Haddadine
⚠ P.273B1

焊接的火光下鐵匠師傅錘打金屬的咚咚聲成了此區的背景聲，在這裡可以找到如鳥籠等的鐵製手工藝品。

## 小心！
## 迷宮舊城區安全守則

對於初次造訪舊城區的旅客，很難不迷路，若迷路時問路最好找商店裡的店員，而非路旁自願領路的年輕男子與小孩，以免被誤指方向，在馬拉喀什沒有什麼是免費的，帶路是小孩掙零用錢的方式，繞遠路也可能變成要求更高價碼的藉口。此外，夜間勿一人行走於舊城巷弄中，在民風保守的阿拉伯伊斯蘭國家，單獨旅遊的女性很容易成為搭訕目標。

## 皮革工匠市集Souk Cherratine
⚠ P.273C1

坐在店門口的皮件師傅將皮革加工裁縫成各式手工藝品，如皮包、腰帶等，空氣中散發著皮革特有的味道。

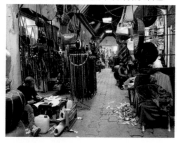

## 拖鞋市集Souk Smat Margat/
## Souk Smata
⚠ P.273C2

顏色繽紛亮麗款式多樣的摩洛哥拖鞋，無論尖頭、圓頭、平底、高跟，繡上綴珠亮片各式圖案絕對能滿足各種喜好。

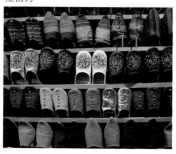

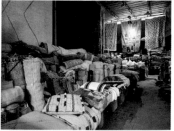

## 地毯市集Souk Joutia Zrabi
⚠ P.273C2

又稱為柏柏族拍賣市集，下午時刻，附近村莊的居民帶著手工地毯販售給當地地毯商，位於舊廣場(Rahba Kedima)北側。

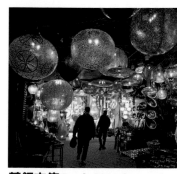

## 黃銅市集Souk Attarine
⚠ P.273B2

位於鐵製品市集附近，昏暗的巷弄中懸掛在店門口的黃銅燈具替昏暗的市集增添神秘風情。

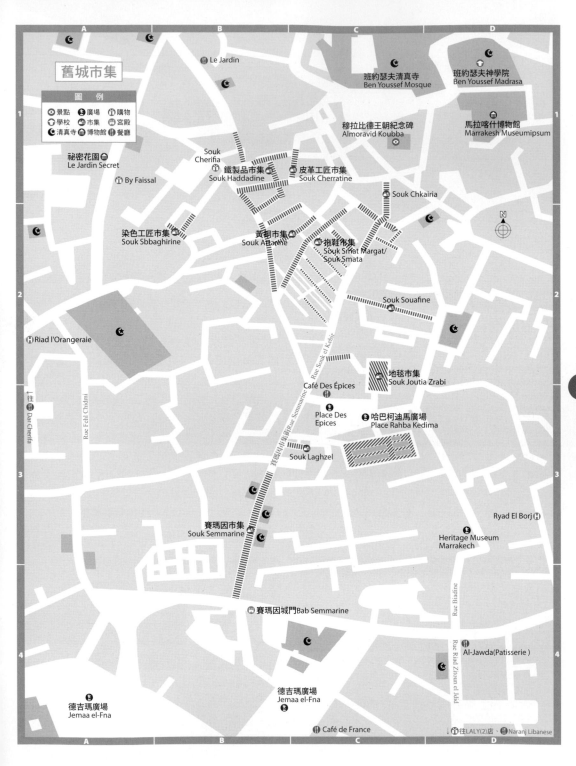

舊城市集

**圖例**
- ◎ 景點
- ◙ 廣場
- ⛪ 購物
- ◍ 學校
- ◍ 市集
- ◍ 宮殿
- ☪ 清真寺
- ◍ 博物館
- ◍ 餐廳

Le Jardin

班約瑟夫清真寺
Ben Youssef Mosque

班約瑟夫神學院
Ben Youssef Madrasa

穆拉比德王朝紀念碑
Almoravid Koubba

馬拉喀什博物館
Marrakesh Museumipsum

祕密花園
Le Jardin Secret

Souk Cherifia

By Faissal

鐵製品市集
Souk Haddadine

皮革工匠市集
Souk Cherratine

Souk Chkairia

染色工匠市集
Souk Sbbaghirine

黃銅市集
Souk Attarine

拖鞋市集
Souk Smat Margat/
Souk Smata

Souk Souafine

Riad l'Orangeraie

地毯市集
Souk Joutia Zrabi

Café Des Épices

Place Des
Epices

哈巴柯迪馬廣場
Place Rahba Kedima

Souk Laghzel

賽瑪因市集
Souk Semmarine

Ryad El Borj

Heritage Museum
Marrakech

賽瑪因城門 Bab Semmarine

Al-Jawda(Patisserie )

德吉瑪廣場
Jemaa el-Fna

德吉瑪廣場
Jemaa el-Fna

Café de France

↓往LALY(2)店、Naranj Libanese

Rue Fehl Chidmi

Rue Souk el Kebir

Rue Semmarine

Rue Binbin

Rue Riad Zitoun el Jdid

往 Dar Cherifa

摩洛哥… **馬** 拉喀什 Marrakesh

273

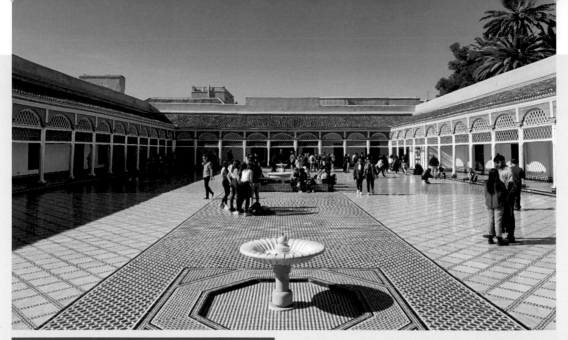

MAP ▶ P.265D3

# 巴西亞宮

**MOOK Choice**

## Bahia Palace

### 深藏不露的華麗宮殿

🚶 由德吉瑪廣場上的Café de France出發沿著Rue Riad Zitoun el-Jedid直走約10分鐘可達 🏠Rue Riad Zitoun el-Jedid, , Marrakesh ☎0524-389-564 ⏰9:00-16:30 💲70Dh 🌐visitmarrakesh.com/discover-marrakesh/tourist-attractions/el-bahia-palace

隱藏在不起眼的大門內，竟是華麗又精緻宮殿。巴西亞宮原意為鍾愛的宮殿(Palace of the favourite)，是19世紀時一位權貴大臣的私人豪宅，他花了14年時間，請了最優秀的工匠，採用最珍貴的建材（如亞特拉斯山的雪松）打造，供他的4位愛妻與24位寵妾居住。小庭園裡種滿了柏樹、橘子樹和茉莉花，旁邊的會客室則呈現著錯綜複雜的鑲嵌工藝。穿越庭園後，會來到有著噴泉的露天大廳，地上貼滿著馬賽克磁磚與大理石，四周則圍繞著各個妻子的臥室，牆壁上點綴著幾何圖形的馬賽克拼貼，天花板是塗有蔓藤花紋的精緻雪松木雕，宛如萬花筒般令人眼花撩亂，據說每間的風格都是依照妻子的喜好量身訂製，給人無止盡的幻想空間。宮殿總共占地8公頃，共有150間房，目前僅開放一小部分提供遊客參觀。

MAP ▶ P.265C3

# 阿格諾門

## Bab Agnaou

### 以美麗石雕聞名的城門

🚶 德吉瑪廣場往南沿著阿格諾門街(Rue Bab Agnaou)步行 約14分鐘即可抵達。

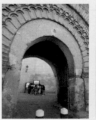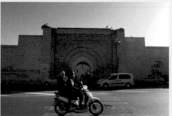

位於舊城南方薩阿德王朝陵墓西邊的阿格諾門是昔日舊城的主要入口，也是舊城中最為美麗宏偉的一座城門，城門建造於12世紀的穆瓦希德王朝(Al Muwahhidun, 1130~1269)，門楣上以阿拉伯文刻著古蘭經文，頁岩城門上刻有精心的圖案裝飾，門口的兩座大砲不僅靜靜地守護著入口， 也守護著城牆上方巨大的觀鳥鳥巢。

## MAP ▶ P.265C3

# 巴迪皇宮

**Badi Palace**

**昔日的奇蹟之宮**

🚶 從德吉瑪廣場往南沿著 Rue Riad Zitoun el Kedim街步行約13分鐘即可抵達。 🏠Place des Ferblantiers, Marrakesh ⏰9:00-17:00 休無 💲70Dh 🌐badipalace.com

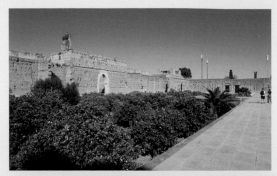

16世紀薩阿德王朝再定都於馬拉喀什，蘇丹艾哈邁德曼蘇爾（Ahmad al-Mansur）在1578年登基5個月後，下令在舊城的南邊新建一座豪華的皇宮，用以接待外國使節，鞏固統治權，他在位的25年間將摩洛哥帶入了繁榮盛世，他掌握運輸黃金與奴隸的要道，靠著糖貿易致富，並將黃金帶入了馬拉喀什，因此也有「黃金蘇丹」的名號。巴迪在阿拉伯語裡有的奇蹟、無與倫比的意思，這座奇蹟之宮是當時伊斯蘭世界最高工藝的代表，據說當時所用的大理石是用等重的糖從義大利換來的，宮殿內富麗堂皇，360個房間以義大利大理石、愛爾蘭花岡岩、印度瑪瑙和黃金裝飾

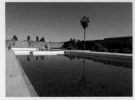
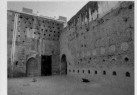

著，工程一直持續到他1603年去世。然而1666年當阿拉維王朝奪下了政權後，這座宮殿就被掠奪一空，後來的蘇丹將所有珍貴建材與裝飾全運送到梅克內斯，用來打造自己的皇城。昔日無與倫比的皇宮，今日卻成了一座美麗的廢墟。

摩洛哥…**馬**拉喀什 Marrakesh

## MAP ▶ P.265C3

# 薩阿德王朝陵墓

**Saadian Tombs**

**薩阿德王朝最後的遺產**

🚶 德吉瑪廣場往南沿著阿格諾門街（Rue Bab Agnaou）步行 約14分鐘即可抵達。 🏠Rue de La Kasbah, Marrakesh ⏰9:00-16:00 休無 💲70Dh 🌐saadiantombs.com

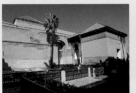
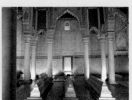

薩阿德王朝陵墓被塵封在此達兩個多世紀，直到1917年法國殖民初期考古學家發現後才重見天日，向公眾開放。這裡是歷任蘇丹與最具威望人士長眠的大型墓群，陵墓的建築風格富麗堂皇，圓頂由鍍上金箔的雪松雕刻裝飾，牆上有繽紛色彩的馬賽克磁磚，並以來自義大利的大理石打造12圓柱之廳（Chamber of the 12 Pillars），12根圓柱圍著3座大理石棺，而「黃金蘇丹」艾哈邁德曼蘇爾（Ahmad al-Mansur）便安葬於主墓室的中央，至於其他上百名大臣與妻妾則安葬在花園的墓地

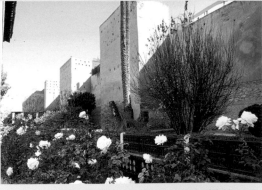

中。陵墓四周圍著高牆，需通過一狹窄曲折的通道才能進入陵墓中。

275

# 馬洛雷勒花園

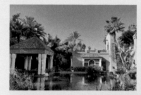
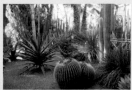

**MOOK Choice**

## Jardin Majorelle

**時尚大師長眠之地**

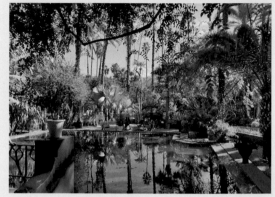

🚶 由德吉瑪廣場北邊往新城區步行約25分鐘可達，或可搭乘計程車議價前往 🏠 Rue Yves Saint Laurent, , Marrakesh ☎ 0524-313-047 ⏰ 10/1至4/30日8:00–17:30，5/1至9/30日8:00–18:00，齋戒月期間9:00–16:30 💲花園70Dh，柏柏爾博物館30Dh 🌐 www.jardinmajorelle.com

不同於大部分舊城區四周的觀光景點，花園位在新城區的北邊，一進入了新城區，讓人感覺時空也瞬間轉換。這座馬拉喀什最有名的花園，由愛上摩洛哥的畫家雅各馬洛雷勒(Jacques Majorelle)在西元1923年時打造，他過世後，時尚大師聖羅蘭(Yves Saint-Laurent)接手，於1980年買下了別墅與花園，聖羅蘭表示「多年來，我在馬洛雷勒花園中發現了取之不盡用之不竭的靈感，而我常常夢見它的獨特色彩。」或許正因為如此，當聖羅蘭去世後，他的骨灰就灑在自家花園裡，若仔細找還能發現隱藏在植物中的紀念柱。園中種植來自五大洲的各類花草植物，多達300種，如巨型仙人掌、睡蓮、竹林、九重

葛等等，綠意盎然，精心維護的園景散發著禪味，然而這裡最出名的不是綠，而是一種稱為馬洛雷勒藍(Majorelle Blue)的藍色，建築物都被漆成這種顏色，漫步在小徑中時常可看見花園主人鍾愛的顏色。園內除了花草植物，還包括了一間展示柏柏爾人原住民文化的微型博物館及高級時尚品牌YSL精品店。

---

# 摩洛哥烹飪藝術博物館

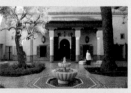
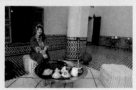

## Moroccan Culinary Arts Museum

**深入品味摩洛哥料理**

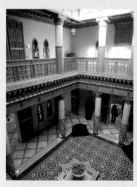

🚶 由德吉瑪廣場往南沿著Rue Riad Zitoun el Jdid街步行約9分鐘即達。 🏠 Rue Riad Zitoun el Jdid, Marrakesh ☎ +212 661-873672 ⏰ 9:00–18:00 ⓧ無 💲博物館參觀60Dh，參觀+試吃120Dh，9歲以下孩童免費 🌐 www.moroccancam.com

博物館位於一棟精心打造的3層樓傳統庭園大宅(Riad)中，摩洛哥因特殊地理位置和歷史因素，美食文化受阿拉伯、柏柏爾、歐洲及猶太文化影響，展示區域根據當地美食規劃，陳列著從庫斯庫斯(couscous)、塔吉鍋(tagine)、柏柏爾

薄餅(berber pizza)、三角酥餅(briouat)及各式街頭小吃糕點、香料、餐具等多媒體食譜與相關知識，若逛累了不妨前往頂樓餐廳點壺薄荷茶欣賞美景，此外，博物館也提供美食品嚐及烹飪課程等額外服務。

# Staying in a Moroccan Riad
# 入住伊斯蘭風情傳統庭園宅邸Riad

來到摩洛哥必體驗的清單之一就是在傳統庭園宅邸Riad住上至少一晚，Riad在阿拉伯語中是「庭園」的意思，指的是擁有中庭的宅邸。房間則環繞著擁有水池、噴泉或種著橘子樹等綠色植物的中庭，而頂樓則是能眺望絕佳風景的陽台。宅邸的外牆厚實，能隔絕喧囂，冬暖夏涼，入口雖樸實無華，內部則別有洞天，令人驚艷。這樣的建築結構一方面是為保持室內溫度及濕度的實用因素，另一方面則是因為伊斯蘭教文化不喜張揚，以及摩洛哥人重視隱私的特性。

## 馬拉喀什Riad住宿推薦

Riad摩洛哥已經存在了幾個世紀，大多隱藏在舊城區的彎曲巷弄中，據說馬拉喀什就多達500間，然而現在這些老宅多半已被歐洲人買下改建成旅館，讓摩洛哥傳統住宿融入了歐風。大部分Riad的房間數都不多，房間數極少的住宅則稱為Dar(阿拉伯語家的意思)，因此最好提前預訂。入住Riad時，屋主或員工都會為旅客奉上一壺醒神甘甜的薄荷茶及迎賓，並友善地提供任何旅遊見解，帶來不一樣的住宿體驗。

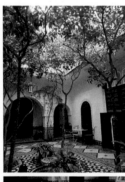
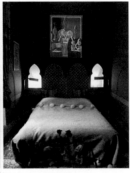

### 入住舊城區的交通與注意事項
如果選擇住宿舊城區的傳統庭園宅邸Riad時，可以預先請旅館或屋主安排接送事宜，通常汽車會停在舊城區德吉瑪廣場的外圍，接著會有拉著拖車的行李搬運員前來帶路並運送行李至住宿地址，收費約在150~170DH間。若要自己尋找住宿地點，問路時最好找商店裡的店員，而非路旁自願領路的年輕男子與小孩，以免被亂指路或敲詐。

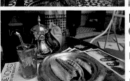

### Riad El Borj
🅰 P.273D3 🏠63 derb moulay Abdelkader Dabachi, Marrakesh 💲雙人房每晚價格約100€以下 🆙 riadelborj.net

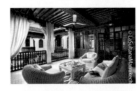

### Riad Les Yeux Bleus
🅰 P.265B2 🏠Derb El Ferrane, Marrakesh 💲雙人房每晚價格100-200€之間 🆙 marrakesh-boutique-riad.com

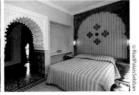
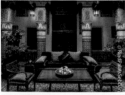

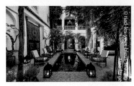

### La Sultana Marrakesh
🅰 P.265C3 🏠403 Rue de La Kasbah, 63-67 rue Boutouille, Marrakesh 💲雙人房每晚價格200€以上 🆙 www.lasultanahotels.com

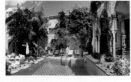

### Riad Palais Sebban
🅰 P.265C2 🏠43 Derb My Abdellah Ben Hssein,, Rue el Ksour, Marrakesh 💲雙人房每晚價格100€以下 🆙 palaissebban.com

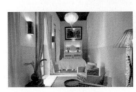

### Riad L'Orangeraie
🅰 P.273A2 🏠61 Rue Sidi el Yamani, Marrakesh 💲€雙人房每晚價格100€以下 🆙 www.riadorangeraie.com

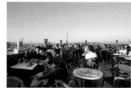

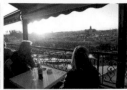

**MAP ▶ P.273C4** **Café De France**

🚶由庫圖比亞清真寺往東北方步行約13分即達。 🏠jamaa el-fnna, Rue des Banques, ☎+212 674-747464，+212 661-763658 ⏰10:00-23:00 💲飲料€5以下，廁所需付小費 🌐www.cafe-france-marrakech.com

　德吉瑪廣場周圍圍繞著許多餐廳與咖啡廳，食物與服務都很普通，但下午開始總是擠滿了人一位難求，人們來此消費為的就是樓頂陽台的絕佳風景。位於德吉瑪廣場東邊的Café De France也是其中之一。最好日落前提早來，點杯飲料就可飽覽夕陽餘暉染滿整個廣場美麗風景。咖啡館同排方向的Le Grand Balcon Café Glacier、餐廳Chez Chegrouni也是不錯的選擇。

**MAP ▶ P.265C2** **Naranj Libanese**

🚶由德吉瑪廣場朝東南方向沿著Rue Riad Zitoun步行約5分鐘即達。 🏠84 Rue Riad Zitoun el Jdid, Marrakech ☎+212 5243-86805 ⏰週一至週六12:30-22:30 🚫週日 🌐www.naranj.ma

　位於舊城區巷弄裡的熱門餐廳，友善的服務，提供道地經典的黎巴嫩菜。被稱為阿拉伯菜系之王的黎巴嫩菜式豐富多樣，店內的油炸鷹嘴豆餅(falafel)、慢燉羊肉、茄子肉末、牛肉沙威瑪、沙拉(Fattoush)都十分受歡迎，店內以黃銅燈具裝是，融入黎巴嫩風情的裝潢，提供不想再吃塔吉鍋的遊客們另一種美食的選擇。

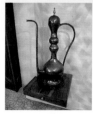
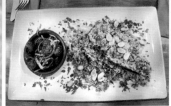

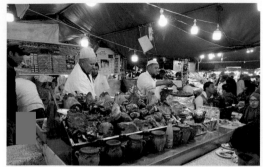

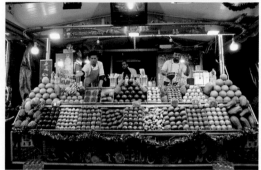

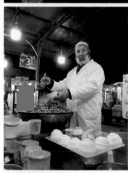
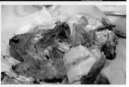
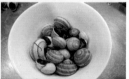

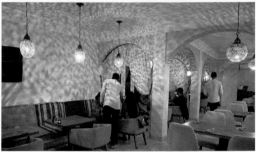

**MAP ▶ P.265C2** **德吉瑪廣場小吃攤**

⏰每日18:00-01:00

　在混亂的德吉瑪廣場小吃攤品嘗街頭美食：羊臉、羊腦、羊肉甕(tanjia)等摩洛哥特色菜，絕對會是旅程中難忘的體驗。日落後的德吉瑪廣場就是個超大型夜市，燒烤煙霧瀰漫，成排的果汁攤、乾果攤、羊肉攤、烤肉攤、塔吉鍋、庫私庫斯料理、仙人掌果攤等街頭小吃讓人大開眼界。一見外國遊客出現，小吃攤員工們無不使出渾身解數來拉客，切記要先觀察當地人都在哪裡用餐，挑選生意最好的一家，通常也表示這攤的食物比較新鮮。

## Dar Cherifa

📍 從德吉瑪廣場往北沿著Rue Fehl Chidmi步行約9分鐘即達。 🏠8 Derb Chorfa Lakbir, Marrakesh ☎+212 5244-26550 🕐每日10:30-23:00 🌐www.facebook.com/DarCherifa.Officiel

隱藏於德吉瑪廣場北邊市集小巷的美食餐廳，由15世紀薩阿德王朝的神學院建築改建而成的Riad，內部裝潢融合伊斯蘭教與現代風情，用餐環境舒適浪漫，服務友善，這裡提供道地摩洛哥料理，各種肉類塔吉鍋、非洲小米庫斯庫斯(couscous)，包含三道式(前菜、主菜與甜點)的套餐以及兒童菜單。

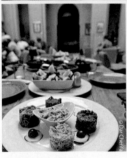
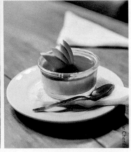

## Patisserie Al-Jawda

📍由德吉瑪廣場往東進路Derb Dabachi小巷步行約2分鐘即達。 🏠Derb Dabachi, Marrakesh ☎+212 5243-86805 🕐每日08:00-21:00

當地人常光顧的糕點飲料店，除了法式麵包、蛋糕甜點外，也製作傳統摩洛哥油酥類糕點及以堅果、蜂蜜、無花果、柳橙等製作的甜食，服務迅速，價格公道，店內也提供各式新鮮果汁及飲料，是當地人及遊客補充糖分的好去處。

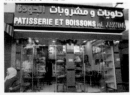
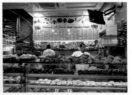

# 🛍 Where to Buy in Marrakesh
# 買在馬拉喀什

可以把整個舊城區想像成像一個大型購物中心，散佈的露天市集販售各式各樣的商品，無論是香料、編織手工藝、家居雜貨、摩洛哥拖鞋等到處都是，德吉瑪廣場以北的賽瑪因市集是主要購物街(Souk Semmarine)，舊城區的巷弄中也隱藏著許多傳統或設計小店，能一邊探索一邊享受殺價與購物的樂趣，除此之外，新城區馬洛雷勒花園附近則有許多販賣摩洛哥時尚雜貨的店舖，Gueliz區則有服飾品牌、超市進駐的購物中心。

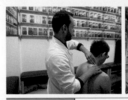
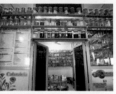

## Herboristerie Bab Agnaou

📍由阿格納門進入城內即達。 🏠1 Rue Bab Agnaou, Marrakesh 🕐每日10:00-18:00

幾乎雇用市區導覽的遊客都會被帶到這類的藥草專賣店，說穿了就是摩洛哥土產店，店內排滿大大小小裝有北非綜合香料的玻璃罐與草藥，店員們穿著白色工作服熟練地介紹功用與銷售，販賣商品從保健產品至烹飪香料，包括緩解鼻塞的黑孜然種子、防蚊茉莉香精、阿甘油、香皂及烹飪北非美食的綜合香料等等，店內也提供計時的按摩服務。

## Carre Eden Shopping Cente

📍由庫圖比亞清真寺往西北方沿著Av. Mohammed V大道往步行約30分鐘即達，或於Bab Doukkala門旁搭乘公車L1、L3、L6、L16、L19於Caree Eden下車，或計程車10分鐘即達。 🏠Carré Eden, Av. Mohammed V, Marrakesh 🕐每日10:00-22:00 🌐www.carreedenshoppingcenter.com

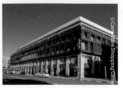

購物中心位於新城Gueliz區的市中心，與舊城氣氛截然不同，新城區擁有寬大的街道，整齊的大樓排列，也沒有小販試圖招攬推銷，彷如時空轉換。購物中心內除了有星巴克、家樂福超市、快時尚品牌H&M、當地摩洛哥服飾品牌Marwa進駐，還有許多精品店鋪、美食街、咖啡店及飯店。

摩洛哥…馬 拉喀什 Marrakesh

索維拉

# 索維拉
# Essaouira

文●陳蓓蕾　攝影●陳蓓蕾

位於馬拉喀什以西，大西洋沿岸的海港城鎮索維拉，一年四季都在颳風，又被稱為「非洲風城」，藍白色調的城市具摩洛哥風情但又極度歐化，也被稱為「摩洛哥的聖馬洛」，不僅是摩洛哥最古老的港口之一，也是最受摩洛哥人及歐洲遊客歡迎的魅力港都。

索維拉歷史悠久，早在西元前7世紀腓尼基人就在此設立據點，西元1世紀羅馬帝國時代這裡以生產鮮艷美麗的紫紅色染料而出名，而今日留存的舊城(Medina)及城市規模則建於18世紀後期。1764年阿拉維王朝蘇丹穆罕默德三世(Mohammed Ben Abdallah, 1757-90)聘請了法國建築師Théodore Cornut打造一座防禦性的海港城市，建成後這座宛如中世紀歐洲的城寨，融合了歐洲與摩洛哥風格，讓他十分滿意，並將當時葡萄人命名為莫加多爾(Mogador)的名字改為索維拉，意思為「設計精美、巧奪天工」。索維拉當時因戰略地位成為歐、非地區貿易據點，經由馬拉喀什還接通了撒哈拉沙漠貿易，曾是摩洛哥最活躍的國際

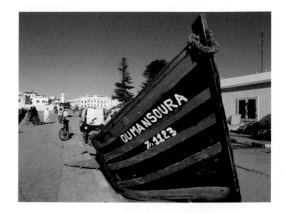

商港，這番榮景一直到20世紀法國殖民時代，貿易轉移至卡薩布蘭加才結束。

索維拉是阿拉伯人、柏柏爾人、非洲土著部落、格瓦納(Gnaoua)人、猶太人及歐洲人的文化大熔爐，吸引許多歐美藝術家流連，1960-70年代是嬉皮的海外聖地，城內不僅有許多藝廊，每年6月在此舉辦為期4天的格瓦納音樂節更是北非最具代表性的無形文化遺產。

## INFO

### 基本資訊
**人口**：77,966
**面積**：90平方公里

### 如何前往
◎飛機

索維拉莫加多爾機場(Essaouira Mogador Airport/ Aéroport d'Essaouira-Mogador，機場代號ESU)是座位於市區東南方約16公里處的小型機場，常年開通往返往巴黎(Transavia航空)、倫敦(EazyJet航空)、布魯塞爾(Ryanair航空)等歐洲城市的國際廉價航班。
**索維拉莫加多爾機場**
🌐www.onda.ma/en/Airports
📍Aéroport d'Essaouira-Mogador, Essaouira
◎長途巴士

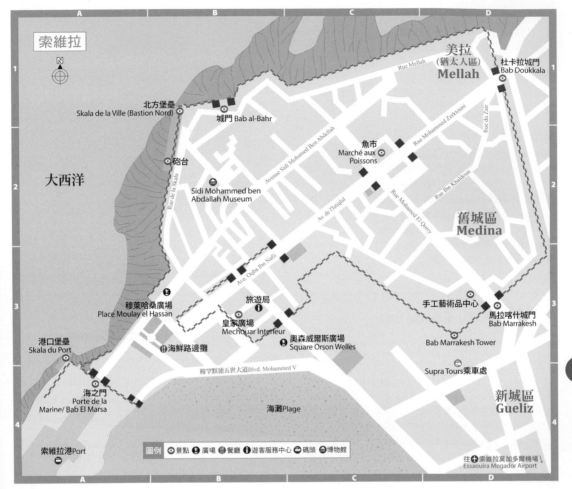

索維拉

N

大西洋

北方堡壘
Skala de la Ville (Bastion Nord)

城門 Bab al-Bahr

砲台

Sidi Mohammed ben
Abdallah Museum

Rue de la Skala

Avenue Sidi Mohmed Ben Abdellah

魚市
Marché aux
Poissons

Rue Mohammed Zerktouni

Rue du Zair

美拉
(猶太人區)
Mellah

Rue Mellah

杜卡拉城門
Bab Doukkala

Rue Mohamed El Qorry

Rue Ibn Khaldoun

舊城區
Medina

Av. de l'Istiqlal

Ave. Oqba Ibn Nafii

穆萊哈桑廣場
Place Moulay el Hassan

旅遊局

皇家廣場
Mechouar Interieur

奧森威爾斯廣場
Square Orson Welles

手工藝術品中心

馬拉喀什城門
Bab Marrakesh

Bab Marrakesh Tower

港口堡壘
Skala du Port

海之門
Porte de la
Marine/ Bab El Marsa

海鮮路邊攤

穆罕默德五世大道Blvd. Mohammed V

Supra Tours乘車處

新城區
Gueliz

海灘Plage

索維拉港Port

圖例 ⦿景點 Ⓢ廣場 ⦿餐廳 ⓘ遊客服務中心 ⦿碼頭 ⦿博物館

往 ✈索維拉莫加多爾機場 ↘
Essaouira Mogador Airport

摩洛哥…

索

維拉 Essaouira

摩洛哥國鐵ONCF經營的巴士Supratours巴士總站位於馬拉喀什城門(Bab Marrakech)西南方270公尺處,步行約4分鐘即可進入市區。而國營CTM巴士的停靠站則位於市中心東南方1.7公里處,步行約20分鐘,搭乘計程車約5分鐘可達舊城區邊緣的馬拉喀什城門(Bab Marrakech)。

由馬拉喀什出發,搭乘Supratours巴士所需時間約3小時,單程約100-120Dh。搭乘CTM巴士所需時間約3小時,單程約70Dh。由卡薩布蘭加出發,搭乘Supratours及CTM巴士所需時間約7小時,單程約150-240Dh。此外,如有攜帶大型行李,須加買額外的行李費用。

**Supratours巴士**

ⓦwww.supratours.ma/en
⌂Supratours Essaouira

**CTM巴士**

ⓦwww.ctm.ma ⌂CTM Essaouira

### 機場、巴士站至市區交通

◎巴士

步行至距離機場3公里處的岔路口可搭乘2號巴士(No2 Lima Bus)前往市區,車程約15分鐘,每2小時1班次。

🕐6:30-18:30
💲單程票價10Dh

◎計程車

在索維拉小型計程車是藍色的，搭乘計程車往返機場、CTM巴士站與索維拉市區最便捷的方式，往返機場與市區的車費白天約150 Dh，夜間約200Dh。

## 市區交通

城鎮規模不大，大部分的景點都集中在舊城區(Médina)，步行是遊覽最好的方式。

## 旅遊諮詢

索維拉旅游局(The Council Provincial of Tourism of Essaouira)位於舊城區，週末不提供服務，建議也可多利用其官方網站。

**索維拉旅游局(Tourism Delegation & Provincial Tourism Council Essaouira)**
⌂Av. du Caire, Medina of Essaouira
☎+212 524 783 532
◐週一至週五9:00-16:30
◍visitessaouira.com

# 城市概略City Guideline

海港小鎮索維拉大致可分為北邊的舊城區(Médina)，以及南邊沿著弧形海灘線發展的新城區(Nouvelle Ville)，正式的景點不多，舊城區是其魅力所在，海邊有防禦的城牆、碉堡與大砲，街道則設計的井然有序，兩條平行的主要大街分別為可通往港口海之門(Porte de la Marine)的大道(銜接Ave. de l'istiqlal到Ave. Oqba Ibn Nafii)以及兩旁都是商店、餐廳的Avenue Sidi Mohamed Ben Abdellah，而與這兩條主要街道垂直的Rue Mohammed el Qoray則通往舊城邊緣的入口馬拉喀什城門(Bab Marrakesh)，只要掌握了這幾條主街的方向，便可隨意在巷弄中穿梭，不用擔心迷路。

# 索維拉行程建議
# Itineraries in Essaouira

融合摩洛哥與歐洲風格的海港小鎮面積不大，半天即可走遍，而港口新鮮的漁獲海產更是美食者的天堂，若要體會其豐富又多元的文化，可選擇待上1-2天以上細細品味此地悠閒的生活步調。「非洲風城」不僅每年4月到11月吸引了許多帆板運動愛好者前來，每年6月知名的「格納瓦音樂節」(Ganawa)登場

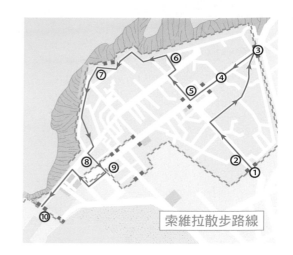

索維拉散步路線

期間更是熱鬧非凡，務必提早預訂住宿。

# 索維拉散步路線
# Walking Route in Essaouira

散步路線從馬拉喀什城門(Bab Marrakesh)開始，由南到北、東向西方向探索整個舊城市區，沿著海邊寬敞的防禦城牆，最後在索維拉港口的海之門(Porte de la Marine)結束。

從舊城邊緣的**馬拉喀什城門(Bab Marrakesh)** ①出發，進入離城門數步之遙的**手工藝術品中心②**可一探當地傳統手工藝與文創的結合，接著繼續沿著兩旁都是商店的Rue Mohamed El Qorry街前行，接著右轉往東北方進入寧靜的Rue Ibn Khaldoun銜接Rue du Zair來到舊城區北邊的入口**杜卡拉城門(Bab Doukkala)③**，正對著城門的正是主要街道Rue Mohammed Zerktouni，兩旁的拱廊騎樓下是各樣的商店，也是城中主要市場與**市集④**的所在，右轉拐入**魚市(Marché aux Poissons)⑤**穿越**美拉猶太區Mellah⑥**朝向城牆步行，登上北堡的**觀景台⑦**，見識這座城市的軍事防禦工事，放眼一望無際的大西洋，沿著城牆步行至盡頭，即可抵達每年音樂節活動盛事舉辦場所**穆來哈珊廣場(Place Moulay Hassan)⑧**及城牆內的**皇家廣場⑨**，最後一站前往港口，穿過**海之門(Porte de la Marine/Bab El Marsa)⑩**在砲台旁眺望舊城，拍下經典的明信片風景。

**距離：**約3公里　　**時間：**約1.5小時

**MAP ▶ P.281C2**

# 舊城區

## Essaouira Medina

### 歐洲與摩洛哥風格的融合

　　索維拉舊城在2001年被列入聯合國教科文組織的世界遺產，是摩洛哥唯一由法國建築師規劃的舊城區，雖然城市在18世紀末才開發，比其他摩洛哥古城還晚，但因此也引進了歐式的軍事防禦建築，深思熟慮規劃的港口、堡壘、城牆等軍事防禦工事，以及筆直寬闊、成直角交叉的主要街道與廣場井然有序，獨特的布局不同於摩洛哥其他舊城複雜如迷宮般的設計，陽光灑在藍白色調的城市裡，到處可見各樣傳統手工藝品、陶瓷、海鮮小吃與街頭小販，雖然正式景點不多，但海濱港市緩慢悠閒的步調與氣氛，遊客可任意穿梭在其中探索就是最大魅力所在。

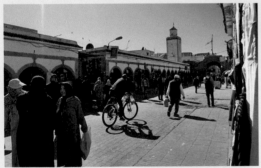

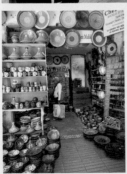

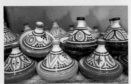

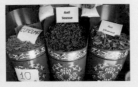

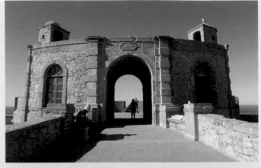

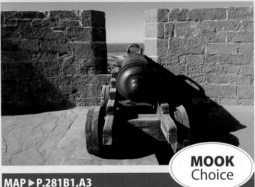

**MOOK Choice**

**MAP ▶ P.281B1,A3**

# 北方堡壘與港口堡壘

## Skala de la Ville (Bastion Nord) & Skala du Port

### 易守難攻的防禦工事

🚶 由穆萊哈桑廣場出發往西北沿著城牆步行約5分鐘即達北方堡壘，往西南方步行穿過城門Bab El Marsa約5分鐘即達港口堡壘。

　　舊城臨海的防禦城牆上共有兩座堡壘，一座是在北面的北方堡壘，一座是南邊的港口堡壘。北方堡壘銜接著約200公尺的城牆，城牆共分上下兩層，上層是寬敞瞭望台，排列著朝向外海的西班牙製大砲，使敵人更難以攻陷，下層則是儲藏室，現在已成為當地傳統木製手工藝(Thuya)市集。站在瞭望台上遠眺一望無際的大西洋，成群地海鷗翱翔天際，如此壯闊的場景受到不少好萊塢影視作品的青睞，包括1949年美國名導奧森威爾斯(Orson Welles)的電影「奧賽羅」(Othello)，以及HBO影集「權力遊戲」奴隸貿易港口「阿斯塔波」（Astapor）都曾在此取景。

摩洛哥⋯索 維拉 Essaouira

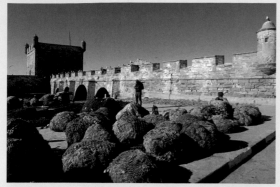

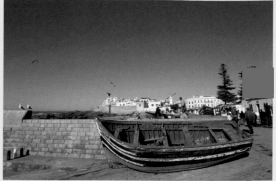

MAP ▶ P.281A3

# 索維拉港

## Essaouira Port

**海港大啖新鮮漁貨**

🎵 由穆萊哈桑廣場出發往南步行約4分鐘穿過海之門(Porte de la Marine)即達。

　　據說阿拉維王朝蘇丹穆罕默德三世為了懲罰當時南邊阿加迪爾(Agadir)的反叛勢力，下令關閉阿加迪爾港，將重心轉移至索維拉港，通過減少關稅和鼓勵富商和猶太人來此定居，推動自由貿易政策，港市中並為歐洲商民、猶太人規劃社區，使此處於18世紀晚期至19世紀成為摩洛哥最活躍的國際商港，是來自撒哈拉以南非洲商隊向歐洲出口貨物如象牙、鴕鳥羽毛、鹽的出海港，因此也被稱為廷巴克圖港(Timbuktu)。

　　通往港口碼頭的海之門(Porte de la Marine，阿拉伯文Bab El Marsa) 是座三角頂石拱門銜接著防禦牆，由此可通往港口堡壘（Skala du Port）瞭望台、砲台區以及能遠眺舊城區的圓形石窗Bab Lbahr。索維拉曾經是摩洛哥最大的沙丁魚港口之一，現在漁獲量則僅能提供當地消費，清晨8點左右遊客還可在市場觀看魚貨拍賣，而在港邊路邊攤則能品嚐新鮮烤沙丁魚及各式海鮮，不過不能免俗的，還得經過一番議價過程。

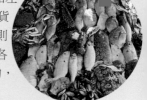

### 神奇的阿甘樹與羊

　　摩洛哥南部的阿甘樹(Argania spinosa)被稱為摩洛哥的「生命之樹」，不僅能防治南部沙漠化，還具有非常高的經濟價值。由阿甘樹的果實加工製成的阿甘油（Argan oil）帶有堅果風味，被稱為是新一代的橄欖油，除了提供山羊、人類食用，還能製成保養品及化妝品，銷往全世界。當地婦女採摘阿甘樹的果實，用石頭剖開外殼，取出內部並用石臼搗成泥狀，需耗15小時且須至少30公斤的果實才能製作1公升阿甘油。值得一提的是，當地的山羊為了阿甘樹的果實，會攀爬到樹上尋找阿甘果，這樣的「羊上樹」的奇景讓遊客趨之若鶩，可說是自然因素，也是人為因素，因為有些牧羊人為了讓遊客拍照，會特別在公路旁將山羊隻抱上樹製造「樹頂放牧」的景觀，許多由馬拉喀什前往索維拉的行程中也會特別安排造訪此有趣的景點。

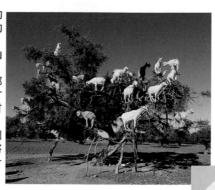

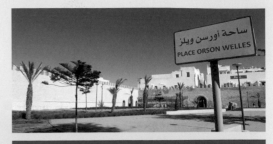

MAP ▶ P.281B3

# 穆來哈桑廣場

## Place Moulay el Hassan

### 城市漫遊的最佳指標

位於港口的東北方，舊城西面，由海之門步行約4分鐘即達。

以摩洛哥小王子命名的穆來哈桑廣場連接著港口與市區，是港口附近最熱鬧的一座廣場，也是城市的中樞。寬闊的大廣場是許多儀式、閱兵及文藝活動如「格納瓦音樂節」(Gnawa)舉行的場所，周邊有露天咖啡館及餐廳。穿過廣場附近的Bab El Mechouar城牆，進入Avenue Oqba Ben Nafii主要大街，就會看到種著棕櫚樹的寬闊大道，這裡是以前蘇丹接見使節、展現排場的地方。

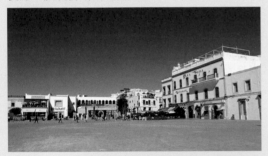

MAP ▶ P.281B3

# 奧森威爾斯廣場

## Square Orson Welles

### 電影中的索維拉-向名導致敬

由穆來哈桑廣場出發往東南方向步行約1分鐘即達。

索維拉的光與美吸引了歐美藝文人士的目光，1950年代美國名導奧森威爾斯(Orson Welles)的電影「奧賽羅」(Othello)也曾在索維拉舊城的街道、堡壘砲台、港口等地取景，電影後來在1952年的坎城影展拿下評審團大獎。1992年電影拷貝重新發表，國王穆罕默德六世除了親自參加在索維拉的放映典禮，並為廣場揭幕，公園裡還有一尊奧森威爾斯的半身像。1960-70年代期間這裡也成為海外嬉皮人士的聚集地。

MAP ▶ P.281D3

# 馬拉喀什城門

## Bab Marrakech

### 繁忙的舊城區出入口

由Supratours巴士總站往東北方向出發步行約5分鐘即達。

索維拉有大量的城門，其中沿著外圍城牆的城門約有7座是通往舊城區的出入口，包括東北邊有三道石拱門的杜卡拉城門城(Bab Doukkala)，城門正對著舊城的主要大街Rue Mohammed Zerktouni。這些城門皆建於阿拉維王朝蘇丹穆罕默德三世(Mohammed Ben Abdallah, 1757-90)統治時期，其中位於城市東南方的馬拉喀什城門

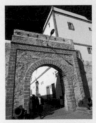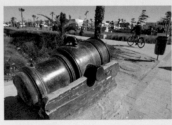

可通往熱鬧的Rue Mohammed el Qoray街，兩旁均是各類小吃或雜貨店一進城門左轉便可進入手工藝品中心(Ensemble d'Artisanat à Essaouira)小型社區。而位於西南方通往碼頭的海之門(Bab El Marsa/ Porte de la Marine)厚重的石拱門上標示著1769年建造，這裡有守城砲台看守著碼頭，早期所有海上的進出口都要經過這道城門。

摩洛哥⋯索 維拉 Essaouira

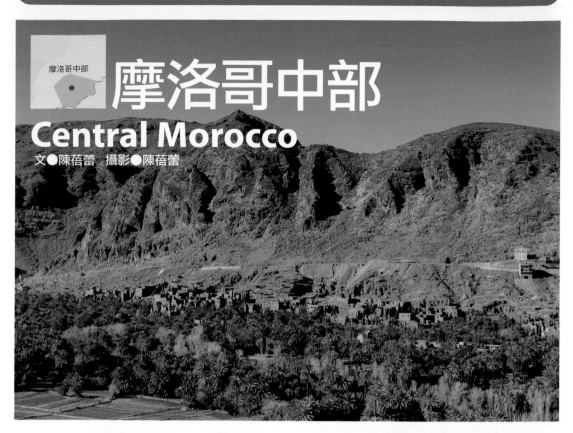

# 摩洛哥中部
# Central Morocco

文●陳蓓蕾　攝影●陳蓓蕾

亞特拉斯山脈貫穿摩洛哥全境，高亞特拉斯山(High Atlas Mountain)由東北縱貫西南，將摩洛哥一分為二，山脈以北的馬拉喀什與大西洋沿岸海港城鎮屬溫和的海洋性氣候，山脈以南的沙漠城鎮則是乾燥炎熱的沙漠氣候。摩洛哥的中部地區自然景觀豐富多變，高亞特拉斯山脈綿延將近1千公里，除了有北非最高山脈圖卜卡勒峰(Toubkal，4,165公尺)，還有幾座超過4千公尺的高山。法國佔領摩洛哥後，於1936年開闢了一條穿越亞特拉斯山的現代化公路，長達200公里的公路連接起馬拉喀什與沙漠重鎮瓦爾札札特，沿途跨越高海拔地區可見白雪皚皚綿延的山峰、險峻的峽谷、綠洲城市及土色的堡壘景色令人讚嘆，而跨山公路緊密曲折地反覆迴繞也讓人十分難忘。

大部分前往摩洛哥中部地區的遊客都是為了撒哈拉沙漠而來，前往撒哈拉的路線大致可分為兩種，一種是逆時鐘方向由馬拉喀什往東跨越高亞特拉斯山脈，另一種是順時鐘方向由菲斯南下，包車參加私人旅行團是最便捷的方式，不僅時間安排比較自由，多人共同分攤車資，整體價格也十分划算，由合格的專業當地導遊帶路，更能突破語言障礙，深入體驗在地文化，例如依喜好規劃造訪當地遊牧民族、撿拾化石、探索格納瓦音樂等特殊行程。

## INFO

### 基本資訊
**人口**：約163萬人(Drâa-Tafilalet大區)
**面積**：約8.8萬平方公里(Drâa-Tafilalet大區)

### 如何前往
◎飛機

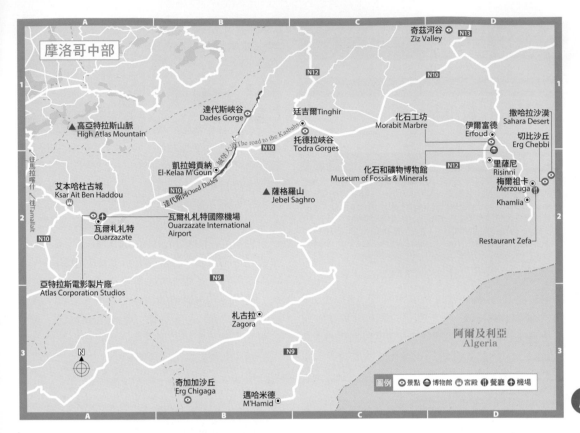

摩洛哥中部

高亞特拉斯山脈
High Atlas Mountain

達代斯峽谷
Dades Gorge

廷吉爾Tinghir

化石工坊
Morabit Marbre

伊爾富德
Erfoud

撒哈拉沙漠
Sahara Desert

托德拉峽谷
Todra Gorges

切比沙丘
Erg Chebbi

凱拉姆貢納
El-Kelaa M'Goun

里薩尼
Risinni

艾本哈杜古城
Ksar Ait Ben Haddou

薩格羅山
Jebel Saghro

化石和礦物博物館
Museum of Fossils & Minerals

梅爾祖卡
Merzouga

往馬拉喀什

往Tamallalt

瓦爾札札特國際機場
Ouarzazate International Airport

Khamlia

瓦爾札札特
Ouarzazate

Restaurant Zefa

亞特拉斯電影製片廠
Atlas Corporation Studios

札古拉
Zagora

阿爾及利亞
Algeria

N

奇茲河谷
Ziz Valley

奇加加沙丘
Erg Chigaga

邁哈米德
M'Hamid

圖例 ◎景點 🏛博物館 🏰宮殿 🍴餐廳 ✈機場

---

瓦爾札札特國際機場(Ouarzazate International Airport，機場代號OZZ)位於市區以北約1公里處，由於沒有巴士接駁，由機場需搭乘計程車往返瓦爾札札特市區。摩洛哥皇家航空(Royal Air Maroc)每週有5班瓦爾札札特往返卡薩布蘭加的航班，通常由卡薩布蘭加出發的航班會在午夜左右抵達。而廉價航空Ryanair每週也有1班往返瓦爾札札特與法國馬賽的航班。

### 瓦爾札札特機場Ouarzazate Airport

🌐www.onda.ma/en/Our-Airports/Ouarzazate-Airport

### ◎長途巴士

瓦爾札札特的CTM巴士站位於市區穆罕默德五世廣場(Place Mohammed V)附近，往西走即是中心所在，十分方便，而Supratours巴士站與當地民營巴士總站則位於瓦爾札札特市區西北方約1公里處，距離CTM巴士站約2公里，步行約30分鐘左右。由馬拉喀什出發，搭乘CTM或Supratours巴士所需約4-5小時，由卡薩布蘭加出發，搭乘CTM巴士需8-9小時，

如有攜帶大型行李，須加買額外的行李費用。

### CTM巴士

🌐www.ctm.ma

📍Rue de la Poste, Ouarzazate 45000

### Supratours巴士

🌐www.supratours.ma/en

📍Av. Moulay Abdellah, Ouarzazate 45000

## 旅遊諮詢

瓦爾札札特旅游局ONMT(Office National Marocain du Tourisme)位於市區CTM巴士站斜對面，週末不提供服務。

### 瓦爾札札特旅游局

### ONMT (Office National Marocain du Tourisme)

📍Av. Moulay Abdellah, Ouarzazate 45000

🌐www.visitmorocco.com/en/travel/ouarzazate-zagora-tinghir-hollywood-africa

📞+212 5248-82485

🕐週一至週五9:00-16:30

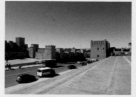

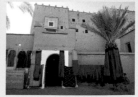

## MAP ▶ P.287A2

# 瓦爾札札特

## Ouarzazate

### 東南部第一大城

🚗 由馬拉喀什出發搭乘CTM或Supratours巴士約5小時抵達，也可選擇團體包車或參加旅行團方式前往。 ⚠ 選擇由觀光局官方認可的觀光行程與有執照的導遊，可避免捲如不必要的糾紛。瓦爾札札特旅游局o.n.m.t. (Office National Marocain du Tourisme)位於市區CTM巴士站斜對面Av. Moulay Abdellah。 📠https://www.visitmorocco.com/en/travel/ouarzazate-zagora-tinghir-hollywood-africa ☎+212 5248-82485 🕐週一至週五9:00-16:30

位於亞特拉斯山東面的瓦爾札札特，人口不到8萬，卻是摩洛哥東南部的第一大城，早期原本只是一個小村落，卻在1920年法國殖民時期由法軍打造成了現代駐防城鎮的規模，法軍離開後，現仍舊有摩洛哥軍隊駐紮，小鎮除了東面的陶里爾特城堡(Taourirt Kasbah)外，沒有特別的觀光景點，遊客皆把此處當作展開撒哈拉、堡壘與綠州之旅的中繼休憩站，因此這座綠州小鎮中有許多飯店以及提供旅遊服務的商店，主要大街穆罕默德五世廣場(Place Mohammed V)上可滿足遊客食衣住行的需要。值得一提的是，在1950年代法國人離開後，瓦爾札札特的電影產業逐漸繁榮起來，成了許多電影拍攝搭景的基地，並有了摩洛哥好萊塢之稱–「瓦萊塢」(Ouallywood)，在城鎮西北邊還有座與世隔絕且佔地寬廣的亞特拉斯電影製片廠開放給遊客參觀。

## MAP ▶ P.287A2

# 亞特拉斯電影製片廠

## Atlas Corporation Studios

### 在知名電影場景中穿梭

🚗 由瓦爾札札特市區往西方向搭乘計程車或開車約10分鐘可達，或可搭乘沿Mohammed V行駛的1號與2號巴士約10分鐘可達。 🏠Km 5, BP 28 Route de Marrakech, 45000 Ouarzazate ☎+212524882212 🕐每日 8:30至日落 🚫無 💲Atlas Sudios 每人80Dh，Atlas Sudios和CLA Sudios 每人110Dh 📠ouarzazatestudios.com

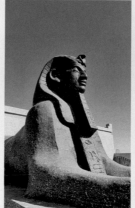

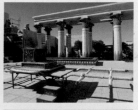

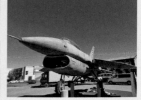

位於瓦爾札札特西邊5公里處，占地約3.1公頃的亞特拉斯電影製片廠號稱是世界上面積最大的電影製片廠，在一片廣闊荒寂的礫石黃沙中，很難想像這裡就是沙漠中的好萊塢。由於摩洛哥自然原始的地貌加上友善的電影拍攝環境，吸引了全球電影製片的青睞，製片廠成立於1983年，無數影視作品如《尼羅河寶石》（The jewel of the nile）、《神鬼戰士》（Gladiator）、王者天下（Kingdom of heaven）以及美劇《權力遊戲》（Game of throne）等都在此搭景拍攝，完成後的佈景會留下，並在附近為下一次的拍攝搭建新的佈景，因此遊客可自由穿梭各電影中的場景，前一秒在聖經裡古羅馬的村落，下一秒就進入了埃及神殿或西藏古寺中。此外，隨著電影產業的發展也促進了此區的繁榮，附近的居民因此獲得了新的就業機會，如臨時演員、特技演員、佈景人員、翻譯等等，在不拍戲時他們也身兼片場導遊，與遊客們分享拍攝經驗與軼事。

## 傳統柏柏爾土造建築聚落

Ksar(或qsar)是北非摩洛哥、阿爾及利亞和突尼西亞特有的建築形式，與城堡(Kasbah)的不同處在於是可容納多個家庭入住「設防的村莊」。Ksar通常有外牆、劍塔圍繞，自成一個有防禦能力的聚落村莊，牆內則有屋舍、糧倉、清真寺、商店、社區烤爐等，能容納多個家庭入住，多半建於綠洲與山區以利防禦，是傳統柏柏爾土造建築的主要形式之一，在摩洛哥高亞特斯山脈東南面靠近撒哈拉一側尤為普遍。它主要建材多為泥土混植物纖維或石子後曬乾的土磚建

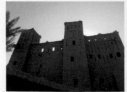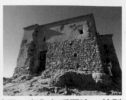

造，土牆具有很好的隔熱效果，室內冬暖夏涼，特別適合沙漠氣候，然而由於土牆容易崩塌，因此所有房舍每隔一陣子就要修補重建。

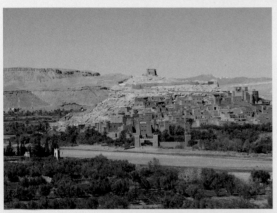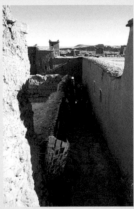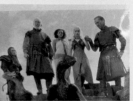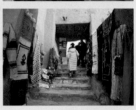

**MAP ▶ P.287A2**

# 艾本哈杜古城

**Ksar Ait Ben Haddou**

MOOK Choice

**壯觀的露天博物館**

 由瓦爾札札特搭乘計程車或開車往馬拉喀什方向行駛約30分鐘可達。 ⌂Ksar Ait Ben Haddou ⑤無

1987年被聯合國教科文組織列為世界文化遺產，艾本哈杜古城位於瓦爾札札特(Ouarzazate)市區以西約32公里之處，11世紀時是商隊驛站，直到17世紀時聚落逐漸形成，這裡成為撒哈拉往返馬拉喀什古道沿線最大的古城/堡壘(Kasr)。在北非上千個傳統柏柏爾土造建築中，它是最具代表性且維護最完整的一座。由於土造建築的壽命都不長，需要不斷經歷塌陷後再重建的循環，因此經歷了幾世紀，艾本哈杜古城的外

貌一直略有改變，如今所見的房舍歷史都不長，至今能保存維護下來，部分要歸功於好萊塢電影來此拍攝，使得古城能不停進行整修與維護。從1950年代開始，它就不斷在電影中亮相，如《阿拉伯的勞倫斯》(Lawrence of Arabia)、《神鬼戰士》（Gladiator）以及熱門美劇《權力遊戲》（Game of throne）等超過20多部電視、電影作品來此取景拍攝。

艾本哈杜地處歐尼拉河(Ounila)綠洲旁，古城沿著山丘東南坡往上搭建，占地約2公頃，包含防禦性的外牆、高塔、屋舍、糧倉、商店及清真寺等建築，村內街道宛如迷宮般蜿蜒曲折，爬到最頂端有間荒廢的防禦性糧倉，從這裡可俯瞰周邊的綠州。古城全盛時期可容納千人，目前僅剩不到10戶柏柏爾人家族居住，大部分居民都搬遷至河對岸的新村落，觀光是主要收入來源。

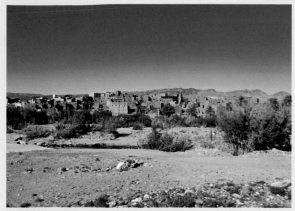

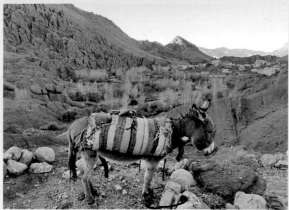

MAP ▶ P.287B2

# 城堡大道
## The road to the Kasbahs

**綠洲與城堡密布的賞景公路**

🚌 參加觀光旅遊團行程或搭乘由瓦爾札札特的CTM或Supratours巴士到廷吉爾(Tinghir)車程約3小時。🌐 www.visitmorocco.com/en/suggested-tours/road-kasbahs ❗漫步綠洲最好雇用導遊帶路，女性遊客需特別小心人身安全。

　由瓦爾札札特沿著Ｎ１０公路往廷吉爾(Tinghir)方向到東北邊的拉西迪耶(Er Rachidia)，這一段橫貫高原的公路上密布著許多柏柏爾城堡(Kasbahs)，因此被稱為城堡大道，沿途風景優美動人，綿延起伏的壯麗山脈、河谷綠洲、村落與一座座赭紅色城堡形成鮮明的對比。這條路線以前是駱駝商隊往返撒哈拉沙漠與亞特拉斯山脈北側的通商貿易路線，雖然大部分土磚建造的城堡皆已崩塌廢棄，然而沿途大自然的鬼斧神工仍讓人讚嘆，如兩大著名峽谷：托德拉(Todra Gorges)與達代斯峽谷(Gorges Dades)及其附近的奇岩怪石，如猴指岩(Monkey Fingers)以及玫瑰小鎮凱拉姆貢納。

### 沙漠中的格納瓦 Khamlia Gnawa

　16世紀以來，來自西非撒哈拉地區南部蘇丹、馬利和尼日等國家的格納瓦(Gnawa)部落的非洲黑人被迫成為奴隸，離開家園，穿過撒哈拉沙漠遷移到摩洛哥。當他們穿過沙漠時戴著鎖鏈，只能用歌聲來撫慰人心，並在重複節奏的吟唱和鎖鏈的敲擊聲響伴奏中找回信念。這些奴隸及其後裔，世代相傳作為牧羊人和僕人被迫勞動，直到18世紀摩洛哥廢除了奴隸制，才重獲自由，如今格納瓦音樂吟唱的是對自由的感恩與懷念家鄉的情懷，而格納瓦文化已被視為摩洛哥多元文化與身份的一部分。這些格納瓦人一直過著游牧民族的生活，直到上個世紀才定居在梅爾祖卡以南7公里的 Khamlia 村(也有人稱為格納瓦村)。目前村裡不到400名居民多為格納瓦人與柏柏爾人，公路開啟了小村落的旅遊觀光業，遊客們在進行沙漠之旅前可

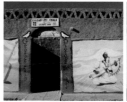
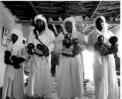

造訪當地聆聽原汁原味的格納瓦音樂，品嘗道地的柏柏爾披薩(madfouna)。

**格納瓦音樂表演pigeonsdu sable groupe zaid**

📍P.287B2 🏠Khamlia Gnawa 🌐www.facebook.com/gnaoua.khamlia

**Restaurant Zefa**

📍P.287B2 🏠Zaid bagera, Khemliya 52202 ☎+212 678 839940 🌐restaurant-zafa.business.site 🚫週三休息。❗需先預訂

# 托德拉峽谷

## Todra Gorges

### 邂逅世居峽谷的村民

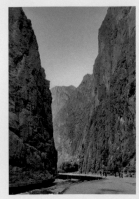
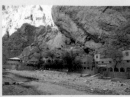
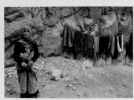

📍由於沒有定期巴士行駛,通常遊客皆以參加觀光旅行團行程方式往返,或可由鄰近城市廷吉爾(Tinghir)搭乘計程車約10分鐘即達。

沿著城堡大道會經過高亞特拉斯山脈東部的托德拉峽谷。1.5億年前摩洛哥東南部曾是海洋的一部分,直到7千萬年前,因阿爾卑斯造山運動推擠而形成了亞特拉斯山脈以及東部的峽谷與河流,使得河谷沉積岩中可見許多貝類的化石。峽谷總長不到1公里,位於托德拉河(Todra River)的上游,兩側岩壁約300公尺高,峽谷內氣溫驟降,河水在當中潺潺流過,可見世居當地的柏柏爾山居村民穿梭其中,峽谷內原有幾間飯店,但因落石坍方問題暫時歇業,下午時分通常會擠滿觀光旅遊巴士團。

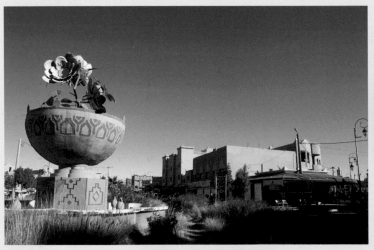
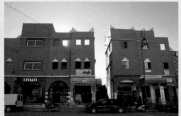
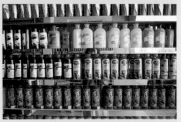

# 凱拉姆貢納

## El-Kelaa M'Goun

### 以玫瑰聞名的小鎮

📍搭乘往返瓦爾札札特到廷吉爾(Tinghir)的CTM或Supratours巴士會在小鎮停留,車程約1.5小時,由於經常客滿最好提前預訂,或以參加觀光旅遊團行程的方式造訪。

玫瑰小鎮位於達德斯河(Dades River)與姆貢納河(Asif M'Goun river)交會處的達德斯山谷一帶,居民以種植玫瑰為主業,鎮上有製作玫瑰水的蒸餾工廠,也有販賣玫瑰精油及相關商品的店家,鎮中心也設有銀行ATM取款機。據說此地的玫瑰品種是10世紀時由敘利亞大馬士革所帶回,每年5月份玫瑰盛開時,整城充滿了花香,小鎮的年度盛事:玫瑰節(Roses Festival)也於此時舉辦,為期3~7日的慶祝包括了戴花環、遊行與歌舞等。

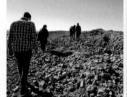
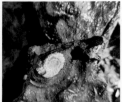
**MAP ▶ P.287D2**

# 里薩尼
## Risinni
### 隱藏輝煌歷史的城市

🚌可搭乘CTM巴士或Supratours巴士抵達里薩尼鎮中心，由梅克內斯或菲斯出發約8-9小時。

　　位於梅爾祖卡(Merzouga)以北35公里處，同屬撒哈拉沙漠邊緣城市的里薩尼代表著南邊公路的盡頭，它是距離摩洛哥東面切比沙丘(Erg Chebbi)最近的城市。這裡曾是已成廢墟的古城錫吉爾馬薩(Sijilmassa)所在地，中世紀時是撒哈拉駱駝商隊路線的主要停靠站，因黃金、奴隸、鹽、武器、象牙和香料貿易而繁榮，後來卻因戰爭、政局動盪和宗教異議等因素導致了它的毀滅。這座柏柏爾人城鎮市中心有城牆圍繞著，城門外側有巴士站及新城區，城內最著名的就是每週二、週四與週日的露天市集與市場，動物市集上可見上百頭綿羊、山羊在拍賣場中交易、驢子計程車停車場、販賣椰棗與香料的市場攤位、當地人編織的棕櫚纖維產品，以及手工改造廢棄輪胎成為拖鞋等的環保商品等。比起曾經輝煌的古蹟遺址，當地村民的日常生活更能呈現城鎮的魅力與生活樣貌。

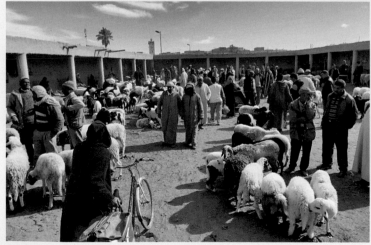

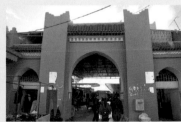

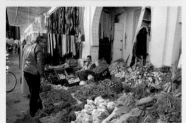

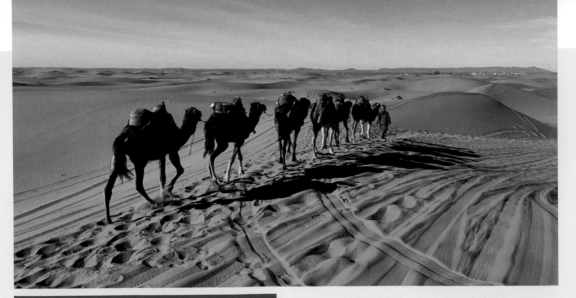

# 梅爾祖卡與撒哈拉沙漠

## Merzouga & Sahara

### 前進一望無盡的金黃沙海

🌐由馬拉喀什出發搭乘Supratours巴士約12個半小時可達梅爾祖卡市區，由菲斯搭乘Supratours巴士約11小時可達梅爾祖卡市區，由里薩尼(Rissani)出發搭乘計程車約40分鐘可達。❗Supratours巴士每日僅一班次，須提前預約。

做為前進撒哈拉沙漠的入口，梅爾祖卡是位於摩洛哥東南邊境的一個小村莊，距古城里薩尼(Rissani)約35公里，距阿爾及利亞國境約50公里，村莊本身沒有特別的景點，但做為沙漠旅遊的服務據點而提供了從簡單旅館到豪華城堡的各式住宿選擇，來到小村落的遊客們都是為了附近的切比沙丘(Erg Chebbi)而來。切比沙丘也被稱為梅爾祖卡沙丘(Les Dunes de Merzouga)，是摩洛哥東南部屬撒哈拉沙漠的兩大沙丘之一，壯觀的玫瑰金黃色沙海是本區中最引人注目的景觀之一，沙丘面積從北向南綿延約28公里，東西最寬約8公里，距離國界僅有15公里，由於受到觀光客的歡迎，它也被稱為沙的樂園(Wonderlands of Sand)，成為沙漠旅遊與活動進行的熱門地點。在撒哈拉沙漠邊緣除了梅爾祖卡外，還有許多小村莊，隨著公路的建設而開始發展旅遊業，如距離沙漠7公里左右的Khamlia。歷史上梅爾祖卡曾是沙漠商隊往來的

### 撒哈拉沙漠小檔案

一提起撒哈拉沙漠，讓人聯想的畫面不外乎就是延綿不盡的金色沙丘，事實上沙漠的型態有很多種，金黃色的沙質沙漠(erg)其實只佔撒哈拉沙漠的一小部分，反而是岩漠、礫漠、泥漠與沙漠混雜的地質景觀佔了絕大部分。「撒哈拉」為阿拉伯語中沙漠的意思，它是世界最大的沙漠，面積達940萬平方公里，與美國國土面積相當，西邊至大西洋沿岸，北接亞特拉斯山脈和地中海，東抵紅海，南達蘇丹和尼日河河谷，範圍橫跨非洲包括摩洛哥、阿爾及利亞、突尼西亞、利比亞、尼日與奈及利亞等11個國家，而摩洛哥東南邊界一帶的兩處沙丘也屬撒哈拉沙漠的一部分，一處是梅爾祖卡東邊的切比沙丘(Erg Chebbi)，另一處則南方邊境附近的奇加加沙丘(Erg Chigaga)。

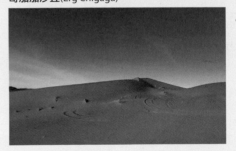

休息站，後成為往返沙漠旅遊的中繼站，為遊客提供的活動包括騎駱駝、夜宿沙漠帳篷、沙漠越野車(四輪驅動)等等。

# Unforgettable Sahara Desert Trip
# 不可錯過的沙漠體驗活動

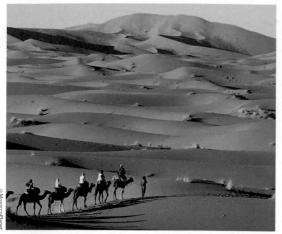

### 展開永生難忘的沙漠之旅

撒哈拉沙漠的面貌千變萬化，可在沙漠體驗的活動也多彩多姿，騎駱駝、看夕陽、營火旁音樂會、賞星空、沙漠日出、滑沙等等，建議安排充裕的停留時間，最好安排住宿沙漠營地一晚，更能充分體驗沙漠的魅力。如果你沒有導遊陪伴，獨自出現在沙漠附近的小鎮上，一定會受到當地攬客的導遊及司機不停的打擾，畢竟沙漠裡討生活充滿艱辛，因此最好提早計畫，選擇有營業執照的旅行社或合法的導遊安排行程，由於沙漠行程中會遇到手機訊號較弱的區域，能與藍袍導遊溝通的能力特別重要(英語或其他語言)，以發生避免不必要的糾紛。

### 騎乘駱駝Camel Trekking

騎在駱駝背上穿越沙漠是最具代表性也最讓人難忘的的沙漠活動，讓人彷彿回到昔日駱駝商隊的時代，由於每隻駱駝的體型與個性不同，騎乘起來的舒適度也不

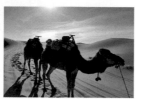

同，若會「暈駱駝」的人也可選擇搭乘四輪驅動往返沙漠營區。墨鏡、遮口鼻的大頭巾都是不可少的配備，夏季氣溫炎熱，最適合騎駱駝的季節為秋冬(9月至3月初)。

### 沙丘上欣賞日出與日落 Sunrise & Sunset

在一望無際的沙海中觀賞日落與日出，沙丘會隨著陽光變化而呈現玫瑰、橘或金黃色，十分魔幻。通常入住沙漠帳篷的2天1夜行程中，會安排日落前騎駱駝進入沙漠，並在最高的沙丘上休息欣賞夕陽餘暉，隔日早晨可在營區欣賞旭日東昇，用完早餐後再騎乘駱駝離開。

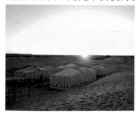 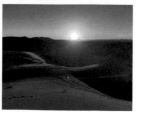

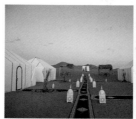 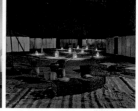

### 入住豪華帳篷賞星空 Nights in Luxury Tents

在無光害的寂靜夜幕中，躺在帳棚外的毯子上，璀璨的銀河滿天的星斗讓人既震撼又沉醉，撒哈拉的星星特別明亮，宇宙顯得神秘浩大，人生最美的星空當之無愧。沙漠溫差大，入夜後特別涼，入住豪華帳棚通常設備齊全，包括附有電熱毯與私人衛浴設備，營區內提供夜間活動還包括營火與柏柏爾音樂演奏。

### 沙漠越野車-四輪驅動 4WD in Sahara

想體驗在沙漠繞行一圈造訪沙漠景點的遊客，也可選擇搭乘沙漠越野車的活動，越野車會衝上沙丘讓人體驗刺激的快感，而繞行沙漠的活動則有機會見到隱藏的沙漠動物或化石。以上活動皆在特定規劃區域進行，以不影響沙漠生態為前提。

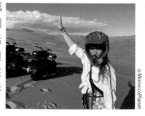

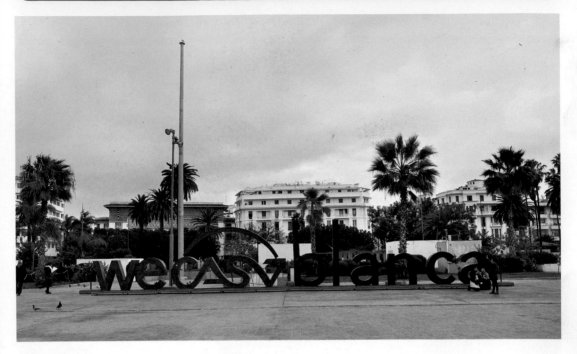

卡薩布蘭加

# 卡薩布蘭加
## Casablanca

文●陳蓓蕾　攝影●陳蓓蕾

位於大西洋沿岸的卡薩布蘭加是摩洛哥的商業和金融之都，不僅是摩洛哥第一大城也是北非第一大貿易港，在這裡傳統與現代並存，高樓大廈、吵鬧的汽車喇叭聲、電車與宛如迷宮的舊城區形成了鮮明的對比，這裡是富人與貧民擦肩的地方。這座港都雖然觀光景點不多，但卻全球知名，全歸功於一部1942年的好萊塢經典電影「北非諜影」(Casablanca)以及那首80年旋律優美、歌詞讓人琅琅上口的經典老歌。

卡薩布蘭加早在7世紀時，就已有柏柏爾人在安法(Anfa)山丘築城，之後由於戰略位置和繁榮的港口貿易，吸引了外來勢力的覬覦。15世紀時城市被葡萄牙人佔領洗劫一空，徹底破壞，當時葡萄牙人就開始稱此地為「白色的房子」(Casa branca)。直到18世紀時，城市由阿拉維王朝蘇丹穆罕默德(Sidi Mohamed Ben Abdellah)重建，並取名為達爾貝達(Dar el-Beida)，阿拉伯語意思同為「白色的房子」。西元1907年，法國佔領卡薩布蘭加，5年後摩洛哥成為法國的殖民地，這座城市便大步邁向現代化，由當時法國都市建築師Henri Prost規劃新市鎮、擴建人工港、現代化的交通與學校系統等基礎建設，寬敞筆直的街道與公共建築四處可見。1956年摩洛哥重獲獨立後，除了1993年填海建造了哈珊二世清真寺，至今這座城市依然在繼續擴張，許多重要的建設工程仍在進行中。

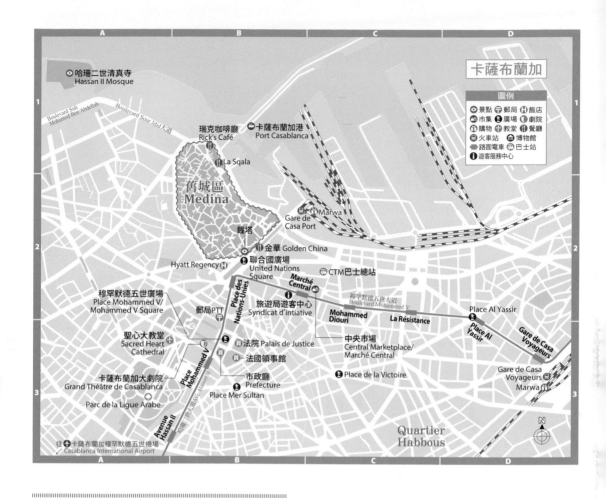

卡薩布蘭加

**圖例**
- ◉ 景點
- 🏨 郵局
- 🏨 飯店
- 🏪 市集
- 🏛 廣場
- 🎭 劇院
- 🛍 購物
- ⛪ 教堂
- 🍴 餐廳
- 🚉 火車站
- 🏛 博物館
- ▬ 路面電車
- 🚌 巴士站
- ℹ 遊客服務中心

哈珊二世清真寺
Hassan II Mosque

瑞克咖啡廳
Rick's Café

卡薩布蘭加港
Port Casablanca

La Sqala

舊城區
Medina

鐘塔

Gare de Casa Port

Marwa

金華 Golden China

聯合國廣場
United Nations Square

Hyatt Regency

CTM巴士總站

Marché Central

穆罕默德五世廣場
Place Mohammed V/
Mohammed V Square

郵局PTT

旅遊局遊客中心
Syndicat d'intiative

Mohammed Diouri

La Résistance

Place Al Yassir

Gare de Casa Voyageurs

聖心大教堂
Sacred Heart Cathedral

法院 Palais de Justice

中央市場
Central Marketplace/
Marché Central

卡薩布蘭加大劇院
Grand Théâtre de Casablanca

法國領事館

市政廳
Prefecture

Place Mer Sultan

Place de la Victoire

Gare de Casa Voyageurs
Marwa II

Parc de la Ligue Arabe

往 卡薩布蘭加穆罕默德五世機場
Casablanca International Airport

Quartier Habbous

# INFO

## 基本資訊
**人口**：5,117,832
**面積**：386平方公里

## 如何前往
### ◎飛機

　　卡薩布蘭加穆罕默德五世機場（Casablanca International Airport，機場代號CMN）是摩洛哥的最大的機場，不僅與摩洛哥境內的主要城市之間有航班往返(摩洛哥皇家航空Royal Air Maroc)，與西歐、北美、西非與中東等地區均有定期國際航班，機場位於城市東南方約30公里處。從台灣出發，沒有航班直

飛卡薩布蘭加或摩洛哥任一城市，必須至第三國城市轉機，如中東的杜拜、阿布達比，或者巴黎、倫敦等歐洲任一主要城市轉機。

**卡薩布蘭加穆罕默德五世機場**
🌐cmnairport.com
### ◎火車

　　卡薩布蘭加共有5座火車站，其中2座為主要的火車大站，一個是位於港口區域的Gare de Casa Port，往返穆罕默德五世機場及首都拉巴特（Rabat）等城市，由拉巴特出發前往卡薩布蘭加Gare de Casa Port車站，所需時間約1小時50分。

　　另一個主要車站則是位於市中心東邊的Gare de Casa Voyageurs，是通往穆罕默德五世機場、馬拉喀什（Marrakesh）、菲斯（Fes）等城市的大站，一出火車站便可接駁市內電車，火車站四周也有許多中價位的住宿選擇。由馬拉喀什火車站

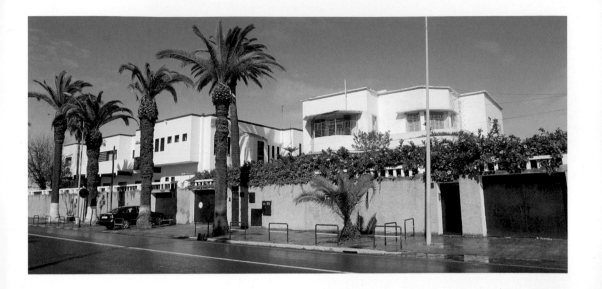

（Marrakesh）出發前往卡薩布蘭加Gare de Casa Voyageurs火車站，所需時間約2小時40分，由菲斯（Fes）出發，所需時間約4小時。

### 摩洛哥國鐵ONCF

ⓌWww.oncf.ma/en、www.oncf-voyages.ma

### ◎長途巴士

國營CTM巴士總站位於Gare de Casa Port火車站的南邊約800公尺，就在舊城區南面離聯合國廣場(United Nations Square)不遠處。由馬拉喀什出發，搭乘CTM巴士抵達卡薩布蘭加所需時間約4小時，由索維拉出發，所需時間約7小時30分。此外，如有攜帶大型行李，須加買額外的行李費用。

### CTM巴士（Compagnie de Transport Marocains Lignes Nationales）

ⓌWww.ctm.ma

📍23 Rue Léon l'Africain

## 機場、火車站至市區交通

### ◎機場

抵達穆罕默德五世機場的入境大廳(Terminal 1)後，沿著「車站(Gare)」的指標走至地下1樓，就可發現摩洛哥國鐵ONCF的服務站Aeroport Mohammed V，此處提供售票機與窗口的購票服務，可使用信用卡購票。此外，各家的租車服務中心也在此。從機場搭乘火車是前往市區最便捷的方式之一，前往市區港口區域的Gare de Casa Port需45分鐘，前往市區東邊的Gare de Casa Voyageurs所需時間約30分。從機場出發，首發車為凌晨4:00，

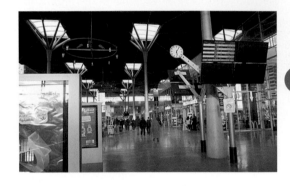

末班車為夜間23:45。

### 摩洛哥國鐵ONCF

ⓌWww.oncf.ma/en、www.oncf-voyages.ma

### ◎火車站

兩個主要火車站分別為靠近北邊港口區域的Gare de Casa Port及市中心東面的Gare de Casa Voyageurs都位於市區內，其中Gare de Casa Voyageurs門口附近即可搭乘路面電車(Casa Tramway)前往市中心各地區。

### 卡薩布蘭加路面電車Casa Tramway

ⓌWww.casatramway.ma

### ◎計程車

機場與火車站門口總是排滿計程車，由機場搭乘計程車前往市區所需時間約40分鐘，通常車資約在300DH左右(1-3人乘車)，可與司機議價。此外，從

Gare de Casa Port或Gare de Casa Voyageur火車站前招攬計程車時，司機大部分都是以喊價的方式而不會使用計程錶，若想要便宜一點的車資，可多走幾步路到街上搭乘。

## 市區交通

卡薩布蘭加市區的大眾運輸系統便捷，路面電車發車頻率高(每15分鐘一班)，且隨處可招攬計程車前往目的地。由於城市的主要景點集中均在市中心，步行與路面電車搭配是最好的遊覽方式。

### ◎路面電車

現代化的卡薩布蘭加於2012年開始啟用輕軌電車，市區共有兩條路面電車穿越，T1路線(Casablanca Tramway Line 1)由東側的Sidi Moumen站延伸至西面Lissasfa方向，T2路線則由Sidi Bernoussi站延伸至Aïn Diab，全長約47公里，預計到2030年前還會陸續開通T3及T4路線。對觀光客來說最方便實用的就是T1路線，會經過火車站Gare de Casa Voyageur、中央市場Central Marketplace (Marché Central)、穆罕默德五世廣場Place Mohammed V/ Mohammed V Square)、聯合國廣場United Nations Square(Place des Nations-Unies)等地點。車票可於站台上的售票機購買，紙本車票單程不限距離票價為6DH，且可儲值2趟車資。

**卡薩布蘭加路面電車Casa Tramway**
🌐www.casatramway.ma

### ◎計程車Petit Taxi

市區內的紅色計程車在街上招手即停，十分方便，常理上計程車應該採用計程錶計費，但面對觀光客，大部分的司機都不會這麼做，若對司機的喊價不滿意，可與其展開議價，有的司機會使用計程錶，有的只以喊價方式交易，因此務必於上車前與司機確認車資。晚上20:00以後，車資費率會夜間加成50%。

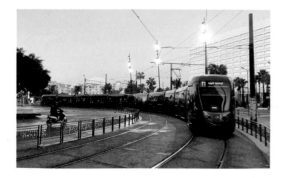

## 觀光行程

### ◎摩洛哥環線之旅7天至14天

卡薩布蘭加的國際機場是大部分台灣遊客抵達摩洛哥的第一站，也是規劃摩洛哥行程的起點，依據旅客個別需求，當地旅行社與私人包車團均提供7天至14天的摩洛哥環線之旅，可以順時針或逆時針方向完成環繞摩洛哥一周的路線，行程包括摩洛哥四大皇城(拉巴特、梅克內斯、菲斯、馬拉喀什)、藍色山城舍夫沙萬、撒哈拉沙漠、中部沙漠城市、亞特拉斯山脈等等，其他特殊路線與活動皆可客製化增減。由於有執照、好評價的領隊與司機十分熱門，建議在出發前就先預訂，若抵達後才尋找，建議一定要確認對方有合法執照，以免日後衍伸糾紛。

**摩洛哥星球 Morocco Planet LLC（Amar）**
☎+212-666-452-346(WhatsApp)
🌐www.moroccoplanet.com

**Morocco Dream Tours**
☎+212-666-341-603
🌐moroccodreamtours.com

**天堂島嶼Ile de Paradise**
☎+212-667-498870
🌐www.iledeparadise.com

**Morocco Expert Tours**
☎+212-668-858-057
🌐moroccoexpert.com

## 旅遊諮詢

雖然位於穆罕默德五世大道上有間非政府官方機構的遊客中心(Syndicat d'intiative)，但常常會遇到關門休息的情況，建議可多利用卡薩布蘭加市觀光局(CRT)的官方網站查詢資訊。
卡薩布蘭加市觀光局(CRT)
🌐www.visitcasablanca.ma

# 城市概略City Guideline

卡薩布蘭加大致可以聯合國廣場(Place des Nations Unies)為分界，以南是1920年代起規畫的新城區，以北則將舊城區保留。聯合國廣場向南展開數條筆直的大道，包括路面電車行經的兩條主要街道：穆罕默德五世大道(Boulevard MohammedV)及哈珊二世大道(Ave. Hassan II)，兩條街區內有許多早期法國殖民時期裝飾藝術(Art Deco)的建築。而沿著哈珊二世大道往南則是城市的行政中心-穆罕默德五世廣場(Place Mohammed V)，義大利風格的市政

廳、摩登的大劇院、大使館、法院、銀行及郵局等機構都在附近。

聯合國廣場北面則是古老的舊城區(Medina)，城牆邊的鐘塔是城市的地標。舊城區以北至大西洋沿岸，聳立著城市的精神象徵哈珊二世清真寺(Hassan II Mosque)，也是本區最主要的景點。

# 卡薩布蘭加行程建議
# Itineraries in Casablanca

比起摩洛哥其它古城，現代化的卡薩布蘭加作為摩洛哥的商業與貿易中心，觀光景點並不多，因此停留半天或1天就已足夠。由於國際班機大多在此降落，因此很適合作為摩洛哥環線之旅的起點或終點。如果時間有限，建議可直奔哈珊二世清真寺(Hassan II Mosque)，若時間充裕，再探索舊城區，漫步市區，晚餐可選擇在港口附近的餐廳大啖海鮮，或者讓舊城區附近台灣餐廳滿足旅人思鄉的胃。

# 卡薩布蘭加散步路線
# Walking Route in Casablanca

**距離：**約4公里　　**時間：**約3.5小時
散步路線從卡薩布蘭加的平民廚房–**中央市場**

## 卡薩布蘭加的臺灣味

滿足思鄉的胃，對於摩洛哥料理與塔吉鍋已味覺疲乏的人來說，位於舊城區附近著這家中餐廳，絕對可以稍微滿足一下思念的美味。來自臺灣的老闆一家人於1991年移民摩洛哥，在當地開設了第一家中餐廳，雖然許多菜色針對當地口味稍加調整，但也提供道地的滷肉飯、酸辣湯等菜色。

金華餐廳 Golden China
🏔P.296B2 ☎+212 5222-73526 🏠Rue el Oraibi Jilali, Casablanca 20250, Morocco ⏰每日12:00至15:00、18:30至23:00 🚫週一午餐、週日晚餐時段 🌐golden-china-casa.business.site

## 北非諜影Casablanca

由弗萊·鮑嘉(Humphrey Bogart)和英格麗·褒曼(Ingrid Bergman)主演的黑白經典電影，以1942年二次世界大戰的歐洲為背景，敘述當時北非的卡薩布蘭加由法國所控制，歐洲難民紛紛以此地作為前往美國的跳板，因此充滿國際陰謀和詭計。在當地最受迎歡的瑞克咖啡廳Rick's Café中，一到太陽下山，便聚集了各色人群在裡面喝酒、賭博、應酬甚至黑市交易。宛如一個和平的共和國。影片中忠實呈現了卡薩布蘭加在二次世界大戰期間，各國間諜與外交角力的錯綜複雜的處境，贏得了奧斯卡最佳影片、導演與改編劇本三項大獎殊榮。

**Central Marketplace (Marché Central)**①開始出發，沿著寬敞的**穆罕默德五世大道Boulevard Mohammed V**②往西北方向步行，便可來到三角形的**聯合國廣場(Place des Nations Unies)**③，沿途中可欣賞兩旁許多法國殖民時期的建築，廣場附近最顯眼的地標便是舊城城牆邊的**鐘塔(Clock Tower)**④，穿過鐘塔旁的**城門**⑤，便可來到蜿蜒曲折錯綜複雜的舊城區小巷弄間，接著繼續往北走，來到位於舊城區邊緣摩洛哥餐廳**La Sqala**⑥以及距離350公尺處的著名電影場景**瑞克咖啡廳Rick's Café**⑦，稍做休憩後，沿著Boulevard Sour Jdid大道往西北方直行約1公里，便可來到摩洛哥大西洋沿岸最璀璨的一顆明珠，彷如建在海面上的**哈珊二世清真寺(Hassan II Mosque)**⑧。

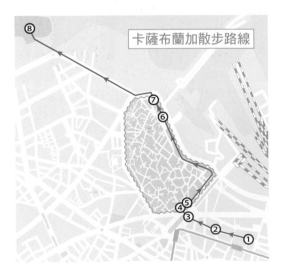

卡薩布蘭加散步路線

**MAP ▶ P.296A1**

# 哈珊二世清真寺

**MOOK Choice**

## Hassan II Mosque

### 融合高科技的海上清真寺

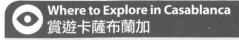

🏠Bd de la Corniche ⏰位於市區北邊，由舊城區鐘樓處出發往北走約27分鐘可達 🕐9月16日起至3月14日每週六至週四9:00、10:00、11:00、12:00、15:00，週五9:00、10:00、15:00可進入參觀；3月15日起至9月15日每週六至週四9:00、10:00、11:00、12:00、15:00、16:00，週五9:00、10:00、15:00、16:00可進入參觀；齋戒月期間每週六至週四9:00、10:00、11:00、14:00週五9:00、10:00、14:00可進入參觀。 💲成人130Dhs，6歲以下兒童30Dhs 🌐www.fmh2.ma/en

　　位於大西洋沿岸，有一半以上的面積建築在填海所造的地基上，突出於大西洋上的造型，彷彿立於大海之中，因此有「海上清真寺」的美譽，這座氣勢雄偉的清真寺也是卡薩布蘭加最醒目的地標。清真寺前後共建造了8年於1993年才終落成，1980年時由摩洛哥前任國王哈珊二世於號召

人民捐獻並靠著國家稅金，耗資近6億美元，創造了摩洛哥人「值得永世驕傲」的清真寺願景。

　　清真寺由法國建築師Michel Pinseau設計，將摩洛哥傳統伊斯蘭教建築融入歐洲當代建築風格的元素再結合高科技現代建築技術打造而成；清真寺以大理石、花崗岩打造，主建築面積約2公頃，連同戶外廣場共占地9公頃，寺內可容納2.5萬人，禮拜殿加上廣場最多可容納10萬人，地下室的沐浴大廳有41座蓮花噴水池，男女沐浴室可容納約1400人沐浴。另有伊斯蘭教學院、圖書館、講演廳、會議廳等。雖然它的規模並非全世界第1大，但卻是最高科技最現代化的一座清真寺；包括以防蝕的鈦合金鑄的自動大門、祈禱大廳的大理石地面設有高科技保溫的地暖設備、屋頂則能快速地電動開啟以及太陽能供應的能源系統等。此外，它還擁有世界最高的宣禮塔(210公尺，約60層樓高)，夜晚時可從塔頂朝向麥加射出30多公里遠的綠色雷射光束，可稱得上是伊斯蘭教世界最西端的一座燈塔。

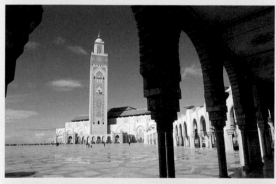

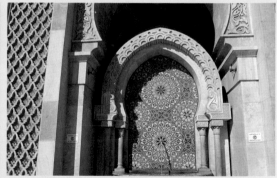

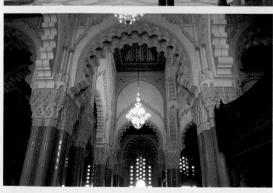

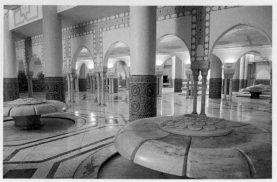

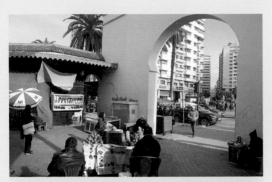

# 中央市場
## Central Marketplace(Marché Central

### 體驗在地人生活樣貌

Bd Mohammed V 由Gare de Casa Voyageur搭乘路面電T1於中央市場站Marché Central /Central Marketplace站下車即達。 8:15~15:00

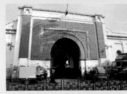

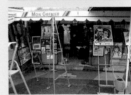

位於穆罕默德五世大道上的中央市場建於20世紀，是當地人生活採買的市集中心與廚房。市場外圍是蔬果攤位，中央部分則是海鮮攤位，由於鄰近大西洋，這裡每日上午時段攤位上擺滿了各式新鮮漁獲，也直接現場大啖生蠔，而一些小吃攤上則擠滿了品嘗海鮮飯、炸花枝等各式海鮮料理的食客。此外，市場還有一些販售草藥、香料土產、紀念商品、手工藝品以及黑白老照片及海報的古董二手商品店。

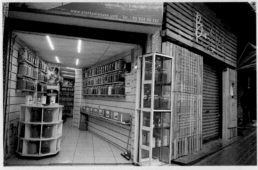

**MOOK Choice**

# 舊城區
## Old Medina

### 熱鬧的當地人市集

Old Medina Mohammed El Hansali 由Gare de Casa Port火車站出發往西南步行約7分鐘即達，或由Gare de Casa Voyageur火車站及路面電車站搭乘T1電車於聯合國廣場站Place des Nations-Unies站下車朝鐘塔方向步行1分鐘即達。 在人潮眾多且街道狹窄的舊城區內漫步需特別提防扒手小偷，勿攜帶大量現金且夜間勿單獨行動。

位於聯合國廣場北邊的舊城區被16世紀所建的老城牆所環繞，繁忙入口旁的鐘塔(Clock Tower)是最醒目的辨認地標，另一個熱門的入口則是舊城區西側的馬拉喀什城門(Bab Marrakech)；舊城區內現存的建築則大多建於19世紀，北半邊大多是住宅區，南半邊則是商店與市集，包括服飾、五金、草藥、紀念品或當地咖啡館等等聚集中心，近年來城區內的環境均經規劃整理，因此在區內漫步不用擔心迷路的問題。此外，此區也是從市中心通往哈珊二世清真寺之間往來步行的熱門路線。

### 摩洛哥風情的服飾品牌

摩洛哥的平價快時尚女性服飾連鎖品牌Marwa成立於2003年，提供各式融合現代與摩洛哥風情的女性服飾，包括各色系、材質及花樣的改良款摩洛哥傳統寬鬆長袍以及鞋與飾品等商品，卡薩布蘭加兩大火車站Gare de Casa Port及Gare de Casa Voyageur站內都設有店面，選購起來十分方便。

Marwa

Gare de Casa Port及Gare de Casa Voyageur火車站內 www.marwa.com

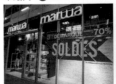

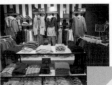

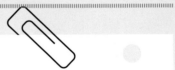

摩洛哥……卡 薩布蘭加 Casablanca

MAP ▶ P.296B3

# 穆罕默德五世廣場

## Place Mohammed V/ Mohammed V Square

**卡薩布蘭加的行政中心**

🚇Place Mohammed V 🚊由Gare de Casa Voyageur搭乘路面電T1於穆罕默德五世廣場站Place Mohammed V下車即達。

有著大型噴泉的大廣場自法國殖民時期以來迄今一直是城市的行政中心，幾乎所有重要的機關行號都集中在這附近。廣場四周圍繞著銀行、郵局總局、法國領事館等公共建築；東南面的佇立著白色鐘塔的義大利風格白色建築是市政廳(穆罕默德五世宮)，東面則是有著成排拱廊的法院，南面則是城中最大的公園種植著成的排棕櫚樹，廣場旁最現代化的建築則是可俯瞰廣場的大劇院(Grand Théâtre de Casablanca)，天氣好時廣場上經常擠滿了人群及成群的野鴿，還有不少穿著傳統服飾趁機招攬觀光客拍照收費的街頭藝人。

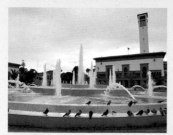
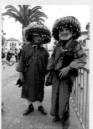

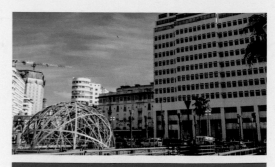

MAP ▶ P.296B2

# 聯合國廣場

## United Nations Square(Place des Nations-Unies)

**新城市規劃的中心**

🚇United Nations Square 🚊由Gare de Casa Voyageur搭乘路面電T1於聯合國廣場站United Nations Square(Place des Nations-Unies)下車即達。

在20世紀初，此處還只是一個聚集了說書人與弄蛇人的市集廣場，然而如今這個三角形的狹長廣場卻成了卡薩布蘭加新城區的中心及主要道路交會的樞紐。路面電車T1路線沿著穆罕默德五世大道直行並在此處90度方向轉往哈珊二市大道前進，廣場中有著令人印象深刻的紅色半圓球體藝術品，建於1920年的聯合國廣場舊稱為法國廣場(Place de France)，廣場北面為舊城區及象徵著法國殖民時期的鐘塔，廣場往南的街道上則充滿著餐廳與商店。

MAP ▶ P.296B1

# 瑞克咖啡館

## Rick's Café

**複製好萊塢電影名場景**

🚇Place du jardin public, 248 Bd Sour Jdid, 🚊由鐘塔旁舊城區入口處往北步行約16分鐘可達。 ⏰每日中午12:00至15:00pm, 18:30至00:30 am 🌐www.rickscafe.ma/ ❗無法單點飲料，僅服務用餐顧客

門口栽有兩顆棕櫚樹，瑞克咖啡館按照電影「北非諜影」的攝影棚場景，重新打造了一個一樣裝潢的咖啡館，縱然原片的拍攝場景均在片場中，然而這家複製版的咖啡館仍是遠近馳名，不是因為餐點及服務，而是因為滿足了影迷懷舊的想像。咖啡館的創始人是一位美國人，由於前來朝聖拍照的影迷太多，因此店內僅服務有消費主餐的顧客。

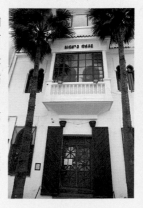

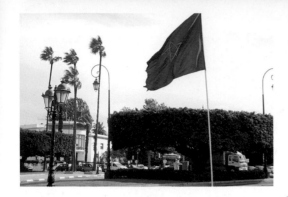

# 拉巴特
# Rabat

文●陳蓓蕾　攝影●陳蓓蕾

位於大西洋沿岸的首都拉巴特是摩洛哥的政治、行政和金融中心，摩洛哥的主要大學城，也是僅次於卡薩布蘭加的第二大城，它與古城塞拉隔著布瑞格瑞河(Bouregreg)遙遙相望，現代化的新城區有寬敞的林蔭大道、路面電車、政府機構及各國大使館，舊城區則有著古老的城堡與整齊清潔的露天市集，雖然遊客不多，但舒適的城市氛圍使其成為一座融合現代化首都與歷史性舊城雙重身分的魅力城市，在2012年被列入聯合國教科文組織世界文化遺產之列。從新城區中心的拉巴特火車站(Rabat Ville)沿著主要大街穆罕默德五世大道漫步，輕易地就能抵達舊城區，瞬間時光彷彿倒流回到了半世紀。

拉巴特名字的起源據說來自10世紀時，柏柏爾人在布瑞格瑞河口處建造了一座碉堡名為Ribat，到了12世紀穆瓦希德王朝則在原址重建了歐達亞城堡與城牆。1912年法國殖民時期，放棄了因政治動亂統治起來較為棘手的菲斯和馬拉喀什兩大古城，進而選擇了容易防衛的沿海都市拉巴特作為首都，直至今日拉巴特一直都是政府和國王官邸的所在地。

## INFO

### 基本資訊
人口：577,827　面積：117方公里

### 如何前往
#### ◎飛機
　　拉巴特–塞拉機場（Rabat-Salé Airport，機場代號RBA）距離拉巴特市區東北方約10-12公里處，每週均有往返歐洲主要城市如巴黎、阿布達比等地的定期國際航班，如摩洛哥皇家航空(RAM)、法國航空Air France、荷蘭航空(KLM)及Ryanair等航空。
**拉巴特–塞拉機場Rabat–Salé Airport**
ⓦ www.onda.ma/en/Our-Airports/Rabat-Sale-Airport
#### ◎火車
　　拉巴特區域共有3座火車站，其中最主要的Rabat Ville火車站位於新城的中心，可輕鬆徒步前往舊城區與城堡等觀光景點。其他2座分別為位於南邊的Rabat Agdal及隔壁小鎮塞拉（Salé）的Rabat Salé火車站。搭乘火車前往拉巴特可說是最輕鬆便利的方式，由卡薩布蘭加Gare de Casa Voyageurs及Gare de Casa Port出發前往拉巴特Rabat Ville火車站的班次頻繁，所需時間約1小時左右；由菲斯出發前往拉巴特則需3小時左右。
**摩洛哥國鐵ONCF**
ⓦ www.oncf.ma/en、www.oncf-voyages.ma
#### ◎長途巴士
　　國營CTM巴士站位於Rabat Ville火車站的南邊約5公里處，附近最近的輕軌電車站為Ibn Rochd。由卡薩布蘭加出發，搭乘CTM巴士抵達拉巴特所需時間約1小時30分，由菲斯出發所需時間約3小時。此外，如有攜帶大型行李，須加買額外的行李費用。
**CTM巴士（Compagnie de Transport Marocains Lignes Nationales）**
ⓦ www.ctm.ma
ⓐ Avenue Hassan II

### 機場、火車站至市區交通
#### ◎機場
　　拉巴特–塞拉機場（Rabat-Salé Airport）距離拉巴特市區東北方約10-12公里處，可搭乘計程車或Stareo巴士往返市中心Rabat Ville及Rabat Agdal火車站與機場之間的Aeroport-Gare Rabat Agdal路線，發車時間每日約從6:30-20:45止，票價約20DH

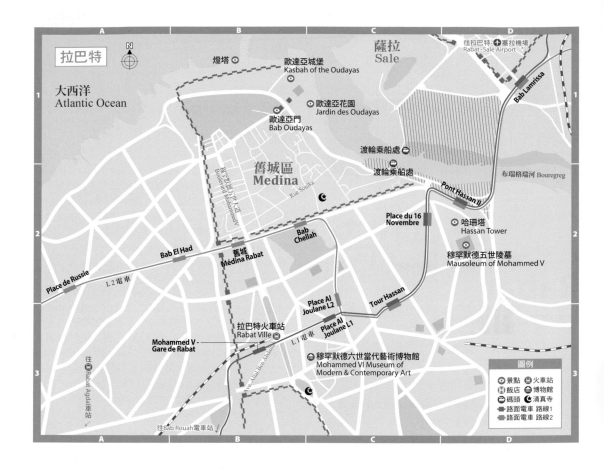

拉巴特

N

**大西洋**
Atlantic Ocean

燈塔 ◎

**薩拉**
Sale

往拉巴特─薩拉機場
Rabat-Salé Airport

Bab Lamrissa

歐達亞城堡
Kasbah of the Oudayas

◎ 歐達亞花園
Jardin des Oudayas

**舊城區**
Medina

歐達亞門
Bab Oudayas

Rue Souika ☪

渡輪乘船處 ⚓

渡輪乘船處

布瑞格瑞河 Bouregreg

Pont Hassan II

Place du 16
Novembre

◎ 哈珊塔
Hassan Tower

Bab El Had
舊城
Médina Rabat

Bab
Chellah

穆罕默德五世陵墓
Mausoleum of Mohammed V

Place de Russie

L2電車

Place Al
Joulane L2

Place Al
Joulane L1

Tour Hassan

拉巴特火車站
Rabat Ville ◎

Mohammed V -
Gare de Rabat

L1電車

往 Ⓡ Rabat Agdal 車站

⚓ 穆罕默德六世當代藝術博物館
Mohammed VI Museum of
Modern & Contemporary Art

往 Bab Rouah 電車站

**圖例**
◎ 景點　　◉ 火車站
Ⓗ 飯店　　⚏ 博物館
⚓ 碼頭　　☪ 清真寺
▰ 路面電車 路線1
▰ 路面電車 路線2

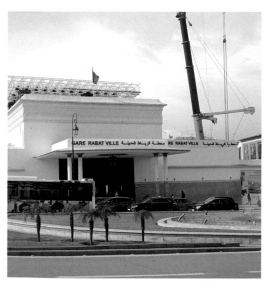

www.alsacitybusrst.ma/en/program
**◎火車站**
　主要火車站Rabat Ville位於新城市中心，可輕鬆徒步進入市區或選擇搭乘路面電車(Rabat-Salé Tramway)。

**拉巴特路面電車Rabat-Salé tramway**
www.tram-way.ma
**◎計程車**
　機場與火車站門口總是排滿計程車，由機場搭乘計程車前往市區所需時間約30分鐘，車資約在150-300DH左右，白天與夜間車資不同，需與司機議價。

**市區交通**
　拉巴特市區的大眾運輸系統便捷，路面電車發車頻率高，且隨處可招攬計程車前往目的地。由於城市的主要景點集中均在市中心，步行與路面電車搭配是最好的遊覽方式。

## ◎路面電車

拉巴特的路面電車共有兩條路線，除了往來市區也能前往隔壁的老城塞拉(Salé)，兩條路線中間被布瑞格瑞河谷 (Bouregreg) 隔開，目前共有 32 個站點，服務路線超過 19 公里。

L1路線從Madinat Al Irfane出發，經過Agdal-Avenue de France、新城區的Mohammed V、火車站Gare de Rabat-Ville，繞過哈珊塔(Hassan Tower)，通往老城塞拉旁的Bab Lamrissa，再前往塞拉火車站Salé Ville；L2路線則沿著舊城旁的Ave Hassan II街道前進，與L1線交會同樣繞過哈珊塔(Hassan Tower)，通往老城塞拉旁的Bab Lamrissa，再繼續前往Hassan II方向。車票可於站台上的售票機購買，車資單程票價為6DH。

**拉巴特路面電車Rabat-Salé tramway**
🌐www.tram-way.ma

## ◎計程車Petit Taxi

市區內的藍色計程車在街上招手即停，便宜方便，有的司機會使用計程錶，有的只以喊價方式交易，因此務必於上車前與司機確認車資。

## 旅遊諮詢

雖然位於穆罕默德五世大道上有間非政府官方機構的遊客中心(Syndicat d' intiative)，但常會遇到關門休息的情況，建議可多利用拉巴特市觀光局(CRT)的官方網站查詢資訊。

**拉巴特遊客中心**
**Délégation régionale Du Tourisme De Rabat**
📍22 Av. d'Alger
🕐8:30-16:30
🚫週六及週日
🌐www.visitrabat.com

**拉巴特旅遊局**
**Conseil Régional du Tourisme de Rabat-Salé-Kénitra**
📍23, avenue An Nasr - Rabat
📞+212 537 77 64 00
🌐www.visitrabat.com

# 城市概略City Guideline

首都拉巴特因保存良好的現代化首都與歷史性城市並存狀態，於2012年被列入世界文化遺產，市區南邊為歐洲風情的新城區，緊接著北邊的舊城區(Medina)而建。新城區是拉巴特的行政中心，政府機構如國會、銀行、學校及各國大使館都在此，以穆罕

默德五世大道(Blvd. Mohammed V)為主要幹道，兩旁有著整齊宏偉的公共建築、住宅與綠地，具有中央火車站功能的拉巴特火車站(Rabat Ville)也在這條大道上，新城的東邊則有穆罕默德五世陵墓與哈珊塔等觀光景點。市區以北的舊城區則是由12世紀及17世紀不同王朝建立起來的城牆所包圍的區域，包括歐達亞城堡、歐達亞花園及舊城市集等觀光景點，其中最熱鬧的一條街道為Rue Suika，兩旁販售著各式手工藝品皮革包包、拖鞋等商品，雖然規模不如馬拉喀什的舊城區，但卻更有規劃秩序。

# 拉巴特行程建議
# Itineraries in Rabat

現代化的拉巴特作為摩洛哥的首都與行政中心，遊客相較其他古城來的少，觀光氣氛稍淡但反而增添了這座古城的魅力，是作為短暫停留半天或1天的好去處。由於火車站位於市中心，無論徒步、搭乘電車或計程車均可快速抵達目的地，十分方便。

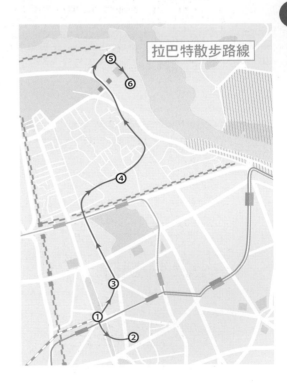

拉巴特散步路線

# 拉巴特散步路線
# Walking Route in Rabat

**距離**：約3.5公里　　**時間**：約4小時

　　散步路線從拉巴特火車站出發－**拉巴特火車站(Rabat Ville)**①開始出發，沿著穆罕默德五世大道Boulevard Mohammed V往南方向步行不遠處便可來到**穆罕默德六世當代藝術博物館(Mohammed VI Museum of Modern & Contemporary Art)**②以及隔壁的考古博物館，在博物館附設咖啡廳稍歇一會後，便可往北沿著與穆罕默德五世大道平行，熱鬧的**商店街(Ave. Allal Ben Abdallah)**③前行，往北直行就進入了**舊城區(Old Medina)**④，在遇到與穆罕默德大道交錯的Rue Suika 時向右轉，附近均為販售各式手工藝品的小販，在此區可充分享受購物的樂趣，出了舊城後往上坡步行即可抵達的**歐達亞城堡(Kasbah of the Oudayas)**及⑤**歐達亞花園(Jardin des Oudayas)**⑥。

## 海盜烏托邦-塞拉海盜
## Salle Rovers/Salé Rovers

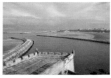

　　17世紀初，海盜們佔據了拉巴特與塞拉一帶的沿海地區，利用地理優勢打劫商船，俘虜船員及歐洲人為奴隸，1619年宣布獨立成立塞拉共和國(Republic of Salé/ Republic of Bou Regreg)並且以荷蘭人Jan Janszoon van Haarlem 為領袖，當時的摩洛哥王朝的蘇丹曾下令圍攻塞拉，但無功而返，從此對海盜採取放任態度並與海盜共和國共存了10多年。海盜統治塞拉初期發展蓬勃，但後期勢力則漸漸衰退，英、法、西班牙等歐洲列強雖多次出兵圍剿地中海一帶的海盜基地，然而成效卻十分短暫，直到1816年英德聯軍出兵攻打及1830年法國佔領阿爾及利亞，才讓海盜集團瓦解。

---

## ◉ Where to Explore in Rabat
## 賞遊拉巴特

**MAP ▶ P.304B1**

# 歐達亞城堡

## Kasbah of the Oudayas/ Oudaias/ Udayas

### 昔日保衛拉巴特的門戶

🏠 Pont Hassan II　　🚌 由火車站Rabat Ville沿著穆罕默德五世大道往北前行，在Rue Souika右轉直行，再於Avenue des consuls左轉朝北往上坡路段前往至城門Bab Oudayas即達。
🌐 www.visitrabat.com/lieux/kasbah-des-oudayas

　　城堡位於市區最北端，布瑞格瑞河口(Bouregreg)與大西洋的交會處，依著山崖而建，居高臨下與對面的古城塞拉遙遙相望，在歷史上是保衛拉巴特的門戶。歐達亞城堡最早建於12世紀，於17世紀時擴增修建的更加完善，美麗的馬蹄形城門Bab Oudayas是穆瓦希德王朝的蘇丹曼蘇爾(Yacub al-Mansur)於1195-1199年所打造，當時門外的廣場即是奴隸與貨物市集，今日城門建築內部則做為展覽廳使用，城堡內部則為住宅區，至今仍有居民居住，2012年

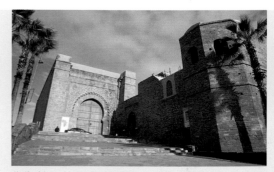

作為拉巴特新舊市區的一部分被列為聯合國教科文組織的世界文化遺產。

## 💡 歐達亞城堡的住宅區

　　歐達亞城堡內部有一特別的住宅區，以獨特粉刷過藍白兩色的圍牆而聞名，狹窄曲折的石鋪街道兩旁都是白色房屋，由17世紀來自西班牙安達魯西亞的伊斯蘭教(穆斯林)難民佔據後，打造成家鄉安達魯西亞的風格，街區裡有小商店、咖啡廳、清真寺、廣場等，搭配了各具特色色彩鮮艷的門窗與花台設計，獨具地中海風情。

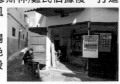

# 歐達亞花園

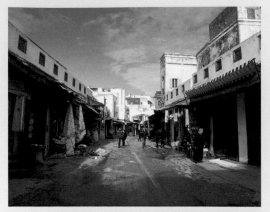

**MOOK Choice**

## Jardin des Oudayas

### 安達魯西亞風格花園

🚇Pont Hassan II 🚌由火車站Rabat Ville沿著穆罕默德五世大道往北前行，在Rue Souika右轉直行，再於Avenue des consuls左轉朝北往上坡路段前行至城門Bab Oudayas即達。
🌐www.visitrabat.com/lieux/jardin-des-oudayas

　　城堡南部有座迷人的西班牙–安達魯西亞風格花園，20世紀初法國殖民時期駐紮此地，當時的總督下令由法國歷史古蹟建築師 Tranchant De Lunel重新打建一座摩爾式的宮殿花園，在園內種植了許多玫瑰、曼陀羅、果樹及各種灌木，四周環繞著古老的城牆，其間設有漫遊步道及涼亭，很受當地人歡迎。此外，花園附近還有座博物館，但自2014年起關閉以進行長期整修。

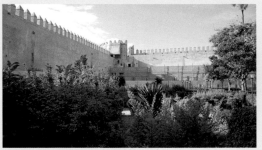

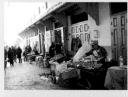

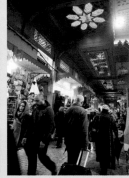

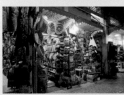

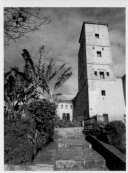

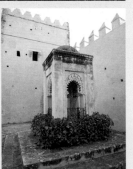

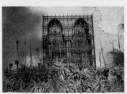

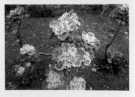

# 舊城區

**MOOK Choice**

## Medina

### 在規劃整齊的老街購物

🚇Medina Rabat 🚌由火車站Rabat Ville出發沿著穆罕默德五世大道往北前行約10分鐘即達。 🌐www.visitrabat.com/lieux/la-rue-souika/

　　拉巴特的舊城區建造於17世紀，街道規劃為整齊的網格狀，雖然比不上馬拉喀什如迷宮般的舊城規模，但漫步起來相對輕鬆許多，商品價格款式也公道些。在20世紀初期法國殖民時代以前，舊城城牆圍繞起來的範圍就是城市的全部，400年來舊城區仍維持著以前的生活方式與景觀，Rue Souika是最主要購物街，街道東邊是有著遮雨棚的市集Souq as-Sebbat，販售地毯、皮革製品的小販均集中在此，此外14世紀建造的大清真寺(Grand Mosquée)也在附近。

摩洛哥…拉巴特 Rabat

# 穆罕默德五世陵墓
## Mausoleum of Mohammed V

**歷代國王長眠之處**

🏠Mausoleum of Mohammed V 🚊由火車站Rabat Ville搭乘路面電車L1往東行駛至Tower Hassan站下車後步行4分鐘即達。 🕐週一至週五8:00-18:00；週六至週日8:15-17:45 💲免費 🌐www.visitrabat.com/en/lieux/le-mausolee-mohammed-v

現任國王穆罕默德六世的父親哈珊二世及祖父穆罕默德五世的陵墓，穆罕默德五世正是將摩洛哥從法國解放而獨立的國王，白色大理石打造的建築主體與綠色屋頂與遠方的哈珊塔遙遙相望，陵墓入口處及內部四個角落都有衛兵駐守，陵墓內部雕飾華麗，民眾可於二樓走廊瞻仰下方的白色石棺，位於中央的是穆罕默德五世，前任國王哈珊二世與他的弟弟則安置在左右兩側。

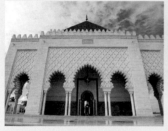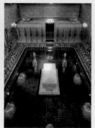

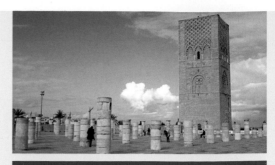

# 哈珊塔
## Hassan Tower

**未完成的宣禮塔**

🏠Hassen Tower 🚊由火車站Rabat Ville搭乘路面電車L1號路線往東行駛至Tower Hassan站下車後步行4分鐘即達。 🕐週一至週五8:00-18:00；週六至週日8:15-17:45 💲免費 🌐www.visitrabat.com/en/lieux/la-tour-hassan-2

高約44公尺的哈珊塔位於穆罕默德五世陵墓附近，它其實是一座尚未蓋完的宣禮塔，1195年穆瓦希德王朝的蘇安曼蘇爾(Yacub al-Mansur)計畫於此處打造一座雄偉的清真寺，然而4年後尚未建完前曼蘇爾就去世了，清真寺與宣禮塔僅蓋到一半之後首都就遷至馬拉喀什，工程停擺，之後清真寺的建築被拆除移作其他工程之用，接著又在1755年的里斯本大地震中被摧毀，如今只留下祈禱大廳的斷垣殘柱。

# 穆罕默德六世當代藝術博物館
## Mohammed VI Museum of Modern & Contemporary Art

**嶄新舒適的藝術空間**

🏠2 Av. Moulay Hassan 🚊由火車站Rabat Ville出發沿著穆罕默德五世大道往南前行約4分鐘，於 Av. Moulay Hassan左轉後即達。 ☎+212-537-769-047 🕐10:00-18:00 🚫週二 💲成人40Dh，12-18歲20Dh，12歲以下兒童10Dh 🌐www.museemohammed6.ma

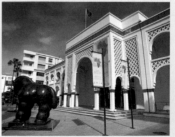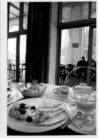

耗時10年，於2014年開幕的博物館是摩洛哥自1956年脫離法國獨立以來建造的第一座國立大型博物館，館中收藏了約 200多位摩洛哥藝術家的作品，還有一個長期展覽展出1950年代至今的摩洛哥藝術作品，向大眾介紹摩洛哥現代藝術與文化多樣性。博物館一樓的咖啡廳空間舒適擁有大片落地窗與庭園，深受當地人與遊客的喜愛。

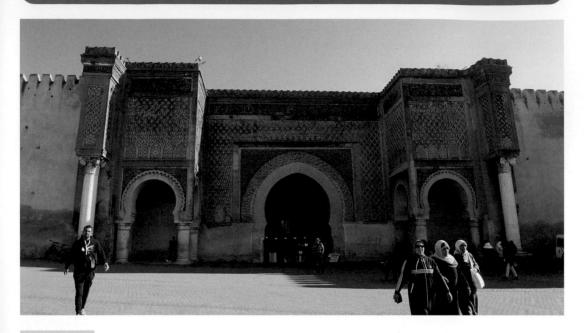

沃呂比利斯
梅克內斯
伊夫蘭

# 梅克內斯及周邊
# Meknes and Around

文●陳蓓蕾　攝影●陳蓓蕾

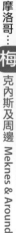
摩洛哥4大皇城之中，梅克內斯是最年輕的一個，只維持了短短半世紀，卻也不容忽視。因17世紀的蘇丹穆萊伊斯梅爾，終於結束了國內長達五百多年的分裂，並遷都至此，期望打造他心目中的輝煌雄偉皇城，所以梅克內斯在摩洛哥人心目中有著特殊意義。占地寬廣的皇城約700多公頃，投入數萬名勞工和基督徒奴隸花了40多年時間建造，留下多座宮殿，及長達40餘公里的城牆及20餘座城門，可惜後來的一場大地震毀壞了多處建築，皇宮又不對外開放，如今只有幾座遺址和城牆，見證當時蘇丹的恢弘霸業。

梅克內斯大致分為舊城、新城區與皇城區，以曼索爾城門為界，以北是舊城區，以南就是皇城區，梅克內斯不像菲斯的舊城腹地如此寬大，但逛起來也更輕鬆自如（不怕迷路），各式各樣的商店，販售了花瓶、盤子、手鐲、刺繡和製革等代代相傳的手工藝品，相較其他皇城，較為新穎的梅克內斯、氛圍也較為悠閒，圍頭巾的伊斯蘭信徒們在此地較少看到，而穆萊伊斯梅爾的陵墓就位在舊城區，這也是少數非伊斯蘭教徒也可入內參觀的皇陵。還有與菲斯同名的阿布伊南（波伊納尼亞）神學院、也同樣建於西元14世紀，優雅繁複的精美雕刻，馬賽克鑲嵌磁磚的迷人幾何圖案，都引人駐足。

梅克內斯又稱作橄欖的梅克內斯，其絕佳氣候和水質造就了農作物的上好品質，也是知名葡萄酒產地，它是四方交通的中繼點，也是造訪周邊沃呂比利斯羅馬考古遺址的重要據點，郊區甚至有溫泉、水療中心提供遊客不一樣的享受。

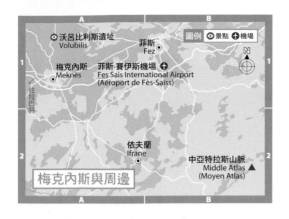

# INFO

## 基本資訊

**人口**：835,695　　**面積**：約370平方公里

## 如何前往

### ◎火車

雖然梅克內斯有兩個火車站，但對遊客來說較為便利的是新城區東面的Gare Al-Amir Abdelkader火車站，而不是另一座中央車站Gare Principale，因為由Gare Al-Amir Abdelkader乘坐火車可輕易抵達菲斯(所需時間為45分鐘)、卡薩布蘭加(所需時間為6.5~7小時)中途經拉巴特等城市。

**摩洛哥國鐵ONCF**

🌐www.oncf.ma/en

### ◎長途巴士

CTM長途巴士站位於新城區的西邊，離中央火車站Gare Principale約莫幾條街的距離，由卡薩布蘭加出發前往梅克內斯約3~4小時，菲斯出發前往梅克內斯約1小時，搭乘巴士還可前往馬拉喀什、丹吉爾等第。此外，位於舊城西邊的荷米斯城門Bab el-khemis附近也有其他長途巴士的巴士總站(Gare Routiere)。

**CTM巴士（Compagnie de Transport Marocains Lignes Nationales）**

🌐www.ctm.ma

🏠Av. Des Far

## 火車站、巴士站至市區交通

### ◎火車與長途巴士

梅克內斯是由2座山丘組成，西側是舊城所在的山丘，景點多集中在此，東邊是新城，公車、火車站、飯店多在此地。梅克內斯的火車站有2個，自中央車站（Gare Principale）搭乘5、10號巴士，可達新城區。另一座火車站是比中央車站更靠近舊城的Gare el Amir Abdelkader。從Gare Al Amir Abdelkader沿著穆罕默德五世大道（Ave. Mohammed V）步行即可抵達舊城區。

此外，若搭乘民營巴士，會停靠在舊城西側的荷米斯門附近，穿越荷米斯門，順著城牆步行，到頂即是曼索爾城門。

### ◎計程車

可搭乘黑色的市內大計程車(grand-taxi)和藍色的小計程車(petits-taxis)在新城區與舊城區間往返，火車站門口聚集許多喊價的司機，但若步行至幾條街後或許就有機會找到願意跳表計價的計程車。

## 市區交通

大部分的景點都集中在舊城區(Medina)，步行是遊覽最好的方式，若走累了可選擇搭乘當地市區巴士或招攬小計程車代步。

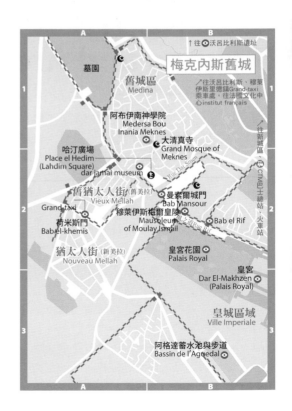

## 觀光行程
### ◎馬車Calèche
在曼蘇爾城門、皇城以及哈丁廣場(El Hedim Square)附近可找到搭乘馬車的服務。
### ◎計程車
主要的大型計程車(grand-taxi rank)候車站位於舊城區城門Bab el-khemis外附近的一個停車場，可包車議價前往菲斯、伊夫蘭等地；若要前往梅克內斯周邊沃呂比利斯羅馬遺址(Volubilis)或穆萊伊德里斯鎮(Moulay Idriss)，可在法國文化協會(institut français)對面包車參加旅遊團。

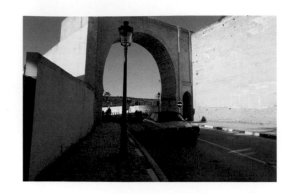

---

 **Where to Explore in Meknes**
## 賞遊梅克內斯

---

MAP ▶ P.310(下)

# 曼索爾城門
## Bab el Mansour
### 閃爍著寶石光芒的雄偉地標

🏠Bab Mansour, Rue Dar Smen 🚌在新城區搭乘7號巴士可以到達舊城的曼索爾城門。 🌐www.visitmorocco.com/en/travel/meknes

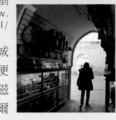

梅克內斯綿延的厚實古城牆之中，最壯觀雄偉的，便是這座裝飾以繽紛馬克賽磁磚拼貼和阿拉伯文的曼索爾城門了。這座城門原是為彰顯穆萊伊斯梅爾的豐功偉業，被視為「勝利之門」，仔細看！在光線變化中、馬克賽鑲嵌會呈現閃閃發亮的效果，圓形拱門高大、宏偉，兩側大理石柱取材自不遠處的古羅馬遺址沃呂比利斯，曼索爾則是設計師的名字，他也因此改信奉阿拉為真主、成為伊斯蘭教徒，所以又稱「改宗者的勝利之門」。此外，離城門只有百米之遙，從前國王接待各國大使的謁見大廳，大廳北端留存有一座基督徒的地底監獄，這是穆萊伊斯梅爾的年代，為了鎮壓異教徒建造的大型地底監獄，據悉最多曾關押過四萬人，後來改做穀倉。

---

MAP ▶ P.310B2(下)

# 哈丁廣場
## Place el Hedin
### 越夜越熱鬧的傳統市集

🏠50000 Rue Ahmed Bendriss Mellouli 🚌同曼索爾城門，就在城門對面。

曼索爾城門的北邊就是哈丁廣場，寬闊占地原是舊年為堆疊建造皇城所需的建材，城牆邊還裝飾了10餘座綠色尖頂的小方亭，現在則是當地居民主要的市集廣場，與其他地方不同的是，這兒越夜越熱鬧，從日常的衣服、鞋子、飾品，到充滿異國風情的塔吉鍋、美麗雕飾的燈具，夏夜裡，可以在這兒悠閒享用露天晚餐以及品嘗新鮮的番石榴汁，廣場一旁還有個室內傳統市場，可以買到摩洛哥人愛吃的開胃菜、醃橄欖、多樣香料，小心！肉舖上還有東方少見的羊頭、羊蹄，別被嚇著了，此外，遊客還可以在哈丁廣場搭乘馬車遊城。

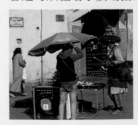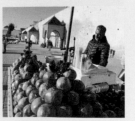

**MAP ▶ P.310B3(下)**

# 阿格達蓄水池
Bassin de l'aguedal

🚇 Bassin de l'aguedal　🚌 從穆萊伊斯梅爾皇陵 (Mausoleum of Moulay Ismail)出發，沿著城牆與廢棄護城河之間的道路行走即達。

　　阿格達蓄水池占地4.8公頃，與梅克內斯皇城建造時間相同，目的為灌溉皇宮花園又兼具水庫作用，神奇的是，這一廣大的湖區完全由人工挖掘，光是引水渠道就長達20多公里，可以想見舊年國王一聲令下動工的壯觀！湖邊舒適環境加上宜人的風景，讓當地居民也喜歡來此散步野餐，最特別的是湖畔靠東南邊、那一座斑駁巨大的土牆，正是皇家馬廄！也是大地震後少數留存至今的古皇城相關建築，據說可以同時容納上千頭馬匹，它的層層拱門與石柱，在光影錯落間、帶著些許神秘氣息，是遊客最愛取景之地，甚至設計有為馬匹降溫用的水道，今日遊來仍讓人遙想皇力鼎盛時期。

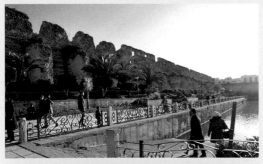

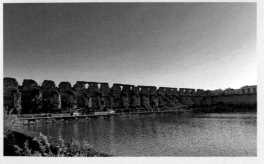

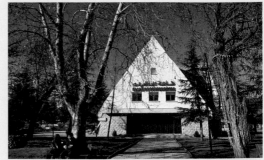

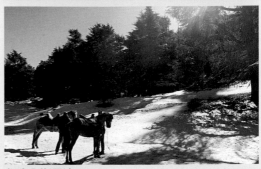

**梅克內斯周邊**

**MAP ▶ P.310A2(上)**

# 伊夫蘭
Ifran

**暱稱小瑞士的度假勝地**

🚇 Ifran　🚌 距離梅克內斯約60公里，可從菲斯或卡薩布蘭卡搭乘CTM巴士前往。

　　距離梅克內斯不遠，暱稱「小瑞士」的伊夫蘭，是一座迷人的小山城，從沒想過撒哈拉沙漠邊也有可以滑雪的地方吧？！這座海拔不到2千公尺的小城，因為法國人發現此地平緩的山坡很適合滑雪，伊夫蘭搖身一變為度假勝地，到了夏天，涼爽的氣候就成為摩洛哥富人們避暑好去處了！成群的雪松樹、寬闊林蔭大道、白牆紅瓦尖頂的童話般木屋、湖濱公園、石獅子雕像，搭著觀景小火車慢悠悠啟程，這種種都有來到歐洲的錯覺！森林帶來清新的空氣，運氣好還能見到野山猴，路邊甚至可以看到牧羊人和他的羊群們，城中則錯落著許多豪宅，當然也少不了國王的行宮。

**MMAP ▶ P.310A1(上)**

# 沃呂比利斯羅馬遺址

## Volubilis

### 精彩重現古羅馬與馬賽克藝術

🏠 Volubilis 🚗 由於沒有直達的大眾交通運輸，最便捷的方式是由梅克內斯(Meknes)包車Grand Taxi往返，單程時間約花費1小時，需告知司機預計停留時間並提前預訂回程，與其他遊客併車分擔包車車資會更便宜些。由菲斯出發單程約需1小時半，但較不容易找到有意願前往且價格合理的計程車。 ⏰ 12月至1月8:30-17:00，2月及11月8:30-17:30，5月至8月8:30-19:30，4月及9月8:30-19:00，3月及10月8:30-18:00 💲 成人70Dh，12歲以下兒童30Dh 🌐 sitedevolubilis.org ❗ 夏季期間日照強，建議攜帶遮陽用具，入口附近有許多攬客的當地導遊，1~2小時解說約200Dh左右。

　　位於梅克內斯北方約33公里處的肥沃平原上，這裡有摩洛哥境內保存最完好的一座古羅馬城市遺址，1997年被聯合國教科文組織納入世界文化遺產之列，沃呂比利斯獨特之處除了可一窺當時羅馬帝國人民生活的樣貌，最特別的是遺址中還保留了許多美麗珍貴的馬賽克鑲嵌藝術。

　　根據考古遺址的發現，西元前3世紀此地已有柏柏爾人定居，到了西元40年時，此區被納入了羅馬帝國的統治轄區，成為羅馬帝國勢力範圍下西邊最偏遠的一區。

　　西元1至3世紀時在帝國統治下，開發了小麥等經濟作物種植區，建築物除了如凱旋門、大神廟、浴場、製油工坊、商店、妓院等，還有許多鑲嵌希臘神話馬賽克地磚的豪宅，整座城市面積超過40公頃，2世紀全盛時期，居民更多達2萬人口。到了西元3世紀，因羅馬帝國發生內戰及分裂，應顧不暇的羅馬人最終放棄了這座古城，然而之後仍有柏柏爾、猶太及希臘等民族在此居住。直到8世紀時，阿拉伯人以此地為根據地建立了伊德里斯王朝(Idrisid)，之後又遷都菲斯，沃呂比利斯才漸漸沒落荒廢。到了1755年里斯本大地震時更是雪上加霜，震毀了所有古建築。從此古城成了一片廢墟，直到19世紀時法國考古學者發掘此地，至此之後許多跨國的考古合作計畫陸續進行中，至今已完成東面20多公頃的挖掘。遺址入口處除了有咖啡廳，還有一座保存出土古物的博物館。

摩洛哥⋯梅克內斯及周邊 Meknès & Around

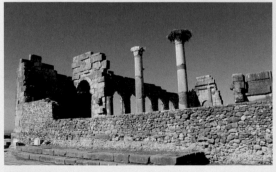
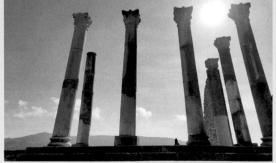
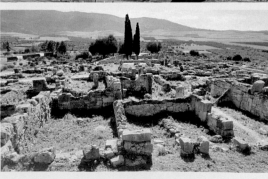
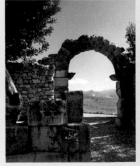
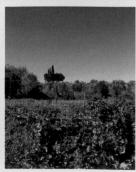

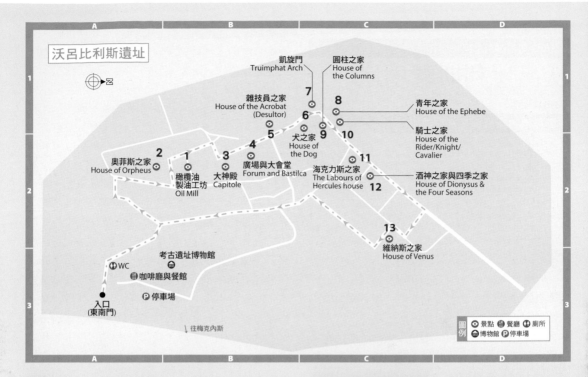

沃呂比利斯遺址

凱旋門
Truimphat Arch

圓柱之家
House of
the Columns

7

8

青年之家
House of the Ephebe

雜技員之家
House of the Acrobat
(Desultor)

6

9

10

騎士之家
House of the
Rider/Knight/
Cavalier

5

犬之家
House of
the Dog

奧菲斯之家
House of Orpheus

2

1

3

廣場與大會堂
Forum and Bastilca

11

海克力斯之家
The Labours of
Hercules house

12

酒神之家與四季之家
House of Dionysus &
the Four Seasons

橄欖油
製油工坊
Oil Mill

大神殿
Capitole

4

13

維納斯之家
House of Venus

考古遺址博物館

WC

咖啡廳與餐館

停車場

入口
(東南門)

往梅克內斯

圖例　◉ 景點　🍴 餐廳　🚻 廁所
　　　🏛 博物館　🅿 停車場

---

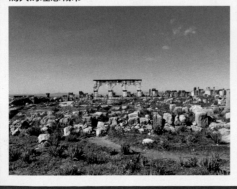

## 羅馬都市規劃的藝術

羅馬人被稱為是都市規劃藝術的大師，至今仍對許多歐洲都市規劃的理念有所影響。羅馬古城中心通常會規劃兩條主街道，相交會於市中心，東西向的街道稱作Decumanus(在沃呂比利斯的大道稱為Decumanus Maximus)，南北向的街道稱作Cardo，其他的街區則以網格排列沿著市中心向兩邊延伸開，公共建築區、居住區、製陶區、商店、噴泉等分布在不同區域，且每個城市都有公共浴場，這些部分集便民與美觀於一身共組成羅馬人的理想城市。

---

## 1橄欖油製油工坊
## Oil Mill

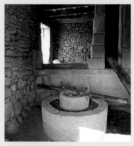

橄欖油是古代沃呂比利斯最主要的經濟基礎，遺址中發現了至少35處的橄欖油磨坊，除了專門的製油所外，大戶人家幾乎也都設有自家的橄欖油磨坊，根據考古挖掘發現許多船運用的油甕，也證明了當時也出口橄欖油至海外，遺址周圍今日仍能看到許多橄欖樹叢。

## 2奧菲斯之家
## House of Orpheus

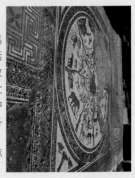

大宅中有此區最大的一幅馬賽克鑲嵌畫，描述著希臘神話中的琴聖奧菲斯(Orpheus)的故事，琴聖奧菲斯擅長彈奏於七弦豎琴，圓形畫框中以他為中心，在他演奏樂器時吸引了各類飛禽走獸陶醉聆聽，此外，住宅的餐廳區裡還有描述海豚圖案的馬賽克鑲嵌畫。

### 3大神殿Capitole

沿著階梯走上大神殿，這裡祭祀著羅馬神話中中眾神之王朱彼特(Jupiter)、女性守護神朱諾(Juno)與智慧女神米涅瓦(Minerva)，神殿區域估計長約38寬約32公尺，出土時僅3層階梯是原貌，後來的階梯與平台以及石柱是修復後重新搭建起來的。

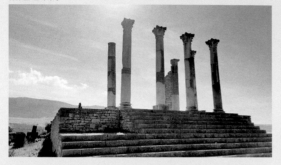

### 4廣場與大會堂Forum and Bastilca

古羅馬城市中的廣場與大會堂都位於城市的中央，多半會在道路交會的十字路口，此區也是公共行政中心以及市民聚會場所。大會堂(Bastilca)是古代的法院，進行審判、會議等多項功能。

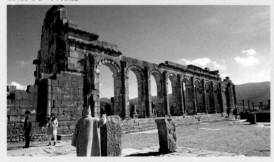

### 5雜技員之家
### House of the Acrobat (Desultor)

馬賽克鑲嵌畫中描述一名雜技員(騎師)的花式騎術，希臘語中Desultor指的是在兩批馬匹奔跑時能成功轉換馬匹，由馬背跳到另一馬背上的雜技運動。

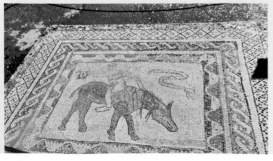

### 6犬之家
### House of the Dog

因為1916年挖掘出一座狗的銅像而以此命名，犬之家據說是古羅馬城市裡的妓院，這裡有名的不是馬賽克鑲嵌畫，而是一顆雕刻著男性生殖器的巨石。

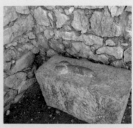

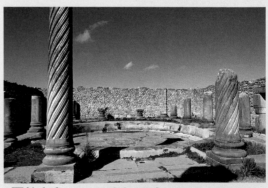

### 7凱旋門Truimphat Arch

凱旋門建於西元217年，是為了向羅馬皇帝卡拉卡拉(Caracalla)致敬與感謝所頒發的特赦令，包括取消了沃呂比利斯的稅收以及不再需要入羅馬軍隊服役的德政而建。目前所見的凱旋門法國人於1930年重建。

### 8青年之家House of the Ephebe

因為考古挖掘出一座美男子青銅雕像而命名，名為Ephebe的俊美希臘青年頭上戴著桂冠，目前存放在首都拉巴特的考古博物館(Archaeological Museum)中。

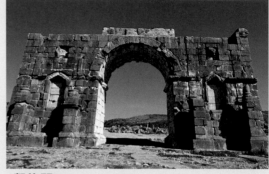

### 9圓柱之家House of the Columns

1954年的考古發掘發現，當地工匠在切割石灰岩時的效果可與切割大理石的效果相媲美，在在這座住宅遺址中一些特別花紋的圓柱可獲得印證。

## 10騎士之家
## House of the Rider/Knight/Cavalier

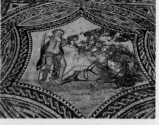

只完成一半的馬賽克鑲嵌畫中描述古羅馬酒神巴克斯(Bacchus)前往愛琴海中的小島Naxos，在島上遇見了他未來的妻子克里特島公主阿里阿德涅(Ariadne)，睡著的阿里阿德涅剛被愛人特修斯(Theseus)拋棄在島上。

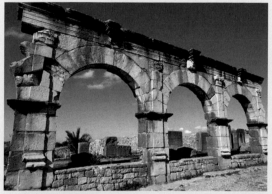

## 11海克力斯之家
## The Labours of Hercules house

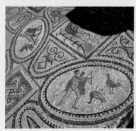

遺址中規模最大的住宅之一，宅內約有數十個房間，大廳中的馬賽克鑲嵌畫中描述希臘神話中的大力士海克力斯完成的12項任務，橢圓形框內描繪著所有事蹟，包括殺死九頭蛇、殺死怪鳥、殺死涅墨亞獅子、活捉地獄三頭犬等等。當時繪畫很流行以大力士海克力斯為主題。

## 12酒神之家與四季之家
## House of Dionysus & the Four Seasons

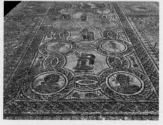

古希臘神話中的酒神Dionysus就是古羅馬人信奉的酒神巴克斯，他位於中央第三位，四周則有著擬人化的四季人像圓形畫（頭戴花冠）、梅杜莎及復仇女神等圖案。

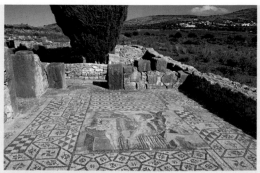

## 13維納斯之家House of Venus

位於與主要大街Decumanus Maximus平行的街道上，因為兩幅大型的馬賽克鑲嵌畫而命名，

一幅是狩獵女神黛安娜正在沐浴時被人類獵人阿克泰翁(Actaeon)意外看見的場景，另一幅是大力士海力克斯、寧芙仙女 (Nymph)與海拉斯(Hylas)相遇的場景。

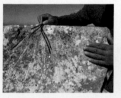

### 古羅馬日晷

古羅馬城市如何計時？遺址的廣場與大會堂附近可看到石刻的日晷，隨手摘下樹枝或取根棍子，擺在中心點即可根據太陽位置產生陰影來得知時間。

### 沃呂比利斯與夾竹桃花

沃呂比利斯周圍綠意盎然，到處開滿了夾竹桃與各類植物，而古城的名字就是來自夾竹桃(Oualili)的柏柏爾語。除了名字取自大自然，古城中建築設計與裝飾也從自然界的花草植物取得靈感，如遍地的小白花成了石磚的花樣，蓬勃生長的野草成了圓柱上的雕飾，古城雖已凋零，但自然之美仍生意盎然。

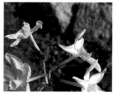
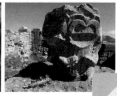

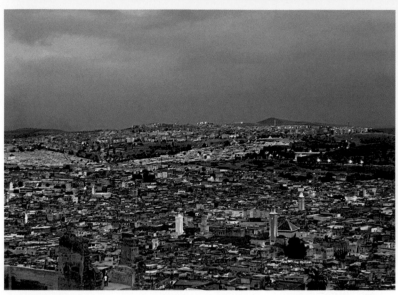

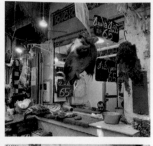

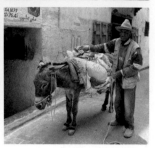

# 菲斯

## Fez

文●陳蓓蕾　攝影●陳蓓蕾

古城菲斯被譽為全球10大最浪漫城市之一，是北非史上第一座伊斯蘭教城市，也是摩洛哥的宗教聖地與文化之都。摩洛哥的歷史，要講到9世紀一位遭迫害而逃亡至菲斯的伊德里斯Idriss王，傳說中是伊斯蘭教先知穆罕默德後世的他，受到神諭，重建菲斯城，並建立王朝，廣納突尼西亞及西班牙移民，和其他地區來的阿拉伯人，並以菲斯為據點將伊斯蘭教推廣到全國，到了13世紀，摩洛哥王朝勢力正盛，又在菲斯打造了新城(Fez el Jedide)，前者便稱之古城(Fez el Balie)，兩區組成了舊城區，加上法國佔據期間建立的新市區(Nouvelle Ville)，這3大塊區域構成了菲斯。由新城區往古城區走，就像走了一趟光陰隧道一般。

多數歷史悠久，已列入世界遺產的清真寺建築都位在古城，重要景點只有皇宮和猶太人居住的美拉區位在新城，交通樞紐則都在現代化的新市區。事實上，面積達300公頃的舊城區，已被聯合國教科文組織列為世界遺產，更是全世界現存最大的舊城區(Medina)，其中錯綜複雜的巷道，多達9千多條，宛如一座超大型迷宮，兩側商店櫛比鱗次，巷道狹窄處、甚至無法兩人並行，這是起因自緊挨著的房子可以躲避強烈的日照，街道上方更蓋有許多格柵型的木質天棚隔絕燥熱，也讓光影變化在這兒變得豐富迷人，主要景點包括皮革染坊、波伊那尼亞神學院、卡魯因清真寺等，一個轉角可能就會遇見千年歷史的建築，繁複的裝飾，從木質，到磁磚到泥牆，不論是門、窗、牆、柱各自繽紛，讓這座經歷歲月洗禮的千年古都，散發著厚實的文化底蘊。

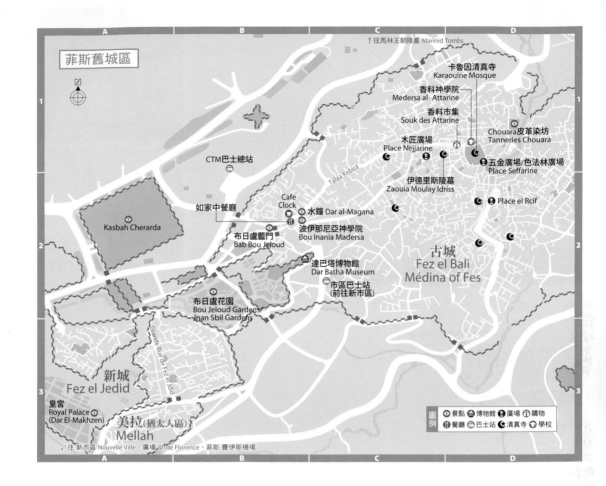

菲斯舊城區

↑往馬林王朝陵墓 Marinid Tombs

卡魯因清真寺
Karaouine Mosque

香料神學院
Medersa al- Attarine

香料市集
Souk des Attarine

Chouara皮革染坊
Tanneries Chouara

木匠廣場
Place Nejjarine

五金廣場/色法林廣場
Place Seffarine

伊德里斯陵墓
Zaouia Moulay Idriss

CTM巴士總站

Talaa Kebira

Place el Rcif

如家中餐廳

Cafe
Clock

水鐘 Dar al-Magana

波伊那尼亞神學院
Bou Inania Madersa

Kasbah Cherarda

布日盧藍門
Bab Bou Jeloud

古城
Fez el Bali
Médina of Fes

達巴塔博物館
Dar Batha Museum

市區巴士站
(前往新市區)

布日盧花園
Bou Jeloud Gardens/
Jnan Sbil Gardens

Grande Rue de Fez el Jdid

新城
Fez el Jedid

皇宮
Royal Palace
(Dar El-Makhzen)

美拉(猶太人區)
Mellah

圖例 ◎景點 博物館 廣場 購物
餐廳 巴士站 清真寺 學校

↗往「新市區 Nouvelle Ville、廣場 Pl. de Florence、菲斯-賽伊斯機場

# INFO

## 基本資訊

**人口**：1,150,131 **面積**：約320平方公里

## 如何前往

### ◎飛機

　　菲斯–賽伊斯機場(Fès-Saïs Airport，機場代號FEZ)位於市區以南約12公里處，每週都有往返摩洛哥卡薩布蘭加的班機(所需時間約45分鐘)以及往返歐洲主要城市如巴塞隆納、馬德里、布魯塞爾、巴黎等地航班。從台灣出發，沒有航班直飛菲斯或摩洛哥任一城市，必須至第三國城市轉機。

### 菲斯-賽伊斯機場

🌐www.onda.ma/en/Our-Airports/Fez-Saiss-Airport

### ◎火車

　　菲斯火車站位於新市區(Nouvelle Ville)北方，於Place de Florence廣場西北方步行約700公尺即可抵達。由摩洛哥北部的卡薩布蘭加Casa Voyageurs火車站出發，所需時間約4小時，途中會經過首都拉巴特(Rabat)及梅克內斯。由馬拉喀什出發，所需時間約7小時。

### 摩洛哥國鐵ONCF

🌐www.oncf.ma/en

### ◎長途巴士

　　國營CTM巴士的總站位於新市區南邊。由卡薩布蘭加出發，搭乘CTM巴士所需時間約5小時30分，由梅

克內斯出發出發，所需時間約30分，由馬拉喀什出發，所需時間約7小時。此外，如有攜帶大型行李，須加買額外的行李費用。值得注意的是，由菲斯前往舍夫沙萬(Chefcheuon)是熱門路線，須提前訂票，所需時間約4小時。

**CTM巴士(Compagnie de Transport Marocains Lignes Nationales)**

🌐 www.ctm.ma

📍 Rue TeTouan (CTM)與Rue Saiidia交叉口

## 機場、火車站、巴士站至市區交通

### ◎從機場出發

從機場到新市區(Nouvelle Ville)或舊城區(Medina)最方便的方法為搭乘大計程車(Grand taxi)，至新市區約30分鐘，至舊城區約40分鐘，車資約150Dh左右(最多4人)。也可選擇搭乘16號巴士(City Bus 16)前往新市區的火車站，所需時間約40分鐘，離開機場航廈後穿過前方的停車場，右手邊的圓環東側可找到巴士站，票價約5Dh，須以現金購票，發車時間為為早晨至晚上19點，每小時一班，抵達火車站後可換搭小計程車(Petit Taxi)前往舊城區或古城。

### ◎從火車站出發

火車站位於新市區(Nouvelle Ville)北方，距離新市區中心的Place de Florence廣場約700公尺左右，步行約10分鐘即可抵達市區中心。若有大型行李，可選擇搭乘小計程車(Petit Taxi)前往飯店或舊城區的布日盧藍門(Bab Bou Jeloud)。

### ◎從巴士站出發

新市區的CTM巴士總站位於新市區南邊亞特拉斯公園廣場(Jardin d'atlas)附近，往北步行至市中心的穆漢默德五世大道Bd Mohammed V約10分鐘，若搭乘Petit Taxi車資約10DH上下。

## 市區交通

大部分的景點都集中在舊城區(Médina)的古城(Fez el Bali)與新城(Fez el Jedid)，步行是遊覽最好的方式，若要前往新市區的皇宮，則可選擇搭乘計程車。計程車於夜間20:00會加成收費，當地人將Petit Taxi視為共乘交通工具，車資可與司機議價。由新市區前往舊城區比較常見的市區公共巴士為9號，可從新市區的穆漢默德五世大道前往舊城區Dar Batha Museum 博物館附近；19號則可由新市區的火車站出發，經過新城區的哈珊二世大道Ave Hassan II前往舊城區中央的Place Rcif廣場。此外，值得注意的是市區公共巴士常有扒手竊盜問題，需特別留心財物。

## 觀光行程

### ◎步行導覽 Walking Tours

菲斯具備執照的官方導遊標準收費為半天(2-3小時)每人約在250DH左右，全天(6小時)約500DH左右，出發前最好與導遊充分溝通，若不想購物需在一開始就先強調，可透過飯店、傳統庭園(Riad)住宅及民宿業者預約，由於假導遊與假證件充斥，記得需確認對方的身分證件。

### ◎撒哈拉沙漠團Sahara Desert Tour

大部分由菲斯出發的沙漠團多規劃為三天兩夜，一晚住宿在沙漠旁的飯店，另一晚則入住在沙漠帳篷中，價格也因帳篷設施與豪華等級(黑帳篷、白帳篷)而有所不同。由菲斯出發的行程終點可返回菲斯古城，也可以順時鐘方向前往馬拉喀什做為終點站，依行程規劃天數也可增至四天三夜或五天四夜。有執照、好評價的領隊與司機十分熱門，建議在出發前就先預訂。

**摩洛哥星球 Morocco Planet LLC -領隊Amar**

📞 +212-666-452-346(WhatsApp)

🌐 www.moroccoplanet.com

## 旅遊諮詢

旅游局位於新市區，提供地圖及預訂官方導遊等服務。

**菲斯旅游局（Délégation Régionale du Tourisme à Fès）**

📍 Ave Mohammed es Slaoui

🕐 週一至週四9:00-13:00，14:00-16:00，週末9:00-13:00

🌐 www.visitmorocco.com/en/travel/fez

# 城市概略City Guideline

菲斯由三大區域構成，分別是法國佔據期間建立的新市區(Nouvelle Ville)，以及之前就存在的舊城區(Medina)內先後建造的兩大區:老城/古城（Fez el Bali）與新城（Fez el Jedid），後者雖稱為新城但距今也有700多年的歷史。多數歷史悠久或列入世界遺產的清真寺建築都位在古城，重要景點只有皇宮和猶太人居住的美拉區位在新城，交通樞紐則都在現代化的新市區。

新市區的主要大街為哈珊二世大道(Ave. Hassan II)與穆罕默德五世大道(Blvd. Mohammed V)，兩條大道交會處就是新市區的市中心Place De

Florence廣場。新市區距離古城區入口處約3公里，如果穿過新城區前往的話，就不會太遠。

菲斯擁有全世界現存最大的舊城區（Medina），已被聯合國教科文組織列為世界遺產，其中錯綜複雜的巷道，多達9千多條，宛如一座超大型迷宮，主要景點包括皮革染坊、波伊那尼亞神學院、卡魯因清真寺等。雖然是全世界保存最完整的舊城，但相對的，指標紛亂，即使有地圖，也會迷路，若不使用導航系統，很容易在同樣的地方轉圈圈。所以，請個具有執照的合法導遊可能可以節省許多時間。值得注意的是夜晚不要單獨進入古城，特別是女性。汽車無法進入古城，最多只能開到廣場，拉大行李的人可要多斟酌住宿地點。注意當地人不喜歡被拍攝，但若給點小費事先說明，比較可行。自行開車會碰到主動要帶路的人，但事後會收取高額費用。

# 菲斯行程建議
## Itineraries in Marrakesh

至少得待上1~2天以上才能真正體驗菲斯的魅力。白天探索舊城區，夜晚則入住菲斯舊城區傳統特色Riad住宿。如果時間有限，建議以舊城區景點為遊覽重點；可以花上一整天探索隱藏在宛如迷宮般巷弄內的傳統市集：傳統手工藝如皮件、銅器、銀器，馬賽克磁磚鑲嵌，甚至手工織品等等，布滿了整個古城，更迷人的是，古城裡的傳統市集就是菲斯人日常採買之地，吆喝著叫賣的聲音此起彼落，當地人愛吃的蝸牛、椰棗、仙人掌果，還有亞洲人一定沒見過的駱駝肉，擺滿了食物雜貨的巷道，由於汽車無法進入，通常仰賴騾子、驢子運送，一見到它們，路人都很合作地靠邊站讓道，一瞬間似乎掉進了千年前的世界呢。如果時間充裕，也可以菲斯為據點，南下展開3天2夜的撒哈拉沙漠之旅。

# 菲斯散步路線
## Walking Route in Fez

**距離**：約2公里　　　**時間**：約3小時

散步路線從布日盧藍門(Bab Bou Jeloud)開始，由西往東穿越整個舊城，最後在色法琳廣場結束，路線中除了經過各重要景點外，還會路過穿越不少

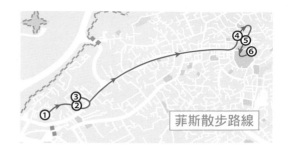

菲斯散步路線

傳統市集。

認識菲斯最好的起點是**布日盧藍門**①，進入古城區的入口先左轉，再右轉接著往東沿著**Talaa Kebira**前行至**波伊那尼亞神學院**②，神學院對面就是知名的**水鐘（時鐘之家）Dar al-Magana**③，往下坡前行約400公尺則會抵達擁有綠色尖塔的清真寺，附近可看到拖鞋鞋匠在此區工作，繼續下坡後會來到銷售精油及陶器骨董的小店，沿著Talaa Kebira往東翻過一座小丘，經過一些男士服裝店後，再往前走100公尺就會抵達**香料神學院**④，離開神學院往南走，便會來到**卡魯因清真寺及大學**⑤，雖然非伊斯蘭教徒不得進入，但還是可以從外面一窺究竟，繼續往南前進，金屬敲打的叮咚聲將引領到**色法林廣場**⑥，若還有時間與餘力可繼續往北造訪Chouara 皮革染坊，畫下此行完美的句點。

---

### 見證民族熔爐的傳統猶太社區-美拉 Mellah

菲斯自西元9世紀開始接納猶太難民，由於信仰不同，時常與當地民族發生衝突，為了保護猶太人，14世紀的蘇丹便將其全部遷移至新城區皇宮的南側，統一居住，這就是美拉區的由來，現今仍可看到美拉區東側的厚實城牆，就是當年為隔開衝突所建造。雖然大部分猶太人已遷離，美拉區內的許多建築仍維持舊年風華，猶太風格的建築、商店，還有菲斯最大的猶太教堂，當然你也能在此品嘗猶太美食，購買猶太文化的手工織品和陶器等，體驗美拉區獨特的文化和歷史味道。

P.318A3 從新市區往舊城走，穿過菲斯新城，從Pl. de la Resistance廣場沿著Ave. Moulay Youssef街直走，穿過城牆後，右手邊看到的就是猶太人區美拉區Mellah

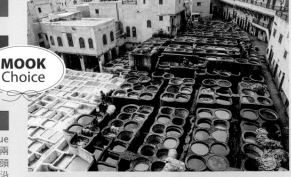

MAP ▶ P.318D1

# Chouara 皮革染坊

MOOK Choice

## Tanneries Chouara

**味飄千年 上天打翻的七彩調色盤**

🏠Derb Chaouwara 🚶從布日盧藍門進入舊城，往左轉走Rue Talaa Kbira街，經過波伊那尼亞神學院的門口，下坡路段兩側皆是商店，穿越香料市集Souk des Attarine，約1公里盡頭處就是香料神學院，到神學院往右側前進，經過昏暗隧道後沿街往右轉（約僅容兩人並肩的狹窄小路），再往前，碰到街道分成左右兩條，往右走會抵達色法林廣場，到色法林廣場後，順著右邊街道直行，經過黃銅市集後，即可抵達皮革染坊。🕐 09:00~19:00

踏入菲斯古城，空氣裡隱隱地飄著一股氣味，若你在下風處，越接近、味道就越重，那氣味是來自超過千年歷史的皮革染坊，染坊被房子所圍繞，需借道商家、進入制高點的高樓層才看得到，商家多會熱情招呼、甚至提供遊客薄荷葉，將其捲揉成團放入鼻孔中，這是菲斯人體恤遊客無法習慣皮臭味的妙方。排列在染坊中央的染缸約兩百多個，或圓形或方形，每口缸約莫一公尺半到二公尺正方，染色後的皮革放在四周晾曬，俯瞰非常壯觀！

牛、羊、駱駝皮由驢子駄到此地，工匠先以刀子初步清理，再浸入白色池子讓皮革軟化、融除毛根，白色池內含大量鴿子糞便，氣味便由此傳出，因為鴿子糞便對軟化皮革有著關鍵性作用，所以菲斯許多人家都豢養鴿子、藉出售其糞便賺點外快呢！皮革軟化後、撈出清洗，再放入各色染缸染色，這兒使用的是純天然的礦物或植物染料，例如紅色是來自罌粟花，有時工人甚至會跳入染缸踩踏，也因此，為避免危險，除非特別允許，遊客是無法進入染坊的，染色完成後，再交由商家製作成各式各樣的鞋子、皮包、皮衣到精巧可愛的裝飾品等等，據說歐洲許多時尚品牌皆由此地直接進貨，但售價較本地高出數倍……而這個製皮的過程，在此已經代代相傳了一千餘年，看著匠人們辛勤工作，彷彿時光在這裡並未

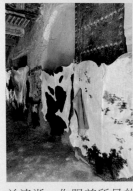

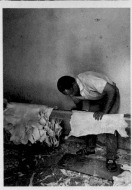

曾流逝，你眼前所見的與千年前的光景並無不同，而踏實的工藝、卓出的染色技巧，更讓此有上天打翻的調色盤美譽。

### 編輯筆記

建議早一點前往探訪，遊客較少時，會比較能盡興瀏覽，許多皮件店都提供制高點，多數會要求你購買皮件作為交換，進入前請確認此點，同時購買時別忘記殺價。Chouara是菲斯歷史最悠久的皮革染坊，但相同的染坊聚落在菲斯並不只一處。

摩洛哥…**菲**斯 Fez

MAP ▶ P.318B2

# 布日盧藍門

**MOOK** Choice

## Bab Bou Jeloud

### 菲斯打卡首選地標

🏠 22 Boujloud 🚗從新市區到古城入口約3公里，從新市區北邊的火車站搭乘計程車(Petit Taxi)到布日盧藍門是最便捷的方式，約需20Dh。從新市區穿過新城往舊城方向，從Pl. de la Resistance廣場沿著Ave. Moulay Youssef街直走，穿越城牆進入城中，右手邊看到的就是猶太美拉區，接著穿過皇宮，繼續前行，左手邊可見Bab Semmarine門，從此進入，商店越來越多，市集街的終點是Bab Dakakkien城門，過了城門右轉，可看到布日盧公園，公園右手邊的和緩斜坡上，是一處極為寬敞的廣場，再往前走即達。

　　高聳美麗的布日盧藍門，由法國建立於二十世紀初期，是最多遊客選擇進入古城區的起點，也是宛如迷宮般的菲斯最顯著的地標。布日盧藍門分為兩個立面、各有一大兩小拱形門，外側是藍

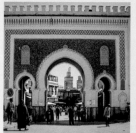
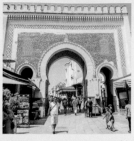

色，面向古城的內側則是綠色，兩面都裝飾以精緻幾何圖案雕飾與美麗奪目的馬賽克磁磚拼貼，在陽光下閃耀著光輝，像似宣告著，歡迎來到精緻美麗的工藝世界。有趣的是，緣自伊斯蘭教的信仰，當地人都認為由藍門進入古城才是「正途」，步入藍門後，即是菲斯最古老之一的市場，此起彼落的熱鬧氛圍，讓遊客瞬間感染了古城獨有的風情。

MAP ▶ P.318B2

# 波伊那尼亞神學院

**MOOK** Choice

## Bou Inania Madersa

### 世界遺產維持淳樸風貌

🏠 Rue Talaa Sghira 🚗從布日盧藍門進入古城，往左轉進入Rue Talaa Kbira街直行即達。 ⏰09:00~18:00 ❗伊斯蘭禮拜時不可進入參觀，基於尊重當地的宗教信仰和傳統文化，想要進入的遊客、以著長袖衣服及長褲為佳，女性必須戴上頭巾，若沒有頭巾可向工作人員詢問借用。

　　從藍門進入古城，前方可見一座高聳的宣禮塔，那就是世界遺產之一的波伊那尼亞學院神學院，學院於西元14世紀，由蘇丹下令建造，佔地雖不大、卻是當時（馬林王朝）最大的神學院，進入碩大的木門後，站在內庭中央，四周由約莫2層樓高的柱廊圍繞，除了堅硬的大理石外，不論是雪松木、磚、灰泥素材，每一個細節均裝飾以擬花草般優雅繁複的精美雕刻，近地處及地板則鑲嵌了馬賽克幾何圖案的磁磚，叫人眼花撩亂，對於想一窺傳統穆斯林風格藝術精湛技巧、或傳統摩爾式建築的人，是一處絕佳聖地，學院同時也是一座清真寺，中央一噴泉水池，提供禮

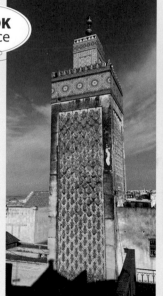
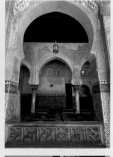
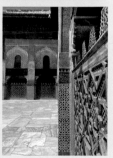

拜前淨身的水源，在伊斯蘭教信仰裡不可或缺，遠望可見幽靜的壁龕（即伊斯蘭教徒膜拜之目標）散發著神聖氛圍，但非教徒通常不被允許進入禮拜之地，由於占地不大，多年來始終維持著中世紀的淳樸風貌，是其最吸引人之處。

## 中世紀流傳睿智報時器-水鐘
### Dar al-Magana

波伊那尼亞神學院對面，有一座建築於14世紀的水鐘（又稱時鐘之家），由 12 個小門和帶有黃銅碗的平台組成；相傳當時是為報時、告訴大家來清真寺祈禱所設立，雖然現在已經無法運轉了，但根據推測，內部水面應有一個小推車，兩端繫著繩子，一邊帶著吊重物品、漂浮在水面，水池以固定速度排水，當到了整點時，相對應的小門會打開，沿著軌道將水注入黃銅碗中，藉以發出報時的聲音，小門裝飾了灰泥雕刻，以及木雕蔓藤花紋，現在黃銅碗已被拆除，因為遺失相關文件，官方修復未果的同時，也讓人遙想當時菲斯人的睿智與高超工藝。

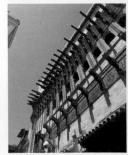
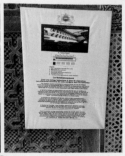

🏠Rue Rue Talaa Kebira 🔆水鐘就在波伊那尼亞神學院圖書館的對面

MAP ▶ P.318D1

# 卡魯因清真寺

**MOOK Choice**

## Karaouine Mosque
### 世界第一座可授予學位的伊斯蘭教大學

🏠Abi Al-Hassan Al-Marini / Kasbah Al-Shararda
🚌從布日盧藍門進入古城，往左轉走Rue Talaa Kbira街，經過阿布伊南神學院的門口，下坡路段兩側皆是商店，穿越香料市集Souk des Attarine，約1公里盡頭處就是香料神學院Medersa El Attarine，到香料神學院往右側前進，就能到達卡魯因清真寺。 🕐08:15~21:55 ❗伊斯蘭教膜拜時間，請保持嚴肅、勿喧嘩 🌐uaq.ma/index.php/forward-president-of-al-quaraouyine-university

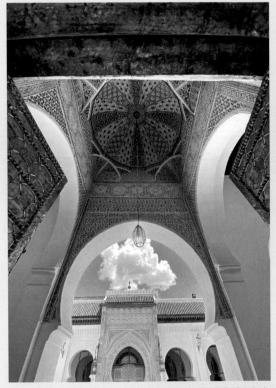

位於古城區中央的卡魯因清真寺，建於西元9世紀，是摩洛哥最著名的清真寺之一，也是世界上最古老、迄今仍可頒發學位的第一座伊斯蘭大學，更是菲斯的地標建築。擁有14個門、270個廊柱，5個祈禱室可同時容納上萬人祈禱，更重要的是，它曾是伊斯蘭教的學術中心，即使到今日，豐富的伊斯蘭教藏書，仍吸引了世界各地的學者前來研究。

傳統伊斯蘭教的建築元素，如大型中央穹頂、石柱、尖拱門，加上精細雕刻的木質大門和裝飾精美的馬賽克磁磚，都讓人目不暇給，這座對摩洛哥人意義十分神聖的清真寺，也吸引了大量教徒來此膜拜，也因此，即使非禮拜時間，非伊斯蘭教徒也會被婉拒於清真寺、大學和圖書館之外。遊客可以到達的只有外圍的主庭院和部分大廳，這兒有教徒專用的洗禮區（噴泉），庭院寬闊、拱廊靜謐，感受莊重虔誠的氛圍同時，強烈建議參觀此地，請穿著密實包覆身體的衣物，以示對伊斯蘭教的尊重。

摩洛哥… **菲** 斯 Fez

# 香料神學院

**MOOK Choice**

## Medersa al- Attarine

### 菲斯少數可詳細參觀的中世紀建築

🏠Rue Talaa Kebira 🚶從布日盧藍門進入古城，往左轉走 Rue Talaa Kbira街，經過阿布伊南神學院的門口，下坡路段兩側皆是商店，穿越香料市集Souk des Attarine，約1公里盡頭處就是香料神學院 ⏰08:00~18:00 💰20DH

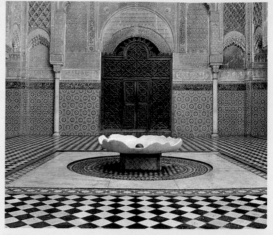

香料神學院的命名，起因自學院本身座落在菲斯著名的香料市場，而香料又在伊斯蘭文化中有著獨特重要性，它同樣於14世紀由蘇丹下令建造，是菲斯最著名的宗教學校之一，也是菲斯少數精美又可以入內詳細參觀的建築(大部分都是清真寺，非伊斯蘭教徒可參觀的範圍程度非常有限)。 進門後是個四方型小院，中央是一必需有的噴泉水池，拔地而起的精緻木雕門，四壁是阿拉伯書法壁畫和綿延到地面的馬賽克鑲嵌磁磚，樓宇裡天頂垂下銅製吊燈，玻璃彩繪天窗透著外頭的天光五顏六色，學院允許遊客可以上2樓參觀學生宿舍，若登上頂樓可以眺望宣禮塔和隔壁的卡魯因大學。馬賽克鑲嵌磁磚是由經驗豐富的師傅，從手工敲打成各式形狀，拼貼成圖案後再灌入泥巴固定，因為失敗率很高，擅長的師父也越來越少，更凸顯其重要性，而據說香料神學院的磁磚運用了特殊技巧，使它們歷經歲月洗禮仍不會褪色，十分特別。

# 皇宮

## Royal Palace (Dar El-Makhzen)

### 感受華麗尊貴的皇室氣息

🏠n1 boulakhsissat 🚶從新市區往舊城走，穿過菲斯新城，從Pl. de la Resistance廣場沿著Ave. Moulay Youssef街直走，穿越城牆後，右手邊看到的就是猶太人社區區美拉(Mellah)，接著就能抵達皇宮Dar El-Makhzen ❗因為正門前的廣場真的很大，腿力不濟的遊客，建議搭交通工具前往。

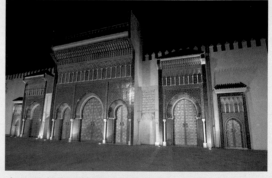

占地70餘公頃、幾乎佔去菲斯新城區大半的皇宮，可以追溯至13世紀，它曾是摩洛哥的政經中心，廣闊的皇宮內部有著無數庭院、住宅、花園和噴泉，且經過多次修改擴建，可惜的是，因為王室有時仍會前來此地居住，所以不對外開放。遊客最愛與守衛士兵合影的皇宮正門，就位在美拉區旁，正門由7個門組成，精緻的馬賽克磁磚、襯托著氣勢磅礡的鍍金銅門，華麗而高貴，也凸顯出菲斯精緻手工藝的文化傳統。站在正門前的阿拉維特廣場，可以看到綿延的城牆，若是入夜後前往，金碧輝煌的大門、點亮燈火，散發著富麗堂皇的尊貴氣息，是菲斯最壯麗的建築之一。一旁比鄰的大清真寺，據說是為蘇丹可以經由私人通道從宮殿直接前往祈禱所興建。附近還有一座小山丘，可以站在制高點的觀景台上，鳥瞰整個菲斯古城。

# 色法林廣場
## Place Seffarine
### 彷彿踏入中古世紀商店街

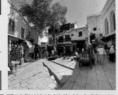

📍從香料神學院往右側前進，經過昏暗隧道後沿街往右轉 (約僅容兩人並肩的狹窄小路)，再往前，碰到街道分成左右兩條，往右走即達　⏰09:00~19:00　❗廣場中央有一棵老樹，大約位置在卡魯因清真寺圖書館的南側。購買時別忘記殺價。

　　叮叮咚咚的聲響，在色法林廣場(又稱五金廣場)此起彼落，窄窄的木門打開，內裡深處都是匠人用心製作的作品，雖然現今已經有許多機械可以取代人力，但菲斯的工匠卻仍恪遵傳統，坐在商店前的小凳，以刀子、鑿子、木槌等手工工具，一下又一下地捶打，身後掛著造型粗曠的銅盤、銅盆、銅鍋，甚至銅燈、銅杯，也有精雕細琢的銀燈、銀盤、銀鏡，和女生最愛的銀製首飾，當然也有小巧精緻、適合遊客帶回家當伴手的裝飾品，相同的是，全部純手工打造！看著一排排銅器在陽光下閃爍著潤澤的光輝，銀器則閃閃發亮，有種掉入光陰隧道，來到中古世紀商店街的錯覺。

# 布日盧花園
## Bou Jeloud Gardens (Jnan Sbil Gardens)
### 炙熱沙漠中稀有的涼爽綠意

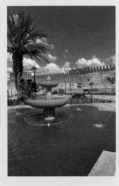

🏠Bou Jeloud Gardens　📍從布日盧藍門往新城方向，穿越廣場和城牆，就是布日盧花園。　⏰24小時　❗免費進入，但祈禱時間可能關閉。

　　離開人潮熙攘的舊城區，距布日盧藍門不過數百公尺之遙，這座廣達7公頃的巨大公共花園，以一個人工湖為中心，由竹園、花園、仙人掌園組合而成，色彩斑斕的花卉朵朵盛開，翠綠植物各有風情，妝點出沙漠氣候中稀有的綠意。因為占地寬闊，除了觀光客、連本地人也很喜歡到此處的小徑悠閒散步，多個馬賽克磁磚拼貼的噴泉池流水涼涼，看著棕櫚樹倒映在湖中，鳥語花香、沁人心脾，為炎熱的沙漠氣候帶來些許涼爽快意，入夜後，官方點燃燈光，又是另一種悠閒風情。

摩洛哥…**菲**斯 Fez

---

# 舊城區／古城區

**MOOK Choice**

## Medina / Fez el Bali
### 九千條巷弄的超大型迷宮

📍西側的布日盧藍門是古城區的主要入口　🔗www.visitmorocco.com/en/travel/fez　❗避免夜間獨自進入古城，找不到方向時，沿著主路走，它永遠通向出入口與地標，或者跟著人群走總是沒錯。迷路時可以跟商店店家問路，路旁主動要帶路的人事後皆會收取費用。

　　近千年來古城的樣貌依舊沒變，作為世界上最大的無車市區(最大的迷宮)，驢子仍是運送工具，一如中世紀以來的模樣。至今依舊有7萬多人選擇在這生活，在狹窄蜿蜒的巷弄中製作販賣傳統手工藝如皮件、銅器、銀器，馬賽克磁磚鑲嵌，甚至手工織品等等，景點其實僅是古城魅力的一小部分，更迷人的是傳統市集與當地人的採買日常，吆喝著叫

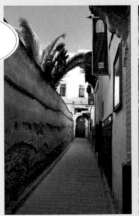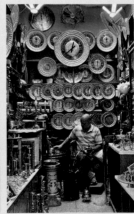

賣的聲音此起彼落，擺滿了食物雜貨的巷道販賣著蝸牛、椰棗、仙人掌果，還有駱駝肉，讓人目不暇給，在這迷路是肯定的，不妨將其視為冒險的一部分吧！

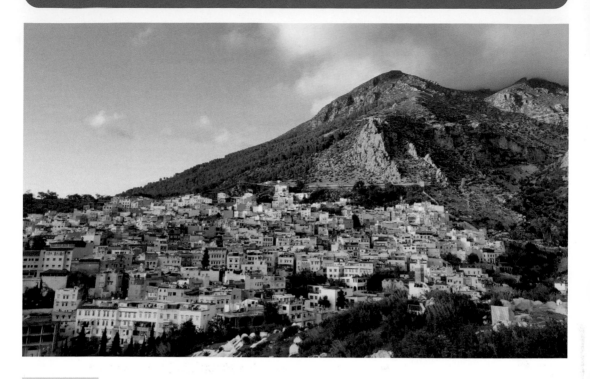

# 舍夫沙萬
## Chefchaouen

文●陳蓓蕾　攝影●陳蓓蕾

藍城舍夫沙萬是摩洛哥最迷人的城市之一，由於山城上的房屋皆粉刷上藍白相間的顏色，街道巷弄隨著地勢蜿蜒起伏，加上山村曾遭世獨立達5個世紀之久，至今仍保有祕境氛圍，漫步穿梭山村的各種深淺藍色中，有種如夢似幻的氣氛，彷彿自成一個世界。

舍夫沙萬坐落在兩座山脈間的斜坡上，簡稱沙萬(Chaouen)，在柏柏爾語「角、山峰」的意思，也是它名字的由來。1471年為了抵禦葡萄牙人，穆萊阿里本拉希德(Moulay Ali ben Rachid)建立沙萬首座城堡；1492年起，隨著逃離伊比利半島的大批伊斯蘭和猶太難民到來，舊城的人口與規模開始往外擴增，這批移民帶來了安達魯西亞風格的特色建築：白色房屋與赭紅屋瓦，配上陽台與花園中的果樹。從15世紀末開始，深山裡的舍夫沙萬一直被當作伊斯蘭聖城，與世隔絕且不准非伊斯蘭教徒進入，一直到1920年起被西班牙佔領統治後，西班牙人發現當地沙萬人還說著15世紀的西班牙語的前身–卡斯提爾語(Castilian)，這種語言在西班牙本土早已失傳。舍夫沙萬直到1956年摩洛哥獨立，才重回摩洛哥懷抱。此外，舍夫沙萬也是知名的大麻(Kif)重鎮，雖然大麻在摩洛哥皆屬違禁品，但里夫山脈(Rif)山區中仍有許多非法的大麻栽種地，走在路上或在咖啡廳內都有可能會聞到大麻菸味。

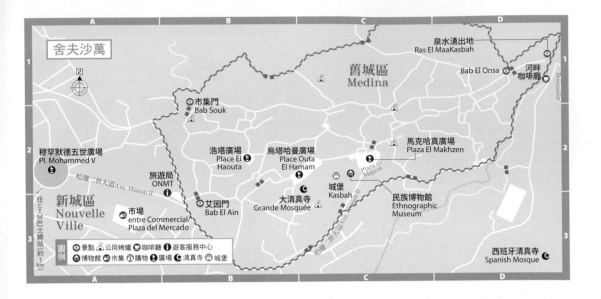

舍夫沙萬

N

舊城區
Medina

泉水湧出地
Ras El MaaKasbah

Bab El Onsar

河畔
咖啡廳

市集門
Bab Souk

馬克哈真廣場
Plaza El Makhzen

穆罕默德五世廣場
Pl. Mohammed V

浩塔廣場
Place El
Haouta

烏塔哈曼廣場
Place Outa
El Hamam

旅遊局
ONMT

哈珊二世大道Ave. Hassan II

城堡
Kasbah

新城區
Nouvelle
Ville

艾因門
Bab El Ain

大清寺
Grande Mosquée

民族博物館
Ethnographic
Museum

市場
Centre Commercial/
Plaza del Mercado

往CTM巴士總站(約1km)

西班牙清真寺
Spanish Mosque

圖例　●景點　●公用烤爐　●咖啡廳　●遊客服務中心
　　　●博物館　●市集　●購物　●廣場　●清真寺　●城堡

# INFO

## 基本資訊
**人口**：42,800　　　　**面積**：約320平方公里

## 如何前往
### ◎長途巴士
　　往返舍夫沙萬的巴士十分熱門，尤其是從古城菲斯往返舍夫沙萬的路線，巴士班次不多，最好提前規劃預訂，從菲斯出發，搭乘CTM巴士抵達舍夫沙萬所需時間約4小時，由卡薩布蘭加出發所需時間約6小時30分，除國營CTM巴士外也有其他的民營長途巴士可選擇。CTM巴士總站位於舊城區西南離約1公里處，前往舊城區需穿越人潮眾多的城門艾因門(Bab El Ain)往上爬一段陡坡，其他民營長途巴士總站也位於同一處。

### CTM巴士（Compagnie de Transport Marocains Lignes Nationales）
🌐www.ctm.ma
📍Av. Moulay Abdelrahman Chrif, Chefchaouen

## 市區交通
### ◎計程車
　　舍夫沙萬的藍色小計程車(Petit Taxi)大多數都不按表計費，部分停靠於舊城區城堡附近的廣場Plaza

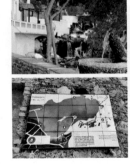

### 藍城的泉水湧出地Ras El Maa

　　舊城區東北面城牆Bab El Onsar外面有處地下湧出泉水的匯聚地Ras El Maa，這處水源地也是舍夫沙萬在此建城的原因之一，許多當地婦女會來溪畔的洗衣場洗衣，聊天聲與水聲加上背後的翠綠山林展現了山區生活的自然氣息。

▲P.327D1

el-Majzen，部分停靠於市場(Centre Commercial/Plaza del Mercado)附近，而大計程車則停靠於(Grand Taxi)新城區的市中心穆罕默德五世廣場(Place Mohammed V)及市場附近。

## 旅遊諮詢
　　摩洛哥國家旅遊局(ONMT)可提供簡單的資訊，地點位於新城區的主要大街哈珊二世大道(Ave. Hassan II)上大清寺(Grande Mosquée)的東南方，舊城城門艾因門(Bab El Ain)的西邊。
### 舍夫沙萬觀光局ONMT

📍Bd Hassan 2, Chefchaouen
🌐www.visitmorocco.com/en/travel/chefchaouen

## 城市概略City Guideline

舍夫沙萬東半邊為舊城區(Medina)，西半邊則為新城區(Nouvelle Ville)，新城區以穆罕默德五世廣場(Place Mohammed V)為中心，沿著主要大街哈珊二世大道往東便可穿越舊城城牆西面的城門艾因門(Bab El Ain)，進入舊城區，這條上坡路段兩旁皆是小店，朝街道方向直走便會抵達以舊城區的中心烏塔哈曼廣場(Place Outa El Hamam)及城堡，車道在馬克哈真廣場(Plaza El Makhzen)/ Plaza el-Majzen中止，這裡也是主要的下車點。廣場東北面的山脈斜坡上是宛如迷宮般的舊城住宅區，有著零星的手工藝品小店。舊城東北面的城門Bab El Onsar附近不遠處就是泉水湧出地Ras El Maa，往南2公里處則有西班牙清真寺(Spanish Mosque)。

## 舍夫沙萬行程建議
## Itineraries in Chefchaouen

藍色山城舍夫沙萬相較其他大城市顯得古風濃醇，雖是熱門旅遊地點但店家大都不會強行拉客，遊覽起來特別舒適自在，位於山坡上的舊城區是本區的遊覽重點，徒步即可遊覽。舊城區範圍很小，漫步於此不用按圖索驥，每個轉角與巷弄都是驚喜，只要記住大致方位就可自在的享受山城魅力，可在此停留1-2天。

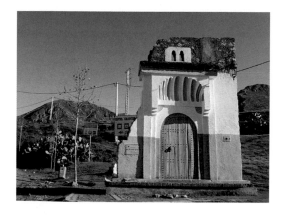

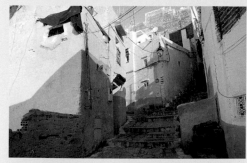

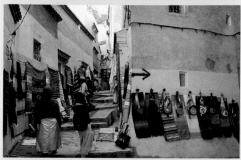

**👁 Where to Explore in Chefchaouen**
**賞遊舍夫沙萬**

**MAP ▶ P.327C2**

# 舊城區

## Medina

**如夢似幻的藍色山城**

🏠Medina Chefchaouen  🚌由西面城門艾因門(Bab El Ain)向東往上坡路段步行約7分鐘即達。

舊城區雖小，但卻不顯得擁擠，景點不多，但也可說整座舊城區就是主要景點，漫步在粉刷著藍白牆面、鋪著安排巧妙的石子路與石階，穿梭在深深淺淺不同層次的藍當中，街道寧靜舒適，轉角的巷弄別有洞天，角落出其不意的角落，加上自由穿梭當中的貓咪，這裡散發著藝術自由的氣息，隨處都是拍照的好地點。舊城內還有許多獨特的手工藝品店以及紡織商品。除了觀光業，舍夫沙萬也以羊毛紡織品聞名，舊城區至今仍有100多家紡織工坊，最具特色的商品莫過於山區常見的傳統尖帽連身長袍(Djellaba/ Jellabas)。

## MAP ▶ P.327C2

# 城堡
## Kasbah
### 眺望舊城區迷人風景

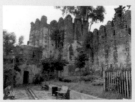
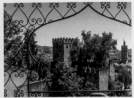

🏠Place Outa El Hamam　🚶由西面城門艾因門(Bab El Ain)向東往上坡路段步行約4分鐘即達。　☎+212-539-986-343　💲成人10Dh，12歲以下兒童3Dh　🕐週六至週四上午10:00-14:00，下午16:00-18:30，週五上午10:00-12:00，下午15:00-18:30

　　15世紀為了防禦葡萄牙入侵而建的城堡是舍夫沙萬建城之始，於17世紀時阿拉維王朝的第2位蘇丹穆萊伊斯梅爾(Moulay Ismail,1672-1727)擴建成現在的規模，城堡的建築風格受伊比利半島安達魯西亞影響，城堡中庭綠樹成蔭，有著美麗宜人的花園與噴泉，左半邊是早期監獄遺址，右半邊則為民族博物館(Ethnographic Museum)及藝術館，登上城堡的塔樓則能俯瞰舊城區迷人的風景。

## MAP ▶ P.327B2

# 烏塔哈曼廣場 &浩塔廣場
## Place Outa El Hamam & Place El Haouta
### 舊城區的歷史中心

🏠Place Outa El Hamam/ Place El Haouta　🚶由城門Bab El Ain向東往上坡路段步行約4分鐘即達。

　　烏塔哈曼廣場上綠樹成蔭，中央有一座造型特殊的藍白色噴泉，南面佇立著土色的高聳城堡(Kasbah)與博物館，緊鄰著大清真寺(Grad Mosque)等歷史古蹟，周圍則是餐廳、咖啡館和紀念品小店林立，寧靜的氣氛很適合作為小憩之地，早期烏塔哈曼廣場是舊城區的市場，如今與東邊的市政廣場–馬克哈真廣場(Plaza El Makhzen)及Plaza el-Majzen連接作為舊城區的歷史與娛樂中心。此外，在廣場西北方300公尺處的另一座較小規模的廣場浩塔廣場(Place El Haouta)中央有著藍白相間的可愛建築，也常成為拍照打卡的熱點。

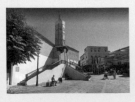
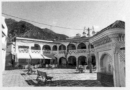

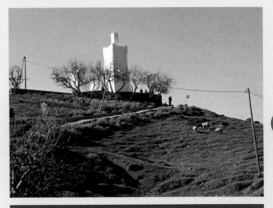

## MAP ▶ P.327D3

# 西班牙清真寺
## Spanish Mosque
### 藍城大全景盡收眼底

🏠Spanish Mosque Chefchaouen　🚶由東面城門Bab El Onsar出發，經過溪水湧出地Ras El Maa後向南沿著上坡山路Bouzaafer步行至山頂約20分鐘即達。

　　清真寺由西班牙人在1920年代建造，但卻從未實際投入使用過，位於市郊的清真寺離舊城區中心烏塔哈曼廣場約1.5公里的距離，白色宣禮塔與建物矗立於一座小山頂上，遊客雖然需爬坡登頂，但卻能欣賞到藍色山城大全景的絕美風景，整座藍城在翠綠色的山坡上蔓延展開，黃昏時的陽光灑落其上十分魔幻。

# The Savvy Traveler
# 聰明旅行家 文●墨刻編輯部

## 基本資訊

### ◎西班牙

**正式國名**：西班牙王國(Reino de España)

**地理位置**：西班牙本土位於伊比利半島，東北隔著庇里牛斯山脈與法國、安道爾公國相連；西鄰葡萄牙，南端則跨過英屬直布羅陀海峽，以位於非洲的休達(Ceuta)和梅利亞(Melilla)與摩洛哥接壤。另包括馬約卡島(Mallorca)、伊比薩島(Ibiza)、門諾卡島(Menorca)在內的巴利亞利群島(Islands Baleares)，及大西洋上的加那利群島(Islas Canarias)。

**面積及行政區畫分**：506,030平方公里，分為17個自治區，下有50個省。

**人口**：約4,743萬人

**首都**：馬德里(Madrid)

**宗教**：天主教

**種族**：卡斯提亞人(Castilian)即所謂的「西班牙人」，約佔總人口的73%；加泰隆尼亞人(Catalonia)約佔15%，多分布於巴塞隆納及其周圍。另兩大族群為大西洋沿岸的加利西亞人(Galicia)和生活在北部法國邊界一帶的巴斯克人(Basque)，前者約佔7%，後者約佔5%，還有約1萬多名吉普賽人分散在西班牙境內。

**語言**：卡斯提亞語（即西班牙語）為通行的官方語言，另有3種本土語言：加泰隆尼亞語通行於加泰隆尼亞、瓦倫西亞、巴利亞利群島；加利西亞語通行於加利西亞；巴斯克語通行於巴斯克地區。

## 簽證辦理

### 短期觀光免簽證

2011年1月11日起，台灣旅客只需持有效期限內的護照，即可出入西班牙等申根公約國，6個月內最多可停留90天。要注意的是，有效期限指的是在離開申根地區時，所持的護照最少需有3個月效期。

另有一點提醒，台灣旅客雖然可以免簽入境，建議仍準備好一些入境文件，以備海關臨時要求查驗，如來回航班的訂位紀錄或機票、英文行程表、當地旅館訂房紀錄、英文存款證明或其他足以證明能在當地生活的證明、公司名片或英文在職證明等。

此外，自2024年起，持台灣護照旅客入境西班牙需多一道手續，最晚需於出發96小時前上網申請電子旅行許可證ETIAS，全名為「歐盟旅行資訊及許可系統」

(European Travel Information and Authorisation System)，此系統為加強安全檢查的歐洲旅行訊息授權系統，手續費7歐元，通過後會寄送到電子信箱，於申請者護照有效期限內，電子許可證有效期限為3年，期間可不限次數入境申根地區，但仍需遵守免簽停留上限90天等相關規定。

**ETIAS歐盟旅行資訊及許可系統(European Travel Information and Authorisation System)**

🌐www.etiasvisa.com/etias-form-application

💲7歐元

## 旅遊諮詢與實用網站

**西班牙商務辦事處**

🏠台北市民生東路3段49號10樓B1

☎商務部(02)2518-4905～7；簽證部(02)2518-4901～3

🕐週一至五09:00～17:00

**駐西班牙台北經濟文化辦事處**

**Oficina Económica y Cultural de Taipei**

🏠Calle Rosario Pino 14-16, Piso 18 Dcha, 28020 Madrid, Espana(Spain)

☎(34)91-5718426

📞緊急聯絡行動電話(34)639-384883

🌐https://www.roc-taiwan.org/es/

### 其他實用網站

**西班牙國家旅遊局** TURESPAÑA

🌐www.spain.info

**巴塞隆納旅遊局**

🌐www.barcelonaturisme.com

**馬德里旅遊局**

🌐www.esmadrid.com/en

**卡斯提亞‧萊昂旅遊局**

🌐www.turismocastillayleon.com

**安達魯西亞旅遊局**

🌐www.andalucia.org

**加利西亞旅遊局**

🌐www.turgalicia.es

## 飛航資訊

台灣目前無西班牙直飛航班，需至歐洲或中東再轉

機，最快的方式是搭乘直飛航班至巴黎、倫敦、阿姆斯特丹、羅馬、法蘭克福等，再轉機前往馬德里、巴塞隆納、瓦倫西亞等大城。

| 航空公司 | 訂位電話 | 網址 |
|---|---|---|
| 中華航空 | (02)412-9000 | www.china-airlines.com |
| 長榮航空 | (02)2501-1999 | www.evaair.com |
| 德國漢莎航空 | (02)2325-2295 | www.lufthansa.com |
| 泰國航空 | (02)8772-5111 | www.thaiairways.com.tw |
| 英國航空 | (02)2512-6888 | www.britishairways.com |
| 法國航空 | (02)7707-4735 | www.airfrance.com |
| 荷蘭航空 | (02)27114055 | www.klm.com.tw |
| 義大利航空 | (02)2568-2121 | www.toe.com.tw |
| 卡達航空 | (02)2711-3298 | www.qatarairways.com |
| 阿聯酋航空 | (02)7745-0420 | www.emirates.com |
| 土耳其航空 | (02)2773-3266 | www.turkishairlines.com 、 www.gftours.com.tw |

# 旅遊資訊

## 電壓

220V．插頭為歐規雙孔圓形

## 時差

西班牙冬季比台灣慢7小時，夏令時間（3月最後一週的星期日，至10月最後一週的星期六）比台灣慢6小時。

## 貨幣及匯率

單位為歐元€，歐元：台幣匯率為1:34.63（更新：2023年7月）。

在台灣可直接兌換歐元，紙幣面值有€5、€10、€20、€50、€100、€200。大部分飯店與商店接受最常用的國際信用卡。另外，須注意一般商店和小型旅館不接受€200以上的現鈔，在換鈔時，應以兌換€50以下面額歐元為主。

## 網路

西班牙的無線網路相當普遍，飯店、餐廳、車站多半提供免費無線上網，即便有時需要密碼，只需向櫃台詢問，通常就拿到密碼。

開通手機無線漫遊的費用相當高，建議在機場或市區的通信行申辦當地網路方案，有固定流量上網、上網＋簡訊、上網＋通話等各種選擇，另一種方式是在台灣預借WiFi分享器，多人同行可共享頻寬。

## 打電話

從台灣撥打至西班牙：002＋34＋城市區域號碼＋電話號碼
從西班牙撥打至台灣：00＋886＋城市區域號碼（去0）＋電話號碼

**急難救助電話**
遇到緊急事故時，直接撥打112。
警察局(Policía Municipal)：092
救護車(Ambulancía)：061
消防局(Cuerpo de Bomberos)：080

## 飲水

水龍頭出來的自來水，基本上可以生飲，若是腸胃比較敏感，也可購買礦泉水。

## 郵政

西班牙郵局稱為Correo，週一至六的營業時間是09:00～14:00，週日、假日不營業（馬德里和巴塞隆納的郵政總局除外），若臨時需要郵票(Sello)，可跟書報攤(Estancos)購買。

## 小費

多數飯店、酒吧的帳單金額已內含服務費，但習慣上還是會給一點小費。較為正式的餐廳約為帳單金額的5至10%；一般餐廳則可在帳單金額有尾數時，直接湊成整數支付即可。在酒吧、咖啡廳，若只是喝杯咖啡或啤酒，不用給小費。幫忙提行李的服務人員，或在飯店使用客房服務時，建議給€1小費。

## 營業時間

西班牙人的生活起居時間與台灣大不同，按西班牙人的習慣，早上是08:00～14:00，可以說台灣人的下午2點，是西班牙人心裡的正中午；下午時間則很長，從14:00到22:00，這是因為西班牙的夏季白日很長，甚至到晚上10點，太陽還沒下山！

### 餐廳

午餐時段是13:00～14:00，中午12點很可能還在準備；晚餐時段則是19:00～20:00；小酒館營業時間比較彈性，幾乎是從清早到深夜，可供隨時點些輕食或Tapas，要當成正餐也無妨。

### 商店

商店的營業時間多為10:00～14:00、17:00～20:00，午休時間很長，不過，現在為了拼經濟，越來越多商家在夏日旺季中午營業不休息，原本在週日休息的店家也會開門營業半天，百貨公司則開到晚上22:00。

### 景點、博物館

旅遊景點和博物館大多週一公休、週日營業至

13:00～14:00，部分地區在7至8月還會縮短營業時間。1月1日新年、1月6日主顯節、5月1日勞動節、12月25日聖誕節等國定假日，幾乎所有景點都不開放，在做旅遊規畫時，最好確認清楚。

## 購物退稅

西班牙不愧是購物天堂，2018年8月取消退稅的門檻限制，凡在標示「Tax Free」（或詢問店家是否Tax Free）的地方購物，不管消費多少錢，都享有退稅優惠，不過，實際的退稅門檻仍以各店家規定為主，並在3個月內在海關辦妥退稅手續。

西班牙的非民生必需品增值稅為21％、食品10%、藥品書籍4%，外國旅客若要退稅，記得向店家索取退稅單(DIVA)、VAT refund表格和信封，出海關前至機場退稅處辦理。

旅客得在機器上先掃描DIVA上的條碼，沒有DIVA單據的商品則需帶著收據、護照、登機證至出境大廳的退稅蓋章處，交由海關人員蓋章。若選擇將費用退至信用卡，直接將所有文件投入Global Blue或Premier TaxFree的信箱即可，若想拿回現金，則要在上述兩間公司的駐點櫃臺再排一次隊。西班牙機場的退稅處常常大排長龍，如有退稅的需求，建議提前4小時到機場。

## ◎葡萄牙

**正式國名**：葡萄牙共和國(República Portuguesa)
**地理位置**：歐洲最西端，東部和南部瀕臨太平洋，北部和東部與西班牙相鄰。此外，大西洋上的亞速爾群島(Açores)和馬德拉群島(Madeira)也屬於領土範圍
**面積**：92,212平方公里
**人口**：約1,034萬人
**首都**：里斯本(Lisboa)
**宗教**：81%為天主教
**種族**：葡萄牙人
**語言**：官方語言為葡萄牙語，大部份人也都可使用英語和西班牙語交流

## 簽證辦理

### 短期觀光免簽證

從2011年1月11日起，台灣遊客前往葡萄牙觀光，無需辦理申根簽證，只要持有效護照即可出入申根公約國，6個月內最多可停留90天。有效護照的定義為，預計離開申根區時最少還有3個月的效期。

儘管開放免簽證待遇，卻不代表遊客可無條件入境，入境申根國家所需查驗的相關文件包括：來回航班訂位紀錄或機票、英文行程表、當地旅館訂房紀錄或當地親友邀請函、英文存款證明或其他足以證明自己能在當地維生的證明、公司名片或英文在職證明等等。另外，原本辦理申根簽證所需的旅遊醫療保險，雖然同樣非入境時的必備證明，但最好同樣投保，多一重保障。

此外，自2024年起，持台灣護照旅客入境葡萄牙需多一道手續，最晚需於出發96小時前上網申請電子旅行許可證ETIAS，全名為「歐盟旅行資訊及許可系統」(European Travel Information and Authorisation System)，此系統為加強安全檢查的歐洲旅行訊息授權系統，手續費7歐元，通過後會寄送到電子信箱，於申請者護照有效期限內，電子許可證有效期為3年，期間可不限次數入境申根地區，但仍需遵守免簽停留上限90天等相關規定。

**ETIAS歐盟旅行資訊及許可系統(European Travel Information and Authorisation System)**
🌐www.etiasvisa.com/etias-form-application
💲7歐元

# 旅遊諮詢與實用網站

### 駐葡萄牙台北經濟文化辦事處
🏠AV. da Liberdade 200, 4 Dto., Lisboa
📞(351)213-151-279
❗急難救助行動電話(351)962-735-481
🌐www.roc-taiwan.org

### 其他實用網站
葡萄牙國家觀光局：www.visitportugal.com
里斯本旅遊局：www.visitlisboa.com
波爾圖和北部地區旅遊局：www.visitportoandnorth.travel
葡萄牙中部拉旅遊局：www.centerofportugal.com
阿連特茹旅遊局：www.visitalentejo.com
阿爾加維旅遊局：www.visitalgarve.pt

## 飛航資訊

目前從台灣出發並無直航班機飛往葡萄牙，都需要先飛到歐洲主要城市再轉機，最快的方式是選擇與台灣有直航的歐洲城市(例如：巴黎、倫敦、阿姆斯特丹、羅馬或法蘭克福)，之後再轉機前往里斯本、波爾圖等大城。

## 旅遊資訊

### 電壓
葡萄牙電壓為220V，插頭為雙孔圓形。

### 時差

葡萄牙冬季比台灣慢8小時，夏令時間比台灣慢7小時(自3月之後的最後一個星期日，到9月最後一個星期六)。

## 貨幣及匯率

與西班牙同樣屬於歐盟會員國，單位為歐元€，歐元：台幣匯率為1:34.63（更新：2023年7月）。

## 網路

一般而言，葡萄牙的網路使用已相當方便，大多數的飯店、餐廳、車站裡，也多半提供免費無線上網，即使訊號顯示鎖碼，只要向櫃台詢問，消費者通常就能夠獲得密碼，開始免費無線上網。葡萄牙舊城區都像迷宮一樣，如果能在機場或市區的通信行申辦可無限上網的網卡，對旅途上的幫助相當大。無論里斯本或是波爾圖機場，都設有當地網路電信公司Vodafone的櫃台，申辦起來相當方便。

## 打電話

**從台灣直撥葡萄牙**：002+351+電話號碼。
**從葡萄牙播打回台灣**：00+886+城市區域碼(去0)+電話號碼。

## 飲水

自來水基本上可以生飲，但若是腸胃比較敏感的人，也可購買礦泉水。

## 郵政

葡萄牙郵局稱為CTT(Correio)，營業時間是8:30~18:00，郵票可在有Correio或Selos招牌的雜貨店購買，有些販售明信片的小店也有。郵筒分為紅色的普通郵件和藍色快速郵件。

## 小費

雖然大部分飯店、酒吧已收取服務費，但習慣上還是會給一點小費。較正式的餐廳約為帳單金額的5~10%；一般餐廳給€0.5就可以了。在酒吧、咖啡廳，若只是喝杯咖啡或啤酒，不用給小費。飯店幫忙提行李的服務人員，或使用到客房服務(room service)時，則給€1。

## 營業時間

除了時差之外，葡萄牙的生活起居時間與在台灣時大不相同，這點會牽涉到銀行換錢、參觀景點、逛街購物和三餐等問題。

按葡萄牙人的習慣，三餐用餐時間都稍微晚些，早餐通常是在08:00~10:00喝杯咖啡和吃塊甜麵包；午餐大約12:00~14:30，晚餐大約19:30~22:30(餐廳19:00~20:00才會開門營業)。而一般的小酒館或是販賣

◎網絡覆蓋範圍達上百個國家(近乎全球)的AlwaysRoam歐威網遊，是旅遊業者與專業領隊們推薦的歐洲上網選擇。高品質的wifi機器會智能篩選當地最強的網絡信號，隨時隨地的享受WiFi無處不在，待機時間至少8～12小時，機器同時可連接5台設備，操作簡單，手機或平板都可連結，與同行旅伴們共享流暢網路相當方便。

推薦不管是WiFI設備租賃或是購買SIM卡，都值得參考，產品選擇多元之外，價格也很親民，平價的金額就可享受高速吃到飽的網路，讓旅遊不斷線。

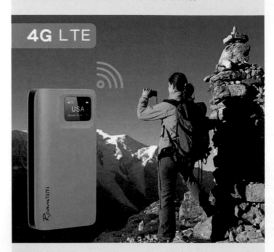

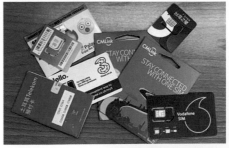

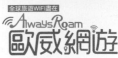

蛋塔、烘焙點心的小店，營業時間就比較彈性，可以隨時點些輕便的食物充飢，或者也可當成正餐。

一般的商業時間是10:00~20:00，百貨公司則是10:00~22:00，星期日部分店家不營業。而旅遊景點則大多週一公休，在做旅遊計劃之前，最好先查詢清楚。

## 購物退稅

只要不是歐盟國家的人民，在攜帶免稅品離境時，都可以享有退稅優惠。凡在有「Tax Free」標誌的地方(也可詢問店家)購物，且同家商店消費金額於葡萄牙超過€61.35以上，便可請商家開立退稅單據，退稅手續須在3個月內到海關辦妥手續。葡萄牙退稅後扣除手續費約可拿回13.5%。購物時記得要向售貨員索取退稅單，這張單子應由售貨員幫你填寫。出關時，將所買貨物交給海關檢查，海關在退稅單上蓋印後即可在機場或邊境的退稅處領取稅款。蓋有海關印章的退稅支票，可以在機場內的銀行兌換成歐元現金，或選擇匯入指定的信用卡或銀行帳戶。

# ◎摩洛哥

**正式國名**：摩洛哥王國(Kingdom of Morocco)
**地理位置**：位於非洲大陸西北部，西瀕大西洋，北隔直布羅陀海峽與西班牙相望，扼地中海入大西洋的門戶，海岸線1700多公里。東接阿爾及利亞，南部維西薩哈拉。
**面積**：446,550平方公里(不含西屬撒哈拉26.6萬平方公里)
**人口**：約3,607萬人
**首都**：拉巴特(Rabat)
**宗教**：伊斯蘭教(99%)、其他宗教(包含基督教、猶太教)(1%)
**種族**：阿拉伯人、柏柏爾人
**語言**：官方語言為阿拉伯語、柏柏爾語，大部份人也都可使用法語交流，大城市中的年輕人也通曉英語和西班牙語。

# 簽證辦理

## 短期觀光簽證

由於摩洛哥與台灣沒有邦交，因此需將透過摩洛哥駐日本大使館申辦入境簽證函(或稱簽證確認信)，台灣旅客需持有效期限至少需6個月以上的護照，出發前1個月左右以郵寄方式送件至日本申辦，一般台灣旅客可申請的簽證為15天有效期單次出入境簽，申請所需文件可於摩洛哥駐日本大使館上查詢。值得注意的是，摩洛哥大使館最後會以電郵寄出的簽證確認信(Visa Confirmation Letter)並非一般黏貼於護照內之簽證，收到後必須印出紙本，持該簽證確認信抵達摩洛哥後，必須等待海關移民官在上面蓋章或簽名才准入境，入境後應立即以手機翻拍備份，務必妥善保管，因出境時機場人員需查驗，並收回簽證函，屆時如無法提交，將無法順利出境。

由於台灣旅客的簽證特殊，持簽證確認信登機時有可能會遇到搞不清楚狀況的地勤航空公司人員，有些航空公司地勤會不認得簽證確認信而拒發登機證，建議除了選擇避開這些航空公司外，出發前最好發信至航空公司確認取得上機許可(OK to board)，才不會因上不了飛機造成損失。制定旅遊計畫時需多加留意。

### 摩洛哥駐日本大使館 Morocco Embassy, Japan
- 5-4-30 Minami Aoyama Minato-Ku, Tokyo, Japan
- +81-3-54857171
- morocco-emba.jp
**背包客棧摩洛哥論壇**
- www.backpackers.com.tw/forum/forumdisplay.php?f=84

# 旅遊諮詢與實用網站

由於我國在摩洛哥並無駐館，在摩洛哥期間倘遇緊急情況需要協助，請即與我駐普羅旺斯辦事處、駐法國代表處或請國內親友撥打「外交部緊急聯絡中心」以獲得必要協助。

### 駐普羅旺斯辦事處
- +33-4-13911920
- 緊急聯絡電話+33-7-61141520
- www.roc-taiwan.org/frprv
### 駐法國代表處
- +33-1-44398830
- 緊急聯絡電話+33-6-80074994
- www.roc-taiwan.org/fr
### 外交部緊急聯絡中心
- 0800-085-095
- www.boca.gov.tw/cp-53-378-353fb-1.html

### 其他實用網站
**摩洛哥國家旅遊局Moroccan National Tourism Office**
- www.visitmorocco.com/en
**背包客棧摩洛哥論壇**
- https://www.backpackers.com.tw/forum/forumdisplay.php?f=84

# 飛航資訊

目前從台灣出發並無直航班機飛往摩洛哥，都需要先飛到歐洲或中東主要城市再轉機。

# 旅遊資訊

## 電壓

大多為220V，插頭為歐規C或E雙孔圓形

## 時差

摩洛哥比台灣慢8小時，夏令時間(3月～9月)比台灣慢7小時，齋戒月時夏令時間會暫停。

## 貨幣及匯率

單位為迪拉姆Moroccan Dirham，代碼為MAD，當地會標示為Dh。迪拉姆：台幣匯率為1：3.15（更新：2023年7月）。行前可先在臺灣兌換歐元或美金，抵達摩洛哥後再兌換迪拉姆。可在機場、市區內銀行、匯兌處等地兌換迪拉姆。由於歐元在當地相當流通，因此攜帶歐元現金也十分方便。摩洛哥市集與小商店交易仍以現金為主，大多商店都沒有支援刷卡，僅大型連鎖超市與飯店可接受國際信用卡，若金融卡開通海外提款功能，也可直接於ATM提領。建議換迪拉姆現鈔時可預留多一些零錢或小面額20Dh及50Dh的紙鈔。此外，由於迪拉姆屬於受嚴格管控之貨幣，摩洛哥海關嚴禁遊客攜帶大量迪拉姆出境，而機場銀行匯兌處也不接受將迪拉姆喚回外幣的服務，所以匯兌時只要兌換足夠金額的迪拉姆即可。

## 網路

摩洛哥的無線網路相當普遍，飯店、餐廳、車站以及大城市的主要景點多半提供免費無線上網，即便有時需要密碼，只需向櫃台詢問，通常就拿到密碼。摩洛哥當地的主要電信公司包括Maroc Telecom(IAM)、Orange等，旅客可在機場、火車站及市區內的通信行內申辦各種上網方案。

## 打電話

**從台灣撥打至摩洛哥：**
002＋212＋城市區域號碼(去0)＋電話號碼
**從摩洛哥撥打至台灣：**
00＋886＋城市區域號碼(去0)＋電話號碼
**急難救助電話**
**警察局：**城市19地方177
**救護車：**15
**消防局：**15

## 飲水

水龍頭出來的自來水不能生飲，需先煮沸或購買礦泉水飲用較安全。

### 外交部提醒國人應注意事項

摩洛哥接壤阿爾及利亞地區及南部西撒哈拉地區治安問題嚴重，近年來摩洛哥政府致力打擊恐怖勢力威脅，並定期公佈防恐成果，但仍有零星攻擊事件，請國人提高警覺，注意自身安全，避免獨自前往偏遠地區並勿隨身攜帶貴重物品或大量現金。女性遊客易遭搭訕或騷擾，建議國人前往該國須注意文化差異及服儀言行並結伴前行，以降低受害風險。

## 郵政

摩洛哥郵政的標誌為黃色的PTT或者La Poste字樣，郵寄信件至少需2週以上的時間到亞洲地區。郵寄包裹須前往Colis Postaux標誌的包裹郵寄辦公室，通常位於郵局大樓的一個獨立區域，郵局海關關員會開箱檢查。營業時間是週一至週五8:30～16:30，周末、假日不營業。

## 小費

摩洛哥有小費文化，一般來說，餐廳與咖啡廳小費約10%，搬行李的服務人員大約每件是Dh20，沒有消費借用餐廳的洗手間需要付小費(大約Dh5-10或0.5-1歐元就可以)，牽駱駝的駝夫、旅行團的司機與導遊等都需支付小費。

## 營業時間

雖然週五為伊斯蘭教的祈禱日，但很多店家都會營業至午飯時間，齋戒月期間營業時間會調整至10:00～15:00或16:00。除週五外，一般舊城區店家的營業時間為9:00～19:00，而新城區的店家則週日則不營業，至於銀行與政府機構營業時間為週一至週五8:30～16:30。

### 用餐禁忌

摩洛哥信奉伊斯蘭教，所以不吃豬肉，也禁止喝酒，因此大部分舊城區的餐廳並不提供以上兩種食物，若針對遊客為消費對象的餐廳，這兩項禁令就會取消。

### 旅行安全

摩洛哥是個十分安全的觀光大國，但仍有多需要注意的事項，其中摩洛哥法律嚴禁擁有、銷售與購買大麻，懲罰也很嚴苛。此外，遊客有可能會遇到迷路、在街上遭無執照導遊的騷擾，單獨旅遊的女性也有可能會被搭訕及騷擾，因此須特別謹慎留意。

# 西班牙・葡萄牙 摩洛哥

## MOOK NEWAction no.79
## Spain · Portugal
## Morocco

**作者**
陳蓓蕾・墨刻編輯部

**攝影**
陳蓓蕾・墨刻攝影組

**編輯**
陳蓓蕾

**美術設計**
李英娟、董嘉惠 (特約)・駱如蘭 (特約)

**地圖繪製**
Nina (特約)・墨刻編輯部

**出版公司**
墨刻出版股份有限公司
地址：台北市104民生東路二段141號9樓
電話：886-2-2500-7008
傳真：886-2-2500-7796
E-mail：mook_service@cph.com.tw
讀者服務：readerservice@cph.com.tw
墨刻官網：www.mook.com.tw

**發行公司**
英屬蓋曼群島商家庭傳媒股份有限公司城邦分公司
地址：台北市104民生東路二段141號2樓
電話：886-2-2500-7718　886-2-2500-7719
傳真：886-2-2500-1990　886-2-2500-1991
城邦讀書花園：www.cite.com.tw
劃撥：19863813
戶名：書虫股份有限公司

**香港發行所**
城邦(香港)出版集團有限公司
地址：香港灣仔駱克道193號東超商業中心1樓
電話：852-2508-6231
傳真：852-2578-9337

**馬新發行所**
城邦(馬新)出版集團 Cite (M) Sdn Bhd
地址：41, Jalan Radin Anum, Bandar Baru Sri Petaling,
57000 Kuala Lumpur, Malaysia.
電話：(603)90563833
傳真：(603)90576622
E-mail：services@cite.my

**製版・印刷**
藝樺設計有限公司・漾格科技股份有限公司

**經銷商**
聯合發行股份有限公司（電話：886-2-29178022）
誠品股份有限公司
金世盟實業股份有限公司

**城邦書號**
KV3079

**定價**
499元

**ISBN**
978-986-289-911-3・978-986-289-913-7(EPUB)
2023年10月初版

**首席執行長**　Chief Executive Officer
何飛鵬　Feipong Ho

**生活旅遊事業總經理暨墨刻出版社長**　PCH Group President & Mook
Managing Director
李淑霞　Kelly Lee

**總編輯**　Editor in Chief
汪雨菁　Eugenia Uang

**資深主編**　Senior Managing Editor
呂宛霖　Donna Lu

**編輯**　Editor
趙思語・唐德容・陳楷琪・王藝霏
Yuyu Chew, Tejung Tang, Cathy Chen, Wang Yi Fei

**資深美術設計主任**　Senior Chief Designer
羅婕云　Jie-Yun Luo

**資深美術設計**　Senior Designer
李英娟　Rebecca Lee

**影音企劃執行**　Digital Planning Executive
邱茗晨　Mingchen Chiu

**資深業務經理**　Senior Advertising Manager
詹顏嘉　Jessie Jan

**業務經理**　Advertising Manager
劉玫玟　Karen Liu

**業務專員**　Advertising Specialist
程麒　Teresa Cheng

**行銷企畫經理**　Marketing Manager
呂妙君　Cloud Lu

**行銷企畫專員**　Marketing Specialist
許立心　Sandra Hsu

**業務行政專員**　Marketing & Advertising Specialist
呂瑜珊　Cindy Lu

**印務部經理**　Printing Dept. Manager
王竟為　Jing Wei Wan

U0020370

**國家圖書館出版品預行編目資料**

西班牙.葡萄牙.摩洛哥/陳蓓蕾, 墨刻編輯部作. -- 初版. -- 臺北市：
墨刻出版股份有限公司出版：英屬蓋曼群島商家庭傳媒股份有限公
司城邦分公司發行, 2023.09
336面；16.8×23公分公分. -- (New action；79)
ISBN 978-986-289-911-3(平裝)
1.CST: 旅遊 2.CST: 西班牙 3.CST: 葡萄牙 4.CST: 摩納哥
746.19　　　　112013209